第一辑

U0949862

仙桃法学论坛

XIANTAO FAXUE LUNTAN

主　　编　秦前红　李　牧
执行主编　滕　锐

WUHAN UNIVERSITY PRESS
武汉大学出版社

图书在版编目(CIP)数据

仙桃法学论坛.第一辑/秦前红,李牧主编.—武汉:武汉大学出版社,2019.11
ISBN 978-7-307-21259-6

Ⅰ.仙… Ⅱ.①秦… ②李… Ⅲ.法学—文集 Ⅳ.D90-53

中国版本图书馆 CIP 数据核字(2019)第 239438 号

责任编辑:张 欣 责任校对:李孟潇 版式设计:马 佳

出版发行:**武汉大学出版社** (430072 武昌 珞珈山)
(电子邮箱:cbs22@ whu.edu.cn 网址:www.wdp.com.cn)
印刷:武汉图物印刷有限公司
开本:787×1092 1/16 印张:32 字数:759 千字 插页:1
版次:2019 年 11 月第 1 版 2019 年 11 月第 1 次印刷
ISBN 978-7-307-21259-6 定价:98.00 元

《仙桃法学论坛》编委会

序　一

物华天宝之地，必是人杰荟萃之乡。幸赖世运承平，乃有人文繁盛；既有人才之盛，则同道众矣，相呼相应，遂有文章之盛，蔚为大观。

故乡湖北仙桃，古称沔阳，地处江汉平原，历史悠久，底蕴深厚，人杰地灵，素有“江汉明珠”之美誉。中华人民共和国成立以来，特别是改革开放以来，家乡人民艰苦奋斗、奋发有为，建设美丽家乡，使仙桃成为中国百强县之一，环境优美，物产丰富，经济发达，人民安居乐业，生活幸福美满。家乡无私地哺育了一代代优秀儿女，而一代代仙桃人顽强拼搏，艰苦创业，作出了卓越成绩，为家乡增光添彩，为故土锦上添花，其中既有以雷军为代表的优秀企业家，也有以著名作家池莉为代表的文化工作者，还有以李小双等为代表的体育健儿，他们像群星闪烁，彰显了我们仙桃儿女的风采。在这些奋斗者中，还有一些潜心治学、著作等身的学者，以及尊法崇法、伸张正义、捍卫民权的法律工作者，仙桃法治人才荟萃，彬彬济济，法律界同仁乃有“仙桃籍法学家现象”之誉。

推本溯源，“仙桃籍法学家现象”之盛，虽有家乡人文底蕴深厚的原因，但主要还是因改革开放以来国家法治昌明、法治进步所致。我们身逢一个励精图治、改革发展的时代，十一届三中全会吹响改革开放的号角，民主法治进入到了发展的快车道。在党的领导下，大力推进社会主义法治事业，将“依法治国”作为基本治国方略。在我国，法治对社会发展具有固根本、稳预期、利长远的保障作用，它既是一种伟大的社会实践，又是一种崇高的社会理想，它激励我们为实现法治社会而不断追求、努力。我辈躬逢盛事，能够参与中国法治建设，与共和国法治建设的脉搏同频共振，何其有幸！可以说，“仙桃籍法学家现象”是改革开放的产物，是国家重视法治、厉行法治的结果。我们从故乡的土地走出来，从一个放牛娃走上大学的讲台，从一个农家子弟成长为法科教师，首先应当感恩这个重视法治的时代，感恩党和国家的培养，感恩故乡的哺育。

本人及我们这一代仙桃子弟从物质贫乏的时代走出来，犹如祖辈父辈们对粮食、土地等生存资料的珍视一般，我们对知识充满渴望，对学习和研究极为珍视。仙桃儿女始终保持了刻苦求学、顽强拼搏、不懈努力的精神，每个在外地的仙桃人，始终情系故土，珍惜“仙桃人”的称谓，惟愿作出一点成绩，报效桑梓，回报故乡的哺育之恩，我们即使做不出惊人的成绩，也要在平凡的岗位上默默地努力，至少不给家乡丢脸，这样一种精神将始终激励我们前行，成为一代代仙桃儿女的精神支柱，也必将赓续“仙桃籍法学家群体”的辉煌。

岁次己亥，时维十月，家乡有识之士以促进学术、联络同道为宗旨，发起编写《仙桃法学论坛》。实现全面推进依法治国的进程，既需要建立完备的法律体系，也离不开理论研究的支撑，法治中国目标的实现有赖于理论专家的研究和推动，法律体系完善与法学理论研究犹如法治建设的鸟之两翼，车之两轮，缺一不可，这也是创办本刊的主要目的。

乡人相偕，共襄盛世，传经布道，著书立说，冀法治昌明，佑国强民安，相呼相应，蔚为大观。家乡同仁以我年齿居长，推我执笔作序。适逢共和国七十华诞，有感于国家各项事业之进步发展，遂作短文以序之，敬希各位贤达同仁惠正之。

王利明

2019 年 9 月

序　二

仙桃市是我的家乡，过去叫沔阳县，建制至今已有1500余年了。一代名相狄仁杰曾主政于此。或许是受这位古代法律人的影响，据统计，从这座百万余人小城市走出去的，从事法律实务、法学教研以及正在就读法学专业的人已有四千多人。其中有近百人在法律法学界成名成家了。今年初，家乡同仁成立了"仙桃法学研究会"。据说，这是中国首个县级地域性法学研究机构。知晓此事的仙桃籍法律人无不欢欣鼓舞，感慨万千。有人用"千年滋养、百年滋育、十年分娩"来形容这一盛事。我非常认同这一说法，更赞赏家乡同仁的这一做法。近日，又欣闻"仙桃法学研究会"编写的《仙桃法学论坛》即将出版。这些工作对传承和光大仙桃法律文化、推进和繁荣仙桃法学研究、培养和壮大仙桃法治队伍、提升和促进仙桃法治建设等必将发挥巨大作用，甚至可为法治中国建设探索出一些行之有效的经验。为此，我倡议：所有仙桃法律人都要大力支持、积极参与家乡的法治建设，大力支持、积极参与《仙桃法学论坛》的编撰和宣传工作。饮水当思源！

"问渠那得清如许？为有源头活水来。"社会生活是法律工作的唯一源泉。我们无论是从事法律实务还是法学教研，都需要观察社会生活、体验社会生活、服务社会生活，都需要有丰富的社会实践。近些年来，仙桃市的法治建设如火如荼、风生水起，一直走在全省全国的前列，曾在湖北省"法治建设综合考核"中取得全省第一的好成绩。很值得我们去关注和探究，借鉴和推广。县市一级在我国是国家机构相对完整、治理体系相对完善的基层治理单位。中国人很早就懂得了"郡县治，天下安"的道理。因此，如果我们每个仙桃法律人都能把投身仙桃的法治实践与自身的学习和工作有机地结合起来，那一定会相辅相成、相得益彰。

"谁言寸草心，报得三春晖。"乡音最难改，乡愁最难忘，乡情最难舍。家乡是每个人的生命之源、情感之源、思想之源。感念春晖、报效桑梓，也是每个人特别是在外游子最朴素、最纯洁、最强烈的愿望。但热爱家乡不能只停留在口头上，要见行动。作为法律人，我们要充分发挥自身的专业优势和职业资源，在开展全民普法教育、提升全社会法治意识、促进依法执政依法行政、打造公平诚信的营商环境等方面为家乡出谋划策、出工出力。

"新竹高于旧竹枝，全凭老干为扶持。"仙桃是著名的体操之乡，现在又因有了数以千计的法律法学人才队伍，仙桃作为"法学之乡"的名头也在全国叫响了。这是个好事。但怕的就是后继无人，成为昙花一现的笑话。因此，仙桃"法学之乡"建设一定要"从娃娃抓起"。要在中小学生中大力宣传法治文化、普及法律常识、提升法治意识、培养法学兴趣。作为"老干"的我们，就应充分运用《仙桃法学论坛》这个平台，自觉自愿、无怨无悔地当好仙桃法治火种的传播者、法律文化的传承者、法学风气的引领者。只有这样，仙桃“法学之乡”才会“江山代有人才出，各领风骚数百年”。

张明楷

2019 年 9 月

目　　录

牢记党的宗旨　践行法治为民

王洪祥*

一、群众观点是马克思主义的基本政治观点

人民群众是推动社会发展进步的力量，是历史的创造者，这是马克思主义的基本政治观点。马克思主义认为，社会历史从根本上说是生产发展的历史，是人民群众创造的历史。马克思主义揭示了人类社会发展进步的规律，认为生产力决定生产关系，经济基础决定上层建筑。物质资料是整个人类社会存在和发展的根本基础，人民群众是物质生产的承担者和社会生产力的体现者，创造了人们吃穿住行等必需的生活资料和从事政治、科学、文化、艺术等活动所必需的物质前提。而一切精神财富也都必须通过人民群众的实践活动实现、检验和发展。科学的理论文化知识，只有掌握于人民群众，应用于人民群众的实践活动，才能获得丰富的物质成果；科学技术只有在人民群众的生产实践活动中，才能转化为现实的生产力；党的路线方针政策，只有被人民群众理解、掌握和实施，才能变成强大的物质力量。所以，人民群众是社会生产的主体，是社会发展进步的力量，是真正的英雄，历史是由人民创造的。马克思主义是为人民求解放的科学理论，第一次创立了人民实现自身解放的思想体系；在马克思主义之前，社会上占统治地位的理论都是为统治阶级服务的。

二、民本思想是中华优秀传统文化的重要组成部分和鲜明特点

五千多年中华文明发展历程中蕴含着丰富的民本思想，民本思想是中华传统治国理论的重要内容。“民本”二字，出自《尚书·五子之歌》：“民惟邦本，本固邦宁。”孔子主张“因民之所利而利之”；孟子认为“民为贵，社稷次之，君为轻”；《荀子》中说：“君者，舟也；庶人者，水也。水则载舟，水则覆舟。”中华传统民本思想强调，民众是天下安定和国家兴盛的根本，认为民众才是立国之根本，把得到民心、尊重民意、获得民众的拥戴，视为天下得失之根本，只有根本稳固了，国家才会安宁。诸如“闻之于政也，民无不为本也”；“得天下有道：得其民，斯得天下矣。得其民有道：得其心，斯得民矣”；“政

---

* 王洪祥（1965—　），男，湖北仙桃人，法学博士，中央政法委副秘书长，主要研究方向为诉讼法学。

之所兴，在顺民心；政之所废，在逆民心”；“吃百姓之饭，穿百姓之衣，莫道百姓可欺，自己也是百姓”；“衙斋卧听萧萧竹，疑是民间疾苦声。些小吾曹州县吏，一枝一叶总关情”等，都是民本思想典型表述。关于折狱断案，则有“惟慎庶狱，以昭人情，死者不可生，刑者不可复。慎哉！慎哉！”的经典总结。虽然由于私有制的性质，这些民本思想不可能也没有在长达几千年的封建社会得以实现，但其中蕴含的积极因素仍然具有重要的借鉴意义。

三、人民立场是中国共产党的根本政治立场

“为什么人、靠什么人”的问题是检验一个政党、一个政权性质的试金石。人民性是马克思主义最鲜明的品格，人民立场是中国共产党的根本政治立场，也是马克思主义政党区别于其他政党的显著标志。坚持全心全意为人民服务的根本宗旨，把为中国人民谋幸福、为中华民族谋复兴作为最大初心和根本使命，这是尊重历史规律的必然选择，是中国共产党人不忘初心、牢记使命的自觉担当。《中国共产党章程》总纲开篇明义：“中国共产党是中国工人阶级的先锋队，同时是中国人民和中华民族的先锋队。”《中华人民共和国宪法》第二条明确昭示：“中华人民共和国的一切权力属于人民。”

中国共产党已走过98年的奋斗历程，这98年就是为人民谋幸福、为民族谋复兴、为国家谋富强的历程，也是始终与人民风雨同舟、患难与共，同呼吸、共命运、心连心的历程。正是依靠人民的信任、滋养和支持，始终相信人民、紧紧依靠人民，才能逢山开路、遇水架桥，战胜一切困难、险阻，打败一个个凶残的敌人，中国共产党才从成立时的21名党员发展成为拥有超过9000万党员、460多万个基层组织的世界第一大党；才实现了中国人民从站起来、富起来到强起来的历史性飞跃；才比历史上任何时候都接近中华民族的伟大复兴。中国共产党的成立、发展壮大、长期执政，关键在于始终保持同人民群众的血肉联系、鱼水关系；中国特色社会主义伟大事业之所以不断发展前进，正是因为依靠人民，尊重人民群众的主体地位，充分发挥广大人民群众的积极性、主动性、创造性，凝聚起众志成城的磅礴力量；中国共产党之所以得到人民拥护，中国特色社会主义伟大事业之所以得到人民支持，也正是因为造福了人民。

长征途中，女红军们将自己仅有的一床被子剪下一半送给借宿的贫寒农民家庭；抗战期间，沂蒙红嫂舍身救下八路军小战士并用自己的乳汁喂养；解放战争期间，人民群众节衣缩食，支援前线，拥护共产党，“最后一碗米送去做军粮，最后一尺布送去做军装，最后一件老棉袄盖在担架上，最后一个亲骨肉送去上战场”……类似这样的场景、故事数不胜数、不胜枚举，生动诠释了我们党和人民血肉相连、水乳交融的关系。

四、深入学习、深刻领会、准确把握习近平新时代中国特色社会主义思想中坚持以人民为中心的发展思想

习近平总书记是在浓郁革命氛围中、在困难历史和曲折经历中、在长期革命实践中、在人民群众中成长起来的全党拥护、人民爱戴、当之无愧的党的核心、人民领袖、军队统

帅，对人民群众有着深厚的感情，无论在基层、在地方，还是在中央工作，他最牵挂的始终是人民群众。2012 年 11 月 15 日，刚刚当选党中央总书记的习近平同志，在新一届政治局常委同中外记者见面时讲话指出："人民对美好生活的向往，就是我们的奋斗目标。"强调全党同志的重托、全国各族人民的期望，是对我们做好工作的巨大鼓舞，也是我们肩上的重大责任。这个重大责任就是对民族的责任、对人民的责任、对党的责任，责任重于泰山、事业任重道远。习近平总书记还反复强调，我将无我、不负人民，要以身许党许国、报党报国，言简意赅地诠释了全心全意为人民服务的根本宗旨，体现了深厚的人民情怀、家国情怀、民族情怀、炽热的赤子之心和强烈的责任担当。

坚持以人民为中心，是习近平新时代中国特色社会主义思想最鲜明的理论特色，是贯穿习近平新时代中国特色社会主义思想最根本的问题。三万多字的党的十九大报告，"人民"一词出现的频率超过了 200 次。习近平总书记反复强调，人民是历史的创造者，是真正的英雄，是决定党和国家前途命运的根本力量，波澜壮阔的中华民族发展史是中国人民书写的！博大精深的中华文明是中国人民创造的！历久弥新的中华民族精神是中国人民培育的！中国人民是具有伟大创造精神、伟大奋斗精神、伟大团结精神、伟大梦想精神的人民；中国共产党来自人民、服务人民，党的一切工作必须以最广大人民根本利益为最高标准；我们党自成立之日起，就把坚持人民利益高于一切，鲜明地写在自己的旗帜上，把全心全意为人民服务作为根本宗旨，无论是革命战争年代的"打土豪、分田地"，还是社会主义建设时期实行"三大改造"，无论是改革开放初期提出共同富裕的奋斗目标，还是在新时代作出社会主要矛盾的重大判断，都始终坚持以人民为中心，做到权为民所用、情为民所系、利为民所谋。他紧紧围绕以人民为中心提出了许多重大观点、重要思想，比如：老百姓是天、老百姓是地，忘记了人民，脱离了人民，我们就会成为无源之水、无本之木，就会一事无成；要始终把人民放在心中最高位置，坚持以民为本、以人为本；要解决好"为了谁、依靠谁、我是谁"这个根本问题，实现好、维护好、发展好最广大人民根本利益；要始终与人民心心相印、与人民同甘共苦、与人民团结奋斗；要尊重人民首创精神，自觉拜人民为师；要让老百姓过上好日子，不断增强人民群众的获得感、幸福感、安全感；全面小康，一个都不能少，共同富裕，一个都不能掉队；要坚持人民主体地位，坚持以人民为中心的发展思想，以人民为中心的工作导向；时代是出卷人、我们是答卷人、人民是阅卷人。这些都充分体现了立党为公、执政为民的执政理念，体现了为中国人民谋幸福、为中华民族谋复兴的使命担当，体现了人民至上的价值追求。我们要忠诚核心、追随核心，就要深入学习、深刻理解、准确把握这一重要思想，始终坚持以人民为中心，始终把人民利益摆上至高无上的位置。

五、践行党的宗旨，努力让人民群众在每一项法律制度、每一个执法决定、每一宗司法案件中都感受到公平正义

习近平总书记在 1 月 15 日中央政法工作会议上的重要讲话中深刻指出："展望未来，无论形势如何变化，政法机关全心全意为人民服务的根本宗旨不能变，捍卫党的领导和人民民主专政的国家政权、维护党和国家工作大局的使命任务不能变。"

不忘初心，方得始终。我们党已经走过了98年的光辉历程。一切向前走，都不能忘记走过的路；走得再远、走到再光辉的未来，也不能忘记走过的过去。不能忘记为什么出发。

政法机关不忘初心、牢记使命，就是要在政法工作的各方面、全过程，牢记全心全意为人民服务的根本宗旨，践行政法工作为了人民、依靠人民、造福人民、保护人民，始终不渝地密切联系群众，以坚定的理想信念坚守初心，以真挚的人民情怀滋养初心，以牢固的公仆意识践行初心，让人民群众在每一项法律制度、每一个执法决定、每一宗司法案件中都感受到公平正义，不断增强人民群众的获得感、幸福感、安全感。

(一)增进同人民群众的感情

要进一步深化认识，我们党的根基在人民、血脉在人民、力量在人民。老百姓是天，老百姓是地，老百姓是我们的衣食父母。牢记人民是主人，我们是人民的公仆，我们的法院、检察院、公安机关是人民法院、人民检察院、人民公安机关，我们手中的权力是人民赋予的，是用来为人民服务、为人民执法的，应当情为民所系、权为民所用、利为民所谋，绝不允许高高在上、颐指气使、冷硬横推、吃拿卡要，绝不允许对群众的报警求助置之不理，绝不允许滥用职权伤害群众感情、损害群众利益，绝不允许制造冤假错案。

(二)顺应群众期待，回应群众关切

中国特色社会主义进入新时代，我国社会主要矛盾已经转化为人民日益增长的美好生活需要和不平衡不充分的发展之间的矛盾。在解决温饱，总体上实现小康，不久将全面建成小康社会的背景下，人民群众在民主、法治、公平、正义、安全、环境等方面的要求日益增长，法治意识、权利意识、公平意识不断提升，对正义维护、权利救济、安全保障等更为关注，提出了更高要求。国际上普遍认为，改革开放四十年，经济持续健康发展、社会持续安全稳定是中国创造的“两大奇迹”，中国是世界上最有安全感的国家之一。这充分体现了我国的政治优势和制度优势。平安是人民安康幸福的基本要求，是人民群众的热切期盼，是改革发展的基本前提，是我们必须向人民大众提供的基本公共服务产品。在中国，稳定是压倒一切的，没有平安稳定，改革发展就无从谈起。

因此，顺应人民群众期待，回应人民群众关切，政法机关就应当忠诚履职，勇于担当，强化斗争精神，提高斗争本领，全面履行好维护国家政治安全、确保社会大局稳定、促进社会公平正义、保障人民安居乐业的职责使命，维护政治安全、社会安定、人民安宁。

一是坚定不移地把扫黑除恶专项斗争向纵深推进。黑恶势力是社会毒瘤，危害经济社会发展，侵蚀党的基层政权，啃噬人民群众的获得感、幸福感和安全感，我们的制度和政权性质与之格格不入、势不两立、水火不容，扫黑除恶既是政治工程又是民心工程、民生工程，应当坚持有黑必扫、有恶必除、有乱必治，突出深挖根治、打伞破网、打财断血。在专项斗争纵深推进之际，我们要牢记党中央的重托、人民的殷切期待和厚望，以“宜将剩勇追穷寇”的气概，以雷霆万钧、摧枯拉朽之势，保持对黑恶势力打击的强大声势，向邪恶亮出法律之剑，让公平正义不再缺席，“金猴奋起千钧棒，玉宇澄清万里埃”，还人

民群众以海晏河清、朗朗乾坤。

二是围绕侵害人民切身利益、人民群众“最恨最怨最烦”的黄赌毒、盗抢骗、黑拐枪、食药环等违法犯罪，特别是问题突出的电信网络诈骗、非法集资、套路贷、涉枪涉爆、危害食品药品安全的犯罪，依法坚决打击、快侦快破，并及时挽回受害群众的损失。

三是加强产权司法保护，为市场主体营造出公平公正、稳定透明、可预期的营商环境，激发创新创业的活力。

四是尊重人民群众的主体地位，坚持人民司法为人民，让司法走进民众，让民众参与司法，依靠人民推进公正司法，通过公正司法维护人民权益。构建开放、动态、透明、便民的阳光司法机制，保障人民群众的知情权、参与权、表达权。

五是让改革成果更多更平等地惠及广大群众。深化“放管服”改革，总结推广“最多跑一趟、一趟不用跑”的“网上办、马上办、就近办、刷脸办”的经验，努力为人民群众提供普惠均等、便捷高效、智能精准的公共服务，使人民群众不断享受改革的成果和红利。

（三）增强群众工作本领，提高群众工作能力

党的十九大报告强调“要全面增强执政本领”，其中就要求“增强群众工作本领，创新群众工作体制机制和方式方法”。习近平总书记在今年中央政法工作会议上要求全面提升政法干警的群众工作能力。

一是人民群众蕴含无穷的智慧和力量，要从感情上贴近群众，放下身段，虚心向群众学习，做群众的小学生。

二是持续转变作风，巩固和深化作风建设成果，坚决克服形式主义、官僚主义，深入基层、深入实际、深入群众，听真话、摸实情，全面准确了解人民群众所思所盼、所怨所恨，倾听群众心声、呼声，把准群众疾苦，坚持问题导向，使我们的政法工作决策和活动扎根在群众的深厚土壤之中，反映群众意愿和期待，得到群众拥护。

三是尊重基层群众的首创精神，善于发现群众在生动丰富的实践中创造的新鲜经验和有益探索，集中民智、汇聚民力，及时加以总结提炼、复制推广，为政法工作注入源源不断的新鲜血液和生机活力，使政法工作把握规律性、富于创造性。

四是善于宣传群众、发动群众、组织群众、引导群众。“一切法律之中最重要的法律，既不是刻在大理石上，也不是刻在铜表上，而是铭刻在公民的内心里”，生动地说明了法律的权威源自人民的内心拥护和真诚信仰。我们既要善于“键对键”，又要善于“面对面”；既要解开群众的法结，又要解开群众的心结；既要懂法言法语，又要讲群言群语；既要讲明法理，又要讲明事理、讲透情理，让当事人赢得堂堂正正、输得口服心服，做到案结事了、息访罢诉，化干戈为玉帛，从源头上化解矛盾。

（四）虚心接受人民群众的监督

司法是公平正义的最后一道防线，司法公正对社会公正具有重要的引领作用，司法不公对社会公正具有致命的破坏作用。任何权力都具有天然的扩张性，司法权也是如此。我国已建立了以党内监督为统领的权力监督体系，其中人民群众的监督即社会监督是重要组成部分。要把对政法工作的满意度的表决器交给人民群众，把人民群众赞成不赞成、同意

不同意、满意不满意作为评价衡量政法工作的根本标准，要进一步畅通听取群众意见、接受群众评议的渠道，创新完善准确反映群众对平安建设(综合治理)、扫黑除恶专项斗争、政法领域改革等的认可度和满意率的考核评价体系，使之真正成为我们改进政法工作的源泉和动力。

坚定不移地推进政法领域反腐倡廉建设。“公生明，廉生威”，习近平总书记指出，执法司法是否具有公信力，主要看两点，一是公正不公正，二是廉洁不廉洁。政法队伍肩负责任重、手中权力大、面临诱惑多，必须打造一支纪律严明、行为规范、作风优良的政法铁军，建设过硬政法队伍。对队伍建设中存在的突出问题，我们要清醒认识、高度重视。以政治建设为统领，推动全面从严治党、全面从严治警落实落深落细。要以零容忍的态度，以眼睛向内、刀刃向内、刮骨疗毒、猛药除苛的勇气，以最坚决的意志、最坚决的行动，清除队伍中的害群之马，扫除政法领域的腐败现象，确保队伍绝对忠诚、绝对纯洁、绝对可靠，坚决守住公平正义的最后一道防线。

(原文刊载于中央政法委《长安》杂志2019年第9期。)

法治评估的实践反思与理论建构
——以中国法治评估指标体系的本土化建设为进路

张德森*

摘　要：随着法治进程的推进和社会发展的需要，法治评估活动得以在中国兴起。中国法治评估的形成建立在相应的理论、技术、制度和现实基础之上。国外法治评估模式的引入不断引发法学理论和实务部门的关注与讨论，中国的法治评估活动方兴未艾。但在中国法治评估实践中，仍然存在制度指向混乱、量化研究方法功能局限、数据样本独立性和有效监控缺失、区域化法治评估的正当性质疑等问题。建设中国本土化的法治评估指标体系，应当明确法治评估的制度指向、综合量化与质性方法、建立法治评估的监督复核程序、保持法治评估的开放性与纠错性。

关键词：法治评估；量化方法；法治评估指标；开放性

构筑法治社会是近代以来世界各国人民的不懈追求，人们对法治倾注了无限的希冀并为之向往。“从国际经济领域的投资合作，到人道援助的成效考虑，一国的法治状况都受到相当多的关注，客观和准确地评估一国法治状况就成为一种现实需要。”①以往国内学者对法治的探讨多侧重于理论路径的研究，随着实证研究方法不断被引入到法学研究领域以及不同学科交叉影响日益深化，法治建设状况的量化评估迈出了实践性的步伐。近年来，我国不少地方人民代表大会、法院检察院开展量化绩效考核，地方政府也纷纷以法治评估为契机推进区域治理法治化。在此背景下，通过对法治评估②进行理论溯源、价值衡量来分析法治评估的正当性和合理性，再通过对法治评估实践中几个误区的梳理来探讨当前我国法治量化评价中的不足和缺陷，并针对我国普遍开展的法治评估模式提出富有建设性的

---

* 张德森(1965—　)，男，湖北仙桃人，法学博士，博士后，中南财经政法大学法治评估研究中心主任，法学院教授，博士生导师。湖北省法学会法理学研究会副会长，湖北省法学会行为法学会副会长。主要从事法理学、立法学与法治评估学研究。

① 钱弘道、戈含锋、王朝霞、刘大伟：《法治评估及其中国应用》，载《中国社会科学》2012年第4期。

② 钱弘道对法治指标和法治指数作出区分，认为指标是对评估内容和要素作出的进一步解释，而指数则是以量化方式确定的指标权重及其等级。笔者未对其两者的适用作出界分，而是以法治评估涵盖二者，因为法治指数本身具有明显的量化色彩，而法治评估尽管在现阶段以量化为主要方式，但不排斥其他方法的后续融入，更具有开放性和吸纳性，所以本文适用的是法治评估一词而非法治指数。钱弘道、戈含锋、王朝霞、刘大伟：《法治评估及其中国应用》，载《中国社会科学》2012年第4期。

思考是极富意义的尝试。

一、法治评估指标体系的形成基础

(一)法治评估的理论基础

法治评估指通过建立法治指标及其他实证方法对国家、地区抑或是社会的法治状况进行评价的系统工程。法治评估的关键在于提取与公认的、确定的法治概念相对应的法治指标。而这在法治理论研究中早已为学者们提出，亚里士多德提出法治的双重意义,① 可以理解为法治指标的萌芽状态。古罗马和中世纪时期，法治的细化趋势也未停止，并形成三项法治划分的共识。② 自由资本主义兴起以后，学者们对法治指标的划分也趋于精细，马克斯·韦伯提出法治秩序的主要标准、③ 富勒提出法律的内在道德亦即法治的八项指标、④ 拉兹提出合法性法律模式的八项构成要素、⑤ 菲尼斯提出法治八项要件⑥等。我国学者们吸收了西方学者的法治指标理念，并基于本土法治国家建设的特征和需求，提出了中国法治建设的指标或标准。李步云提出法治国家的十项原则和要求,⑦ 张文显提出实现法治国家的技术条件,⑧ 夏勇提出法治的十大规诫⑨等。学理上概括的法治指标，历经由

① 其一是已制定的法律得到普遍的服从，其二是普遍服从的法律是良法。参见[古希腊]亚里士多德:《政治学》，吴寿彭译，商务印书馆 1965 年版，第 199 页。

② 夏勇将资本主义以前的法治观念总结为“法律至上”、“权利的分立与制衡”、“法律是普遍客观和公正的”。参见夏勇:《法治是什么—渊源、规诫与价值》，载《中国社会科学》1999 年第 4 期。

③ 包括“行政活动的持续性”、“权责分明”、“公务员的独立化与专业化”，等。参见季卫东:《以法治指数为鉴》，载《秩序与混沌的临界》，法律出版社 2008 年版，第 56 页。

④ 亚里士多德的界定属于形式法治标准的萌芽状态，包括具有一般性、颁布、法不溯及既往、清晰性、避免内在矛盾、不应要求不可能之事、连续性、官方行动与公布的规则之间的一致性。参见[美]富勒:《法律的道德性》，郑戈译，商务印书馆 2005 年版，第 55~96 页。

⑤ 包括可预期且公开明确、相对稳定、特别法的制定受公开、稳定、明确和一般规则指导、司法独立、遵守自然正义原则、法院对其他原则的实施有审查权、法院易被接近、预防犯罪的机构不滥用裁量权。参见[英]约瑟夫·拉兹:《法律的权威》，朱峰译，法律出版社 2005 年版，第 187~190 页。

⑥ 第一是法律对未来发生作用，而非溯及既往；第二是法律并非以任何方式都不可能被遵守；第三是必须公布；第四是必须清晰；第五是必须与其他规则相一致；第六是足够稳定；第七是制作适用于相对有限情况的判决和命令受已经公布的、清楚的、稳定的、相对普遍的规则的指导；第八是有权以官方地位制定、实施和适用规则的人，有责任遵守应当适用于他们的规则，还要确实一贯的实施法律，与法律要旨保持一致。[美]约翰·菲尼斯:《自然法与自然权利》，董娇娇等译，中国政法大学出版社 2005 年版，第 216 页。

⑦ 包括法制完备、主权在民、人权保障、权力制衡、法律平等、法律至上、依法行政、司法独立、程序正当、党要守法。参见李步云:《法理探索》，湖南人民出版社 2003 年版，第 9~13 页。

⑧ 社会主义法治国家的现实目标，包括完备统一的法律体系、普遍有效的法律规则、严格的执法制度、公正的司法制度、专门化的法律职业等。参见张文显主编:《法理学(第三版)》，法律出版社 2007 年版，第 93~95 页。

⑨ 参见夏勇:《法治是什么——渊源、规诫与价值》，载《中国社会科学》1999 年第 4 期。

简单到复杂、由模糊到明晰的发展过程，形成了内容丰富且层次多样、从普遍性法治准则到带有地方特色的法治标准，成为衡量现行法治状况的理论依据，也构成了法治量化评估的理论基础。现代各国，无论是成文法国家还是判例法国家，在保持法治价值追求的同时，也开始在法治的形式上相互借鉴和学习，促使法治的概念、特征、标准出现趋同的样态。由此，在世界较大范围内形成规范统一的法治评价体系也具有了合理性。

（二）法治评估的技术基础

在法治的概念和形式可按照要素或指标划分的前提下，如何将法治的各种属性和特征抽离成各种可测的、可数据化的指标进而构成量化评估体系，需要具有可行性的技术支持。这种技术支持主要源于指标自身的认知功能和先进的统计分析技术。首先，法治指标具有认知功能；法治指标作为一种测量尺度，能够准确的描述、反映、比较和评价法律现象及其发展与变迁的规律，① 能够实现对已定制度目标的明确和可测，能够准确反映法治建设中存在的普遍性问题和缺陷。认知功能强调法治指标具有可计量性、② 概观性、③ 现实性，④ 通过对法治概念的层级操作，能够使抽象概念下降到经验层次，形成可实际测量的法治指标。通过数据汇总并按照权重折算成为直观数字，可以评估区域对象的法治程度，对比不同区域的法治差异，并引导社会成员对法治建设形成最优行动选择。其次，量化技术的成熟与进步；在现代社会科学的研究中，以统计分析为核心的实证定量研究已经成为主流趋势。经过几十年的实践，量化技术包括指标操作、抽样策略等都较为成熟，统计应用也从最早的简单百分数等统计量发展到回归和方差分析，再发展到多元统计分析、结构方程模型等。这些技术准备使得量化研究在法学领域中的运用成为可能，白建军对死刑阶梯的量化研究已是明证。⑤ 特别是统计分析技术的不断进步，通过客观计量和统计能够把握研究对象的共性问题，为法治评估的量化研究提供了充分的技术保障。

（三）法治评估的制度基础

世界上绝大多数国家以法治作为立国之本，法治已经成为世界人民的共识，而法治评估的制度前提就是各国政府对法治形式的确认，这也是法律评估的体制性进路得以成行的关键。而钱弘道在此基础上提出体制性进路虽范围较窄，但易于指数的确定，⑥ 这些研究

① 参见冉井富：《论法治指标的认知功能及其局限性》，载《汕头大学学报（人文科学版）》1999 年第 2 期。

② 可计量性指法治指标所提供的信息和数据是具体、精确、直观的，是可以计算且可以用于横向比较的。

③ 概观性指法治指标区别于法治理论研究和实证研究中的个案研究的功能，通过科学的样本收集方法能够描绘某个国家、地区的整体法治图景，具有宏观性、同时也具有概括性。

④ 现实性指法治指标是法治建设的现实反映，能够客观、真实的反映法治实施的运行现状、运行效果和运行变化等。

⑤ 参见白建军：《死刑适用实证研究》，《中国社会科学》2006 年第 5 期。

⑥ 钱弘道、戈含锋、王朝霞、刘大伟：《法治评估及其中国应用》，载《中国社会科学》2012 年第 4 期。

从实证方法上确认了制度性进路的可操作性及科学性。法治评估的体制性路径要求评估研究的区域或国家以法治作为国家治理的基本方式，而法律全球化的背景下无论是国际法的国内化还是国内法的国家化，实际上都导致了在一国或一地区范围内的法律制度在更大范围甚至世界范围内得到推广，① 而法律制度的通用也保证了世界范围内法治评估的有效与价值。20 世纪 70 年代末以来，中国在制定法律的过程中广泛地吸收和借鉴了外国法和国际惯例，这些通用的制度规范在长期的适用调整中不断修改和增补，逐渐融合中国本土法治现实和法治需求而形成了具有全球化特征同时兼具地方性特色的中国社会主义法律制度。2011 年 10 月，国务院办公厅发布《中国特色社会主义法律体系》，实则是对业已形成并普遍适用的法律制度化、体系化的确认，而健全成熟的法律制度及其推行实施恰恰构成了法治评估的制度性基础，保证了以制度性进路开展法治评估的现实可行性。

(四)法治评估的现实基础

中国是全球法治化进程中的一员。1999 年第九届全国人民代表大会第二次会议通过宪法修正案，将《中华人民共和国宪法》第五条增补一款为：“中华人民共和国实行依法治国，建设社会主义法治国家”，在国家层面上确定了依法治国的道路指向。中国共产党的十五大报告、十六大报告分别以“坚持党的领导、人民当家作主和依法治国有机统一”、“深入落实依法治国基本方略列入实现全面建设小康社会奋斗目标”作为对依法治国的纵深推进。中国共产党的十八大报告更是提出“全面推进依法治国”，“加快建设社会主义法治国家”，将法治治国提升至新的高度。与之相对应的是各级政府、社会团体、个人的职务行为、组织行为、个体行为也被纳入到法治轨道当中。法治成为创造新型社会的工具、组织和改革社会的手段，② 已经成为共识。虽然这一过程已经历经十几年的时间，对中国法治建设所处的阶段、状态和普遍性问题，学术界仍然没有形成客观统一的认识。学者们对中国法治的现状褒贬不一，甚至有人仅基于个案材料对法治建设的成绩持质疑态度，做出以偏概全的评价。

法治评估模式恰能回应这一悬疑，按照季卫东的归纳，法治指数能够实现对不同社会体制和文化的比较，为改造权力结构提供更清晰的蓝图，以及使法制建设的具体举措和绩效的评价趋于统一化。③ 法治评估通过量化手段能够从整体上分析中国法治法治的状况、程度、问题，能够从纵向上反映法治建设的成绩和不足，从横向上反映不同地区法治建设的类似与差异，促使不同国家、地区之间进行法治领域的比较与沟通，甚至能为现行法律体制的发展完善提供指引，追求更高水平的法治，改善法治环境。以至于马怀德提出将“法治 GDP”纳入领导干部政绩考核体系，因为在中国推行法治与发展经济一样，需要来自政府的强大动力，而“包括法治指标在内的较为全面的政绩考核标准，恰恰能够提供这

① 朱景文：《全球化条件下的法治国家》，中国人民大学出版社 2006 年版，第 2 页。

② 参见刘武俊：《在法治框架内推进社会管理创新》，《人民日报》2012 年 5 月 16 日第 17 版。

③ 包括“行政活动的持续性”、“权责分明”、“公务员的独立化与专业化”，等。参见季卫东：《以法治指数为鉴》，载《秩序与混沌的临界》，法律出版社 2008 年版，第 55 页以下。

样的动力。”①这也反映了法治指数评估体系对落实依法行政，推动法治进程的现实意义。

二、中国法治评估指标体系的形成与实践

(一)全球化法治评估指数的出现与引入

尽管国内外诸多学者在理论层面早已就法治的指标化作出了解释和界定，但从操作层面而言，较早建立系统的法治指标体系当属美国学者伊万，伊万在1968年将法律指标与社会指标结合起来，提出70个具体指标；1979年，梅里曼、克拉克和弗里德曼在欧洲和拉丁美洲国家法律与发展专项研究中，将法律制度分为立法、行政、司法等六个方面，并将每个方面分为机构、工作人员、程序和消耗资源四个方面，形成法律制度的分析结构。② 截止到1999年10月，专门编制民主、法治、治理等相关指数的研究报告与出版物至少有十多种，例如《世界自由度指数》、《欧洲自由指数》、《国家风险评论》、《世界发展报告》、《全球国家风险指南》、《国家风险服务》、《全球竞争力调查》、《转型国家》等。③ 2005年世界银行发布《国别财富报告》，正式提出“法治指数”的概念，以全球120个国家和地区为样本对公民守法意识及对该国法律制度的信任程度进行评判。④ 2007年，由维拉司法研究所及阿尔特斯全球联盟主持的“世界正义工程”在沿袭西方法治理念的基础上确定了以合法政府、公布法律、正当程序、可实现的司法正义为原则的法治评估指标体系。⑤ 近年来，随着视野的开阔和认识的深化，特别是国家以社会系统工程为框架在各个领域推行目标管理模式，法治指标作为一种衡量标准和研究方法在各国得到了较为广泛的应用，例如美国政府颁布《政策规定绩效分析》,⑥ 对政府工作的合法性和合理性进行考评，诸如此类的实证性的法治指标体系日益增多。香港法治指数调研标识着法治评估开始引入并应用于中国部分地区，而随着“法治评估试验田”的余杭法治指数在2006年的发轫，法治评估作为中国法治建设的一种制度创新和方法创新模式得以兴起。

(二)中国法治评估的研究与实践

随着中国法治建设的发展，特别是2004年中国首部法治蓝皮书《中国法治发展报告NO. 1(2003)》的发布以来，法治建设的关注重点从最开始的“热点问题”个案解读逐渐发展为对行政体制和司法改革实践研究的关注，再发展为对“国情调研”和“地方法治”等明显带有量化特色的实证研究的关注，例如《中国法治发展报告》2011年、2012年连续收录

---

① 马怀德：《法律实施有赖于“法治GDP”的建立》，《人民论坛》2011年第29期。

② 参见朱景文：《现代西方法社会学》，法律出版社1994年版，第43~45页。

③ 转引自占红沣、李蕾：《初论构建中国的民主、法治指数》，《法律科学》2010年第2期。

④ 参见The World Bank：*Where is the wealth of Nations*? The World Bank Publish，2006，pp. 13-14。

⑤ 参见Mark Agrast，Juan Carlos Botero，and Alejandro Ponce：*The World Justice Project Rule of Law Index 2011*，The World Justice Project Publish，2011，p. 9。

⑥ 参见黄良进、肖松：《美国政府绩效评估法治化：历程、特点与启示》，载《学术界》2009年第3期。

了"中国政府透明度年度报告",《中国法治发展报告 NO. 10(2012)》还收录了"余杭法治指数报告"。① 法治评估因其科学性和概观性逐渐得到学术界和实务部门的认可和适用。

国内学者大多对法治评估持肯定态度。学者们的观点集中于"为什么要进行法治指标评估"、"如何进行法治指标评估"等方面,有学者从法治基本理论出发,对法治评估的前提、正当性和功能作出论述,② 也有学者关注全国性或区域性法治指标的建构③与推行。④ 正如江平评价"余杭法治指数"所言"推动政府工作,促进学界法治量化研究和创建人民表达民意的渠道",⑤ 这也是法治评估的支持者的一个共识。而质疑者多集中于指标设立的条件和功能等问题,⑥ 以及法治评估的本土化操作问题,⑦ 对当前推行的法治评估是否能够反映中国法治状态,法治评估方法是否真实有效存有质疑,而非绝对的摒弃法治评估模式。

较之学界的争议与讨论,法治实践领域早已悄然出现了以各级政府为代表的法治指标化活动。2009 年国务院办公厅发布的《关于推行法治政府建设指标体系的指导意见〈讨论稿〉》以来,从省级政府到市级政府再到县区级政府纷纷出招,制定各自的法治评价体系。例如 2010 年湖北省颁布的《湖北省法治政府建设指标体系》,2011 年辽宁省颁布的《辽宁省法治政府建设指标体系》,2012 年广州省惠州市颁布的《惠州市法治政府评价指标体系》。甚至政府系统中的某些部门也纷纷跟风,制定本系统的法治考核指标,例如 2010 年江苏省财政厅颁布的《法治财政指标体系》,2013 年国家工商总局颁布的《工商行政管理机关法治工商建设评价指标体系》等。近些年来,中国法律发展指标体系的研究为法治评估的开展奠定了一定的基础,⑧ 指标立法后评估和司法绩效评估⑨等立法、司法领域内专项

---

① 《中国法治发展报告》关注重点的转变可从每年目录的变化中发现。2003 年报告中突出强调个案形式的"热点问题报告",而到 2008 年、2009 年法治改革、法治建设、法治实践成为报告的主体内容。2011 年、2012 年更是将实证调研、指标数据资料作为其重要组成,在"国情调研"和"地方法治"栏目中列入部分全国性量化数据和区域性量化数据报告,体现了法治研究方法的创新和突破。

② 参见戢浩飞:《法治政府指标评估体系研究》,载《行政法学研究》2012 年第 1 期;包万超:《法治政府的标准及其评估体系》,载《湖南社会科学》2013 年第 2 期。

③ 参见袁曙宏:《构建中国法治政府指标体系》,《中国法律》2007 年第 1 期;廖奕:《法治如何评价?——以地方法治指数为例》,载《兰州学刊》2012 年第 12 期。

④ 参见钱弘道:《余杭法治指数的实验》,载《中国司法》2008 年第 9 期。

⑤ 璩静、张乐:《量化法治,杭州余杭出炉内地首个法治指数》,《新华每日电讯》2008 年 6 月 15 日第 1 版。

⑥ 参见志灵:《"法治指数"无法衡量所有的法治现状》,载《法制资讯》2008 年第 4 期;陈林林:《法治指数中的认真与戏谑》,载《浙江社会科学》2013 年第 6 期。

⑦ 参见姚建宗:《法治指数设计的思想维度》,《光明日报》2013 年 4 月 9 日第 11 版。

⑧ 参见朱景文:《中国法律发展报告——数据库和指标体系》,中国人民大学出版社 2007 年版,第二篇"法律实施",第 171~453 页;朱景文:《中国特色社会主义法律体系:结构、特色和趋势》,载《中国社会科学》2011 年第 3 期。

⑨ 参见张禹:《立法后评估主体制度刍议》,载《行政法学研究》2008 年第 3 期;丁贤、张明君:《立法后评估理论与实践初论》,载《政治与法律》2008 年第 1 期;刘松山:《全国人大常委会开展立法后评估的几个问题》,载《政治与法律》2008 年第 10 期。

评估的广泛开展也为法治评估积累了相当多的经验教训。以中国内地首个法治评估系统的实验地余杭为例，余杭设置党委依法行政等九组指标，以客观数据、考评及民调为方式，并设置内部组、外部组和专家组对调查结果进行评议，① 虽涉及层面较为狭窄，内容相对简单，但其结合余杭区的法治现状，以体制性进路作出的操作化指标保证了数据的丰富性和受访主体的多样性，具有积极和进步意义。

三、中国法治评估面临的问题与挑战

正如吉尔兹所言："法学与民族志，一如航行术、园艺、政治和诗歌，都是具有地方性意义的技艺，因为它们的运作凭靠的乃是地方性知识。"②法律自身具有地方性知识的属性，由此决定了法律动态运作的法治活动无法摆脱地方性特征，而作为法治活动中组成部分的法治评估也必须结合中国自身的体制结构特征、法律文化特征和公民意识状态作出，否则就可能会导致法治评估出现"南橘北枳"的局面。余杭法治指数的研究者也认识到中国本土资源的作用，指出"余杭法治指数借鉴了香港模式，同时根据地区法治发展的现实进行了创新，考虑地区经济政治体制及法治发展水平等因素"。③ 那么，以余杭法治指数为代表的法治评估实践是否契合中国法治的本土情境，已开展的区域法治评估是否建立了富有操作性和科学性的评估方法，是否真正起到评价、预测以及引领法治发展的科学效果，是否真正成为"中国法治评估的试验田"。以下几组现实问题仍需回应与商讨。

（一）法治评估的制度指向混乱问题

与法治的实践需求相呼应，人们对法治的认识历程，可以概括为正名法治、定义法治和量化法治三个主题环节，它们既共时共存，又陈陈相因。④ 量化法治的重要特征在于其实践性，而其实践性的前提和基础在于定义法治。如果说正名法治即中国为何推行法治已经达成共识的话，定义法治即什么是法治的问题历经千年，世界范围的学者们经历了从简单到复杂的思考过程而终未形成统一观点。马克斯·韦伯、富勒等人对法治的抽象界分也多集中于形式法治而非实质法治，蕴含价值评判功能的实质法治无法达成共识也可能与世界各国、各地的地方性知识的差异相关，这也直接导致研究者采取体制性进路进行法治评估成为可能引发争议较小的从优选择。

而就体制性进路而言，因其以制度结构要素作为指标划分的依据，研究的基点即制度指向尤为重要。但在法治评估方面，实践面向上的制度指向仍存在模糊和混乱的问题。当前中国法治指标的制度指向中常用的三组概念，即法治国家、法治政府、法治社会。这三

① 参见钱弘道：《2011 年度余杭法治指数报告》，载《人民司法》2012 年第 11 期。

② ［美］克利福德·吉尔兹：《地方性知识：事实与法律的比较透视》，邓正来译，载梁治平主编：《法律的文化解释》，三联书店 1994 年版，第 73 页。

③ 钱弘道、戈含锋、王朝霞、刘大伟：《法治评估及其中国应用》，载《中国社会科学》2012 年第 4 期。

④ 参见张志铭：《"量化法治"的实践之道》，《检察日报》2013 年 7 月 16 日第 3 版；另参见张德森、李朝：《中国法治评估进路之选择》，载《法商研究》2014 年第 4 期。

个概念单独使用时，法治国家可指整个公权力的法治化；法治政府既可指广义政府行使国家公权力的法治化，也可指狭义政府行使国家行政权的法治化；法治社会既可指广义社会的法治化，也可指狭义社会的法治化。而这三个概念在同一时空使用时，法治国家指整个国家权力的法治化；法治政府仅指国家行政权行使的法治化；法治社会仅指政党和其他社会共同体行使社会公权力的法治化。① 可见，法治国家与法治政府的区别在法治国家主要指向国家的基本制度、权力配置等基础性内容，法治政府则主要指向行政机关，而法治社会还包括整个的非政府层面的、社会上的各类问题，主要有社会事务的管理、社会组织、社会生活，涉及社会安全、社会矛盾处理、社会福利等诸多内容。它们所关注重心和范围存在细微的差异，而由此延伸分类而出的法治指标也难以在范围和内容上达成一致。

而在中国各地法治评估实践中，分别以此三组概念为基础形成了林林总总、形色各异的各类指标体系，甚至已经出现了各自为战或者混合使用的局面。如以法治政府为基础的国务院和各省级机关的“法治政府指标体系”、② 行业机构的“××法治指标体系”，③ 以法治国家或地区作为基础的市区级机关的“法治城市建设指标体系”，④ 以及将三者混同使用的其他区域性法治指标。例如，余杭法治指数提出的九组指标中与各省市推行的法治政府指标在“依法行政”、“规范市场”和“监督体系”方面一致，而在其他方面指标却又各有侧重和不同；⑤ 2010 年湖北省已经颁布实施《湖北省法治政府建设指标体系(试行)》，2013 年又再次建立“法治湖北”指标体系。⑥ 可以看出，无论在时间维度还是在空间维度上，中国各地法治指标的体系结构和内容向度均尚未达成统一与规范的标准。法治指标体系的功能在于建立并运用来对国家或区域的法治状况作出客观而量化的描述，但在中国内地这个法制体制统一的范围内，不同地区、行业却出现各自为政、各自评估的局面。自己做自己的评委，与其他地区无涉的作法是否能够准确评价法治建设状态呢？这点仍存有质

---

① 参见姜明安：《论法治国家、法治政府、法治社会建设的相互关系》，载《法学杂志》2013 年第 6 期。

② 2009 年国务院办公厅发布《关于推行法治政府建设指标体系的指导意见(讨论稿)》；2010 年湖北省颁布实施《湖北省法治政府建设指标体系(试行)》；2011 年北京市政府下发《关于加强法治政府建设的实施意见》，2011 年辽宁省颁布实施《辽宁省法治政府建设指标体系》；2013 年 4 月发布《广东省法治政府建设指标体系(试行)》；2011 年江苏省颁布实施《江苏省法治政府建设阶段性目标考核评价办法》，2011 年四川省颁布实施《四川省市县政府依法行政评估指标》。

③ 2013 年国家工商总局颁布《工商行政管理机关法治工商建设评价指标体系》；2012 年江西省宜春市工商管理局颁布《宜春市工商系统法治工商建设考核指标体系》；2010 年江苏省财政厅颁布《法治财政建设指标体系》。

④ 2008 年青岛市普法办公室发布《青岛市创建法治城市目标责任分解》和《青岛市开展法治城市自测评估体系》；2008 年深圳市颁布实施《深圳市法治政府建设指标体系(试行)》；2012 沈阳市人民政府颁布实施《沈阳市法治政府建设指标体系》；2012 年 1 月广东省惠州市人民政府颁布实施《惠州市法治政府评价指标体系(试行)》。

⑤ 以法治政府指标体系中的《深圳市法治政府总指标体系》为例，余杭法治评估的指标增加了对党委、司法机关、民主政治、全民素质和社会秩序等方面的考察内容。

⑥ 参见方政军、李鹏翔：《“法治湖北”指标体系建设论坛在武汉召开》，http://news.xinhuanet.com/local/2013-10/01/c_117579660.htm，2013 年 10 月 1 日。

疑。而同一地区并行的不同法治评价指标体系之间是相互补充还是相互拆台，抑或是各自为战，也很难作出合理和科学的解释。正如克里福德·科布和克雷格·里克斯福德所言“有效的指数需要一个清晰的概念基础”,① 显然我们尚未达成。

(二)法治量化研究方法的功能局限

法治量化评估有助于衡量和评价法治状态，但是量化研究方法亦存在先天不足。量化研究具有描述普遍性和整体性的功能，涂尔干在《自杀论》中用社会事实的因果关系分析反常的自杀，得出当个体同社会团体或整个社会之间的联系发生障碍时，会发生自杀现象的结论,② 就是很好的例证。但是量化研究自身具有局限性，如果未得到恰当和谨慎的使用，就可能形成不科学、不真实的结论。其一，量化研究本身的价值维度。“经验科学不能教给某人他应当做什么，而是只能教给他能够做什么，以及在具体条件下他想要做什么”,③ 在量化研究资料的收集和统计分析中可以通过技术手段做到价值中立，但指标确立却必然面临价值判断和选择，如何保证法治指标尊重法治基本规律并如实反映社会现实？公众的参与与利益相关者的会晤可以是保证民主和公正的最好方式，指标的设置程序需要更好的公众参与过程,④ 而中国各地评估实践中法治指标的设置明显缺少公众参与的内容，更没有公众建议并达成共识的环节。其二，以定性判断为前提导致同类指标的数据缺乏可比性。指标的设置前提主要指对影响调查目标实现的各种要素的认定，这些要素判断很大程度上影响到指标设计的内容及不同区域间同类目标的可比较性。以余杭法治指数为例，研究者将指标设计前提定义为“地区经济政治体制、法治发展水平等差异”，这种模糊的定性判断使余杭指标的成果在全国范围内进行推广成为难题。其三，指标自身不能完全反映法治现实。指标可以将复杂的信息数量化或图表化，帮助我们理解复杂事物的整体样态。但每一个指标都是一系列复杂事件的有缺陷的代表，即使最好的指标也只是对背后现实片段的测量。⑤ 如果盲目的推崇法治指标而放弃其他方法，将可能导致对指标背后的法治现实形成错误的认识。事实上，在量化方法诞生的社会学、经济学领域，量化方法的有限性早已形成共识,⑥ 尤其是在社会指标的设置和使用上，也往往结合定性方法，以保证调查结果的真实性和深入性。

---

① [美]克里福德·科布、克雷格·里克斯福德：《社会指标的历史教训》，宾建成译，载《经济社会体制比较》2011 年第 5 期。

② 第五章“反常的自杀”，参见[法]埃米尔·迪尔凯姆：《自杀论》，冯韵文译，商务印书馆 2008 年版，第 258~302 页。

③ [德]马克斯·韦伯：《社会科学方法论》，李秋零，田薇译，中国人民大学出版社 1999 年版，第 4 页。

④ 参见[美]克里福德·科布、克雷格·里克斯福德：《社会指标的历史教训》，宾建成译，载《经济社会体制比较》2011 年第 5 期。

⑤ 参见[美]克里福德·科布、克雷格·里克斯福德：《社会指标的历史教训》，宾建成译，载《经济社会体制比较》2011 年第 5 期。

⑥ 参见尹海洁：《科学的方法应予以科学的应用》，载《社会学研究》2000 年第 6 期；风笑天：《社会学方法二十年：应用与研究》，载《社会学研究》2000 年第 1 期。

(三)法治评估数据的独立性与监控缺失

法治评估的真实与有效不仅源于指标设计的合理性和科学性，是否能够真实的收集资料、获取样本更是法治评估成功与否的关键，甚至决定了评估活动的价值和意义。目前，中国法治评估实践活动对数据收集的价值与作用有所忽视：其一，抽样方法的混乱。抽样是一种选择调查对象的程序和方法,① 抽样调查本身必须有整套严密思索且符合数理原则的选择程序才能保证调查结果的使用价值。② 科学合理的法治评估问卷，只有通过概率抽样方法从整体框中抽取样本，才能保证样本的代表性和推论总体的可能性。在人口普查中提取相关数据也是有效的方法,③ 但普查中不可能过多涉及法治指标的内容，抽样仍是无法回避的方法。以余杭法治指数的调查为例，其设计的主观指标"人民群众满意度调查问卷"是通过实地民调500份以及网络民调649份④完成的，但网络调查本身是典型的非随机抽样，实地调查的问卷来源是采用分层、多段、整群、简单随机等随机抽样方法，还是方便抽样、配额抽样和立意抽样也没有作出解释和说明，以此样本数据是否能够对余杭居民的法治满意度作出推论也存在疑问。其二，样本数据质量监控问题。样本数据的真实性可能是量化研究最关注的操作问题，就余杭法治指数而言，客观数据来源于相关机构的统计数字，其数据的真实性处于无监督状态。以余杭信访局提供的"信访案件结案率"指标为例,⑤ 2007年到2011年信访结案率均在99%以上，此类数字关乎政府机关的政绩，未经调取复核原始材料无法判断其真实性。而主观数据的复核主要可以采用回访等方式，实地调查的问卷尚可通过电话回访、实地回访等方式确认，但网络民调却无法复核查真。第三，研究人员的独立性问题。世界正义工程采用的是第三方介入的方式,⑥ 而在余杭法治评估中则转变为政府合作模式，政府既是被调查主体，又是与专家学者配合的资料收集主体，还是保证资料真实性的监督主体,⑦ 尽管这与我国政府主导型的评估现实有关，但由此对数据的真实性产生怀疑也是合理的。特别是法治评估的结果用做评估官员表现的依据，那会促使被评估的官员对法治评估进行干预，令评估的可行性及公正性受质疑，甚至容易成为投机者和政绩工程的工具，损害我国现行法治的良性运行和渐进发展。

(四)区域化、行业化法治评估模式的正当性质疑

中国当前的法治评估呈现明显的区域化和部门化特征。而所谓的"县际竞争"式的经

---

① 参见袁方主编：《社会研究方法教程》，北京大学出版社1997年版，第199页。

② 参见卢汉龙：《注意社会调查中的科学程序问题》，载《社会》1986年第6期。

③ 参见 Mark Agrast，Juan Carlos Botero，and Alejandro Ponce：*The World Justice Project Rule of Law Index 2011*，The World Justice Project Publish，2011，p. 14。

④ 参见钱弘道：《余杭法治指数的实验》，载《中国司法》2008年第9期。

⑤ 参见钱弘道：《余杭法治指数的实验》，载《中国司法》2008年第9期。

⑥ 参见 Mark Agrast，Juan Carlos Botero，and Alejandro Ponce：*The World Justice Project Rule of Law Index 2011*，The World Justice Project Publish，2011，p. 15。

⑦ 钱弘道、戈含锋、王朝霞、刘大伟：《法治评估及其中国应用》，载《中国社会科学》2012年第4期。

济发展模式是否能够适用于法治评估，由各地政府主导或参与的法治评估会不会产生自己做自己裁判的后果，现实中存在这种可能性。① 从当前的制定和实施情况来看，我国制定的各类法治指数比较复杂，既包括中央政府层面的《关于推行法治政府建设指标体系的指导意见(讨论稿)》，又有各级地方政府制定，诸如北京市政府下发《关于加强法治政府建设的实施意见》、辽宁省颁布实施《辽宁省法治政府建设指标体系》、江苏省镇江市人民政府颁布实施《镇江市法治政府建设考核评价办法》等；甚至于在不同行业或部门内部也形成行业法治指标，例如江西省宜春市工商管理局颁布《宜春市工商系统法治工商建设考核指标体系》、江苏省财政厅颁布《法治财政建设指标体系》等，这一种类繁多内容多样的法治指标模式在推行中自然而然出现了多元化法治景观。

而这一多元化的法治景观不同于当前全球化背景下不同组织或机构采取制度性进路或价值性进路产生的评估内容差异，而是我国法治指标缺乏在全国范围内的统一性和权威性。事实上，无论法治国家、法治政府还是法治社会，法治评估最具现实性的价值一直是在全国范围内形成规范统一的法治评价标准，能够实现对各地、各行业之间的互比互评。不能实现区域对比的法治评估，很难在国家层面上梳理和查找法治进程中的疏漏与问题，也很难承担起推动中国法治进程、成为法治发展增长点的角色。以余杭法治评估实验为例，研究者设计余杭法治指标时采用价值判断的方式设定前提条件，可能阻断了不同地区实现横向比较的可能性，无法在国家层面上作出对中国法治的整体性评估。在法律制度的国与国之间移植方面考虑本国的地方性知识和本土资源自然无可厚非，但具体到国内的不同地区，过分强调彼此间的差异则可能会误导本身具有同质性的法治模式，导致各自法治评估的自我衡量和自我满足，从长远来看不利于中国法治的全局评价和整体发展。此外，特定区域内法治评估的纵向比较，也往往会出现以法治情境的变迁为由对法治指标作出改动，这种指标变动也会促使法治评价结果的“合目的化”和“非客观化”。克里福德·科布和克雷格·里克斯福德提出，“如果你控制了资源，你就有可能从指标走向结果”,② 法治指标丧失科学性的同时也极易出现“操纵的结果”。更严重的是，这种区域性和行业性法治指数甚至可能成为地方或行业竞争的工具，形成法治割据或法治割裂局面。

其实，早在 1997 年中国共产党第十五次全国代表大会已经正式提出“依法治国”指导方略，法治的重要作用已经被接受和认识。随着立法、行政及司法改革的推进，特别在 2011 年中国特色的社会主义法律体系形成以后，法治领域的改革和创新也已经成为衡量地方政府、机关业绩的“软实力”。当前各地兴起的政府主导型“法治评估热”是法治建设的地方性需求还是地方政府政绩工程掩饰下的利益诉求，我们仍需清醒和理性的看待。

---

① 按照张五常的观点，“县际竞争”具有合约竞争的特点，存在市场的介入和资源配置的竞争机制，而郑京平更是评价了这种区域经济竞争的弊端。笔者认为法治评估不同于经济发展，一旦其成为区域竞争的焦点，也就丧失了评价的中立性和客观性，而变成标榜地方政绩的工具，这点不可取。参见张五常：《中国的经济制度》，中信出版社 2009 年版，第 158~170 页；郑京平：《“中国“县际竞争”发展模式的利弊分析”》，载《中国国情国力》2010 年第 9 期。

② [美]克里福德·科布、克雷格·里克斯福德：《社会指标的历史教训》，宾建成译，载《经济社会体制比较》2011 年第 5 期。

四、中国本土法治评估模式的反思与探索

不可否认，以余杭指数为代表的法治评估工作已经走在实践的前沿，对了解特定地域的法治状态也起到一定的描述和评价作用。而作为法治评估的“试验田”，是否在更大范围内甚至在全国范围内得以普遍推广才是衡量实验成绩和评价实验效果的标准。本文对中国法治评估实践中存在问题的商榷与探讨，绝非否定该方法明辨和助推社会主义法治进程的功能与作用，而是在结合法治理论的规律性与中国法治建设的本土特征的前提下，对法治评估的有效适用作出更切实、深入的探索，以促使法治评估真正关照中国的法治现实，成为衡量和评价、甚至助推法治的有效工具。

回到定义法治阶段，法治的发育与成长具有渐进性和进化性的自我完成特征，法治的形式内容，诸如各类法规的制定、机构的设置等较易确立，但法治的实质要素包括公平、正义、自由等基本原则的形成则需要漫长的过程和公众意识的觉醒。所以，在法治评估的建构问题上，我们要摒弃跳跃式的法治憬愿，秉承理性和谨慎的态度，以渐进的方式不断尝试、修正，以建立健全法治评估指标，完善法治评估的方法。具体而言：

(一)法治评估应明确自身的制度指向

当前法治指标的确定究竟是以“法治政府”、“法治国家”还是“法治社会”作为制度指向，各地各行业的做法存在差异，导致了指标内容和范围的大量争议，例如公众参与和民主决策是否列入等问题,① 这些争议可通过明确制度指向予以消解。在采取何种制度指向作为法治评估基础这一问题上，我们应当对三组概念的适用性作出分析。郭道晖提出法治国家是国家机器的法治化和民主化，法治社会则是整个社会的法治化和民主化，建设法治国家的同时也要求法治社会的形成。② 可以看出，法治社会偏重非政府层面和社会民众生活中的各类问题，具有自生性、渐进性和规律性。而中国的法治发展时间较短，在现实中是否已经形成法治社会要求的成熟的公民意识和权利观念仍处于争议和讨论的范畴，而就指标的有效性而言，脱离或高于中国法治实际的指标难以保证量化数据的区分度，评价效应不大或不明显。而且，以法治社会为基础建立的法治指标内容涵盖面过广，甚至与现有的部分社会指标③出现重叠的问题，也可能会造成评估成本的重复损耗。而法治政府的提法局限于依法行政方面，虽有多年形成的经验材料，但其覆盖的范围过于狭窄，甚至无法反映出我国法治建设的基本结构和法律体系的静态结构与动态运行之全貌。法治国家强调

① 参见钱弘道：《余杭法治指数的实验》，载《中国司法》2008年第9期。

② 郭道晖：《法治国家与法治社会、公民社会》，载《政法论丛》2007年第5期。

③ 社会治理评价指标体系中包括社会公平、社会保障、公共安全等指标，与法治社会涉及的社会安全、社会矛盾处理、社会福利等方面有考评内容上的重叠。“中国社会管理评价体系”课题组、俞可平：《中国社会治理评价指标体系》，载《中国治理评论》2012年第2期。

公权力的配置，简单而言更突出立法、司法和执法阶段的法治状态。由于依法治国方略已经推行多年，在各地各行业也已经形成更多的经验材料、基础数据和本土作法，例如立法后评估的广泛开展、部分地方法院早已在本系统内部推行法官绩效量化考评(当下开始注重案件质量考评)等，可以说，以法治国家作为基础进行法治指标体系的建构和适用有了相对成熟的实践基础，同时也更具有现实性和操作性。由此出发，在立法、执法、司法和公众评价领域按照层级的划分来设计指标、分解指标，在国家层面上形成具有规范性和统一性的法治指标的理论框架，保证了在全国范围内各地区各行业的法治指标具有可比性和参照性。

(二)法治评估方法应兼顾量化和质性

法治作为抽象的理论概念是否具有量化的可能性？这个问题已经毋庸置疑，余杭法治指数的研究者也提出“法治很难绝对量化，但也不是说绝对不能量化”①的观点，这正是诸多学者怀有的期冀，期望能够通过量化方法实现对中国法治发展状态的准确认识，这是一种建设性的态度。但是，量化方法使用更应当考虑到限制性因素的制约作用，否则法治评估可能会流于形式。而有效解决量化有限性，实现法治评估有效性的方法在于兼顾量化与质性方法。首先，应当扩展量化指标的深度和前展性，将量化延伸至法治指标的前置环节。对法治评估的前提条件，例如经济、文化、政策、民族等因素应当通过变量的设计和权重的分配作出调整而实现变量化，保证在全国范围内进行法治评估的跨地区比较成为可能。其次，以重大问题为标靶融入定性研究方法。世界正义工程法治指数在法治评估中提倡兼用定量和定性的方法来复检研究结果,② 香港法治评估的研究者也认为同一套数据可有不同的解读，不能直接推算出一个法治指数。例如，余杭法治评估中的司法公平正义指标中的“案件数”、“司法赔偿案件数”，数量的增减是否意味着法治水平的升降，还是与之相反，单凭量化指标无法对数据结论作出价值取向的判定。而质性研究通过采取实地体验、开放型访谈、参与型与非参与型观察、个案调查等多种方法,③ 可助于明确量化数据结论的价值指向。而且，在定量研究实现对整体的描述与比较的同时，质性研究还可以将视点集中于特定区域、特定时段、特定人群甚至个案问题，以保证对法治重大问题或事件的深度了解和剖析，这也是单纯的量化方法无法比拟的优势。

(三)法治评估应当建立规范的监督复核程序

在法治评估中，“变量的操作化、样本的删除等细微差别，都可能会导致结果很大

---

① 钱弘道、戈含锋、王朝霞、刘大伟：《法治评估及其中国应用》，载《中国社会科学》2012年第4期。

② 参见 Mark Agrast，Juan Carlos Botero，and Alejandro Ponce：*The World Justice Project Rule of Law Index 2011*，The World Justice Project Publish，2011，p. 116。

③ 陈向明：《定性研究方法评介》，载《教育研究与实验》1996年第3期。

的差异”,① 法治评估的科学化和常态化更需要良好的监督与复核机制。首先，样本数据的质量监控方面。针对法治评估的客观数据，研究者根据被调查机关提供的数据，可以通过对数正态分布检验法、奔福德定律检测等技术对异常数据进行识别，还可以随机抽取部分数据提供机构进行数据原始材料的复核；而主观数据则可以通过随机抽取问卷进行回访作出复核。其次，对法治评估活动本身的复核。研究者作为法治评估的主体，其对样本数据的分析和判断活动也应具有可评估性，这点在美国的定量研究领域已经广为提倡，例如《美国经济学评论》要求作者必须提供论文相关的数据和程序代码。② 法治评估建立数据公开和开源机制，可以排除研究者倾向于特定模型而推导出符合自己意向结论的嫌疑，也有助于避免“数据游戏”的出现。而且，数据公开机制也有助于多元主体介入到法治评估研究中，促使评估主体的多元化，也是对评估实践的丰富和充实。

(四)法治评估应当具有开放性和纠错性

法治指标体系具有“嵌入性”③的特质，其既是评价法治的机制和方法，同时又嵌入到法治进程当中，构成法治建设的一部分。而法治本身会根据社会情境的变化而产生动态和连续的细微变化，如果法治评估长期保持静态，就可能会出现不适应法治发展需求的后果，也可能会因无法兼顾时间维度差异而产生新问题、新情况。事实上，国外法治评估实践已经充分认识到这一点，例如世界正义工程的法律治理指数自 2008 年提出以来，每年都会作出修改和补充。④ 所以，法治评估应当具有开放性和纠错性，可以适时调整。法治评估内容的调整应当考虑社会公众的参与，而非仅局限于专家群体。例如，评估设计方案可以参照立法草案讨论的形式，将指标划分和计量方法的拟定标准通过网络或书籍等形式公诸于众，民间组织或学者公众均可以就草案集思广益，基于判断或自行调查对法治评估的疏漏和不适应法治需求的指标内容提出建议，这种做法不仅会促进法治指标自身的修改与完善，更会间接推动民众法治和权利意识的发育与觉醒。

此外，在调查主体多元化或者调查内容多样化的同时，需要注意的是，特定时间段不同地区的评测指标上还需要保证一致性，否则又会再度出现区域分割性的法治评估局面，不利于法治评估的稳定性和统一性。至于个别指标的争议或特定区域的地方性要素，可以

---

① 陈云松、吴晓刚:《复制性研究——社会科学定量分析新趋势》，载《评价与管理》2012 年第 4 期。

② 陈云松、吴晓刚:《复制性研究——社会科学定量分析新趋势》，载《评价与管理》2012 年第 4 期。

③ 波兰尼将提出“嵌入性”用于解释经济活动与社会的关系，这一概念因深刻而抽象而得到更广泛的适用。法治评估不能脱离法治，不能脱离法治所依赖的社会、经济关系，同时也相互作用。参见卡尔·波兰尼:《大转型：我们时代的政治与经济起源》，冯钢、刘阳译，浙江人民出版社 2007 年版，第 49 页、第 50 页。

④ 参见 Mark Agrast，Juan Carlos Botero，and Alejandro Ponce：*The World Justice Project Rule of Law Index 2011*，The World Justice Project Publish，2011，p. 8。

在统计分析的时候进行变量的单列说明或通过统计技术以量化赋分差的方式作出处理，也可以通过质性方法获取特殊个案资料对争议事项或争议数据信息作出补充和解释。的确，法治指标很难承载法治的实质特征和价值追求，但量化的手段可以分析测量法治建设的运行现状与发展规律，发现问题与查找缺漏。保持法治评估体系的开放性和纠错性，从长远来看，可以实现对中国法治的动态运行作出真实而全面的认知，促使社会主义法治建设得以全方位推进与提升。

（原文刊载于《法学评论》2016 年第 1 期。）

重构道统的可能性

——作为一种当代中国法哲学的新道统论之建构

魏敦友①

摘　要：近五百年前，中国文化遭遇西方文化从而发生巨大的全方位裂变，其中作为中国文化之核心的中国学术之裂变最为剧烈，五百年来，中国学术艰难地发生着转型，从传统迈向现代，走过了漫长的路程，虽然这一过程今天尚未完全结束，但从总体上看则处于一个逻辑的终结点上。今天中国的知识人承担着这样的学术使命，自觉地终结这五百年的文化发展逻辑，合乎逻辑地创造出中国现代学术的知识类型。中国学术走过了子学阶段、经学阶段和理学阶段，今天则合乎逻辑地过渡到法学阶段。不同时代的知识类型必有与之相适应的哲学观念为之奠基，作为今天中国学术新阶段的法学知识而言，其哲学观念必是与现代性相伴而生的，新道统论作为一种当代中国法哲学样式正是为这种法学知识奠基的。

关键词：中国问题；现代性；哲学的突破；新道统论

今天，在中国现代学术话语的脉络中，我们只在边缘化的谈论中国古典文化与哲学的学者们那里偶尔听到“道统”这个词，因此道统这个原先与我们血肉相联的观念与我们今天的生活有些隔膜了。造成这种情况的原因是多方面的，主要原因当然来自中国文化对于西方文化的全面继受。这一点在法学上体现得最为明显。我们今天所使用的所谓法言法语，基本上都来自于西方，或者说对西方法学的翻译。中国文化继受西方文化是一个漫长的过程，如果我们从明代万历年间的徐光启时代算起，到今天已经整整五百年了。对于今天的我们来说，一个非常艰辛的思想任务就是对这五百年文化发展的内在逻辑加以盘点清理，从理论上给出一个合理的说明。我认为，当代中国法哲学必须承担起这个艰巨的任务。而对这个文化发展之内在逻辑的说明，实际上是当代中国法哲学的一个基本的构成部分。

长期以来，所谓“中国问题”一直是压在中国学人心中的一块大石，但我认为，经过一百多年的知识累积，经过数代学人的艰苦思索，“中国问题”已经到了彻底解决的时候了。从今天的视野来看，“中国问题”说到底是一个意义秩序与生活秩序之生成与建构的问题。但是这个问题却被中西之争的表象所掩盖，以致问题的根本被遮蔽乃至被消解了，

---

① 魏敦友（1965—　），男，湖北仙桃人，哲学博士，湖北大学哲学学院教授，硕士生导师，主要从事法哲学研究。

"中国问题"于是成了一个中国如何学习西方、如何现代化这样一个浅薄的问题了。因此当代中国法哲学必须重思"中国问题"，必须思到"中国问题"的根本。当代中国法哲学必须对"中国问题"作出通透的说明才有可能，因为我们只有认识中国——中国到底是怎样的，理解中国——中国何以是这样的，我们才能重建中国——我们应该生活在一个怎样的意义秩序与生活秩序之中。

一、解释中国的两条思路与中国思想的自我觉醒

一百多年来，中国在遭遇到强势的西方文明之后将何去何从成了一个严峻的问题。这个问题在深处支配了中国学人的思考，但我认为，今天的我们正处在这个问题的逻辑终结处。当然我的这个判断是需要证明的，我会给出一个证明的。英国哲学家罗素在上世纪初来到中国，在对中国进行了一系列观察后写了一本书——《中国问题》。刘小枫教授也写了一本书叫《现代性社会理论绪论》，在这本书中他将中国问题与德国问题、俄国问题进行了深入的比较。在这些思想家和学者们看来，中国问题在根本上是一个中国如何实现现代化的问题。中国问题在这一思路的规范之下，中国的一种形象于是被建构起来了。按照厦门大学周宁教授的说法，这个中国形象就是在西方现代性话语结构中建构起来的停滞、专制、野蛮的帝国形象。① 周宁教授指出："西方的中国形象，关涉到西方现代性的本质、西方现代性世界秩序想象的基本模式。西方现代的中国形象研究，必须追溯到西方现代性与启蒙哲学，如果不对这个本源进行反思与批判，就不能理解西方的中国形象的真正意义。"②

对于我们来说，认真研究中国形象的这种建构机理是一个严肃的学术任务。邓正来教授在《中国法学向何处去》一书中认真地清理了今天占居主导地位的一种中国形象所依凭的知识系统，并对这种知识系统进行了卓越的批判。邓正来教授的思想可以区分为以下三个方面。

第一，知识系统决不是可以不加反思就可以随随便便接受的，因为接受一种知识系统，实际上意味着接受一种文化意义，接受一种社会秩序，接受一种生活安排。所以我们必须对我们接受的知识系统的性质进行批判性的考察。而进行这种知识学的批判性考察对于我们今天的学人来说是再严峻不过的事情了。因为我们今天的社会科学的知识系统主要来自于西方，邓正来指出："在中国现代化的进程中，应和着进步政策的意识形态化，中国社会科学知识，当然包括法律知识，为某种社会秩序及其制度类型添赋正当性意义的进程亦日益加速。从较深的层面来看，这种进程的加速实是与中国论者引进西方各种理论的知识运动同时展开的：它不仅表现为中国论者是西方各种理论的追随者，而且还更意味着西方各种理论有关人类社会秩序及其制度的图景在中国学术场域中的正当性。"③

第二，在上述观点的指引下，邓正来教授对中国现代化进程中所建构起来的中国形象

① 参见周宁：《天朝遥远——西方的中国形象研究》，北京大学出版社 2006 年版，第 415~813 页。
② 参见周宁：《天朝遥远——西方的中国形象研究》，北京大学出版社 2006 年版，第 813 页。
③ 邓正来：《中国法学向何处去》，商务印书馆 2011 年版，第 266 页。

进行了知识学的批判。邓正来认为，在引进西方知识的过程中，中国学者因为受到“现代化范式”的强力支配从而将西方理想图景误认为自己的生活图景，因此从法学上讲，我们完全有理由认同邓正来，“这是一个没有中国自己理想图景的法学时代”①。由于西方知识系统的支配，中国被解释为一个落后、传统、封建的形象。应该说，这一中国形象直到今天还占居着支配的地位。

第三，邓正来教授通过对中国形象的知识学批判中获得启示，将“中国理想图景”的观念引进法学之中，从而解构中国形象之建构的知识系统，这种知识系统在性质上是非中国的，因此作为中国学人，就必须建构起基于中国立场的知识观。邓正来教授因此而指出：“我们必须结束这个受现代化范式支配的法学旧时代，并开启一个自觉研究中国法律理想图景的法学新时代。”②“把理想图景引入对中国法学(或中国学术)的反思和前瞻，在根本上意味着我试图在中国法学的领域中，甚或在中国社会科学的领域中，把那个被遮蔽的、被无视的、被忽略的关于中国人究竟应当生活在何种性质的社会秩序之中这个重大问题开放出来，使它彻底地展现于中国人的面前，并且命令我们必须对它进行思考和发言，而绝不能沦为只当然地信奉西方理想图景之权威的不思的一大堆。”③

邓正来教授对至今占居主流地位的中国形象所依凭的知识系统进行了深入的批判性反思，具有重要的学术意义。不过在我看来，邓正来教授的工作还只是初步的。他的批判性思考虽然极具震撼性与启发性，我们完全可以将它对“中国理想图景”的吁请看成是当代中国思想的自我意识的觉醒，但还只相当于一个导言，而真正系统性的工作还在后面。

但是，尽管依凭西方的现代化范式所建构起的中国形象在百年来的中国现代化进程中占居主导的地位，然而，这并不意味着，它是唯一的思路。我认为，其实还存在着另一种中国形象以及它所依凭的知识系统。在这个知识系统脉络上的人物，据我所知的有梁启超、梁漱溟、钱穆、余英时、何怀宏、冯天瑜等人。这条思路有别于以西方解释中国的思路，而是试图以中国解释中国，从而将中国解释成一个有别于西方的独特的文明体系。很长一个时期以来，我们都接受了这样一种观点，而且从不加以质疑，这个观点是认为从秦汉以来的中国社会是一个封建社会。这是一个关乎全局的论断，它对我们今天的学术研究与政治决断具有非常重要的支配性的意义。然而这个论断所依凭的知识系统却是西方社会的发展规律，中国学者在接受西方社会的发展具有普遍性的前提之下将中国传统社会建构起封建社会的形象来。中国的众多学者对此进行了艰苦的学术工作，力主中国传统社会在性质上为封建社会之非，因为实际上，中国的封建社会早在战国时代就已经结束了，秦汉已经在性质上是郡县制的国家了。余英时先生曾说：“当我的认识和视野随着时间而渐渐开阔，我开始明白真相是我们必须清楚地认识到中国文化是一种具有明显自我特征的原生传统。”④在余英时先生看来，这种具有明显自我特征的原生传统端赖于中国之“道”。道的观念哺育了中华文化，它因此而形成了完全不同于印度佛教、西方基督教的文化传统。

① 邓正来：《中国法学向何处去》，商务印书馆 2011 年版，第 2 页。
② 邓正来：《中国法学向何处去》，商务印书馆 2011 年版，第 3 页。
③ 邓正来：《中国法学向何处去》，商务印书馆 2011 年版，第 22 页。
④ 余英时：《人文与理性的中国》，上海古籍出版社 2007 年版，第 419 页。

我在研读余英时先生的著作时，深深地感到，我们今天依然处在“道”的延长线上，我们要理解我们的文化，发展我们的文化，实际上必须在“道”的延长线上进行创造性的学术工作。

二、中国思想的四次突破与中国思想的基本结构

中国思想的四次突破与中国思想的基本结构是我们从中国形象的西学知识谱系解放出来之后所必须认真面对的一个问题。这个问题极其重要，因为它涉及我们对中国文化的全盘把握，只有在这样一个全盘把握中，我们才能透彻地认识中国文化，理解中国文化，进而看到中国文化未来的路向。

中国思想的四次突破分别发生在春秋战国时代、秦汉时代、两宋时代以及我们当下。发生在春秋战国时代中国思想的第一次突破，这是中国思想的第一个重要时刻！是一次磅礴的思想日出！一直到今天，二千多年来，思想家们在谈起这个时代的时候总禁不住心神向往！但是不同的思想家们对它的解读又各不相同。这里我主要依据著名历史学家余英时先生的观点加以阐明。

余英时先生认为“道”的提出是中国文化的一次“哲学的突破”(philosophic breakthrough)。① 按照余英时先生的看法，所谓哲学的突破的观念是德国社会学家韦伯及美国社会学家帕森思从比较文化学的视野思考人类早期文明的重大学术成果。从这种观念看来，在人类的早期，即公元前一千年之内，希腊、以色列、印度和中国四大文明古国不约而同地经历了一个哲学的突破的阶段。这是一个重要的阶段，因为在这个阶段，人们“对构成人类处境之宇宙的本质发生了一种理性的认识，而这种认识所达到的层次之高，则是从来都未曾有的。与这种认识随而俱来的是对人类处境的本身及其基本意义有了新的解释。”②但不同的文明又有重大的分别。如希腊，经过哲学的突破，一种明确的有关自然的秩序及其规范的和经验的意义的概念形成了，“从此希腊的世界不复为传统神话中的神和英雄所任意宰制，而是处在自然规律的支配之下了。……整个西方文明中，理性认知的文化基础由此奠立，哲学、科学以至神学都跳不出它的笼罩。”③以色列的哲学突破则形成了清晰的上帝为创造主的普遍观念，“上帝不仅创造了整个宇宙，并且还按照他自己的形象创造了人类，以为实现其计划的工具。超越的上帝主宰所有人类的观念，以及人类的两重性的观念(即一方面完全依赖上帝而另一方面又承担着推行上帝旨意的责任)，从此便贯穿于犹太教、基督教以至伊斯兰教之中。此种观念与基督教中的希腊因子相混合，终于构成了西方文明的主要文化基础。”④与希腊、以色列不同，印度经过哲学突破则产生了知识阶层间的一种宗教哲学，它是以业报与灵魂转世为中心观念的，并视经验世界、实际人生为虚幻。印度教与佛教就是这个时代的产物。

---

① 参见余英时：《士与中国文化》，上海人民出版社 2006 年版，第 20 页。
② 余英时：《人文与理性的中国》，上海古籍出版社 2007 年版，第 20 页以下。
③ 余英时：《人文与理性的中国》，上海古籍出版社 2007 年版，第 21 页。
④ 余英时：《人文与理性的中国》，上海古籍出版社 2007 年版，第 21 页。

经过了哲学突破的中国产生了什么样的思想成果呢？余英时先生认为帕森思虽然对希腊与以色列的解说十分明确，但是由于他对古代东方的历史知识缺乏深度的了解，所以论述中国与印度未免失之笼统，尤其对中国的论断为然。正因此，余英时先生对中国的哲学突破进行了认真的分析与阐明。在他看来，中国这次“哲学的突破”是直接针对古代诗、书、礼、乐所谓王官之学而来的。古代王官之学的特点是官师政教合一，但是经过哲学的突破，造就了相对独立的知识阶层，文化系统与社会系统发生分化，知识阶层以文化自任，以“道”的承担者自居，从此，“官师治教遂分歧而不可复合”。① 从这个意义上看，道的观念的提出使中国文化开始了新的篇章。

余英时先生更进一步指出，道具有历史性与人间性双重特点。就历史性而言，诸子论道都强调与既往文化传统的内在联系。余英时先生指出，从比较文化史的观点看，中国古代“道”的历史性是非常有特色的，“古代印度人的历史观念极淡薄，古希腊人对历史的看法也和中国人大异其趣。整个古希腊思想中便存在着一种反历史的倾向，……哲学的突破给希腊人带来了追求普遍性规律和永恒性理念的要求，柏拉图在这一方面尤其具有代表性”②。

余英时先生认为中国古代“道”的另一个特征是人间性。道的人间性特征也是从比较文化史的视野来看的。并不是说其他的文明传统没有人间或世间的问题，而是说世间问题呈现的方式是迥然不同的。如印度和以色列的世间问题是通过宗教呈现出来的，因此在那里世间问题根本上是神学问题。而希腊思想，由于其传统是从对自然界的好奇与探索开始的，所以它最终将世间问题看成了自然问题。“相形之下，中国古代之道，比较能够摆脱宗教和宇宙论的纠缠。中国没有古希腊那种追究宇宙起源的思辨传统。”③这种道的人间性特征在根本上就是强调人间秩序的安排，也正因此，中国古代的诸子家本质上属于政治/法哲学的范畴，这一点决定了诸子学必然受到当时君主们的关注。

我认为，余英时先生所描述的中国思想在先秦时代的“哲学的突破”极有意义极具启发性，其根本要义乃在于中国之政教分途格局的形成，换句话说，经过这次哲学的突破，中国于是形成了这样的传统，即：政治的归政治，文化的归文化。现实的统治者获得的是社会的治理权，而知识人所获得的是社会的教化权/话语权。这两者之间既有合作，更有冲突。对中国知识人来说，要真正能够掌握社会的教化权/话语权，就必须阐发中国社会与思想之道。因此，虽然先秦时代诸子百家争鸣，观点冲突，但无一不以道的阐发者、捍卫者为职责，甚至以担道人自居。

余英时先生根据这种哲学突破的观点来看待中国传统思想，认为中国传统思想“可以划分出三个主要的突破”。④ 这三个突破分别是孔子时代中国知识人创造的“最基本的文化传统”，⑤ 发生在三、四世纪魏晋时期儒学让位于玄学，以及十二世纪朱熹时代新儒学

---

① 参见余英时：《人文与理性的中国》，上海古籍出版社 2007 年版，第 24 页。
② 参见余英时：《人文与理性的中国》，上海古籍出版社 2007 年版，第 33 页。
③ 参见余英时：《人文与理性的中国》，上海古籍出版社 2007 年版，第 33 页。
④ 参见余英时：《人文与理性的中国》，上海古籍出版社 2007 年版，第 50 页。
⑤ 参见余英时：《人文与理性的中国》，上海古籍出版社 2007 年版，第 50 页。

的建构。① 我在这里不取余英时先生的这种观点，而主张一种中国思想四次突破论的观点。因为在我看来，魏晋玄学算不上是一次真正的思想突破，它不过是新儒学即理学的先驱者，而且，持这种三次思想突破的观点，无法使我们洞见到当下中国思想正在发生的巨大突破，即我所反复所说的中国思想的第四次思想突破。因此，我认为，如果我们用这种思想的突破的观点来看整个三千年的中国思想发展，那么我认为，我们可以将余英时先生所描述的中国思想在先秦时代的这一次“哲学的突破”界定为中国思想的第一次突破。这次思想突破的意义极为重大自然不必说，古往今来的人们已经进行了反复的论说，但中国思想并不是象有些人所认为的那样因此而停止了，实际上，中国思想除了先秦这次突破之处，还有在此基础之上的另外三次突破，于是形成了我这里所说的中国思想的四次突破。我这里当然只能简要地讲一讲，主要是勾勒出一个轮廓来，明了我们当下思想的方向。

我认为中国思想的第二次突破发生在秦汉时代，这个时代中国思想的重大进展表现为经学的形成。如果说先秦时代的中国思想更多地表现出思想的诗性特质的话，那么秦汉经学所表现出的更多是中国思想的体系化特点。秦汉经学的形成是政治与文化两种力量激烈冲突的产物，同时也是这两种力量相互妥协的结果。从中国思想发展的角度看，经学可以看成是子学的完成。如果说子学是对道的阐发，那么在经学看来，它直接地就是道本身。经学以及由此而形成的经学思维方式对中国思想的影响极为深远。

中国思想的第三次突破发生在两宋时代。这个时代所形成的理学思想我认为是中国思想的第三次突破。如果说前两次中国思想的突破是以中国本土为基础的话，那么第三次思想突破则是中国思想第一次遭遇外域思想并创造性地对外域文明的加以吸收而诞生的新的中国思想。具体地说，从东汉开始直到两宋时代结束的一千多年的佛教向中国思想的浸入，使得中国思想在境界的拓展方面意义极为重大，两宋理学就是中国思想在中国本土思想的基础之上吸收佛教思想加以创造的产物。

我们现在正在经历的是中国思想的第四次突破。与中国思想的第三次突破类似，中国思想的第四次突破也是中国思想吸收外域文明而开始的。但与中国思想的第三次突破主要是吸收印度的佛教思想不同，中国思想的第四突破主要是吸收西方思想，具体地说，就是吸收希腊思想与基督教思想。如果从明代万历年间开始，中国思想吸收西方思想至今已有五百年时间了。但是新的中国思想还处在痛苦的孕育过程之中。在中国思想的子学阶段、经学阶段以及理学阶段之后，中国思想将以什么样的形态来表现自己，我们今天只能作些前瞻性的考量。按照我目前的体悟，我认为中国思想在第四次突破之后形成的知识系统将是以法学为核心的知识系统。当然，我的这种考量并不是随意的，它必须依据中国思想自身内在逻辑来进行。所以我在这里要向同学们简单扼要地提示一下中国思想的基本结构。

前面已提及，中国思想是建立在道的基础之上的不断开拓，因此直到今天，中国思想之所以为中国思想，其根据就在于它在道的延长线上。如果说中国思想偏离了道，那么它就不是中国思想了。今天有诸多学者试图用西方思想来改造中国思想，将中国思想格式化，但我认为这种努力有其意义，但是历史将证明它的过渡性质，也就是说中国思想最终依然还是中国思想。我们可以直观到中国思想中没有希腊哲学及西方基督教思想背景下的

① 参见余英时：《人文与理性的中国》，上海古籍出版社 2007 年版，第 50 页以下。

一系列二元对立，比如说我们今天熟知的认识论上的现象与本质、政治上的国家与市民社会、宗教上的天国与人间，这样的二元对立在中国思想里是不存在的，因此它们是违背道的根本特征的。中国思想的道到底有哪些特征呢？这是值得认真研究的一个问题。前文所述余英时先生揭示了道的两个特征，一个是历史性，另一个是人间性，应该说是真知卓见。但是我同时认为，要深刻地把握中国思想的道，仅揭示出道的这两个特征还远远不够。著名法学家季卫东教授有一个观点，认为中国思想总的来说是一个"圜道式的结构"，季卫东教授的这个观点是从《吕氏春秋》中得到启发概括出来的。我认为，圜道性可以看成是中国思想之道的第三个特征。何谓圜道性？圜道性实际上说的是事物的意义只能在不断的循环过程之中才能得到定义。比如说法律，统治者根据具体情况制定出来了，但并不是制定出来就完了，它要官吏运用法律于实际生活，生活会对法律有反应，统治者再根据情况进行调整。所以圜道性实际上就是一种有效的反馈机制，而且不是一次就能够完成的。从这个观点看法律，那么法律就不可能是一种僵死的东西，它必须在生活中不断地改变自己。由此可知法律独立只具有相对的意义。片面地强调法律独立是西方思想而不是中国思想。由此引出中国思想之道的第四个重要特征是整全性。我认为，整全性是中国思想之道最为根本的特征。中国思想之道强调"至大无外，至小无内"，没有什么东西能够在思想之外的，"普天之下，莫非王土，率土之滨，莫非王臣"，没有什么能够在世界之外的。这个思想非常重要，其重要性在于它将整个世界纳入到自己的思想范围之内。但是一百年来，这种整全性思想在中国衰落了，代之而起的是一种片面性思想，比如说如思考中国，它并不将中国作为世界来思考，而仅仅将中国作为世界的一部分来思考，这种思维方式显然是西方的，它认识不到中国危机不过是世界危机的一部分，而要从根本上解决中国问题，必须妥贴地安顿世界。这才是中国思想。所以，从这个意义上讲，中国思想之道的恢复是世界秩序之所以可能的根本条件。

以上对中国思想的四次突破与中国思想的基本结构进行了一个简明扼要的梳理，其意义在于探索中国思想的当代方位。这一探索提示我们，当下的中国思想正面临着第四次思想大突破。我们可以将子学时代的孔子、经学时代的董仲舒、理学时代的朱熹界定为前三次思想大突破时代的标杆性人物。他们是他们时代的划时代的思想家。我们现在正处在中国思想的第四次大突破时代，因此也必然将产生伟大的思想家。而且，这一次大突破所具有的意义应该说比前三次都有更为重大，因为它处在人类的一个全新的阶段，即全球化时代。我们可以期待，全球化时代的中国思想将通过对全球化的思考为世界秩序的建构作出自己的重大贡献，同时我们也可以期待，中国思想将在这种思考中恢复思想的中国性，并产生我们这个划时代的伟大思想家！可以预料，这样的中国新知识系统/思想系统的创生必定是震撼世界的！

三、中国思想的第四次突破与中国法学之建构

对"中国思想的第四次突破与中国法学之建构"的深入思考将为中国法学的出场给出一个学理上的说明。就目前来看，迄今为止的中国法学家还没有能力思考中国法学的基本问题。更令人忧心的是，中国法学家根本意识不到中国法学的基本问题，而只满足于按照

西方法学的现有知识系谱建构中国法学。且不说中国法学的各个部门如民法学、刑法学、司法理论等总是按照西方的范式来思想，即就中国的法理学/法哲学家们而言，也逃不出所谓自然法学、规范法学、社会法学的西方法理框框，根本没有能力深入思考。实际上，前者只不过是后者的反映而已。在这些中国法学家心目中，他们认为中国法学不会与西方法学有何区别，因为西方法学是一普适性知识。但我将在此证明，此种言论完全是错误的。

前面我们已经勾勒出中国思想的四次突破，并指出当下的我们正处在中国思想的第四次思想突破的过程之中。这里先简要总结一下不同的思想突破所带来的知识系统的巨大变化。我在这里要提出的一个重要观点是，如果说第一次思想突破奠定了子学的基础，第二次思想突破奠定了经学的基础，第三次思想突破奠定了理学的基础，那么中国思想当下正在进行的第四次突破将是以法学为核心的知识系统的创生。在这里，我们要考虑两个问题，其一是为什么中国思想现在正在进行的这第四次思想突破将产生以法学为核心的知识系统？其二，中国法学作为一种全新的知识类型将如何被建构起来？

就第一个问题而言，我们要思考的问题是实际上是宋明理学是如何转变成现代法学的。我提醒同学们认真对待清华大学汪晖教授的《现代中国思想的兴起》一书。这是一部了不起的巨著，它对于我们理解中国思想的第四次突破有重要意义。按照汪晖教授的研究，天理是宋明理学的核心概念，而天理向公理的过渡意味着中国思想的重大危机，当然也预示着中国思想新的黎明。汪晖教授指出："作为一个道德/政治共同体的普遍价值观，天理是前西方时代中国的道德实践、文化认同和政治合法性的关键概念，而以此为核心的世界观的解体意味着在漫长时代里形成的道德/政治共同体及其认同感正在面临危机；作为这一解体的结果的公理/科学世界观的产生标志着原有的认同形态已经难以为继。"①"在中国自身的转变之中，传统的混合型国家的历史/政治认同不得不让位于一种新型的认同方式，这就是在公理世界观的框架内形成的民族认同形式。"②、"正如天理世界观利用日常生活知识、宇宙论和知识论的建构，以及礼仪制度的实践对抗并击溃佛教、道教的支配性影响一样，近代科学世界观（或称公理世界观）通过建构自己的宇宙论、历史观和方法论并诉诸常识挑战天理世界观的支配性地位。"③具体表现为三个方面，第一，在历史观上，公理世界观不同于天理世界观将过去作为理想政治和道德实现的依据，而是将未来作为现实行动的根源。第二，公理世界观用一种进化的时间概念取代了天理世界观的时势或理势概念，后者内在于物之变化本身，而前者将物之变化放置于时间目的论的框架之中。第三，公理世界观与天理世界观不同，后者将价值混同于事实，而前者则建立起原子论式的事实概念，将事实区分于价值，从而按照事实的逻辑或自然的法则成为建构人类政治秩序的最终根据。从长程历史的角度看，从天理世界观到公理世界观是宋明理学之后最深刻的知识转变，它实际上始自中国十六世纪末叶明代万历年间基督教传入中国，经过了五百年的思想发展，公理世界观成为中国思想继宋明理学之后居于支配性地位的知识范

① 汪晖：《现代中国思想的兴起》，三联书店2008年版，第47页。

② 汪晖：《现代中国思想的兴起》，三联书店2008年版，第48页。

③ 汪晖：《现代中国思想的兴起》，三联书店2008年版，第48页。

式，这实际上为现代中国法学的建构奠定了思想上的基础。所以，现代中国法学完全可以看成是继宋明理学之后的中国知识形态。

我们可以说，中国思想的第四次思想突破为我们建构中国法学提供了直接的动因，但是动因并不能等同于中国法学知识本身，所以我们必须考虑第二个问题，即中国法学作为一种全新的知识类型将如何被建构起来？

需要特别指出的是，清末民初的梁启超先生真正意识到了中国法学作为中国思想的一种思想突破的意义，或者说，梁启超先生是从一种思想突破的意义上来看待中国法学是一种全新的知识范式的。梁启超先生在一百多年前就写下了“今日非发明法律之学，不足以自存矣”①。我认为，这是现代中国法学建构过程之中所存在的深刻的焦虑意识。我将此一焦虑意识命名为现代中国法学的“梁启超焦虑”，而正是这一焦虑意识开启了中国的现代法学之门，所以我同时也将它命名为“现代中国法学的梁启超之门”。

但是真正建构起中国现代法学，并不是一件轻而易举的事情。因为今日之中国思想已经从古代中国思想的天人古今之争演变成了现代中国的古今中西之争，而且中西之争居于核心的地位。今日之中国欲完成第四次思想突破，真正建构起中国现代法学，除了吸取传统思想的精华之外，非常重要的一项工作是吸取西方思想的精华。正如同宋明理学的建构是吸收佛教思想一样，今日之中国思想必须在充分吸收基督教背景下的西方思想来完成自己的第四次思想突破。中国思想是完全有这个能力的。著名史学家许倬云先生这样概括中国思想的特点：“中国文化的特点，不是以其优秀的文明去启发与同化四邻。中国文化真正值得引以为荣处，乃在于有容纳之量与消化之功。”②但是我必须同时提醒大家的是，根据历史的经验，如果西方思想今天依然还保持旺盛的创造力的话，那么中国思想的法学突破可能要给以时日。如宋明理学之创造，为什么在两宋才完成？这当然是中国思想的成熟，但是外界的刺激不复存在也是一个重要原因。根据学者们的研究，“到北宋中期，有组织的译经工作已经中止。实际上佛典已基本译介完备，没有新的重要原典可译。而到十三世纪初，佛教在印度已经消亡。这样，促成中国佛教发展的外来刺激和养料已不复存在。”③所以，西方思想如果还在不断地创造出深刻的思想，不断地写出具有世界性影响的著作的话，那么中国思想则不容易那么露出自己的小荷尖尖角的。这表明，我们必须在思想上做好长期的准备，虽然从理论上看，中国思想的第四次突破必将到来，但是到底何时到来，则尚须拭目以待。

四、中国法学之建构与重建道统的内在关联性

对“中国法学之建构与重建道统的内在关联性”的思考是想表明，中国思想的第四次突破即中国法学知识的建构将导致一个重要的后果，最终将建构起一种新的道统，进而为

① 梁启超：《饮冰室合集》，第一册，文集之一，第94页。

② 许倬云：《万古江河——中国历史文化的转折与开展》，上海文艺出版社2006年版，“序”第6页。

③ 孙昌武：《佛教与中国文学》，上海人民出版社1991年版，第144页。

中国思想开拓新的境界。中国法学作为一种崭新的知识系统将为构建这种新道统作出自己的贡献。

对中国当代学术而言，我认为，作为知识生产与再生产的学术要变得有意义，必须建立在道统的基础之上，道统是学统的基础。道统不立，中国法学之建构是不可能实现的。因为没有道统，学术研究就空无所依。邓正来教授提出了两大知识铁律，分别是理性有限与知识批判的必要性，以及知识传统与知识增量的关系。可是，对于近百年来的中国学术生产来说，邓正来教授所提出的这两大知识铁律似乎没有起到什么作用。相反，这两大知识铁律完全失效了。具体说，近百年来的中国知识界既没有严格的学术批判，也没有严格意义上的学术传承，而是你方唱罢我登场的一片混乱图景！于是出现了我这里的所谓铁律不铁的知识现象。何以铁律不铁呢？我经常思考这个问题。经过长期思考，我得出的结论是，道统不立，学术失足，知识人徘徊无所依归，更为重要的是，政统僭越道统，知识生产无以为凭，且政统冒充道统，知识生产自觉不自觉地以政治马首是瞻，铁律因此不铁。

问题是，今日之中国应该确立何种道统呢？回想春秋战国时代，中国发生了文化系统与社会系统的分裂，知识人以道统的弘扬者自居，他们创造出来伟大的学术体系，一直到今天都令人高山仰止，仿佛是不可企及的目标。虽然后来知识人大多被吸收到官学的体系之中，但他们在子学之后依然创造了经学与理学的伟大的知识系统。但是今天，由于公理世界观对天理世界观的取代，特别是由于新的历史观的确立，不是过去而是未来构成了政治秩序之建构的根据，如汪晖教授所说的，“这一逆转瓦解了儒学世界观内部所包含的历史中断或断裂的意识，以及由这一意识而产生的接续道统的意志，代之以一种历史延续和无穷进化的意识，以及由这一意识而产生的与过去决裂的意志。”①这意味着，我们今天的知识人不可能在传统道统内建构起我们的知识体系来。

如前所述，如今中西之争占据了我们思想的核心部分，那么，仅仅运用所谓拿来主义的方法能完成现代中国的道统建构吗？“五四”以来，人们将民主、宪政、法治都变成了主义，所谓宪政主义、民主主义、法治主义成了今天人们耳熟能详的新名词了，但是遗憾的是，中国学人并没有对其中内在的逻辑作出过透彻的学理上的说明，它们本来是可以争辩的一种话语，然而，在中国学人这里，却仅仅只变成了用来指责中国的话语利器了，从而完全丧失了思想问题的能力。这意味着，仅仅用西方思想来取代中国思想，正像人们试图回到中国传统中去，是不可能成功的。

指出上述两种立场的错误是旨在指出，我们不可能完全回到中国传统思想，我们也不可能完全依赖西方思想，但是，另一方面，我们又必须同时指出，中国传统思想中隐含着的、超出思想本身并支配和建构思想的内在观念，当我们清洗掉具体的思想内容之后，这种内在观念仍然可以成为我们今天建构现代思想的伟大力量。我认为这种内在的观念就是道论，所以我讲新道统论就是在中西之争的背景之下运用中国思想的内在观念即道论的思维方式最大限度地接纳西方思想，重新复活中国思想，具体地说，在道论的延长线上重构中国现代思想，而这种思想在根本上不是面向过去而是面向未来的。

当然，西方思想将融化成中国思想文化之一部分，必然会为中国的新道统作出自己的

---

① 汪晖：《现代中国思想的兴起》，三联书店 2008 年版，第 48 页。

贡献。如余英时先生所指出的，“如果历史是一种指引，那么中西文化之间在基本价值上似乎存在着大量的重叠的共识。中国的道毕竟就是对共同人道和人类尊严的承认。我比任何时候都更坚信，一旦中国文化回到道的主流，中国相对的一系列问题也将随之而终结”。①

五、新道统视野下的学术传统与意识形态

新道统视野下的学术传统与意识形态旨在表明中国当代知识人应该达到这样一种自我意识，即知识人是有着一种使命的，在根本上就是承担着一种文化责任。

这使我们感觉到我们似乎一下子又回到了春秋战国时代。的确，今天的知识分子与其说与董仲舒时代、朱熹时代的知识分子类似，还不如说类似于春秋战国时代。因为子学是从官学分化出来的，它远离官学，更近于道，而经学、理学则更被吸收进官学，因此更近于官学，远离道。此说成立，那么我认为，作为中国第四次思想突破的成果的中国法学就其知识形态而言则更接近于道了，因为它更加远离官学。此种情形之形成是有深刻的现代背景的，我认为 1905 年对于现代中国知识人的建构来说具有特别重要的意义，因为这一年，中国科举制被彻底废除了，它使知识人从官学的体制中再一次游离出来，从而为中国知识人远离官学提供了制度上的保障。对现代知识人来说，大学与研究院将是他们生存的主要空间，这是不同于传统社会的。左玉河先生讲的对：“中国传统学术体制，不同于近代以大学和研究机构为中心的现代学术体制，而是以各级官学和书院为中心之古典式学术体制。”②

这里所谓官学主要指的是一种意识形态。知识生产，特别是社会科学的知识生产，必然会与意识形态发生纠葛，因此如何处理两者的关系，就是现代中国知识人一个必备的修养。著名学者余英时先生有两篇非常重要的论文值得大家深入研究，一篇是《意识形态与学术思想》，另一篇是《再论意识形态与学术思想》。这两篇重要论文对于我们明了两者的关系意义重大。余英时先生在文中将学术思想看成是上层文化，将意识形态看成是下层文化，我认为是有道理的。他指出：“正如纪尔兹（Clifford Geertz）所指出的，学术研究正是使意识形态不致流入极端化的最可靠的保证之一。前者所提供的关于政治、社会各方面的正确知识——相对于学术研究的阶段而言——是意识形态的源头活水——理性基础。学术思想如何与意识形态之间发展出一种健全的辩证关系，似乎正是当前中国知识界最大的课题之一。”③在今天新道统尚处于萌芽状态的中国新文明的历史性时刻，必须要认真对待意识形态与学术思想的关系。当下中国的困境是，意识形态完全控制了学术思想，作为肩负弘扬学术思想的当代中国学人，首要的乃是自觉地将学术思想从意识形态的掌控中解救出来，并以之为基础，进一步建构起新的学术传统，因为唯有学术传统之建立，方有学术思想的薪火相传，渐次展开。

---

① 余英时：《人文与理性的中国》，上海古籍出版社 2007 年版，第 422 页。

② 左玉河：《中国近代学术体制之创建》，四川出版集团/四川人民出版社 2008 年版，第 20 页。

③ 余英时：《中国知识人之史的考察》，广西师范大学出版社 2004 年版，第 174 页。

当代中国知识人完全有责任重申张载的主张："为天地立心，为生民立命，为往圣继绝学，为万世开太平。"

我注意到，在当下中国思想界，这四句话正在被不少包括我曾经敬仰的著名学人讥为狂妄，这些学人似乎得了一点西方知识的新潮，就以为关于人类生存与发展的宏大叙事真的不可能了，也不需要了，然而，他们没有意识到西方思想的这种表征恰恰说明西方思想开始进入自己的衰落期，因为一个无法向这个世界提供宏大思想的文化是不可能赢得整个世界的！中国思想正好因此可以借机露出自己的头角，真正开始中国思想的第四次伟大的思想突破！

（原文刊载于《山东警察学院学报》2010 年第 1 期。）

个人信息权对人格权法生长的续造功能

许　娟*

摘　要：为了保护信息的人格权属及其财产性利益，个人信息权确立并归入人格权法保护的新型权利类型，其中人格既是个人信息权生长的起点，也是个人信息权生长的保障机制，更是个人信息权规范构造和续造的基础。在个人信息权续造人格权法律关系中，不能封闭个人信息权的人格权结构化之路，导致无法系统化，也不能采用“零散社会工程”的方法，导致个人信息权无法匹配人格权体系化。应当以人格尊严和人格自由两个价值维度展开个人信息权在人格权法中的续造功能：一是以人格权法为主线，以信息产权为动线构造个人信息权；二是随着个人信息功能化人格的自由发展，不断廓清人格权作为权利法的内涵。

关键词：个人信息权；人格权；规范构造；续造功能

从法理学与法学方法的角度研究人格权法，不同于传统民法学把人格权作为框架性权利，而是运用法理学方法反思民法学框架。我们将个人信息权属归于人格权法，是基于人格既是个人信息权生长的起点，也是个人信息权生长的保障机制，更是个人信息权规范构造的基础。“个人信息权具有的具体人格权地位”①，尽管个人信息权归属于人格权法，但并不排斥人格的财产性利益，个人信息权是一种新兴的人格权和新兴的财产权，具有人格权和财产权双重的法律属性。然而目前的现实条件是，民法学科的分类与功能的分派林立，使得人格权法以及个人信息权被置于了不断拷问的处境。撇开人格权法成篇或成章的形式之争，撇开个人信息权是人格权法还是财产权法之争，客观上鉴于个人信息权与人格权同样具有概念的不确定性和范畴动态发展性。透过人格权法和个人信息权的实质内容的争点，对人格权法与个人信息权的法学方法论反思，帮助我们对人格权法与个人信息权有一个全新的认识。个人信息权这一新的社会现象对于保护民事主体的人格独立、自由和尊严具有重要意义，具有续造人格权法的功能。以个人信息权这一具体人格权和财产权为例证，解释人格权法的生长，促进人的自由生存和发展。

---

* 许娟(1972—　)，女，湖北仙桃人，法学博士，南京审计大学教授，中南财经政法大学兼职博导，挂职国家审计署经责司业务处副处长，国家公派留学基金委美国福特汉姆大学、纽约大学、东北刑事司法学院访问学者，主要从事法理学、宪法学、民商法学、网络与信息法学研究。

① 王丽莎：《信息权的独立人格权地位及内容》，载《国家检察官学院学报》2016年第3期。

一、个人信息权中的人格权先定及其行为构造

在大数据时代，学者们对人格权与财产权分离①这一形式逻辑化的民法传统框架有了些新的认识。这些新的认识既要建立在传统民法框架体系内，也要将人格从不可剥夺、不可让与等先定价值中解放出来，形成人格权与财产权共存的权利类型——个人信息权。

(一)个人信息权的权利先定、行为能力与权利构造

立法是通过行为的法律要素被构造出的规范形态。为个人信息权的立法需要，必须讨论权利能力、行为能力和法律行为这一组法律概念在个人信息权产生到运行中的不同角色。就信息的权利能力而言，先定论强调信息权属，信息权属必须是一个完整的整体。就信息的行为能力而言，行为论强调信息流转，信息流转依靠人格的功能化运作。就信息的法律行为而言，构造论强调信息的规范性，以及规范之间发生重叠后，如何运用冲突规范来选择一种规范适用的问题。个人信息权从先定论、行为论到构造论之间形成复杂的关系，其一，基于权利能力的需要，需要厘定信息要素，个人信息权不应当是“普罗透斯”②的脸谱，或者也不是“既是”+“也是”的“双面人”③的脸谱。其二，基于法律行为，信息是由多组信息的权能运动产生出的不同法律行为。其三，基于构造形态，个人信息权权属、权能运动过程、权利构造需要我们超越普罗透斯，以近代物理学启示出的“象思维”④，以“三位一体”的多维透视进去重新检视个人信息权的法律构造。财产与人格在个人信息法律关系中的二象性是指个人信息权的一部分是人格权，另一部分是财产权；一部分是一般人格权，另一部分是特殊人格权；一部分是宪法性权利，另一部分是民法性权利。人格也有可分的人格和不可分的人格，不可分的人格是指人格尊严是不可剥夺，不可让与的，是受到宪法和民法保护的人格权，个人信息权一部分是权利能力固有的，属于权利能力固有的与人格分不开；可分的人格是指人格自由流转后产生出的法律要素，需要运用法律行为进行创设，个人信息权的一部分是法律行为创设的，这一部分属于法律行为创

① 参见李琛：《质疑知识产权之“人格财产一体性”》，载《中国社会科学》2004年第2期。

② 参见E. 博登海默：《法理学、法律哲学与法律方法》，邓正来译．中国政法大学出版社2001年版，第21页。

③ 毕加索的名画《双面人》。画中两个脸的位置是倾斜的，它们之间既有明显的区别，但又互相混淆和干扰，从而阻碍了对方的完整。但当我们把这两个脸放在一起看时，两个脸面构成了一个统一的知觉整体，由较下的脸向较上的脸过渡，使整个形象具备了一种向上的运动，变成了一个轮廓鲜明的侧面形象。再观察画中眼睛的眼神，你会发现眼中那种涣散的眼神，变成一种具有方向性的眼神，使人体验到一种运动的趋势。参见 https：//zhidao. baidu. corn/question/981938274. html。

④ “象思维”一词来源于王树人：《“象思维”与原创性论纲》，载《哲学研究》2005年第3期。本文所指的象思维是基于波粒二象性的思维，波粒二象性是量子力学还没确定时的过渡性说法，发现量子后的象思维变化体现在：一是空间世界的多维。由于经典力学宏观显示的是蜕化、平凡的世界，微观量子显示的世界是真实而普适的世界，那么经典力学的二维空间变成了量子力学的多维空间。物质世界从一物二象的平面世界、特殊世界还原为一物多象的立体世界和真实世界。二是时间世界的多形。信息世界随着时间的流逝产生一组变动的行为，区分出多种形态的信息时间，以应对物理运动的时间。

设的与人格可以分开。比较法学者揭示的是个人信息权的“殊相”,① 而不是二象性。其论证方式是从个人信息权的外部运动做了分国别的差别研究，例如美国式的个人信息权保护是基于案例的行为法体系，德国式的个人信息权是基于规范的构造论体系，包括欧盟建立以私权为核心的保护体系。② 这种外部区分存在形态上的“殊相”研究是必要的，在此基础上，进一步把握“殊相”内在的“本体”一致性，发现“殊相”之上的“二象性”和“整体性”，为个人信息权从零散工程迈向系统工程提供解释。从既有世界各国的对于个人信息保护的有限操作中，不同性质、不同形态的个人信息法律体系中，寻找一个具有普适性的一体结构是确立个人信息保护标准的必须。③ 尽管法学研究者没能在个人信息权能存在形态上取得完全共识，但我们不能停留在个人信息权只有隐私权的唯一解释中。我们尝试运用民法人格为要素构建个人信息权利，寻求个人信息权万变不离其宗的“本体”。在这个“本体”基础上，再去探寻个人信息权的“本质”。在本质探寻的基础上，通过法律行为的创设，形成隐私权、公开权、基本权利、物权、人格权、信息产权、被遗忘权、个人信息决定权、控制权、剩余权等权属类型的描述。正如德国法学家卡尔·拉伦兹指出的那样，概念需要全部要素出现时才可以适用，类型只能描述。④ 在不可能展现个人信息权的全部要素的条件下，我们可以做的是透过分权的向下结构去了解个人信息权内部运行，并从事件和外部环境切入讨论有没有权能创生的现实性，提取出个人信息权对人格权生长运动过程的规律。在大数据时代，个人信息的内涵、搜集范围、搜集手段、处理方式、利用空间、侵权形式等正在发生巨大变化。个人信息保护处于立法前准备阶段，需要解决权属配置和权利构造问题。面对个人信息保护的合法搜集、有序流动、合理使用、严格保护，从个人信息的分离权能与赋予权能的构造论视角，剖析个人信息保护的权利构造。个人信息的权属随着空间的结构性变化，被每一组具体的法律事件代入具体的权利构造中去，在原有隐私权、人格权、基本权利的基础上释放出一组新的权能，拟制出个人信息控制权、公开权、被遗忘权、控制权、知情权、信息产权、剩余权等权属。在这些个人信息权能尚未完全定型和尚未完全概念化阶段，廓清从权能能力到行为能力，从行为能力到法律行为的转变。

(二)个人信息权对人格权法生长的构造功能

人格权法是人法、属人法的通称，尽管人格权法很难被定义，但所指是生命、名誉、荣誉、信息等受法律保护的人格及其财产性利益。人格呈现出两类价值，一类是人格尊严，一类是人格自由。基于人格自由发展的需要，人格权法所指人格不仅仅限于人格，还包括“人格的财产性利益”。⑤ 由此带来了人格权发展的新动向，即由不可定义性到半概

---

① 参见胡玉鸿:《论我国宪法中的基本权利的“级差”与“殊相”》，载《法律科学》2017 年第 4 期。

② 个人数据保护:《欧盟指令及成员国法律、经合组织指导方针》，陈飞等译，法律出版社 2006 年版，第 33 页。

③ 参见翁清坤:《论个人资料保护标准之全球化》，载《东吴法律学报》2010 年第 1 期。

④ 参见[德]卡尔·拉伦茨:《法学方法论》，陈爱娥译，商务印书馆 2003 年版，第 100 页。

⑤ 王泽鉴:《人格权法：法释义学、比较法、案例研究》，北京大学出版社 2013 年版，第 259~271 页。

念化的状态，由消极的防御权到积极的自决权，由不可言说性到以言取效性，由先定性到可操作性。落实到法律保护领域和范围的界分，“人权与人格权是分别由宪法和民法所规定的权利，二者分属于公法与私法领域”,① 人格不必须由宪法保护，因为宪法上的人格与民法上的人格权区别并不明确；人格不必然能由宪法保护，因为宪法人格权保护在中国特定宪制框架体系下产生的是象征性宣誓效应。“人格权不单是权利的宣誓，更是民众权利的请求权基础，不能仅被侵权法所保护，而且若是在私法权利基础的民法典中没有单独成编，而是被总则抽象规定，或仅出现在侵权法编中，就必然会导致公民权利基础的丧失。”②人格自由发展提供了其他法律保护的契机。

从人格的本体、权属与构造探讨个人信息权对人格权法的续造功能。其一，本体论上来看，基于人格的自由发展，人格由先定性到可操作性，人格不再只是一种作为尊严的自然权利的人格，而且更是一种作为人格自由发展权的功能化的人格。人格即人的格位，是人在信息化流动中产生出功能续造的社会人格。这些功能化人格在流动的信息中不断被揭示出权能能力，从属人中产生了属物的特性。一般人格权的不可定义性就变成了一种待揭示的半概念化状态，在信息流动过程中逐渐呈现出复杂本体的本相。其二，权属论涉及权属开放功能以及开放程度。有学者提出了“人格权商品化”，该理论将个人信息权的权属定位在人格权上，是一项具有前瞻性的向网络社会开放的法律规范系统工程，不能只是“零散”的社会工程或者烟火式的点亮，但由于缺乏精细化权利要素的法律论证受到了其他民法学者的批评。③ 有学者认为用侵权责任来解决信息权属问题，这一观点的根本问题在于缺乏对人格法定主义的放松，缺乏对人格特征商业化的认识，坚持认为商业化利用是对其艺术家整体形象的侵蚀,④ 其优点在于明确规则的可操作性，缺点是封闭了个人信息权属及其权能运动。为了避免将人格权属作先在性的理解，必须从功能性本体论与开放性权属论出发，探讨人格权的可操作性。其三，构造论是寻找人格与非人格之间的关系，人格不仅是消极的防御权，而且应当以人格自治权为基础。⑤ 在德国法学界，利用人格关系构造客观法的法律技术，较为常见。我们认为，个人信息权可分为五类：第一种权利在联系上，与人格没有任何直接关系；第二种权利是与人格等价值的权利；第三种权利是和人格有直接联系的权利；第四种权利与人格间接联系的权利；第五种权利是作为填充人格相关关系的权利。个人信息权可由个人信息控制权、隐私权、公开权、信息产权、剩余控制权等构成，参见图 1。

---

① 石佳友：《人权与人格权的关系——从人格权法的独立成编出发》，载《法学评论》2017 年第 6 期。

② 朱巍：《人格权法独立成编是理清大数据时代隐私权界限的重要基础》，https：//weibo. com/ttarticle/p/show？ id＝2309404186654414877319。

③ 参见王利明：《论人格权商品化》，载《法律科学》2013 年第 4 期。

④ 参见《王泽鉴梁慧星纵谈两岸民法典讲座实录》，歌乐山大讲堂，2018。

⑤ 参见曾丽：《论公开权之理论基础——以洛克劳动理论之检讨为中心》，载《政法学刊》2012 年第 2 期。

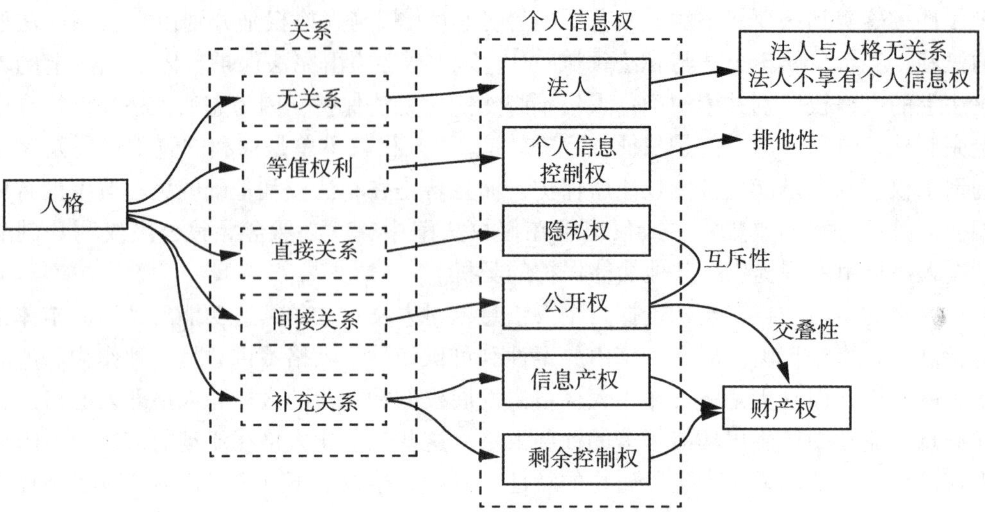

图1

二、个人信息权在人格权篇中的续造

在个人信息权的运作历程中，一条贯穿其中的主线是人格权属，其人格的财产性利益随着个人信息权在不同领域中产生了不同的表现形态。基于个人信息权分领域的运作，发现现有的已经生效散见于宪法中人权保障条款、行政法规范、私法责任规范、经济法规范、社会法规范，还包括立法解释、司法解释等，是不同层次不同领域的个人信息权规范，是描述并展现随着互联网发展的阶段性特征中呈现出个人信息权几个标准理想型,①还是围绕一般人格权在不同领域的法律表现。

(一)人格权属是个人信息权的生长起点、保障机制和构造内容

为了避免个人信息权规范跨法学多个学科产生的零散研究困境，本节借用道格拉斯·诺斯的社会嵌入理论②和马克斯-韦伯的理想型进行宏大的建制，聚焦在民法人格权篇对个人信息权的配置上的续造，即以人格权为出发点，通过功能续造产生出财产属性的交易行为，都可以规定在民法人格权篇中。在近年来的公法、私法立法中，本文选取目前最集中展现个人信息权法律规范的法律草案《民法人格权编(草案)》(以下简称《草案》)为样本

① 理想型本意指理想的社会形态，这里特质个人信息权运行过程中的形态，参见[德]马克斯·韦伯:《社会科学方法论》，杨富斌译，华夏出版社1999年版，第186页。

② 诺斯的嵌入理论是"去市场化"的社会保护，在与波兰尼的"为市场化"的权利安排的嵌入理论中，本文选取了诺斯的"去市场化"的社会保护嵌入理论，个人信息权需要"去市场化"的社会保护嵌入到市场化的产权运作中。参见王水雄:《"为市场"的权利安排VS"去市场化"的社会保护——也谈诺思和波兰尼之"争"》，载《社会学研究》2005年第2期。

进行规范分析。笔者认为《草案》不仅体现了个人信息保护的人格规范构造，而且符合专家将个人信息权放在民法人格权法篇的立法构想。①《草案》围绕人格要素展现出个人信息的不同社会属性，最初以用户个人信息以人格权、隐私权的形态展现，发展到个人信息的自决权、控制权，可交易后的数据安全产生网络安全问题涉及公法规制，“民事生活中绝大多数的行为规范都是源于刑法或者各种行政法，间接经由民法转化为民事规范”，②形成一束个人信息私权权能的“堆叠”③，权能堆叠的起点是信息流动的起点，即从人格开始流动并转化为商品，在人格商品化过程中，作为公权的一般人格权属“嵌入”④到作为私权的产权之中，使得市场不至于“脱嵌”⑤于社会，保障大数据市场中的产权得到有序发展。从语义上讲，“嵌入”是两类不同性质的权利渗透，如公法向私法的渗透，并转化为内设的强制规范；交叠是在几种不同性质或者同一性质的权能之间从属交叉，并没有发生转化；“堆叠”是同一种性质之间的权能之间发生了转化，进行了权能创生。“堆叠”在加入新权能后与原权能不重复，典型的是物权法定主义的放松，私权权能堆叠不允许权能交叠。在个人信息一束产权中，不仅存在着不同性质的产权之间的嵌入与交叠，而且还需要同一性质的产权权能堆叠创生。个人信息权对人格权能的续造包括个人信息权嵌入的起点、形成方式，权能嵌入的法定范围，权能堆叠次序等问题。在个人信息权运作过程中，始终以人格权属作为护卫，如果没有人格权属的护卫，就不可能有个人信息权的交易安全。由于个人信息权属是人格，其《草案》是以人格为起点制定的，其关于个人信息保护的部分围绕人格展开。《草案》公布后被差评为“错乱与重置”，⑥ 这是没有能够理解人权权属对建构个人信息保护体系化整体解释的思维结果。《草案》立法者不至于置立法的基本原则于不顾，在立法中将数个规范故意“重置”。由于从信息到数据的流动和去中心化，立法者围绕信息进行多角度和多层次的人格权调整和保护，会不可避免地造成法条所属规范的从属和交叉，其中的特别法和一般法“重置”。只有把人格纳入整个个人信息权保护体系中做整体性观察，才会发现每一个人格规范都有自己不同的调整对象和范围，也就代表着个人信息权的不同权能的构成要件中，人格权能堆叠并相容的规范构造。个人信

---

① 参见王利明：《论个人信息权在人格权法中的地位》，载《苏州大学学报》(哲学社会科学版)2012年第6期。

② 苏永钦：《私法自治中的国家强制》，中国法制出版社2005年版，第13页。

③ 一位英美法的比较法专家MenTman曾提到，大陆法系的财产权是以所有权为核心的，其他设定的权利都是从所有权的个别权能抽离出来的。据此台湾地区著名法学家苏永钦教授提出了物权堆迭(stack)原则，堆迭又译为堆叠，又称叠代。参见苏永钦：《物权堆迭的基本原则》，载《环球法律评论》2006年第2期。

④ 嵌入理论最早是波兰尼提出的市场与社会的互嵌，强调现金交易市场的流通，经过诺斯、巴泽尔、科斯等制度经济学家的修正，形成法律、市场与社会的互嵌，即法律对市场起到基础性调节的作用。参见[英]波兰尼：《大转型：我们时代的政治与经济起源》，冯刚、刘阳译，江苏人民出版社2007年版；参见[美]道格拉斯·诺斯：《经济史中的结构与变迁》，陈郁、罗华平等译，上海人民出版社1994年版。

⑤ 脱嵌是波兰尼对于工业时代市场脱离社会轨道的描述。参见[英]波兰尼：《大转型：我们时代的政治与经济起源》，冯刚、刘阳译，江苏人民出版社2007年版。

⑥ 错乱与重复：《民法人格权编(草案)》规定的体系分析，中德法教义学苑微信公众号。

息权的整体性权属是内蕴人格的民事权利。① 经过数据流动后的产权仍然贯穿人格要素于始终,《草案》以人格为起点，以人格为渗透，以人格为担保。《草案》中的多层次、多角度的个人信息法规一旦失去了人格要素，无论权能发生怎样的堆叠，其功能有效性始终围绕人格这一融贯性的权属才能转化出来。与此同时，根据信息的属性流动与功能转换，人格并不完全是传统民法学上的静态人格，而是随着信息高速流动，被转换为目的化和功能化的人格，转化为人格的商品使用问题，也就是人格商品化使用产生出个人信息权。信息的权属经过功能转换后，人格要素作为权利性要素渗透在个人信息保护的全过程，与产权作为保护性利益的衡量要素，交织着构造规范，发挥着不同的规范功能。从《草案》的规范构造来看，在《草案》项下的个人信息保护规范是一部以公法嵌入私法的规范集合，其国家并不直接参与市场，而是退出市场，“转向结构取向的管理者、不是旁观者”,② 以国家强制的公法原则与规范嵌入民事规范之中，这些国家强制的公法原则与规范不再是外在于私法规范的，而摇身一变成为民事规范，以堆叠与包容面对高速流动的个人信息的转换形态，通过宪法“转介”③民法，以行政作为积极市场的参与者，形成以民法人格通往其他法律领域的动线为切入点，通过体系化的功能做整体性建构。从《草案》立法看，应当明确个人信息保护中公法嵌入与交叠私法的法定范围。检视《草案》条款,《草案》“错乱与重置”仅指法条交叠，包括用隐私权、名人公开权和个人信息权与民法规范的交叠，侵权免责规范的交叠，具体有以下三点：(1)《草案》第六章关于自然人隐私权和个人信息第39条与《民法总则》、《侵权责任法》第2条交叠；(2)《草案》第28条与《著作权法》规定的交叠；(3)《草案》第48条与《最高人民法院关于审理利用信息网络侵害人身权益民事纠纷案件适用法律若干问题的规定》第12条第1款、第2款等都属于典型侵权免责规范的交叠。《草案》公法嵌入私法的规范并非“错乱与重置”，而是通过“嵌入”转介为内置规范，具体有以下七点：(1)《宪法》条款嵌入用户隐私权，如《草案》第41条是《宪法》第40条关于通信自由、通信秘密的规定的嵌入；(2)姓各权、肖像权嵌入《反不正当竞争法》兜底条款，如《反不正当竞争法》第6条嵌入《草案》第20条第2款关于姓名权规定；(3)《反不正当竞争法》第11条嵌入《草案》第33条关于网络用户或服务提供者的名誉权、荣誉权的侵权责任法规范；(4)《征信业管理条例》《网络安全法》等行政法规嵌入《草案》第36条；(5)《网络安全法》第76条第5项嵌入《草案》第42条关于个人信息定义的规定；(6)《草案》第43条嵌入《全国人民代表大会常务委员会关于加强网络信息保护的决定》第7条关于显明标注信息的规定。(7)《网络安全法》第41、42条嵌入《草案》第44、45、49条，通过《最高人民法院关于审理利用信息网络侵害人身权益民事纠纷案件适用法律若干问题的

① 个人信息权不仅仅涉及民事权益，而且涉及宪法、行政法、刑法、商法、经济法、社会法等法律体系。以孙宪忠为代表的人格不可商品化，个人信息部门法结合治理论；以梁慧星为代表的反对人格权独立成编，个人信息无论是作为个人信息的民事权益，还是作为个人信息权的商事流转，其最核心的问题还是民事规范，本文的立足点仍然是民法，即将个人用户人格构造进个人信息权，其权利属性是人格，其他一切权能(包括财产权)都是从人格要素中流动出来的使用权能。

② 苏永钦:《私法自治中的国家强制》，中国法制出版社2005年版，第2页。

③ 参见苏永钦:《以公法规范控制私法契约——两岸转介条款的比较与操作建议》，载《人大法律评论》2010年第1期。

规定》第12条第3款对其具体化。“嵌入”规范是国家通过法定途径配置产权的方式，保障产权在安全的轨道上运行不至于“脱嵌”。

公法嵌入私法及其社会法是复合的规范形态。个人信息权交易不同于传统产权交易的特点是大量的公法嵌入私法的法律行为，这些私法领域的设权行为与公法领域的设权行为之间存在交叠关系。在私法领域，赋权规范主要是权能的赋予和物权法定主义的放松，以自由为导向，形成调整型私法赋权，其遵循“法不禁止即自由”原则。在公法领域，国家赋权是积极主动地运用法定权利和政策手段，以安全为导向，形成保护型公法赋权，① 其遵循“法无授权不可为”原则。在社会法领域，社会赋权是对弱者的赋权，体现在以风险评估和公平分配为导向，形成以社会法为主导的兼具保护和调整的赋权模式。举一个例证来解释，《反不正当竞争法》是兼具公私法属性的商业经济法，其中《反不正当竞争法》与知识产权相关的部分是私法调整，与虚假宣传的社会治理相关部分是公法规制，《反不正当竞争法》是回归市场竞争法，② 《反不正当竞争法》还是朝着既不是知识产权法，也不是行政监管公法规制法的方向发展，存在争议。在《反不正当竞争法》修法之际，有学者提出修订后的《反不正当竞争法》开始向制止反不正当竞争的基本法或社会法转型。③ 面对法律属性的争点，一部《反不正当竞争法》可观三种不同的法律部门，代表三类不同的法律价值，大数据时代的《反不正当竞争法》更加难以确认其法律部门的归属。不仅《反不正当竞争法》如此，《数据保护法》的性质是私法，但以公法嵌入、社会法嵌入后，其产权堆叠形成一束产权运动。大数据时代的一束产权运动是在新私法运动基础上复合权能运动，④ 既包括私法运动，也包括公法运动，其核心内容是共有但分离的复合权能运动，从形态论上看，从第一形态的民法隐私权保护，到第二形态的消费者权益保护法、知识产权法的保护，到第三阶段的反不正当竞争法、反垄断法的保护。如果说“新私法运动”是重塑“物权法定”的最佳时机，那么“大数据产品交易权能运动”是构造个人信息权保护法律体系的关键要素，形成大数据时代的新产权运动。新产权运动分阶段分部门赋权，形成以人格为核心的个人信息权法律保护的规范形态。

人格要素是保证功能性赋权获得安全保障的前提条件，功能性赋权是打开从信息到数据发生转化的要素。由于功能性赋权的前提是人格权属，所以个人信息权必须是在给定个人信息的人格要素条件下，信息业者经过对用户信息清洗、脱敏、关联、融合等数据匿名化处理后，以数据产品和数据资本形式进入数据集市交易，形成数据共有经营权和剩余控制(索取)权等一束财产性权利。从信息到数据转化的发生符合财产权能与人格权属二位

---

① 国家赋权必须是国家对弱者的赋权，而不是对强者的赋权。参见柯华庆：《适度赋权论》，载《战略与管理》2015年第7期。

② 参见孔祥俊：《论反不正当竞争法的竞争法取向》，载《法学评论》2017年第5期。

③ 参见郑友德、王活涛：《新修订反不正当竞争法的顶层设计与实施中的疑难问题探讨》，载《知识产权》2018年第1期。

④ 参见SSHYAMKRISNABALGANESH，The obligatory structure of copyright law：unhundling the wrong of copying，125 Hary，Rev. 1664(2012)；TEPHEN A. SMITH，Duties，and damages，125 Hary，Rev. 1727(2012)；BENJAMIN C. ZIPURSKY，Palsgraf，punitive damages，and preemption，125 Hary，Rev. 1757(2012)。

一体的关系架构原理。尽管在这一过程中财产权能与人格权属发生着形态多样的嵌入关系，但是其功能性赋权以诚实信用和等价有偿等民法基本原则为前提，为私法自治保驾护航。

(二)个人信息权应在民法人格权篇中加以细化

当前，立法者应当作出一种较为成熟的立法选择，在个人信息权已经被巧妙塞进《民法总则》第111条、第127条的条件下，不可能完全总则化，也不必要完全总则化。在总则已经赋予个人信息权利化的基础性条件下，将个人信息权归属于人格权篇进行立法是可行的选择，个人信息权对人格权篇具有续造功能，续造出人格权的细节化规定，即个人信息权应在民法人格权篇中加以细化，具体理由有如下：

在尚不能运用宪法进行功能性赋权的现实条件下，运用民法人格权篇来保障信息社会内蕴的功能性赋权价值，是将契约自由与交易安全这“两架马车”放在一条道路上行驶的现实选择，即以公法保护作为卫队车，以民法人格权篇为总统车，承载个人信息权的安全与自由双重价值。在目前一种人格功能性赋权解释框架下的规范形态有两种可能性：一是《草案》能够获得全国人民代表大会的通过，将个人信息和个人信息权放在民法人格权篇中进行保护；二是单独制定一部《个人信息保护法》，在总章下分别制定“个人信息篇”和“数据保护篇”，个人信息篇对应的是以人格为权利要素的保护体系；数据保护篇形成对应的是以人格为渗透性要素，在产权权能运作中展现出不同权能形态为保护，形成交易安全嵌入自由流转的数据保护篇。目前看来，《个人信息保护法》统一立法难度较大，涉及很多未知的领域，所以采用民法人格权篇对于个人隐私、数据交易进行保护，是现实而科学的立法选择。

中国确立以人格为中心的个人信息权法律保护体系与欧盟、美国个人信息保护法不同的是，欧盟贯穿着以人格为中心的财产性规范体系，美国从隐私判例中解释出的财产性保护运作机制，我国尚未建立相关的个人信息立法。如果缺乏基础性立法，其根本不可能以零散的司法解释应对复杂信息时代的新情况，其个人信息难以形成有效保护。中国现有的司法运作模式无法形成美国式的司法利益衡量做法，在规范形态上更适应欧盟的个人信息权复合规范。可以参照欧盟的OECD相关成熟法规，即便是欧盟有一整套成熟的法规，也在脸书案后暴露出巨大的网络安全风险。当法律致力于强制破坏生活安宁，并破坏国家主权的网络信息技术行为，以巨大的利益驱动市场化运作的技术，正在侵蚀法律制度的边界，挣脱法律的强制，破坏互联网市场秩序。互联网技术革命正在改变传统市场与法律之间的关系，如果不对互联网信息技术改变的法律关系做整体性解释，单靠民事权利及其民事责任，不能在权能权利化自我运行中发挥对信息市场的动态配置功能并获得规范效力，给个人信息民事权利增加运行负担，无法遏制高度复杂的信息风险，无法防止技术、市场和法律的三重失灵。面对技术对法律的强制，必须加增个人信息权的复合形态，革新传统法律概念和原理，通过个人信息权立法的契机，给民法人格权篇以新的增长点。

在民法人格权篇中规定个人信息保护条款体现了法律位阶上的适当性。个人信息保护条款不能用下位法来规定，而应当用上通宪法，下接物权法、债权法的民法人格权篇来规定。这体现了制定以私法为主体，上可以连接基本法，下可以放松至下位法，中间以人格权规范为基准的个人信息法律规范，正逢其时。个人信息权法律规范体系化的价值原理首先是人格，根据与人格的相关性向度区分个人信息权的三种形态的权能要素分别是：第一类是与人格直接相关的权利，如隐私权、人格权、自决权、控制权等，与人格间接相关并交叉关系的权利，从人格中直接衍生出来的关系，如公开权。第二类与人格没有直接关系的权利，平台的个人信息权。第三类是与人格存在补充关系，如共享产权之外的剩余权等。

人格是个人信息权法律保护体系化中规范构造的渗透性要素。从用户信息的人格到平台大数据的人格，需要概念的转化，如果还是按照古罗马法和近现代民法的解释体例，只能得出个人信息权“要么人格，要么财产”的单向度解释，数据就不可能在民法体系中有合适的法律地位，也就得出“数据不能成为民法上的法律概念”①的结论。按照马克思关于“劳动创造理论”，摆脱传统民法的解释框架，数据“发端于人格，流转于财产”，以网络媒体作为介质存储在数据库，无论个人信息权形态在流转中发生怎样的改变，以人格作为个人信息权的渗透性要素始终存在于个人信息的使用过程中，其权属仍然是人格，而权能则随着流转形成财产利益。为了防止个人信息流动性风险，以及数据存储介质安全问题，未来我国个人信息立法的方向应当是以公法切入私法的每一个风险节点，形成以人格为风险节点的个人信息权法律保护体系。人格在体系化法律规范构造中的规范特性可以分为以下几点：第一，人格权属的概括授权规范。目前以有体物为对象的财产权观念，必须转化为以资讯为对象的虚拟的人格权概念，用来规范人类的网络行为。②《民法总则》第110、111、127条就对个人格保护作概括式、宣示性规定。第二，人格权属的过程性规范。与美国的行为主义思维方式不同，欧盟过程主义的思维方式是指：人格随着个人信息的流转，也就是事件参与而发生形态改变，但是无论安全秩序随着时代发生着怎样的变迁，人格权属都必须在个人信息权法律客观构造中在场，欧盟的过程主义贯穿在整个法律构造中。参照欧盟模式，中国应当依据宪法第38条的人格尊严条款和第33条的人权条款作出权利推定。第三，人格权属的强保护规范。人格的个人信息事项不能因为财产形态的改变而改变其人格权属，即使在个人信息弱保护的美国最为典型的例证是，美国苹果公司拒绝给FBI提供邮箱身份信息，③ 美国作为价值被输出国的地位，二三十年来一直受欧盟的基本人权条款所约束，在人格权方面，以人格的不可解构性为原则，以变通补充办法来实现其财产性利益。立法不是静态的规范构造，而是通过司法默认规范和确认规范，形成人格权属规范要素的主观认定机制。法律构造首先是客观的，其人格权属的规范构造包括概括授权规范、过程性规范以及强保护规范。立法者率先根据客观事实形成法律规范，司法者或执法者通过客观构造之间的事件推动人格构造的主观改变，形成对人格权属的确认规范和默认规范。如果从立法到司法，缺乏从客观法到主观认定之间的转换机制，法官就

① 参见梅夏英：《数据的法律属性及其民法定位》，载《中国社会科学》2016年第9期。

② 参见吴嘉生：《资讯伦理与法律》，台北空中大学出版社2006年版，第268页。

③ 美国FBI要求苹果公司解密以配合其调查行为，但是苹果公司断然拒绝。参见《苹果拒绝为FBI开后门！死对头谷歌也站出来力挺库克》，载《第一数字》2016年2月18日。

无法在对事实的主观认定过程中去发现规范类型与规范转换机制，也就无法在其宣示概括授权规范、全过程规范和强保护规范之间做出规范选择，无法通过司法确立概括授权规范的立法转换机制。个人信息权保护路径首先需要解决信息与数据权属本体问题，以人格权为数据的权属，在此基础上形成人格权属与财产权能之间的转化机制。围绕人格权属和财产权能形成的规范内容，数字经济中的民事规范以用户知情同意为核心的个人信息立法与以平台授权共享为核心的个人信息权立法，数字经济中的公法规范是以平台监管机构和政府数据控制机构帮助、辅助、协助、规制私法运作，共同构成了个人信息权中公法规制与私法自治的复合规范。其核心的问题有二：一是从规范模式上看，面对个人信息权保护中的公私法交织的法条嵌入问题，需要公私法的转换机制；二是从规范内容来看，人格与知情同意在个人信息权法律保护的起点，在产权运作过程中以共享激励为确权规范，这就需要在概括授权和共享激励之间寻找尺度规范。就规范模式和规范内容而言，欧盟与美国采取了不同的保护路径，欧盟采取的是公私法律行为交织的数据保护路径，其过程主义思维方式将公法与私法看成两条平行的线索，形成公私法平行的财产规则和责任规则，其需要以逻辑缜密的规范体系为有效裁判支撑。美国行为主义思维方式，体现在司法运作中的实用主义法律保护，采取场景化的风控策略和补充同意规则，其需要以法官职业共同体形成为支撑。美国并不像欧盟的体系严密的公私法交织法律规范，并且知情同意只是美国司法中很小的一部分。从我国现行立法来看，总体上沿用欧盟的公私法交织的数据保护路径，采取财产规则与责任规则相结合的模式。沿袭欧盟的过程主义法律构架，同时借鉴美国不同领域法律行为的司法运作。结合我国法律的整体社会事实，跳出法律渊源的静态研究方法，通过互联网发展的特点产生出的个人信息保护不同形态，以不同转换形态下的不同法律事件产生的法律关系，寻找不同形态下个人信息权法律关系的特点，再根据大数据法律关系的特点去锁定规范形态。只有区分不同领域的法律规范一法律行为一法律关系产生出来的不同个人信息权形态，总结不同形态下个人信息权的规范特征，才能建构出个人信息权法律保护体系。

三、个人信息权在民法人格权篇中的规范续造

在民法人格权篇中规定个人信息权，需要三个层面的思维适应性转向，一是互联网经济的发展需要法学思维的转变。法学思维的转变率先要突破立法教义学的纯粹规则中心主义(打破凯尔森的规范体系，打破哈特的例证化规则体系)，以概念一原则、标准一规则的法学思维替代概念一规则的法学思维。二是互联网经济的发展需要去法律概念中心化。流动的信息社会的特质是去中心化的，未完全概念化的立法需要对尚未形成中心化的边缘地带留白，给尚未概念化的事物留空。三是互联网经济的发展需要去本质主义，改革未完全概念化的边缘地带，坚持防止法律变成改革的阻力，给改革腾出法外空间。法外空间是法律沉默，是法律对特定的生活事实未予调整，是法律对本来不属于其调整对象的地带留出不管的空间。概念不仅仅是指确定性的概念，还包含不确定法律概念，个人信息是个不

确定法律概念。个人信息权存在大量的未完全概念化权利的权利类型，其完全概念化的部分个人信息权按照概念、原则、标准、规则四要素设置，其规范要素有三要素说和四要素说①之分，要根据实际情况确立规范的要素。不确定性概念如果能按照概念、原则、标准、规则建立的，就建立；如果不能的话，就按照概念、原则、标准建立。

根据哥德尔不完备定理，未完全概念化就是一种可能的形态，为了限制未完全概念化的恣意，德国学者运用历史解释学和法律论证理论进行功能续造，通过立法预设共识，再通过司法填补立法共识的不足，于是就通过原则、规范等行为模式构造，而不是行为规范进行归责构造。个人信息权概念要素有三：不确定性概念、标准(或政策)和原则(相互冲突)，规则只有幅度调整才可以做政策，政策只能寄生于标准，政策受标准约束。

未完全概念化最早来自耶林反对概念法学提出的利益法学主张。② 耶林与斯特劳斯一样，遵从萨维尼的传统，支持法人类学的主张，以语言的所指和能指，赋予概念以生活利益的内涵，③ 但同时引发了去价值化和价值化之争。黑克公开宣称法律利益无价值，是个利益无涉的概念，即无涉生活，无涉价值，无涉政治，④ 但黑克的实证主义立场马上遭到了斯密特的批判，斯密特讨论主权项下的人权，强调奥斯丁的主权者命令说。⑤ 德沃金对概念做了整体性解释，提出了概念、原则和规则的三要素说，⑥ 并经过孙斯坦的发展，形成了未完全概念化的解释框架。⑦

对未完全概念化和未完全类型化的个人信息权，主张用法律上的利益来扩张权利。人格权在价值上基于人权保障，保护普通人的利益，人格权法秩序上的利益和法律值得保护的利益更多具有开放性，这种开放性体现在：一是规范法上利益。一个法律规范尽管没有明确利益，但利益隐含在这个法律体系之中的，一般表现为规范。二是法秩序上的利益一般表现为原则，是法律秩序上值得保护的利益。三是法价值上的利益，是特别保护尤其是宪制秩序的问题。个人信息权既不是主权者的命令，也不是概念的总量，也不能是虚妄的概念，而应当是运用标准、原则对利益作出评价。

未完全概念化按照概念、原则、标准进行设置。个人信息法的未完全概念化的部分是法外空间，法外空间在德国法中也广泛存在。即使不确定性法律概念+原则+标准，也能引导行为，在司法中根据个案进行裁判(利益衡量)，优越于概念+保护规则的立法例。人格权法独立成篇按照具有总则属性+分则属性的框架并不会造成混乱，反而能够弥补其他分则不便规定的内容。承载个人信息的人格部分，为完全概念化的权利生长提供基础性保

---

① 参见李龙：《法理学》，武汉大学出版社 2011 年版。

② 参见[德]鲁道夫·冯·耶林：《为了权利而斗争》，郑永流译，法律出版社 2012 年版。

③ 参见[德]克洛德·列维·斯特劳斯：《结构人类学》，张祖建译，中国人民大学出版社 2006 年版。

④ 参见菲利普·黑克：《利益法学》，傅广宇译，载《比较法研究》2006 年第 6 期。

⑤ 参见[德]卡尔-斯密特：《论法学思维的三种模式》，苏慧婕译，中国法制出版社 2012 年版。

⑥ 参见[美]罗纳德·德沃金：《认真对待权利》，信春鹰，吴玉章译，中国大百科全书出版社 2008 年版。

⑦ 参见[美]凯斯·R. 孙斯坦：《法律推理与政治冲突》金朝武等译，法律出版社 2004 年版，第 39 页以下。

护标准。

综上所述，个人信息权立法要求人格权篇分则总则化、标准化和规则化的三种形态：对于概括宣示未完全概念化的部分要总则化，对于未完全概念化的部分要原则化，对于未完全概念化的提出指南、命令等标准化，对于完全概念化的要规则化。由于民法总则已经出台，人格权篇可以按照概念、原则、标准、规则四要素进行安排。

（原文刊载于《苏州大学学报》（哲学社会科学版）2019年第1期。）

十七世纪科学革命与自然法的衰变

汪　雄*

摘　要：理解自然法的关键在于理解自然，自然观的变化必然引起自然法的变迁，自然观的最近一次巨变发生在十七世纪，那时的科学革命驱逐了上帝、否定了自然背后的善。新的自然观认为世界是价值无涉的和机械式的，这使得自然法不再以善为基础，而立基于人的自然本性。这种以霍布斯为代表的近代自然法把法奠基在人的欲望或理性基础善，把法还原为一种主观权利，从而认为主观权利决定法律，不是法律规定主观权利。自然法从人的内心约束变成了外在革命的工具，在某种意义上，这是一场退步。

关键词：科学革命；自然观；自然目的；自然法

如果新型科技没有引起科学范式的革命，那么，对科技的法律调控可以在既有框架下进行。但是，如果新科技已经颠覆了旧有的科学范式和科学理念，法律的观念与框架就得变革，例如，如果人工智能产生意识，那么就需要变革现有法律观念以应对新科技的挑战，法律的调整对象就需要从人拓展到人与机器，这在未来是极有可能的。本文重点就是探讨科学革命与法律观念的关系，是通过检讨历史上曾经发生过的事件，来展望未来。

大陆法系的法律深受罗马法影响，中国也不例外。《学说汇纂》开篇即言："自然法是大自然教育一切动物的法(Ius naturale est，quod natura omnia animalia docuit)。"什么是"大自然"？大自然何以能教育动物？我们可能无法回答这些问题，这是因为从古罗马距今的一千多年时间里，已经发生了一场翻天覆地的科技革命，现代人与罗马人对自然的理解已经截然不同。在罗马人看来，"大自然"是拟人化的，这种把自然拟人化的宇宙观来自古希腊。柏拉图在《蒂迈欧》和《法律篇》第十卷中都讨论过宇宙中的这个拟人化的神(θεός)，他不是后来基督教中的God，而是主导自然的宇宙神。如果我们知道"大自然"后面有一个神，我们就能回答"大自然"何以能够教育生灵(animalia)。现代人不能回答这个问题，是因为我们的科学知识是近两百年来的现代知识，是经历了科学革命洗礼之后形成的，科学革命驱逐了古希腊的神，也杀死了古希伯来的God。科学革命彻底颠覆了人类的知识体系，当然，也改变了人们对法律的基本看法，自然法也难以幸免。本文致力于探讨与此相

---

* 汪雄(1986—　)，男，湖北仙桃人，法学博士，首都师范大学政法学院讲师，硕士生导师，国家公派美国德克萨斯大学奥斯汀分校法学院访问学者，中国台湾"中央研究院法律研究所"访问学者，主要从事法理学研究。

关的两个问题：第一，十七世纪的科学革命对自然法的观念产生了什么样的影响？以及第二，如何看待这些影响？是好的影响还是坏的影响？

一、自然观的变化对法律的挑战

近一百多年来，中国法律发生了翻天覆地地变化，究其背后的原因，受到了科学革命的影响。但是，中国的科学革命不是十七世纪的事情，而是百年前对“赛先生”的引进。现代人反思新文化运动时，猛然发现，改变传统观念的不是德先生，而是“赛先生”。中国哲学最为基本的三个观念：天人合一、身心合一、知行合一，都被“赛先生”解构了。人们不再相信秋后问斩的正确性，人们也不再相信亲亲尊尊的法律理念，依据中国刑法，杀死父母和杀死陌生人都构成故意杀人罪，如果其他犯罪情节类似的话，刑期长短也一致。但是，依据一百多年前的《大清律例》，杀死父母构成大逆，而杀害普通人仅仅构成斗殴，前者是重罪，后者是轻罪。才一百多年，法律的观念的变化就如此巨大。可见，新的科学观念的出现必然对文化对社会带来巨大的革新。法律概莫能外。

为什么新的科学观念会对法律造成巨大冲击？其实，新科技的出现不构成对法律的挑战，法律完全可以在自身的框架内应对新事物的挑战。但是科技背后的自然观的变化会彻底改变人们对法律的看法。例如，从科技的角度，人们对男人、女人的定义和检测一直在发生变化，从早期的外形观察，到现在雌激素的检测等，无论新科技怎么变化，都不构成对婚姻法的挑战。但是，如果变化的不是男人或女人的检测技术，而是对人种的繁殖技术，婚姻法就面临巨大的变革。因为，无性繁殖会突破男女阴阳的观念，彻底改变人们对家庭的看法。而传统的婚姻法是建立在男女阴阳的基础之上的，如果人们的自然观不再以阴阳为基础，那么，婚姻法将需要重新谱写。

那么，问题是，为什么具体科技的变化并不挑战法律的基础，而科技革命引发的自然观的变化会导致法律理念的巨变呢？

法律的目的是形成秩序，而秩序早在法律之前就已经存在了，法律之前的秩序就是“自然秩序”，他先于人而存在，不以人的意志为转移。政治秩序、法律秩序等等都是对“自然秩序”的模仿，“自然秩序”直接决定了自然法观念。而科技是描述这个“自然秩序”的，尽管哲人们对人类能够认识到这个自然秩序存在可知论与不可知论的争议，但是，人类从来就没有停止过窥探世界的步伐。但是，每一次对“自然秩序”的描述必定有差异，有些差异不会引发革命，例如一种新射线新元素的发现。但是，有些差异可能是颠覆性的，例如日心说与地心说的差异，会颠覆人们对自然的看法；再例如人工智能、人机合体的出现，会颠覆“人”的概念，间接引发法律观念的变革。

当新的描述取代旧的描述时，当新的自然观取代旧的自然观时，会有阵痛，会爆发科学革命，欧洲 17 世纪就爆发过这样的革命。新的自然观取代了旧的自然观，建立在新自然观基础之上的自然法取代了旧的自然法。本文旨在描述科学革命与这场新旧自然法的更替。科学革命通过自然观的变迁影响自然法的变化，我们先考察一下古典自然观的基础。

二、古典自然观与自然法

(一)古典自然法的形成

在日常用语中，自然有两层意思：一层指自然之物；一层指自然之理。① 前者指现象的世界，后者指本质的世界。在古希腊，“自然”指第二层意思。例如，德摩斯蒂尼(Demosthenes，公元前384—前322年)说：“如果我们信任眼睛看到的东西，那么整个世界、神圣的事物还有我们所谓的四季，似乎都受到了法和秩序的控制。”②德摩斯蒂尼的法和秩序指的是自然背后的道理，或者说是law(自然规律)。这种自然规律还不是后来意义上的“自然法”，因为自然法一定有是非对错的指示，但是这种自然规律仅仅是一个客观描述，没有是非对错的倾向。这种自然规律在柏拉图的《蒂迈欧》中也有描述。

柏拉图的《蒂迈欧》是研究宇宙论的一部奇书，它分析了身体的组成和运行原理，身体的内部组织按这个原理运行就是健康的，否则就会生病，而这个运行原理就是“自然法”，但这个自然法又不是物理意义上的自然法，指自然树立的惯例和习俗，就像人类树立法规一样，它们都可以被违反。他们都不是现代意义上的法律。所以，“Cornford反对翻译成‘laws of nature’，认为这里的nomos仅仅指血液健康运行的惯例和标准流程。③ 所以，在柏拉图那里很难说出现了古典意义上的自然法，最多只有哲人立法。哲人立法是在向自然法靠近，它虽然没有到达最高的智慧没有完全符合自然法，但这不影响它的功能，它依然可以满足城邦中的普通政治德性，依然可以规范我们的财产或婚姻生活。④ 在亚里士多德的《修辞学》中，他将“依据自然的法”称为普遍适用于所有人的不可变更的法。⑤在《尼各马可伦理学》1134b18—1135a5中，亚里士多德没有提及自然法，但是提到了自然正确(natural just)。自然正确是与法定正确是对立的概念，法定正确是人为的，是约定的，所以，在被确定下来之前处在变动之中，而自然正确在一开始就是确定的，它的正确与否不因时事变化而变化。自然正确的有效性与人类的制定法没有关系。

在廊下派(the stoicism)看来，人和神共享正确理性，正确理性教导我们依自然而行

---

① 所以密尔在其遗稿《三篇关于宗教的文章》中说：the word ‘nature’ has two principal meanings：in one it refers to the entire system of things，with the aggregate of all their properties；in the other it refers to things as they would be if it were not for human intervention.“自然有两个主要意思：一个意指万物的全部系统，包括万物的全部属性；另一个意指在没有人类干涉的情况下万物所当然的样子。”参阅J. S. Mill，“nature”，in J. S. Mill，Three Essays on Religion，New York，1874，p. 64。

② [英]李约瑟：《文明的滴定》，张卜天译，商务印书馆2016年版，第283页。

③ 参见Cornford，Plato's Cosmology，Hackett Publishing Company，1997，p. 339。

④ 参见汪雄：《柏拉图思想中“自然”的呈现与“法”的二重张力》，载《首都师范大学学报(社会科学版)》2016年第5期。

⑤ 参见斯特劳斯：《论自然法》，载斯特劳斯：《柏拉图式政治哲学研究》，张缨等译，华夏出版社2012年版，第186页。

动，由此可以过上具有美德的生活，而自然法具有一种引导力，能引导人类朝向美德。①西塞罗赞同廊下派的观点，但是西塞罗关于"自然法"的著名表达是在《法律篇》第一卷第6节，在他的表述中，"自然"和"法"还是分离的，没有直接修饰关系，没有出现后来罗马法中的ius naturalis(自然法)，但是"自然"和"法"以理性为媒介。他说："法律乃植根于自然的最高理性(lex est ratio summa insita in natura)，……当这种理性在人的灵魂(hominis mente)中得到确立和实现，便是法律。"②也就是说，法律先和理性相关，而这种理性是生长于自然中的最高理性，"理性"连接了自然与法律。这里就有两个问题：第一个问题是：自然中怎么蕴含着理性？第二，自然蕴含的理性如何被人认识到？

自然中怎么蕴含着理性？依赖现代知识可能无法回答此问题，但是如果我们抛开现代知识，回到古代，问题迎刃而解，因为自然的后面有一个神，自然中蕴含的理性就是神的理性。这个理性一定是最高理性(ratio summa)。所以，西塞罗在《论法律》第二卷会接着说"法律不是由人的智慧(hominum ingeniis)设计出来的，也不是任何平民的任何决议(scitum aliquod)，而是某种凭借允许禁止之智慧管理整个世界的永恒之物(aeternum quiddam)。"③西塞罗虽然没有直接提到神，但是管理整个世界的永恒之物(aeternum quiddam)是什么呢？只有神才是永恒的。

但是，我们人怎么能认识到神的理性呢？这个问题其实西塞罗一开始就回答了，他认为人与动物的与众不同之处在于，自然赋予人思维的能力，这是与动物的区别，赋予人敏捷的心智，同时把一种自然的善的目的赋予给人类。所以，人有能力认识到植根于自然中的理性，一旦你认识到，就是在你的灵魂(mens)中得到确立和实现，这便是自然法。而所有的人只要你是人，不是猪狗，就具有这个灵魂(mens)，就能认识到自然中的理性，就能适用于所有人。这就是《论共和国》中的那个经典定义："真正的法律(vera lex)是与自然相符合的(naturae congruens)正确的理性(recta ratio)，适用于所有的人(diffusa in omnes)。④

针对这两个问题，后来的阿奎那走的更远，他直接把自然的最高理性叫做永恒法，是上帝创造这个世界时的蓝图。但是他认为在上帝面前，人是卑微的，所以，人永远都不可能完全认识到神的蓝图，最多只能分有一点点神的意图，人所分有的这点点东西在阿奎那那里就叫"自然法"。可见，经历了柏拉图、亚里士多德、廊下派到西塞罗那里，自然法的概念才逐渐呈现出来。它不是一开始就具有清晰的样态。

(二)古典自然法的基础——"善 ἀρετή"

古希腊虽然没有西塞罗那种意义上的自然法，但是有哲人立法，柏拉图的《法律篇》

---

① 参见 Elizabeth Asmis, "Cicero on Natural Law and the Laws of the State", Classical Antiquity, Vol. 27, No. 1 (April 2008), p. 12。

② 西塞罗：《西塞罗文集》，王焕生译，中央编译出版社 2010 年版，第 158 页。

③ Elizabeth Asmis, "Cicero on Natural Law and the Laws of the State", Classical Antiquity, Vol. 27, No. 1 (April 2008), p. 183。

④ 参见 Elizabeth Asmis, "Cicero on Natural Law and the Laws of the State", Classical Antiquity, Vol. 27, No. 1 (April 2008), p. 105。

就是哲人立法的产物。《法律篇》开篇讨论法律的起源和目的实际上就是讨论法律的基础的问题，法律起源于神，这是第一卷中三位老人一致同意的，第十卷中雅典异方人成功论证了神就是完整德性(πᾶσαν ἀρετήν)(898c4)，所以，无论是出类拔萃的立法者米诺斯，还是其它立法者都应该是为了最大的德性而制定法律(630c2)。那么，法律的基础就是ἀρετή("善"或者"德性")。

而这种德性观和希腊人的神学宇宙观密切相关。著名科学史学家怀特海甚至认为，希腊人认为自然是一场戏，每件东西都在扮演自己的角色，每件东西都有他的归宿和目的(τέλος)。① 这个目的并不是指外界的和你不相关的目的，而是一个属于你的目的，或者你的归宿，任何事物都要不断向目的靠拢，目的实际上就是指任何事物的理想状态。所以，亚里士多德在《形而上学》中说"所谓'善'亦即'终极'，本为诸因之一。"②在亚里士多德看来，无论是自然的事物还是实践的事务都有这个目的，所以《尼各马可伦理学》开篇即言："一切技术，一切研究以及一切实践和选择，都以某种善(ἀρετή)为目标。"③而法律是一种实践的事务，当然也应该把善当做它的目的。

在廊下派(the stoicism)那里，遵从德性和遵从自然法很大程度上是重叠的，"为自身的缘故而值得选择的有德性的生活，被理解为遵从自然法。"④自然法是实现德性的一条路径而已，德性乃自然法的引导。这直接影响了后来的罗马法，"罗马立法是哲学的产物，它是根据哲学的模式制定的，因为它并不光是适应社会实际需要的经验系统，而是首先确定了许多关于权利的抽象原则，然后再力求符合于这些原则。这些原则直接搬自廊下派哲学。"⑤

阿奎那也认为"善"是人世生活的最高目的，"推动人趋向善的外在原则是上帝，上帝用律法教导人并且用他的恩典协助人。"⑥在阿奎那这里，上帝的意图取代了自然目的成为自然法的基础，只不过，上帝统治世间的全部法则叫做永恒法，这是自然法的基础。因为上帝是全善的，上帝的意图自然是善的，所以，阿奎那认为法律的目的总是共同善(bonum commune)，并且，法律一定首要地承载着至福的安排。⑦

三、科学革命与古典自然观的瓦解

但是，这种古典自然法和古典自然法所赖以存在的古典自然观，在十七世纪被颠覆

① 参见[英]怀特海：《科学与近代世界》，何钦译，商务印书馆 1989 年版，第 8 页。

② 亚里士多德：《形而上学》，吴寿彭译，商务印书馆 1959 年版，第 5 页。

③ 亚里士多德：《亚里士多德选集(伦理学卷)》，苗力田译，中国人民大学出版社 1999 年版，第 3 页。

④ 斯特劳斯：《论自然法》，载斯特劳斯：《柏拉图式政治哲学研究》，张缨等译，华夏出版社 2012 年版，第 186 页。

⑤ [英]怀特海：《科学与近代世界》，何钦译，商务印书馆 1989 年版，第 12 页。

⑥ 斯特劳斯：《论自然法》，载斯特劳斯：《柏拉图式政治哲学研究》，张缨等译，华夏出版社 2012 年版，第 186 页。

⑦ 参见阿奎那：《论法律》，杨天江译，商务印书馆 2016 年版，第 7 页。

了。“到1700年的时候，牛顿完成了巨著‘自然科学的数学原理’，整个世界进入了崭新的现代。”①在这个崭新的时代，人们不再认为宇宙是无限的，不再相信世界背后有善的意图。自然观发生了翻天覆地的变化，具体表现在以下三方面：

(一)世界图景的机械化

十七世纪之后，人们对宇宙的认识发生了极大的改变，从地心说到日心说仅仅是其中很小的一个改变，更大的改变是有限的、有序的宇宙变成了无限的、机械的。古代认为，宇宙是一个有限的球体，分为天地两层，地球位于宇宙中心，所以日月围绕地球运行，物体总是落向地面。托勒密继承了这学说，提出了更为精致了均轮和本轮理论。

但是十七世纪的科学对宇宙做出了新的解释。第一，他们认为这个虚空是无限的。库萨的尼拉古(Nicholas Cusanus，1401—1464)首先反对亚里士多德的观点，反对宇宙是有限的，反对世界由天球包裹。但是他并没有断言世界是无限的，因为无限要留给上帝。首次提出宇宙无限的是帕林吉尼乌斯(Pier Angelo Manzoli)在1543年所写的《生命的天宫》(Zodiacus vitae)；第二，宇宙的机械化，库萨的尼古拉并不是一开始就反对宇宙自身和谐论，他甚至肯定了宇宙有自身的本性，例如他说：“每个星体的运动和闪烁仅仅是为了以更完美的方式存在。”②所以，库萨的尼古拉并没有彻底反对古代的和谐宇宙论，但是，他也没有提出现代宇宙观。

如果宇宙是无限的话，有一个问题困扰了那时的科学家：星体的运动何以这么井然有序，而不是混沌一片。所以，有一部分人认为宇宙的有序结构是上帝的结果。例如Richard Bentley(1662—1742)认为：上帝不仅推动着物体相互趋近，而且还阻止它们离得太近。③ 牛顿虽然提出了万有引力定律，但却没有完全抛弃上帝，所以，遭到了莱布尼茨的嘲笑。依照牛顿爵士的看法，上帝必须经常为他的“钟表”上紧法条，否则它就会停下来。牛顿的这个上帝似乎很蹩脚，他造出来的机器如此不完美以致于要时时上发条。牛顿之后的理论发现世界不需要上发条了，这位上发条的人在这个世界上越来越无事可干了，因为世界不需要这个服务了。所以，牛顿之后一百年，拉普拉斯把新宇宙论发展成了最完美的形式，当拿破仑问他，上帝在他所著的《宇宙体系论》(System of the World)中扮演何种角色时，拉普拉斯说，陛下，我所描述的世界不需要上帝的服务。

所以，新宇宙论诞生了，上帝被杀死了，自然目的论也被抛弃了。在这个宇宙中，永恒的无知根据必然定律在永恒的空间永不停息、漫无目的地机械运动着。宇宙不再是神圣的，花鸟鱼虫等自然的美好、太阳东升西落等都不再显得崇高，都只是微观的化学反应或者宏观的机械运动的结果。

(二)自然目的论的终结

科学革命时期，英格兰是怀疑主义的大本营，培根、贝克莱、休谟等，他们怀疑人的

① [英]怀特海：《科学与近代世界》，何钦译，商务印书馆1989年版，第6页。
② [法]科瓦雷：《从封闭世界到无限宇宙》，张卜天译，北京大学出版社2003年版，第17页。
③ [法]科瓦雷：《从封闭世界到无限宇宙》，张卜天译，北京大学出版社2003年版，第166页。

理性能力，认为理性容易出错，所以，必须进行试验观察。培根(1561—1626)认为，我们对于自然的目的一无所知，目的因败坏了科学，而不是推进了科学。① 培根主张动力因，抛弃了目的因。② 亚里士多德的多层次原因理论被压平为单一的动力因。亚里士多德原因理论的衰落不仅发生在无生命的自然界，而且波及人的德性领域。对亚里士多德目的论的批评不仅来自科学界，也来自宗教。按照新教思想家马丁路德的立场，善是上帝的恩典，因信而称义，人作再多的努力也不会使人成为善人，善不是实践得来的。所以，新教必然反对亚里士多德关于人的自然目的论。自然目的遭到了前所未有的质疑。在《利维坦》(1651)论“品行的差异”一章中，霍布斯(1588—1679)一上来就否定了亚里士多德的预设和方案，他说“旧道德哲学家所说的那种终极的目的(finis ultimus)和最高的善(summum bonum)根本不存在。”③霍布斯之后，自然目的论终结了，古典自然法就随之被抛弃了。

(三)科学与道德的分离

如果我们暂时搁置从小所受到的科学熏陶，就可发现，希腊人思考哲学是为了好生活，希腊名言说“哲学是生活的艺术”(philosophia est ars vitae)，对自然世界的科学研究是为了探索好生活。这是现代人所不能理解的，为什么科学研究和幸福生活有关？对于希腊人来说，这毫不奇怪，廊下派的创始人芝诺(Zeno of Citium)认为有德性的生活就是与自然相一致的生活。④ 哈里森(Harrison)在其名著《科学与宗教的领地》中认为希腊科学并不拒斥神话与宗教。随着公元476年西罗马帝国的灭亡，古典思想主要保存在一些百科全书摘要中，中世纪早期继承的是单薄的希腊学问。12、13世纪的一个伟大事件就是，许多希腊的学问在东罗马帝国和阿拉伯世界被重新发现，中世纪大学开始复兴柏拉图和亚里士多德的学问。阿奎那(1225—1274)在讨论《神学大全》中的德性时指出：“‘科学’是一种心灵习性(a habit of mind)或‘理智德性’(intellectual virtue)。”⑤科学不仅是一种个人品质，而且还具有道德成分。阿奎那认为科学首先是一种个人品质，而现代我们习惯把科学看作为一套知识和信念的系统，主张价值中立。但是，把科学理解为心灵习性的观点在文艺复兴时期却是一个常识。

十七世纪的科学革命之后，现代的、系统性的科学概念逐渐取代了作为德性或心灵习性的科学概念。“用来刻画‘科学’这一理性德性的内在品质变成了方法和教理。”⑥1771年《不列颠百科全书》中的科学词条：“科学，在哲学语境下指通过合乎规则的证明从自明而确定的原理中导出的学说。”⑦也就是说，在十七世纪之前，科学知识是给心灵灌输科学习性的一种手段，而现在，培养人的心灵的习性主要是为了产生科学知识。不过，把科学和

---

① 参见[澳]哈里森：《科学与宗教的领地》，张卜天译，商务印书馆2016年版，第139页。

② 参见[英]怀特海：《科学与近代世界》，何钦译，商务印书馆1989年版，第8页。

③ 霍布斯：《利维坦》，黎思复、黎廷弼译，杨昌裕校，商务印书馆1985年版，第72页。

④ 参见[澳]哈里森：《科学与宗教的领地》，张卜天译，商务印书馆2016年版，第45~46页。

⑤ [澳]哈里森：《科学与宗教的领地》，张卜天译，商务印书馆2016年版，第17页。

⑥ [澳]哈里森：《科学与宗教的领地》，张卜天译，商务印书馆2016年版，第23页。

⑦ [澳]哈里森：《科学与宗教的领地》，张卜天译，商务印书馆2016年版，第24页。

道德彻底撇开的是马克思·韦伯(1864—1920)，在《以科学为志业》中，韦伯否认了科学的道德教化作用，认为那是一种虚构的理想。

所以，十七世纪之后的自然中不再有神，也不再蕴含崇高的道德目的，科学仅仅是追求客观整理的一项技术活动，“自然”不再具有是非善恶的评价，而仅仅只是人之外的物理体系，自然变得价值无涉。

四、近代自然观与自然法的衰变

古希腊的自然观认为世界是有限的、秩序井然的、有一个善的目的的。十七世纪之后的自然观，认为世界是无限的、价值无涉、机械式的。没有十七世纪自然观的变化，就不可能有霍布斯。“在霍布斯的先行者当中，没有一个人曾经尝试过，要跟整个传统实行彻底的决裂。”①但是霍布斯做到了，他不认为“自然”能给“自然”立法，而是人根据“自然本性”来立法，这个自然本性和古代道德哲学家的善的目的没有关系，在这点上，霍布斯又站在了实证主义的立场上，所以，实证主义与近代自然法有同一个基础，就是反对神、反对自然目的论。这里不详细检讨法实证主义，只对比科学革命之后的以霍布斯为代表的近代自然法和古典自然法的差异。科学革命之后，近代自然法发生了如下几个转变：

(一)自然法的起源从神的意志变为人的欲望或理性

在古希腊，自然法来自神的意志，这个神是宇宙神，在亚里士多德的追随者阿奎那那里，自然法是对永恒法的分有，自然法来自上帝意志。基督教的上帝取代了古希腊的神成为了立法者。古希腊罗马的目的论与基督教的神意论具有内在关联性。但是，十七世纪的科学革命抛弃了目的论、驱逐了上帝，人变成了宇宙的中心，人成为自己的立法者，自然法不再和神、也不再和“自然”有关，而是立基于人的理性。人的理性取代了上帝和神成为了立法的基础。霍布斯的《利维坦》就是这样的产物。当然，有些哲学家处在犹豫和摇摆中，例如洛克。

霍布斯关于人性的假设有两条：一条是人类贪婪的假设，它使人人都极力要把公共财产据为已有。另一条是自然理性的假设，它使人人都把死于暴力作为自然中的至恶努力予以避免。② 第一条是自然欲望，第二条是自然理性。动物有自然欲望但没有自然理性，人可以通过理性的手段最大程度地满足自己的欲望。这些手段包括契约、结社等。所以，霍布斯自然法的逻辑是：欲求生、避免死是人最大的欲望，为了实现这个欲望，理性会设定一些达到和平的条件，这些条件就是自然法。后来的康德绝对反对把恐惧这一刺激性反应作为自然法的基础，因为恐惧的情感对于理性人来说是一个病理性刺激，如果这种刺激成为了行动的最终规定根据，那么人将失去了尊严，变得和动物一样了，所以，康德要把自然法的基础放在人的理性这里。

但是，无论自然法的基础是理性还是欲望，自然法的基点不再是高高在上的神和伟大

① 施特劳斯：《霍布斯的政治哲学》，申彤译，译林出版社 2001 年版，第 1 页。

② 参见霍布斯：《论公民》，应星等译，贵州人民出版社 2002 年版，第 4 页。

的自然，而是人的基本属性，那么自然法的规则就不是从上降下来的，而是从人性里面引申出来的。对人而言，感受到的不再是义务，而是权利。

（二）从强调义务到强调权利

在古典时代，人要么匍匐在神的脚下，要么服从自然。“在宇宙万物之中，人并不是最高贵的。”①并且，神和自然都有善的目的，实现这个善的目的也是实现自身，实现自己的善之目的与服从神和自然并不矛盾，从外在面向上看，似乎有很多义务围绕着你，禁止奸淫、禁止借钱不还等，但是人不会感到这是来自外在的约束，而是自己对自己的要求，所以从内在来看，这很难说是你的义务。

但是，十七世纪以后的自然法与此不同，人类成了宇宙的中心。“通过对自然的智力攻克使得人类变成了自然的主人。”②在《利维坦》引言中，霍布斯不再认为智慧是从上面得来的，而是从了解人得来的，人成为了宇宙的中心。

现代科学导致的思想特征是人类中心主义，人可以改造自然，人的欲望得到解放，激情开始滥觞。人性取代德性。德性被人性取代之后，自由成为了最高的价值，权利成为了第一位的，权利成为了追求自由的合法手段。而在古希腊，权利只关涉对错，人追求德性（亚里士多德《伦理学》）。所以，施特劳斯明确说：“前现代思想强调义务，就算提到权利，也只是将其视为义务的衍生物，或实现义务的附属品。”③“近代思想从个人权利出发，并将国家的存在视为保障个人发展的条件，而希腊思想，则从国家的权利出发。”④这中个人的权利其实是一项权利诉求，一个最低限度的诉求，即保护人的生命和躯体安全的诉求，这项诉求是无条件的，因而在根本上是一个‘自然的’诉求，自然权利就这么产生了。自然权利产生自人的本性，而自然法则是在此基础之上演绎出来的。权利在某种程度上是人自我膨胀的结果。

（三）从政治社会到自然状态

“自然状态”是一个很近代的概念，是所谓客观中立、去道德化的一个想象。一个思想家，如果他不认为人和人的组合有善的目的，就会认为人和人的结合出于低级的目的，或者出于既不道德也不邪恶的目的，霍布斯就认为出于低级的目的，卢梭就认为结合的目的没有那么邪恶。但无论如何，他们都不会认为善的目的先于人的结合存在。

古代自然法从来不质疑政治社会，认为人生来就在政治社团中了，并且这个政治社团的目的是实现某些善业，重点是如何让这个政治社会的善实现出来。这是亚里士多德在《伦理学》开篇就点明了的。现代自然法总是质疑政治社会，总是要返回到政治社会之前的状态，回到自然状态，然后再设定一些条件考察人为什么要放弃自然状态进入政治社

① 亚里士多德：《亚里士多德选集（伦理学卷）》，苗力田译，中国人民大学出版社 1999 年版，第 137 页。

② Leo Strauss, The City and Man, The University of Chicago Press, 1964, pp. 3-4.

③ 施特劳斯：《古典政治理性主义的重生》，郭振华译，华夏出版社 2011 年版，第 316 页。

④ 施特劳斯：《霍布斯的政治哲学》，申彤译，译林出版社 2001 年版，第 187 页。

会。然后再考察人在自然状态下可以主张什么权利？需要最低限度地放弃什么权利？需要保留什么权利？进而提出自然权利的主张。这是霍布斯、洛克、卢梭的典型思路，尽管他们关于自然状态的论述会有细微差别，但是无一例外都认为人由自然状态进入政治国家是被迫的。而古典作家早就反对过这一点，在《论共和国》第一卷西塞罗借斯基皮奥之口给国家下了一个经典定义："国家是人民的事情，但是，人民不是所有人不受限制地组合，而是许多人的正义的一致和利益的共同的结合。这个聚合的首要原因不是人的软弱无助性，而是人的某种自然聚合性。"①这个定义有两点要注意，第一，西塞罗认为人与人之间的结合不是机械地、非道德地结合，而是基于正义的一致和利益的共同(iuris consensu et utilitatis communione)的结合；第二，结合的首要原因不是人的软弱无助性(imbecillitas)，而是人的自然集合(naturalis congregatio)。近代哲学家们似乎忘记了西塞罗的教诲，要么认为人在自然状态中无法对抗敌人，要么认为存在生活的不便(inconvenience)而被迫结合起来，无论是怎样的说辞，都认为结合的首要原因是人的软弱无助性，而不认为人会出于高尚的目的而结合。

(四)从保守到革命

古典自然法是"保守"的，用来指导人世立法。自然法也不是人为的，人也不能通过自己的决议来改变它，它普遍有效，并且适用于所有人。自然法是指导我们生活的永恒法则，我们只能一点点地发现和认识它，我们生活在它之下。在古典时期，先有"法"，法来自神意，然后再有 right(自然正确)。科学革命之后，是先有自然权利(作为自然倾向的诉求)，再在此基础上演绎出自然法。"近代政治哲学与古典政治哲学的根本区别在于，近代政治哲学将'权利'视为它的出发点，而古典政治哲学则尊崇'法'。"②这种"法"，首先是一种客观的'法则和尺度'，一种先于人类意志并独立于人类意志的、有约束力的秩序。

但是，科学革命之后，自然法是从人的欲望或理性里推导出来的。自然法首先和主要是一系列的"权利"，或倾向于是一系列的"权利"，一系列的主观诉求，它们启始于人类意志。③ 如果古希腊自然法立基于客观法则的话，那么近代自然法则立基于主观诉求。所以，近代自然法很容易沦为人主张自己权利的一个工具，如果你对任何现存秩序不满，你都可以依据自然法去推翻这个秩序，每次革命之后，人们都会制定"权利法案"就是这个道理，例如 1789 年《法国人权宣言》(Déclaration des Droits de l'Homme et du Citoyen)还有《弗吉尼亚权利法案》(Virginia Declaration of Rights)，这个 Right 或 Droits 绝对不是法律规定的 Right，而是规定法律的 Right，Right 在法律之前，这个 Right 就是自然权利。

古典时代，这个 Right 有正当目的，受神和自然的约束，科学革命驱逐了神和自然，Right 从囚笼里挣脱，变成了人可以任意主张的一个工具，在近代的每次革命中都发挥了其摧枯拉朽的能力。

---

① 西塞罗：《西塞罗文集》，王焕生译，中央编译出版社 2010 年版，第 29 页。

② 施特劳斯：《霍布斯的政治哲学》，申彤译，译林出版社 2001 年版，第 188 页。

③ 参见施特劳斯：《霍布斯的政治哲学》，申彤译，译林出版社 2001 年版，前言第 2 页。

(五)同意优先于智慧了

在社会交往中，发生争端时，把争端交给谁来裁定是最恰当的？柏拉图在《政治家》中提到："法律从来不能签署一条对所有人都具有约束力的命令，这条命令能使每个人处于最佳状态，也不能精确地规定社会每一成员在任何时刻都知道什么是好的，怎样做是正确的。"①他还说"要精确地针对每个个人做出规定是不太可能的。"②这个时候只能诉诸有智慧的人来解决争端。

所以，古典哲人认为，天然的裁定者是具有实践智慧的人。"我们为什么要如此在乎大众的意见呢？那些最贤能的人，他们的意见更值得考虑。(《克力同》44c6)"在《普罗塔戈拉》中普洛狄科认为应该给更有智慧的人多分配点权利，给更无学识的少分配点权利(337a6)。③ 普洛狄科实际上否定了平等分配的原则，给有智慧的人多一些权利，包括裁定纠纷的权利。但是，在霍布斯看来，依据自然，每个人都是其自我保全的正当手段的裁定者。因为，即使我们承认，在原则上一个睿智者比一个傻瓜乃是更好的裁定者，但是他对某个傻瓜的自我保全的关切程度，比自己却要淡漠得多。"④所以只有傻瓜自己才是自己的最佳裁定者，没有人愿意放弃自己的权利让他人来裁定，当不能做出何者为自我保全的最佳手段时，就会通过协议确立一个主权者来做出裁决，而不是让最有智慧的人做出裁决。就这样，协议或同意就优先于智慧了。

五、结论：自然观是进步的吗？自然法在进步吗？

十九世纪，乐观的孔德(Auguste Comte)在他的六卷本的《实证哲学教程》(Course on Positive Philosophy，1830—1842)认为人类的研究经历了神学阶段，形而上学阶段到实证阶段，并认为后者比前者高。人类的研究可能经历了孔德所谓的三个阶段，但并不能完全说后者比前者高。按照古典自然观，德性是人的内在目的，建立在德性之上的法律也嵌在人的内心，道德律与法律的戒律都是内在的。但是十七世纪以来的新的实验科学通过研究物体所服从的定律来理解物体，物体的属性是受外在定律的支配的。他们不再通过研究物体的内在德性和倾向来研究物体的属性。他们认为内在德性或者内在目的是一个可以被证伪的内在假定，是古人的一个任意发明。所以，在洛克看来，关于德性和行为对错的观念必须通过外在立法来重新表述，而这个外在立法来自高高在上的立法者的意志。⑤ 立法者的意志取代德性成为了法律的基础，这很难说是进步。

自然科学的进步只能增加人类的力量，不能增加人类对智慧和正确的认识。"我们都知道，新科学及其所衍生的技术取得了种种巨大成就，我们也都能看到，人的力量得到了

---

① 柏拉图：《柏拉图全集》第三卷，王晓朝译，人民出版社 2003 年版，第 145~146 页。

② 柏拉图：《柏拉图全集》第三卷，王晓朝译，人民出版社 2003 年版，第 147 页。

③ 参见柏拉图：《柏拉图四书》，刘小枫译，生活读书新知三联书店，2015 年版，第 105 页。

④ 施特劳斯：《自然权利与历史》，彭刚译，生活读书新知三联书店 2003 年版，第 189 页。

⑤ 参见[澳]哈里森：《科学与宗教的领地》，张卜天译，商务印书馆 2016 年版，第 142 页。

巨大增长。与前人相比，现代人是个巨人。但是，我们同样得注意到，智慧和善好没有取得相应的增进。现代人是个瞎了眼的巨人。”①霍布斯颠覆了古典自然法的德性传统，古典自然法的基础是“善”，霍布斯认为这是梦幻，只有对死亡的恐惧才是推演一切自然法的根本起点。这个起点从最高的善降到了最低的生理需求，这是一种理论的堕落。在这个意义上，与古典自然法强调德性相比，以霍布斯为代表的近代自然法是一种退步，一种衰变。

（原文刊载于《自然辩证法研究》2018 年第 12 期，《社会科学文摘》2019 年第 3 期转载。）

① 施特劳斯：《霍布斯的政治哲学》，申彤译，译林出版社 2001 年版，第 311 页。

中国传统禁约制度的研究价值
——以宋代“造妖书妖言”为例

万　川*

摘　要：中国传统禁约制度具有多方面的研究价值。对于中国法制史研究来说，刑律只是一些原则性的规定，如果拘泥于这些规定，我们就无法深入把握法制史的真相。判词、判例都是一些个案，它不能反映整个法制史的全局。禁约制度较为全面地反映了法制史的动态变化，能够立体地呈现法制史的原貌，是中国法制史研究亟待开拓的新领域。不仅如此，中国传统禁约制度蕴涵着丰富的社会管理经验，闪耀着古人治国安邦的智慧光芒，对于当今的法制实践具有重要的启示意义。

关键词：禁约；禁约制度；法制史；宋代；学术价值；实践价值

中国禁约制度虽长期存在，但一直是中国法制史研究领域的空白。十多年前，笔者在翻检《宋会要辑稿·刑法》时，发现了近千条两宋禁约文书，由此开始了对宋代禁约制度的专门研究。① 随后，笔者提出了区分禁约与其他法律形式的标准，并根据史籍和碑刻文献，对中国历代禁约史料进行了系统的辑录整理。② 随着法史档案的发掘、判牍文书的利用、司法案例的剖析，中国法制史加快了从静态的法典研究到动态的法律运作研究的转换过程。如果把目光投向中国传统禁约制度，我们就会看到一个更真实、更立体的中国古代法钊运作场景。本文以宋代的“造妖书妖言”为例，侧重从开拓中国法制史研究新领域的角度，对中国传统禁约制度的研究价值做进一步探讨。

一、刑律只是一些原则性的规定

关于“造妖书妖言”，《宋刑统·贼盗律》的法律规定及注疏如下：

诸造妖书及妖言者，绞。（造，谓自造休咎及鬼神之言，妄说吉凶，涉于不顺者。）传用以惑众者，亦如之。（传，谓传言；用，谓用书。）其不满众者，流三千里；言理无害者，杖一百。即私有妖书，虽不行用，徒二年；言理无害者，杖六十。

---

* 万川（1963—　），男，湖北仙桃人，法学博士，北京市社会科学院社会治安综合治理研究所教授，主要从事治安学、中国警政史、中国法制史研究。

① 参见万川：《宋代禁约制度研究》（上下册），云南人民出版社 2012 年版。

② 参见万川：《历代禁约史料辑考》，德宏民族出版社 2013 年版，第 527 页。

《疏》：诸造妖书及妖言者，绞。注云，造，谓自造休咎及鬼神之言，妄说吉凶，涉于不顺者。《议》曰：造妖书及妖言，谓构成怪力之书，诈为鬼神之语。休，谓妄说他人及己身有休征。咎，谓妄言国家有咎恶，观天画地，诡说灾祥，妄陈吉凶，并涉于不顺者，绞。

又云，传用以惑众者，亦如之。注云，传，谓传言。用，谓用书。又云，其不满众者，流三千里；言理无害者，杖一百。即私有妖书，虽不行用，徒二年；言理无害者，杖六十。《议》曰：传用以惑众者，谓非自造，传用妖言、妖书，以惑众三人以上，亦得绞罪。注云：传谓传言，用谓用书。其不满众者，谓被传惑者不满三人。若是同居，不入众人之限。此外一人以上，虽不满众．合流三千里。其言理无害者，谓妖书、妖言虽说变异，无损于时，谓若豫言水旱之类，合杖一百。即私有妖书，谓前人旧作，私里相传，非己所制，虽不行用，仍徒二年。其妖书言理无害于时者，杖六十。①

根据上述引文，我们可以得到这样的认识：

第一，所谓妖书妖言，总的来说，是指怪诞不经的书籍和言论。具体而言，是指自行编造怪异荒诞、暴力斗狠的书籍；假托鬼神，胡说自己和他人有吉祥的征兆；眼望着天，手画着地，胡说国家有灾祸和不祥的言论。

第二，造妖书妖言，可析出造妖书、用妖书、私有妖书、造妖言、传妖言等五种行为类型。其中，传妖言、用妖书，被煽惑的人如果达到三个以上，就等同于造妖书、造妖言。被煽惑的人虽然达到三个以上，但如果这些人同住一户，就不划归三人以上的范围。传妖言、用妖书、私有妖书，又分别包括两种情况：一是其妖言、妖书言理有害；二是其妖言、妖书言理无害，比如妖言、妖书所说的是自然现象的怪异变化，包括预言水灾、旱灾之类。

第三，对造妖书、用妖书、私有妖书、造妖言、传妖言这五种行为，宋律分别规定了绞、流三千里、徒二年、杖一百、杖六十等处罚办法。

如果仅仅根据《宋刑统》的这些规定，我们还无法得知，宋代实际生活中究竟什么时间、什么地方出现了妖书妖言，哪些人因造妖书妖言而触犯了法律条款，官府是如何预防、控制和处置造妖书妖言行为的。

从立法实践上看，从北宋初到南宋灭亡，《宋刑统》的规定历经三百年而不变，但社会形势正处于如日本学者内藤湖南所说的“唐宋变革”②的剧烈变化之中。首先，随着均田制瓦解，土地私有制成为宋代土地占有制的普遍形式。随着租佃制发展，农民对地主的人身依附关系相对松弛。夏秋两税制的推行，并且地租、徭役珂以用钱完纳，使得农民可以摆脱土地的束缚，为农业、手工业生产的发展创造了条件。宋代交通运输业的发达，促进了工商业都市的兴起与繁荣，并带来商品经济的进一步发展。适应商品流通的需要，铜钱大量印铸，并且出现了交子、会子、关子等纸币，宋代已由实物经济发展到货币经济阶

① 参见(宋)窦仪等撰：《宋刑统》，吴翊如点校，中华书局1984年版，第289页。此处所引法律规定及注疏之后，还有三条式敕，在此从略。在引用原书时，本文改动了其中的一些标点，特此说明。

② 内藤湖南的“唐宋变革说”，即把中国的历史划分为古代、中世、近世三个时期。古代，从上古到汉；中世，从魏晋到唐末；近世，宋以后。唐宋变革，即唐朝为中古之结束，宋朝为近世之开端。

段。这些生产力和生产关系方面的巨大变化，带来宋代农业、手工业和商业的全面发展。其次，随着社会经济的发展，宋代的政治关系也在发展变化。一方面，随着物质生产的发展，社会各阶层生活条件相对改善，重视教育蔚然成风。通过科举考试，大量平民进入官僚集团，在文化上成为知识分子，在政治上成为封建官僚，在经济上成为新型地主。这些怀揣修身、齐家、治国、平天下政治理想的士大夫群体，慨然以天下为己任，在政治生活的各个方面发挥着重要作用，改变了国家的政治统治基础。另一方面，通过对后妃、外戚、宗室、宦官擅权的防范，通过官员铨选制度、考核制度、监察制度对文臣武将加强管理控制，宋代皇权逐渐提升，家天下的统治出现稳固的趋势。第三，在思想文化上，随着印刷技术的进步，书院的成型与发展，包括理学在内的各种文化传播形态趋于通俗化，带来了文化的相对普及；宋代号称"以文治天下"，也促进了崇尚学术文化风气的形成。上述经济、政治、思想文化方面的剧烈变化，必然对宋代法律的调整对象和范围提出新要求。比如，面对商品经济的发展激发出来的官吏贪欲，面对与日俱增的吏治腐败，面对日益加深的中央与地方政府之间、底层民众与政府之间的矛盾对立，宋代统治者就不得不借助新的法律手段进行干预。

《宋刑统》虽经久不变，但在《宋刑统》之外，敕令格式频繁编修，刑法禁约先后出台，正是适应经济社会发展形势变化需要的结果。有关"造妖书妖言"，从《宋刑统》的原则性规定，发展到"传习妖教"、"吃菜事魔"的刑法禁约，妖书妖言的内涵在演变，其外延在扩张。显然，如果拘泥于《宋刑统》，我们就无法掌握宋代"造妖书妖言"的真相。

二、判词、判例因囿于个案而不能反映全局

汪世荣对中国古代判词做过深入研究，并将《名公书判清明集》作为宋代判词的代表。①《名公书判清明集》卷十四《惩恶门·妖教》收录了两道有关造妖书妖言的判词。一是蔡久轩的《莲堂传习妖教》。其判词全文如下：

按敕：吃菜事魔，夜聚晓散，传习妖教者，绞，从者配三千里，不以赦降原减二等。又敕：诸夜聚晓散，以诵经行道为名，男女杂处者，徒三年；被诱之人杖一百。又敕：非僧道而结集径社，聚众行道，各杖一百。法令所载，昭如日星。今有犯上敕令，而又横敛众财，擅行官法，假立官品，自上名号，如张大用者，其可恕乎？

当司职在观风，方欲严行禁戢，而张大用者，自因缚打罗湖院僧，事败到官，是天厌其恶，使之败露。今详案款，其罪有七：传习魔教，诈作诵经，男女混杂，罪一；巧立名色，胁取钱米，假作献香，强人出售，罪二，自称尊长，自号大公，聚众罗拜，巍然高坐，罪三；布置官属，掌簿掌印，出牒陛差，无异官府，罪四；假作御书，诳惑观听，以此欺诈，多取民财，罪五；甚至撰为魔术，阴设奸谋，疾病不得服药，祖先不得奉祀，道人于不孝，陷人于罪戾，罪六；擒打僧徒，藏伉锁缚，呼啸俦侣，假作军装，横行外地，自己可骇，公然管押入京，出没都下，罪七。置无砖席，胡跪膜拜，则有金鸡仰面之称；设无砖床，男女混杂，则有铁牛犁地之丑。聚会不法不道徒党实繁，啸聚成屯，究其设

---

① 参见汪世荣：《中国古代判词研究》，中国政法大学出版社1997年版，第63~76页。

意，不无包藏，祸根不除，将为大害。

张大用系为首人，决脊杖五十，刺面，配二千里州军牢城，照条不以赦原。刘万六系次为首人，决杖三十，不刺面，配一千里州军牢城。李六二僭称大公，丁庆二僭称主簿，并勘杖一百，编管邻州，差官绿问讫，押赴本司断。夏道主乃敢于灵芝门外聚集，免根究，帖县逐出州界。张五十、李道免根究，日下改业。所有上件三处忏堂，帖县改作为民祈雨旸去处，并从侧近寺院差行者看守。其会下说诱胁从之徒，初非本心，亦非素习，无问已追到未追到，已供摊未供摊等人，并免坐罪，更不追唤，仰日下改弃邪习，仍为良民，归事父母，供养祖先，以保身体，以保妻子，以保生理，如再敢聚集，定行追断。帖引巡、尉、隅、保常切觉察，遍榜诸州县。①

蔡久轩，即蔡抗(1193—1259)，字仲节，建州建阳(今属福建)人。南宋理宗绍定二年(1229年)中进士，累官至枢密副使、参知政事。蔡抗号久轩，著有《久轩集》，《宋史》卷420有传。据南宋宰相留梦炎(1219—1295)的《淳祐七年丁未十一月朔蔡久轩自江东提刑归抵家时三馆诸公以风霜随气节河汉下文章分韵赋诗送别得文字》，② 蔡久轩曾在淳祐七年(1247年)11月前后出任过江东提点刑狱。又据钱大听《潜研堂金石文跋尾》卷十七《蔡杭题名》，蔡抗淳祐十一年(1251年)由江东提刑调任浙东。③ 由此可以推测，以上判词所作时间，当在1251年以前；所作地点，当在江东路。④ 蔡抗的判词，列举了张大用、刘万六、李六二、丁庆二、夏道主、张五十、李道等人传习妖教的七宗罪，并区分为首人、次为首人，分别给予杖五十、杖三十、杖一百、刺面、不刺面、配二千里、配一千里、编管邻州、逐出州界等轻重不等的处罚，有的还免根究、免坐罪、更不追唤。

二是吴雨岩的《痛治传习事魔等人》。其判词全文如下：

白佛载于法，已成者杀；黄巾载于史，其祸可鉴。饶、信之间，小民无知，为一等妖人所惑，往往传习事魔，男女混杂，夜聚晓散。惧官府之发觉，则更易其名，日我系白莲，非魔教也。既吃菜，既鼓众，便非魔教亦不可，况既系魔教乎？若不扫除，则女不从父从夫而从妖，生男不拜父拜母而拜魔王，灭天理，绝人伦，究其极则不至于黄巾不止。何况绍兴间饶、信亦自有魔贼之变，直是官军剿灭，使无噍类，方得一了。若不平时禁戢，小不惩，大不戒，是罔民也。今照通判所申，道主祝千五决脊杖十二，刺配五百里；

① 中国社会科学院历史研究所宋辽金元史研究室点校：《名公书判清明集》，中华书局2002年版，第535页以下。

② 参见周惠编著：《宋朝状元诗榜眼诗探花诗》，昆仑出版社2009年版，第201页。

③ 中国社会科学院历史研究所宋辽金元史研究室点校：《名公书判清明集》，中华书局2002年版，第681页。该书认为蔡抗应为蔡杭。

④ 南宋的江东路，即江南东路，辖2府、5州、2军、43县，治所在建康府。其中，建康府辖江宁、上元、句容、溧水、溧阳5县，治所在江宁县。宁国府辖宣城、南陵、宁国、旌德、太平、泾县6县，治所在宣城县。徽州辖歙县、休宁、祁门、婺源、绩溪、黟县6县，治所在歙县。池州辖贵池、青阳、铜陵、建德、石埭、东流6县，治所在贵池。饶州辖鄱阳、余干、浮梁、乐平、德兴、安仁6县，治所在鄱阳县。信州辖上饶、玉山、弋阳、贵溪、铅山、永丰6县，治所在上饶县。太平州辖当涂、芜湖、繁昌3县，治所在当涂县。南康军辖星子、建昌、都昌3县，治所在星子县。广德军辖广德、建平2县，治所在广德县。

祝千二、十三、仇百十四各杖一百，编管邻州。阿毛杖六十，以为妇人无知者之戒。阿何责付其兄别嫁。私庵毁拆，如祝千二、十三、祝百一庵舍或有系坟庵，因而置立，则去其像；或有系神庙，因而会众，则问其所事，若血食之神勿去，如或否，则系素食之神，不碍祀典者，移其神于寺舍，而去其庙。牒通判绿问讫行，仍请备榜。①

吴雨岩，即吴势卿，字安道，号雨岩，建安(今福建建瓯)人。理宗淳祐元年(1241年)进士。宝祐(1253—1258年)中，知处州。景定二年(1261年)，力淮东总领。景定三年(1262年)，在浙西转运副使任上致仕。清道光年间的《福建通志》卷182有传。吴雨岩曾任江东提点刑狱，具体时间不详。吴雨岩的判词，当作于其担任江东提点刑狱期间，针对的是发生在饶州、信州之间的吃菜事魔案件。所谓吃菜事魔，是指只食素、不食荤、信奉摩尼教的宗教人士与普通民众。本判词所作地点当在建康府，是对饶州或信州通判申报案件所作的判决批示。对涉案人员祝千五、祝千二、十三、仇百十四、阿毛、阿何等，吴雨岩分别给予杖一百、杖六十、杖十二、刺配五百里、编管邻州的处罚。

以上两道有关造妖书妖言的判词均属个案，我们从中只能了解到这两个吃菜事魔案件的梗概，微观上还无从了解到这两个案件的细节，宏观上也无从了解到有宋一代吃菜事魔案件乃至整个妖教案件的演变过程。

南宋绍兴年间，郑克撰《折狱龟鉴》，共8卷、20门、276条，辑录了上自春秋战国、下至北宋政和年间的395个案例。其中，与宋代妖书妖言相关的“按妖”案例共三个。其一：“李应言谏议为侍御史时，郓州民传妖法者，其党与凡百余人，捕者欲邀功赏，而诬以不轨。命应言往按其事，止诛首谋数人，余悉全活之。”其二：“荣趣大监为开封府判官时，太康县捕民数十人，事浮屠法，相聚祈禳，名白衣会。知府贾黯疑其有妖，请杀为首者，余悉流之。担以为本无妖。黯具奏，并莲议奏之。朝廷以趣议为是，乃流其首，余皆杖之。”其三：“吴育参政知蔡州时，京师灌言，有妖人数千在州界，诏遣中使名捕者十人。至，则请以巡检兵趁确山索之。育谓曰：‘使者欲得妖人还报耶？请留，勿往。此乡民依浮屠法相聚耳，可走一介，召之立至。今以兵往，人心惊疑，奈何？’中使以为然。召之，果至，械送阙下，皆以无罪得释，而告者遂伏辜。”②以上三个案例，均列于《折狱龟鉴》卷八《矜谨》门，旨在说明要区分合法宗教与非法宗教的界限，断案要严谨慎重。这三个判例，着眼于为司法实践提供指导，自然不能完整地反映宋代统治者对待妖书妖言的刑事司法政策。

南宋嘉定年间，桂万荣撰《棠阴比事》，共收历代刑法案例144则，③ 但均与宋代的妖书妖言无涉。

三、禁约制度较为全面地反映了刑事司法的动态变化

有关妖书妖言的刑法禁约，《宋会要辑稿》、《宋大诏令集》、《续资治通鉴长编》、

① 中国社会科学院历史研究所宋辽金元史研究室点校：《名公书判清明集》，中华书局2002年版，第537页。

② 杨奉琨：《〈疑狱集〉〈折狱龟鉴〉校释》，复旦大学出版社1988年版，第430页。

③ 参见(宋)桂万荣编著：《棠阴比事》，朱道初译注，浙江古籍出版社2018年版。

《建炎以来系年要录》、《续资治通鉴》等史籍均有收录，仅《宋会要辑稿》就辑录了65条。这些禁约条文，较为全面地反映了妖书妖言在宋代实际生活中的演变过程，以及官府对妖书妖言的预防、控制和处置对策。

首先，妖书妖言在宋代实际生活中的演变，经历了从言论到民间宗教的转变过程。《宋刑统》有关“造妖书妖言”的规定，其外延逐步扩展到“传习妖教”。所谓妖教，具体指向了白衣会、明教、南法和吃菜事的摩尼教。淳化三年(992年)十一月二十九日的诏书，将“衣绯帛、中单，执刀吹角，称治病巫者”以造妖惑众论。① 大中祥符三年(1010年)三月十八日的诏书，禁止“起妖祠以聚众者”。② 同年四月二十九日的诏书，要求官司对在法门寺聚会、昼夜行乐的人严加警察。③ 天禧三年(1019年)十月十三日，禁止白衣师邪法。④ 景祐二年(1035年)十二月十四日的诏书，把“夜聚晓散”、“传习妖法”并称，并鼓励违禁者反告。⑤ 熙宁三年(1070年)十二月乙丑，司农寺所定的《畿县保甲条制》，明确提出“传习妖教”的概念。⑥ 宣和二年(1120年)十一月四日，首次针对明教采取禁毁措施。⑦ 宣和三年(1121年)闰五月七日、八月二十五日，绍兴二年(1132年)十月二十九日，绍兴三年(1133年)四月十五日，绍兴四年(1134年)五月四日，绍兴七年(1137年)三月二十四日，绍兴二十年(1150年)五月二十七日，淳熙八年(1181年)正月二十一日，庆元四年(1198年)九月一日，先后十多次颁布了吃菜事魔禁约。⑧ 绍兴六年(1136年)二月十九日，严厉禁止在通衢要闹处“割截支体、刳剔肠胃、作场惑众、递相传习”的所谓南法。⑨ 绍兴十五年(1145年)二月四日，宋高宗亲自下令，严行禁戢军队中的吃菜事魔。⑩ 嘉泰二年(1202年)六月十三日、嘉定二年(1209年)七月四日、宝祐五年(1257年)春正月丙午，先后下诏，令逐路监司、郡县常切觉察白衣会和白衣道者。⑪

其次，官府不断调整对妖书妖言的查禁办法。这些办法主要有：一是令逐州县镇粉壁晓示，或出榜严切禁止。二是实行告赏制度。许人告捕鞫罪，官府支充赏钱，赏钱从籍没的家财中支付。如果违禁者能够反告，赏钱五万，赏钱以被告者的家财支充。三是明确各级官吏的责任和赏罚。令官司严加警察、常切觉察、申严收捕。绍兴十一年(1141年)正月九日，臣僚乞黜责婺州东阳县官吏，以不能擒捕事魔之人。诏：“自今州县守令能悉心

① 参见(清)徐松辑：《宋会要辑稿》刑法2之5，中华书局1957年版。下引本书，版本同此。

② 《宋会要辑稿》刑法2之10。

③ 《宋会要辑稿》刑法2之10。

④ 《宋会要辑稿》刑法2之14。

⑤ 《宋会要辑稿》刑法2之21。

⑥ 参见(宋)李焘：《续资治通鉴长编》卷218，中华书局2004年版，第5297页。

⑦ 《宋会要辑稿》刑法2之7。

⑧ 《宋会要辑稿》刑法2之81、2之83、2之111、2之111、2之111、2之112、2之113、2之120、2之130。

⑨ 《宋会要辑稿》刑法2之150。

⑩ 《宋会要辑稿》刑法2之113。

⑪ 《宋会要辑稿》刑法2之132、2之136；[清]毕沅：《续资治通鉴》第四册，岳麓书社2008年版，第130页。

措置，许本路监司审核以闻。除推赏外，量加奖擢。① 州县不切穷治，守倅令佐并当重行窜黜，吏人决配千里。四是加强监督。监司按劾，廉访使者互察。五是实行案件报告制度。比如，令逐都保每季具有邪法聚众申县，县申州，州申提刑司，类聚以上朝廷。绍兴十二年(1142 年)七月十三日的诏书，要求提刑司责令州县每月上报有无吃菜事魔的数据。②

再者，官府对妖书妖言的量刑处置灵活变化。宋真宗大中祥符六年(1013 年)正月庚子，令审刑院、大理寺、三司对夜聚为妖等行为的处罚，悉减从轻。③ 宋高宗绍兴四年(1134年)五月癸丑，起居舍人王居正言："伏见两浙州县，有吃菜事魔之俗。方腊以前，法禁尚宽，而事魔之俗，犹未至于甚炽。方腊之后，法禁愈严，而事魔之俗，愈不可胜禁。"④这就是说，原有针对吃菜事魔的查禁处罚措施，并没有产生预期的良好效果。为此，统治者调整了刑事处置政策。绍兴九年(1139 年)七月八日，以臣僚言，吃菜事魔立法太重，刑部遂立："非传习妖教，除为首者依条处断，其非徒侣而被诳诱，不曾传受他人者，各杖一百断罪。"⑤绍兴九年(1139 年)七月八日，刑部看详臣僚札子："吃菜事魔本非徒侣，而被诳诱，不曾传授他人者，各从徒二年半。委是立法太重，请各杖一百断罪。"高宗下诏："依绍兴敕断罪。其绍兴九年七月八日指挥更不施行。"两年后，统治者又加重了对吃菜事魔的处罚力度。绍兴十一年(1141 年)正月十七日，尚书省检会绍兴敕："诸吃菜事魔，或夜聚晓散，传习妖教者，绞；从者配三千里；妇人千里编管。话幻变术者减一等，皆配千里；妇人五百里编管。情涉不顺者，绞。以上不以赦降原减。情理重者奏裁。非传习妖教，流三千里。许人捕。至死，财产备赏，有余没官。其本非徒侣，而被诳诱，不曾传授他人者，各减二等。"⑥

从以上禁约制度的发展变化中可以看出，围绕着所谓的妖书妖言，皇帝、臣僚和百姓展开了你来我往的多重角逐，从而为我们认识两宋法制的实际运作过程提供了丰富的想象空间。如果我们在此基础上，再把禁约制度和政治、经济、社会、文化、军事等历史背景相结合，两宋妖书妖言的发展演变以及政府的应对策略就能被立体地展现出来。

四、余论

以上论述，侧重阐明了中国传统禁约制度的学术研究价值。不仅如此，中国传统禁约制度蕴涵着丰富的社会管理经验，闪耀着古人治国安邦的智慧光芒，对当今的法制实践也具有重要的启示意义。

中国传统禁约制度历经千百年而充满活力，其原因在于：在违法与犯罪之间、违法与

① 《宋会要辑稿》刑法 2 之 112。

② 《宋会要辑稿》刑法 2 之 112。

③ 参见(宋)李焘：《续资治通鉴长编》卷 80，中华书局 2004 年版，第 1814 页。

④ 参见(宋)李心传编撰：《建炎以来系年要录》卷 76，上海古籍出版社 2008 年版，第 1248 页。

⑤ 《宋会要辑稿》刑法 2 之 112。

⑥ 《宋会要辑稿》刑法 2 之 112。

违规之间、违规与违反道德之间，存在许多常被人们触犯的模糊空间，它不能依靠单纯的刑事惩办，必须采取灵活的处理措施。作为灵活调整古代社会秩序的法律手段，中国传统禁约制度曾填补了社会快速变化时期因立法滞后而带来的法律真空，发挥过积极的社会作用。同时，中国传统禁约制度包含了先期预防、宽严相济、综合治理的社会管理思想，值得我们学习借鉴。首先，从世界范围上考察，谈到犯罪预防控制理论，人们总是习惯于提西方。但是，至少从传统禁约制度的规定中可以看出，中华民族是早于西方发现与规定先期预防、并对违法犯罪实施有效控制管理的。传统禁约制度对不良社会风俗与个人陋习具有先期预防管理的作用，其中蕴涵着丰富的先期预防思想，值得我们学习借鉴。其次，为了强化社会控制，历代统治者采用残酷刑罚，对社会实行高压统治，但效果并不理想。为此，他们又颁布大量的禁约，减轻刑事镇压的强度。禁约条文中，有的只规定禁止事项，并没有规定严酷的刑罚，从而起到了缓和社会矛盾的作用。这种宽严相济的立法模式，也值得我们学习借鉴。再者，传统禁约制度以刑为主，但又广泛涉及行政、民事、经济、社会生活等领域，对不良政风、不良民风、社会陋习起到了禁止约束作用，具有综合治理的社会调整功能。这种对复杂的社会关系综合调整、而不只是单纯打击镇压的方法，对于当今社会矛盾的综合治理具有重要的借鉴价值。

从整体上看，传统禁约制度固然是对普通百姓权利的限制，其中有许多糟粕。比如，禁止冒犯皇权，禁止思想文化的正常传播，禁止对外贸易，这些必须坚决摒弃。但是，传统禁约制度与德化教育相结合，寓禁于教，寓教于禁，其中含有大量的积极因素。比如，禁止非法采捕鸟兽虫鱼和采伐林木，保护自然资源；禁止官吏之间请托受贿，维护官场秩序；禁止冲政法制，非刑拷讯，维护法制统一；禁止侈靡之风，倡导俭朴的社会风气；禁止民有疾病、屏去医官、惟巫觋之信，提倡科学；禁止聚众相殴、杀人、放火、抢劫、赌博，维护治安秩序，等等。传统禁约制度中这些具有积极意义的禁止性规范，至今仍然具有现实借鉴意义，值得我们深入加以研究。

当今社会，人们日益重视公民权利，权利性规范的理论和实践不断发展。但是，为了维护社会秩序和公共利益，禁止性规范也不可或缺。比如，酒后禁驾、公共场所禁烟、节假日局部地区禁止燃放鞭炮，现已成为被广大群众所接受的禁止性规范。因此，研究以禁约为代表的中国历代禁止性规范，对实施依法治国方略仍然具有重要的借鉴意义。中国传统禁约制度在实施过程中，经常出现屡禁不止的现象。比如，对官吏之间的请托受贿，历来均禁而不止；禁赌、禁贪更是三令五申，但效果也不显著。其中原因何在，教训何在，也值得我们总结分析，从而为当今的法制建设提供借鉴。

清代江南民间慈善习惯法与传统法源结构

武　乾*

摘　要：清代江南民间慈善习惯法由江南民间慈善章程、规条等习惯规则发育而成。这一区域习惯法引发了《户部则例》中部分慈善立法的变化，并促进了江南地方慈善立法的创新，从而在一定程度上改变了江南地区以国家法为主导、民间法为辅助的传统二元法源结构。这一区域习惯法无法融入已高度固化的传统律例体系，游离于传统刑法与行政法之外，已初具社会法的雏形。它与江南城镇的工商行业习惯法、劳资关系习惯法及其他习惯法一起，另行构成了清代江南城镇非正式的社会自治规范体系。

关键词：慈善；律例；《得一录》；区域习惯法；社会自治规范

江南地区是明清时期经济与社会最为发达的区域，当代中国史学对该区域史的研究已经殊为繁盛，有望“建立一个系统全面的江南学学科”。① “江南学”现有的研究主要集中于经济史学与社会史学领域，法史学领域虽已有部分论著涉及该区域的民商事习惯法、宗族习惯法以及讼师、师爷等法史现象，但都缺乏明确的江南区域意识指向。至于江南地区的其他习惯法，如慈善、教育、宗教等习惯法基本没有被纳入到法史学的研究视野。

以慈善而言，清代江南地区民间慈善事业之盛居全国之首。作为清代江南最主要的社会公益机构，“慈善组织现象影响江南地区最深”。② 对江南这一独特社会史现象的研究，目前较具代表性的作品有夫马进、梁其姿与黄鸿山等教授的慈善史专著。③ 但上述专著均为社会史学作品，囿于专业的限制，不可能关注到江南民间慈善的法规范形态。江南民间慈善关系作为一种新的社会关系，在清代以律例为基本法源的传统国家法律体系中却找不到相应的法规范来调整它。因为传统律例中的慈善条款调整的是完全行政化的慈善关系，而江南民间慈善事务更多地表现为社会化的慈善关系。以中国法史的经验及法理学的逻辑推之，在国家立法缺位的情形下，江南民间慈善事务通常只能依赖习惯法加以规范。那

---

* 武乾(1964—　)，男，湖北仙桃人，法学硕士，中南财经政法大学法学院副教授，硕士生导师，理论法学系主任，法律文化研究院副院长，主要从事中国法律史研究。

① 参见《序言：奠定江南学的基石》，载陈忠平、唐力行主编：《江南区域史论著目录(1900—2000)》，北京图书馆出版社 2007 年版。

② 梁其姿：《施善与教化——明清的慈善组织》，河北教育出版社 2001 年版，第 8 页。

③ 参见[日]夫马进：《中国善会善堂史研究》，伍跃等译，商务印书馆 2007 年版；同上注梁其姿书；黄鸿山：《中国近代慈善事业研究——以晚清江南为中心》，天津古籍出版社 2011 年版。

么，在历史的事实场景中，清代江南地区是否存在着民间慈善习惯法这一区域性法源？如果存在，它是如何形成的？它与传统律例中的慈善立法是怎样的关系？它对江南区域法秩序的构成有着怎样的影响？本文试图以法史学视角论述之。

一、江南慈善习惯法由江南民间慈善习惯规则发育而成

江南地区既是清代民间慈善事业的集中地，也是民间慈善习惯性规则的创设与发源之地。这些习惯性规则主要表现为民间慈善组织的章程与规条。仅从文本形式上看，这些章程与规条似乎只是慈善机构的内部组织与运行规则，并不具有法的普遍效力。但如果从其审批程序、示范传播、汇编整理以及长期被普遍遵守的情形来看，这些章程、规条实际上已经具有了习惯法的属性。

(一)江南民间慈善章程、规条的审批与公布要遵循严格的程序

奥斯丁说："一条纯粹道德的或者习惯规则可以通过两种路径获得法律规则的属性：它可以被某一主权者或者其从属的立法机构批准并因此以直接的模式转换为法律；或者它可以被作为司法判决的根据并因此随后获得先例的地位。"①清代江南慈善事务极少涉讼，民间慈善习惯规则通过司法裁判确认转化为习惯法的事例极少，更多地是通过地方政府的批准而成为具有法效力的慈善习惯法，属于奥斯丁上述原理中的第一种情形。

在江南，县、镇一级慈善机构的章程，至少要由省级藩司或臬司批准。如咸丰年间，上海知县发布《定尸场经费示》："兹据同仁辅元堂董事经纬等，……请照奉贤县办理章程，无论何项命案，应需尸场棚席厂费及夫马船只并各书役饭食等项，一应杂用，概由堂内给发备用。……据即通详各宪立案，并饬刊碑勒石永禁需索，以杜扰累。"所谓"通详各宪立案"，即通报各级政府审批。江苏太仓州振德堂自行定有《收葬路尸章程》，但因常受不法差件藉尸捏造刑案勒索，故于道光二年(公元 1822 年)向太仓知州请求确认该章程的效力。太仓知州在向江苏按察使请示并得到批准之后发布示谕："嗣后凡有救生江船于江河捞获浮尸及陆路倒毙之人，均查照向定章程，分别收埋报验。……此谕之后，该差役人等如再不遵章程，混行株累，许该局董赴臬宪指名禀究。"②

府城、省城善堂章程，则需巡抚、总督乃至户部批准。嘉庆二十四年(公元 1819 年)，苏州"郡城绅士呈称，上年有戴绍堂捐田十四亩零，在虎丘之南，情愿建造清节堂，以安孤寡，公举董事，实心经理，蒙县通详立案，今春二月开工公议规条"，"四月二十日由府详司转详院宪咨部，于是年十月十五日奉到部覆准如所咨立案"。最后由苏州布政司"出示晓谕"，发布告示"为此仰该处居民地保以及董事人等知悉，务须共敦实行"。③一个府城清节堂章程，须先后逐级层报县、府、布政司、巡抚及户部共五级衙门审批，由

① 转引自王常青：《社会规范司法适用中的"奥斯丁困境"及其消解》，载《法学论坛》2010 年第 1 期。

② 余治：《得一录》卷八之四。

③ 余治：《得一录》卷三之二。

布政司发布，才能生效。嘉庆十四年(公元1809年)松江府《云间育婴堂规条》的审批过程更是复杂，松江府属7县绅士申办育罂堂并提交了相关规条草案，先后经华亭、娄县“两知县、知府、布政司、总督、巡抚、学政、按察司、分巡道、提督传阅后，得到基本同意”。① 上述各章程，在经过繁复的批准程序之后，便具有了直接的执行效力。

(二)江南民间慈善章程、规条具有示范与推广效应

由于缺乏关于民办慈善的统一国家立法，因而率先而立的江南民间慈善章程、规条便成为周边地区乃至全国同类章程、规条的示范，各地方政府也会将较为经典的章程、规条以行政命令的形式在本辖区范围内推广。

晚明东林党领袖高攀龙等在无锡创立的同善会“对(江南)其他地区同善会施以极大影响”,② 因而其《同善会规例》在清代一直被江南地区的同善会奉为圭臬。乾隆九年(公元1744年)，浙江布政司收到“江南娄县童生黄泳呈请，将高忠宪公同善会法一书通颁举行，随经批饬杭府查议”，认为“书内所列，立法既善，允宜举行”，“奉巡抚部院当批”，最后由“督部堂批示”。同时期的江苏省政府也推广、颁布过以《同善会规例》为基础的《同善会规条》。③ 经两省各级地方政府通饬推行，《同善会规例》在江南地区从一个县级慈善会社章程演变成了具有持续性、普适性和强制性的慈善习惯法。

顺治十二年(公元1655年)，蔡琏在扬州恢复了明末的育婴社。“时陈公旧致政家居，为之刊定社规。……其议论至详至善，每本二十余页，名曰《育婴社编》。”④随之，江苏高邮等地也设立了育婴社，“完全是模仿蔡琏在扬州育婴堂推行的经营方式”。“顺治年间，浙江省的杭州也创立了育婴堂”，“它们虽各有特色，但所采用的经营方式却几乎是完全相同的”。康熙年间，江苏南京、丹徒、仪征、如皋、苏州、松江、通州、常州、昆山、江阴、镇洋(太仓州)、嘉定、嘉定南翔镇、上海县、崇明县，浙江的嘉兴、平湖以及京师、广州、湖南武冈等外地府县，也“纷纷模仿杭州和扬州的育婴堂”。⑤ 康熙十年(公元1671年)，闽浙总督刘兆琪接受杭州育婴堂创办人陆元章等士绅的建议，下令闽浙两省按照“省会建立育婴堂、收养遗孩之法”，“仿照举行”。⑥ 康熙十五年(公元1676年)，江苏巡抚慕天颜训谕江苏全省设立育婴堂，“一应募建屋宇、雇觅乳母，需用饮食衣絮医药等项，仿照江、扬、苏、松见行成例”。⑦ “康熙二十年(1681年)邵阳建立的两

---

① [日]夫马进：《中国善会善堂史研究》，伍跃等译，商务印书馆2007年版，第231页。

② [日]夫马进：《中国善会善堂史研究》，伍跃等译，商务印书馆2007年版，第84页。

③ 参见《浙江抚藩宪通饬合属十一府州仿行同善会牌语》，余治：《得一录》卷一之二。同卷之《倡会拟言》言“既蒙江浙宪颁”，同卷之《同善会劝缘疏》标题中有括弧“江浙宪颁后增入”字样，均表明江、浙两省政府曾依《同善会例规》颁布过同善会规条。

④ 石成金：《传家宝》(点校本)，天津社会科学出版社1992年版，第1344页。

⑤ 参见[日]夫马进：《中国善会善堂史研究》，伍跃等译，商务印书馆2007年版，第146~149页。

⑥ 刘兆麒：《总制浙闽疏草》卷四“再禁溺女”，载杨一凡、刘笃才主编：《中国古代地方法律文献》乙编第二册，社会科学文献出版社2011年版。

⑦ 盛符升编：《兴革事宜略》(南京图书馆藏)卷三“广设育婴堂记·抚院通行司道广育遗婴文略”。

湖地区第二座育婴堂与江南模式基本相符合，康熙时的修志者也明确宣称其育婴法‘仿江南育婴社而行之’。这表明江南育婴社的影响此时已波及两湖地区。”①梁其姿认为，“扬州蔡琏所办的育婴社……直接开启了清一代三百年善堂的传统”。② 经多地育婴堂的持续仿效，尤其是各地方政府认可并推广之后，扬州《育婴社编》已经具有了育婴习惯法的普适性。

江南民间慈善习惯规则的传播与推广，最具代表性的当属无锡职业慈善家在晚清创制的《保婴会规条》。道光二十三年(公元1843年)，无锡乡绅余治在本县青城乡莲蓉道院成立保婴会局并制定《保婴会规条》，将集婴儿于育婴堂之堂养模式或分寄于乳妇之家的寄养模式改为资助婴儿父母之自养模式。因“数年来全活颇多”，故“江邑、青旸等镇，及本邑陡门、秦巷均有善士仿照倡行”。③ 道光二十七年(公元1847年)四月初一，青城乡绅士华嘉植等呈请江苏巡抚在全省推行保婴局并进呈《保婴会规条》。苏抚一面“将章程(即《保婴会规条》——引者)札行苏藩司，移会江藩司，通饬各属一体照办，并饬该县将章程刷印数百本送司通颁。一面详由督部堂衙门，咨会安河(安徽——引者)循办”。同年秋，浙江绅士赵钺亦向浙江巡抚转呈《保婴会规祭》，并请求通饬浙江全省各地成立保婴会。浙江巡抚“据呈请照苏省准行规条……候札布政司，通饬各属，妥议照办……并候移咨福建抚部院转饬，循照办理”。④ 此后，苏、浙两省政府还多次重颁此《保婴会规条》。如同治九年(1970年)八月，浙江巡抚发布《通饬各州县举办保婴》云：“兹据省城绅士条陈，《保婴章程》前来其中虽有碍难行之处，而可采者亦复不少。除钞录札司外，通饬各厅州县督同绅董将地方旧有婴堂赶紧清理，设法开办，妥议章程，迅速禀报并参酌《保婴合璧》所载，或分乡设局，或立保婴会给资令其自养。因地制宜，各就地方情形，分别筹办。”江浙各地方政府也屡屡以命令的形式在本地推广该规条。同治十二年(1873年)正月初三日，苏松太道沈秉成禀两江总督、江苏巡抚，附上《苏松太各属举办保婴章程》，呈请允准其通饬苏、松、太各属举办保婴会，分别获两江总督和江苏巡抚批准。该章程后记云：“以上章程三十二条，多采之浙江桐乡县新刊之本，参以江北太平洲条规一、二则，已详明周到，但恐各属或有风尚不同事势稍异，尚须因地制宜，变通办理，当由各州县会商绅董酌加增减，禀明存案。”⑤沈秉成还邀请余治亲自主持上海保婴总局的营运。⑥ 光绪二年(1876年)，余治弟子沈以熊将《保婴局规条》改造为《保婴局简捷章程》呈两江总督，两江总督批准后要求苏州布政司将该章程作为地方法规“颁饬各属，一律遵办”。⑦ “正是

---

① 周荣：《明清社会保障制度与两湖基层社会》，武汉大学出版社2006年版，第282页。

② 梁其姿：《施善与教化——明清的慈善组织》，河北教育出版社2001年版，第95页。

③ 余治：《得一录》卷二之一。

④ 余治：《得一录》卷二之一。

⑤ 《江苏苏松大道办理保婴禀稿条规》，《保婴合璧》系道光二十八年(1848年)浙江江山县编纂出版的关于保婴会等文件的汇编，同治十二年(1873年)山西省崞县重刊，现藏于北京图书馆。

⑥ 参见吴师澄缡：《余孝惠先生年谱·同治十二年》；另《上海保婴总局征信录·沈秉成序》(同治丙子年版，藏上海历史博物馆)中亦有“各属试行保婴，曾檄余训导治分诣劝办”之语。

⑦ 《江苏省例三编·光绪二年“藩例”》，杨一凡、刘笃才主编：《中国古代地方法律文献》丙编第十二册，社会科学文献出版社2011年版。

在余治的大力推动下，保婴会制度于数年之间即扩散到了江南许多地区，这对‘江南育婴事业圈’的完善起到了极大的促进作用”。① 同光年间，不仅江、浙、闽、徽毗邻四省政府下令推行《保婴局规条》，“两湖官员（也）接受救婴‘新法’”，② 广东、山西等省也大量刊印了余治辑录的载有《保婴会规条》的《得一录》。③

如果说江南地方政府对民间慈善章程的批准只是承认了民间习惯规则的效力，那么地方政府对这些章程的推广便可以视为地方立法行为。因为这种推广不仅使该习惯规则被赋予了更大范围的法效力，而且往往也要经过更高级别政府的审批。经此推广，原为一镇、一乡的慈善规则由此变成了在全省乃至数省均具效力的习惯法规范。

（三）晚清时期江南地区开始出现慈善习惯法的私人汇编

在欧洲，“从 13—18 世纪，为了确定她区习惯法的内容，各国都出现了一些私家的或官方的编纂工作”。④ 在中国，清后期的江南地区也出现了私人进行的民间习惯法汇编。随着晚清江南绅商越来越多地参与本地及外地的赈灾活动，“对于以乡绅或绅商为主导的民间赈济行为或救灾策略的辑录，……到清末则大量涌现”，“目前所见的最早文本还是郁方董的《济荒记略》”。该书专门辑录了道光己酉年（1849 年）嘉定赈灾中民间义赈的各种方法。咸丰三年（1853 年），江南慈善家戴百寿在《救荒举要》自序中说：“予摭所见闻，特举其易者、大者、可常行无弊者，且不待官之为倡，而为各邑各村公正绅耆及士庶人之所能行者，汇为一编”。⑤ 由于本文没有列论赈灾慈善，故对晚清荒政书中的民间义赈习惯法汇编不予论述，仅举余治在同治年间出版的社会救助慈善章程汇编——《得一录》，作为经典例证。

在《得一录》出版之前，江南地区就已有地方政府慈善章程和相关民间慈善习惯规则的零星汇编。如道光年间，武昌知府裕谦曾设立恤孤局并制定有相应章程。其升任江苏布政使后，“采访得（无）锡、金（坛）两邑绅士所刊《冬月收养遗孩录》，因而“合将本司前办章程各稿，汇刷一册，同该绅士等征信录，一并札发。礼到该府即饬遵照”。“道光己酉，予（余治——引者）采取古今各种善举章程足资仿办者汇成一书，名曰《得一录》，盖取得一善则拳拳服膺之意，将以资观感，利推行也。”同治七年“重为补辑”⑥，同治八年（1869 年）由苏州得见斋刊刻为《得一录》。该书分 16 卷，汇集了义庄、义仓、义学、育婴、保婴、恤嫠、栖流、放生、救生、救火、医药、义葬、救荒等各类慈善章程与规条。作为“善举章程类善书的代表作”，后来的学界仅将其视为劝善教化的道德善书⑦，但时为《得

① 黄鸿山、王卫平：《晚清江南慈善家群体研究——以余治为中心》，载《学习与探索》2011 年第 6 期。

② 周荣：《明清社会保障制度与两湖基层社会》，武汉大学出版社 2006 年版，第 299 页。

③ 参见惠清楼：《（得一录）版本考论》，载《南开学报》（哲学社会科学版）2006 年第 6 期。

④ [法]勒内·达维德：《当代主要法律体系》，漆竹生译，上海译文出版社 1984 年版，第 52 页。

⑤ 李文海、夏明方、朱浒主编：《荒政书集成》第 1 册，天津古籍出版社 2010 年版，“序言”第 18 页；第六册，第 4019 页、第 4037 页。

⑥ 余治：《得一录》卷四之一、“序”、“跋”。

⑦ 参见游子安：《劝化金箴：清代善书研究》，天津人民出版社 1999 年版，第 101 页以下。

一录》作序的冯桂芬已经敏锐地意识到了该书所录章程、规条的(习惯)法属性。他说："孟子曰：'徒善不足以为政，徒法不足以自行。'是书之作，非所谓徒法乎？……得是书而推行尽利斯善，非徒善法即非徒法。况更有读是书而勃然感发者，善且因法而生，而岂所谓徒法乎哉？"①该书初版后，屡为各地翻印、再版。"同治十年(1871年)，广州的爱育堂就重刊了该书"；"同治十一年(1872年)，……该书再次重刊于河南"；"光绪十一年长沙宝善堂重刊《得一录》并将其分赠天下后，国内应有不少地方重刊了该书"②。《得一录》的多次翻印与再版实际上就是江南慈善习惯法汇编的自发传播，是江南慈善习惯法形成的重要标志之一。

中世纪后期，法国法学家"对习惯法的成文化和法理解释倾注了大量的精力，从而使法国的习惯法学在15世纪以后获得了迅速发展，为后来拿破仑时代的大规模立法提供了一定的前提条件"③。相形之下，《得一录》仅反映出江南地区习惯法的发育开始具有了与法国习惯法发展史趋同的非自觉萌芽意识。在汇编的规模、汇编的持续时间、法学家和政府的参与程度等方面，其与法国的习惯法编纂运动完全不可同日而语。清统治者在政治上的极度傲慢，中国传统德例的早熟、僵化以及传统律学的极端守旧，使得这种由私人进行的个别的习惯法汇编完全不足以引发为大规模持久的习惯法编纂运动，因而注定只是瞬间划过传统法史夜空的彗星，成为中国古代法史上的绝响。到中国再次出现习惯法汇编并以近代大陆法系的学理加以改造性吸纳时，已经是清末民初之晚，而且与《得一录》不存在任何历史的渊源关系了。

二、江南民间慈善习惯法推动了中央以及江南地方的慈善立法

在中华法系的传统法源构成上，当代法史学家们已经逐渐认识到民间习惯法的地位。武树臣教授认为，中华法系"不仅有法律规范(国家正式制定颁布的法律、法令、判例等等)，还有非法律规范，如家法、族规、乡约、行规、官箴及各种习惯等"④。俞荣根教授认为"中国古代形成了复杂的礼法法律规范体系，内含三个子体系"，分别为"礼典"、"律典"及"习惯法"体系⑤。张中秋教授将中华法系的传统法源结构"概括为一极二元主从式多样化的构成。所谓一极是指由国家法所确立的至高无上、一统天下的社会大秩序；二元是指由国家法与民间法所构成的两个秩序系统；多样化实际上包含了国家法与民间法的多样性，但这里主要是指由家法族规、乡规民约、帮规行规等各种民间法所确立的社会小秩序；主从式是指整个社会秩序由以国家法为主的大秩序和以民间法为从的小秩序构成。"⑥从中国古代法的宏观发展史来看，张教授的这一结论无疑是正确的。不仅江南以外

① 余治：《得一录》卷四之一、"序"。

② 惠清楼：《(得一录)版本考论》，载《南开学报》(哲学社会科学版)2006年第6期。

③ 何勤华：《西方法学史》(第二版)，中国政法大学出版社1990年版，第109页。

④ 武树臣：《论中华法系的多元性格与时代意义》，载《学术前沿》2013年第2期。

⑤ 俞荣根：《认真对待中华法系传统》，载《人民日报》2016年8月15日第20版。

⑥ 张中秋：《概括的传统中国的法理观——以中国法律传统对建构中国法理学的意义为视点》，载《法学家》2010年第2期。

各区域的法律史表现出来的法源结构是如此，江南地区的乡规民约、宗族法与民事习惯法也都处在国家法的宏观框架内，仅仅作为国家法的解释，补充和变通而存在。唯江南慈善习惯法不仅不是国家慈善法的附属，相反，它在很大程度上还引发、推动了中央及地方慈善立法的发展。

(一)江南民间慈善习惯法引发了《户部则例》中慈善立法的变化

一般认为，清代国家法律的法源结构为律例体系。其中律为刑律条文，例则包括三种：(1)用以补充、修订律的条例；(2)作为各类行政法编纂的则例；(3)各省地方汇编的省例。① 何勤华教授认为："关于例的来源，主要有两个方面：一是皇帝的诏令，以及皇帝对臣下奏议等文件做出的批示(上谕)；二是从刑部就具体案件所做的并经皇帝批准的判决中抽象出来的原则。"②其所指的"例"仅指条例，实际上则例的编纂也是如此。同治《钦定内务府现行则例》的编纂者在给皇帝的奏告中说："现行则例自上届续修告成迄今，均有应行纂入事件，经臣于本年四月奏准，拣派司员、笔帖式等，将近年钦奉谕旨及臣工条奏，并衙门所属等处折奏稿案，逐一详细检查，续行纂入。"③立法条件不成熟时，皇帝的谕旨及皇帝批准的臣工、衙门奏案可以作为临时性的法源；条件成熟后，上述临时性法源便分别被纂入条例与相应的则例汇编中。因而，诏谕及皇帝批准的奏案也应当与律、例一起成为清代国家法的渊源之一。

在慈善立法方面，清代国家立法也分别表现为律、例与诏谕三类形式。清承明制，在各州县设立养济院收养鳏寡孤独、患病、残疾，且无亲可靠、无法自存之人。《大清律例·户律·户役》也完全继承了《大明律》"收养孤老"条："凡鳏寡孤独及笃废之人，贫穷无亲依倚不能自存，所在官司应收养而不收养者，杖六十。若应给衣粮而官吏魁减者，以监守自盗论。"自雍正十二年(1734年)至乾隆十三年(1748年)间，该律条之下先后纂入五项条例，主要是关于养济院的建造、管理，对贫不能谋生的军流犯人、90岁以上老人、孤寡及子孙贫不能养赡者提供院外资助，以及对京师、地方孤贫无依城市流民的安置等规定。条例本属特别刑法，但此五项条例均属慈善行政法的内容。这或许是因为慈善行政所属的行政法规汇编——《户部则例》的编纂体制此时尚未形成，关于养济院之类的慈善行政法规便归人到《大清律例》的相关条例中去了。到乾隆四十一年(1776年)首部《户部则例》编成时，其中的"蠲恤"项中也只有"普蠲地赋"和"矜恤罪犯事例"，养济院、普济堂、育婴堂、栖流所等慈善事务仍未列入其中。④

在救助慈善事业方面，江南民间社会远远地走在了政府的前头。顺治十二年(公元1655年)扬州有了第一所民办育婴社之后，江南各地纷纷仿效。到康熙四十五年(公元1706年)，全国建有63所育婴堂，其中苏南地区就有24所(包括扬州、南京)，且绝大多

① 参见苏亦工：《明清律典与条例》，中国政法大学出版社2000年版，第70~78页。

② 何勤华：《清代法律渊源考》，载《中国社会科学》2001年第2期。

③ 同治《钦定内务府现行则例》卷首。

④ 参见李永贞：《清朝则例编纂研究》，世界图书出版公司2012年版，第92页以下。

数为民办(官办仅5所)①。江南民办育婴堂的盛况引起了皇帝的重视，康熙四十四年(公元1705年)皇帝南巡时即视察了苏州育婴堂，并“御书‘广慈保赤’额以赐”②。次年，副都御史周清条奏：“查育婴堂之设，惟在京师，此外仅苏、扬二府有之，而他处甚少。……方今直省府州县，户口日繁，似宜饬令各设育婴堂一所。”③同年，康熙“诏直省建育婴堂”④。显而易见，周清的条奏与康熙的诏旨很大程度上受到了苏、扬民办育婴堂的影响。

雍正二年(1724年)闰四月初十日，上谕谕顺天府尹：“京师广宁门外，向有普济堂，凡老疾无依之人每栖息于此，……圣祖仁皇帝曾赐额立碑以旌好义。尔等均有地方之责，宜时加奖劝以鼓舞之。……又闻广渠门内，有育婴堂一区，凡孩稚之不能养育者收留于此。数十年来，成立者颇众，夫养少存孤，载于月令，与扶衰恤老同一善举，为世俗之所难，朕心嘉悦，……行文各省督抚，转饬有司，劝募好善之人，于通都大邑，人烟稠集之处，照京师例推而行之。”⑤该上谕一向被认为是清朝地方大规模举办育婴、普济二堂的标志性法令，实际上只不过是对康熙诏谕的重申。谕旨中说是“照京师例”，但实际上“北京育婴堂既不是在全国最早设立的，也并不是全国育婴堂的样板”。相反，京师育婴堂的“创建一仿江南扬州、苏、松等府及浙江杭、绍等府之例”⑥。因此，推动康、雍二帝发布劝办育婴堂诏谕的最早示范，应当是扬州育婴社及其社规《育婴社编》。

乾隆时代，国家权力扩张，地方政府募办普济、育婴二堂的义务变成了官办义务。乾隆元年(1736年)，“议准：各省会及通都大郡，概设立普济堂，养赡老疾无依之人，拨给人官田产及罚赎银两、社仓积谷，以资赡养”。乾隆六年(1743年)，“覆准：通行直省督抚，将各处现设育婴堂，严饬地方官实力奉行，择富厚诚谨之人董理，并令州县率同佐贰不时稽查，将实在无依遗弃婴儿，收入养赡。……如有克扣需索等弊，即行查参”⑦。随着举办育婴、普济二堂的国家义务化，此类慈善诏谕也被纳入《户部则例》。同治十三年(公元1874年)，康、雍，乾时代关于育婴、普济二堂的诏令，在《户部则例》的“蠲恤八”中便升格为《育婴堂事例》和《普济堂事例》，成为正式的行政法规。《育婴堂事例》第一条规定：“凡通都大邑各应建立育婴堂，收养遗弃婴孩，官雇乳妇，善为乳哺，委官役董司其事。绅士乐善捐建，听其自行经理。”⑧从“凡通都大邑各应建立育婴堂”的词句中，隐隐还可以看到康、雍二帝上谕的遗风。

---

① 梁其姿：《施善与教化——明清的慈善组织》，河北教育出版社2001年版，据“附表一：育婴堂”统计。

② 同治《苏州府志》卷二十四之“公署四”。

③ 同治《广信府志》卷二之二“建置·寺观·育婴堂”；同治《湖州府志》卷四十二“经政略赈恤·乌程县育婴堂”亦载有周清条奏事，唯将时间误为康熙四十六年。

④ 《清史稿·圣祖本纪(三)》。

⑤ 《清实录·世宗宪皇帝实录》雍正二年闰四月。

⑥ [日]夫马进：《中国善会善堂史研究》，伍跃等译，商务印书馆2007年版，第148页、第146页。

⑦ 光绪《大清会典事例》卷二六九“蠲恤·养幼孤”。

⑧ 同治《户部则例》卷九十“蠲恤八·育婴堂事例”。

(二)江南民间慈善习惯法直接催生了江南地方政府的慈善立法

1. 江南地方政府的慈善立法填补了国家相关立法的空白。王志强教授认为，清代地方立法包括两类：一为条例中专门针对部分地区所作的特别立法，二为省例①。《大清律例》“收养孤老”条中没有针对江南地区所作的特别慈善条例，现存苏、浙二省省例中仅《江苏省例》(同治、光绪、宣统三朝)中有慈善立法。为尽可能罗掘清代苏浙两省各级地方慈善立法，除《江苏省例》外，本文还搜阅了《得一录》、苏浙部分地方志、官箴书、江南各地碑刻以及《中国古代地方法律文献》、《江苏近现代社会救济与慈善文献丛刊》等文献汇编，制成下表。

苏、浙两省的慈善立法(表一)

序号	年代	立法主体	法规名称	出处
1	康熙十年(1671年)	闽浙总督	《再禁溺女》	刘兆麒《总制浙闽疏草》，杨一凡、刘笃才主编：《中国古代地方法律文献》乙编第二册，社会科学文献出版社2011年版
2	康熙十五年(1676年)	江苏巡抚	《抚院通行司道府广育婴文》	盛符升编：《兴革事宜编》卷三《广广育遗婴文》设育婴堂记》(南京图书馆藏)
3	康熙二十五年(1686年)	江苏巡抚	《抚吴条约》(“省会大郡设有育婴堂者，谕令送养”)	杨一凡、刘笃才主编：《中国古会大郡设有育婴堂代地方法律文献》乙编第三册，社会科学文献出版社2011年版
4	乾隆九年(1744年)四月二十七日	浙江巡抚	《通饬合属十一府一州仿行同善会牌语》	余治《得一录》卷一之二
5	乾隆年间	江、浙江两省巡抚分别向本省转发	《枫泾同善会规条》	同上
6	道光二十七年(1847年)四月初一	两江总督、江苏巡抚批，江苏布政司拟	《保婴规约》	余治：《得一录》卷二
7	道光二十七年(1847年)	浙江省巡抚	《通饬保婴会》	同上

① 参见王志强：《论清代条例中的地区性特别法》，载《复旦学报》2000年第2期；《论清代的地方法规：以清代省例为中心》，载《学术》2001年第3辑。

续表

序号	年代	立法主体	法规名称	出处
8	道光年间	江苏布政司	《收养幼孩厂规》	余治：《得一录》卷四之一
9	同治五年(1866年)	江苏布政司	《江苏藩宪王通饬札》(设立保婴、恤产会)	余治：《得一录》卷二之一
10	同治七年(1868年)	江苏巡抚	《捐设儒寡会》	《江苏省例初编》(下)，载杨一凡、刘笃才主编《中国古代地方法律文献》丙编第十二册，社会科学文献出版社2011年版
11	同治八年(1869年)	江苏布政司	《清理善堂田产》	《江苏省例续编》，载杨一凡、刘笃才主编：《中国古代地方法律文献》丙编第十二册，社会科学文献出版社2011年版
12	同治九年(1870年)八月	浙江巡抚	《通饬各州县举办保婴原札》	江庆柏主编：《江苏近现代社会救济与慈善文献丛刊》第38册，凤凰出版社2016年版
13	光绪二年(1876年)	江苏布政司	《示禁溺女并劝设保婴会》	《江苏省例三编》(上)，载杨一凡、刘笃才主编：《中国古代地方法律文献》丙编第十二册，社会科学文献出版社2011年版
14	光绪二年(1876年)	两江总督、江苏巡抚批，江苏布政司转饬	《保婴会章程》	同上
15	光绪四年(1878年)	两江总督	《育婴六文会章程》	同上
16	光绪七年(1881年)	江苏巡抚	《契税收育婴经费》	《江苏省例四编》，载杨一凡、刘笃才主编：《中国古代地方法律文献》丙编第十三册，社会科学文献出版社2011年版
17	光绪十七年(1891年)	两江总督、江苏巡抚批，江苏布政司拟	《整顿推广育婴章程》	同上

苏、浙两省部分道、府、州、县的慈善规范性文件(表二)

序号	年代	立法主体	法规名称	出处
1	康熙十五年至十七年(1676—1678年)	浙江嘉兴府	《育婴条款》	卢崇兴《守禾日记》，载杨一凡、刘笃才主编，《中国古代地方法律文献》乙编第二册，社会科学文献出版社2011年版
2	乾隆五十二年(1787年)	江苏巡抚批，苏州知府、督粮同知拟	《整顿苏郡男普济堂碑》	王国平、唐力行主编：《明清以来苏州社会史碑刻集》，苏州大学出版社1998年版，第363页
3	嘉庆十七年(1812年)八月	江苏直隶太仓州嘉定县	《严禁地保差仵等藉尸诈扰碑》	余治：《得一录》卷八之四
4	道光二年(1822年)九月十九日	江苏太仓直隶州	《谕知》(禁差仵藉尸讹索)	同上
5	未知	嘉定县	《栖流所禁扰禁示》	余治：《得一录》卷四之六
6	咸丰八年(1858年)	上海县	《详定尸场经费稿》、《上海县定尸场经费示》	余治：《得一录》卷八之五
7	同治三年(1864年)	苏州府	《告示》(清理苏州各善堂田房产)	《上海新报》同治三年(公元1864年)七月十七日，台湾文海出版社1990年版，第2册第795页
8	同治十二年(1873年)正月	苏松太道沈秉成禀呈两江总督、江苏巡抚批准	《苏松太道各属举办保婴章程》	《江苏苏松太道办理保婴禀稿规条》，江庆柏主编：《江苏近现代社会救济与慈善文献丛刊》第38册，凤凰出版社2016年版
9	光绪五年(1879年)三月十三日、四月十六日	苏州府	《议禁义男为人欺逐照会》、《禁领婴欺逐示》	《苏郡育婴堂志》(光绪九年)，江庆柏主编：《江苏近现代社会救济与慈善文献丛刊》第38册，凤凰出版社2016年版

王志强教授认为，各省省例“以其与中央通行法的关系为线索，可分为三大类：一种是对中央法的简单重申，第二类是以中央法规为前提制定的具有解释意义的实施细则，另一种则是当中央法律没有相应规定时地方自定的处理办法”。以上列各表观之，江南地方慈善立法属于前两类者，唯光绪五年(1879年)苏州府先后发布的《议禁义男为人欺逐照会》和《禁领婴欺逐示》两项，其他基本上都属于填补中央立法空白的办法。

2. 江南地方的慈善立法完全基于民间慈善习惯法的引导与推动。关于省例制定的动机，王志强教授认为："总体而言，这一驱动力主要来自官员们自身的权力和利益的要求，而非如其所表达的那样是出于'因地制宜'的需要。在立法过程中，尽管对民间既有惯行的轻视并不等于完全漠视，但地方官员们并未能使其制定的法律与民间风习在基层充分结合。……由于现实利益的驱动，省例的制定更多地体现着地方官员们作为特定利益集团的主观选择，为其管理的便利服务。"①这一结论用于其他地区或其他事务的地方立法是成立的，在下文中可以看到江南以外的部分地方政府基于政绩的动机，在各自辖区举办大量虚假慈善设施并为之虚设慈善立法的事实。但江南地方政府慈善立法的动机似乎并不是来自官员自身的政绩利益，而更像是基于"因地制宜"的需要，且明显地受到了民间慈善习惯法的引导与推动。

早在康熙四十五年(1706 年)劝办育婴堂的诏谕发布之前，江南地方政府就已经开始育婴堂的地方立法了。除前述康熙年间闽浙总督刘兆琪、江苏巡抚慕天颜先后在闽浙两省与江苏省发布的仿杭、扬、江、苏、松之法举办育婴堂的训谕外，康熙十五年至十七年间(1676—1678 年)，浙江嘉兴知府卢崇兴批准生员马辉曾举办育婴公所并发布《育婴条款》，规定"如有四方贫民无养遗弃道路婴孩送到公所者，细心抚育，仍即开报本府以凭注册，发给口粮"②；康熙二十五年(1686 年)，江苏巡抚赵士麟发布《抚吴条约》，要求江苏各有司对遗弃婴儿，"省会大郡有育婴堂者，谕令送养"③。上述地方慈善立法均在康熙慈善上谕发布之前，显然不是基于政绩考核的需要，而是对民间慈善习惯的认可。

地方政府之所以颁布地方性慈善法规，在很大程度上是因为受到了民间慈善事业发展的压力。上述闽浙总督的训谕、嘉兴知府的《育婴条款》以及江浙两省推行《同善会规条》、《保婴会规条》等饬令，都是在地方士绅的呈请推动之下发布的。康熙十五年(1676 年)苏州知府高晫的《育婴堂募疏》最能说明这一点，该疏文在开头娓娓地表达了设立育婴堂是为了体现父母官"为君养民"的拳拳善意，在后面始道出真实的动机："育婴一会，柴子襄明举于京师，蔡子商玉举于维扬，陆子元章举于浙右，许先生鹤沙举于云间，独吴郡尚未克举，今许王俨等诸子奋志力行，条陈悉备，予跃然心喜，申请各宪，咸以为善，乐捐清俸，奖励盛事"。④ 周边各府均已设育婴堂，"独吴郡尚未克举"，缙绅们又在积极筹备，显然让作为省会首善之地的地方官感受到了舆论与道德上的压力，因而赶紧"申请各宪"，表建育婴堂。

上列二表中，除地方政府批转推广的民间慈善章程外，直接由地方政府制定的法规也可以明显看到民间慈善习惯规则的影响。如各善堂是否应当将财产收支状况定期报告地方政府，中央立法与江南地方立法均无统一规定，各善堂章程亦各不相同。康熙年间的《杭

① 参见王志强：《论清代的地方法规：以清代省例为中心》，载《学术》2001 年第 3 辑。

② 《遵示详酌育婴条款候宪裁夺以广浩荡洪慈事》，卢崇兴《守禾日记》，载杨一凡、刘笃才主编：《中国古代地方法律文献》乙编第二册，社会科学文献出版社 2011 年版。

③ 赵士麟：《抚吴条约》，载杨一凡、刘笃才主编：《中国古代地方法律文献》乙编第三册，社会科学文献出版社 2011 年版。

④ 同治《苏州府志》卷二十四之"公署四"。

州育婴堂规条》规定：“每岁终，将堂内交收请数汇刊成轶，与众同观，使知一岁之内收养婴儿几人及钱粮之多寡，送县印册存查，一以见本堂至公为善之意，一以启将来众姓乐助之诚。”①而嘉庆十四年(公元1809年)的松江府《云间育婴堂规条》却规定：“是举系属民捐民办，毋须造册报官。”②道光二年(公元1822年)，江苏太仓直隶州谕示，振德堂“本由各地方绅士自捐自办，其每年支销之数，与夫堂董遇事更替，均仍应听其自行查办，毋庸官为经理，以免书役藉造为名多方勒索”。③ 到同治八年(公元1869年)五月二十三日，苏省布政司颁布《清理善堂田产》，要求该布政司所辖各府、州、县长官每季必须点验所属善堂资养男、妇、婴儿数额；各堂财务收支每季由该州、府、县会同经理绅董核算一次，开摺呈送藩道各衙门备案；各善堂营运成本最高不得超过20%，超出部分由各府、州、县与董事分赔④，从而将苏省民办慈善组织章程中的相关习惯规则统一起来。

再如，根据江南各育婴堂章程，幼婴成活后可由婴堂过继与他人抚养，办理法定收养手续并呈县备案；因弃婴多不知姓氏，故收养后可随姓养父母；本生父母捐弃婴儿，应视为父母子女之恩已绝，故不得来争；养父母族人也不得与争财产⑤。《大清律例》与《户部则例》都规定不允许立异姓为继子，但可收养三岁以下异姓为义子并酌分给财物；义子不改姓，愿归宗者可以归宗，不愿归宗者亦不允许养父母的同姓继子和本生父母强迫归宗。由于律例没有专门规定弃婴收养，故常有从婴堂收养的养子因养父母死亡而遭到养父母族人指责为异姓继子，被群起驱逐并被图霸财产的案件。光绪五年(公元1879年)三月十三日、四月十六日，苏州府先后发布《议禁义男为人欺逐照会》和《禁领婴欺逐示》两项地方规章，对律例进行解释，认为从育婴堂收养的义男虽然改随养父母姓氏，但“非同立继”，可以视为义子，并不违反律例，“该族人等不得因其义父母物故任意欺凌、恃强逼逐、冀图财产”⑥。这一解释性的立法可似视为对各育婴堂婴儿收养习惯规则的支持。

三、江南区域性的民间慈善习惯法与传统律例体系的消极共生

(一)江南慈善法具有其他地区不可复制的区域性

相对江南地方政府，其他地区的慈善立法完全基于官员政绩考核的利益考虑，而非地方的现实需要。雍正二年(公元1724年)上谕颁布之后，“闽浙总督、福建巡抚等即刻下令，命全部的州县设立了育婴堂和普济堂”。河南省从顺治元年(公元1644年)到雍正二年(公元1724年)的80年间，仅有南阳府和彰德府的涉县有两所官办育婴堂。雍正十二(公元1734年)、十三(公元1735年)两年，河东总督王士浚为迎合皇帝诏谕，强迫豫、

① 康熙《杭州府志》卷十二“恤政·育婴堂”。

② 松江府《育婴堂征信录·云间育婴童规条》(同治八、九年刊本)，上海市博物馆藏。

③ 余治：《得一录》卷八之四。

④ 《江苏省例续编》，载杨一凡、刘笃才主编：《中国古代地方法律文献》丙编第十二册，社会科学文献出版社2011年版。

⑤ 余治：《得一录》卷三之一。

⑥ 《苏郡育婴堂志》(光绪九年)。

鲁两省地方官员和绅士捐款，甚至是“按地亩摊派”，使育婴堂分别增长了10所和14所，普济堂则达到了129所。山东在雍正十二年(公元1734年)增加了30所育婴堂，育婴堂总数达到了58所，普济堂达到131所①。但事实上，直到乾隆二年(公元1737年)，“豫省设有育婴堂，从未报有收养遗孩者”。② 山东虽有如此多的善堂，但到道光时，省会济南府“查各属所设，大率名存实亡”③。显然，这些地方政府的官办慈善立法都只是取媚上级、博获政绩的虚应故事，与江南地区的育婴习惯法毫无关系。

两湖地区的育婴堂虽然不完全如河南、山东由官府强迫举办，但“从一开始就是官方直接介入的结果”。由于缺少如江南民间社会庞大而持续的经费支持，这类由名为民办实为官方扶持的育婴堂也难以长久维持。雍乾时期，湖南的“大多数育婴堂并未实际育婴，而只是处于一种‘空转’的状态”，“作为典范的湖南省城育婴事业兴盛的景象是被高大的建筑、筹集经费的热闹场面等外在的形式粉饰出来的。……形成这种局面的根本原因在于两湖地区创设育婴堂的推动力主要来源于官府的诏令或地方官个人的仁政模式，因而育婴堂是作为一项‘政绩工程’出现的，……至于育婴实际效果的好坏，则是无关紧要的事情”④。道光十二年(公元1832年)，湖南省政府在向所属州县发出的《宪札》中称：“普济、育婴等堂皆系地方善政，向来各地方官视为具文，漫不经心，以致有名无实。”⑤湖北郧县甚至将已有的官办养济院改报为普济堂，聊充民办普济堂之数。⑥

苏浙两省以外各省的绅士与商人，根本不具备两省绅、商巨大的经济实力与强烈的社会参与意识，因而很难广泛兴办民间慈善事业。1840年前，苏浙以外各省育婴堂共402所，明确记载为民办的只有30个，不到7.5%⑦。这种区域性差别导致其他各省根本无法复制、推广江南民间慈善习惯法，从而使得江南地区的民间慈善习惯法具有独特的区域性。王志强教授说：“更为纯粹的中国传统法地区差别，即主要因地理因素造成的差别，更多地在习惯法而非制定法领域”。⑧ 上述情形，诚如斯言。

(二)江南区域民间慈善习惯法始终游离于传统律例体系之外

尽管法国中世纪晚期已经形成了经法学家们精心编纂的统一习惯法，但“没有一部习惯法能构成人们需要用以处理新型关系的完整体系。因此，必须往别处去寻求体系的原

① 参见[日]夫马进：《中国善会善堂史研究》，伍跃等译，商务印书馆2007年版，第422、424~426页；育婴堂数据根据梁其姿：《施善与教化——明清的慈善组织》，河北教育出版社2001年版，“附表一：育婴堂”。

② 《健余先生抚豫条教》，载刘俊文主编《官箴书集成》第四册，黄山书社1997年版，第722页。

③ 道光《济南府志》卷二十一“恤政”。

④ 周荣：《明清社会保障制度与两湖基层社会》，武汉大学出版社2006年版，第286、288、289页。

⑤ 光绪《长沙县志》卷九“保息”。

⑥ 参见民国《湖北通志》卷四十九“善举·郧县”。

⑦ 统计数据据梁其姿：《施善与教化——明清的慈善组织》，河北教育出版社2001年版，“附表一：育婴堂”。

⑧ 王志强：《中国传统法的地域性论略》，载《复旦学报(社会科学版)》2002年第3期。

则，习惯法不可避免地成为体系的‘特别法’，成为修正体系的规定”①。那么，清代江南地区的慈善习惯法是否能够被纳入正统律例体系并成为修正这一体系的特别规范呢？

从乾隆五年(公元1740年)起，《大清律例》的律文就被完全固化了。终清一代，《大清律例》中的慈善条款始终只有“收养孤老”一条，江南盛行的育婴、恤嫠、施棺、施药、栖流、普济等更多种类的民间慈善事务，一直未能进入《大清律例》中形成新的律文。该律条之下条例的增修也早在乾窿十三年(公元1748年)就已经停止，故《大清律例》完全没有吸纳江南的民间慈善习惯法。

通过康、雍二帝的上谕，同治十三年(公元1874年)《户部则例》中的《育婴堂事例》接受了江南的民间育婴习惯法。其他如《普济堂事例》、《栖流所事例》等法规，也是受京师和其他地方同类慈善习惯法的影响而增人的。但《户部则例》中慈善立法的创新也就到此为止，不仅如恤嫠、施药、施棺等慈善种类不见于该则例，而且直到清末，《户部则例》对盛行于江南的保婴新法也完全没有吸收，因而也失去了容纳江南区域民间慈善习惯法的创新能力。

尽管江南地方慈善立法是受民间慈善习惯的引导与推动而制定的，但基于种种原因，江南的省例没有完全吸收江南民间慈善习惯法。乾隆时期《治浙成规》中的慈善立法固然是空白，现存的《江苏省例》四编中通饬推行民间慈善章程的例子在上表中亦仅有10、13、14、15、17号五例，而且只限于恤嫠、育婴与保婴的具体方法；对关涉慈善主体各方权利、义务的习惯，如捐资人与慈善机构之间的关系，经理人的地位，慈善产权的归属，定期向社会发布慈善机构的收支状况(“征信录”制度)等较为根本性的制度等，《江苏省例》则采取了谨慎的回避态度。道、府、州、县等较低层级的政府慈善立法虽然较多地认可了民间慈善习惯法，但这些慈善立法因为效力层级较低不可能被纳入省例。因此，地方省例对江南民间慈善习惯法的吸收也是有限的。

清政府对江南民间慈善习惯法的重视程度远不如西南少数民族地区的习惯法——苗例。雍正五年(公元1727年)，云贵总督鄂尔泰在改土归流之后，马上奏请对苗疆地区烧杀劫掠案件“不许外结，亦不准牛马银两赔偿，务按律定拟”。“经部议奏于雍正五年九月十七日，奉旨依议通行，钦遵在案”②。在“生苗”地区强行适用《大清律例》的结果，轻则“悬案难结”，重则引起苗民叛乱。因为事关国家的政治安全，故乾隆元年(1736年)上谕规定：“嗣后苗民一切自相争讼之事，俱照苗例完结，不必绳之以官法。”③乾隆五年，此上谕被著为条例。清政府对“苗例”的正式承认，使得“苗例”成为与《大清律例》并行存在的具有正式法渊源地位的第四种“例”(除条例、则例、省例之外)。“苗例”与《理藩院则例》、《回疆则例》、《西宁番子治罪条例》等其他少数民族特别法一起，构成了以《大清律例》、各部则例为普通法，以少数民族单行法为特别法的多元法律构造体系。

---

① ［法］勒内·达维德：《当代主要法律体系》，漆竹生译，上海译文出版社1984年版，第52页。

② 台北故宫博物院整理：《宫中档雍正朝奏折》，台北故宫博物院印行，1979年版，第20卷第98页、第9卷第598页。

③ 《清高宗实录》卷22。

相对于关涉清朝政治安全的少数民族习惯法，江南民间慈善习惯法在雍正看来，“不过道婆之政，非急务也”①。清政府对慈善事务的漠视，使得《户部则例》与《江苏省例》对江南民间慈善习惯法只作了非常有限的吸收，江南民间慈善法的主体部分到清末实行地方自治之前一直游离于传统律例体系之外。当然，清政府也没有刻意否定这一区域慈善习惯法，而是对之长期采取漠然并默许的态度，使之与传统律例处于消极的共生状态，任其自生自灭。

四、江南民间慈善习惯法与江南城镇非正式社会自治规范的融汇

清代江南民间慈善习惯法虽无法融入传统律例，但在清代江南城镇非正式社会自治体制中，它与城镇其他习惯法共同形成了江南城镇非正式自治规范体系。

(一)江南城镇非正式社会自治规范体系的形成

晚清一位中国学者已经意识到了各类社会自治组织与地方自治的关系：“吾国人民实富于自治之性质也。各商业之董也，各会馆之董也，各乡图之董也，各善堂、各书院之董也，各有会议，各有事务所，各有组织法，以各谋此一小团体之事体，然其人选也，或不尽为一团体之同意，一举之后又无别部分以监督之故，故其自治之能力终不发达。今之所谓她方自治者，则以土地为根据，而合此著于土地之人民为一团体，而谋此一团体之共同利益，盖必如是而始为地方自治也。”②美国汉学家施坚雅主编的《中华帝国晚期的城市》一书认为，虽然“中国人的社会从来都没有建立过拥有独立的明确管辖权的自治市”，但在晚清中国的城市管理体系中，除国家行政系统之外，还存在着“各种相互交叉的社团、陈陈相因的非官方组织，这些组织并非由于有目的，或有明确公认的权利而产生，而是由一群有经常性联系、同住一个街坊、同参加某些活动与祭祀、有共同利益、或总体上都是休戚相关的人时时处处自发地形成的”；除官方法定的正规城市管理方式外，各城市还存在着具有自治属性的“非正规‘市政’管理方式”；这种非正式的市政管理是自发形成的，“完全没有受到西方的影响”③。这一创新性论点开启了对清代城市尤其是江南城市公共管理自治性的研究。已有的研究成果表明，在重庆、沙市、汉口、洪江、芜湖、上海等码头城市以及苏州、杭州、宁波、佛山等商业化程度较高的城市，都在官治的控制之下出现了自治化程度较高的公共机构，包括工商行业公所、移民或商业会馆、宗教组织和慈善机

---

① 台北故宫博物院整理：《宫中档雍正朝奏折》，台北故宫博物院印行，1979年版，第22卷第611页。

② 穆湘瑶：《上海地方自治研究会讲演录》，载《宪政杂志》1906年第1卷第2期。

③ [美]西比勒·范·德·斯普伦克尔《城市的社会管理》、施坚雅《导言：清代中国的城市社会结构》，载施坚雅主编：《中华帝国晚期的城市》，叶光庭等译，中华书局2000年版，第731、624、656页。

构等，甚至还形成了一定程度的街区地方自治。① 近年来对明清江南市镇的研究，也开始超越其经济与社会功能而进一步深及于市镇的政治体制：在官治的框架之下，江南市镇已经形成了宗族、行会、慈善等社会组织的非正式社会自治乃至地方自治政体。②

相对于欧洲中世纪的城市自治，江南城镇的确不存在完全独立于官治的自治，更不可能获得授予城市自治权的根本性法律文件——“特许状”：但江南城镇的确已经具备了各种分散的社会组织自治及其自治规则，如工商行规、慈善习惯规则以及其他公共事业的习惯性规则。依清代的立法体制，国家律例主要集中于刑法、行政法等公法事项，私法以及属于城镇社会事务性规范的公议权自然地归属于城镇各类社会自治组织。这一立法权的界分与欧洲中世纪某些自治城市有些类似，“意大利南部与一些中部的城市中，由于教权与皇权一直处于统治地位，城市的立法主要集中在私法领域”③。相比于这些城市，江南城镇社会自治机构自行议定章程的权利则要小得多。因为前者经过“特许状”授权立法之后，在私法方面的立法便无须再由教会与君主批准，而后者在公议完每一项章程之后，通常要呈请地方政府审核、批准及公布，而且审批的程序也非常严格。如果说中世纽欧洲自治城市是封建主或国王通过“特许状”这一根本性法律文件一次性地“批发”了城市的立法权，那么，清代地方政府对江南城镇则是逐件地“零售”各项自治习惯规则韵审批权。

(二)江南慈善习惯法为江南城镇非正式社会自治规范体系之重要构成

江南城镇的非正式社会自治体制是由一系列自治性习惯法规范形塑而成的，主要包括商事习惯法、行业自治习惯法、民间慈善机构的自治习惯法以及其他习惯法。而最早认识到民间慈善事业与社会自治、地方自治之间关系的，是清末留学于美国哥伦比亚大学的中国学生朱友渔。他说：“由于中国官府对改善民生的忽视，中国人民自己承担了改善民生的重任，建立了种种慈善互助组织，……逐步转化为公共机构，……体现了中国人民的地方自治。”④明末清初，在江南自发形成的城镇化运动中，财富集中于城镇，故江南“善会以及构成它的基础的善堂，首先诞生于都市”。夫马进对清前期江宁、苏州、镇江、松江、常州、扬州、杭州、嘉兴、湖州、宁波、绍兴等 11 府及太仓、通州 2 州的育婴机构

---

① [美]罗威廉:《汉口：一个中国城市的商业和社会(1796—1889)》，江溶、鲁西奇译，中国人民大学 2005 年版；[关]罗威廉:《汉口：一个中国城市的冲突和社区(1796—1895)，鲁西奇、罗杜芳译，中国人民大掌出版社 2008 年版；[日]小浜正子:《近代上海的公共性与国家》，葛涛译，上海古籍出版社 2003 年版；[美]林达·约翰逊主编:《帝国晚期的江南城市》，成一农译，上海人民出版社 2005 年版；方平:《晚清上海的公共领域》，上海人民出版社 2007 年版；梁勇:《移民、国家与地方权势——以清代巴县为例》，中华书局 2014 年版。

② 参见赵世瑜、孙冰:《市镇权力关系与江南社会变迁——以近世浙江湖州双林镇为例》，载《近代史研究》2003 年第 2 期；吴滔:《明清江南基层区划的传统与市镇变迁——以苏州地区为中心的考察》，载《历史研究》2006 年第 1 期；武乾:《官治夹缝中的自治：明清江南市镇的非正式政体》，载《法学》2013 年第 12 期。

③ 陈灵海、柴松霞等:《欧洲中世纪世俗法》，商务印书馆 2014 年版，第 464 页。

④ 朱友渔:《中国慈善事业的精神》，中华书局 2016 年版，第 95 页。

进行了统计，“包括州城、县城一级的都市在内，江苏省31都市中的26都市，浙江省24都市中的5都市均在清代前期设置育婴堂，分别占84%及21%”；连“县城以外称为镇的都市中也有设置育婴堂或留婴堂的”，从而形成了以府城育婴堂为中心，以县育婴堂、镇留(育)婴堂为支系的区域育婴网络。① 除保婴会在农村亦可举行外，清代江南民间的其他慈善事业基本上集中在城、镇。因而，江南民间慈善习惯规则当然地属于城镇非正式社会自治与地方自治规则体系的构成部分。

因为绅士的传统社会地位，尤其是绅士主导的民间慈善事业在社会道德方面具有的天然优势，清代江南各城镇尤其是市镇的民间慈善机构往往是本地的公共政治中心。如乾嘉以来，上海嘉定、宝山两县各镇的施粥厂逐渐兼并了本地的其他慈善机构，成为镇的权力中心。不仅“所有地方慈善事业均由厂董组织办理”，施粥厂的权力“更是扩展及清粮册、丈地亩、办义塾等领域”，还有城乡水利修建等。“越来越多的乡镇公务被‘厂’接管”，“遇有公事，城乡各镇均分厂办理，而镇遂以厂名”，“厂董自此全面负责地方行政”②，以至于施粥厂的管辖范围在很大程度上决定了市镇的地方自治区域。在浙江湖州的双林镇，由绅士在道光年间成立的“崇善堂……逐渐成为镇上的权力机构”，“从职能比较单一的地方慈善组织向地方自治组织转化”③。晚清时作为上海慈善业之首的同仁辅元堂，除“举行诸善外，如清道、路灯、造桥、修建祠庙、举办团防等类，无不赖以提倡，实为地方自治之起点”④。太平天国之乱后，士绅势力衰落，商人势力上升，但商人欲主导地方公共生活，也必须高举慈善大旗。晚清时浙江湖州南浔镇，丝商的丝业公所虽是最有经济实力的组织，却不是公共权力中心。“在新政之前，义仓已成为丝商们办理慈善、参与市镇管理的象征性机构，义仓已成为了南浔镇的非正式的权力中心”⑤。慈善机构在江南城镇社会自治与地方自治活动中的核心地位，决定了民间慈善习惯规则在江南城镇社会自治与地方自治规范体系中必然成为最核心的构成部分。

正因为江南慈善习惯法具有城镇社会自治与地方自治规则属性，故在清末江南地方自治运动中，这一习惯法在稍作改造之后便自然地融入了新的地方自治规则体系。民初，大理院的司法判例与解释例以欧陆法之财团法人学理对部分慈善习惯法进行了改造性的认可。南京国民政府时期，大部分慈善习惯法在被进一步扬弃、改造之后分别融人了民法典及统一的慈善立法中。限于主题与篇幅，关于江南慈善习惯法在近代的命运，当另文论

① 参见[日]夫马进:《中国善会善堂史研究》，伍跃等译，商务印书馆2007年版，第161、192、207、252、259页。

② 吴滔:《清代江南市镇与农村关系的空间透视——以苏州地区为中心》，上海古籍出版杜2010年版，第155~159、144页。

③ 参见赵世瑜、孙冰:《市镇权力关系与江南社会变迁——以近世浙江湖州双林镇为例》，载《近代史研究》2003年第2期。

④ 民国《上海县续志》卷二之“善堂”。

⑤ 潘中祥:《近代江南市镇权力中心的演变——以湖州南浔镇为例》，上海师范大学历史学硕士学位论文，2011年，第58页。

述之。

五、结论

在清代，江南地区已经形成了比较成熟的区域性慈善习惯法。这一区域慈善习惯法主要通过江南地方政府对民间慈善习惯规则的认可、示范与推广，以及民间职业慈善家的汇编而成。这一区域习惯法不仅引发了《户部则例》中部分慈善立法的变化，而且促进了江南地方慈善立法的创新，在一定程度上改变了江南地区以国家法为主导、民间法为辅助的传统二元法源结构。由于清代传统国家法律渊源体系——律例在乾隆时期就已经高度固化，江南地区慈善习惯法除少量为《户部则例》、《江苏省例》所吸收外，绝大部分内容仍无法融人这一结构体系。这一游离于传统刑法与行政法之外的区域习惯法，在部门属性上已初具社会法的雏形。它与江南城镇的工商行业习惯法、劳资关系习惯法以及其他社会习惯规范一起，另行构成了清代江南城镇非正式的社会自治规则体系。

（原文刊载于《法学》2016 年第 12 期。）

先秦君权正当性理论及其特征

陈秀平*

摘　要：君权问题通常被看做是一个政治问题，实质上它也是一个法律问题，一个法哲学问题，是法史学所不能不关注的问题。对古代思想家们的君权思想的反省，是非常有意义的。先秦各大学派从君权的不同来源上论证君权的正当性，对于君权正当性合理性的标准各异；他们都探讨了君权的监督及转移途径，但缺乏强有力的制度保障。

关键词：先秦；君权；正当性

君权问题通常被看做是一个政治问题，实质上它也是一个法律问题，一个法哲学问题，是法史学所不能不关注的问题。从中国政治法律史的角度来看，君权问题应包括以下几个方面：君权的性质，君权的来源，君权的内容，君权的合法性、正当性，君权的行使方式，君权的监督、制约及转移，君臣关系、君民关系等。在这些问题中，中国古代士人直接关注到的极少。因此，古代中国人对君权问题的讨论，关注了什么问题，没有关注什么问题，这反映了中华民族政治法律思想的独有精神或风格。对古代思想家们的君权思想的反省，是非常有意义的。本文试图通过总结先秦君权正当性理论的规律特征，发现这一理论的价值取向，分析出它对中国政治法律史的影响，以便从中探索出这一理论对现实的一些借鉴意义。

一、从君权来源看君权的正当性

恩格斯说："一切宗教都不过是支配着人们日常生活的外部力量在人们头脑中的幻想的反映，在这种反映中，人间的力量采取了超人间的力量的形式。"①"天命观"下的"君权神授"说，实际上正是把人间的靠暴力获得的权力披上了"超人间的力量"外衣。"君权神授"在先民世界普遍存在，起初可能是因为人们(包括统治者)对为什么会有人获得一种支配多数人(而多数人又当然服从)的威势无法找到人间的理由，后来民智开花后仍坚持此说则纯粹是为了愚弄人民。《尚书》说"天降下民，作之君，作之师"，②《尚书·召诰》说：

---

* 陈秀平(1973—　)，女，湖北仙桃人，法学博士，三峡大学法学与公共管理学院副教授，硕士生导师，主要从事中国法律史、民族法研究。

① 《马克思恩格斯选集》第3卷，人民出版社1956年版，第354页。

② 《梁惠王》下引《尚书·周书·大誓》。

“有夏服(受)天命”，“有殷服(受)天命”；《论语·泰伯》中也说大禹“菲饮食而致孝乎鬼神”，《尚书·多方》说：“天惟时求民主，乃大降显休命于成汤，刑殄有夏”，《尚书·大诰》“天休于王，兴我小邦周；宁王惟卜用，克绥受兹命”，这都是想说服人民相信：君主的职务或岗位职责都是天帝所任命或给予的。《尚书·甘誓》说：“有扈氏威侮五行，怠弃三正，天用剿绝其命。今予惟恭行天之罚。”这里宣扬的“代天行罚”的思想，是想叫人民相信：不仅职位总体来自天，而且具体的重要权力(具体项目)也来自天的个别或单独授予。《诗经·商颂》：“天命玄鸟，降而生商，宅殷土芒芒”，又说：“有方娀将，帝生子立商”，① 这无非是想伪造君主血统来自天神的高贵证据，以支持“君权神授”说。

儒家在君权来源问题上进了一步，认为君权是“天与之”、“人与之”二者的结合。“亚圣”孟子认为，“尧舜有天下”，是“天与之”。但是，“天与”不是“谆谆然命之”，即不是像父亲授权给儿子那样用口头方式。天的授权方式是“天不言，以行与事 示之而已”。具体地说，君主候选人如果被“荐之于天而天受之，暴之于民而民受之”，那么就表示权力合法获得了。至于什么是“天受之”即被上天接受呢？孟子认为“使之(候选人)主祭而百神享之，是天受之”；什么是“民受之”即被人民接受呢？孟子认为“使之主事而事治，百姓安之，是民受之”。② 就是说，只要天、民二者被动接受了，就等于天和民主动“与之”了。这个从被动到主动的转变是怎么转过来的，我们也不清楚。但是，孟子强调“天与”、“民与”，是为了说明“天子不能以天下与人”，说明任何一代君主的权力直接来源于上天，而不是前任天子的“私相授受”(他只有“荐”的权利)。其宗旨是在否定权力的私有性或“家天下”属性。这是极其宝贵的民主性萌芽。这样的思想，后来荀子也作了相当充分的发挥。③

墨家认为，古时人们各自以自己的“义”(思想认识和主张)去非议攻击别人的“义”，所以天下混乱，于是上天看不下去了。他考察发现天下之所以这么乱，是“生于无政长”，即没有公共权威，④ 于是“选天下之贤可者，立以为天子”，⑤ “选择天下贤良圣知辩慧之人，立以为天子，使从事乎一同天下之义。”⑥《墨子·尚同》：“古者‘天’之始生民，未有正长也，……是故天之欲同一天下之义也，是故选择贤者，立为天子”，“三代圣王禹汤文武者……是故天鬼赏之，立为天子，以为民父母。”可见，这里的天子还是由“天”来选择册立的，梁启超说墨家的主张，“与欧洲初期‘民约论’酷相类”，是主张民主选举，⑦ 显然是误解。郭沫若先生说墨子这种思想仍是君权神授论。⑧

法家的君权起源论有些特别。管子说：“古者未有君臣上下之别，未有夫妇妃匹之合，兽处群居，以力相征，于是智者诈愚，强者凌弱，老幼孤独不得其所……智者假众力

① 《诗经·商颂·长发》。
② 《孟子·万章上》。
③ 《荀子·正论》。
④ 《墨子·尚同上》。
⑤ 《墨子·尚同上》。
⑥ 《墨子·尚同中》。
⑦ 梁启超：《先秦政治思想史》，中华书局1923年版，第64~65页。
⑧ 参见郭沫若：《墨子思想》，载《青铜时代》，文治出版社1945年版，第138页。

以禁强虐，而暴人止，为民兴利除害，正民之德，而民师之。”①商鞅说，上古“亲亲而爱私”，出现“以强胜弱，以众暴寡”的可怕局面，于是“有圣人出”，“作为土地货财男女之分”，“立禁”，“立官”，“立君”，② 拯救天下群生。君主的权力从何而来？“神圣者王，仁智者君，武勇者长，此天之道，人之情也。”③按照法家的逻辑，是从才能而来。天生“神圣”、“仁智”、“武勇”之人，当然会在天下乱象“再也不能继续下去”了的时候“应运而生”，英雄救世，自动出来领导人们走向秩序，此即慎到说“圣人之有天下也，受之也，非取之也”。④ 君权不是自己去攫取，而是接受天的委托。最初出来救世之圣贤，人们自然会服从他们，他们也就自然成为最初的君主。这种略带主动出山性质的“临危受命”式的君权起源论，与神授说、民授说都有不同。

二、君权的正当性合理性的标准问题

中国传统政治哲学中，几乎没有关于君权的合法性讨论。所谓君权的合法性问题，指的是君权的获得和保持是否具备人定法的合法依据的问题。中国历史上的人定法是君王一家之法，因此讨论这一问题的基础并不存在，而且这类讨论有着巨大的危险。正如范忠信教授所说，“在专制集权的高压统治之下，文人学士们若要谈政治，除了歌颂当世君主‘英明圣哲’及论证其权力为‘天授神与’没有危险以外，谈论其他任何‘政道’问题都有危险，甚至掉脑袋。”⑤尽管如此，实质上讨论君权的实质合法性的问题的言论还是有的。所谓实质上的合法性，就是讨论什么情况下君权具有道德、礼义、“理”上的正当性、合理性。

儒家创始人孔子认为“贱事贵，不肖事贤，是天下之通义”。⑥ 君主作为圣贤统治人民，是天经地义的。但是，君主的权力合法性并不来自威势本身，而是来自其“德政”，《论语·尧日》：“谨权量，审法度，修废官，四方之政行焉；兴灭国，继绝世，举逸民，天下之心归焉。”孔子认为，民心所归就是君权合法性的标志。《论语·泰伯》载，孔子极称颂尧舜禹，“巍巍乎，舜禹之有天下而不与也！”这是说，尧舜禹等圣王的权力之合理正当性在于“有而不与”，即拥有权力但不以天下为私，不以权力谋私，不以权力私相授受，而是以天下为公。孟子认为，受人民拥戴、为人民选择投奔的政权是正当合法的。孟子说，尧死后，“舜避尧之子于南河之南，天下诸侯朝觐者，不之尧之子而之舜；狱讼者，不之尧之子而之舜；讴歌者，不讴歌尧之子而讴歌舜，故曰，天也。”⑦孟子的意思是，诸侯朝觐、百姓告状、百姓歌颂，这三者是检验权力合理正当性或合法性的标志；没有这三者，即使有私相授受，即使有血缘世袭，都不行。归根结底，得民心者得天下，“得乎丘

① 《管子·君臣下》。

② 《商君书·开塞》。

③ 《商君书·开塞》。

④ 《慎子·威德》。

⑤ 范忠信：《中国法律传统的基本精神》，山东人民出版社 2001 年版，第 199~200 页。

⑥ 《论语·宪问》。

⑦ 《孟子·万章上》。

民而为天子。”①荀子也明确指出“天之生民，非为君也，天之立君，以为民也。”②君权正是为人民而存在，人民的认同是君权合法性或正当性之源。“天下归之之谓王，天下去之之谓亡。”③

墨家认为，君权的正当性标志是“法天”、“尚同于天”。只要“以天为法，动作有为必度于天”，④ 只要贯彻了“兼相爱，交相利”的“天志”，政权就当然具有合法性或正当性。

道家也不否认君权存在，“故道大，天大，地大，人亦大。域中有四大，而王居其一焉。”⑤君权符合什么条件才是正当取得，什么情况下才具有合法性正当性呢？《老子》说：“知乃容，容乃公，公乃王，王乃天，天乃道，道乃久，没身不殆。”这就是说，圣智之人“能兼善万物，故能容；能容则无偏颇，故能公；容且公，然后能主持天下”，⑥ 然后能有掌权的合法性正当性。圣智、宽容、无私，是王权合法性的条件。

法家关于君权合法性正当性的论点，也有某种原始民主性。慎到认为，“古者立天子而贵之者，非以利一人也．日：天下无一贵，则理无由通，通理以为天下也。”⑦“故立天子以为天下，非立天下以为天子也。立国君以为国，非立国以为君也。立官长以为官，非立官以为长也。”⑧“尧舜之位天下也，非私天下之利也，为天下位天下也。”⑨这就是说，君权的合法性正当性在于公利公益，为公利公益而动作的政权即为合法正当。

三、君权正当性的保障：监督制约及权力转移问题

(一)关于君权监督问题

孔子对君权持一种相对主义主张，反对绝对君主主义。他主张“君使臣以礼，臣事君以忠”。但是，如果君主违反道义，他主张谏争：“子路问事君，子曰：勿欺之，而犯之。”⑩对有问题的君主，就同一事情要敢于批评三次，“三谏之而不听，则逃之。”⑪这就叫做“所谓大臣者，以道事君，不可则止”。事君之道，就是正当辅佐谏争之道。谏争旨在不起作用，就走人：“天下有道则见，无道则隐。”⑫他说“天下有道则庶人不议”，当然也包括在天下无道、国君昏聩之时庶人通过“议”(批评)来对国君施加压力。

---

① 《孟子·尽心下》。
② 《荀子·大略》。
③ 《荀子·正论》。
④ 《墨子·法仪》。
⑤ 《老子》第二十五章。
⑥ 张舜徽：《周秦道论发微》，中华书局 1982 年版，第 177 页。
⑦ 《慎子·威德》。
⑧ 《慎子·威德》。
⑨ 《商君书·修权》。
⑩ 《论语·宪问》。
⑪ 《礼记·曲礼下》。
⑫ 《论语·泰伯》。

孟子特别强调君主正心修身为表率。君主“身正而天下归之”,① “君仁，莫不仁；君义，莫不义；君正，莫不正；一正君而国定矣。”②但是，如果君主不能主动做到这点，怎么办？孟子认为臣下可以用适当的方式回报，“君视臣如手足，则臣视君如腹心；君之视臣如犬马，则臣视君如国人；君之视臣如土芥，则臣视君如寇仇”。③ 臣下用“如国人”、“如寇仇”的方式对待国君，当然就包括批评、声讨、击伐，这就是说臣下有权监督国君。说具体点，就是《孟子·万章下》所言“君有大过则谏”。

墨家主张将对君权的监督首先委之于上天或鬼神，“天子为善，天能赏之；天子为暴，天能罚之”。④ “顺天意者，兼相爱，交相利，必得赏。反天意者，别相恶，交相贼，必得罚。”⑤“天下乱”的原因，就在于君主“不明乎鬼神之能赏贤而罚暴也。”⑥但是，墨家的圣人可以用“天志”来监督天子。“我有天志，譬若轮人之有规，匠人之有矩；轮匠执其规矩，以度天下之方圜。”⑦“天志”是墨子手中的规矩，是评价君主是非善恶的依据，墨子这样的“巨子”、“圣人”有权用“天志”来监督约束君主。“子墨子之有天之意也，上将以度天下之王公大人为刑政也，……将以度量天下之王公大人卿大夫之仁与不仁。”⑧一般臣下有没有规谏监督君王的权利呢？墨子主张：“上有过则规谏之，下有善则傍荐之。”⑨这里的上，是否包括君主？在墨家看来，“天子不得恣己以为政，有天正之”，百姓仅仅知道“上同”于天子是不够的，还必须上同于天。“天下百姓皆上同于天子而不上同于天，则灾犹未去也。”⑩就是说，百姓服从“天志”高于服从君王。这是否也包涵臣民以天志为理由批评君主错误的可能性？

法家要求人君“据法倚数以观得失”，即守法为公。⑪ 这样的要求如何保障实现呢？法家似乎没有设计什么监督途径或措施，似乎也不承认臣下有什么监督的权利。《管子》说“夫生法者，君也。守法者，臣也。法于法者，民也。君臣上下贵贱皆从法，此之为大治。”君主必须依法治国，不能以个人的好恶行事。“先王之治国也，不淫意于法之外，不为惠于法之内也。动无非法者，所以禁过而外私也。”⑫但是，对君主的这种守法要求，法家并未设计外在的督促保障途径，仅仅寄望于君主自身，靠人君“置法自治，主仪自正。”⑬商鞅也要求君主带头守法，“故立法明分，而不以私害法，则治。”⑭认为“法之不

① 《孟子·离娄上》。
② 《孟子·离娄上》。
③ 《孟子·离娄下》。
④ 《墨子·天志中》。
⑤ 《墨子·天志上》。
⑥ 《墨子·明鬼下》。
⑦ 《墨子·天志上》。
⑧ 《墨子·天志中》。
⑨ 《墨子·尚同上》。
⑩ 《墨子·尚同中》。
⑪ 《慎子·君臣》。
⑫ 《管子·明法》。
⑬ 《管子·法治》。
⑭ 《商君书·修权》。

行，自上犯之”。[①] 但是如何保障君主守法，法家似乎没有主张。法家的著作很少讲到臣下的谏争权利问题。法家虽曾讨论过“禁主之道”的问题，如《管子·法法》说“不为君欲变其令，令尊于君”，《文子·上义》说“法度道术者，所以禁君使无得横断也”都有以法限制君权滥用的意思，但是却未设想如何操作。就足说，万一君主凌驾于法律之上，胡作非为，臣下怎么办？法家实际上没有说。不仅如此，韩非甚至主张“人主虽不肖，臣不敢侵也”。[②] 对君主的错误也要逆来顺受。

(二)关于君权转移问题

君权如果丧失了合理性正当性，就应当正常转移。什么情况条件下可以转移？用什么方式途径转移？转移给谁？这都是中国政治哲学应当讨论的问题，但是中国古代思想家们很少直接讨论。

西周初年，为了论证西周政权的合法性，有必要给商周之际的权力转移赋予正当依据。同样是号称权力天授，为什么作为殷商保护神“天”或“上帝”，现在又成了西周的保护神呢？周公巧妙地回答了这一问题：“惟命不于常”,[③] 天命(天的委任)不是固定不变的，它是按照一定标准选择的，只有有德者才可承受天命，失德者自然就失去天命。“皇天无亲，惟德是辅!”[④]“我有周佑命，将天明威，致王罪，殷命终于帝!”[⑤]“故天降丧于殷。罔爱于殷，惟逸。天非虐，惟民自速辜”,[⑥] “皇天上帝，改厥元子”,[⑦] “有殷受天命惟有历年，……不其延，惟不敬厥德，乃早坠厥命”。天根据君主的德行来决定剥夺失德者的委任，改授权力予新的有德的圣贤。因此，权力的转移，表面上是通过战争实现的，实质上是通过上天改变初衷、“改立长子”来实现的。这种方式，就是儒家所肯定的“汤武革命”的政权更换棋式。《周易》一书也高度赞扬“汤武革命”，《周易·象传》说“天地革而四时成，汤武革命，顺乎天而应乎人。”意思是说“汤武革命”既顺乎天命规律的自然，又应乎人心所向。

《尚书》也记载了和平禅让的方式实现君权转移。据《尚书·尧典》记载，尧准备传位给舜时，首先咨询四岳(四方诸侯之长)：“帝曰：‘咨！四岳，朕在位七十载，汝能庸命巽朕位？’”四岳都向尧推荐舜，“有鳏在下，曰虞舜”。然后尧就从德行、才能等各方面综合考察舜，“女于时，观厥刑于二女”，“慎徽五典，五典克从。纳于百揆，百揆时叙。宾于四门，四门穆穆。纳于大麓，烈风雷雨弗迷”。经过三年的考察，尧将帝位传给舜。“正月上日，受终于文祖。”这样一个推荐——考察(试用)——传位的过程，是以一种和平禅让的方式转移君权的。

儒家“亚圣”孟子对上述两种模式都有阐述。首先，孟子是禅让制的赞成者，只不过

---

① 《史记·商君列传》。
② 《韩非子·忠孝》。
③ 《尚书·康诰》。
④ 《左传》僖公五年引《周书》。
⑤ 《尚书·多士》。
⑥ 《尚书·酒诰》。
⑦ 《尚书·召诰》。

强调君主之位不能私自禅让，禅让不过是把候选君主向上天和人民推荐而已。弟子万章问孟子：“尧以天下与舜，有诸?”孟子回答：“否，天子不能以天下与人。”“然则舜有天下也，孰与之?”孟子曰：“天与之。……天子能荐人于天，不能使天与之天下”；“昔者尧荐舜于天，而天受之；暴之于民，而民受之。”①意即尧足先向上天推荐舜，上天接受了，然后向百姓公布，百姓又接受了，于是，舜就名正言顺地接替了尧的王位，舜的王位并非尧私自让与的。孟子认为燕王子哙未经上天的批准，擅自将王位传给子之，违反了天意，“子哙不得与人燕，子之不得受燕于子哙”,② 所以失败了。其次，孟子也赞成革命。在实在没有别的办法时可以用“汤武革命”式的暴力推翻腐败君王，取而代之。如齐宣王问“汤放桀，武王伐纣”之事时，孟子回答：“贼仁者谓之贼，贼义者谓之残。残贼之人，谓之一夫。闻诛一夫纣矣，未闻弑君也。”③他认为，汤王伐桀、武王伐纣，就是“诛一夫”，是“救民于水火之中”。④ 既然臣下在君主残贼人民时可以“视君如寇仇”，则诛杀就是一种道德上的权利了。第三，孟子还主张一种“宫廷政变”式的君权转移方式，“君有大过则谏；反复之而不听，则易位。”⑤这是与革命不同的转移方式，就是不用战争征伐，只在宫廷中作点手脚改换君主。但是，这种“易位”权不是一般臣下能够享有的，只有“贵戚之卿”才享有，就是说只有王族兼为大臣者才有权搞这种“易位”政变。也就是说这种易位实际上是王族成员内部的权力转移。至于一般的臣僚，“君有过则谏，反复之而不听，则去”。只有逃走的权利，没有易位的权利，大概更没有革命的权利。革命是商汤、周武这类圣贤大英雄(救世主)的专有权利。

荀子更进一步论证了“汤武革命”的正当性。荀子认为“汤武非取天下也。修其道，行其义，兴天下之同利，除天下之同害，而天下归之也。桀纣去天下也，反禹汤之德，乱仁义之分，禽兽之行，积其凶，全其恶，而天下去之也。天下归之之谓王，天下去之之谓亡。故桀纣无天下，而汤武不弑君。汤武者，民之父母也；桀纣者，民之怨贼也”。⑥ 汤武革命，只是诛杀民之怨贼，而不是与桀争夺天下之举。荀子在这里所说的“桀纣无天下，而汤武不弑君”实际上引出了一个重要话题，即权力合法性的丧失。在他看来，既然桀纣反道德、乱仁义，就已经丧失了政权的合法性，他从法理上讲已经不能拥有天下，不能拥有权力；与此相应，汤武当然就不是篡弑自己的合法君主。

至于现职君主的这种合法性的丧失，需要什么条件加以认定，由谁来认定，通过什么方式来认定，要不要认定程序，孔子、孟子、荀子都没有考虑。整个古代中国都没有人考虑。吴晗先生曾评价过中国历史上有关约束君权的理论问题，他认为“皇权的防线是不存在的，虽然在理论上、在制度上，曾经有过一套以巩固皇权为目的的约束办法，但是却没有绝对的约束力量”。⑦ 范忠信教授就曾经感慨过：“几千年来，竟然没有一个人设想用

---

① 《孟子·万章上》。
② 《孟子·公孙丑下》。
③ 《孟子·梁惠王下》。
④ 《孟子·滕文公下》。
⑤ 《孟子·万章下》。
⑥ 《孟子·万章上》。
⑦ 吴晗、费孝通等：《皇权与绅权》，上海观察社 1949 年版，第 47 页。

不靠暴力、不指望天威的和平化、程序化、制度化的有保障的途径去完成对最高权力的变更、改造。"①

结语

通过对先秦君权理论的研究，我们可以发现其中一些规律。在君权的来源认识上，先秦各家虽然都不同程度地赞成"君权神授"论，但最为可贵的是都不仅限制于神授说，而是把权力的获得与人民大众的拥护紧密地联系起来，都主张是"天予之"、"人(民)予之"的结合，"得民心者得天下"。谈到君权的合理性、正当性问题时，先秦各家也不约而同地将这一问题与人民大众的公益公利联系起来，都强调立君为天下、天下为公玄意，都以对公益公利的态度为正当性的标志。

关于君权监督制约、君权转移问题的探讨，却有如凤毛麟角。当然，思想家们言之谆谆，连篇累牍，说了那么多话，大多都试图通过某种方式规劝君主，都是想对君权施加一种制约。但是，你要他正是设计对君权的监督制约机制、途径或程序，大家又都光绕弯子，很少直接说。儒家也好，法家也好，主要从道德方面要求君主自我约束，建议君主不能恣意妄为，都不敢设想一种经常性的监督权力。所谓"规谏"，实际上都是没有保障的，是君主可听可不听的。在君主不听规谏之时，思想家们实际上是束手无策的，我们的政治体制也是束手无策的，除非革命。关于政权的转移，先秦思想家一共谈到了三种途径，即禅让、革命、易位。禅让不是针对"失德"的君主而为，只是年龄原因造成的更替，且只能靠有德的君主主动而为，没有任何制度保障。对于失德的君主，只有两条办法，即革命和易位。这两种办法，都是非程序的、非制度化的，都是非和平的。革命是非和平的自不必说，即便"贵戚之卿"主导"易位"，实际上也是冒着暴力冲突风险的。除非失德君主同意"易位"，否则还不是刀光剑影解决？所以，未能设计和平的、制度化的、程序化的最高权力监督和转移之道，这是中国先秦法律思想的重要特征之一，也是中国古代法律思想的重要特征之一。对这一特征的进一步深入研究，是非常必要的。

（原文刊载于《中西法律文化》2003年刊。）

① 范忠信：《中国法律传统的基本精神》，山东人民出版社2001年版，第207页。

论我国宪法上的监察机关
——以国家机关相互间的关系为中心

秦前红*

一、引言

为了贯彻和体现国家监察体制改革的精神，为监察委员会的成立提供宪法依据。十三届全国人大一次会议通过的《宪法修正案》就国家监察委员会和地方各级监察委员会的产生、性质、地位、人员组成、任期任届、领导体制等内容进行了规定。① 若以修正案的篇幅为视角来观察，可发现此次通过的《宪法修正案》共有 20 条，其中 11 条与监察机关和监察权相关，特别是在《宪法》第三章“国家机构”中增设了“监察委员会”一节。这一方面彰显了国家监察体制改革事关重大，唯有通过宪法修改才能为改革提供充分的正当性监察，并使改革得以实质性推进和深化；另一方面表明国家监察体制改革以及因此为之的宪法修改，对此前宪法体制的影响同样颇为重大。此般影响集中表现为将监察权形塑为一种此前宪法规定之外的权力类型，继而使得监察委员会成为一个新的权力单元和系统。② 本文以为，国家监察体制改革作为事关全局的重大政治体制改革，机构与职能的整合乃是改革的主要方法论。此过程中新机构的设立及旧机构的撤销，实质上皆是国家监督权力的重新配置，而监察机关和监察权即为权力重新配置的结果。因此，如何认识此一新设立的国家机关和新出现的国家权力，便成一个无法回避的理论和实践问题。

国家监察体制改革开展至今已一年有余，理论上其实有不少关于监察机关定位和监察权性质的讨论：首先，于监察机关的定位而言，有论者将其法律性质定位为行政机关、司法机关或是政治机关；③ 亦有论者认为监察机关乃是被宪法授予国家监察权的新

---

* 秦前红（1964— ），男，湖北仙桃人，法学博士，武汉大学法学院教授、博士生导师，珞珈特聘教授，教育部“长江学者”特聘教授，享受国务院特殊津贴专家，《法学评论》主编，兼任中国法学会宪法学研究会副会长、中国港澳基本法研究会副会长、中国法学期刊学会副会长、湖北省法学会立法研究会会长。主要从事宪法基本理论、国家监察体制改革和司法体制改革问题研究。

① 王晨：《关于〈中华人民共和国宪法修正案（草案）〉的说明（摘要）》，载《人民日报》2018 年 3 月 7 日第 6 版。

② 参见林彦：《从“一府两院”制的四元结构论国家监察体制改革的合宪性路径》，载《法学评论》2017 年第 3 期，第 165 页。

③ 参见迟方旭：《对界定监察委员会法律性质的思考》，载《中国社会科学报》2018 年 1 月 16 日第 8 版。

的国家机构。① 而改革者则认为监察机关实质上就是反腐败工作机构，是政治机关，不是行政机关、司法机关。② 其次，就监察权的性质而论，有论者认为新的监察权既非行政权，也非司法权，而是一项独立的国家权力，这是新监察体制的标志性特色；③ 监察权是立法权、行政权、司法权之外的第四权力，该权力就是监察权；④ 亦有论者基于改革实践中监察机关履行的监督、调查和处置职责，认为监察权具有行政权和专门调查权的二元属性；⑤ 还有论者着眼于机构与职能整合的改革思路，认为国家监察体制改革实质是既有政治资源的再整合再分配，由此使监察权呈现为一种复合性权力的样态。⑥ 可以发现，与此前的行政监察机关和行政监察权有别的是，国家监察机关因改革而具有的宪法机关的地位，国家监察权亦由此成为一项宪定权力。如此一来，有关监察机关定位和监察权性质的讨论，在相当程度上便成了一个宪法学问题。

构造国家权力和保障公民权力乃是现代宪法的核心功能，甚至可以说宪法的首要功能和内容即在于构造并限制国家权力，⑦ 现代立宪国家通常基于一定的原则来构造国家权力和组织国家机构。在我们国家，该原则表现为人民代表大会制度的政体及民主集中制的国家机构组织原则。国家监察体制改革及由此而来的宪法修改，无疑丰富和发展了人民代表大会制度和民主集中制原则，这集中表现为人民代表大会下“一府两院”的国家机关构架演进为“一府一委两院”的构架。监察机关在宪法所预设的“轨道”上行使着监察权，并在权力行使过程中与其他国家机关产生关联。于此层面而言，若欲在宪法层面认识监察机关的定位及监察权的性质，很大程度上需借由监察机关与其他国家机关间关系的讨论，主要有监察机关与权力机关，监察机关与司法机关，监察机关与行政机关，以及上级监察机关与下级监察机关等四层关系。

二、监察机关与权力机关的关系

(一)民主集中制：产生、负责及监督

民主集中制乃是普遍适用于执政党和国家政治生活的重要原则，且有着颇为丰富的指向和内涵。中国共产党在全国执政以后，把这种原则和制度运用于政权建设，在国家机构

---

① 参见刘茂林：《国家监察体制改革与中国宪法体制发展》，载《苏州大学学报(法学版)》2017年第4期，第4页。

② 本报记者：《国家监察体制改革试点取得实效——国家监察体制改革试点工作综述》，载《人民日报》2017年11月6日第1版。

③ 陈光中、邵俊：《我国监察体制改革若干问题思考》，载《中国法学》2017年第4期，第28页。

④ 张建伟：《监察至上还是三察鼎力——新监察权在国家权力体系中的配置分析》，载《中国政法大学学报》2018年第1期，第177页。

⑤ 参见郑曦：《监察委员会的权力二元属性及其协调》，载《暨南学报(哲学社会科学版)》2017年第11期，第73~74页。

⑥ 参见徐汉明：《国家监察权的属性探究》，载《法学评论》2018年第1期，第19~20页。

⑦ 秦前红主编：《新宪法学》，武汉大学出版社2015年版，第8页。

中实行民主集中制的原则。① 我国现行《宪法》第3条规定了民主集中制原则，并将其作为一项国家机构的组织原则，该原则成为国家机关产生及相互间关系运行的遵循和基础。此项原则的核心内容有三：一是在人民与权力机关的关系上，遵循由人民选举产生并监督权力机关的原则；二是在权力机关与其他国家机关的关系上，遵循由权力机关产生并监督其他国家机关的原则；三是在中央和地方国家机构职权划分上，遵循在中央统一领导下发挥地方主动性和积极性的原则。当然，民主集中制原则的具体内容并非一成不变的，自“五四宪法”规定国家机关“一律实行民主集中制”以来，该原则在宪法上的涵义其实是不断变化和发展的，特别是“八二宪法”对该原则内容予以具体化。② 同样地，在国家监察体制改革的背景之下，监察机关被纳入宪法规定的国家机构体系当中。为此，宪法上的民主集中制原则亦需随之修改完善，以便为监察机关的产生确定根本法意义上的遵循和依据。正是基于此种考量，《宪法修正案》第37条增加了监察机关“由人民代表大会产生，对它负责，受它监督”的规定。

由此可知，监察机关与权力机关在宪法上的关系至少有以下三层涵义：其一，权力机关的宪法地位高于监察机关。我们国家“按照宪法确立的民主集中制原则、国家政权体制和活动准则，实现人民代表大会统一行使国家权力”，③ “在这个前提下，明确划分国家的行政权、审判权、检察权和武装力量的领导权”。④ 依此逻辑，国家监察体制改革过程中所进行的机构与职能整合，以及由此而生的监察机关与监察权，同样是在“人民代表大会统一行使国家权力”的前提下进行和展开的。甚至可以说国家最高权力机关基于现实需要创设出了监察权，并根据分工负责、功能适当等原则将该权力配置给了监察机关。其二，监察机关由权力机关产生，即监察委员会主任由本级人大选举，副主任和委员则由本级人大常委会任免，对此《宪法》和《监察法》皆有较为详细的规定。但需注意的是开发区监察机关(监察委员会或是派驻监察机构等)的产生和设置问题，因为诸如开发区、新区等地区通常只设有履行行政管理职能的管理委员会等机关，而未设置相应的权力机关。因此，如何在此类地区产生和设置监察机关便成问题。对此，实践中有在开发区设立监察委员会，并由省级人大根据省级监察委员会主任提名，任免开发区监察委员会主任的做法。⑤ 此般开发区监察委员

① 参见《中共中央关于加强党的建设几个重大问题的决定》，载中共中央文献研究室编：《十四大以来重要文献选编(中)》，人民出版社1997年版，第959页。

② 参见肖蔚云：《新宪法对民主集中制原则的发展》，载肖蔚云：《论宪法》，北京大学出版社2004年版，第264~266页。

③ 习近平：《在首都各界纪念现行宪法公布施行30周年大会上的讲话》，人民出版社2012年版，第7页。

④ 乔石：《在首都各界纪念人民代表大会成立四十周年大会上的讲话》，载乔石：《乔石谈民主与法制(下)》，人民出版社、中国长安出版社2012年版，第430页。

⑤ 例如，根据《海南省人民代表大会常务委员会任免海南省监察委员会副主任、委员暂行办法》第7条的规定，海南省人大常委会根据省监察委员会主任的提名，决定任免海南省洋浦经济开发区监察委员会主任，海南省洋浦经济开发区监察委员会副主任、委员的任免则参照该办法执行。参见《海南省人民代表大会常务委员会任免海南省监察委员会副主任、委员暂行办法》，载《海南日报》2018年1月22日第A2版；《海南省人民代表大会常务委员会任职名单》，载《海南日报》2018年2月1日第A2版。

会及其组成人员的产生方式，在很大程度上致使该地区监察机关的法律地位变得模糊不清。因为《宪法》和《监察法》皆未规定开发区可设立监察委员会，且按此方式产生的开发区监察委员会亦非《监察法》当中的派驻或派出的监察机构。

其三，监察机关对权力机关负责，权力机关监督监察机关。这其实是一个“一体两面”的问题，因为监察机关对权力机关负责，即体现权力机关对监察机关的监督；而监察机关接受权力机关的监督，亦表现出监察机关对权力机关负责。例如，监察机关向权力机关报告工作，既是监察机关向权力机关负责的表现，亦属权力机关监督监察机关的表现。具体而言，我国现行《宪法》明确规定了罢免与免职这一监督方式；《监察法》在此基础上规定了人大常委会听取本级监察委员会专项工作报告，组织执法检查，人大代表及人大常委会委员提出询问或质询的监督方式。此外，相较于“一府两院”而言，监察机关对权力机关负责，以及权力机关监督监察机关的方式并不包括向人大作年度工作报告，《宪法》和《监察法》皆未对此进行规定，① 但理论上对此问题乃是不乏争论的。②

（二）权力机关如何根据《监督法》监督监察机关

如上所述，现行《宪法》和《监察法》就权力机关监督监察机关的问题进行了规定，但只明确规定了四种具体监督方式，即罢免与免职，听取专项工作报告，执法检查，询问与质询，且未规定此四种监督方式如何在实践中展开。显然，新成立的监察机关“位高权重”，对其的监督须足以防止“过犹不及”。③ 无论是国家监察体制改革的具体实践，抑或是《监察法》皆注重对监察机关的监督制约，其中即包括权力机关的监督。不过，与权力机关对“一府两院”的监督类似，由于各级人大一年通常只开一次会，不可能对“一府两院”工作施以经常性的监督。按照《宪法》规定，对“一府两院”工作实施经常性监督的职权通常是由人大常委会行使的。④ 同样地，权力机关对监察机关的监督，在很大程度上亦需由各级人大常委会来实施。而各级人大常委会实施监督的法律依据主要是《各级人民代表大会常务委员会监督法》（以下简称《监督法》），如此一来，各级人大常委会如何根据《监督法》监督监察机关便成为十分需要探讨的问题，即《监察法》规定的监督方式是否适用于各级人大常委会对监察机关的监督？该问题的探讨又可引申出两个更为具体的问题：一是《监察法》规定的各级人大常委会对监察机关的监督方式，是否可适用《监督法》规定的监督程序？二是《监察法》未规定但在《监督法》当中有谈及的监督方式，各级人大常委会是

① 对于我国现行《宪法》和《监察法》未就监察委员会向人大报告工作，实践中的理由是监察委员会承担的反腐败工作具有特殊性，调查过程涉及大量党和国家秘密，涉及国家安全和国家利益，事关重大，保密要求高，不宜在人大会议上公开报告。参见王丹：《聚焦监察法草案④党性和人民性的高度统一》，载《中国纪检监察报》2018 年 3 月 10 日第 2 版。

② 参见曲相霏：《国家机构“报告工作”的宪法分析——兼论监察委员会“报告工作”问题》，载《北京联合大学学报（人文社会科学版）》2017 年第 2 期，第 15~22 页。

③ 参见童之伟：《对监察委员会自身的监督制约何以强化》，载《法学评论》2017 年第 1 期，第 1~4 页。

④ 乔晓阳主编：《〈中华人民共和国各级人民代表大会常务委员会监督法〉学习问答》，中国民主法制出版社 2006 年版，第 14 页。

否可将其运用于对监察机关的监督？对于以上问题，理论上其实已有所谈论：如有论者认为《监察法》规定的各级人大常委会听取和审议专项工作报告的监督方式，便可适用《监督法》的相应规定。① 还有论者认为，现行《监督法》规定的对“一府两院”的监督方式大多可以适用于监察机关。②

本文以为，无论是基于各级人大常委会作为权力机关的宪法地位，还是为了防止监察权的滥用，都有必要明确《监督法》规定的监督方式得适用于监察机关，亦即各级人大常委会运用《监察法》规定的监督方式之时，得适用《监督法》规定的具体程序；以及各级人大常委会可运用《监督法》规定的监督方式对监察机关实施监督。理由主要有二：一是由于《监察法》同时“扮演”监察机关组织法、监察活动程序法等“角色”，以致于该部法律难以就所有问题进行详细的规定，比如各级人大常委会如何监督监察机关的问题。《监察法》当中虽有听取专项工作报告，执法检查，询问与质询等监督方式，但却未规定这些监督方式如何在实践中运作。而《监督法》作为一部就各级人大常委会监督工作进行的专门立法，其中就监督的内容和程序皆有着相当具体的规定。二是《监察法》虽未明确规定规范性文件备案审查、特定问题调查等监督方式得适用于监察机关，但这无疑是各级人大常委会作为权力机关的应有之义，同样也能通过监督进而防止监察机关滥用权力。例如，监察机关在工作中制发的决议、决定等规范性文件，亦应报相应的人大常委会备案，人大常委会得对其进行是否符合《宪法》和法律的审查。这其实也是开展合宪性审查工作的需要。当然，欲使《监督法》规定的监督程序和监督方式得有效运用于权力机关对监察机关的监督，尚需对《监督法》进行相应的修改。

（三）监察机关如何监督具有人大代表身份的公职人员

在国家监察体制改革过程中，曾有关于监察机关可否监督人大代表问题的讨论：有论者以国家机关自律权等为根据，认为对“人大代表、人大常委会委员的职务违法违纪行为，应当由其所在国家机关追究相应的责任，而不宜由监察委员会追究责任”。③ 亦有论者指出各级人大机关工作人员属于公职人员之范畴，并对此处的“工作人员”作广义理解，认为其不仅包括人大工作人员，还包括人大代表。④ 还有论者认为虽然可对人大代表进行监察，但应建立一定的防范和隔离措施，防止监察机关通过对人大代表的监督，形成对人大及其常委会的实质监督。⑤ 本文以为，监察机关可否监督人大代表的问题，乃是一个颇为复杂的论题，绝不可一概而论。特别是该问题还与监察机关与权力机关之间的关系相涉，因为权力机关即是由人大代表所组成的。具体来说，鉴于我国人大代表构成等因素，该问题的可能解答如下：

---

① 参见陈光中、姜丹：《关于〈监察法（草案）〉的八点修改意见》，载《比较法研究》2017 年第 6 期，第 167 页。

② 姜明安：《国家监察法立法的若干问题探讨》，载《法学杂志》2017 年第 3 期，第 5~10 页。

③ 胡锦光：《论监察委员会“全覆盖”的限度》，载《中州学刊》2017 年第 9 期，第 72 页。

④ 参见蔡乐渭：《国家监察机关的监察对象》，载《环球法律评论》2017 年第 2 期，第 137 页。

⑤ 马怀德：《再论国家监察立法的几个主要问题》，载《行政法学研究》2018 年第 1 期，第 10 页。

其一，考虑到我国兼职代表制的现实，不加区分地认为具有人大代表身份的公职人员皆可免于监察，无疑是不切实际的，也将有碍于反腐败工作的开展。曾有论者指出，当前我国各级人大代表有95%以上的为兼职代表。① 易言之，人大代表之身份于其而言只是一种“兼职”，在此之外尚有其“主业”和“本职”工作，其中便有被纳入监察机关监察对象的职业，如国有企业管理人员等。因此，对于此类具有人大代表身份的公职人员，② 其亦得成为监察机关监督之对象。

其二，监察机关在监督具有人大代表身份的公职人员时，亦须注重《宪法》和法律对人大代表的特殊保障。在现代民主国家，为保障议员个人的安全与自由，均给予其在言论、身体等层面的特殊保障。③ 我国现行《宪法》第74条亦规定了全国人大代表在人身层面的特殊保障，即非经全国人大会议主席团或全国人大常委会许可，不受逮捕或刑事审判。而《全国人民代表大会和地方各级人民代表大会代表法》(以下简称《代表法》)更是在第四章专门就代表执行职务的保障问题进行了规定。因此监察机关在监督具有人大代表身份的公职人员时，也应当遵守《宪法》和法律中有关人大代表特殊保障的规定。例如，《监察法》中的留置措施自然属于《代表法》第32条所规定的“法律规定的其他限制人身自由的措施”，是故监察机关在对具有人大代表身份的公职人员采取留置措施时，无疑应当履行相应的许可或报告手续。

其三，不具有公职人员身份的人大代表，是否得成为监察机关的监督对象？该问题在理论及实践上皆是不乏争论的，例如，在“拉票贿选”事件中，不具有公职人员身份的人大代表收受他人贿赂的行为，是否构成刑法上的受贿罪？以及不具有公职人员身份的人大代表，欲当选上级人大代表时向他人行贿的行为，是否构成刑法上的行贿罪？对此类问题，理论上存在截然相反的观点，其论争的焦点即为人大代表的职务是否属于“公职”，以及其职务行为是否属于“从事公务”？④ 而在既有的实践中，此般行为有被认定为破坏选举罪的做法。⑤ 很显然，若认为可构成刑法上的受贿罪，便由此可成为监察机关的监督对象。本文以为，对于不具有公职人员身份的人大代表而言，即便其利用人大代表的身份从事违法活动，亦不宜认为可由监察机关负责监督，而应将此委以人大及其常委会通过内部纪律惩戒的形式追究责任。当然，若构成职务犯罪之外的刑事犯罪的，如破坏选举罪等，亦不可免于刑事追诉和刑事责任的承担。

---

① 参见郝铁川：《循序渐进完善人大代表制度》，载《法制日报》2015年10月13日第7版。

② 例如，十三届全国人大代表共2980名，其中党政领导干部代表有1011名，占代表总数的33.93%。参见李小健、王博勋：《2980名十三届全国人大代表的代表资格全部有效》，载《中国人大》2018年第5期，第39~40页。

③ 王世杰、钱端升：《比较宪法》，商务印书馆2010年版，第271~273页。

④ 参见王芳：《破坏选举罪中“贿选”若干法律问题探讨》，载《中国刑事法杂志》2014年第6期，第49页。

⑤ 例如在“衡阳贿选案”当中，部分参与行贿的人大代表便以破坏选举罪追究刑事责任。参见湖南省岳阳市中级人民法院[2014]岳中刑二终字第74号刑事判决书。

三、监察机关与司法机关的关系

（一）“互相配合，互相制约”的宪法原则

如何理解监察机关与司法机关之间的关系，同样关涉对监察机关定位和监察权性质的认识。现行《宪法》第127条第2款为此关系的处理确定了“互相配合，互相制约”的原则，即监察机关办理职务违法和职务犯罪案件时，应当与审判机关、检察机关互相配合，互相制约。《监察法》第4条第2款重申了该原则，并将其视为监察工作的基本原则之一。① 因此，有关监察机关与司法机关之间关系的探讨，亦应当围绕此项原则展开。具体来说，此一原则其实有三层含义：一是监察机关与司法机关互相配合，如根据《监察法》第47条第1款的规定，对于监察机关移送的案件，检察机关应依照《刑事诉讼法》的规定，对被调查人采取强制措施。

二是监察机关与司法机关互相制约，如根据《监察法》第47条第4款的规定，检察机关若认为监察机关移送的案件，有《刑事诉讼法》规定的不起诉的情形，经上级检察机关批准，则依法作出不起诉的决定。

三是正确处理配合与制约的关系。其实在国家监察体制改革之前，审判机关、检察机关和公安机关之间同样是根据《宪法》和《刑事诉讼法》的有关规定，形成“分工负责，互相配合，互相制约”的关系。对于其中“配合”与“制约”的关系，理论上有两种不同的认识，如有论者认为有必要“废止互相配合的表述，凸显制约的本体性地位”；② 还有论者认为应根据不同情形来处理二者的关系，即当涉及干预公民基本权利时，则应突出互相制约的关系，而在与基本权利无涉的场合，则应强调各主体间的配合。③ 本文以为，鉴于现有权力配置与运行的实践，监察权的实际位阶已然高于审判权和检察权，故而为避免监察权的滥用进而保障公民基本权利，无疑更应强调监察机关与司法机关之间的制约。不过实践中所呈现的却是对“互相配合”的过分偏重，以致于“互相制约”被不合理漠视。④ 这极易致使检察机关的审查起诉沦为形式，并出现所谓的“监察中心主义”现象，进而致使大量“冤假错案”出现，有碍于公民基本权利的保障和国家刑事法治的建设。

（二）检察机关审查起诉的实质化

在不同的阶段，监察机关与司法机关互相制约的关系各有特点。比如在起诉阶段，检

① 参见李建国：《关于〈中华人民共和国监察法（草案）〉的说明》，载《人民日报》2018年3月14日第5版。

② 左卫民：《健全分工负责、互相配合、互相制约原则的思考》，载《法制与社会发展》2016年第2期，第28页。

③ 孙远：《“分工负责、互相配合、互相制约”原则之教义学原理：以审判中心主义为视角》，载《中外法学》2017年第1期，第192页。

④ 例如山西省便制定了《省委政法委统筹指导政法机关支持配合监察体制改革试点工作意见》。参见师长青：《根本在加强党对反腐败的统一领导》，载《中国纪检监察》2017年第13期，第40页。

察机关应居于主导地位，行使审查起诉的职能；而在审判阶段，审判机关则居主导地位，对检察机关提起的公诉，从事实和法律等各个方面进行全面审查，① 从而形成“以审判为中心”的刑事诉讼格局。因此，监察机关与检察机关互相制约关系的实现，在很大程度上需借由检察机关审查起诉的实质化。但是，考察《监察法》的立法经过可以发现，在立法之初或许并未注重审查起诉的实质化，这尤其体现为《监察法草案(征求意见稿)》第45条的规定，即检察机关在依法作出不起诉决定之前，尚需征求监察机关的意见。如此规定无疑有碍于检察机关在履行审查起诉职责时进行独立判断。不过，在《监察法草案(二审稿)》以及全国人大最终审议通过的《监察法》当中，皆删除了这一妨碍审查起诉作用发挥的规定。②

在国家监察体制改革过程中，检察机关查处贪污贿赂、失职渎职的职能整合至监察机关。原本由检察机关对职务犯罪进行“自侦、自捕、自诉”的“同体监督”格局发生改变，这其实也是进行国家监察体制改革和制定《监察法》的主要原因之一。③ 如此一来，若将职务犯罪案件的审查起诉职能整合至监察机关，或是检察机关审查起诉职能趋于形式化，便会致使监察机关内部出现所谓“同体监督”的状况。需要说明的是，检察机关审查起诉的实质化并非一个新问题，在公安机关与检察机关互相制约的关系中，同样需要实现审查起诉的实质化。因为权力不合理的配置和分工，极易致使对效率的重视“淹灭”了对权力滥用的担心。④ 例如，在国家监察体制改革实践中，人们往往过分重视监察机关与司法机关的协调衔接，⑤ 而漠视了审判权和检察权对监察权的制约，乃至于使监察权存在被滥用的风险。

(三)审判中心主义的重申与监察中心主义的防范

在相当长一段时期内，侦查中心主义是我国刑事司法公正的主要掣肘之一。因为以侦查为中心的刑事诉讼构造，乃是造成诸多“冤假错案”的关键因素。正是源于此，中共十八届四中全会审议通过的《中共中央关于全面推进依法治国若干重大问题的决定》才明确提出：“推进以审判为中心的诉讼制度改革”。很显然，侦查中心主义出现的缘由众多，

---

① 参见陈光中、徐静村主编：《刑事诉讼法学》，中国政法大学出版社2015年版，第80页。

② 在《监察法草案(征求意见稿)》征求意见的过程中，有的全国人大常委会委员、部门和地方提出，“征求监察机关意见”属内部工作沟通，建议《监察法》不作规定，于是删除了该条款。参见孟亚旭：《留置24小时内应通知单位家属》，载《北京青年报》2017年12月23日第A3版。

③ 十二届全国人大常委会副委员长李建国在十三届全国人大一次会议上，就《监察法(草案)》作说明时便指出：“检察机关对职务犯罪案件既行使侦查权，又行使批捕、起诉等权力，缺乏有效监督机制”。参见李建国：《关于〈中华人民共和国监察法(草案)〉的说明》，载《人民日报》2018年3月14日第5版。

④ 陈晓枫：《中国宪法文化研究》，武汉大学出版社2014年版，第466页。

⑤ 例如曾有报道指出，2017年1月至8月，北京、山西、浙江三省(市)检察机关共受理监察机关移送案件219件281人，其中仅有2件3人退回监察机关补充调查，且在达到审查起诉标准后再次移送，已提起公诉76件85人，法院审结20件23人；检察机关办理监察机关移送案件审查批捕、审查起诉平均用时仅2.7天、22.4天，远少于法律规定的14天、45天。参见李亹：《如何形成高效顺畅的体制机制——在做好“纪法”“法法”衔接上下功夫》，载《中国纪检监察》2017年第23期，第26页。

其中颇为关键的原因便是公安机关在现实权力格局中的地位要远高于审判机关和检察机关，以致于后者难以对前者形成实质性的制约和监督。恰如有论者指明的那般，“公安机关负责人在党政体系中往往占据要津，有时甚至超越法院院长、检察院检察长之上”。① 观乎国家监察体制改革的既有实践，虽然反腐败合力得以形成，但监察权亦随之增大。加之监察机关与执政党纪检机关合署办公，地方各级监察机关负责人由执政党同级纪检机关负责人担任，由此使得监察机关在现实中的地位高于审判机关和检察机关。如此一来，审判机关和检察机关是否能对监察机关形成实质制约，进而造成监察中心主义的出现便成不无疑问之事。

虽然在国家监察体制改革过程中，原本行使职务犯罪侦查权的主体业已由检察机关转隶至监察机关，职务犯罪侦查权亦在相当程度上为调查权所替代，但这并不妨碍审判中心主义原理和制度的继续适用。概而言之，在处理监察机关与审判机关之间关系的时候，仍然需要重申审判中心主义，并防范可能出现的监察中心主义。对此有论者认为，需要建构出宪法法律地位和实际地位皆高于监察机关的审判机关。② 当然，与上述审查起诉的实质化一样，审判中心主义在监察案件中的重申亦并非新问题。故而在司法体制改革过程中，有关以审判为中心诉讼制度改革的措施，同样可以适用于监察机关。此外，对上述问题《监察法》同样有所注重，如该法第 33 条规定监察机关收集的证据应与刑事审判中证据的要求和标准一致，并重申了非法证据排除规则在监察案件中的运用。③ 不过，由于与纪检机关合署办公的监察机关同时履行执纪、执法和职务犯罪调查的职责，而在不同职责履行过程中，证据客观性、合法性和关联性的标准其实是有所不同的，这其实为非法证据排除规则的运用造成了困难。

四、监察机关与行政机关的关系

（一）不受行政机关的干涉

民主政治下的监察官应当是独立的。④ 此前行政监察机关在行使监察职权时虽有一定的独立性，如《行政监察法》第 3 条规定行政监察机关依法行使职权，不受其他行政部门、社会团体和个人的干涉。但置于行政机关内部的行政监察机关，独立监察职能的发挥无疑是“大打折扣”的。也正为如此，国家监察体制改革才基于监察权独立行使的改革理念，将监察权从行政权当中“剥离”出来。⑤ 加之行政机关公职人员乃是监察机关之监督对象，

① 张建伟：《审判中心主义的实质内涵与实现途径》，载《中外法学》2015 年第 4 期，第 864 页。

② 童之伟：《国家监察立法预案仍须着力完善》，载《政治与法律》2017 年第 10 期，第 70 页。

③ 不过实践中所呈现的可能是另一番景象，比如在山西省运城市中级人民法院召开的全市刑事法官学习培训上，便强调要强化配合意识，认真审理好监察机关侦办的每一起案件，非法证据的排除要谨慎、要报告。参见谭畅、郑可书、阚纯裕：《监察之道：要规范行使，受有效制约》，载《南方周末》2017 年 11 月 2 日第 2 版。

④ ［法］孟德斯鸠：《论法的精神（上）》，张雁深译，商务印书馆 1961 年版，第 53 页。

⑤ 参见秦前红：《监察体制改革的逻辑与方法》，载《环球法律评论》2017 年第 2 期，第 21～22 页。

而监督者应独立于被监督者，于是便更加需要使监察机关和监察权独立于行政机关和行政权。根据我国现行《宪法》第 127 条第 1 款及《监察法》第 4 条第 1 款规定："监察委员会依照法律规定独立行使监察权，不受行政机关、社会团体和个人的干涉"。因此可以说，监察机关职权行使不受行政机关干涉，乃是宪法上监察机关与行政机关互相关系 的主要面向。所谓"独立行使监察权"及"不受行政机关干涉"其实需要借由具体的制度设计来实现的，机构设置的独立其实只是其中的一个方面，当然党政合署办公的体例于监察机关的独立性也是有所裨益的。除此之外，诸如经费独立、人事独立、办案独立等也是监察权独立行使的重要内容。

正是基于以上思路，有论者认为当前的预算管理体制乃是不利于监察机关独立行使职权的。因为根据我国《预算法》第 23 条和第 24 条的规定，中央预算、决算草案乃是由国务院负责编制的，地方各级预算、决算草案则是由本级地方人民政府来负责编制。这将造成监察机关在财政体制上依附于行政机关，进而不利于监察机关独立开展反腐败的监督、调查和处置工作，尤其是在针对行政机关工作人员履行监察职责的时候。① 为此有论者建议在国家监察体制改革中借鉴香港廉政公署的经验，即廉政公署财政经费是由行政长官在政府预算中另立单项支拨的。② 考虑实现监察机关预算的单独编制。不过，监察机关的预算"受制"于行政机关，看似有碍于监察机关独立行使职权，但这其实也是行政机关制约监察机关的重要方式之一。例如在美国，总统对官僚机构控制权的来源之一，即为总统向国会递交预算建议。③ 当然，行政机关虽可通过编制预算草案等方式，对监察机关施以必要的制衡，但此类方式的运用不得妨碍监察权的依法独立行使。

(二)与执法部门互相配合，互相制约

监察机关与行政机关在宪法上的关系，除表现为监察权行使不受行政机关干涉之外，还包括"互相配合，互相制约"，即根据现行《宪法》第 127 条第 2 款和《监察法》第 4 条第 2 款的规定，监察机关办理职务违法和职务犯罪案件，应当与执法部门互相配合，互相制约。不过尚需说明的是，此处的"执法部门"指向为何，可能还涉及对上述《宪法》条文的解释和理解。因为在全国人大及其常委会制定的法律当中，此前仅有极少数的法律使用了"执法部门"的表述。④ 在此次宪法修正和《监察法》立法过程中，较为权威的解释认为，此处所言之执法部门是指公安机关、国家安全机关、审计机关以及质检部门、安全监管部

① 王旭：《国家监察机构设置的宪法学思考》，载《中国政法大学学报》2017 年第 5 期，第 139 页。

② 赵心：《香港反腐制度设计对内地国家监察体制改革的借鉴研究》，载《理论月刊》2017 年第 8 期，第 124 页。

③ [美]戴伊、齐格勒、舒伯特：《民主的反讽：美国精英政治是如何运作的》，林朝晖译，新华出版社 2015 年版，第 336 页。

④ 例如，《旅游法》第 83 条第 2 款规定："县级以上人民政府应当组织旅游主管部门、有关主管部门和工商行政管理、产品质量监督、交通等执法部门对相关旅游经营行为实施监督检查"；再如，《海关法》第 5 条第 2 款规定："各有关行政执法部门查获的走私案件，应当给予行政处罚的，移送海关依法处理。"

门等行政执法部门。① 由此可见，现行《宪法》和《监察法》当中的执法部门指的主要是行政机关中的执法部门，同时，由于并未使用"行政机关"的表述，是故并不限于行政机关中的执法部门，或者是此处"执法部门"的范围要广于行政执法部门。同时，根据《宪法》和《监察法》的上述规定可知，监察机关与行政机关中的执法部门也有着"互相配合，互相制约"的关系。其中"互相配合"如《监察法》第24条第3款规定的"监察机关进行搜查时，可以根据工作需要提请公安机关配合"；而"互相制约"主要是指配合需要依法进行。② 当然，互相制约应当是监察机关与执法部门关系的核心要旨。

（三）行政监察职能的不完全整合

在国家监察体制改革过程中，行政监察职能整合至新设立的监察机关。为此，《宪法修正案》第46条和第51条删去了国务院领导和管理行政监察工作，以及县级以上地方各级人民政府管理本行政区域内行政监察工作的规定。此外，《监察法》第69条亦规定，原本的《行政监察法》亦在《监察法》公布施行的同时废止。在此需要注意的是，根据此前《行政监察法》的规定，行政监察职能具有全面性和综合性，即其包括执法监察、效能监察和廉政监察等具体内涵。③ 如此一来，便出现以下需要回答的问题：上述执法监察、效能监察和廉政监察是否皆由行政监察机关整合至监察机关？若并未全部整合，那剩余的监察职能是否仍然有必要存在？以及若仍然存在或仍有必要存在，则应由何主体来行使？

本文以为，由行政监察机关整合至监察机关的职能主要是廉政监察职能，因为无论是国家监察体制改革的实践或是《监察法》的规定，皆是将监察机关形塑为专司反腐败职能的机关。再者，执法监察和效能监察在功能意义上仍有存在之必要，但至于此二职能由何主体行使，有论者认为可"强化执法监察和效能监察职能"，并"在机构上整合行政监察和审计机关，组建监审合一的行政监督机构"。④ 即组建和成立新机构来履行执法监察和效能监察职责。不过，执法监察与政府法制部门及督查监察 部门交叉，效能监察则与政府绩效考核、行风评议部门职责重合。⑤ 这其实限缩了行政监察机关履行执法监察和效能监察职能的空间。鉴于实践中的此般现状，可在功能主义层面保留执法监察和效能监察职能

---

① 参见中共中央纪律检查委员会中华人民共和国监察委员会法规室编写：《〈中华人民共和国监察法〉释义》，中国方正出版社2018年版。

② 比如浙江省监察委员会主任刘建超在接受采访时便指出，公安机关对我们也有监督。一个案件下来，技术侦查、通缉、限制出境等等就要得到公安机关的配合，监察机关自身不具备这些执法的权力。有配合同时就有制约，比如采取这些措施合不合法，公安机关有公安机关的考虑。参见谭畅、郑可书：《"我无权单独对一个案子拍板"——专访浙江省监察委员会主任刘建超》，载《南方周末》2018年3月15日第5版。

③ 参见马馼：《服务党和国家工作大局——纪念监察机关恢复组建25周年》，载《中国监察》2012年第13期，第5~6页。

④ 刘峰铭：《国家监察体制改革背景下行政监察制度的转型》，载《湖北社会科学》2017年第7期，第149页。

⑤ 罗亚苍：《国家监察体制改革的实践考察和理论省思》，载《理论与改革》2017年第5期，第170页。

的同时，将此二职能交由政府综合部门等相应的行政机关来行使。

五、上级监察机关与下级监察机关的关系

（一）宪法上国家机关的领导体制

以上主要是以国家机关横向间的关系为视角，讨论我国宪法上监察机关的定位及监察权的性质。同时，监察机关内部的纵向关系，即国家监察委员会与地方各级监察委员会，上级监察委员会与下级监察委员会之间的关系，亦是我国《宪法》的重要内容。在我国现行《宪法》规定的国家机构当中，纵向间的关系主要有两种表现形式：一是领导与被领导的关系，如在国务院与地方各级行政机关，以及上级行政机关与下级行政机关之间；① 以及在最高人民检察院与地方各级检察机关，上级检察机关与下级检察机关之间。② 二是监督与被监督的关系，即在最高人民法院与地方各级人民法院，上级人民法院与下级人民法院之间。③ 根据我国现行《宪法》第125条第2款的规定，监察机关内部也是领导与被领导的关系，即国家监察委员会领导地方各级监察委员会的工作，上级监察委员会领导下级监察委员会的工作。

国家机关内部究竟以何种原则来调整其纵向关系，其实乃是由诸多因素共同决定的：比如国家结构形式，单一制下国家机关纵向关系多趋于领导或监督的体制，而在联邦制下则多为彼此独立。再如国家机关所行使权力的特性，如行政权的管理关系存在科层等级的服从性，司法权则是非服从性的权力。④ 因而行政机关纵向之间通常为领导关系，而审判机关则多为监督关系。再如国家机关预期的功能，如我国的检察机关作为法律监督机关，维护国家法制统一是其核心功能和任务。检察机关必须通过行使检察权，维护国家法制的统一。而要完成这一任务，上级检察机关对下级检察机关，特别是最高人民检察院对下级人民检察院之间，如果没有保证统一和高效运作的领导与被领导关系，是不可思议的。⑤ 此外，此种纵向关系的调整原则亦是处于不断变化和发展过程中的，比如我国"七八宪法"确立的检察机关领导体制是监督与被监督的关系，但在1979年《人民检察院组织法》制定过程中，以了保证检察院对全国实行统一的法律监督，把检察院上下级关系由原来的

---

① 我国现行《宪法》第108条规定："县级以上的地方各级人民政府领导所属各工作部门和下级人民政府的工作"；第110条第2款规定："全国地方各级人民政府都是国务院统一领导下的国家行政机关，都服从国务院。"

② 我国现行《宪法》第137条第2款规定："最高人民检察院领导地方各级人民检察院和专门人民检察院的工作，上级人民检察院领导下级人民检察院的工作。"

③ 我国现行《宪法》第132条第2款规定："最高人民法院监督地方各级人民法院和专门人民法院的审判工作，上级人民法院监督下级人民法院的审判工作。"

④ 参见孙笑侠：《司法的特性》，法律出版社2016年版，第11页。

⑤ 《彭真传》编写组编：《彭真传（第四卷）》，中央文献出版社2012年版，第1319页。

监督关系改为领导关系。①

(二)上下级监察机关间领导与被领导的关系

根据我国现行《宪法》和《监察法》的规定，上下级监察机关间的领导体制是领导与被领导的关系。在国家监察体制改革之初，全国人大常委会审议通过的《关于在北京市、山西省、浙江省开展国家监察体制改革试点工作的决定》亦规定："监察委员会对本级人民代表大会及其常务委员会和上一级监察委员会负责，并接受监督"。有论者据此认为监察机关内部是一种"更接近政府内部的纵向关系，而与人民检察院内部的纵向关系有一定差别"。② 监察机关缘何采用领导与被领导的领导体制，在很大程度上是由国家监察体制改革的目标所决定的，即改革的根本目的就是加强党对反腐败工作的统一领导。③ 而惩治腐败工作又必须始终坚持在党中央统一领导下推进。④ 如此一来，自然要求加强国家监察委员会加强对地方各级监察委员会的领导，上级监察委员会对下级监察委员会的领导。同时，监察权的运行状态基本上是行政性的而非司法性的，故而在组织体系上更强调上下级之间的服从性,⑤ 也就是领导与被领导的关系。此外，由于监察机关与执政党纪律检查机关合署办公，故而纪检机关的领导体制也在很大程度上决定了监察机关的领导体制，纪检机关领导体制的改变同样会作用于监察机关的领导体制。

相较于行政机关和检察机关内部的纵向关系而言，监察机关虽同样为领导与被领导的关系，但在监察机关内部此种领导的程度其实远强于行政机关和检察机关。一是因为在人民代表大会制度之下，上述三机关皆是一种双重从属负责的体制，既横向层面需向同级权力机关负责，纵向层面还要向上级机关负责，但监察机关纵向层面的从属性其实要强于横向层面的从属性。二是由于执政党纪律检查体制改革要求强化上级纪委对下级纪委的领导，比如腐败案件的查办要以上级纪委领导为主。⑥ 因而与纪检机关合署办公的监察机关，其领导体制中上下级间的领导关系亦将随之强化。

六、余论

为了以法律的形式固化国家监察体制改革的成果，并为各级监察机关的成立提供宪法

① 彭真:《关于七个法律草案的说明》，载《中华人民共和国第五届全国人民代表大会第二次会议文件》，人民出版社1979年版，第101~102页。

② 姜明安:《国家监察立法应处理的主要法律关系》，载《环球法律评论》2017年第2期，第121页。

③ 钟纪言:《赋予监察委员会宪法地位　健全党和国家监督体系》，载《中国人大》2018年第5期，第31页。

④ 李建国:《关于〈中华人民共和国监察法(草案)〉的说明》，载《人民日报》2018年3月14日第5版。

⑤ 参见马岭:《论监察委员会的宪法条款设计》，载《中国法律评论》2017年第6期，第84页。

⑥ 参见《中共中央关于全面深化改革若干重大问题的决定》，载《中国共产党第十八届中央委员会第三次全体会议文件汇编》，人民出版社2013年版，第61页。

根据，此次宪法修改为国家监察体制作了颇多的宪法设计，对监察机关作为国家机构在人民代表大会制度中的地位，以及监察机关与其他国家机关间的关系进行了规定，特别是在《宪法》第三章“国家机构”中增设“监察委员会”一节。国家机构是国家为实现其职能而建立起来的国家机关的总称。① 在民主集中制的国家机构组织原则之下，人民代表大会统一行使国家权力，各国家机关之间分工负责，实现决策权、执行权、监督权既有合理分工又有相互协调。② 在现行《宪法》对国家监察体制所进行的宪法设计当中，监察机关同样与其他国家机关之间有着“分工负责，互相配合，互相制约”的关系。此般国家机关间宪法关系的设计，一是基于专业化分工的考量，从而配置给不同国家机关以相应的职权；二是欲借由互相之间的制衡，以期达致防止权力滥用之目的。因此从功能优化的角度而言，一个部门的权力不应由另一部门行使，一个部门不应对另一部门施加强制性的影响。③ 依此逻辑，我国现行《宪法》和《监察法》在规范层面为监察机关与其他国家机关予以权力分工的同时，亦需防范在实践层面监察机关的职权行使对其他国家机关形成实质上的强制性影响。唯有如此，才能使宪法上对监察机关定位和监察权性质的设计不至于沦为“具文”。

再者，本文虽然基于《宪法》和《监察法》的相关规定，以国家机关相互之间的关系为中心，讨论了我国宪法上的监察机关和监察权。但不可否认的是，此般讨论其实并未能客观全面地揭示监察机关和监察权的“全貌”。诚如美国著名政治学家和法学家的古德诺所言：“政府体制的特点不仅由法律制度决定，同样也由法外制度决定。与仅能提供法律框架的法律相比，法外制度对政治体制产生的影响更大”。④ 因为国家机构体系中的监察机关与执政党纪律检查机关合署办公，虽然可以促使执纪与执法得以有效衔接，但其实对监察机关的定位和监察权的性质也产生了很大程度的影响。例如，上下级监察机关间领导与被领导的领导体制，即可视为是以纪检机关领导体制为原型的。同时，中央纪委副书记、国家监察委员会副主任的肖培在就宪法增写监察委员会有关内容答记者问时便表明：“监察委员会作为行使国家监察职能的专责机关，与党的纪律检查机关合署办公，既是党的机构，又是国家机构”。⑤ 于此层面而言，对监察机关定位和监察权性质的考察，亦需注重权力运行的实际轨迹，特别是纪检监察合署办公的体制。

监察法理解和适用的若干难点问题

《中华人民共和国监察法》(以下简称监察法)已于 2018 年 3 月 20 日第十三届全国人民代表大会第一次会议上通过，从而为这项涉及全局的重大政治体制改革和已经全面展开的监察实践提供了重要的法律支撑。由于监察改革是一项前所未有的重大改革，因此监察

---

① 何华辉：《比较宪法学》，武汉大学出版社 2013 年版，第 237 页。

② 习近平：《在首都各界纪念现行宪法公布施行 30 周年大会上的讲话》，人民出版社 2012 年版，第 7 页。

③ 参见[美]汉密尔顿、杰伊、麦迪逊：《联邦党人文集》，程逢如、在汉、舒逊译，商务印书馆 1980 年版，第 290 页。

④ [美]弗兰克·古德诺：《政治与行政——政府之研究》，丰俊功译，北京大学出版社 2012 年版，第 3 页。

⑤ 姜洁：《以宪法为遵循健全党和国家监督体系——中央纪委副书记肖培就宪法增写监察委员会有关内容答记者问》，载《人民日报》2018 年 3 月 11 日第 8 版。

立法的制度设计除了要总结、固化试点经验外，其他有关制度的安排不过是沙盘推演。这种推演可能与真正的实践严丝合缝，亦可能与千变万化的监察实践相差万里，故理想的立法方式是宜粗不宜细，这是一种至为重要的立法智慧，否则太过具体细化的立法安排若不合时宜，便会透支法律权威，束缚实践的手脚。但过于原则、粗犷的立法可能因过多的空缺或留白而不能强力指引实践，甚至造成实践的困扰。

以笔者有限的理解能力和对监察实践的不完全了解，笔者认为下述有关问题是亟需破解的法适用难点问题。

第一，监察的对象除了行使国家公权力的公职人员，到底还包括哪些人员？按照对监察法的整全解释，笔者认为从理论的逻辑而言，每个中国公民甚至外国人都可能成为监察对象。其理据在于：(1)监察法第 15 条已明确规定是“对下列公职人员和有关人员进行监察”。既然该法条将公职人员与其他人员并列，那么立法原意的上“其他人员”就不是公职人员。具体言之，监察法第 15 条所规定的“国有企业管理人员”、“基层群众自治组织中从事管理的人员”等就不是真正意义的国家公职人员。(2)监察法第 22 条规定：“对涉嫌行贿犯罪或者共同职务犯罪的涉案人员，监察机关可以依照前款规定采取留置措施。”由于各个具体犯罪的涉案人员因具体案情不同而各有不同，因此监察法第 15 条规定范围之外的其他人均有可能成为监察对象。(3)监察法第 34 条第 2 款规定：“被调查人既涉嫌严重职务违法或者职务犯罪的，又涉嫌其他违法犯罪的，一般应当由监察机关为主调查，其他机关予以协助。”该规定也拓宽了监察的对象范围。对此，我们必须惕然警然的是，防止因立法的不周延或者解释的开放性，而造成监察范围的宽大无边、监察权力的毫无边界。

需要进一步研究的是，监察法并未直接规定共青团、工会、妇联、法学会、律师协会等组织的相关人员是否属于监察对象。从法解释的技术而言，如何根据监察法的第 15 条获得科学、合理的答案，是需要解决的一个问题。

第二，监察机构和监察人员的派驻或者派出中的若干法律问题。按照监察法第 12 条之规定，各级监察委员会可以向本级中国共产党机关、国家机关、法律法规授权或者委托管理公共事务的组织和单位以及所管辖的行政区域、国有企业等派驻或者派出监察机构、监察专员。监察法第 13 条规定，派驻或者派出的监察专员根据授权，按照管理权限依法对公职人员进行监督，提出监察建议，依法对公职人员进行调查、处置。上述法条所指派驻机构名称如何确定，派驻或派出具体方式是什么？对派驻机构的授权方式是普遍的规则授权，还是具体的临时授权？监察法的有关表述都是原则性的，缺乏实操性。更进一步而论，第 13 条所指派驻机构、派出人员的管理权限到底是一级监察委所拥有的 12 项调查处置权的全部，还是只享有部分权限。对财产比较严厉的调查处置措施比如查封、扣押、冻结，对人身严厉限制的留置措施，派驻机构、派出人员是否均不享有相关权限？派驻机构、派出人员如何既能充分履职，完成监察法赋予之使命，又能因时制宜、因地制宜，尊重不同部门不同领域的运行规律，比如对法院、检察院中公职人员的监察，不妨碍法院、检察院独立行使职权，对大学中有关人员的监察，不妨碍大学的办学自由、学术研究自由，对人大有关公职人员的监察，不动摇人民代表大会制度的重要地位等，这些都亟待在实践中探索总结。在没有充分把握之前，监察机构当戒急用缓，保持权力行使的谦抑。

第三，监察机关能否监察人大代表？对此，监察法并没有做出具体规定。中共中央纪律检查委员会、中华人民共和国国家监察委员会法规室主持编写的《中华人民共和国监察法释义》也仅提到可以对人民代表大会及其常务委员机关公务员可以监察。包括：(1)县级以上各级人民代表大会常务委员会领导人员，乡、镇人民代表大会主席、副主席；(2)县级以上各级人民代表大会常务委员会工作机构和办事机构的工作人员；(3)各级人民代表大会专门委员会办事机构的工作人员。这里也并没有提及人大代表。按照代议机构自治的一般原理，国外或境外的监察机构一般不把代议机构的议员纳入监察范围，但由于中国5级人大代表绝大多数都是兼职人大代表，如果一刀切地将人大代表排除出监察范围，会使监察范围出现一个大的缺口。如果将人大代表完全纳入，则必须理论上解释人大代表是否具有公职人员身份，还要考量监察人大代表可能对人大制度本身带来的消极影响，以及如果监察人大代表并对人大代表采取留置措施时，是否要遵循宪法、代表法对人大代表的特别人身保障程序？还要考虑一旦对人大代表执纪、执法监察或者职务犯罪调查时，是否要启动程序，剥夺人大代表的任职资格等问题。近年来，各级人大会议举行期间，纪委部门均派出会风巡视小组，这对提高人大代表的参政议政意识，保障会议的顺利进行无疑发挥了一定的作用，但另一方面，这个问题是否可由人大自身成立独立的纪律惩戒机构、健全完善人大代表参会制度来解决？纪检监察部门深度介入人大会议事项，与监察法不直接规定监察人大代表的立法意旨似乎并不完全契合。

第四，司法体制改革的一项重要制度设计，乃是设立法官纪律惩戒委员会、检察官纪律惩戒委员会，以便按照司法规律来设计司法责任制度。当下已经展开的向法院、检察院派驻监察机构活动，如何与司法改革的设计保持良性协调，监察派驻机构如何与法院、检察院的纪律惩戒机构兼容，或者让监察派驻机构很好地嵌入法院、检察院中去，是一个值得研究的重大问题。

第五，监察法第8条规定了国家监察委员会主任的任期限制，即“每届任期同全国人民代表大会任期相同，连续任职不得超过两届”。但监察法第9条却仅规定“地方各级监察委员会每届任期同本级人民代表大会任期相同”，并没有规定相应的连选连任限制。这里的立法意图是什么？需要有关权威解释机关做出说明。实践中还出现因各种原因监委会主任任期未满即改任他职情况，相应的原任监察委员会的辞职程序，新任监察委员会主任的任命程序均需要明确规定。

第六，监察法第53条规定了各级人大对监察委员会和监察人员的监督方式是“各级人民代表大会的常务委员会听取和审议本级监察委员会的专项工作报告，组织执法检查”，县级以上各级人民代表大会及其常务委员会举行会议时，人民代表大会代表或者常务委员会组成人员可以依照法律规定的程序，就监察工作中的有关问题提出询问或者质询。”本条所列举的人大监督监察委的手段是否包括或者是排除了《中华人民共和国各级人民代表大会常务委员会监督法》所规定的其他监督手段，比如规范性文件备案审查、特定问题调查、撤职等，监督法与监察法在法适用中的具体位阶关系和衔接都需要具体研究。

第七，监察法第67条规定，监察机关及其工作人员行使职权，侵犯公民、法人和其他组织的合法权益造成损害的，依法给予国家赔偿。我国现有的国家赔偿包括行政赔偿和刑事司法赔偿两种形式，而监察机关被定位为“既不是行政机关，又不是司法机关。”上述两种国家赔偿制度无法与监察赔偿兼容，这需要尽快通过法律解释或者立法修改的方式解决上述矛盾。进而言之，是另行单独确定“监察赔偿”，还是分别参照“刑事赔偿”和“行政赔偿”来处理？还有如何合理确定“监察赔偿”的赔偿范围、赔偿程序？比如因纪委监察合署办公，同时行使职务犯罪调查、执法、执纪等职权，那么在执纪过程中产生的损害，是否得将党的纪委机关列为赔偿义务机关？等等，这些问题均值得研究。

第八，监察法没有规定追诉时效制度，未来若监察机关办理的监察案件超出了我国刑法规定的追诉时效，而监察机关坚持向检察机关移送起诉的，检察机关、审判机关如何处理？这在法理上似乎没有任何问题，但实际处理过程中会让审判机关、检察机关承受巨大压力。

第九，检察院、法院的案件管辖通常是以地域管辖为主的原则，而监察机关的案件管辖主要按照与身份级别相适应的属人管辖原则。这会导致逻辑上可能出现，具有很高等级级别的监察机关办理的案件，最后只是交由基层检察院提起公诉，由基层法院来进行刑事审判。由此而产生的办案程序衔接问题，比如检察院退回调查，法院要求庭上质证甚至启动非法证据排除，律师要求调取有关被告人(被调查人)有罪无罪、罪重罪轻的全部证据等等，都需要细化的制度规定。

第十，监察法第 25 条规定：“查封、扣押的财务、文件经查明与案件无关的，应当在查明后三日内解除查封、扣押，予以退还。”但由于监察法并未明确规定监察机关的办案期限，因此如何使监察机关对企业、社会组织、公民个人的财产限制保持在适当限度内，符合比例原则、正当程序原则，也需要细化的法律规定。

第十一，监察机关是否应该拥有监察法规制定权、法律议案提起权和合宪性审查的提请权？在我国宪制架构下，原有的中央国家机关都有广义的立法权，即国家军事委员会可以制定军事法规，两高可以出台司法解释，全国人大及其常委会可以制定法律，若不赋予国家监察委员会监察法规制定权，这既与国家监察委员会的宪制地位不符，也使因监察法本身制定的简约带来的具体因应性的不足无法及时解决，同时还造成将一切监察活动纳入法治化轨道的目标难以完全落地。另外，监察法第 3 条规定：“各级监察委员会……开展廉政建设和反腐败工作，维护宪法和法律的尊严。”监察机关维护宪法和法律的尊严的具体途径是什么？理论上除了通过监察活动，敦促所有国家机关、社会组织和个人遵守宪法和法律，维护宪法权威外，是否还应按照立法法的安排，给予监察机关法律案的提起权和合宪性审查的提请权，其实是制度设计的应然之意。

第十二，正在审议中的刑事诉讼法修改草案将司法工作人员利用职权实施的非法拘禁、刑讯逼供、非法搜查等侵犯公民民主权利、损害司法公正的犯罪的侦查权重新赋予检察院。从此两种不同的职务犯罪，一种由监察委调查，不是刑诉法调整，律师不得介入，一种由检察院侦查，由刑事诉讼法调整，律师可以依法介入。这是一种富有深意的制度竞赛安排。两种不同制度进路的表现优劣与否？或许关乎未来相关制度的重新整合与调适。当然，实质相似的两种权力却归属于不同的名义之下，个中法理如何圆融，其实值得研究。更为值得关注的，乃是各级监察人员，若利用职权实施非法拘禁、刑讯逼供、非法搜查等侵犯公民权利、损害司法公正的犯罪，是否应本着权力制约和相对均衡的原则，交由检察院来立案侦查？

第十三，按照监察法的规定，监察人员有客观全面收集证据的义务，但并未规定监察机关有向司法机关全面移送证据的义务。若监察机关并未全面移送时，律师依法行使辩护权利时，可否直接向监察机关申请调集证据，或者可否提出申请，经由法院、检察院来调集相关证据，亦需充分研究相关的程序制度问题。

第十四，监察法第 18 条规定："监察机关行使监督调查职权，有权依法向有关单位和个人了解情况，收集、调取证据。"如何理解此条款，关涉监察机关的权力边界和行使权力的程序正当性。如果此条被解读为监察委仅仅依凭反腐败的主观想象，无需个案的客观关联，即可随意启动任何调查，那任何人的权利空间不过是纸糊的篱笆遮挡而已。

本文旨在提出问题并非提出解决问题的药方。因为上述问题有些或许本来无解，有些问题只能在实践中进一步展开后，才能找到应对的方案。总而言之，宪法和监察法之下的监察机关是一个职权广泛的强力机关，但这个机关应该有权力边界，应该遵循正当法律程序行使职权，应该接受富有实效的、严密的监督，这些都是未来监察制度完善中的重大问题。一项全新的改革既要给予其必要的试错空间，又要随时勒紧法律的缰绳，以防止因制度缝隙太大而导致出现结构性的风险。

本文系教育部哲学社会科学研究重大课题攻关项目“推进人民代表大会制度理论和实践创新研究”(项目号 14JZD003)的阶段性成果。

论我国学前教育立法的制度选择

滕　锐*

摘　要：学前教育是我国国民教育体系的有机组成部分。本文着眼于学前教育立法工作，从落实全面依法治国、保障国家相关文件实施、解决学前教育基础性难题和顺应国际发展趋势等四方面探讨我国学前教育立法的必要性，分析立法工作亟待解决学前教育的属性不明、资源短缺、经费来源匮乏、师资力量不足和行政监管有漏洞等五大关键问题，并进行相应立法上的制度选择，以促进我国学前教育工作有序、规范地开展。

关键词：学前教育；立法；制度选择

引言

《中华人民共和国教育法》规定："国家实行学前教育、初等教育、中等教育、高等教育的学校教育制度。"因此学前教育①是我国国民教育体系必不可少的有机组成部分。它是基础教育的开端，为儿童接受义务制教育提供预热并进行准备，对未来的高中和大学生活也影响至深。同时，学前教育和家庭教育息息相关，是终身教育体系的重要基础。可以说，一个国家学前教育的发展程度，和该国整体教育的水平、民众的素质甚至整个国家的发展和进步皆密切相关。

学前教育作为我国新时期教育发展最快的部分，经历了历史性的跨越式发展。据教育部 2018 年 7 月公布的《2017 年全国教育事业发展统计公报》数据显示，2017 年全国共有 25.5 万所幼儿园，比 2012 年增加了 7.4 万所，② 增长 40.9%；学前三年在园幼儿有 4600 万，较 2012 年增加了 914 万，增长 24.8%；适龄儿童的毛入园率为 79.6%，比 2012 年提高了 15%。我国已提前实现并超出《国家中长期教育改革和发展规划纲要(2010—2020

---

* 滕锐(1975—　)男，湖北仙桃人，法学博士，华中科技大学法学院人权法律研究院秘书长、华中科技大学教育立法研究基地(与教育部共建)副主任，硕士生导师，武汉大学人权研究院兼职研究员。国家公派美国加州大学伯克利分校访问学者，近年曾多次应邀赴美国多所高校及学术机构交流访问。主要从事知识产权法、教育法学研究。

① 学前教育有广义和狭义之分，本文中的"学前教育"(pre-school education)特指学前三年，3~6 岁的儿童在幼儿园阶段的教育。

② 参见靳晓燕：《〈2012 年全国教育事业发展统计公报〉发布》，载《光明日报》2013 年 8 月 21 日第六版。

年)》提出的"2020年学前三年毛入园率达到70%"的目标,① 毛入园率已经超过世界中高收入国家73.7%的平均水平。② 可以看出，全国学前教育的规模迅速扩大，服务范围快速拓展，幼儿园的普及水平不断提升，学前教育事业高速发展，取得了史无前例的进步。

学前教育虽然发展迅速，但仍然是当前中国教育领域民生工作的一块短板，是国民教育体系的薄弱环节，还面临着诸多历史性挑战。在学前教育服务的供求关系中，社会对学前教育的需求与学前教育能够提供的资源之间的缺口还比较大。由于学前教育发展不平衡，符合标准的公立幼儿园数量较少，而本应对公立幼儿园起关键补充作用的民办幼儿园中有不少办园行为不规范的现象，"入园难，入园贵"成为了公众抱怨的话题。而且，当下民众的育儿观念和行为已发生巨大转变，尤其在国家"二胎政策"的施行下，人民群众越来越关注学前教育的普及和发展，希望社会提供更多优质学前教育服务，社会公众对学前教育事业有很高期待。

为了迎接上述挑战，国家需要优化学前教育体系的顶层设计，制定学前教育标准，践行中长期改革和发展规划，落实当前和未来的学前教育三年行动计划。而进行学前教育立法、建立完备的学前教育法律体系，是上述各项工作开展的关键和保障。另一方面，我国建设法治国家目标的实现也离不开学前教育的立法，诸多与学前教育相关的重大问题的解决，不仅需要也必须用法律的形式确定下来。本文将着眼于我国学前教育立法工作，从四个方面探讨当前进行学前教育立法的必要性，分析其立法工作亟待解决的五大问题，并提出相应的立法制度选择，以促进我国学前教育工作有序、规范地开展，将"入园难、入园贵"现象变为儿童"有园上，上好园"，更好的满足社会公众对优质学前教育的美好期待。

一、进行学前教育立法的必要性

社会公众对我国学前教育领域的立法启动已经期待很久，完善的学前教育法律法规能够为学前教育的良性发展创造积极的环境，有利于学前教育事业的规范发展。我国目前急需加强国家层面的学前教育立法工作，为学前教育的保教质量、队伍建设、资源提供和监管督查等诸多问题的切实解决提供依据和保障。③ 我国进行学前教育立法有以下必要性：

(一)是学前教育领域贯彻落实全面依法治国的要求

党的十九大报告提出全面依法治国，坚持厉行法治，深化实践，推行科学立法。这对学前教育领域的工作开展有重大指导意义，也是贯彻全面依法治国的基本要求。具体而

① 参见《国家中长期教育改革和发展规划纲要(2010—2020年)》，载教育部网站：http://old.moe.gov.cn/publicfiles/business/htmlfiles/moe/info_list/201407/xxgk_171904.html，最后访问日期：2019年9月12日。

② 参见贺瑞虎：《全面贯彻十九大精神 加快发展学前教育》，载人民网：http://jx.people.com.cn/n2/2017/1210/c186330-31014725.html，最后访问日期：2019年9月12日。

③ 参见赵宇：《对我国学前教育立法的思考与建议》，载《大连教育学院学报》2018年第1期。

言，制定和完善学前教育领域的法律和法规，可以深化依法治教实践，推动教育领域依法行政，促进学前教育法治化，提升教育领域的依法行政水平。因此，教育部门要积极响应时代对学前教育事业的召唤，主动推进学前教育立法工作，会同相关部门起草学前教育法草案，全面考虑完善立法的建设性意见，充分征求社会意见，推进立法进程，厉行学前教育法治。

(二)是保障实施国家相关学前教育文件的要求

国务院《中国儿童发展纲要(2011—2020年)》指出“儿童是人类的未来”，是社会可持续发展的宝贵资源，也是国家强大、社会发展、文明进步的重要组成部分。保护儿童权益，促进他们身心的健康发展，有利于提高全社会的综合素质，建设人力资源强国。① 国家领导人在不同的时间都强调过学前教育对社会发展的重要性；教育界专家也积极呼吁教育改革，在幼儿教育中推行素质教育。教育部《面向21世纪教育振兴行动计划》明确提出必须要“重视幼儿教育”，国务院《关于深化教育改革，全面推进素质教育的决定》认为幼儿教育和义务教育、高等教育一样，也要实施素质教育。学前教育立法是这些重要的学前教育文件实现的可靠保障，重视儿童发展、大力推动学前教育事业的理念能被大力贯彻于实践。

(三)是根本解决学前教育领域基础性难题的要求

目前学前教育领域的诸多基础性难题，在法律规定上要么阙如，要么只有原则性规定。上海市法学会未成年人法研究会田相夏副秘书长指出我国学前教育机构的标准和运行体系尚不完善，学前教育机构的资质、准入和退出，政府对学前教育机构的监管和处罚等诸多基础性事项，都没有具体的法律进行规制，诸多的法律空白都有待学前教育立法来进行填补。②

另外，在国家“二胎政策”实施的背景之下，“幼有所育”的社会需求会被无限放大，学前教育机构数量偏少与人民群众刚需加大之间的矛盾、幼儿需求多样性与教育机构质量跟不上之间的矛盾、民办机构盈利需求与学前教育公益性之间的矛盾将更加突出，相关学前教育法规的缺失也势必引起矛盾的激化。

只有加强学前教育立法，推行立法的科学性和民主性，将学前教育机构的地位和属性予以明确，发挥立法的引领作用，才能解决众多基础性难题，满足社会公众对学前教育机构的合理需求。

(四)是顺应国际学前教育事业发展趋势的要求

从国际视野角度考察学前教育事业的发展，会发现全世界不少国家和对学前教育相当重视，他们的重视程度和重视方式非常值得中国学习和借鉴。正如管华教授所指出的，发

---

① 参见国务院：《中国儿童发展纲要(2011—2020年)》，载国务院公报2011年第23号，http：//www. gov. cn/gongbao/content/2011/content_1927200. htm，最后访问日期：2019年8月15日。

② 参见田相夏：《完善立法，化解幼有所育困境》，载《检察风云》2018年第3期。

达国家的学前教育事业起步相对较早，他们的相关立法比较成熟。① 通过在学前教育领域立法或者完善相关法律，来规范学前教育体系、促进其全面发展的做法，已经成为当前学前教育事业的国际发展大趋势。当下，绝大部分发达国家制定了完备的学前教育法，美国、加拿大、澳大利亚、欧盟和日本等国家和地区都以科学的法律体系来引领学前教育发展，依靠法律法规保障政府对学前教育的投入，通过立法的形式推动学前教育可持续发展。② 这些国家发展学前教育的经验相当丰富，通过立法来促进学前教育事业也取得了巨大成就。中国需要也必须顺应国际大趋势、汇入学前教育事业的世界发展洪流，学习国际先进经验，充分研究发达国家相关的法律文本，推动学前教育立法。

另外一个方面，作为联合国《儿童权利公约》重要签约国，在二十世纪九十年代之初中国已经就全面保护儿童的各项权利、促进儿童教育事业的进步，向世界做出了慎重承诺。就此而言，我国更加应当关心学前教育事业，为全人类学前教育事业的进步做出有中国气派的独特贡献。在国际交流尤为频繁的当下，为了推动学前教育的国际合作，全面保护儿童权益，相关立法的进程更应该加快。③ 我国的学前教育事业要主动适应国际趋势，学习其他国家宝贵经验，加强立法工作，积极参与国际交流合作，保障全球儿童包括受教育权在内的人权。

二、当前学前教育立法要解决的问题

如上文所言，当下学前教育已成为社会大众关注的热点问题，“入园难，入园贵”现象层出不穷。学前教育面临着资源不足、财政保障不力、高水平幼教师资缺乏、管理有漏洞等诸多问题，④ 而学前教育的属性不明更是学前教育可持续发展面临的极大挑战。学前教育事业的发展需要积极应对这些挑战，其自身的改革决定了推动立法是人心所向，学前教育立法有利于及时缓和学前教育发展过程中的矛盾、解决相关问题。

具体而言，在学前教育立法过程中，需要解决下列问题：

(一) 学前教育的属性和地位不明确的问题

社会各界目前对学前教育属性的认识还不够深刻和全面，很多民众对学前教育在儿童后续发展中的基础性和重要性认识不足、在社会可持续发展中的核心地位不明确。法律上更是缺乏对学前教育精确的定位。现行法律对诸如社会各方对学前教育承担责任的必要性以及责任如何承担、国家对学前教育如何投入以及各级政府具体的投入责任等基础性问题，都没有相应的界定。

① 参见管华、王君妍：《国外学前教育立法的基本特征及其启示》，载《陕西师范大学学报》2017年第6期。

② 参见宋立会：《我国学前教育的法律规制》，载《河北法学》2016年第12期。

③ 参见杭冬婷：《我国学前教育立法的必要性与立法依据》，载《法制博览》2018年第7期。

④ 参见柴葳、刘博智：《努力让每个孩子都能享有公平而有质量的教育——陈宝生在十三届全国人大一次会议记者会上答中外记者问》，载《中国教育报》2018年3月17日第1版。

改革开放四十周年回望中国经济发展取得的成就，映射在教育领域是国家对教育投入的持续增加。九年制义务教育全面实施后，社会民众希望将之延长为十二年制，但是，义务教育究竟是向前延伸还是向后拓展？当前，将学前教育纳入到国家义务教育范畴的呼声不断。如果学前教育阶段的三年也实行义务教育，会让处于社会主义初级阶段中国的更多儿童享受到普惠的教育，也会是当前推行的“二胎政策”的有利保障。但是，另一方面，如果义务教育向学前教育延展，学前教育是否会产生“小学化”的倾向？应试教育的负面因素是否会在学前教育中造成不利的影响？正如吴遵民教授等学者所言，目前的重点是如何基于幼儿的立场对学前教育的性质予以科学而准确的界定，以免学前教育再度陷入应试教育的泥淖。①

此外，需要根据学前教育的属性对儿童予以法律保障并进行权利救济。当下，学前教育并未纳入义务教育体系，如果适龄儿童因某种原因没有机会进入幼儿园学习，其受教育权是不是得不到保障，其基本人权是否视为受到侵犯？如果幼儿园拒绝适龄儿童入园，幼儿园要承担什么责任，责任又该如何量化？幼儿园与适龄儿童的关系和义务教育阶段的学校与学生的管理型关系不同，幼儿园与接受幼儿园教育的适龄儿童家长之间是民事法律关系，不属于行政法律关系。如果他们之间发生纠纷，不能说幼儿园是行政诉讼里面的被告。而公立幼儿园具备一定的行政管理职能，但按照传统特别权力关系的理论，② 适龄儿童的司法救济渠道并不会很畅通。

(二)学前教育的资源短缺的问题

学前教育资源的短缺意味着社会未来发展资源的短缺，这个问题的解决需要政府部门的高瞻远瞩。学前教育具有公益性，属于社会公共服务，政府部门的一个重要职责就是要大力促进教育公共事业的发展，为民众尽量提供优质的教育公共服务。③ 学前教育与老百姓的生活息息相关，是维护社会稳定和促进社会发展的关键。让每一位适龄儿童都能够在需要的时段享受到好的学前教育是政府应当提供的民生工程，也是政府的职能所在。我国学前教育的管理模式一直都是政府主导，采取各个职能部门齐抓共管的方式。这样的模式虽然有一盘棋的优势，但是不可否认，会带来相互制肘、彼此扯皮的不利之处，使得政府部门整体工作效率低下，让学前教育事业的管理资源相对短缺。

另一方面，相对于高等教育，甚至仅就基础教育体系内部而言，整个社会的学前教育资源总量短缺，是国民教育体系中亟待加强的一个环节。社会民间资金的大量进入与集体办幼儿园财政渠道的阻断，使得我国学前教育市场结构近年来从“公营天下”急剧转变为“民营半边天”。④ 2017 年，全国 25.5 万所幼儿园中，有民办幼儿园 16.04 万所，⑤ 公办

---

① 参见吴遵民、黄欣、屈璐：《我国学前教育立法的若干思考》，载《复旦教育论坛》2018 年第 1 期。

② 参见[德]哈特穆特·毛雷尔：《行政法学总论》，高家伟译，法律出版社 2000 年版，第 169 页。

③ 参见虞永平：《聚焦学前教育立法核心问题》，载《中国教育报》2018 年 2 月 25 日，第 3 版。

④ 参见庞丽娟、韩小雨：《中国学前教育立法：思考与进程》，载《北京师范大学学报》(社会科学版)2010 年第 5 期。

⑤ 教育部《2017 年全国教育事业发展统计公报》，载教育部网站：http：//www.moe.gov.cn/jyb_sjzl/sjzl_fztjgb/201807/t20180719_343508.html，最后访问日期：2019 年 7 月 12 日。

幼儿园的比例仅为37%，整个社会公办幼儿园无论是数量还是比例都比较少，入园名额总是供不应求。而随着国家“二胎政策”的落地，在可预计的将来，势必井喷的二胎会让这种短缺进一步加大。如果社会急需的公办幼儿园数量不快速增长，学龄前儿童“入园难和入园贵”的现象就不会克服，而社会上那些弱势群体子女的受教育机会更是难以实现。

(三)学前教育经费匮乏的问题

国家在学前教育领域经费的投入对学前教育的发展起着决定性作用，也显示了政府对学前教育的重视程度。近年来，我国对学前教育的投入在大幅度增长，这几年的年均增长率为16.9%；2016年国家对学前教育事业发展的投入是2800多亿元，其中财政性投入为1300多亿元；财政性资金在五年间增长了77%。① 但是国家在教育领域的投入占国内生产总值的比重并不高。2017年国家财政性教育经费仅占GDP的4.14%，② 远远低于7%的世界平均水平。③ 即使在教育行业内部比较，根据教育部《2017年全国教育经费统计快报》，我国2017年学前教育经费总投入仅占全国教育经费总投入的7.6%，为各阶段教育经费中投入最少的部分。

教育部财务司2018年出版的《中国教育经费统计年鉴2017》数据显示，2016年中国约25个省级行政区的家庭承担的教育费用占家庭总开支的比例大于50%。而美国家庭的儿童学前教育费用仅占家庭总收入的一成，近几年美国政府更是将此比例控制到了百分之七以下。④ 可以看出，我国普通家庭相对于世界发达国家，承担的学前教育费用偏高，占家庭总开支的比例也偏大。

当下中国的财政体制在国家对学前教育投入的比例、每个学生的经费和经费的标准等诸多方面还没有系统的界定，社会对学前教育经费的需求迅速增长，而基层政府因为在财力方面经费欠缺，对经费的承担也是心有余而力不足。很多公立幼儿园不得不增加班级的招生人数或者是加收学杂费来弥补经费的不足，而民办幼儿园只能利用不同方式压缩成本，这就产生了学前教育机构的数量及质量与社会民众的需求不相适应的现象。可以说，国家对学前教育经费的投入标准，和学前教育与初等、中等及高等教育的经费投入的相互关系是当下学前教育立法急需面对的问题。

(四)学前教育师资力量亟待加强的问题

随着社会经济发展，民众对学前教育师资的需求增加，但学前教育教师的配备却远远跟不上这一需求的发展。教育部2013年颁布的《幼儿园教职工配备标准(暂行)》规定全日

---

① 参见柴葳、刘博智：《努力让每个孩子都能享有公平而有质量的教育——陈宝生在十三届全国人大一次会议记者会上答中外记者问》，载《中国教育报》2018年3月17日第1版。

② 参见教财[2018]14号《教育部　国家统计局　财政部关于2017年全国教育经费执行情况统计公告》，载财政部网站：http：//www.mof.gov.cn/mofhome/mof/zhengwuxinxi/caizhengxinwen/201810/t20181016_3046197.htm，最后访问日期：209年8月31日。

③ 参见朱宁宁：《学前教育法何时出?》，载《中国人大》2018年第13期。

④ 参见教育部财务司、国家统计局社会科技和文化产业统计司：《中国教育经费统计年鉴2016》，中国统计出版社2017年版，第65页。

制幼儿园的教职工和幼儿的比例应当在1∶5和1∶7之间，此条规定是幼儿园最低配备标准。2017年我国有4600万名在园幼儿，若按照1∶7的最低标准应该配备657万名教职工。但是，2017年全国仅有幼儿园教职工419.29万人，① 教职工与幼儿比例约为1∶11，远远没有达到教育部颁布的标准。根据幼儿园“每个班两名教师、一名保育员”的配比原则，即使按照相对宽松的教师、保育员和学生的比例原则——师生比1∶15，保育比1∶30——来计算，全国还有71万幼教、76万保育员的缺口。②

另外一个方面，很多公办幼儿园由于编制的原因，教师编制严重不足，有的幼儿园甚至绝大部分老师都没有编制。很多有编制教师的收入比没有编制教师的收入的一倍还多，部分地区甚至达到了三倍以上。而没有编制的教师因为不能同工同酬，影响了教学质量，使得学前教育的发展受到较大冲击。幼儿园有固定编制老师的待遇水平本来就不高，编制之外教师的待遇水平就可想而知了。此外，学前教育教师是当下中国教育系统中最后的、不能独立进行职称评定的教师群体。他们的职称评定往往需要遵循小学教师的标准和要求，而其职称指标在实际运作中经常被小学教师占用，更加降低了幼儿园教师评上职称的可能性，使得高职称幼儿教师的数量非常少。因此，幼儿园教师的整体职业尊严感和归属感极低，部分幼师在遇到这些单凭自身并不能克服的发展瓶颈时，不得不改行；反过来，这种现象又会影响学前教育专业吸引优秀的学生报考，让学前教育的师资培养从源头上遭受冲击、陷入恶性循环。上述幼儿教师的编制设定、职称评定和职务晋升等问题对加强教师队伍的稳定性有着至关重要的作用，这也是学前教育立法要着力关注的问题。

（五）学前教育监管存在漏洞的问题

我国目前虽有一定的学前教育监管，但是很多监管要么比较粗糙，要么规定的不具体。在全国范围内，我们经常会看到证照不全甚至完全没有证照的幼儿园、无证的幼教老师曝光，幼儿园借读费或者赞助费不合理的报道比比皆是，幼儿因为学校设施不安全导致受伤或者食物中毒的事件时有发生，幼儿园虐待甚至性侵儿童的新闻也会出现。以上种种现象的产生，既有国家、政府监管不到位的原因，也有学前教育立法不够完善的责任。当前，在全国机构改革中仅有北京和天津保留有独立的学前教育管理机构，而其他所有的省、自治区、直辖市都已经把学前教育的管理机构撤销或者合并，很多地方是让教育厅基教处的某位工作人员代管。还有一些省市并没有专门配备学前教育管理干部，即使有所谓的专职干部，其实也会有诸多兼职。③ 没有完善的监管机构和专门的管理人员，使得政府对学前教育机构的监管处于有名无实的境地。

除上述问题之外，学前教育相关的制度设计还面临其他挑战，如国家在学前教育的发

---

① 参见教育部《2017年全国教育事业发展统计公报》，载教育部网站：http://www.moe.gov.cn/jyb_sjzl/sjzl_fztjgb/201807/t20180719_343508.html，最后访问日期：2018年10月12日。

② 参见柴葳、刘博智：《努力让每个孩子都能享有公平而有质量的教育——陈宝生在十三届全国人大一次会议记者会上答中外记者问》，载《中国教育报》2018年3月17日第1版。

③ 教育部《2017年全国教育事业发展统计公报》，载教育部网站：http://www.moe.gov.cn/jyb_sjzl/sjzl_fztjgb/201807/t20180719_343508.html，最后访问日期：2019年7月12日。

展中要如何发挥作用，政府、学前教育机构、教师和家长等责任主体的责任应当如何划分，各自承担怎样的义务等。这些都是学前教育立法亟待破解的困局，需要加强立法对各级政府监管责任的规制，保障国家切实履行好监管的职责。

三、对学前教育立法的制度选择

联合国教科文组织的前总干事费德里科·马约尔先生曾在《教育—财富蕴藏其中》一书的序言中指出，我们给子孙后代留下怎样的世界，取决于我们留给世界怎样的子孙后代。子孙后代对世界的贡献，与他们在儿童时代接受到的教育有着密切的关系。为了让我们的儿童享受到优质的学前教育服务，我国要立足于本国国情，在总结中国学前教育取得的成就和吸收国外先进立法经验的基础上，用科学的精神和严谨的态度，加快学前教育立法的进程，大力促进我国学前教育事业的全面发展。

根据前面的讨论和分析，本文对我国学前教育立法提出以下相关制度选择的建议：

(一)明确学前教育的属性和基础地位

学前教育立法既与部门立法和地域立法息息相关，也与全局性立法和专门性立法紧密相连，我国学前教育的属性和地位不明确，必须首先明确界定学前教育属性的内涵和外延。

要用立法的方式明确学前教育的地位与性质，尤其要重视其公益性，将学前教育有机地置于社会公共服务体系中，尽量让所有的适龄儿童都能够接受相应的学前教育服务。① 立法必须要明确学前教育在整个国民教育体系中的基础地位，确认提供普惠性的学前教育是各级政府对公众最重要的职责之一，政府和相关职能部门切实将学前教育置于工作重心。通过立法全面引导学前教育，建立财政保障和政府监管等法律措施，为社会提供优质的学前教育资源，构建完善的全国性学前教育公共服务体系。

以儿童的正当需求为导向是现代学前教育的核心，也应该是我国学前教育立法的指导原则。这就要求必须把儿童作为法律关系主体的法律精神贯彻到学前教育立法中，考虑儿童的正当需求，尊重儿童的发展权，全面彻底保护儿童。要解放儿童、并实现人的全面解放的目的，儿童应该是学前教育工作的中心，也是各项工作的出发点。② 以此为前提，才能促进学前教育法治建设，做好学前教育立法工作，确立一系列重要的原则、宗旨、精神、制度和规范，使得学前教育不断科学化、民主化和法治化。③ 换言之，国家立法机关要在深刻把握新时代学前教育理念，充分认识中国基本国情，全面了解公众普遍需求，才能掌握学前教育发展的基本规律，从而推进学前教育的科学立法。

---

① 参见朱宁宁：《学前教育法何时出?》，载《中国人大》2018 年第 13 期。

② 参见《联合国儿童权利公约》，载联合国官网：http：//www. un. org/chinese/children/issue/crc. shtml，最后访问日期：2018 年 10 月 18 日。

③ 参见裴培：《我国学前教育立法的体系化建构路径》，载《教育探索》2018 年第 4 期。

(二)加大各类学前教育资源的投入

目前我国学前教育的资源短缺，社会对学前教育的需求与学前教育资源之间的矛盾较大，公立幼儿园和普惠性的民办幼儿园数量不足。国家“二胎政策”带来幼儿生源进一步的扩大，学前教育资源不足必将成为未来相当长时间内全社会亟待解决的问题。学前教育立法对此不应回避，要切实让政府担任扩大学前教育资源的第一责任人，建立完善的责任制度，主导新建更多公办幼儿园，鼓励普惠性民办幼儿园发展，提升现有条件较差的幼儿园环境，做好新建小区配套幼儿园的规划和落地工作，以促进幼儿园的均衡发展，让孩子们“有园上，上好园”。

国家要鼓励各地政府对学前教育资源更多的投入，让办园条件得到较大提升；要鼓励社会组织对学前教育发展发挥更大的作用，支持更多具备资格的社会力量参与到学前教育机构的建设中来；要鼓励社会公益组织进入学前教育领域，提供更多社会服务。当社会组织涉足到学前教育行业，可以使社会资本在教育领域更好的发挥作用，对社会做出更大的贡献。政府对此应当大力支持，通过引入优质的社会资本，并辅之以平台和政策的推动来扶植有条件的学前教育机构，激励他们参与学前教育建设，促进学前教育的可持续发展,① 提供给社会更多让公众放心的优质学前教育服务。

(三)确保学前教育充足的经费来源

目前，我国学前教育经费不足，国家经费投入标准不明。而当下的学前教育事业正处于关键的发展阶段，教育经费不足是影响其发展的重要因素，也使得学前教育的发展和社会的需求呈现出严重的不对称。为了把教育资源进行均衡的分配，必须将政府财政投入的原则在学前教育立法中予以确定，以保障落实教育公平。② 现代文明国家都把社会公平作为重要的价值追求，而实现教育公平就是社会公平的重要体现。教育公平也一直是中国特色社会主义建设的追求目标，是我国宪法赋予的包括儿童在内的教育权的内涵。教育公平既包括教育机会的公平，也包括教育资源的公平。国家财政在教育方面的投入是否合理，对教育公平起着重要的考量作用。进行学前教育立法，必须加大公共财政对学前教育的保障力度，保证相关国家财政投入在分配上的公平和公正，并处理好与投入到学前教育领域的民间资本的关系，让学前教育的投入制度做到投入方式多样化，保障学前教育经费充足，尽可能的实现教育公平。③

因此，需要通过立法，完善中央财政资金对于学前教育的投入机制，明确各级政府对学前教育的投入责任，重点支持不发达的地区。在学前教育法律立法中还要要求国家逐步提高教育财政性经费用于学前教育的比例，号召各级地方政府制定相应的学前教育收费标准，根据当地实际经济发展水平进行所有或者部分年龄段儿童的学费减免，而且明确对贫

① 参见邱彦昌:《鲍昭谈“入园难、入园贵”破解之道》，载《大社会》2018 年第 2 期。

② 参见宋立会:《我国学前教育的法律规制》，载《河北法学》2016 年第 12 期。

③ 参见朱河锦:《我国学前教育立法研究》，云南师范大学教育科学与管理学院 2015 年博士论文，第 19 页。

困儿童家庭免除所有学前教育保教费。

(四)提升学前教育师资的待遇水平

我国目前学前教育师资力量亟待加强，幼儿教师和保育员均有数十万的缺口。根据国家卫计委对人口发展的预测，到2020年全国更是会有100万名幼师、90万名保育员，共计190万人的大缺口。① 社会已经对当下学前教育教师数量不足、师资队伍整体素质不高、幼师待遇较低达成共识，这三方面实际上是环环相扣、相互影响的循环链。进一步发展学前教育事业，促进学前教育保教水平的提高，很重要的一环就是要促进幼儿教师待遇水平的提高，② 需要用立法的方式保障幼儿园老师的职称、待遇，建立提升学前教育师资保障水平的社会机制。

要做到这一点，就必须从法律上重视幼儿园教职工队伍建设问题，明确学前教育教师的资质要求，完善聘用制度，对相关职称、待遇作出规定，在工资、住房补贴和社会保障等诸多方面切实维护幼儿园教师的合法利益。同时，在立法时考虑制定公立幼儿园教师的编制配备标准，保障公立幼儿园教师的待遇。为了应对编制不足的问题，可按照“同工同酬”标准，参照有编制教师的福利待遇，来保障编制外教师利益，确保编制外教师能够在幼儿园安心工作。在幼儿园教师职称的评定规定上，相关法律的原则和适用可以更加灵活，以给予体制外教师更多职称评定的机会，来吸引和留住更多的优秀幼教人才。

进行学前教育立法时，要进一步明确幼儿园的行业聘用标准，确定被聘教师和幼教机构的劳动法律关系，以保证教职工的待遇兑现。为吸引更多优秀师资投身学前教育领域，可要求幼教人员的平均工资水平高于该地区城镇职工平均工资水平，并保障相关的保险和医疗等配套福利待遇。在以上问题得到很好的解决之后，可对新进教师提高入门门槛，以保证更多的优秀师资储备。以上的立法建议，既着眼于促进幼儿园师资的短期建设，还兼顾了幼儿园教职工队伍的长期发展，对整个师资队伍的建设和储备能起到根本保障作用。

(五)加强学前教育监管的制度设计

我国当下的学前教育的监管存在漏洞，不少管理程序上有薄弱环节，所以需要采用立法的方式，理顺学前教育管理体制，科学地进行学前教育监管的法律制度设计。

通过学前教育立法，明确各级政府和具体职能部门的职责，既要让政府的主导作用落到实处，又要使其依法行政。要确定好中央部委和地方各级部门对学前教育的相关职责，在分级管理的基础上建立跨部门的联动机制，使管理落到实处。要让管理落到实处，还必须规定各级教育行政主管部门设立专门的学前教育管理机构，按照相应的编制配备专业的管理人员。在制度建设上，还要完善我国学前教育机构的相关注册、登记和注销等领域的管理制度。此外，做好同级政府内部不同管理部门之间的沟通工作也很有必要。例如，在一些地区民办幼儿园的设置过程中，前期的行政审批机构和后期的日常管理机构是不一致

---

① 参见柴葳、刘博智：《努力让每个孩子都能享有公平而有质量的教育——陈宝生在十三届全国人大一次会议记者会上答中外记者问》，载《中国教育报》2018年3月17日第1版。

② 参见张志勇：《亟须通过学前教育立法破解“六大难题”》，载《人民教育》2018年第3期。

的，行政机构之间提前进行沟通，可避免管理上的不协调问题，也不会弱化学前教育的管理作用。①

同时，要以立法的方式规定学前教育机构的进入机制和退出机制，在资质管理上对学前教育机构予以必要的规制，既要注重对学前教育机构包括教学在内等各个环节的服务进行监管，也要确立学前教育机构的惩罚办法以及退出办法，加强各级政府对学前教育机构保育和教育的软硬件条件、内容和方式等方面进行监管。② 对民办学前教育机构，尤其要注意在充分尊重和发挥其积极性和主动性的前提下，进行必要的监管。民办学前教育在为社会提供充足的学前教育资源的过程中，由于自身发展原因，可能面临着相对公立学前教育机构更多的挑战，比如幼儿管理的规范化、园区设施的安全隐患等问题，都需要法律予以规制，才能够有效解决。国家需要建立政府主导、市场与社会共建的运作模式，把民办学前教育机构纳入法律监管范围，使其组织运行更加规范，管理监督更加明确，使得民营学前教育机构的发展更加法治化。③

结语

当前，与教育人权相关的立法保障越来越引起社会的重视，2018 年 3 月，教育部部长陈宝生先生在十三届全国人大一次会议记者会上告诉公众，我国学前教育立法进入了调研阶段。笔者于 2018 年 9 月 28 日参加了由教育部政策法规司主办、西北政法大学教育立法研究基地承办的学前教育立法论坛，此次论坛是近几年与学前教育立法领域最密切相关的高水平学术论坛。笔者在参加论坛时，考察了与会官员、学者和相关幼儿园园长提交的论文和论坛具体的发言、讨论。从中可以看得出来，大家对制定统一的学前教育法已经形成了共识，我国进行科学地学前教育立法的时机已经成熟。

在我国进行学前教育立法的调研和准备阶段中，尤其要注意解决对我国学前教育事业发展产生重要影响的问题，如学前教育属性、社会资源投入、经费来源、师资保障水平和行政监管等关键问题。我们应当以《宪法》和《教育法》作为基础，推动学前教育立法工作的有序进行，让学前教育相关工作有法可依，来回应社会对学前教育的需求，将民众抱怨的“入园难，入园贵”现象变为孩子们“有园上，上好园”，以更好的满足社会公众对优质学前教育的美好期待。

① 参见庞丽娟：《中国教育改革 30 年》，北京师范大学出版社 2011 年版，第 33 页。

② 参见李泠烨：《城市人口结构变化背景下学前教育立法的完善》，载《中国社会科学报》2017 年 11 月 24 日，第 7 版。

③ 参见柴葳、刘博智：《努力让每个孩子都能享有公平而有质量的教育——陈宝生在十三届全国人大一次会议记者会上答中外记者问》，载《中国教育报》2018 年 3 月 17 日第 1 版。

论契约在行政法中的引入

杨解君*

摘　要：契约不只是私法上的专利，如同样可以适用于行政法之中。无论是从世界性的趋势还是从传统行政所存在的弊端以及契约自身的优势来看，行政法完全有必要高扬契约的精神，确立契约的观念与制度，以促进行政民主的发展和增强政府与人民间的合作关系。

关键词：契约；行政法

契约，不仅是市场交换的产物而为市场经济所必需，而且作为一种制度、观念、方式，如今它也在行政运行秩序中得以建立、吸收并被广泛应用。在法学中，契约已不再是传统私法的专有概念，它已跨越私法的范畴而进入到公法领域，许多国家和地区在立法和实践上确立了在某些方面不同于私法契约的行政契约制度。契约的观念、合作的精神、协议的方式、讨价还价的过程，已深深地渗入公法特别是行政法之中。本文旨在阐明在行政法中引入契约概念、契约手段、契约观念之必要以及行政法契约观念和契约制度的确立。① 由于法学界和实务界对行政法中的契约问题颇有异议，因而本文与其说是学术性论文，不如说是呼吁性和态度性文章，以图理论界和实务界之重视与正确对待。

一、现状：学说、制度与实际的矛盾

中国目前关于契约在行政法中能否应用以及如何应用、有无行政契约及其范围、种类等问题，不仅理论界的争议颇大，而且立法制度也不规范和统一，实践做法也是各行其道，从而总体上呈现为学说、制度与实际做法相互冲突的现状。

---

* 杨解君（1963—　），男，湖北仙桃人，法学博士，武汉理工大学特聘教授，博士生导师，国家百千万人才工程人选，享受国务院政府特殊津贴，日本名古屋大学访问学者（研究员）、中国台湾“中央研究院”访问学者，法国国家学院进修人员，中国法学会行政法学研究会常务理事。主要从事行政法与行政诉讼法、环境法与能源法以及宪法与法理学研究。

① 由于本文的探讨范围并非仅指专门的正式行政合同制度，还包括非正式的契约形式如谈判、讨论、协商以及其他具有实质性合意的行为，且还涉及契约的观念在行政法中的引人等问题，因而使用契约而不直接使用“行政合同或行政契约”以避免误解。

(一)公法学者与私法学者的不同见识

在行政法学中，我国学者对契约能否在行政权力行使过程中予以应用也许会有不同的观点，但对行政契约的存在、行政契约的特征以及行政契约的基本类型等问题的看法则是大体一致的。这些可从近年来出版的各类行政法学教材或专著中(皆有专章或专节介绍“行政合同”)找到充分的佐证。

由于统一《合同法》的起草，行政法学者建议将行政合同纳入合同法的调整范围，在合同法中单列行政合同一章作为合同的特殊形态加以规定。① 这一建议引发了私法学者的普遍反对，甚至对行政合同也采取某种程度上不予认可的态度，即使承认其态度也非常勉强。如王利明教授认为：“行政合同究竟如何定义，其规范的对象是什么。恐怕仍是个值得探讨的问题。即使存在行政合同，是否要由合同法调整。亦不无疑问。”②梁慧星教授提出了如此质疑：“什么是行政合同，中国现实中有没有行政合同，哪些属于行政合同？这些问题当然有深入探讨的必要。……如果说有所谓行政合同的话，只能存在于行政权力使用领域，属于行政法律关系……”③这场争议的结果是，统一的《合同法》将合同仅局限于民事合同范畴。④《合同法》第2条规定：本法所称合同是平等主体的自然人、法人、其他组织之间设立、变更、终止民事权利义务关系的协议，尽管该法第123条规定“其他法律对合同另有规定的，依照其规定”，但由于它已将合同只限于民事合同，因而其他法律关于合同的特别规定也只能相应地理解为对民事合同的特别规定。

(二)一般行政领域的否认(或无视)与特别行政领域的认同

目前，现有的一般行政法对契约能否适用于行政领域并未作出明确规定，但《行政诉讼法》中“不得适用调解”(赔偿例外)的规定(原《行政复议条例》也曾做出过同样的规定，

---

① 参见应松年：《行政合同不可忽视》，载《法制日报》1997年6月9日第1版；中国法学会行政法学研究会：《建议把行政合同列入合同法》，载《法学研究动态》第7期，第7页。

② 王利明：《合同的概念与合同法的规范对象〉，载《法学前沿》(第二辑)，法律出版社1998年版，第6页。

③ 梁慧星：《讨论合同法草案征求意见稿专家会议上的争论》，载《法学前沿》(第二辑)，法律出版社1998年版，第55页。

④ 《合同法》将其适用范围定位在民事合同上，本无可厚非，然而它未免留下了一个小小的遗憾：名与实不相符。我认为，当时完全可以采取类似于《民法通则》(第121条规定国家机关及其工作人员职务行为的侵权责任)，1982年《民事诉讼法》(试行)(第3条第2款规定行政案件的审理适用本法)的办法，以一个单独条款规定行政合同的参照适用问题或者另行由其他法律规定。

不过，从行政法角度来看，行政合同未能纳入《合同法》的调整范围也未必不是一件好事。我们完全可以在充分的理论准备和实践探索的基础上，借鉴国外或有关地区的做法将它规定在未来可能出台的《行政程序法》之中。从私法学者的论述来着，某些观点及质疑多存在误解。如梁慧星教授将行政合同理解为行政权力的行使行为范畴，就属明显不当。从国内外的理论与实践来看，行政合同并不是权力行使行为，它属于一种非权力手段，是相对于行政权力的行使行为而言的。从某种意义上来说，行政合同地位的确立，一是在理论上需要学术界的努力，对行政合同做出阐明以防止人们的偏见；二是应加强行政法学者与私法学者的交流与沟通；三是需要实践和社会发展的推动；四是立法态度应该明确。

新的《行政复议法》则对此没有做出规定)，实际上否认了和解及其它契约在一般行政与行政诉讼领域中的应用；另外，大量的法律、法规和规章却认可了行政委托关系，但理论和立法似乎没有意识到此种关系属于契约关系，立法不是从契约关系而是从权力运行的角度来予以规范的，从而体现不出契约的特色。其后果是受委托人超越委托权限范围实施行政行为而给当事人造成损害的，责任如何承担以及采取何种救济方式一直没有明确。

在特别行政法领域，一些特别法律、法规规定了某些特殊类型的合同。如，旧《税收征收管理法》(1992 年制定，1995 年修订)第 26、28 条，《税收征收管理法实施细则》第 44、45 条规定了纳税担保合同及其具体适用问题，2001 年修订的新《税收征收管理法》第 38、40、44 条再次作了规定，《治安管理处罚条例》第 40 条规定了担保人或保证金问题(属于担保合同)；《土地管理法》中规定了国有土地使用合同、土地征收补偿协议等。一方面是一般行政法基于传统的认识而整体否认行政契约的应用；另一方面又是大量的单行法律设置了特殊契约。可见，中国大陆现行立法在思路上缺乏整体、通盘的考虑。

(三)传统理论与实际做法的相异

传统的行政法理论认为：行政行为是行使行政权的行为，而行政权属于法定的权力，它具有不可自由处置性，行政机关在行政管理活动中不能自由放弃、转让其权力，因而行政是法定行政而不是“议价”行政，即不允许在行政管理活动过程中“讨价还价”。此种观点，没有考虑到给付行政领域、行政的民主参与、行政方式的多样化和法律的目的等因素，已与现代行政的发展明显不相适应。如果将这种传统理论观点与中国行政运作的现实相对照，更会发现二者的大相径庭。

尽管一般法律没有授予行政机关在行政管理活动中缔约的权力，但在现实中，行政机关在其各种内外部管理活动中却大量借助契约手段来解决问题，具体表现在：

其一，从不得“调解”走向“协调”。在各类行政争议案件中，一些复议机关和人民法院为了与法律所规定的“不得调解”不相违背，不“调解”案件却“协调”双方当事人的争议，“协调”即是在复议机关和人民法院主持下，行政机关与另一方当事人进行“和解”。

其二，双方“和解”。在现实中，行政机关为了避免当事人向法院起诉或促使当事人撤诉，而以某种利益的交换达到使当事人放弃起诉权的目的，此乃一种不同利益交换关系的协议。

其三，责任制合同。目前，责任制的合同形式多样，如行政机关与其工作人员签订执法责任合同；行政机关与其内部机构或者上下级行政机关之间签订各类责任书如“安保工作责任书”等；行政机关与公民或组织签订责任合同，诸如“夜间摊点治安责任书”、“消防安全责任书”、“娱乐场所管理责任书”、“计划生育责任书”等。

其四，事务委托合同。行政机关相互间权力的委托行使、公务协助、行政机关将其事务委托给某些组织或个人等，都属于事务委托合同的范畴。

其五，承诺合同。行政机关自身对特定人或不特定人的执法承诺、对举报人的悬赏和奖励等，皆属该类合同。

上述学界的不同见解、理论与实践的矛盾、法律的不同态度、实际做法的相异等，表明契约在行政法中的认同犹如迷雾一团。然而，只要我们揭开成见之幕，以求实、开放的态度来对待，这些问题似可迎刃而解。这就是，在保持行政法固有特性的同时也将契约精神注入行政法之中，允许行政主体充分借助契约手段、契约观念来实现行政职能。

二、理由：契约引入的正当性

传统理论和立法对契约的忽略或漠视，是与行政的民主化进程、现代行政的时代特征极不相称的。行政活动中大量通过契约手段解决问题的现实，表明了契约在行政法中应用的可行性、合理性和现实性。与之相适应，应是行政法理论的转向、契约制度的建构和契约观念的确立。当我们体会到契约在行政中的巨大作用时，当我们意识到仅凭籍行政权力实施管理的弊端和欠缺时，当我们找寻到契约的无穷魅力时，当契约在行政法中的引入有其坚实的基础时，我们应让契约从羞羞答答的境况中走出来，促其堂堂正正地迈上行政和行政法(公领域和公法)的舞台，一展风采。

(一)契约在行政法中的应用已成世界性趋势

从广阔的世界性时代背景来看，现代各国及地区不仅在制度上承认行政契约，而且，在应用实践中还大量通过契约观念、方式来解决行政及行政诉讼问题。可以说，契约精神与契约方式在行政法中的引入与借鉴，已成为世界性的潮流。

在英国，虽然没有专门的行政契约制度及理论，但契约手段在行政领域中的使用却是极为正常的。实践中，行政机关签订的契约除与商业有关外，还有事务承包契约(如政府通过签订承包合同将原来由内部机构实施或由政府负责的事务承包给私人)、行政机关之间的行政协作契约。行政机关签订的契约数量多、金额大，行政机关经常利用契约手段作为推行政策的工具。在制度上，行政机关如同私人一样可以签订契约，行政机关的契约适用一般契约法规则。同时，由于行政机关代表公共利益，出于公共利益的考虑，又不能不对一般原则规定一些例外，所以实际上行政机关在签订契约时受到很多特别规则的支配，契约自由原则受到很大限制，不能和一般契约完全一样。在缔约权力上，除英王在普通法上具有签订一切契约的权力，其他法定机构的缔约权力都受到了相应的限制，行政机关只能在权限范围内签订契约；在契约内容方面，很多公共部门如财政部、购买政策委员会、估价委员会等规定某些原则，政府所签订的契约必须遵守，此外政府部门还对某些契约规定标准格式或标准条款，行政机关签订契约时也必须遵守；在契约效力和违约方面，确立了契约必须遵守的普遍性原则，行政机关不能由于缔结的契约将带来损失而不履行契约所规定的义务，否则必须负担赔偿责任；英国法律确立了契约义务与法定义务抵触的解决原则，在契约的义务和行政机关的法定权力或义务相抵触时，行政机关没有权力签订这个契约，否则为无效契约。①

在美国，契约在行政领域中的应用，可分为两类情形：一类是政府合同，受合同法的一般原则与特定规则的制约；另一类则是不属于合同法体系调整的、只具备合意或协商特

① 以上关于英国行政契约的介绍，参见王名扬：《英国行政法》，中国政法大学出版社 1987 年版，第 75 页、第 224~227 页。

性的任何一种方式，它并不属于严格意义上的合同，可以依非正式程序而发生，如管制过程的讨价还价、争议的妥协与和解等。美国的政府合同，采用形式主义的界定方法，将以政府为一方当事人的合同统称为政府合同。如果以合同的性质为标准，美国政府合同可界分为行政契约与民事契约两类，而在行政法上将政府合同主要限定在与采购或劳务提供有关的合同方面。除正式的政府合同外，行政机关在行政管理活动中大量采用契约的手段或引入契约的观念，以服务于行政目的或用以解决各种争议。非正式契约的应用，所涉及的领域极为广泛、表现的形态也是多种多样的。即使在对经济予以管制这种典型的行政领域中，也广泛存在契约的运用。“由行政机构实施管制已成为美国政府的固有特性”,① 然而，管制甚至可“视为消费者、企业和管制机构互相结盟并讨价还价的过程”。② 如，企业从政府取得特许权，就是一种公认的契约权力。公共特许权的授予，一般都要附带契约条款(起码是隐性的)作为交换；又如，在价格听证、环保标准、反托拉斯(绝大多数非刑事性质的反托拉斯案例都是通过当事人双方同意的判决解决的)中及其它管制领域中，讨价还价起着重要的作用。③ 当然，契约方式的大量应用，与行政程序的推动、双方的利益成本考虑甚至经济的全球化等，都不无关联。美国的行政程序鼓励双方尽力采取协商的办法解决问题、政府需要增加磋商才能达到实际执行的目标是一种标志、政府变得更有动力与潜在的受约束者进行磋商。④

在法国，行政机关除依单方面的意思表示决定当事人的法律地位外，也经常和当事人协商依双方意思表示的一致而形成某种权利义务关系，后者即为合同行为。法国行政机关所签订的合同可以分为两类：一类是私法上的合同，称为民事合同或私法合同。这类合同是行政机关缔结的与私人合同相同的合同，如购买办公用品、租赁办公房屋、保险行政财产等。行政机关所签订的合同大部分属于私法合同。私法合同除在合同签订的权限和程序方面受行政法支配以外，就合同本身而言，受私法支配和普通法院管辖。另一类是行政法上的合同，称为行政合同或公法合同。这类合同是行政机关缔结的与私人合同不同的合同，这类合同虽然依双方当事人的意思表示一致而成立，但其法律关系不受私法支配而是适用行政法的规则，受行政法院的管辖。合同方式在法国行政法中得到了越来越广泛的应用。二次世界大战后，行政合同广泛应用于经济发展和资源开发方面。政府在执行经济计划的时候，避免采取行政命令方式而是和企业界签订合同，向后者提供一定的援助，由后者承担计划中的某些任务。法国称这种执行计划方式为政府的合同政策，大大改进了传统的执行计划方式。在理论和实践上，法

① ［美］丹尼尔·F. 史普博：《管制与市场》，余晖等译，上海三联书店、上海人民出版社 1999 年版，第 15 页。

② 参见应松年：《行政合同不可忽视》，载《法制日报》1997 年 6 月 9 日第 1 版；中国法学会行政法学研究会：《建议把行政合同列入合同法》，载《法学研究动态》第 7 期，第 3 页。

③ 参见应松年：《行政合同不可忽视》，载《法制日报》1997 年 6 月 9 日第 1 版；中国法学会行政法学研究会：《建议把行政合同列入合同法》，载《法学研究动态》第 7 期，第 326，347，599 页。

④ 参见［美］ALFRED CAMAN，JR：《面向新世纪的行政法》，袁曙宏译，载《行政法学研究》2001 年第 1 期；［美］白维贤、金立法、［中］薛刚凌：《中美行政执行制度比较》，载《行政法学研究》2001 年第 1 期。

国形成了一套独特的与私法合同相并行的行政合同理论、判例和制度，包括识别行政合同的标准、行政合同的缔结与履行及合同责任等。①

在德国，行政机关在公法活动方式中，行政机关除使用单方的行政行为方式外，还可选择协商式的处置方式，与公民签订行政法上的合同，即行政合同或称公法合同。② 行政合同是指设立、变更和终止公法上的法律关系的合同，它有着与私法合同不同的法律规定、责任规则、执行方式以及发生争议时法律救济途径。行政合同由于获得了《联邦行政程序法》的确认和规范，其地位明显提高且已取得与行政行为相同的地位，在实践中的适用范围越来越广泛，其积极意义与作用也越来越突出。行政合同的适用范围不限于行政行为的涵盖领域，凡是不需要行政机关以支配者的地位做出单方面处置的法律关系，都可以采取合同方式处理。立法上，不仅《联邦行政程序法》对行政合同有专章的一般规定，还有适用于特定行政领域的特殊合同的特别规定，如建设法关于“城市建设合同”的规定；在制度方面，设立了不同类型的合同(如对等合同与隶属合同、义务合同与处分合同、和解合同、双务合同等)、规定了程序要求、明确了合同的合法要件、合同的履行以及违法的后果等。③ 可以说，德国关于行政合同的学理、立法与判例实践，都为我国行政契约制度的建立提供了可资借鉴的范例。

在日本，随着现代行政的发展，理论上已承认行政契约的存在，研究也已达到一定程度，但在实践中行政契约手段的应用远不及行政指导方式普遍。立法上，《日本行政程序法》(1993年)对行政处分和行政指导都有大量的规定，却没有给予行政契约应有的地位和一般性的规定，只是一些特别法规定了契约的手段。行政契约主要应用于给付行政领域。在给付行政领域，作为行政的活动形式，行政契约得以广泛采用，不少法律明文规定了契约方式。但是，契约作为行政手段使用，并不限于有明文法律依据的情况。无论法律上有无明文规定，有关国家及地方公共团体财产管理的交易，以及资金交付行政、服务提供行政等行政活动，原则上以契约的形式进行。例如，国家及地方公共团体经营的铁路、公共汽车、邮政、医院、公营住宅等的公企业利用关系，都是可以采取契约的形式具体设定的。近年来，在规制行政领域中，由于权力性手段的效果受到影响，作为权力性规制的补充，契约手段在规制领域中也得到了广泛运用，公害防止协定即为典型一例。此外，建筑协定、绿化协定等法律本身承认了以契约的方式进行自主规制。④ 另外，日本学者盐野宏教授认为，不论现行法制如何规定，在现实中和观念上，行政上的契约形式是广泛存在的，并将行政上的契约分为准备行政中的契约、给付行政中的契约、规制行政中的契约和

---

① 法国在行政法中应用契约的情况，参见王名扬：《法国行政法》，中国政法大学出版社1988年版，第185~203页。

② 但此处并不是指所有的公法合同。国家合同、国家与州之间或者州相互之间的行政协定、国家教会法上的合同、内部教会法上的合同以及国际法上的合同，不是行政合同但均属于公法合同。

③ 关于德国就契约方式在行政法中的应用，可参见[德]哈特穆特毛雷尔：《行政法学总论》，高家伟译，法律出版社2000年版，第14章；《联邦德国行政程序法》(1997年)关于行政合同的规定，见应松年主编：《外国行政程序法规汇编》，中国法制出版社1999年版，第185~187页。

④ 参见杨建顺：《日本行政法通论》，中国法制出版社1998年版，第524~525、527~528页。

行政主体间的契约四类。① 还有学者主张在行政诉讼中也存在并应允许有和解(契约)。②

在我国台湾地区，1999 年 2 月 3 日公布的《行政程序法》以专章的形式明确规定了行政契约制度，其内容大体沿袭德国行政程序法关于公法契约的规定，这些内容主要有：行政契约的界定与类型、缔约程序、生效要件、无效事由、契约指导与协助、契约调整与终止、契约执行、损失补偿与准用民法规定、救济等框架性之规定。在我国香港，行政机关同普通的私人一样可以签订契约。但在某些方面，行政机关签订的契约仍有特殊的规则。如在契约的强制方面，法院不得针对政府颁发禁制令或具体履行令，但是可以颁发命令。③ 在我国澳门特别行政区，有专门的行政契约制度。《澳门行政程序法 X1994 年)对行政契约有共 11 条的专章规定并特别强调下列合同尤其属于行政合同范畴：公共工程承揽合同、公共工程特许合同、公共事业特许合同、博彩经营特许合同、继续供应合同、为直接公益提供劳务之合同。除此以外，立法还涉及行政合同的使用、行政当局在合同关系中的权力、合同形成的程序、共同订立合同人的选择、竞投、合同方式、合同的效力、合同给付内容的强制执行、合同争议的仲裁等内容。④

(二)传统行政存在局限

传统行政即依靠行政权力手段而为的行政，它强调权力主体对权力客体的支配，表明了行政机关与公民之间的关系是支配与被支配的关系。在行政管理过程中，行政权力手段的应用，使得公民不论对行政机关的做法有何异议，是否愿意接受行政机关所施加的义务，都必须服从。如果有争议往往只能通过诉讼或其他救济手段寻求事后的弥补与安慰。在此种方式的行政中，公民的意愿未能得到充分的重视。从表面上看，似乎会有效率，行政机关可以凭借国家强制力来保障法律和行政决定的执行。然而，如果仅仅依赖权力手段来行政，它至少有以下几种弊端或局限：

与参与型行政不相协调。现代行政是民主行政，民主化的程度越来越高，行政程序强调公民的参与。在这样一个民主的时代，通过单方权力方式来实行决策或作出决定，是不明智的。因为它剥夺了行政相对人的发言权，使行政相对人感受不到其权利的行使、对人格的尊重，这可能会使行政决定在人们心目中丧失其权威性、认同性。

与合作行政、服务行政相背离。现代行政不是专制行政、强权行政，而是合作行政、服务行政。不仅人民依赖于行政，行政更依赖于人民，政府与人民的关系犹如鱼与水的关系，离开了人民，政府也就不再是“人民政府”。政府与人民是合作伙伴关系，是朋友而不是敌人。因此，行政的效果取决于行政主体与行政相对人的关系，有赖于行政相对人的合作与支持。同时，行政的宗旨就是服务于民，服务于公益，因此现代行政是服务行政，

---

① 参见[日]盐野宏：《行政法》，杨建顺译，法律出版社 1999 年版，第 136~141 页。

② 此种观点参见[日]南博方：《行政诉讼中和解的法理》，杨建顺译，载《环球法律评论》2001 年春季号。

③ 参见罗德立主编：《香港合约法纲要》，北京大学出版社 1995 年版，第 116 页；又见《政府诉讼条例》第 16 条。

④ 《澳门行政程序法》关于行政合同的规定，参见应松年主编：《外国行政程序法规汇编》，中国法制出版社 1999 年版，第 618~620 页。

行政机关不是高高在上的官僚衙门，不是凌驾于民之上的君王，二者之间的关系不是"油水"关系(从人民处捞取好处)。行政机关应是人民的服务者，它应摆正自己的位置与角色，服务于民，而不能凭借权力压制甚至掠夺被管理者。

可能导致独断专横的个人专制。我国各级行政机关实行的是"首长负责制"。尽管强调民主集中制的原则和工作作风，然而，事实上行政机关的大权往往集中于首长一身，几乎一切决定皆出自首长一人。如果首长个人的意见是错误的，其个人的远见和领导能力与其职位不相匹配，那么，它不仅会导致领导个人的专横武断，而且还会侵害到公民的权益和公共利益，并会使行政机关组织体受到侵蚀。

可能培育敌对的情绪或者不守法的意识。如果只依靠单方的命令手段从事管理，就会导致可怕的恶果：一是不论公民是否认同和服从，行政机关都强迫当事人服从，如此，则在政府与人民之间形成了一种敌对冲突关系，甚至会演化为"以暴制暴"。如果民众普遍不服从，而政府又通过权力手段强力推行，那么行政就变成了"赤裸裸的专制"。二是由于民众的不服从，造成仅凭权力手段无法实施法律和执行行政决定，法律则成了"白条"，法律和政府的权威流失。此情形培育的是人们普遍蔑视法律的情感，法律和行政决定就显得软弱无力。

加大行政成本，降低行政效率。主要或完全依靠行政权力手段来实现行政目的，就必然要扩充行政的组织和人员、配备充足的物质手段，同时还须"加大执法力度"，一旦当事人不履行行政上的义务或稍有不从，就须动用权力工具，如此势必加大行政成本，也会使行政低效化。如果动不动就凭借权力手段，对行政相对人"冷、横、硬、冲"、有问不答、机械执法、方法简单粗暴，当事人的抵触情绪就会更大；而在行政管理中，又会不断寻求更大、更多的权力手段，成本越来越大，有时可能会起一时之效，然而从长远看则犹如通过吸食鸦片来治病一样，效率越来越低，结果只会适得其反。

(三)契约的优势可弥补传统行政之欠缺

将契约应用于行政之中，具有如下优势：

符合现代行政的发展和要求。现代行政是民主行政，本质上以民主宪政为基石，强调追求人民主权、公民权利、人性尊严、社会公正与社会责任等，强调公民参与行政的过程，"在现实世界中，政治就是妥协，而民主就是政治。"①民主充分体现了契约的特色。而契约则是基于双方(或多方)主体地位平等对话、协商和意见的一致，契约的过程又可以说就是民主的过程，契约充分体现了民主的本质与特性，与民主的本质要求具有一致性，它是民主的外在化形式，可以作为民主的对话机制而建立。

现代行政是服务行政，而契约通过平等协商、合意的途径，更体现了服务于民的色彩。现代行政在法定的前提下具有裁量性、主动性、能动性，而契约不仅与"依法"具有相容性，而且作为一种非权力方式更符合行政的这些特性。行政机关可以凭借契约手段灵活应对行政管理过程中出现的复杂、动态的和难以预见的社会问题。

---

① [美]杰弗里·普费弗：《用权之道——机构中的权利斗争与影响》，隋丽君译，新华出版社1998年版，第13页。

现代行政在范围上已不只限于秩序行政领域，给付行政领域、公产管理领域的存在及发展，无疑为契约在该领域中的运用提供了广阔的空间，扩大了契约的应用舞台。

丰富行政的手段。传统行政手段主要是行政权力手段。单一的权力手段不仅不能适应现代民主和现代行政的要求，而且给人们以陈旧之感。当人们面对新问题时如无新的手段可供选择，也就必然会无以应对新的情势。契约为行政主体提供了新的解决方法、新的替代方案，它通过合意使各方满意。为了实现行政的目的和法律的目的，为了实现政府与人民的良性互动，行政主体完全可以针对不同的情势要求和行政关系特点而不断变换方式，从而使行政更加充满活力与效率。

降低行政成本，提高行政效率。由于契约是双方的合意，相对一方也会自觉遵从契约的约定，因为契约的内容本身也是其真实意志的表达，符合其自身的愿望和利益要求。这样，尽管行政机关也付出了一定成本(缔约成本)，但相对于单方权力手段而言，其成本要小得多，且这一成本是为执行法律而不得不付出的成本。然而契约行政，却以最少的成本获取最佳的行政效益。它可以使行政活动更具有效率性，可以减少或及时化解行政争议、节约时间，使行政决定及时有效地执行。

有助于行政主体与行政相对人之间良好合作关系的建立。契约不仅可以避免许多潜在冲突的发生，而且可使行政主体与行政相对人的关系得以改善。在他们之间建立起彼此合作、相互依赖的良性互动关系，对整个社会都会带来有益的影响。“人与人之间相互合作的实现，构成了主体之间的相互尊重和平等对话、人们之间的团结互助和同心协力、民族的凝聚力和社会的持续发展，即主体间的伙伴关系。”①

使行政主体与行政相对人的关系得以稳定化和持续化。契约一旦被应用行政领域中，就必然涉及到两方(或多方)主体：行政主体与行政相对人、其他行政主体与行政相对人或者行政主体相互间的关系。而一旦缔约，一般来说从达成协议一直到实现协议，都表明它们具有“契约关系”，双方将在契约的维系下保持持续、稳定的协作关系，从而有利于行政秩序、社会秩序的稳固化。

促进“依法行政”。契约的应用与“依法行政”是一种互补、互动的关系，二者并不相互排斥。因为，法律本身就是民主的产物，是多元利益主体在利益问题上相互讨价还价、妥协的结果。法律的制作过程和法律的内容都体现了契约精神，因而为了执行作为一种协议的法律，选择契约(协商)方式自然有与之相适应的正当理由。② 契约在行政中的应用是在依法前提下的应用，“行政机关不得通过合同协议的方式扩大法定的活动空间”，它可通过法定义务与契约义务相统一，通过契约责任条款，促使行政机关更好地“依法行政”。同时，当法律没有规定或规定不完善时，它仍遵循着法律的一般原则并使之具体化，填补法律规则的空缺。

一方面，行政契约的应用使行政法律规范通过契约的方式得以广泛宣传，使行政法律

① 叶必丰：《行政法的人文精神》，湖北人民出版社 1999 年版，第 175 页。

② 在经济学视野中，法律本身就是一种契约，一种由于人的有限理性和交易成本而致的不完全契约。为了执行这种抽象的、一般性的契约，通过具体的契约方式使一般性契约具体化、特定化，应是一种较为妥当的选择。

规范具体化，并获得行政相对人的承诺；另一方面，契约在行政中的应用，也不仅仅是手段的作用。契约的应用，将会使契约精神植入行政法之中。契约本质上具有：平等观念、权利观念、自由意志观念(或自愿观念)、义务责任观念、诚实信用观念以及法律约束观念等，这些观念一旦能够在行政领域中形成，契约作为行政法法律文化，将犹如神话中魔幻城堡的少女般妩媚动人。

当然，任何事物皆有其利弊。契约在行政领域中的应用也可能会产生弊端：其一，存在当事人违法或"逃法"的可能。由于契约是双方当事人的合意，在实践中双方就很有可能通过合意而违反法律的规定或规避法律的规定。其二，可能侵害公益或第三人利益。即双方通过"合谋"来达到"双赢"的目的，却是以损害公共利益或第三人利益为代价的。其三，利用契约谋取私利，给腐败分子留下可乘之机。如行贿受贿也可说成是一种契约，然而此种契约是不能为法律所认可的，因为它违背公序良俗、腐化人们的心灵，败坏社会公德。当然，这些弊端的存在，并不能作为我们不得应用契约的理由，我们完全可以建立完善的契约制度，从法律上和程序上加以严格控制以防止此类弊端的出现。

三、前景：契约观念与契约制度的确立

从行政运作的现实来看，行政机关已经大量实际运用了契约方式，此为契约的引入奠定了现实基础。尽管现实与立法相悖，然而这种现实的存在，表明立法已严重滞后、已与现代行政的要求不相适应，出问题的是我们的法律，而不是社会现实和行政现实。法治的实现与我国行政法制的完善，要求必须弘扬契约精神。① 因而，在契约具有明显优势，同时又有着与民主法治的相一致、有着以市场经济为基础的社会条件与环境，而仅凭权力方式来行政又有诸多弊端的情况下，契约的引入就成了理所当然的事情。

(一)契约观念的引入

现代社会，契约观念在吸收了近代契约自由观念的基础上已发展为契约社会观念。契约社会观念包括两方面的内涵：一是契约构造着社会，一切社会关系都可以由契约关系来概括，社会的一切关系都具有契约关系的属性；二是契约必须以社会利益为依托点，以社会利益为其自身的参考系。契约社会观念除以平等观念为前提、自由意志观念为内核、权利观念为基础外，还发展了协作观念、义务责任观念、诚实信用观念和法律拘束观念，② 这些契约观念与民主法治的要求相适应，引进行政领域之中，只会促进"依法行政"的进程，而不会有任何妨碍。针对中国大陆的行政运作和契约应用的现实，我以为特别应强调平等观念、自由意志观念、诚实信用观念和义务责任观念。

---

① 参见马新福：《社会主义法治必须弘扬契约精神》，载张文显、李步云主编：《法理学论丛》(第1卷)，法律出版社1999年版，第627~630页。

② 参见李仁玉、刘凯湘：《契约观念与秩序创新——市场运行的法律、文化思考》，北京大学出版社1993年版，第103~107页。

平等观念。平等观念是现代契约观念的前提条件，也是现代政治和法律的基础。“法律面前人人平等”既应是法律的基本观念，也应是基本的契约观念。然而，在理论的阐说上和实践的态度上，人们总认为，行政上的契约关系(或其他行政法律关系)与民事合同关系(或其他民事法律关系)的不同，就在于行政契约关系中行政机关是行政主体，居于管理者的地位，行政机关与行政相对人的地位不平等；而民事合同则是基于双方主体地位平等而发生的。应该说，“法律面前人人平等”的观念同样也包括了行政主体与行政相对人的平等。在行政法律关系中，正是基于行政机关居于行政主体地位的考虑，法律确定了与其地位、角色相适应的权利义务，法律在行政机关与行政相对人之间公平地分配权利义务。行政机关与行政相对人之间可能在具体的权利义务上不对等，然而权利义务的不对等并不意味着双方当事人的地位不平等。地位的平等既有权利义务对等的法律地位平等，也有权利义务不对等的平等。而且按现代契约理论和契约法的现状，绝对的对价制度实质上已不再存在，契约强调的是双方的相互依赖性。① 因而，权利义务的不对等不能视为双方主体地位不平等的理由。可见，在行政契约或其他行政法律关系中，我们不宜强调双方主体地位的不平等，更不宜强调行政机关的单方特权，而应树立行政机关与行政相对人平等的观念。

自由意志观念。契约是双方或多方当事人的合意，是当事人双方或多方自由意志表示的一致，当事人的真实意愿是契约成立和产生效力的首要条件，并由此形成了契约的自由意志观念。培育政府的契约自由观念是至关重要的。自由意志观念的强调，有利于行政机关尊重当事人的意愿与权利，防止行政机关借契约之形而行强制命令之实。没有征得当事人同意的契约，内容上违背当事人合意的契约，当事人意思表示不真实的契约，采取威胁、利诱、欺诈等方式形成的契约，不应具有法律效力。

诚信观念。契约以信用为基础，它要求当事人恪守承诺，积极履行契约的义务。诚信作为原则已经超出私法领域而进入公法领域。行政机关诚信观念的培育，对中国尤具意义。因为在中国官与民的互不信任情形特别明显和普遍。要改变官民关系无诚信的传统和现实，建立行政机关与行政相对人相互信赖和互助协作的关系，诚信观念的确立乃当务之急。②

义务责任观念。义务责任观念是现代契约观念的重要组成部分，它强调权利与义务的统一和连结，强调平等主体之间的相互义务和责任。在行政法中，义务责任观念的确立，不只是在于行政相对人对行政权力的服从、对义务的履行和对责任的承担，更主要地是强调：行政主体对双方约定义务的履行和守法义务的承担；契约一经成立和生效，行政主体就必须履行契约义务而不得无故毁约；行政主体违约必须承担责任，任何特权、优势地位以及部门利益或地方利益都不应成为免责事由。

(二)契约制度的构建

构建适应中国行政实践的契约制度，大体上可以按正式契约制度与非正式契约制度

① 傅静坤：《二十世纪契约法》，法律出版社 1997 年版，第 237 页。

② 有关诚信观念的展开，笔者将另文专述。

来设计。① 就正式契约制度而言，除立法统一规定契约应用的一般范围、契约方式、合法要件、程序要求、效力制度和监督制度外，还应按适用于不同行政领域中的契约，构建各种不同的契约制度。就此，提出如下三个方面的初步设想：

一是行政组织上的契约制度。行政组织上的契约适用于各种行政机关组织之间、内部机构、人员以及公物间的关系。这类契约包括政府雇员合同、政府采购合同、行政委托合同、行政机关内部的责任书等。该类契约的应用是为了加强内部的管理、协调行政机关之间及内部组织体之间的关系，因而，其自由裁量范围、可供契约应用的空间较大。对这类契约，应设计不同的程序监督和控制以及各种不同契约类型的应用制度，如行政事务外部委托合同的规则就应与内部隶属关系的责任合同相区别。

二是行政活动上的契约制度。此类契约制度主要适用于规制行政和给付行政领域。在规制行政中，如许可管制中的契约、治安管理中的担保协议或责任书、房屋拆迁协议、土地征用补偿协议等；在给付行政领域中，如奖励承诺、给付合同等。在给付行政领域中，可以特别强调契约的应用，契约的方式可以广泛使用；而在规制行政中，则须限定契约的适用范围，如在征税中税款的确定就不能讨价还价，然而对税款的交纳方式、期限等则可通过契约方式解决。

三是行政争议上的契约制度。当行政机关与行政相对人发生争议时，为了化解纠纷、降低成本和追求效率，则可通过“和解”契约解决。这种和解契约不仅是可取代行政行为的替代性契约，而且也可是解决纠纷的互谅互让的协议。在解决行政争议的问题上，我们完全可以跳出“不得调解”的樊篱。当然，针对我国的实际情形，应在制度上建立较为严格的和解制度，以防止因和解而可能出现的弊端。如仅限于自由裁量领域、在实体上不得侵害他人或公共利益，在程序上做出一定阶段上的限制等。

结论：行政权力色彩的淡化

在行政法中强调契约精神，重视契约观念、契约手段以及契约制度，并不意味着完全以契约代替权力。行政权力在行政法中依然存在并发挥其应有的作用。由于契约意味着民主自由、人性尊严、平等、诚信、公正、责任等，因而契约的引入意在善化行政管理活动、软化与淡化权力的强制性、增强政府与人民间的合作，以提高政府为民服务的水准。

（原文刊载于《中国法学》2002 年第 2 期。）

---

① 关于非正式契约制度如行政管理中的讨论、谈判、协商、协调、“君子协定”等，在此则不作探讨。

论行政相对人义务之认赎

李　牧*

摘　要：执法方式的改进和创新是我国法治政府及和谐社会建设的迫切要求。认赎是一种全新的执法方式，透射出鲜明的时代精神，彰显“以人为本”的执法理念。表现在当行政相对人履行义务发生客观困难时，可用其他相埒的义务赎抵或替换原义务的履行，但有严格的限制。前提是该义务具有可替换性，且基于行政相对人自愿主动提出，行政主体为实现行政目的，在法定职权范围内依据一定程序对该申请予以认诺作出。

关键词：行政执法；行政相对人；义务；认赎

一、引言

当下中国正处于社会急速转型的变革期，以行政执法为主导的社会管理日趋复杂，社会风险性亦日益凸显。① 由于行政执法往往触及行政相对人的利益，倘不注意执法方式，极易引致行政冲突。随着现代行政法的发展、行政疆域的扩张及行政任务的多样化，在日趋复杂行政活动中，行政主体全然仰给于传统的强制性执法或压制性执法方式，有时未必见效，不仅预期行政状态无法实现，甚至形成行政相对人与行政主体的激烈对峙局面。且不谈行政主体及其公务人员在执法过程中专横武断，滥用职权，即使是单一、机械的执法方式也可能导致冲突，甚至成为引发“群体性事件”的导火索。此种状态日积月累，不仅严重损害了政府的威信，而且严重削弱了社会的稳定性与凝聚力，容易导致灾难性的后果。

本文由行政执法引发的广泛的社会不稳定和风险因素增多这一实际出发，立足于20

* 李牧(1968—)，男，湖北仙桃人，法学博士，博士后，武汉理工大学法学与人文社会学院院长，教授，博士生导师。湖北省法官检察官惩戒委员会委员，中共湖北省委、省人大常委会等党政机关法律顾问、湖北“十大优秀中青年法学家”。中国法学会行政法学研究会常务理事，湖北省法学会行政法学研究会副会长兼秘书长。主要从事行政法学研究。

① 自1990年代初，社会学家安东尼·吉登斯(Anthony Giddens)、乌尔里希·贝克等提出有关“风险社会”(risk society)的概念和理论，并出版《风险社会：迈向一种新的现代性》(Risk Society：Towards A New Modernity)、《风险时代的生态政治》(Ecological Politics in An Age of Risk)、《风险中的世界》(World at Risk)等论著后，引发了全球范围内相当广泛的讨论。进而有论者指出，我国已步入转型期的“风险社会”，参见夏玉珍、吴娅丹：《中国正进入风险社会时代》，载《甘肃社会科学》2007年第1期。

世纪以还行政法制度和功能发生的结构性变迁，检讨传统行政执法之不足，于高权行政、强制行政之既有理论框架外，重新构筑弱权力行政、非强制行政的空间作一番尝试。由是引发了下述思考：在行政执法中，当行政相对人履行某种义务可能存在履行不力或履行不能的情形时，行政主体是基于“长官意志”而采取“霸王硬上弓”的手段，还是针对个案采取灵活机动的手段给予行政相对人一定的选择自由，即是否允许某种可替代的方式替换原行政法上义务之履践？换言之，为保证行政目的有效实现，行政相对人在特定条件下是否可通过赎回的方式与行政主体协商、合意后选择履践其义务？由此提出“行政相对人义务之认赎”之命题，以期对纾解转型期中国行政法治之困境有所裨益。

二、行政相对人义务认赎界说

（一）认赎的内涵与性质

何谓“赎”？《说文解字》释曰：“赎，贸也。”《玉篇》注云：“质也，以财拔罪也。”《辞源》的前两种释义为：“(1)用财物换回人身自由或抵押品。(2)抵销或弥补罪过。”①《现代汉语词典》的释义为：“(1)用财物把抵押品换回。(2)抵销；弥补(罪过)。”②可见，“赎”含有交换、置换，抵免或抵销(罪过)等之意。从上述解释和相关文献的考察来看，赎与“赎罪”或“赎刑”密切相关。有的词典对此不加区分，如认为赎“指赎罪或赎刑，即我国旧制，统治者规定犯人可用财物代替或抵销其刑罚的制度。”③事实上，赎与“赎罪”或“赎刑”的涵义并不等同。“赎刑”作为古代一种特定的刑名，是以金钱、财物或劳力等抵免刑罚的换刑制度。“赎罪”与“赎刑”并非同一个概念，也不存在严格的从属关系。“赎罪”并非固定的制度，使用范围较为广泛，它既含有法律因素，即与刑罚制度有关，又涉及众多非法律因素。

本文所使用的“赎”采其基本含义，意指交换、替换或抵免。所谓行政相对人义务之认赎(以下称简称“认赎”)系指被课以行政法上义务的行政相对人，由于履行该义务确乎困难，主动向行政主体提出申请，透过协商与合意，行政主体基于行政目的有效实现之考量认诺作出的，由行政相对人依约以其他义务赎抵或替换原义务之履行，以达到与履行原义务相同或基本相同状态的行政行为。④ 该定义揭橥了认赎的如下本质和特性：

1. 认赎是行政主体的认诺行为。相对于传统行政活动中的单方行为而言，认赎之成立，需经由一种类似“要约-承诺”的缔约过程，即相关行政相对人须先行申请并与行政主体协商，取得其同意(认诺)后方可为义务之替代履行。如图：

赎回(相对人申请)⟸⟹认赎(行政主体认诺决定)

① 商务印书馆编辑部编：《辞源》，商务印书馆2002年版，第2975页。

② 中国社会科学院语言研究所词典编辑室编：《现代汉语词典》，商务印书馆2005年版，第1266页。

③ 《法学词典》编辑委员会编：《法学词典》，上海辞书出版社1984年版，第901页。

④ 需要说明的是，本文所指的义务既包括第一性义务，也包括第二性义务。

赋予行政主体认诺之权，一则克服认赎实践中可能出现的任意性及滥用倾向，二则在一定程度上尊重和保证了代表公共利益的行政主体在适用认赎中的主导权或曰“特权”。当然，出于对特权限制的考量，行政主体在认赎中的特权不宜过于宽泛，应以实现特定行政目的必需原则为限；但需避免走向另一个极端，过分削减特权，以致无以维护公共利益，实现行政职能。

2. 认赎是合意行政行为。行政相对人通常以履行义务的行为来直接实现行政法上的权利义务关系，其中包括了经与行政主体协商后履行义务这一重要类型。行政法上权利义务从产生到实现一般不存在双方协商的问题，但有少量特殊权利义务关系具有双方合意性。此类权利义务及其实现方式有一定协商余地，相对人得经与行政主体协商而履行其义务。① 认赎作为合意的行政行为，主要体现于如下两个方面：

其一，内容的可协商性。在认赎中，行政主体与行政相对人之间的特定法律关系，并非依照既定的法规范，而主要在遵从行政法一般原则基础上，透过行政主体的妥协、双方的协商对话而达成之合意以致变动。它以相对人的心理与意识认同为前提，弱化了行政主体的传统优越地位、一定的行政优益权、行政权的控制与支配力等，兼容了私法性。当然，这一可协商性或可接受性，除了来自其内容本身的理由证成外，行政主体还需得到透过同作为承受者的行政相对人间达成共识的理由之证成。

其二，行为的双向互动性。认赎中有关行政法律关系的变动，不仅取决于行政主体，且依相对人的意思而定，传统行政行为所表现出来的单方、单向性特征，在此为双方、双向性所替代。认赎由行政相对人事先提出申请，并由行政主体经一定程序后予以认诺，最后由相对人事后受领即履践替换后义务，庶才发生“结果”，即达成行政目的，经由双向互动与合致，认赎始得成就。

3. 认赎是行政相对人的自为行为。上揭认赎之本质特征乃合意行政行为，自然涵括了行政主体和行政相对人双方的行为，亦即行政主体的认诺行为和行政相对人的自为行为。所谓自为行为包括两个方面，即义务的赎回申请是行政相对人自我主动申请，赎回后的义务是行政相对人亲自履行，而非他人代为履行。前者意味着务必出于本人的自愿，而非受到诱导或强迫，后者意味着不能代履行或代执行。

4. 认赎是弱权力行政行为。② 认赎无需使用强权力手段，相对人透过取得行政主体之认诺并履践所替换之义务，便能够形成行政所期望的行政秩序，其中主要依凭相对人的自觉、自愿发生作用。认赎之申请由行政相对人自愿提出、替代后义务由相对人依约自觉履行；反之，倘符合条件的相对人不提出认赎申请，行政主体不得强行为之。当然，相对人即使符合认赎条件，难以履行义务却又不愿认赎，行政主体因而采取的下一步高权性措

① 方世荣:《论行政相对人》，中国政法大学出版社 2000 年版，第 158 页。

② 室井力教授认为，现代行政它不仅根据权力行为的形式实现其目的，而且也采用极其多种多样的非权力行为的形式。参见[日]室井力主编:《日本现代行政法》，吴微译，中国政法大学出版社 1995 年版，第 12~13 页。但笔者认为，行政行为既然是行政主体行使行政权的行为，则必定是一种权力行为，故不宜将行政行为分为“权力行为”和“非权力行为”。不过，由于权力因素在不同行政行为中程度上有强弱之别，故将权力行为界分为“强权力行为”(高权行为)与“弱权力行为”是适宜的。弱权力行为以柔性、灵活性、弱强制性和可接受性为主要指标。

施(主要是行政强制)，已不属本文探讨的范围。

认赎最明显特征乃是依个别、具体的情势，采用合意、替换之形式以灵活且顺利达成行政目的，而这正是认赎独立价值之所在。当然，认赎并非完全不受权力因素的影响，而与行政权力具有内在关联性，在本质上仍由行政权力所主导，只是行政权主导的程度较传统行政行为为弱。在行政主体认诺后，相对人得反言不予受领或履践，但由此产生的相应责任由该相对人承担。

(二)认赎的适用范围

由于行政相对人被课以的义务具有多种样态，除却直接的金钱缴付义务外，还有诸多以金钱之外形式体现的义务，譬如缴纳某种实物的义务、不为某种行为的义务和容忍义务等等。因此，并非所有行政法上的义务皆可适用认赎，其前提是具有可替换性。认赎的适用范围，通常涵括符合如下特征的义务：

1. 非刚性义务。所谓刚性义务是指那些不能豁免或没有变通余地的义务。这类义务具有高度的依附性或专属性，行政相对人须亲自履行，否则，行政目的就无法实现，公共利益亦难以得到维护。如在我国，夫妻双方必须履行计划生育的义务。又如公民有服兵役的义务，在一般情形下，也许能通过社会劳务等方式代替履行，但在紧急状态下，如战时需要，这种义务就不得以任何形式变通。显然，此类义务不能通过金钱、财物或替换其他义务的方式进行，否则，公平和正义就无从谈起，不仅是公共利益，而且第三人的权益也会间接遭到侵损。只有非刚性义务，或曰非强制义务或柔性义务才有认赎之可能。

2. 具体义务。具体义务往往发生在特定的行政法律关系中，是行政相对人就特定或个别事件被课以的义务。由于不同的行政相对人履行义务的能力和所处的客观环境存在差异，不排除有的行政相对人存在义务履行不力或不能的问题。针对具体情势，若行政相对人主动提出申请，要求用相埒的义务替换履行，该义务也并非刚性义务，且替换后的义务不仅能顺利履行，而且能达到同样的效果，即实现原行政目的，那么行政主体完全可以认赎处理。而抽象义务或普遍义务则不适用认赎。因为，此类义务属于法律规范层面上的义务，是一种法律上的观念义务，亦即非现实的特定义务，尚待一定的法律事实或特定条件出现后才有现实履行的必要。而且，其义务承担的主体是不特定的相对人，涉及面广，具体情形复杂多变，对其认赎既无操作之可能，亦无必要。

3. 实体义务。实体义务是基于行政实体法规范所设定的义务。行政目的实现，公共利益维护，公民权益保障无不仰给于实体义务得以切实履行。实践中，行政纠纷或争议实质是行政法主体间实体权利义务不明确，其最终的解决不仅在于实体权利义务的明晰，更重要的是取决于义务主体能否切实履行实体义务。行政相对人的实体义务还是形成良好法律秩序的重要手段。当行政相对人履行不力或不能时，如果用其他义务能达到原义务同样效果且替换后的义务也有条件履行，那么根据行政相对人的要求对原义务作必要的转换显然有利于形成良好的法律秩序。相对而言，行政程序义务不适用认赎。程序义务最终是为实体上的权利义务服务的，其并不必然要求行政相对人亲历亲为，这是由行政实体法和程序法的关系所决定的。正如有的学者指出：一般情况下，程序法的功能是辅助性的，即辅助实体法功能的实现。程序的启动以实体法的实现为目的，程序运作的终点是实体法目标之最大限度的实现。①

4. 作为义务。由于认赎是行政相对人基于自身履行义务的现实困难提出的，适用认赎的义务不仅应是特定的现实义务，而且应是积极的作为，即作为义务，否则，认赎缺乏可操作性。也就是说，与作为义务相对的不作为义务、容忍义务等消极义务不适用认赎。所谓不作为义务是指不得实施特定行为的义务，容忍义务是指不妨碍他人或者干涉他人作为的义务。前者如不得破坏公共安全设施的义务，不得侵犯他人人身和财产的义务，后者如不干涉他人合法经营权的义务。无论是不作为义务，还是容忍义务，其履行特点在客观上表现相对人"不做出某种行为"的非行为状态，是一种遵守禁令、不妨碍或干涉他人行为的客观事实。就此类义务而言，行政相对人不可能存在履行不力或不能的问题，亦即任何行政相对人都完全有能力履行，也就不存在用其他义务交换或抵免的问题。另外，这类义务产生的依据大都是一些禁令，是行政秩序形成的保障，具有刚性或高度强制性，行政相对人务必严格遵守和履行。因此，惟有作为义务才有可能适用认赎。

三、行政相对人义务认赎正当性之基础

认赎作为一种新的制度设计，并非主观臆想，空中楼阁，其蕴涵着社会最朴素的人文关怀的理念，同时又透射出新的时代光芒。认赎不仅切合行政法的基本原则和精神，而且彰显重要的功能价值。

（一）认赎的时代精神

1. 秩序协商："回应型法"的呼唤。当代社会是一后工业社会、风险社会，行政法作为学术之一分支，而且"系以国家、行政、社会、人民之相互关系为研究对象"，自然无法不受到冲击。对此，行政法而言须有所因应。换言之，行政法的功能定位必须加以调整，② 行政法必须进行现代性转型。对此，以诺内特和塞尔兹尼克为代表的美国"伯克利学派"关于社会变革法律模式的研究和宏观建构，为我们考察认赎的时代背景并展望认赎的未来发展，提供了一种适切的观察方式。

诺氏和塞氏把社会上存在的法律现象分为三种类型："压制型法"、"自治型法"以及作为改革方向的"回应型法"。③ 三类型法之间有一种义理上的进化关系，回应型法乃作为变革方向之规范性模式。从法制的进化过程来看，"回应型法"的出场是具有某种必然性的，是"否定之否定"的产物，它试图调和开放性与自治性，形式正义与实质正义之间的矛盾，将目的的优先性提升到了新的高度。他们认为："回应型法所预想的社会是一种使政治行动者面对其问题、确立其重点和作出必要承诺的社会。""它的独特贡献是要促进

① 杨建顺，刘连泰：《试论程序法与实体法的辩证关系——评"法即程序"之谬》，载《行政法学研究》1998 年第 1 期。

② 翁岳生：《行政法》，中国法制出版社 2000 年版，第 61~69 页。

③ 参见[美]诺内特、塞尔兹尼克：《转变中的法律与社会——迈向回应型法》，张志铭译，中国政法大学出版社 2004 年版，序言。

公共目的的实现并将一种自我矫正的精神铸入政府管理过程。”①作一种工具主义，其“标志是对多种多样的目的和利益的有目的、文明的关注。在回应型法中，秩序是协商而定的，而非通过服从赢得的。”②在我国，“稳定压倒一切”的政治信条始终被奉为为政治生活的第一要务。法律及执法部门在维护稳定秩序方面扮演着重要的角色，但简单的压制(以“堵”为主)难以保持长久的稳定，透过协商、互动等(以“疏”为主)方式才能达致一种良性的、动态的稳定。认赎正是通过沟通、协商而使义务得以顺利的履行，进而形成良好的秩序。作为一种“回应型法”——现代行政法转型的趋势，为认赎之产生提供了宽宏的历史渊源和时代背景，其应运而生，似乎正是对“回应型法”呼唤的一声回应。

2. 对峙消解：和谐社会构建的需要。1990年代以降，重视并推进公共治理模式的变革，已然成为一种引人注目的全球性趋势。在历史的节点上，我国执政党结合日益复杂的社会情势，因势利导地提出了建设社会主义和谐社会的治理“路线图”。在社会捩转和利益多元化的今日，行政以和谐社会为终极追求，但决不意味着利益纷争和对立冲突的杜绝，而在于提供一套行之有效的透过行政法律关系主体沟通、协商与合意定纷止争、达成行政目标的机制。

在我国当前和谐社会构建的进路中，促进政府与公民之间的和谐已变得至为紧要。“公民与政府的合作，是社会和谐的关键。”③近年来，因行政执法引发公民与行政机关的对峙时有发生，一些行政职能部门及其公务人员的行为已成为最大的社会不稳定因素甚或源头。如何减少不和谐因素、消解对峙的发生，已成为和谐社会构建的重要课题。胡锦涛总书记2011年2月在省部级主要领导干部社会管理及其创新专题研讨班上发表讲话时，提出“牢牢把握最大限度激发社会活力、最大限度增加和谐因素、最大限度减少不和谐因素”的总要求。④ 行政执法方式的改进是无疑解决刻下社会管理中出现的诸多问题之关键。和谐社会理念下行政权力的行使，须屏蔽旧有思维，高树以人为本、执法为民之大纛，重视行政相对人的同意、认同要素，强调与相对人的合意与合作，透过合理的制度安排，积极探索更为柔性、文明而有效的执法方式与手段，认赎应运而生。当行政相对人被课以的义务不够合理或行政相对人履行某种义务存在客观困难时，如果行政主体一味采取高压措施，效果可能适得其反，若采认赎的方式处理，则可以消除不和谐因素，有利行政目的实现。注重公民参与和沟通、减少行政摩擦和成本、有利于实现和谐的认赎制度理应得到充分展示，“政是以和”。

3. 人本执法：“以人为本”要求的体现。“以人为本”不仅是我国执政党新时期的执政理念和要求，也是各级政府及职能部门的执法理念和要求。具体在行政执法领域表现为要改进执法方式，尊重相对人的意愿，保障相对人的权益。为此，2010年10月国务院发布

① 参见[美]诺内特、塞尔兹尼克：《转变中的法律与社会——迈向回应型法》，张志铭译，中国政法大学出版社2004年版，第127~128页。

② 参见[美]诺内特、塞尔兹尼克：《转变中的法律与社会——迈向回应型法》，张志铭译，中国政法大学出版社2004年版，第105页。

③ 闫健编：《民主是个好东西——俞可平访谈录》，社会科学文献出版社2006年版，第202页。

④ 胡锦涛：《扎扎实实提高社会管理科学化水平》，载http：//news.xinhuanet.com/politics/2011-02/20/c_121101348.htm，2011年3月2日。

的《关于加强法治政府建设的意见》进一步提出，“完善行政执法体制和机制……改进和创新执法方式，坚持管理与服务并重、处置与疏导结合，实现法律效果与社会效果的统一……行政执法机关处理违法行为的手段和措施要适当适度，尽力避免或者减少对当事人权益的损害。”长期以来，我国行政执法以高权方式为主，行政执法自上而下，强调行政相对人的绝对服从。尽管具有效率上的优势，却并未考虑到行政过程的协商性、民主性，在行政目的之达成效果上缺乏有效的评估。执法方式的改进和创新应突出表现在高权行政方式的减弱，弱权力行政方式的加强。事实上，“强制力逐渐退居幕后已是进步国家法律上的一项特色。”①现代各国政府行政活动中实行民主的手段与方式较以往确有了巨幅变迁，让“粗暴之手”变得略显“温柔”。譬如加拿大，政府深感诉诸单方权力行政之不足，近年来也出现了一些自愿执行方法（means of voluntary execution），作为一种可考虑的选择。②

经验表明，行政主体采用一些权力色彩较弱的非强制性行政方式和手段，促成“非权力行政的增长”，③ 是现代行政法制发展的一个重要趋势。作为弱权力行政行为，认赎是一种典型的“温柔执法”，是一种创新的执法方式，透过提高相对人行政参与程度和参与范围的方式，有助改善行政主体与相对人之间的紧张关系，拉近距离，增进共识，引导和鼓励相对人自觉履行其行政法上的义务，主动参与实现行政目标，彰显了“以人为本”的执法要求。总之，多样化和柔软化的行政手段之采行，客观上既带来了对行政法传统理论构造的省思，也为新的行政法理论的创立提供了例证。认赎这一范畴的提出及进一步确证就是对该论断之最好诠解。

（二）认赎正当性之追问

观察行政执法过程中发生行政争议之背景，不难发现：相对私人权利而言，行政权作为一种公权力处于支配地位，同时又具有不可随意处分的属性。在以“行政权力—相对人权利”作为基本关系的行政过程中，合意之获致是否具有可能性？若法治主义不排斥合意之运用，由于合意之达成或多或少关涉公共利益，则以之为基础的认赎是否构成对公共利益甚或依法行政理念之威胁或侵蚀？质言之，公权力与私权利之间是否存在进行交涉与妥协的空间？应当承认，由于行政权对个体权利而言处强势地位，这一担心无疑是正常的，甚至在某些情势下，此种“合法性困境”是存在的。基于此，笔者认为，在奉依法行政理念为圭臬的行政活动中，在法律原则和规则指引下的协商妥协，与法治主义精神是并行不悖的，即以合意为本质的认赎与依法行政理念之间，是存在正当基础与耦合空间的。

第一，诚如上揭，现代社会利益多元化趋势明显，但多元利益并非决然对立，公共利

① ［英］Dennis Lloyd：《法律的理念》，张茂柏译，台湾联经出版事业股份公司 1984 年版，第 34 页。

② 参见胡锦光主编：《行政法专题研究》，中国人民大学出版社 2006 年版，第 194 页。

③ 参见［日］室井力：《日本现代行政法》，吴微译，中国政法大学出版社 1995 年版，第 13 页。

益具有不可分性和公共性。① 正当的行政法所追求的价值目标应是不断使公益与私益趋于和谐一致，实现二者之平衡。基于实现行政目的之行政行为与相对人间具有共同利益及其实现可能，二者之间存在一致与统一，彼者可以互相转化、相互依赖、互相包含。② 此种统一性无疑为二者提供了利益交换的可能，为行政主体与行政相对人的相互信赖与沟通、互惠与合作提供了前提条件。

第二，尽管依法行政是法治国普遍遵奉之准则，依法行政理念认为，在法无明文规定的情形下，在法律没有赋予政府权力及相对人相应义务的领域，行政主体便不能为高权行政，相对人亦无必须服从其领导之义务。在此种形式的或机械的依法行政理念支配下，是不可能产生以协商、合意为本质之认赎制度的。随着福祉国之兴起，给付行政和参与型行政随之生成发展，以单方命令和强制为特征的传统高权行政存在的领域已大为缩水，现代行政之态样渐向双向互动、平等对话过渡。因此，现代依法行政之意义更多在于依法之基本原则和精神行政。执是之故，政府为优良达成行政目标，体现积极行政和“善治”理念,③ 爰与相对人进行充分协商、对话。这就为合意产生提供了客观条件和空间，使得认赎在实务中可占一席之地。

第三，即便有法律规定，行政主体仍有较大选择行政方式的自由空间。认赎的本质是合意，是协商一致的结果。然而，合意、协商应有如下之预设，即双方尤其是行政主体要有可供协商、合意之畛域，亦即决定和选择之空间。作为行政相对人，对自己所应履行的义务从表面上看并无决定和选择的空间(因行政主体已将义务课于其身)，但在某些条件下，确难履行该义务的相对人，得选择以自身能力所及之另一义务予以替换，否则该义务将一直伴身左右，甚至面临更为严重的不利益状况(如进入行政强制阶段，被课以执行罚等)。而作为职权法定的行政主体，该自由空间又为何？——正是一般裁量下预留的个案正义空间。行政主体得在裁量空间内，行使裁量权以选择协商之方式达到行政目的，从而具备了合意产生之主观条件和内在因子。

第四，从整体意义上的行政过程而言，行政主体透过妥协合意方式行使公权力，并不必然构成对公共利益的颠覆。首先，实质法治主义背景下的认赎并非随意为之，行政主体越权或滥用职权的行为受到法律原则和程序等的拘束；其次，在行政执法资源有限性的条件下，行政主体在某一个案中所进行的有限妥协或让步，并不能与牺牲公共利益相等同，倘若适当的妥协和让步能节省更多执法资源，而产生更大收益，有效达成行政目标，这样的妥协便可得到正当化；最后，正式行政程序的较高成本，不仅制约着行政主体，也制约着私方当事人，一个理性当事人不大可能怀着“损公肥私”的预期而进行博弈。因此，公共利益考量并不必然排斥以合意为基础的认赎在行政执法中的运用。

① [美]罗尔斯：《正义论》，何怀宏、何包钢、廖申白译，中国社会科学出版社 1988 年版，第 257 页。

② 叶必丰：《行政法的人文精神》，湖北人民出版社 1999 年版，第 144 页。

③ 政府与公民之间的良好合作，从全社会的范围看，善治离不开政府，但更离不开公民。参见俞可平：《治理与善治》，社会科学文献出版社 2000 年版，第 11 页。“善治”之本质在政府与公民对公共生活的合作治理，是双方利益实现的最佳状态；认赎是基于双方主体地位平等的对待，协商和合意而成立的，体现出的自愿、合作、信赖等精神与善治理念是协调、切合的。

由此可见，协商、合意在行政法中存在不仅是可能的，且有较大的容许空间，而灵活高效的认赎制度适用于行政执法实践，不仅是可欲的，而且也是可以正当化的。执是之故，认赎与依法行政理念不仅具有内在天然的亲和性，且作为一种弱权力方式更符合行政之现代品格。诚然，认赎一经实定法明文规定，其合意本质与依法行政原则之内在紧张关系即告化解，二者之内容耦合遂成现实，这也是本文所吁求的现实目标之一。

四、行政相对人义务认赎之成立要件及实践瞩望

(一)认赎之成立要件

作为行政法上一种重要的法律行为或制度，认赎须符合一定规则和程序，否则不成其为认赎。

1. 行政相对人被课以义务且难于履行。行政相对人负有行政法上的义务，且由于相对人自身原因难于实际履行，系认赎之前提和第一要件。该前提要件涵括正反两层意思：其一，若相对人并未被课以行政法上的义务，即并非当然的义务主体，认赎便失去了适用基础和启动条件，认赎乃无从发生。其二，行政相对人必须履行义务，即须将义务由法律上的抽象形态变为实际的物质形态，认赎只是义务形态之转换，而非义务之灭失，于行政相对人而言，认赎并未消解其物质或精神负担。

关于行政相对人难于实际履行义务这一要件。在行政执法实践中，可能出现承担金钱缴付义务的相对人因有特殊困难，确实难以缴纳或按期缴纳罚款的情况，如因遭受地震、火灾、冰灾等不可抗力造成重大财产损失，而难以履行金钱给付义务。此种情势下，相对人并非主观上拒不履行义务，而是客观上缺乏实际履行能力和条件。换言之，相对人难以履行金钱给付义务应主观客观方面两者皆具：主观上愿意履行，客观上难以履行。当然，客观方面之判准，需经一定程序作成，如相对人的申请及行政主体的审查、核算等。

2. 行政相对人提出认赎申请。在具备上述条件后，行政相对人若希冀行政主体适用认赎，便可向有关行政主体提出认赎之申请。该申请系行为申请，性质类似于行政许可之申请，请求行政主体采取某种行为。基于认赎程序的正式性，相对人原则上应以书面形式提出申请。

在申请认赎时，行政相对人须承担公开必要信息并接受监督的义务。就承担金钱给付义务的相对人而言，其须释明自身财产状况(据实报告财产)的义务。相对人的实际履行能力，不能仅凭其简单声明加以认定，也不能仅因为未发现可供行政主体处分的财产就加以认定；相反，须由相对人透过全面披露自己的财产状况，包括有形财产以及与他人共有的有形财产，知识产权、债权等无形财产以及与他人共有的无形财产，债权、债务及最近所为之财产处分，以证明自己并不具有拒不履行的主观恶意。也就是说，相对人对于自己无法实际履行或只能部分履行行政法上义务的主张，负有提供证据加以证明的义务。行政相对人释明财产状况，有助于行政主体认定相对人是否存在不履行法定义务的主观故意及发现相对人的财产，从而始终确保行政主体在认赎程序中的主导性地位。

申请是相对人获得认赎程序主体资格的前提条件，系认赎程序之发起。认赎的程序性

法律关系由特定行政相对人单方行为即可直接形成，行政主体对相对人之请求行为，须履行予以答复的程序义务。

3. 行政主体基于裁量、合意之认诺。行政主体在适用认赎过程中拥有一些不言自明的权力，这些权力即使并不知会相对人，行政主体也当然享有，因为这些权力是依行政法的普遍性规则而取得的。其中最主要的便是行政主体之裁量权及基于裁量的认诺。在认赎中，除却实质性要件外，还应具备程序要件，而取得行政主体的认同或认诺，即是该要件的内涵之一。从实体方面考察，行政主体认诺后，先前为请求的相对人进而转变为认诺的受领人，受领人得透过认诺使行政主体接受其提出的特定条件，该条件是为后行为(即履行认赎后义务)之前提。认诺具有安定性、明确性和信赖保护之功能。认赎之认诺具有行政法上的意义，行政主体一经认诺即应受其约束。但由于认诺是给行政相对人提示下一步的处理或行为，蕴涵一定临时性，因而认诺不若行政行为最终处理那样的严格约束力。在认诺生成前，行政主体依然保有要求履行义务的权力根据。行政主体基于裁量而作出的认诺必须说明理由并以适当方式公开之，此乃行政程序之基本要求。

合理的程序规则是保障弱权力行政行为目标合理和过程合理的前提性要素。一般而言，认诺前的如下程序规则，是行政主体应予遵循的：

(1)审查程序。该程序的主要内容是了解有无认赎必要、相对人是否具备认赎条件、申请内容是否属于认赎适用范围等，为嗣后作出的判定提供依据，其重点是调查相对人是否确难履行义务。倘行政主体经实质审查或合理判断，认为相对人的申请理由不成立的，予以驳回，要求相对人继续履行原义务；若经审查，符合认赎条件的，则进入下一程序。

(2)协商程序。该程序主要是通过协商、对话，达成履行替代义务之合意。合意是认赎的本质之一，并以其作为发生法律效果的条件。从广义上而言，认赎本身即体现“协商正义”，协商注重的是过程，而合意则是希求的结果。协商旨在最大限度的进行信息互通、寻求共识、协调行动、预杜冲突，进而实现彼此间的信任与合作。

(3)核算程序。以承担金钱给付义务的相对人为例，应比照其所承担的原金钱给付义务，将所认赎的非金钱义务估算、核算为等价的金钱数额，再确定其应履行义务的期限或力度等。

(4)说明理由和申辩程序。说明理由程序主要是让社会公众和利害关系人知悉认赎理由及主要内容；而申辩程序主要是给予利害关系人和其他相关人不同意见的表达机会，同时也出于预防相对人出尔反尔造成认赎不成之考量。此二程序规则旨在保护第三人的权益，注重公众参与和资讯公开，避免神秘主义，使认赎更为科学、合理，不至成为“工具理性”。

在完成以上程序后，行政主体基于裁量权，便可正式作出认诺，并以书面决定的形式通知义务相对人。对于上述程序的基本内容，行政主体皆应有详细记载，尤其是通过调查所获取的讯息，应记录在案，以备查考。

4. 行政相对人履践认赎后义务。在将认赎作为公权私法化的方式之后，便应将意思自治作为基础要件予以保障，倘达成之合意得不到承认和保护，则认赎失其意义。因此，当认赎一经成立并生效时，无论是行政主体抑或行政相对人，其结果均应产生相应拘束力。于前者而言，应尊重认赎终结性的行政法效果，遵循一事不再理原则，完结认赎程序；于后者而言，则应产生强制性的效力，意味着认赎后义务必须得以履行。倘相对人在行政主体认诺后，并不依约履践认赎后的义务，则行政主体可进入或恢复行政强制阶段，因为此时相对人具有主观恶意，不再具备认赎成立的主观条件，理应承担相应责任。

5. 认赎合乎法律规定与公共利益。作为一种灵活实现行政目标的手段，认赎是当事人之间协商合意的以解决问题为中心的非对抗式法律行为。同时，作为一种行政法律行为，理应受到公法规范的规制，受到法治理念和行政目的支配与调整，遵循行政法治之基本原则；特别是作为一方主体的行政主体，行使公权且代表公益，其对权力的处分须有法律上的限定，须遵循法律之基本精神，“在事实与规范之间”达致平衡，否则将会导致权力滥用甚至被“走私”，破坏法律体系的完整。行政主体只能以组织法赋予的职权(职责)为畛域，与相对人协商认赎事宜，不得利用该形式扩大其权力，不得僭越职权范围随意决定认赎问题，否则即构成违法。

从根本上而言，法律规定和公共利益考量是高度统一的，受法律约束就是受立法机关认为必要的公共利益之约束。公共利益是所有行政活动的理由的界限所在，也是行政机关追求的大众福祉与私人追求的大众福祉有关的利益的区别所在。① 公共利益是行政法之核心范畴，是行政法适用、解释和权衡的普遍原则。行政活动的目的是社会公共利益和公民个体利益，二者需一体保护，而基本目标便是公共利益的最大化。认赎以相对人权利和社会公共利益为优位考量，自然应合乎公共利益。如在涉及国家安全等管制领域，应限制认赎之适用。

(二)认赎之实践瞩望

“给予法律制度生命和真实性的是外面的社会世界。”②在我国行政实践和公共选择中，已出现了认赎之若干萌芽，但离成型和标准化尚有较远距离。笔者自揆认赎在未来投入法治实践中的可能形式，大致如次：

1. “社区服务”。“社会服务令”本是欧美国家比较通行的惩治轻微犯罪的办法。如英国最早在 1973 年《刑事法庭权力法》中创立“社区服务”(Community Service)这一刑种，即法官可以判令被告人进行无偿的社区工作，弥补因其违法行为给社会和个人造成的损害。法官根据被告人所犯之罪的严重程度和主观恶性的大小，判处其进行一定时间量的无偿社区劳动。社区服务制度逐步引入行政法领域，如我国香港、澳门地区在交通违例处理规定了“社区服务”制度。我国内地也有立法尝试，如 2010 年 8 月 1 日起实施的《深圳经济特区道路交通安全违法行为处罚条例》就有“社会服务”的规定。该《条例》第 42 条规定，“机动车驾驶人违反道路交通安全法律、法规被处暂扣机动车驾驶证处罚的，可以申请参加有关部门安排的社会服务，提供社会服务一个小时折抵暂扣机动车驾驶证一天”。应当指出，该法规虽有较大创新，是一次“珍贵的立法尝试”，但结合本文探讨的认赎制度，似尚有进一步完善之处。如根据该《条例》，社会服务所替换的只是“暂扣机动车驾驶证”这

① [德]汉斯·J. 沃尔夫、奥托·巴霍夫、罗尔夫·施托贝尔:《行政法(第一卷)》，高家伟译，商务印书馆 2002 年版，第 323~324 页。

② [美]弗里德曼:《法律制度》，李琼英等译，中国政法大学出版社 2004 年版，第 17 页。

一处罚方式，决定了其适用的较大局限性；但其提供的思路和指向，值得深入研究。如社会服务不应局限于替换暂扣机动车驾驶证这一处罚，还可替换罚款等义务承担方式；又如对酒后驾车、闯红灯等交通违法者，其违规积分达到一定数量时，在自愿基础上，行政主体让违规者为交通协管员之职事，并替代罚款、暂扣(吊销)机动车驾驶证等处罚。

对于交通违规等轻微违法者，若缺乏金钱给付能力，亦无继续危害社会之可能，自愿进行无薪社区服务，替换罚款等行政处罚，方式简便易行，具有操作性，可减轻行政负担，降低执行成本，提高行政效率。社会服务不仅让违法相对人无偿付出劳动，受到应有警示，且透过其人身自由不受限制地向社区提供服务这一机会，增强其守法意识和社会责任感，实不失为治标治本之策。社会服务制度的逐步建立和完善，有利于提高对义务相对人教育效果和质量，促进社会和谐稳定，是社会管理创新之体现；而社会服务本身，同时也带有社会化矫治的色彩。

2.“以工代罚”。我国诸多城市为市容市貌、卫生清洁计，实行“重典治痰”政策。如《南京市环境卫生管理条例》第 31 条规定，乱倒污水、乱倒乱掏粪便、随地吐痰、便溺、乱扔废弃物的，责令改正并得处以 50 元以下罚款，情节严重的得处以 200 元以下罚款。立法者相信，在直接涉及金钱的处罚之下，吐痰现象必将减少。然而，有一种情况需加以考量，即在实际执法过程中，吐痰者(暂时)拿不出一定数目罚款，但又不至于被处以拘留等行政处罚，则如何是好？——此处便可适用认赎。在深圳市整治乱丢垃圾行动中便出现过一真实案例：某人乱丢垃圾，按章应罚款 50 元，因身上无钱可罚，个人意愿捡三条街的垃圾抵罚，并获允准。① 该案给予我们的启示甚有价值：倘吐痰者无力支付罚款(即使数额并不大)，但自愿以清洁卫生等行为代替行政处罚时，不妨许可并提倡。许多城市泛滥的“牛皮癣”现象亦如此，在治理“城市牛皮癣”时，有的地方便以令其清理某个区域的小广告的行为替代单纯的罚款处罚，效果明显，极具推广价值。

此外，对于某类特殊人群(如所谓“弱势群体”)的轻微违法行为而被课以的罚款，“以工代罚”可予考虑适用。譬如相对人生活水平低于当地最低生活保障水平，维持生活正常水平困难等情形下，其被课以罚款缴付义务，则可申请适用认赎，以实际工作所创造的价值替代罚款。

在某些特殊时期，如自然灾害过后的恢复重建时期，如我国 2008 年和 2010 年先后发生的四川汶川地震、青海玉树地震，“以工代罚”则特别适用。一方面，由于绝大多数相对人因灾人身财产损失甚巨，确难履行行政主体课以的金钱给付义务(主要是罚款)，加之行政主体自身的设施设备损毁严重，人力物力财力紧缺，行政处罚亦难有效实施；另一方面，灾后恢复重建时期，灾区建设任务甚为繁重和紧迫，行政主体便可优先采择认赎方式，以避免矛盾激化，维护灾区稳定，更为重要的是，利用义务相对人的经验和技艺，进行灾区建设，如进行房屋重建，卫生清洁，道路、水利、电力、通信基础设施修复等工作。事实证明，透过一定形式的协商，不仅实现了法律秩序，维护了相对人的权利，还在行动中让公民接受并重塑守法理念。②

---

① 小石潭：《治痰可用“行为罚”》，载《江南时报》2003 年 5 月 31 日。

② 卢剑峰：《试论协商性行政执法》，载《政治与法律》2010 年第 4 期。

3.“以工代征”。认赎之“以工代征”形式系义务相对人以自身经验和技艺等为基础，从事房屋构筑、工程建设等劳动，以劳务所体现的金钱价值，替换被行政主体课以的行政费用缴纳义务。此种实现形式系受我国一种行之有效的行政扶持政策——“以工代赈”之启发。

《国家以工代赈管理办法》规定，“以工代赈，是指政府投资建设基础设施工程，受赈济者参加工程建设获得劳务报酬，以此取代直接救济的一种扶持政策。国家安排以工代赈投入建设农村小型基础设施工程，贫困农民参加以工代赈工程建设，获得劳务报酬，直接增加收入。”“以工代赈”的适用主体是“受赈济者”、“贫困农民”，即具有劳动能力但自身经济条件较差，需透过国家投资建设的工程、开辟或提供的岗位出卖劳力而获取报酬，以资救济，从而取代单纯和直接赈济。该政策不仅注重“扶贫”，更意在“开发”。

借鉴以工代赈这一公共政策精神，认赎得以“以工代征”形式得以体现。“以工代征”意义不仅在“代征”完成行政目的，维护社会公共利益，更可藉以提高其劳动技能，从而降低社会的结构性失业率，有助缓冲社会矛盾，维护社会稳定，实具行政、经济与社会多重意义。

对于行政主体课以行政相对人的实物(主要是动产)征收义务，若相对人难以提供或不愿提供该实物，便可以金钱形式支付。行政相对人以实物形式承担义务的情况在我国法律中是比较多见的，如过去农民上缴公粮的义务、渔民缴纳鱼鲜的义务、养禽专业户交纳禽畜的义务等，此类实物给付义务基本上都可以金钱或有价证券形式折抵、替换，此即“以金代征”形式的认赎。

当然，认赎还可能具备其他表现形式，譬如“以金代为”，行政强制中的代执行即属“以金代为”(其实质是当事人将行为义务转换为金钱义务)，只是代执行中相对人的义务转换属被动行为而非认赎之主动行为。

五、行政相对人义务认赎之规制

构建认赎这一全新行政执法模式，亦伴有制度风险。对当下中国而言，认赎之实践并非有百利而无一害，也具有一定限度，并存在问题和弊端，主要是认赎之滥用。

“开放性意味着宽泛地授予自由裁量权”，以便行政主体的行为可以保持在“灵活、适应”的状态。① 作为行政裁量直接运用的一种制度选择，认赎制度本身存在一种内在紧张：为行政主体能动性发挥、行政相对人权益扩大保障及行政效率提高计，法律授予裁量；为监控行政权力滥用计，却不得不统制裁量。从权力属性看，行政权本身意味着一种支配力，基于责权统一原则，行政主体在享用支配权的同时具有同等之职责。作为一种未型式化和开放性的行政行为，认赎在实务中易退化为机会主义，造成“公法遁入私法”现象，假借私法方式规避公法约束，进而沦为行政主体合法推诿应负职责(行政不作为)之口实，侵损相对人的权益或第三人利益。更令人忧惧的是，因双方的不合理勾连，行政主体“裁

① 参见[美]诺内特、塞尔兹尼克：《转变中的法律与社会——迈向回应型法》，张志铭译，中国政法大学出版社2004年版，第85页。

量专横”，认赎决定动机不纯(如基于私谊、裙带关系或其他非正当目的)，从而滥用认赎，便利双方获致私利，最终妨碍认赎制度之建构和发展，反增权力异化的机会。

在行政权力的扩张中，以运行方式灵活、范围幅度模糊为特点的自由裁量权，时常假借同样模糊但堂皇的公益标签寻租，给法律评价的明晰化带来了新的挑战。行政自由裁量权的扩张，同时也对政府提出了更高的法律上和伦理上的要求。因此，20 世纪以降的法治主要是“防范滥用自由裁量权”。① 然而，“法治所要求的并不是消除广泛的自由裁量权，而是法律应当能够控制它的行使。”②尽管统制裁量权并非行政法之全部功能，但规范和控制行政裁量权毕竟是行政法的最重要功能。行政裁量的存在及控制，恰与认赎及其规制形成对照。故此，对认赎滥用之规制即为对裁量之统制。笔者以为，在此至少需考虑以下内外两方面的措置。

(一)认赎之立法规制

外部监控是行政权以外的其他权力或权利，亦即行政系统之外的外部力量，对行政裁量所进行的制约和监督。对认赎滥用之规制，需加强对裁量权行使全过程以精细化监控，及时有效地保证行政执法中适用认赎的严密性、合法性和正当性。如此，行政裁量的“自由”受到统制，认赎之适用就能够有益于优良行政和公正执法。

1. 透过立法确认认赎之合法性。针对我国行政过程中存在的执法资源短缺、执法不力及“执行难”等问题，以立法承认并确立认赎在行政执法中的适用，不失为一个务实和明智的选项。在此，包括在立法中对认赎的适用范围和条件，认赎申请、认诺的法律效力、基本程序规则等方面作出明确规定，从立法上限缩裁量范围，为其提供必要制度保障。刻下正在进行的行政程序立法以及未来的规范裁量权立法，为将认赎制度引入我国行政法，将其上升为“型式化之行政行为”提供了契机。需要指出的是，规范化和制度化虽可防止行政过程中认赎之制度变异，但法律的规制不能以损害认赎本身之灵活、便捷、高效等价值为代价。

2. 加强行政程序立法，确保认赎有程序可循。行政程序，是行政法实施的动态过程。在公民参与和合作的时代，行政程序乃是最为重要的法律程序。行政程序所具有的控制行政恣意和保证理性选择的特点，恰好满足了“权力—权利”衡平的内在需求，是保障认赎目标与过程双重合理的前提要素。行政程序的完备与否，被认为是衡量现代行政法是否完善的一个重要标志。严格而规范的行政程序之法定及其控制，在统制行政裁量权方面具有其他法律规范无可比拟的优势，于行政主体正确适用认赎、防杜滥用特具重要意义，乃是我国认赎法制化的着力点之一。

(二)认赎之行政自制

外部制约固然是更有效的方式，但单纯的外部控制并不能确保自由裁量权实现行政正义，需寻求内部的自我监督和拘束作为补充。行政自制是行政主体对自身违法或不当行为

① ［英］威廉·韦德：《行政法》，徐炳等译，中国大百科全书出版社 1997 年版，第 55 页。

② ［英］威廉·韦德：《行政法》，徐炳等译，中国大百科全书出版社 1997 年版，第 55 页。

的自我控制，包括自我预防、自我发现、自我遏止、自我纠错等一系列下设机制，① 其首要功能指向在于弥补以单纯的他制为手段的制约模式之不足，完善行政权的控制机制，形塑完整的监控体系。行政自制不失为确保行政裁量既能与整个行政组织和国家改革的目标保持和谐，又能确保其与民主社会中公民的权利欲求保持一致的有效方法。② 对认赎之行政自制，可从多方面加以考虑：

1. 透过法律原则拘束认赎之适用。行政主体固然可不拘于形式法治主义执法，但认赎作为极具灵活性的弱权力行政行为，其被滥用的危险性较传统行政行为更高，而行政主体所承担的风险更小；且认赎处于相对无责任、无条件状态下，通常的行政救济手段亦难发挥作用，因此法律原则可更好发挥对认赎之控制和约束机能。法律原则可有效规范行政主体裁量权的行使，克制行政主体的潜在恣意倾向，并为认赎的适用提供价值指引。当具体法律规范无法对行政活动的每一细节作出规定时，透过自愿原则、比例原则、平等原则、信赖保护原则等构筑的权利保护与权力制约机制，要求行政主体平等对待相对人，尊重相对人意志，保护相对人权益，保证行政权行使的合理性和公正性。采择认赎方式的行政主体有责任确保过程和结果之平等性、公正性与公平性，使之在实质和程序上悉与公共利益保持一致。因此，适用认赎应受到依法行政原则和合行政目的性原则之拘束，只能在法律及行政目的性要求等构筑的框架下得以有限实施。

2. 严格依照程序适用认赎，实现程序理念控制。兼具合法性和合理性约束的法律程序，本身就是对行政权的规制。当法律明确规定了认赎程序时，行政主体在适用认赎时，须认真履行法定程序，强化程序保障，不得故意不启动程序、拖延履行程序或为程序履行设置阻障。在尚无法定程序或法定程序不明确、不具体的情况下，行政裁量权本身蕴涵着程序是否启动的可能性和具体的选择，亦应体现所谓正当程序的要求，如回避、听证、调查、告知、说明理由、听取意见等。尤为重要的是，为防杜行政主体与相对人的不当交易而侵害第三人利益或公共利益，认赎之过程应保证透明公开，反对神秘主义。同时，这也为权力机关和社会团体及新闻媒体的监督创造便利。

3. 提升行政人员的素质，实现认赎之道德内控。行政是人的活动，认赎的运用是透过行政人员规范的行为得以直接实现的。行政自制的基本动力，源于政府及公务人员的自我修为、理性责任意识和行政职业伦理，尤其是服务相对人的现代行政理念及善治理念。执法人员适用认赎并实现自制，在很大程度上仰赖于其自身对法治的体认，仰赖于“官念”的转变，以及主观能动性的发挥。

（原文刊载于《法学评论》2012 年第 5 期，人大复印资料《宪法学与行政法学》2013 年第 1 期全文转载。）

---

① 参见崔卓兰、刘福元：《行政自制——探索行政法理论视野之拓展》，载《法制与社会发展》2008 年第 3 期。

② 参见崔卓兰、卢护锋：《行政自制之途径探寻》，载《吉林大学社会科学学报》2008 年第 1 期。

行政法学视角下的我国个人信息保护立法初探

肖登辉*

摘　要：行政法学视角下的个人信息保护研究，具有重要理论意义与现实意义。与“个人信息”具有基本相同的含义并为各国立法使用的其他概念主要有“个人资料”、“个人数据”、“个人隐私”三种。本文倾向于“个人信息”的提法。控制行政权力、保护行政相对人的个人信息权是个人信息保护的行政法基础。行政信息公开与个人信息保护会发生冲突，其根本原因在于它们据以建立的权利基础迥异，前者是行政知情权，后者是个人信息权。个人信息保护法与行政信息公开法的关系应加以合理厘定。

关键词：个人信息；个人信息保护；行政法；行政信息公开

我们正生活于一个信息无比发达的社会，正行进在一个权利高度张扬的时代。在信息社会，各类信息琳琅满目、纷繁芜杂，令人眼花缭乱、应接不暇，人们往往形象地称之为“信息大爆炸”。在五彩斑斓的信息大观园中，个人信息独树一帜、异常夺目，因为它与我们每一个人的权利都密不可分，可谓“息息相关”。我们每个人一生往往要填写不少表格，这些表格记载着我们许许多多的个人信息。个人信息的触角已经伸向社会的各个角落。随着权利意识的不断增强，人们越来越重视对于自身个人信息的保护。在我国，已经有全国人大代表提交了关于个人信息保护法的议案，据悉该法目前已列入我国有关部门的立法规划之中。在当下中国，通过专门立法保护公民个人信息势在必行。个人信息保护法既涉及民法学，又涉及行政法学，是法学领域一个跨学科的重要问题。本文试图从行政法学视角围绕我国个人信息保护立法的若干问题进行初步探讨。

一、行政法学视角下的个人信息保护研究之意义

个人信息既大量为公共部门所收集，又经常为私营部门所获取。许多国家的个人信息保护法同时适用于公共部门与私营部门。行政法学视角下的个人信息保护研究，具有重要的理论意义与现实意义。

首先，行政法学视角下的个人信息保护研究，可以拓展我国行政法学的研究领域。经

---

* 肖登辉(1980—　)男，湖北仙桃人，法学博士，华中师范大学法学院副教授、硕士生导师，宪法学与行政法学教研室主任，国家公派美国埃默里大学法学院访问学者，主要从事行政法学与教育法学研究。

过近二十多年的发展，我国行政法学取得了较大成就，这是有目共睹的事实，毋庸赘言。但是，不容忽视的是，显著成就的背后还有很多不足。其中，最大的不足莫过于我国行政法学总体上仍然是行政法总论之学，部门行政法学先天不足、后天失调，目前已经有许多学者注意到了这个问题。因此，发展部门行政法学已成当务之急。在德国，个人信息保护法主要属于行政法学的研究对象。① 但是，我国行政法学界一直以来极少有人关注个人信息保护问题。可喜的是，目前已有不少行政法学者开始关注个人信息保护。

其次，行政法学视角下的个人信息保护研究，可以深化行政信息公开理论研究和完善相关立法。当前，行政信息公开问题不仅在理论上仿佛变得炙手可热，而且在实践中俨然已成燎原之势。行政信息公开已经不再仅仅是理论话语，已经逐渐成为现实立法。继广州率先制定关于行政信息公开的地方规章后，各地同类规章层出不穷，全国性的《政府信息公开条例》也已经颁布实施。

我国行政信息公开立法从无到有，成就斐然。既然是新鲜事物，它难免存在诸多不足之处，其中一个重要方面就是对公民个人信息的保护明显不足。这一现象已经引起了部分学者的重视。《广州市政府信息公开规定》的负责起草人之一、中山大学法学院刘恒教授认为："与目前世界上公认的信息公开立法最完善的美国比较，其政府信息公开立法由《情报自由法》、《阳光下的政府法》和《隐私权法》组成，虽然在框架性内容方面，如公开内容、公开方式、公开程序、监督与救济、法律责任等方面，《广州市政府信息公开规定》与之具有相同或相似的内容，但某些内容还是有所缺失的，如政府信息获取方向的法律规定、政府信息存储管理与内部传递方面的法律制度等，尤其重要的是有关公民隐私权保护内容的缺失，使得仅靠单一的《广州市政府信息公开规定》是不能全面完善地保护公民的知情权利的。"②此种问题非《广州市政府信息公开规定》所独有，其他同类规定也是如此。

对于行政信息公开制度而言，公开是原则，不公开是例外，这是行政信息公开的基本原则之一。一般而言，国家秘密、商业秘密、个人信息等属于公开的例外。因此，毫无疑问，行政信息的不公开就涉及个人信息的保护。可见，在行政信息公开制度中，个人信息保护举足轻重。现行立法之所以在个人信息保护上存在重要缺失，与理论研究上有欠深入不无关系。一直以来，理论界较少有人关注到行政信息公开中的个人信息保护问题。因此，加强个人信息保护研究，无论是对于深化行政信息公开理论研究还是完善相关立法都具有重要意义。

再次，行政法学视角下的个人信息保护研究，可以为制定个人信息保护法提供理论支撑。世界上许多国家都已经建立了保护公民个人信息的法律制度。例如，瑞典早在1973年就制定了《资料法》，专门对公民个人信息加以保护。美国也于1974年就已经制定了《隐私权法》。迄今，无论是大陆法系国家还是英美法系国家，纷纷在个人信息保护方面

---

① 参见[德]汉斯·J. 沃尔夫、奥托·巴霍夫、罗尔夫·施托贝尔：《行政法》第1卷，高家伟译，商务印书馆2002年版，第87页。

② 晓明：《教师本职，学者使命——刘恒教授访谈录》，载《法学家茶座》第10辑，山东人民出版社2006年版，第97~98页。

出台了相关法律。据不完全统计，世界上已经有50个国家制定了个人信息保护法。有的国家甚至专门对行政机关持有的个人信息的保护实行单独立法，譬如，日本既制定了《个人信息保护法》，也制定了《关于保护行政机关所持有之个人信息的法律》与《关于保护独立行政法人等所持有之个人信息的法律》。理论是行动的先导。从行政法学角度研究个人信息保护具有重要的现实意义，它将有利于推动我国相关立法。

二、个人信息保护的行政法基础

个人信息保护不仅植根于民法，而且深切关涉行政法。“个人数据法的制定应当说在我国信息安全的保证上起着十分重要的作用，它实际上兼跨民事和行政两个法律领域。电子商务、电子税务、电子银行等方面的法律规范，均有待于个人数据法的制定和完善。”①

如上所述，在德国，个人信息保护法明确属于行政法的范畴。发生于1983年的“人口普查案”是德国个人信息保护法发展中的重要里程碑。该案的起因是德国联邦政府在1982年颁布了《人口普查法》，计划在全国范围内对公民进行全面的信息收集，拟定收集的信息范围包括人口、职业、住所和工作等几乎全部个人信息。德国联邦政府的《人口普查法》立刻引起了很多人的反感，在其4月1日生效前，有人提起宪法诉讼要求宣告《人口普查法》违宪。1983年12月15日，德国联邦宪法法院最后做出判决，认定该法有违宪情况，并做出具体处理：违宪部分无效，其余部分修改后施行。“存储与修补个人信息的技术手段目前掌握在政府手中，注意到这种‘在实践中不受限制的’技术手段，德国联邦宪法法院将一次联邦人口普查延后了近四年之久，原因是人们在1983年《人口普查法》中的某些条款中感到了其滥用的潜在可能。”②该案直接涉及公民的个人信息保护问题，虽然是由德国宪法法院审理的案件，但是，它所反映的正是行政权力与公民权利的矛盾，也就是公共利益与个人利益的关系。行政法正是调整一定层次的公共利益与个人利益关系的部门法，因此，个人信息保护与行政法关系密切。

“自从近代民族国家诞生，其渗入公民生活的企图就从未停止过。国家权力渗入公民生活的重要手段就是对个人信息的收集。”③出于履行职责的需要，政府大量收集和处理个人信息。随着电脑以及互联网络的迅速发展，人类跨入信息社会，社会对信息的依赖性越来越强。个人信息成为信息社会的一种重要社会资源。政府为了各种行政目的，开始利用计算机等现代科技对个人信息进行大规模地自动化收集与处理。

哪里有权力，哪里就有可能出现权力的滥用，行政权力更是如此。因此，行政权力必须受到法律的控制。行政法的宗旨在于通过控制行政权力以保障行政相对人的权利。个人信息保护制度的理论基础之一就是控制行政权力，保护行政相对人的个人信息权。具体而言，行政机关在收集、利用个人信息以及公开行政信息的过程中可能侵害行政相对人的个人信息权。行政相对人的权利不仅包括财产权，也包括人身权。个人信息权是行政相对人

---

① 郑成思著：《知识产权——应用法学与基本理论》，人民出版社2005年版，第77页。

② [美]玛丽·安·格伦顿：《权利话语》，周薇译，北京大学出版社2006年版，第89页。

③ 齐爱民：《论个人信息的法律保护》，载《苏州大学学报》(哲学社会科学版)2005年第2期。

所享有的一种人身权，更具体地说，属于人格权。行政相对人所享有的人格权可以分为物质性人格权与精神性人格权两类，个人信息权属于精神性人格权。

三、我国个人信息保护立法名称之遴选

从世界各国的立法来看，与个人信息具有基本相同含义的其他概念主要有“个人资料”、“个人数据”、“个人隐私”。有的国家采用“个人信息”的称谓，例如，韩国 1999 年《公共机关个人信息保护法》、日本 2003 年《个人信息保护法》、《关于保护行政机关所持有之个人信息的法律》、《关于保护独立行政法人等所持有之个人信息的法律》等；有的国家采用“个人资料”的称谓，例如，瑞典 1973 年《资料法》，法国 1978 年《资料保护法》、挪威 1978 年《个人资料保护法》、冰岛 1981 年《有关个人资料处理法》、芬兰 1987 年《资料保护法》、英国 1998 年《个人资料法》等；有的国家采用“个人数据”的称谓，例如，奥地利 1999 年《联邦个人数据保护法》、德国 2003 年《联邦数据保护法》；有的国家采用“个人隐私”的称谓，例如，美国 1974 年《隐私权法》、以色列 1981 年《隐私保护法》、加拿大 1987 年《隐私权法》、澳大利亚 1988 年《隐私权法》、比利时 1992 年《个人资料处理时保护隐私法》等。通观这些国家的立法，虽然在立法名称上有所差异，但其立法意旨基本一致。

在我国，除了个人信息的提法以外，还同时存在着个人资料、个人数据、信息隐私等其他一些类似提法。例如我国台湾地区学者许文义先生在其个人专著《个人资料保护法论》中一直采用的是个人资料的提法。大陆地区学者齐爱民先生也曾经一直主张采用个人资料的概念，并明确反对称之为个人信息、个人隐私，其观点颇具代表性。其理由主要是：个人信息是个人资料的内容，个人资料是个人信息的物化形式。个人信息的表现和存在方式是多种多样的，并不一定表现为个人资料，没有物化成个人资料的信息大量存在，比如一个人自然表现出的个人属性。对个人资料进行立法保护的目的在于保护以个人资料形式存在的个人信息，而并不是所有的个人信息。① 但需要说明一下的是，齐爱民先生后来改变了个人资料的提法，而采用了个人信息的提法。②

概念其实也只是事物的一个符号，但是选择一个恰当的符号也是一件重要的事情，它有利于准确表达一定的内涵。正所谓，名正言顺。对于上述几种提法而言，笔者倾向于“个人信息”的提法。主要理由如下：

第一，从词的本义上看，信息和资料之间是有差别的。首先，资料是一种客观存在的事物，而信息则是资料经过处理后可以提供为人所用的内容，能够直接起到识别的功能，是有价值的。并不是所有的个人资料都能够成为法律保护的对象，只有具有价值的能够为人所用的资料，也就是信息，才能够成为被保护的对象。个人信息这一概念准确地表达了所要保护对象的特点，具有识别效果和资源价值。个人信息必然是个人资料，但个人资料未必是个人信息。其次，个人资料的财产属性较为明显，而个人信息主要体现的则是人格

① 参见齐爱民：《论个人资料》，载《法学》2003 年第 8 期。

② 参见齐爱民：《拯救信息社会中的人格——个人信息保护法总论》，北京大学出版社 2009 年版。

属性。个人信息保护法所保护的正是个人信息权这一人格权。

第二，在我国法律中，较少出现数据的概念，它主要在技术领域使用，比如数据交换、数据库。“个人数据”称谓的专业技术性过强，不利于指代一个普通的法律概念，也不利于为人们所了解与使用。

第三，采用个人信息的称谓与信息社会的时代背景更为契合。我们正处在蓬勃发展的信息社会，信息化是不可阻挡的历史潮流。在这样的信息社会，信息的作用较之以前愈发重要，其价值日益提升。在现实生活中，“信息”一词的使用如同铺天盖地一般，大至国家机关设置，小至市民生活，涉及面也非常之广，使用频率非常之高。例如，国务院设有信息化领导小组，国家部委中专门设有工业和信息产业部，国务院和地方设有信息化办公室。我们可以使用搜索引擎予以验证：使用google搜索“个人信息”，约有224000000项符合的查询结果，而使用google搜索“个人资料”，约有141000000项符合的查询结果。显而易见，前者的使用数量是后者的1.5倍有余，其使用频率更高。

第四，“信息”概念已经为立法机关所初步接受，正式成为了一个法定术语。许多现行法规中都在使用这一名词。比如，《信息网络传播权保护条例》、《互联网信息服务管理办法》、《计算机信息网络国际联网安全保护管理办法》。又如，全国不少地方都已经出台了政府信息公开规定，国务院《政府信息公开条例》也已经颁布实施。我国刑事立法已经先行一步。2009年2月28日第11届全国人民代表大会常务委员会第7次会议通过了《刑法修正案(七)》。该修正案第7条规定如下：在刑法第二百五十三条后增加一条，作为第二百五十三条之一：“国家机关或者金融、电信、交通、教育、医疗等单位的工作人员，违反国家规定，将本单位在履行职责或者提供服务过程中获得的公民个人信息，出售或者非法提供给他人，情节严重的，处三年以下有期徒刑或者拘役，并处或者单处罚金。“窃取或者以其他方法非法获取上述信息，情节严重的，依照前款的规定处罚。“单位犯前两款罪的，对单位判处罚金，并对其直接负责的主管人员和其他直接责任人员，依照各该款的规定处罚。”这应该是“个人信息”的提法首次进入国家法律之中。从法制统一的角度而言，我国个人信息保护立法采用“个人信息”的提法更为适宜。

第五，信息隐私或者资讯隐私的提法固然揭示了个人信息与隐私之间的密切联系，但是，它没有突出个人信息与个人之间的关系。进而言之，它没有揭示个人信息是可以识别出个人的信息这一根本特征，因而，它们都不如个人信息恰当。

当前，国内许多学者研究个人信息保护立法，笔者孤陋寡闻，所见的立法草案主要有两种，一是由重庆大学齐爱民教授提出的《中华人民共和国个人信息保护法示范法草案学者建议稿》，二是由中国社科院周汉华研究员提出的《〈个人信息保护法〉(专家建议稿)》。两种草案尽管有许多相同与不同之处，但在名称上都选择了“个人信息”的提法。

四、个人信息保护法与行政信息公开法的关系之厘定

个人信息保护法与行政信息公开法是两种不同的法律，二者最大的不同之处在于各自的立法宗旨。个人信息保护法的立法宗旨是保障公民的个人信息权，而行政信息公开法的宗旨则在于保障公民的行政知情权。因此，一般情形下，个人信息保护法与行政信息公开

法各行其志。但是，尽管个人信息保护法与行政信息公开法立法宗旨迥异，由于个人信息保护法所规范的一个重要部分是行政机关所持有的个人信息，因此，个人信息保护法与行政信息公开法无法分割开来，二者必然存在密切联系。“仅就政府机关而言，个人信息保护与政府信息公开在许多情况下可以说实际上是同一个问题的两个方面。”①在一般情形下，个人信息保护法与行政信息公开法并行不悖。但是，在特殊情形下，即某种信息(如个人房地产登记信息)既属于个人信息又属于行政信息时，如果一方当事人要求不公开而另一方当事人要求公开，此时，个人信息保护法与行政信息公开法就容易发生冲突。

随着电子政务的发展，政府信息公开法与个人信息保护法的冲突更加激烈。这种冲突实际上是行政知情权与个人信息权之间的冲突。这种冲突是发生在两种不同权利之间，是一种权利冲突。正如我国大陆地区学者胡建淼、马良骥所言：“行政机关在保障公众知情权，促进政府管理透明化的同时，可能侵害到公民的个人信息自决权和公民的隐私权。”②中国台湾地区学者李震山也提出：“政府机关管理庞大个人资讯，在要求‘政府资讯公开’与‘知的权利’的民主认知下，是否会侵及个人资讯隐私权，值得重视。”③

在处理个人信息保护法与行政信息公开法之间的关系上，各国立法主要有两种做法：一种是分别立法，大多数国家采取的是此类做法。例如，美国不仅制定了《信息自由法》，也制定了《隐私权法》。又如，日本不仅有《行政机关拥有信息公开法》，而且有《个人信息保护法》、《关于保护行政机关所持有之个人信息的法律》与《关于保护独立行政法人等所持有之个人信息的法律》。美国与日本虽然没有采取两法合一的立法模式，但在执法机关上实现了两个制度之间的统一和整合，由一个共同的机关来负责两个制度的实施。在美国，承担该职责的机关是司法部信息与隐私办公室。在日本，承担该职责的机关则是信息公开与个人信息保护审查会。另一种是统一立法，即在同一部法律中同时规定个人信息保护与行政信息公开制度。例如，匈牙利的《个人数据保护与公共利益数据公开法》，俄罗斯的《俄罗斯联邦信息、信息化与信息保护法》，南非的《信息公开促进法》，泰国的《官方信息法》，都同时规定了行政信息公开与个人信息保护制度，实现了两法合一。

笔者认为，尽管两法合一在一定程度上可以节约立法资源，但是，由于两部法律在宗旨上实在是大异其趣，不适宜共存于一体。就现实而言，我国《政府信息公开条例》已经颁布实施，因此，我国实际上已经实行了分别立法的做法。尤其需要引起注意的是，《政府信息公开条例》第 14 条第 4 款规定：“行政机关不得公开涉及国家秘密、商业秘密、个人隐私的政府信息。但是，经权利人同意公开或者行政机关认为不公开可能对公共利益造成重大影响的涉及商业秘密、个人隐私的政府信息，可以予以公开。”虽然没有直接使用

① 周汉华著：《个人信息保护法(专家意见稿)及立法研究报告》，法律出版社 2006 年版，第 64 页。

② 胡建淼、马良骥：《信息技术发展带来的法律新课题——〈个人信息保护法〉研究》，载《科学学研究》2005 年第 6 期。

③ 李震山：《论个人资料之保护》，《行政法争议问题研究》上册，台湾五南图书出版公司 2000 年版，第 672 页。

“个人信息”或者“个人信息保护”的字眼，但该条规定事实上已经在政府信息公开与个人信息保护的关系上做出了一定规范。这一规范还比较模糊，将来制定的个人信息保护法应该与行政信息公开法律制度有更好的衔接。

（原文刊载于《武汉大学学报》（哲学社会科学版）2011 年第 3 期。）

民法典编纂与中国民法学体系的发展

王利明*

摘　要：民法学理论体系的发展与民法典编纂相互促进、密不可分。民法学研究所形成的民法学理论体系，对民法典编纂具有体系构建、概念和术语的确立、制度安排和规则设计的作用。民法典编纂将促进民法学学科的体系化、价值体系的完善、民法学研究的发展、现代化和法律解释学的体系化发展。中国民法学的主体性意识即问题导向意识、本土意识、实践意识、时代意识和创新意识，在民法典编纂中得以提升。民法典编纂推进中国特色的民法学理论体系的发展，包括民法价值、民法内容、民法体系、民法解释学和民法方法多元化发展。

关键词：民法典编纂；民法学体系；价值体系；主体性意识

改革开放四十年，是我国经济快速发展的40年，是社会全面进步的40年，更是民法迅速发展的40年。40年来，伴随着改革开放进程，我国民法学理论也从一片荒芜的土地逐步变成为一个百花盛开、草木繁茂的花园。我国民法典将在2020年颁布，中国民法学的研究也将迎来一个振兴、发展、繁荣的新时期。在民法典编纂过程中，每个民法学人确有必要思考，我们是否有必要创设中国特色社会主义民法学体系？如何创建这样一个体系？鉴于这一问题的重要性，本文拟对此谈一点粗浅的看法。

一、民法典编纂需要民法学研究提供理论支撑

民法典是“社会生活的百科全书”，是市场经济的基本法，是市民生活的基本行为准则，也是法官裁判民商事案件的基本依据。但法典不是立法者主观臆断的产物，而是法律科学长期发展的结果。艾伦·沃森曾言：“在法典化的前夜，民法法系里的英雄人物是法

---

* 王利明(1960—　)，男，湖北仙桃人，法学博士，教育部长江学者奖励计划特聘教授，第一届十大杰出青年法学家，中国人民大学常务副校长，中国人民大学民商事法律科学研究中心专职研究员，中国人民大学一级教授，博士研究生导师，哈佛大学访问学者，国务院学位委员会法学学科评议组成员兼召集人，中国法学会副会长，中国法学会民法学研究会会长，主要从事法学方法论、民法总论、商法理论、物权法、债与合同法、侵权行为法研究。

学家，而非法官。”①在罗马法时代，法学家的学说构成了罗马法的重要内容。例如，《学说汇集》和《法学阶梯》几乎都是由法学家的著述构成。在中世纪罗马法复兴后，法学家对罗马法的解释在许多国家成为对法院具有拘束力的法律渊源。② 在近代民法典编纂阶段，由于没有既有的法典作为蓝本借鉴，《法国民法典》等法典的制定都大量地参考和借鉴了法学家们的学说和理论成果。各国学者对罗马法进行注释、整理，将散乱的、矛盾的规则体系化。这一过程实际上极大地推动了民法制度的研究和构建。例如，《法国民法典》三编制立法体例的形成就前后经历了多马、波蒂埃、布尔琼、波塔利斯等人的理论发展。《德国民法典》的五编制模式也是从注释法学派开始，经过萨维尼、海瑟、温德沙伊德等人的发展，是德国数代民法学者的智慧结晶。英国学者梅特兰在评价《德国民法典》时指出：“我认为从未有过如此丰富的一流智慧被投放到一个立法行为当中。”③《瑞士民法典》草案第一稿实际上就出自于欧根·胡贝尔之手，甚至被认为是胡贝尔的一部个人作品。④

我国民法典的制定同样需要民法学的理论支撑。诚然，法典的制定是立法者的工作，但民法典体系的构建很大程度上要借助学者的努力。民法典绝不仅仅是立法者的工作，还需要民法学者积极参与、建言献策，这也体现了立法和学理之间的良性互动。正如《德国民法典》的起草人温德沙伊德所指出的：“立法者的思想同其他人一样，并不完美，只是尝试，所以需要立法者以外的人参与思考法典，以此作为帮助和补充；同时，还需要委任一些人正确认识并适用法典的内容。”⑤从欧洲民法典的历史发展来看，法典在制定前期就应有足够的理论准备。例如，《法国民法典》的制定虽然最后只花了 4 个月的时间，但是此前康巴塞雷斯已经提出了数部详细的民法典草案。⑥ 在我国民法典制定过程中，许多学者都提出了建设性的意见和建议，对我国民法典的制定具有重要的参考价值。可以说，学界通过向立法机关提交学者建议稿、草案修改意见以及重大疑难问题的论证报告等，积极推动了民法典的编纂进程。立法的每一个步骤、每一个环节都凝聚着广大民法学者的心血，牵动着无数民法学者的神经，也为民法学研究提供了许多新的课题。特别是自十八届四中全会提出编纂民法典以来，广大民法学者积极投入民法典编纂的理论研究，从我国实际情况出发，在借鉴比较法经验的基础上，总结我国的立法和司法实践经验，提出了各种切实可行的规则设计方案，为民法典编纂规则设计提供了合理的选择，也提高了法典的科学性和可操作性。所以，民法学理论体系的发展与民法典编纂是相互促进、密不可分的。

---

① [美]艾伦·沃森：《民法法系的演变及形成》，李静冰、姚新华译，中国法制出版社 2005 年版，第 236 页。

② 参见[美]约翰·亨利·梅利曼：《大陆法系》，顾培东、禄正平译，法律出版社 2004 年版，第 59 页。

③ [德]茨威格特、克茨：《比较法总论》，潘汉典、米健、高鸿钧、贺卫方译，法律出版社 2017 年版，第 276 页。

④ [德]茨威格特、克茨：《比较法总论》，潘汉典、米健、高鸿钧、贺卫方译，法律出版社 2017 年版，第 313 页。

⑤ [德]霍尔斯特·海因里希·雅克布斯：《十九世纪德国民法科学与立法)，王娜译，法律出版社 2004 年版，第 111 页。

⑥ 参见石佳友：《法国民法典制定的程序问题研究》，载《比较法研究》2015 年第 3 期。

民法典是一国法治文明发展到一定高度的产物，代表着法治文明的发展水平。要制定出一部高质量的民法典，在一定程度上就取决于民法学研究水平的高低。这就需要广大学者为颁行民法典提供理论准备和智力支持，在这个过程中也必然会促进民法学的发展。法典化的必要准备就是民法学的充分发展，而民法学的发展又为民法典编纂提炼出一套科学合理的概念、术语、体系，这是法典化赖以支撑的骨骼和结构。通过民法学研究所形成的民法学理论体系，对民法典体系的构建具有如下重要作用：

第一，体系构建。法典化就是体系化，民法典体系主要包括两个层面：一是形式体系，又称为外在体系（Ausere Systematik），它是指篇章节、基本制度的安排等。形式体系包括了"从单纯的字母或者数字排序，到根据所规定事项而进行的教条式抽象，最后发展为一个完善、复杂和富有系统性特征的秩序，这是一个严格的逻辑公理式演绎过程（ogical-axiomatic deduetion）"。① 二是实质体系，又称为内在体系或价值体系（Innere Systematik），② 它包括法律的价值原则等内容。内在体系是指贯穿于各单个法律制度之中的内在价值体系，也时常表现为民法的原则、精神、理念。内在体系与外在体系的区分首先由利益法学派的代表人物赫克（Heck）在20世纪30年代提出，③ 在此之后，得到了众多民法学者的认同。但立法体系与理论体系存在密切的联系，立法体系往往以成熟的学说体系为基础。民法学研究为构建民法典体系提供了科学的理论体系。古罗马时代的法学家著作，如《法学阶梯》《学说汇编》等，都对民法典体系的形成作出了历史性贡献。尤其是德国潘德克顿学派对罗马法进行了体系化的整理，抽象出物权、债权的概念，并从合同、遗嘱等意思表示中抽象出法律行为的概念，在此基础上构建出民法总则，进而形成了由民法总则与分则具体制度构成的民法典体系。我们要制定一部科学的、彰显时代精神和时代特征的民法典，关键在于建立科学合理的民法典体系。而在我国民法典制定过程中，民法学者对民法典的体系构建，尤其是人格权编和侵权责任法的独立成编，合同法总则是否可以替代债法总则等问题展开了充分的讨论，这些都为民法典编辑提供了智力支持。

第二，概念和术语的确立。潘德克顿学派强调概念形式主义（Begriffformalismus），主张民法典应构建一个"概念的金字塔"，④ 这显然过度地夸大了概念的重要性。但民法典的形式体系要求民法的概念、规则、制度构成具有一致性的整体，相互之间不存在冲突和矛盾。法典所使用的概念不仅要具有准确性、科学性，而且还应当具有一致性。这就是说，法典所使用的各项概念是一以贯之的。尽管某一概念在不同上下文语境中可能存在表述差别，或者具有不同内涵，但它的内容具有相对的恒定性和确定的内核，同一概念在不同语境下不应存在相互冲突的现象。按照德国学者施瓦布的看法，建立"一个协调的、按抽象程度逐级划分的概念系统"构成了法典化的基本前提。⑤ 梅利曼指出，"民法典"科学

① Franz Bydlinski，System und Prinzipien des Privatrechts，Wien：Springer，1996，S. 9-17，64-65.

② 参见王泽鉴：《法律思维与民法实例》，中国政法大学出版社2001年版，第225页。

③ Vgl. Heck，Begriffsbildung und Interessenjurisprudenz，Tübingen：Mohr，1932，S. 9.

④ ［德］阿图尔·考夫曼、温弗里德·哈斯默尔主编：《当代法哲学和法律理论导论》，郑永流译，法律出版社2013年版，第162页。

⑤ 参见［德］施瓦布：《民法导论》，郑冲译，法律出版社2006年版，第19页。

化的程度，决定着在实体法、一般法理以及关于民法总则或一般原理课程中所使用的概念和原则统一的程度。① 法学家创造了民法学的诸多概念，将这些概念组合成具有逻辑性的制度，并将这些制度整合成一个逻辑体系。我国民事立法除了借鉴民法学中具有共识的概念、术语之外，也结合我国国情，在吸收学理营养，总结司法实践的基础上，进行了一些概念和术语的创新。例如，《民法总则》中规定的民事权益、自愿原则、特别法人、非法人组织等；《合同法》中所规定的建设工程合同、技术开发合同、技术咨询合同、技术服务合同等；《物权法》中所规定的权利人、集体所有权、私人所有权、建设用地使用权、土地承包经营权、宅基地使用权等。上述概念并非法律移植的结果，而是从我国实际出发所创设的法律概念和术语，应当为我国民法典所吸收。

第三，制度安排。民法典的体系化也体现为制度的体系化。民法学“首先追寻于对法律体系的分解或者寻求法律的基本原则，通过多种方式对法学方法进行完善，从而对法律体系进行再安排使之形成有机的体系。”②民法学研究为构建民法典体系提供了成熟的具体制度。民法典体系化的过程，需要运用各种民法学研究方法对各项规范、制度进行研究，进而形成民法典的体系。因此，民法典编纂除了要构建一个科学合理的体系外，还需合理设计并妥当安排体系内各个具体法律制度。妥当的制度安排应当具备如下特征：一是完备性(comprehensiveness)。所谓完备性，是指民法典规范平等主体之间人身关系和财产关系所应有的制度应当是齐备的，而不应当出现基本制度的缺漏。③ 二是内在一致性(coherence)，即各项制度相互之间具有内在的逻辑联系，不存在相互冲突、矛盾等现象。法典应当消除法律漏洞、模糊性和内在的矛盾。④ 科学合理的民法制度有助于减少各项制度之间的体系冲突，从而增强民法具体制度的适应性和民法典体系的一致性。⑤ 三是科学性。这就是说，民法典的各项制度应当能够准确反映社会生活的客观规律，然后以抽象但逻辑严密的制度安排规范各种社会生活关系，以理性价值判断确立普遍的行为规则。四是符合民法的公平正义、保障私权等价值。制度的安排应当追求一定的价值目标，这一价值目标也是立法者在立法时所应追求的目的。例如，为了让市场在资源配置中发挥基础性的作用，就有必要在制度设计中充分彰显私法自治的价值，对一些管制性色彩过浓的规范，以及对个人权利限制过多的规范进行必要的修改和调整；为了充分体现民法公平正义等价值，制度的设计也要回应和关切各方的利益诉求，寻求各方的利益平衡。⑥ 良好的制度设

① 参见[美]约翰·亨利·梅利曼：《大陆法系》，顾培东、禄正平译，法律出版社 2004 年版，第 73 页。

② Nader Hakim, “autorite de la doctrine civiliste franais au XIXE siecle, Preface de Michel Vidal”, LGDJ, 2002, p. 156.

③ 参见石佳友：《民法典的立法技术：关于〈民法总则〉的批判性解读》，载《比较法研究》2017 年第 4 期。

④ 参见 Martin W. Heselink, The New European legal Culture, Deventer: Kluwer, 2001, p. 11。

⑤ 参见陈聪富：《韦伯论形式理性之法律》，载《清华法学》(第 2 辑)，清华大学出版社 2003 年版，第 33~61 页。

⑥ 参见薛军：《民法典编纂：平衡守成与创新、界分科学与政治》，载《财经年刊：2019 预测与战略》。

计有助于助力个性的张扬和自由的发展，提升创造力，发扬人文精神，这是民法制度的核心功能之一。此外，良好而公允的民法制度设计，还有助于鼓励守信，促进合作，降低人与人之间的交往成本。① 所有这些都需要借助于民法学理论研究成果的支撑。

第四，规则设计。任何一项规则都不是立法者凭空设计的，都应当有一定的理论和实践依据。如何系统总结社会生活和司法实践的经验，并将其上升到法律规则层面，是民法学研究所承担的重要任务。民法学研究为民法典的科学合理的规则设计提供智力支撑。一方面，民法学的任务首先是要研究民法规范的内在规律，从社会生活实践中总结、归纳、设计出良好的规则，并以理性价值判断确立普遍的行为规则，从而用以调整社会生产与生活交往关系，建立社会生产与生活的法律秩序。② 当然，民法典并非包罗万象，而应是原则法，以尽量低的语言成本表达尽量多的规范意义。③ 另一方面，民法学应当确保所提炼和设计的民法规则科学、合理。法的功能在于通过规范实现特定的目的和价值，④ 民法规则也应当体现和彰显自由、平等、公平、权利保护等民法的基本价值，从而实现民法规则内在价值上的合理性；⑤ 同时，民法规则也应当具有逻辑性、确定性，各项规则之间不存在冲突，每一项规则都有一个真实的含义，努力消除民法规则模糊性和内在冲突、矛盾，从而实现民法规则外在形式上的合理性。⑥ 此外，应当把组成民法的法律规范作为一个完整的体系来研究，在民法规则滞后于社会生活实践，或者存在其他不合理之处时，民法学研究应当提出具体的完善建议，从而确保民法规则的科学性。

总之，民法典编纂是一项浩大的工程，涉及许多重大的理论和实践问题。市场经济的发展和改革开放的深化，对民事立法提出了新要求。我国民法学积极回应了实践的需要，从我国实际情况出发，在借鉴比较法经验基础上，总结我国立法和司法实践经验，提出各种切实可行的规则设计方案，为民法典编纂提供理论支持和智力准备，提高法典的科学性和可操作性。

二、民法典编纂将为振兴和发展民法学提供历史机遇

民法典编纂为振兴和发展民法学提供前所未有的历史机遇。因为编纂民法典绝不是一项普通的立法活动，而是一项重大的国家战略，需要凝聚广大民法学者的智慧，动员民法学者积极参与。在民法典制定的每个环节和过程中，民法学者都需要思考和探索。在民法典编纂过程中，就一些重大疑难问题展开的争议，只要是在民法学的平台上进行讨论，本身也会推动民法学理论的发展。从这一意义上说，民法典编纂也为民法学的发展提供了历

① 参见周怡：《信任模式与市场经济秩序》，载《社会科学》2012 年第 6 期。

② 参见陈姓：《论民法典形成机制的时代性与科学性》，载《法学杂志》2015 年第 6 期。

③ 参见李绍章：《法律之戒》，知识产权出版社 2013 年版，第 5 页。

④ Vgl. Rahl, Ist die Rechtswissenschaft überhaupt eine Wissenschaft? . Vortrag Bremen. 2005; Ruthers/Fischer/Birk, Rechtstheorie, Manchen: Beck, Rn. 290, 296.

⑤ 参见米健：《比较法学导论》，商务印书馆 2013 年版，第 241 页。

⑥ ［德］霍尔斯特·海因里希·雅克布斯：《十九世纪德国民法科学与立法》，王娜译，法律出版社 2004 年版，第 11 页。

史机遇。另外，法学是一门体系性的科学，立法进程可以影响某一学科的形成进程。① 法典的目的在于表达一种清楚的结构和整个法律规则与原则，以促进法律的内在和谐，并且为教学、司法和立法的发展提供概念、制度框架。因此，民法典的颁行必然会促进民法学的发展，民法学的发展要始终与民法典的编纂和修订相辅相成、相互促进。

具体而言，民法典编纂对民法学理论体系的影响主要表现在以下几个方面：

一是促进民法学学科的体系化。已经向全民公布的民法典各分编草案是以民事权利为中心构建的，即由物权、合同债权、人格权、婚姻家庭中的权利(亲属权)、继承权，以及对权利进行保护的法律即侵权责任编所构成。这表明民法本质上是一部权利法，民法典分编通过全面保障民事权利，全面体现和贯彻法治的价值。另外，这一体系构建也是我国多年来民事立法和司法实践经验的总结。我国《民法通则》在民事权利的列举中，重点规定了物权、债权、人格权等权利。民法典分编实际上是对《民法通则》施行以来我国民事立法传统的继承和发展，这一体系是对潘德克顿五编制体系的重大发展。尤其是通过将人格权和侵权责任独立成编，有利于克服潘德克顿体系的"重物轻人"的体系缺陷。② 从比较法上来看，教科书的展开经常受到法典体例的影响，民法典的体例通常就直接决定了民法学教科书的结构。③ 因此，在民法典颁行以后，民法典体系的构建必将对民法学体系产生重大影响。例如，传统大陆法系侵权责任被置于债编之中，也不存在独立的人格权缩，但由于我国民法典将采纳独立的人格权编和侵权责任编，这一体系必将影响到民法学体系的构建。未来我国民法学体系就应当以民法总则、人格权法、物权法、债和合同法、婚姻家庭法、继承法、侵权责任法展开。

二是促进民法学价值体系的完善。从比较法来看，在民法典制定后，社会政治文化背景和经济条件的变迁，也将引起学者对相应制度的价值和合理性的重新审视与探讨。艾伦，沃森指出，民法典的价值理性，就是对人的终极关怀。④ 民法本质上是人法，强化人文关怀是当代民法的重要发展趋势。我国民事立法反映了人文关怀精神，体现了理念创新。传统民法只关注抽象人，并不关注持殊群体的权益。从"抽象人"到"具体人"，"旨在提高市场弱者地位，增强其实现自己意思能力的做法，则更接近于私法的本质。"⑤我国民法典在制定中，充分彰显了人文关怀的精神。例如，《民法总则》宣示对弱势群体利益的保护(第128条)，强化对胎儿利益的保护(第16条)，强化对被监护人的保护(第33条等)等，都体现人文关怀理念。我国《侵权责任法》充分体现了人本主义精神，其基本的制度和规则都是"以保护受害人为中心"来构建，最大限度地体现对人的关坏。我国民法典

---

① 参见杨代雄：《萨维尼法学方法论中的体系化方法》，载《法制与社会发展》2006年第6期。

② 参见王利明：《民法的人文关怀》，载《中国社会科学》2011年第4期；参见石佳友：《民法法典化的方法论问题研究》，法律出版社2007年版，第67页。

③ ［美］艾伦·沃森：《民法法系的演变及形成》，李静冰、姚新华译，中国法制出版社2005年版，第269页。

④ 拉德布鲁赫认为，民法典并不考虑农民、手工业者、制造业者、企业家、劳动者等之间的区别。私法中的人就是作为被抽象了的各种人力、财力等的抽象的个人而存在的。参见［德］拉德布鲁赫：《法学导论》，米健译，中国大百科全书出版社1997年版，第66页。

⑤ ［德］迪特尔·梅迪库斯：《德国民法总论》，邵建东译，法律出版社2004年版，第362页。

草案将人格权独立成编，充分地体现了对人的尊严的保护。正如立法机关所指出的，“人格权是民事主体对其特定的人格利益享有的权利，关系到每个人的人格尊严，是民事主体最基本、最重要的权利。保护人格权、维护人格尊严是我国法治建设的重要任务”。① 这就要求民法学在注重财产权的同时，提升对人格尊严的关注，在注重私法自治的同时兼顾人文关怀，使民法回归到保护人、爱护人、关爱人的本位上。

三是促进民法学理论研究的深化。随着民法典编纂进程的推进，民法学研究的方向和方法都可能因此形成体系化的理论和学说。② 在全面深化改革中，编纂民法典提出许多需要解决的重大问题。如关于宅基地使用权的转让，土地承包经营权的抵押，农村土地“三权分置”的探索，集体经营性建设用地入市制度改革，住宅建设用地使用权到期后的自动续期规则等，都为民法学研究提出了新课题，促进了民法研究的发展。民法典和民法学是相互影响的。民法典内容纷繁复杂，其每一编、每一章、每一节，甚至每一个具体规范的设计都给民法学者提出了需要深入思考和研究的课题。一般来说，法条背后越是有深厚的理论支持，便越具有科学性，也越能够有效解决实践中的争议。因此，民法典既需要民法学配合，也为民法学的发展提出了问题，提供了广阔的空间和舞台。即使就研究方法而言，民法典编纂也会推动体系化这一重要法学研究方法的发展，为民法学的发展提供了素材和动力。

四是提升民法学的现代化。民法典在制定过程中，必须努力回应中国的现实需求，彰显时代精神和时代特征。这要求民法学就民法典如何回应现实需求展开研究，其本身也会推动民法学研究的现代化。如果说 1804 年的《法国民法典》是一部 19 世纪风车水磨时代民法典的代表，1900 年的《德国民法典》是 20 世纪工业社会民法典的代表，那么我们的民法典则应当成为 21 世纪大数据、信息社会民法典的代表之作。因此，我们的民法典不应是照搬《法国民法典》《德国民法典》，而应回应 21 世纪互联网时代和高科技时代的现实需求，回应信息社会的挑战。我国民法典的制定积极同应了 21 世纪的时代需求，彰显了时代特征，凝聚了更多的价值共识，在研究对象、研究工具等方面进一步拓展，聚焦民法典规范和我国现实需求之间的互动关系，关注以问题为中心的多元综合治理机制，发掘民法与其他治理工具之间的相互关照和独有价值，促使民法学更进一步地具体化、深化和体系化。

五是促进民法解释学的发展。“法无解释不得适用”，未来民法典颁行后，民法典体系的构建将不再是民法学的工作重心，民法学者的主要任务是解决法律适用问题，即对民法典进行解释，从而为法官适用法律和人们遵循法律提供理论依据。我们要从过去注重立法论研究转向解释论研究。法律解释工作应以民法典为中心，围绕民法典的制度、规则展开，而不能脱离民法典进行纯粹的、空洞的解释和论证。因此，民法典编纂既为法律解释学的发展指明了方向，也对法律解释学的未来发展提出了具体要求。这无疑为民法学的发展提供了丰富的研究素材和强大动力。显然法典的颁行会暂时结束一些学术争议，但它又

① 沈春耀（全国人大常委会法制工作委员会主任）：“关于《民法典各分编（草案）》的说明”，2018 年 8 月 27 日在第十三届全国人民代表大会常务委员会第五次会议上。

② 参见封丽霞：《法典编纂论——一个比较法的视角》，清华大学出版社 2002 年版，第 248 页。

为法律解释学的发展注入新的活力，这也为法学研究指明了方向。

编纂民法典是一项举世瞩目的浩大工程，民法学的发展要始终与民法典编纂和修订相辅相成相互促进。随着民法典编纂进程的排进，我国民法学也应在内容和体系上进一步完善，同时也借助于民法典编纂的契机，积极回应民法典编纂中的重大理论和实践问题，并在学习借鉴人类文明的优秀成果基础上，努力构建具有中国特色的社会主义民法学体系。

三、在民法典编纂中提升中国民法学的主体性意识

40 年民法学发展还有一条弥足珍贵的经验，就是我国民法学的发展始终坚持主体性意识，立足中国的实际，回应中国实践需求，解决中国的现实问题，这也可以说是我国民法学发展的基本经验。中国的事情还是靠中国人自己解决，中国的法律也是用来应对中国自身的问题，对中国的国情来说必须是合身合用的。说到底，外国学者所设计的理论体系是从该国的场景出发的，未必都能适应中国的情形。因此，在民法典编纂中，构建具有中国特色的社会主义民法学体系，也需要坚持主体性意识。

所谓主体性意识，就是对我国此时此地的重大社会关切、现实问题和价值取向进行回应。对此，没有办法从国外取得现成经验，只能用中国人自己的智慧加以解决。例如，侵权责任法所规定的高空抛物责任，在西方发生较少，但在我国频发，而因各种原因又不能纳入国家责任的范围。在此情形下，如何妥当地协调受害人、业主、物业服务人、国家之间的利益关系，成为我国侵权责任法不可回避的重大问题。《侵权责任法》第 87 条所确立的高楼抛物致人损害无法找到加害人，应由可能加害的建筑物使用人予以补偿的规则，正是这种中国国情的具体体现。又如，不动产登记就是典型的本土问题。不同时期、不同地区，在交易客体、交易频繁度、初始登记的准确度、后续登记的权利状况和真实权利状况的对应程度上的差异，都要求只能根据我国的实际情况确立我国的登记制度。中国民法学的主体性意识首先体现在价值判断问题的选择上。比较法上的制度、体系可以借鉴或移植，但制度移植并不能有效而准确地解决价值选择问题。要有效解决价值判断问题，一方面需要予以配合的规范体系，另一方面更为关键的是准确回应社会需求，充分反映社会共识。我国民法典在制定中应当秉持体现中国精神、解决中国现实问题的原则，同应时代提出的新问题，以民法典为研究对象的民法学也应关注本国实践，回应时代难题，而这些均离不开主体性意识的树立。我们民法学理论在为民法典制度、规则设计提供理论支撑时，也应当从中国实际出发，立足于解决中国现实问题，为设计出科学的、合理的、面向 21 世纪的民法典提供中国智慧、中国方案。如此，才能使我国民法典真正屹立于世界民法典之林。①

在民法典编纂中，无论是制定民法典，还是构建中国自己的民法体系，推动民法学的发展，都应秉持中国民法学的主体意识。具体而言，此种主体意识主要包括如下内容：

一是问题导向意识。我国民法学的发展并不是抽象的、空中楼阁式的研究，而是以解

---

① 参见朱宁宁：《既要体现中国精神又要有时代先进性——聚焦民法典各分编草案初次审议》，载《法制日报》2018 年 9 月 4 日。

决中国现实问题为依归。在社会主义条件下发展市场经济，是一项前无古人的伟大壮举。这也使我国社会主义市场经济发展过程中出现了许多其他国家和地区从未出现的新情况、新问题。“问题是时代的声音”，民法学正是以解决这些问题为导向面逐步发展的，这是我们民法学主体意识的重要体现。例如，我国实行土地公有制，土地所有权无法进行市场交易，但为使土地这一最为重要的生产资料进入市场，民法学创设了土地承包经营权、建设用地使用权等概念，很好地解决了这一难题。我国社会主义建设实践中所出现的现实问题，既是我国民法学发展过程中的挑战，也是我国民法学发展的重要契机。

二是本土意识。民法虽具有相当的普适性，但其本质上仍根植于不同国家的社会、经济条件和文化传统。诚如萨维尼所言，“法律并无什么可得自我圆融自洽的存在，相反，其本质乃为人类生活本身。”①民法是社会经济生活在法律上的反映，更是一国生活方式的总结和体现。因此，民法学研究不可避免地具有很强的本土性，这尤其表现于民事主体、物权、人格权、婚姻和继承等制度上。② 秉持本土意识，才能使我们的民法真正植根于我们的土壤，解决法治建设“按地气”的问题。秉持本土意识，要求在决定是否引入、在何种程度上引入域外制度和规则时，始终立足本国国情、以解决我国实践中的现实问题为依归。要求注重对我国民事立法、司法经验总结、提炼的结果，注重反映改革和市场经济发展的需要，注重汲取优秀传统文化的思想精华，弘扬了社会主义核心价值观。

三是实践意识。实践意识是指民法学的发展应当立足于我国实践，从实践中来，并回到实践中去，以实践为最终的依归。德沃金指出，“法律是一种不断完善的实践”。③ 我国民法学的发展始终应以服务本国实践为目的。“道无定体，学贵实用”，我们的民法学也应当是一门治国安邦、经世济民、服务社会的实践之学，是济苍生、安黎民的有用之学。我国民事立法在吸收和借鉴外来经验的过程中，坚持“以我为主，为我所用”，将众多的立法素材同本国实践结合，创新出不少符合本国实践需求的制度规则。例如，《物权法》第 149 条关于住宅建设用地使用权自动续期的规则，突破了 70 年住宅建设用地使用权的限制，即到期后自动延长，有效地保障了个人对房屋权利的合理预期，为实现“有恒产者有恒心”提供了制度保障。民法学要发展，就必须从本国的现实出发，从本国的法治实践中汲取营养。完全照搬他国民法学理论，将难以解释和解决本国的实践难题，民法学的发展迪将成为无源之水、无本之木。民法学秉持实践意识，意味着要将民法论文写在中国的大地上，植根于中国的社会生活和经济生活的实践中，密切关注和联系中国的改革开放、市场经济发展的实践，善于总结立法和司法实践的经验，善于归纳和运用社会生活的习惯。只有从实践中来的民法学才是真正有生命力、有针对性、有解释力的理论。

四是时代意识。时代意识是指民法学的发展要适应当前社会形态的变迁，同时着眼于未来的发展趋势，把握社会发展规律，顺应社会发展趋势。“法与时转则治”。社会经济

① ［德］弗里德里希·卡尔·冯·萨维尼：《论立法与法学的当代使命》，许章润译，中国法制出版社 2001 年版，中译本序言。

② 参见苏永钦：《私法自治中的国家强制》，载苏永钦、黄立、王千维主编：《民法七十年之回顾与展望》(一)，中国政法大学出版社 2002 年版，第 48 页。

③ Ronald Dworkin，Law's Empire，Cambridge：Harvard University Press，1986，p. 44.

条件的变化对民法典传统范式提出挑战和使命要求，这要求民法典不断进行自我范式的更新，从传统体系中不断产生出新的话语与知识体系，以应对和解决新问题。在当代，以生物医学技术和信息技术为代表的第四次工业革命浪潮给传统民法带来了一定的冲击。人工智能、大数据、自动驾驶等技术的发展，给民事主体制度、人格权制度以及财产权制度等均带来了一定的挑战。例如，机器人作为物，本身能否作为主体而存在；机器人是否享有权益，其创作的作品是否受法律保护等；高科技的“爆炸”对隐私权的保护构成了严重的威胁，有美国学者甚至提出了“零隐权”(Zero Privacy)的概念,① 认为我们在高科技时代已经无处藏身，隐私暴露等人格权受侵害的现象已不可避免。大数据提出的数据财产权以及数据共享所提出的个人信息保护问题等；人体器官买卖、代孕技术的发展，则使得人作为法律关系主体的地位有沦为法律关系客体的风险；作为人格要素的个人信息的买卖问题，则对人的主体性地位和尊严带来巨大威胁；大数据技术的运用使得各种碎片化的信息拼接成为可能，这将使得个人隐私权的保护面临巨大挑战；基因技术的发展，则使人被定制、复制在技术上成为可能，这对于尊严的保护也将是巨大挑战。现代科学技术的发展使得传统民法的主体、客体、权利等范式面临一场深刻的变革。

五是创新意识。这就是说民法学应当适应不断变化的社会生活的需要，而进行不断地创新。我们正处于一个伟大的改革时代，这是一个产生伟大法典的时代，也是产生民法思想的时代，在这个时代，社会在转型，经济生活在持续变迁，科技发展一日千里，作为调整社会生活的民事法律规则也必然要不断调整和变化，我们会面临许多新情况、新问题。这些问题的解决无先例可遵循，需要我们去面对、去回答，去发出自己的声音，去讲好自己的故事，需要民法学的概念和理论不断创新。同时，只有不断创新才能更好地服务于社会生活的需要。因为，随着改革的发展，全面深化改革需要依靠法治，而法治的完善也依赖于改革。我们的民法典应当反映改革的成果，引领改革的发展。这就要求我们提升民法学研究的创新意识，不能单纯作西方理论的搬运工，而要作中国学术的创造者，作世界学术的贡献者。

民法学研究坚持主体意识与积极吸收、借鉴域外法制经验并不冲突。毫无疑问，民法学需要大量借鉴吸收国外先进的民法文化，“他山之石可以攻玉”。但借鉴不等于照搬。旧中国民法的大部分内容几乎照搬了《德国民法典》的条文，如梅仲协指出，“现行民法采德国立法例者十之六七，瑞士立法例十之三四，而法日苏联之成规，亦尝撷一二。”②显然这种借鉴促进了民法体系的建立和民法学的发展，但也容易产生水土不服的问题，使民法学理论与民事立法均受制于德国法的理论与实践。改革开放以来，我国民法学的发展是一个借鉴、吸收、消化外国民法理论的过程，同时更是一个创新的过程。40 年来，我国民事立法用短短几十年的时间走过西方国家几百年的道路，为发展市场经济起到重要的保驾护航作用，基本经验是从本土实践出发，并服务于改革开放和社会主义市场经济的发展，域外的法治经验只能作为借鉴对象，而没有唯域外法是尊。这实际上就是确立了主体意

① 参见 A. Michael Froomkin, “Cyberspace and Privacy: A New legal Paradigm? The Death of Privacy?” Stanford Law Review, Vol. 52(2000), p. 1461。

② 梅仲协:《民法要义》，中国政法大学出版社 1998 年版，序言。

识，也是我们民法学所应当秉持的意识。这种主体意识也引导了我国民法学的40年来的发展与繁荣，并对民事立法和司法实践以及经济社会的发展发挥了应有作用。事实上，解决了中国特色的市场经济体制构建中的民商法重大问题，就是解决了全世界关注的问题，就是对世界民商法学发展的贡献。

只有树立主体意识，我们才能够将目光聚焦到形成具有中国特色的民法学体系这一目标上。有主体意识，才能形成自己的理论体系、话语体系、知识体系。相反，没有这种主体意识，仅能话语跟随，会产生“橘生淮南则为橘，橘生淮北则为枳”的效果。缺少主体意识，对社会问题只能根据别人的方案予以不停调试这种迂回的方式予以解决。在民法典编纂中，无论是为民法典编纂提供理论支撑，还是推进民法学自身的发展，乃至于在民法典颁行之后进行法典的解释和完善，我们都需要树立主体意识，聚焦于自己的国情，解决自己的问题。

四、在民法典编纂中推进中国特色的民法学体系的发展我们树立主体意识后，必然会要求构建中国特色的民法学体系，这是一个自然的过程。什么是中国特色社会主义民法学体系？笔者认为，它是立足于中国实践、内生于中国文化传统、回应中国社会现实需求、展示民族时代风貌、具有浓厚中国特色的知识体系和理论体系。它应以社会主义法治理论体系为基础，充分地反映广大人民群众的利益和意愿，反映公平正义的法治理念，以全面保护公民权利、推进社会主义法治为重要目的。人在天地间贵在自立，国家和民族费在自强。我们的民法也应当在世界民法之林中确立自己的地位，因而我们的民法学应当创建自己的内容和体系。这不仅因为我们所处的历史传统和文化积淀有其特性，我们的经济和社会现实独具特点，而且还因为我们还承担将辉煌历史的中华法系发扬光大的艰巨任务。中华法系源远流长，长久地依然自立于世界法制之林，为人类法制文明作出了重要贡献。作为一个拥有13亿人口的大国，我们应该有自信构建我们自己的民法学体系，并把它发扬光大。当前，中国已经是世界第二大经济体，是崛起中的大国。改革开放以来社会主义市场经济的伟大实践和法治建设的巨大成就，都为民法学体系奠定了坚实的基础。我们正面临一个改革的时代，这是产生伟大法典的时代，也是产生民法思想的时代。我们的民法也应当在世界民法之林中有自己的重要地位。作为民法学工作者，我们所做的一切，都应是为这个目标而努力。

构建中国民法学体系是服务于社会生活，完成其历史使命的必然要求，民法典的编纂绝不是个普通的立法活动，它体现了我们全面推进依法治国的政治决心，也是对既有民法学研究成果的一次全面梳理。因此，民法学者在参与民法典编纂过程中，也要努力推动形成中国民法学理论体系和话语体系，最终形成具有中国特色的民法学理论体系。在民法典编辑中，民法学者需要从中国实践出发，在结构和内容上充分回应中国市场经济建设过程中出现的诸种现实问题。不断研究新情况、解决新问题。这个过程本身也是民法学创新的过程，也是一个发展的过程。梅利曼曾指出，法律植根于文化和历史，是对特定社会发展阶段制度需求的反映。① 构建中国民法学理论体系也应以具有时代性的中国问题为中心。

① 参见 John Henry Merryman、Rogelio Perez-Perdomo，The Civil Law Tradition，3rd.，Redwood City：Stanford University Press，2007。

同时，我国社会主义市场经济的发展和改革开放的深化对民事立法提出了新要求，民法学研究应来源并服务于中国改革开放的伟大实践，对社会生活中产生的现实问题提出创造性的解决方案。有真问题，才可能有真学问。因此，通过立足国情在民法典编纂这一过程中完成民法学的构建，这也是回应时代需求的必然。

中国特色民法学应秉持对世界优秀民法文化的开放和包容态度。构建以研究我国现实问题为重心的民法学理论体系并不等于排斥异域法律文化。相反，在全球化背景下，中国民法学体系应是一个包容世界民法文化精髓的体系，它反映了人类社会发展进程中面临的共同问题和应对智慧。对人类法律文明的优秀成果，应秉持鲁迅先生所说的，"我们要运用脑髓，放出眼光，自己来拿"。① 民法学研究应有广阔的视野和开阔的胸襟，广泛借鉴两大法系先进经验，服务于我国民事立法和司法需要，"择其善者而从之，择其不善者而改之"。为此，我们需要高度重视比较法研究，高度重视国际上民商法学的发展趋势。当然，比较法不仅仅是对外国制度和学说的表浅介绍，而且要根据制度和学说形成的历史背景加以准确解读，然后结合我国的立法和学说，对两者进行比较分析，最后得出可以指导实践的结论。"只有在探讨作为具体研究对象的问题的过程中进行特殊的比较考察时，才能称之为真正的比较法。"②如果仅仅谈外国法，而不结合中国实际，那就只是对外国法的介绍，而不是真正的比较法。比较法也不仅仅是比较德国法或者法国法，比较法的视野应是宽广的。我们不仅要关注大陆法系，而且要关注英美法系；不仅要关注发达国家，而且要关注发展中国家。最重要的是从中国实际出发，外国的制度、理论都只是我们借鉴的素材，但我们的研究绝不能完全从希腊、罗马出发，唯罗马法是从，绝不能"削中国实践之足，适西方理论之冠"，绝不能在外国学者设计的理论笼子中跳舞，绝不能单纯做西方理论的搬运工。

我们的民法学体系应具有科学性。法学虽不同于自然科学，但法学也要探究社会生活的规律，并服务于特定的价值目的，法学需要自身的逻辑体系、概念体系和理论体系，因而它本身也要体现一定的科学性。③ 民法学之所以是一门科学，是因为民法本身具有科学的理论体系和研究方法。一方面，经过两千多年的发展，民法学在自身独特研究对象的基础上，已经形成了一些具有共识性的概念、规则和制度，形成了富有逻辑的、体系严谨的理论体系。另一方面，民法学以私法自治等原则为基础，构建了自身独特的价值体系，并形成了自身的研究方法。通过运用这些方法，对同一问题能够相互交流，进而达成具有共识性的结论。尤其是民法要适应现代社会互联网、大数据、高科技的发展，回应改革开放和市场经济发展的现实需求，保持与时俱进的品格，彰显鲜明的时代性，这也要求我们民法学体系应当与时俱进，顺应时代发展趋势。笔者认为，我们应把握未来民法学的如下发展：

---

① 鲁迅：《且介亭杂文》，印刷工业出版社 2001 年版，第 32 页。

② [德]茨威格特、克茨：《比较法总论》，潘汉典、米健、高鸿钧、贺卫方译，法律出版社 2017 年版，第 10 页。

③ 参见[美]约翰·亨利·梅利曼：《大陆法系》，顾培东、禄正平译，法律出版社 2004 年版，第 296 页。

第一，民法价值的发展。近代民法出现了以财产法为中心，或者说出现了“泛财产化”的倾向，① 并主要以私法自治为价值理念。然而随着市场经济的发展和科技的进步，社会、经济的格局发生了重大变化。进入21世纪以来，尊重与保护人权已经成为整个国际社会的普遍共识。人文关怀价值已经成为民法的重要价值，表现在立法和判例中越来越重视对人格权和其他人身利益的保护。即使在财产交易中，也重视对人格尊严的维护。在人格尊严与私法自治发生冲突的情形下，法律优先保护人格尊严。我国未来民法在理念上，除了强化意思自治，还要将人的尊严和自由作为同样重要的价值，并贯彻在民法制度和体系中。我国正在编纂的民法典应当是一部强化人文关怀的民法典，是一部注重保障人的尊严、意思自治，弘扬私益与私权神圣的观念从而体现了时代精神的民法典，这样一部民法典不仅将是一部垂范久远的民法典，更将引领中国社会迈入一个“个人的自治、有尊严的生活”获得全面实现的美好社会。② 因此在编纂民法典过程中，应充分考虑社会相对弱势群体一方的利益和诉求，给予相对弱势一方充分表达自己意思的途径，充分尊重其人格尊严，保障其合法权益。在婚姻家庭领域要充分贯彻未成年人利益最大化原则，通过老年监护的制度设计，体现对老年人群体的关爱。

第二，民法内容的发展。民法要随着社会经济的发展不断变化。首先，21世纪是科技爆炸时代，也是互联网高速发展时代。民法要适应社会需求，加强对个人信息、数据财产的保护，加强对人格尊严的保护，防止人客体化而被异化。其次，社会经济的发展促进了对交易安全和信赖利益的保护。表见代理、善意取得、无权处分合同的有效性都为了实现这一需求，体现对市场发展的关切。再次，现代社会是一个风险社会，风险无处不在。大规模事故频繁发生，核事故、严重的交通事故和医疗事故、化学品泄漏等都在威胁个人的安全。市场经济的发展导致侵犯消费者权益现象时有发生，食品安全、产品缺陷等导致的侵权日益严重。生态环境日益恶化，环境污染已经成为严重的社会问题。因此，侵权法调整的范围在不断扩张，其功能不仅在于填补损害，还要积极介入风险源中，从而实现对损害的预防。最后，现代社会是生态环境日益脆弱的社会。资源日益匮乏，人类活动能力日益增强，日益挤压自然环境，造成对生态环境不可逆转的损害。民法如何在生态环境保护中扮演更为重要的角色，是人类社会之前没有面临过的新课题和新挑战。因此，民法学也应当与时俱进，不断地从丰富的社会生活的需求中，吸收新的营养。

第三，民法体系的发展。人格权和侵权责任法的独立成编，为民法学内容和体系的发展注入了新的活力，同时也将成为未来民法新的增长点。但民法学体系是一个不断变化发展的制度结构，也需要随着社会生活的变化而发展。如前所述，现代民法的重要趋势是民商合一。但传统商法的一些价值也可以逐渐融入民法的价值体系中来。民法也需要吸收商法的制度和规则，正如有学者所指出的，民法与商法的关系恰如“水河”的关系，商法为冰川上的雪，虽不断有新雪落下，但降落后便逐渐与作为冰川的民法相融合，为民法所吸收。③ 例如，就外观主义而言，民法对此也多有体现民法的表见代理、善意取得等制度都

① 参见薛军：《人的保护：中国民法典编纂的价值基础》，载《中国社会科学》2006年第4期。

② 参见王利明、易军：《改革开放以来的中国民法》，载《中国社会科学》2008年第6期。

③ 参见[日]我妻荣：《新订民法总则》，于敏译，中国政法大学出版社2008年版，第5页。

体现了保护信赖利益精神。另外，在民法内部，既要考虑主体的平等，也要考虑商事交易的特殊性。我国民事立法不区分商人和非商人，代理也不区分商事代理和民事代理，行为也同样不区分商行为和民事法律行为。但在这一背景下，如何对一些弱势群体(如消费者、未成年人、老年人、残疾人等)进行特别保护，强化人文关杯的理念，也是未来民法学必须要应对的特殊问题。

第四，民法解释学的发展。在民法典颁行后，需要学者对法典进行大量的诠释，民法学理论体系也是法律解释工作的重要基础。法国自民法典颁布以来二百多年的历史表明，学者对于法典的解释深刻影响民法典的发展。法国学者 Bugnet 曾说："我不懂民法，我只教民法典!"①这句话深刻地揭示了民法解释学的重要意义。(意大利民法典》在颁布后，立法机关曾经规定，法院在作判决的时候，不得引用法学家的论著，但法官却大量参考了法学家们的思想和学说。② 这正如梅利曼所言："在大陆法系国家，尽管法学不是一个正式的法律渊源，但它却有巨大的权威性。"③在我国民法典制定以后，必须认识到的是，民法典的篇幅和容量毕竟是有限的，立法的理性也是有限的，不能囊括全部，必须发挥大量的解释工作，抽取民法典中的价值体系，发现民法典的规范内涵、寻找民法典可能的规范漏洞，弥补民法典的规则供应不足。例如，我国民法典可能不会设立债法总则编，如何从既有的合同法总则寻找到债法的共同规范，将合同原因之债的规则扩展运用于其他原因发生的债，进而应对纷繁复杂的、新的债的关系之发展。

第五，民法方法的多元化发展。传统民法最初以概念法学为主，注重概念的推导和概念之间的关联，之后逐渐形成由耶林和赫克所倡导的利益法学、埃利希所倡导的自由法学。这些实际上都促进了民法方法的多元化。在民法典颁布后，民法学不能仅仅对民法典进行注释，否则民法学的发展会失去既有的活力，仅仅局限于民法典的框架展开研究，民法学就会成为一潭死水。"问渠那得清如许，为有源头活水来"，我们正处于一个互联网、大数据的时代，科技的发展必然给我们提供新的研究方法。例如，在现代社会大数据时代，数据分析技术的发展，为我们从近五千多万份已经公开的司法判例中，总结提取中国法治问题、深化凝练中国法治经验，提供了有效方法。司法的社会实证分析将更加便利。法律本身是一种社会现象，也应借助伦理学方法研究婚姻家庭，借助经济分析方法研究交易法则，借助逻辑的分析方法研究规则设计的合理性。结合跨学科方法的运用，可以增强民商法学研究的科学性和实用性。④ 此外，法经济学、法社会学、法教义学、法伦理学、社会调查等研究方法，都应成为我们民法学研究的重要方法，使民法学摆脱"僵化的法

① J. Bonnccasc, Science du droit et romantisme, Paris, 1928, p. 8.

② 参见[美]约翰·亨利·梅利曼:《大陆法系》，顾培东、禄正平译，法律出版社 2004 年版，第 61 页。

③ 参见[美]约翰·亨利·梅利曼:《大陆法系》，顾培东、禄正平译，法律出版社 2004 年版，第 61 页。

④ 参见王轶:《对中国民法学学术路向的初步思考》，载《法制与社会发展》2006 年第 1 期。

条”束缚，并推动民法典成为“活法”①

结语

立足中国改革开放和市场经济发展的现实需要，并在借鉴国外的先进立法经验的基础上，制定出一部立足我国国情、面向21世纪的、科学的民法典，是时代赋予广大民法学者的神圣使命。编纂民法典也是推动民法学繁荣发展、形成中国民法学体系的良好契机，当然，构建中国特色社会主义民法学体系非一日而能毕其功，要靠几代民法人“一棒接一棒”的努力。今天的民法学研究虽然已经取得了长足的进步，但我们也要清醒地看到，现有民法理论和相应民法制度还未能有效地回应诸多重大现实问题。我国民法学理论的国际影响尚不尽如人意，我国民法学理论的国际话语权仍然有限。某些理论领域仍然缺乏必要的自主意识和独立思考，广大民法学人任重道远，我们仍需砥砺奋进、与时俱进、不断创新，为振兴繁荣民法学作出更大的贡献。

（原文刊载于《法学家》2019年第3期。）

① 参见刘尚志、林三元：《从“僵化”的法条到“活跃”的法学：台湾法学实证研究发展现状之分析》，载刘尚志、陈惠馨主编：《第二届全国法学实证研究年会论文集》(2017年7月于成都)，第202页。

宅基地制度改革政策的演进与走向

高圣平*

摘　要：宅基地负载着保障功能，同时具有财产属性，不同时期的宅基地制度也就在两者之间的权重各有差异。随着我国经济结构的转型，宅基地的财产属性愈发彰显。宅基地用益物权权能的完善主要体现为宅基地使用权抵押和转让(退出)等处分权能的强化。在确保农民不失地的前提下探索增加财产性收入，实现宅基地"三权"分置，房地分离的模式提供了可供选择的路径。在供地形势日益紧张的现状之下，"一户一宅"的住房保障政策应以多种形式加以实现。宅基地有偿使用制度是解决目前超占宅基地、"一户多宅"的有效路径，但也应适用于供地紧张地区的初次分配。在国家行政审批制度改革的背景之下，应下放宅基地审批权限，减少审批环节，缩短审批周期。

关键词：宅基地使用权；用益物权；宅基地有偿使用；宅基地审批

由十八届三中全会引领和展开的新一轮土地制度改革已经接近尾声，及时总结试点工作经验，全面评估试点工作绩效，将实践证明可行的政策上升为法律规范，是目前的紧迫任务。土地管理法的修改和中国民法典的编纂，无不仰赖于此，其中宅基地制度尤甚。"在中国的农村几项土地安排中，宅基地制度是最落后的一项制度安排。"①现行法上调整宅基地的法律主要是《物权法》和《土地管理法》。《物权法》是调整宅基地权利的基本法，虽然设专章规定了宅基地使用权，但全章4个条文仅仅规定了定义性法条以及特殊的消灭规则，将宅基地使用权的取得、行使和转让等实体性规则转介至"土地管理法等法律和国家有关规定"，"将规制依据指向公法性质的土地管理法，冲淡了该权利的私权属性，无法体现其私法的权利本位，影响了农民集体及其成员对该权利所生利益之公平享有"②，引发了学界的广泛批评。③ 而《土地管理法》中关于宅基地的规定仅仅只有第62条一个条

---

* 高圣平(1966—　)，男，湖北仙桃人，法学博士，教育部长江学者奖励计划特聘教授，中国人民大学法学院副院长，中国人民大学民商事法律科学研究中心副主任，中国人民大学不动产法研究中心主任，中国人民大学杰出学者A岗特聘教授，博士研究生导师。中国法学会民法学研究会、银行法学研究会常务理事，北京法学会市物权法研究会副会长，北京市不动产法研究会副会长，主要从事担保法、土地法、房地产法研究。

① 刘守英：《城乡中国的土地问题》，载《北京大学学报》(哲学社会科学版)2018年第3期。

② 陈小君：《我国农村土地法律制度变革的思路与框架——十八届三中全会〈决定〉相关内容解读》，载《法学研究》2014年第4期。

③ 参见汤文平：《宅基地使用权之法理重塑》，载《兰州学刊》2015年第5期。

文。这一现状导致了宅基地制度在法律层面上的规则缺失，将这一关涉农民基本财产权利的制度留由不确定的“国家有关规定”①去调整，违背了法律保留原则，也直接导致了大量宅基地纠纷的裁判分歧。新一轮土地制度试点改革文件体现了宅基地制度的发展方向，本文拟以试点改革文件中确立的宅基地制度改革内容为基础，检视相关改革成效，提出法律修改建议。

一、宅基地用益物权的权能完善

(一)现行法上宅基地用益物权的权能及其完善的基本方向

在土地公有制之下，宅基地作为集体土地，其所有权仅得由集体所有，且不能成为交易的对象。为反映对宅基地的利用关系，使农民住房所有权取得适法的土地权源，国务院发布的《村镇建房用地管理条例》(国发[1982]29 号，现已失效)率先使用了“宅基地使用权”一语，由此形成了宅基地“两权”分离的产权格局：宅基地所有权归集体享有，由宅基地所有权所派生的宅基地使用权由集体经济组织成员享有。《物权法》上固定了这一产权关系，将宅基地使用权定性为在集体土地上设定的用益物权，彰显了其财产属性。《物权法》第 152 条规定：“宅基地使用权人依法对集体所有的土地享有占有和使用的权利，有权依法利用该土地建造住宅及其附属设施。”这一定义性的描述在权利内容方面不同于《物权法》关于用益物权的一般性规定，该法第 117 条规定：“用益物权人对他人所有的不动产或者动产，依法享有占有、使用和收益的权利。”两者相较，宅基地使用权作为一种用益物权，没有明确其中的“收益”权能。但这里的“收益”不同于土地承包经营权中的“收益”，主要是指依法律行为处分宅基地使用权所产生的“收益”，在我国物权立法之时，对宅基地的转让、出租等作了严格限制，是否规定收益权能也就无关紧要了。

宅基地使用权的“收益”权能与宅基地使用权人处分自己宅基地使用权的权能密切相关，《物权法》第 153 条规定：“宅基地使用权的取得、行使和转让，适用土地管理法等法律和国家有关规定。”《土地管理法》第 62 条第 4 款规定：“农村农民出卖、出租住房后，再申请宅基地的，不予批准”，这里并未禁止宅基地使用权的转让和出租，只是转让、出租后不能再申请宅基地，“此种法律效果仅在出卖人与宅基地审批机关之间发生，管制对

① “国家有关规定”包括了除土地管理法等法律之外的行政法规，国务院有关通知、决定、意见等规范性文件，国务院各组成部门的规范性文件，地方性法规和其他规范性文件，以及试点改革文件。其中，试点改革文件包括《中共中央关于推动农村改革发展若干重大问题的决定》(以下简称十七届三中全会《决定》)、《中共中央关于全面深化改革若干重大问题的决定》(以下简称十八届三中全会《决定》)、《中共中央办公厅和国务院办公厅关于农村土地征收、集体经营性建设用地入市、宅基地制度改革试点工作的意见》(以下简称《试点意见》)、《中共中央办公厅、国务院办公厅深化农村改革综合性实施方案》(以下简称《实施方案》)、《国务院关于开展农村承包土地的经营权和农民住房财产权抵押贷款试点的指导意见》(以下简称《“两权”抵押指导意见》)、《中共中央、国务院关于实施乡村振兴战略的意见》(以下简称《2018 年中央一号文件》)，以及各试点地区的实施方案。

象仅仅是作为出卖宅基地以后再度申请的农村村民”①。但宅基地的政策演进并未沿着这一路径而展开，而是采取了限制宅基地使用权的收益权能和处分权能的方案。由宅基地使用权及宅基地上住房所有权共同构成的住房财产权，构成了当下广大农民的主要财产，现有规则基于宅基地使用权的保障属性，限制农民住房财产权的行使，已经成为农村土地制度发展的障碍。由此，宅基地制度改革试点中“保障农户依法取得的宅基地用益物权”的方法是完善宅基地用益物权的权能，主要是明确其中的“收益”权能和“处分”权能。“农村宅基地制度改革的方向是进一步扩大权能，赋予农民更多财产权利”。②

宅基地制度改革试点即沿着如何完备宅基地使用权的收益权能、增加农民财产性收入而展开。③ 十七届三中全会《决定》和十八届三中全会《决定》均一再强调“保障农户宅基地用益物权”，而用益物权的本意即“用益物权人对他人所有的不动产或者动产，依法享有占有、使用和收益的权利”。“保障农户宅基地用益物权”，即“要依法保障农户宅基地依法取得、使用、收益的权利，逐步推行农村宅基地使用权的有偿使用和流转制度，发挥市场机制在资源配置中的基础作用”。④

就宅基地用益物权的权能完善，十八届三中全会《决定》指出：“选择若干试点，慎重稳妥推进农民住房财产权抵押、担保、转让，探索农民增加财产性收入渠道。”⑤《实施方案》指出：“对农民住房财产权作出明确界定，探索宅基地……自愿有偿退出机制，探索农民住房财产权抵押、担保、转让的有效途径。”在解释上，农民住房财产权由建筑物所有权和宅基地使用权构成，维系了我国实定法上“房地权利一体处分”的基本原则。就建筑物所有权的处分和收益权能，现行法上并无限制，但就宅基地使用权的抵押、转让，实定法上限制颇多，改革的重心和方向也就体现在宅基地使用权的抵押、转让等权能完善上。

（二）宅基地用益物权权能完善的具体路径：抵押权能

我国现行法上禁止宅基地使用权抵押，《物权法》第 184 条第 2 项规定，“宅基地……等集体所有的土地使用权”“不得抵押”。在“房地权利一体处分”原则之下，房地权利自当一体抵押。就此，《物权法》第 182 条第 1 款规定：“以建筑物抵押的，该建筑物占用范围内的建设用地使用权一并抵押。以建设用地使用权抵押的，该土地上的建筑物一并抵

---

① 王卫国、朱庆育：《宅基地如何进入市场？——以画家村房屋买卖案为切入点》，载《政法论坛》2014 年第 3 期。

② 胡存智：《宅基地改革方向是扩大权能而非自由买卖》，载《国土资源》2014 年第 1 期。

③ 原国土资源部胡存智副部长即指出，“改革的根本出发点是为了探索增加农民财产性收入的路子，不是为了解决建设用地指标，也不是为了满足城市建设用地的需要。”参见张达：《自由买卖不是宅基地制度改革方向》，载《证券时报》2013 年 12 月 13 日。

④ 徐绍史：《健全严格规范的农村土地管理制度》，载《〈中共中央关于推进农村改革发展若干重大问题的决定〉辅导读本》，人民出版社 2008 年版，第 142 页。

⑤ 这里将“抵押”、“担保”相并列，实有不妥。在现行法之下，“抵押”是“担保”之下位阶概念，“抵押”只是“担保”的一种形式，“担保”即包括“抵押”，两者在逻辑上无法相并而称。正确的表述应当是只言及“担保”（此时包括了“抵押”），或“抵押担保”（此时抵押只是担保的一种类型）。

押。"农民住房所有权将因这一"房地权利一体抵押"规则而无法展开。在"依法试点"的基本政策之下,《全国人民代表大会常务委员会关于授权国务院在北京市大兴区等232个试点县(市、区)、天津市蓟县等59个试点县(市、区)行政区域分别暂时调整实施有关法律规定的决定》(以下简称《暂时调整决定》)暂时调整实施了《物权法》上关于宅基地使用权不得抵押的规定,使得农民住房财产权抵押贷款试点取得了合法性。《"两权"抵押指导意见》指出:"农民住房财产权设立抵押的,需将宅基地使用权与住房所有权一并抵押。"但该意见同时指出:"对农民住房财产权抵押贷款的抵押物处置,受让人原则上应限制在相关法律法规和国务院规定的范围内。"《试点意见》也指出:"探索进城落户农民在本集体经济组织内部自愿有偿退出或转让宅基地"。这些规定均将农民住房财产权的受让对象局限于"本集体经济组织内部",在一定程度上限制了宅基地使用权财产价值的实现。

《"两权"抵押指导意见》同时提出要"探索农民住房财产权抵押担保中宅基地权益的实现方式和途径",在宅基地"三权"分置之下,这意味着农民住房财产权抵押权实现时不一定要就农民住房财产权一体变价,可以探索"房地分离"模式:受让人仅取得住房所有权,而不取得宅基地使用权;受让人取得的住房住房所有权的土地权源是宅基地使用权的租赁权。① 这一模式的优势在于,农民住房财产权的受让范围不再局限于本集体经济组织成员,因为受让人并不取得宅基地使用权,也就没有了基于宅基地使用权的身份性而对受让人范围的约束,这样更有利于发挥农民住房财产权的市场价值;同时,抵押人仅丧失住房所有权,并不丧失宅基地使用权,可以依宅基地使用权的租赁权收取受让人的租金,凭此即可租住他人闲置住房,以此"保证农民的基本住房权利"。这既是宅基地用益物权的实现方式,也是《"两权"抵押指导意见》制定与商品住房相区别的抵押物处置规则的体现。②

综上,从宅基地用益物权权能完善的视角,应赋予宅基地使用权以抵押权能,以使房地权利一体抵押的既有规则落到实处,删去《物权法》上禁止宅基地使用权抵押的规定。在农民住房财产权抵押权实现之时,根据受让对象的不同实行有差别的交易规则:当受让人为本集体经济组织成员之时,受让人可以既取得农民住房所有权,又取得宅基地使用权,相对应的,抵押人丧失包括宅基地使用权在内的住房财产权;当受让人非为本集体经济组织成员之时,受让人只取得农民住房所有权,同时取得宅基地使用权的租赁权,相应地,抵押人只丧失住房所有权,保留宅基地使用权。在同等条件下,本集体经济组织成员有优先受让权。

(三)宅基地用益物权权能完善的具体路径:转让权能

我国现行法律中并无限制宅基地使用权转让的具体规定,对于宅基地使用权转让的限制性规定,主要体现在国务院的系列规范性文件之中。如《国务院办公厅关于加强土地转

---

① 参见彭诚信、陈吉栋:《农村房屋抵押权实现的法律障碍之克服——"房地一致"一致的排除适用》,载《吉林大学社会科学学报》2014年第4期。

② 参见房绍坤:《农民住房抵押的制度设计》,载《法学家》2015年第6期。

让管理严禁炒卖土地的通知》(国办发[1999]39 号)规定:“农民的住宅不得向城市居民出售,也不得批准城市居民占用农民集体土地建住宅”;《国务院关于深化改革严格土地管理的决定》(国发[2004]28 号)也规定,“禁止城镇居民在农村购买宅基地”;《国务院办公厅关于严格执行有关农村集体建设用地法律和政策的通知》(国办发〔2007〕71 号)规定:“城镇居民不得到农村购买宅基地、农民住宅或‘小产权房’”、“宅基地只能转让给符合条件(无宅基地或面积未达到标准)的本集体成员”。2011 年《最高人民法院关于印发〈全国民事审判工作会议纪要〉的通知》明确指出:“将宅基地上建造的房屋出卖给本集体经济组织成员以外的人的合同,不具有法律效力”。《试点意见》再次重申:“探索进城落户农民在本集体经济组织内部自愿有偿退出或转让宅基地”。这些文件均将宅基地使用权的受让范围局限于“本集体经济组织内部”。但这一限制正当性不足。

第一,通过宅基地制度改革增加农民财产性收入,其前提是宅基地使用权的交换价值能够得到体现。① 既然我国现行法将宅基地使用权作为一种用益物权予以明定,宅基地使用权人处分其权利应属题中应有之意,对此处分权予以限制或禁止,必须具有足够充分且正当的理由。② 宅基地初次分配的无偿性,并不能抹杀宅基地使用权的财产属性。也就是说,即使农民分配宅基地是其应享有的福利,但已取得的宅基地使用权当属农民的私人财产,两者并不矛盾。城镇居民房改房(具有明显的住房保障性质)可以流转,而同样具有保障性质的宅基地却严格限制流转,“明显体现了城乡差距与分割,存在着不平等和不合理性。”③同时,以维护村庄封闭性为目的的宅基地使用权转让规则也违背了市场交易的基本原则。④ 严格限制宅基地使用权的流转也造成农村大量住宅闲置,不利于资源的有效配置和合理利用。⑤

第二,宅基地使用权系广大农民享有的基本民事权利,属于“民事基本制度”,在我国《立法法》第 8 条之下,只能制定法律加以调整。也就是说,对于宅基地使用权的权利行使及其限制,只能由法律作出规定,其他规范性文件无权作出规定。我国民事基本法——《物权法》上并无宅基地使用权的享有主体的限制性规定,《土地管理法》也没有限制宅基地使用权转让的规定,上述规范性文件自无权就此作出具体规定。

第三,即使基于“保证农民的基本住房权利”的公共政策目标考量,维系宅基地使用权的身份属性,保持只有本集体经济组织成员才能取得和享有宅基地使用权,也不能当然得出限制宅基地使用权受让范围的结论。在宅基地“三权”分置之下,如果制度本身使得农民住房财产权流转后,原农民并不丧失宅基地使用权,上述限制理由即可破除。“房地

① 参见杨一介:《宅基地使用权规制规则反思:冲突与回应》,载《云南大学学报(社会科学版)》2018 年第 4 期。

② 参见宋志红:《宅基地使用权流转的困境与出路》,载《中国土地科学》2016 年第 5 期。

③ 张新宝等:《因地制宜推进农村宅基地流转》,载《理论前沿》2009 年第 12 期。

④ 参见杨一介:《宅基地使用权规制规则反思:冲突与回应》,载《云南大学学报(社会科学版)》2018 年第 4 期。

⑤ 参见张新宝等:《因地制宜推进农村宅基地流转》,载《理论前沿》2009 年第 12 期。

分离”模式为我们提供了一个据以破解这一困境的技术路径。在比较法上，“房地一体”与“房地分离”本是地上建筑物与其附着的土地之间利用关系的两种不同表达方式。① 在我国，土地所有权只有国家和集体才能享有，除非国家或集体自身取得地上建筑物所有权，建筑物所有权和土地所有权天然地不一致，所谓“房地一体原则”只不过是建筑物所有权的取得应有适法的土地权源(土地利用权)的变通表达，并不是真正意义上的“房地一致”。就农民住房财产权的转让而言，也完全可以不采取住房所有权和宅基地使用权同时受让的规则，如受让人仅取得住房所有权，但同时取得宅基地使用权的租赁权。② 此际，农民原享有的宅基地使用权并不丧失，如此即可实现“保证农民的基本住房权利”的公共政策目标。

第四，允许宅基地使用权向本集体经济组织之外流转并不意味着现有的小产权房合法化。③ 反对宅基地使用权向外部流转的一大理由是，会使现有小产权房转为合法，从而造成社会不公平。但小产权房的土地权源并非宅基地使用权，而是集体建设用地使用权，小产权房问题无法借由限制宅基地使用权的外部流转加以解决。虽然宅基地在地类上属于建设用地，但在我国现行法上区分宅基地使用权和建设用地使用权来反映以建造并保有建筑物为目的的土地利用关系，其中，在用途管制上，宅基地使用权仅使权利人建造并保有住宅，并不能使权利人取得开发权。小产权房问题尚需结合规划、用地性质和来源等情况分类处理。

综上，从宅基地用益物权权能完善的视角，应赋予宅基地使用权以转让权能，根据受让对象的不同实行有差别的交易规则：受让人为本集体经济组织成员之时，可以取得宅基地使用权，相应地，转让人丧失宅基地使用权；受让人非为本集体经济组织成员之时，仅取得宅基地使用权的租赁权，相应地，转让人并不丧失宅基地使用权；在同等条件下，本集体经济组织成员有优先受让权。这一规则体现了宅基地“三权”分置的基本思想，在强化宅基地使用权的财产属性的同时，也作了必要的限制。宅基地使用权是宅基地所有权派生出来的财产权利，但只有本集体经济组织成员才能取得和享有，由此而决定，宅基地使用权并不是一种市场化的权利，这也限制了发挥其财产属性的途径和方法，例如不能以向本集体经济组织之外的人转让宅基地使用权的方法来实现其财产价值。在宅基地“三权”分置之下，通过从宅基地使用权派生出宅基地使用权的租赁权或利用权，将后者定性为市场化的权利，宅基地使用权无论是抵押，还是转让，最终非本集体经济组织成员的受让人仅取得宅基地使用权的租赁权或利用权，宅基地使用权仍然由原集体经济组织成员享有。

---

① 关于“房地一致”和“房地分离”的介绍，参见陈甦：《论土地权利与建筑物权利的关系》，载《法制与社会发展》1998 年第 6 期；高圣平：《土地与建筑物之间的物权利用关系辨析》，载《法学》2012 年第 9 期；参见彭诚信、陈吉栋：《农村房屋抵押权实现的法律障碍之克服——“房地一致”一致的排除适用》，载《吉林大学社会科学学报》2014 年第 4 期。

② 参见刘凯湘：《法定租赁权对农村宅基地制度改革的意义与构想》，载《法学论坛》2010 年第 1 期。

③ 参见宋志红：《宅基地使用权流转的困境与出路》，载《中国土地科学》2016 年第 5 期。

如此，虽然宅基地产权结构相较“两权”分离更为复杂，但却在一定程度上彰显了宅基地使用权的财产属性。

应当注意的是，《中华人民共和国土地管理法(修正案)》(征求意见稿)(以下简称《征求意见稿》)和《中华人民共和国土地管理法(修正案草案)》(第二次征求意见稿)(以下简称《第二次征求意见稿》)均未涉及本部分的内容，可能的原因在于，基于中国民法典和土地管理法就宅基地制度调整范围的分工，宅基地用益物权权能的完善应在中国民法典物权编中予以反映。果若如此，中国民法典物权编用益物权分编宅基地使用权章中，应明确宅基地使用权的收益权能，同时赋予其转让、抵押、出租等处分权能。

二、宅基地住房保障措施的多样化

农村住房保障是基本权利保障和基本公共服务均等化的重要内容，① 宅基地保障又是农村住房保障的唯一方式。② 现行宅基地制度是按照“居者有其屋”目的逐步形成的具有中国特色的农村土地使用制度。③ 学说上认为，宅基地使用权不过是身披私权外衣的社会保障的替代品，充任着社会治理手段的角色。④ 宅基地的这种保障功能，及其对农村社会稳定所发挥的重要作用，几乎是宅基地制度设计时的主要政策考量。《试点意见》指出宅基地制度改革试点的主要任务之一是“探索农民住房保障在不同区域户有所居的多种实现形式”。《实施方案》进一步指出，宅基地制度改革的基本思路是“在保障农户依法取得的宅基地用益物权基础上，改革完善农村宅基地制度，探索农民住房保障新机制”。这里指出了宅基地使用权住房保障功能的极端重要性。

《土地管理法》第62条第1款规定：“农村村民一户只能拥有一处宅基地，其宅基地的面积不得超过省、自治区、直辖市规定的标准。”这一规则将“一户一宅”政策⑤定为明文。这里，“一户一宅”指的是“农村居民一户只能申请一处符合规定面积标准的宅基地”。⑥ 宅基地的分配体现了严格的身份属性，“农村村民只能在户口所在村(村民组)内申请宅基地，而不能到其他乡村(或村民组)内申请宅基地。”⑦“基于成员权获取的集体共

---

① 参见刘亚娟：《基本公共服务均等目标下的农村住房保障制度设计》，载《江西社会科学》2018年第1期。

② 参见宁爱凤：《“空间正义”视角下农村住房保障制度的重构》，载《甘肃社会科学》2017年第3期。

③ 参见董祚继：《谋定而后动(上)——十八届三中全会后土地政策走向分析》，载《中国土地》2013年第12期。

④ 参见朱庆育：《民法总论》，北京大学出版社2013年版，第464页。

⑤ “农村居民每户只能有一处不超过标准的宅基地，多出的宅基地，要依法收归集体所有。”1997年5月《中共中央、国务院关于进一步加强土地管理切实保护耕地的通知》(中发[1997]11号)。

⑥ 2010年3月《国土资源部关于进一步完善农村宅基地管理制度切实维护农民权益的通知》；岳永兵：《农村“一户一宅”制度探析》，载《中国土地》2016年第8期。

⑦ 卞耀武主编：《中华人民共和国土地管理法释义》，法律出版社1998年版，第175页。

有财产，同因身份权相联系的福利分配相对应”。① 本集体内部，成员平等，每个成员分配宅基地的权利也是平等的，亦即只要是本集体成员，均可公平地要求集体分配宅基地。由此可以在一定程度上解释现行法上“一户一宅”的正当性，这也就成了当下落实“一户一宅”政策的逻辑前提。但在土地资源稀缺地区，受建设用地指标限制，很难拿出足够的土地用于农民建房，“一户一宅”的农村住房保障形式难以为继。②

有鉴于此，《试点意见》提出要“探索农民住房保障在不同区域户有所居的多种实现形式”，这就是说，“一户一宅”不再是“一户拥有一处宅基地”，而是“一户拥有一处住宅”；要以多种形式贯彻“一户一宅”政策，公平地实现宅基地的住房保障功能。这一任务是在宅基地制度改革分类试点的理念下提出的，在土地利用总体规划确定的城镇建设用地规模范围外的传统农区，可以继续实行“一户一宅”、面积法定的宅基地分配制度，对其中人均耕地少，二、三产业比较发达的地区，探索实行相对集中统建、多户联建等方式，落实“一户一宅”；而在土地利用总体规划确定的城镇建设用地规模范围内的农区，可以探索集中建设农村公寓、农民住宅小区，以“户有所居”落实“一户一宅”的住房保障功能。已没有新增宅基地可供分配的地区，可以利用存量建设用地，集中建设公寓式住宅，落实宅基地权益。③

各试点地方均采取了多样化的住房保障机制。例如，湖南浏阳按照“整体规划、集中居住优先”的原则推进农民集中居住小区建设；浙江义乌在城镇规划建设用地红线范围内，采取乡村集中联建推进城乡新社区建设，允许农民以宅基地置换高层公寓、标准厂房、仓储物流、商业用房、商务楼宇或者货币补偿；在城镇规划建设用地红线范围外的近郊村，按照零增地模式实施空心村改造。这些试点地方各自政策上的差异大抵是基于各地的供地紧张程度、农民居住观念以及土地价值的不同。这些探索中，相对集中统建、多户联建等方式的土地利用权仍然可以采取宅基地使用权的形式，但农村公寓、农民住宅小区等方式，则已经改变了土地性质，试点中大多利用宅基地退出所结余的建设用地指标来兴建，这实际上已经从宅基地使用权变为集体建设用地使用权，在一定程度上减少了相关农户的宅基地权益。因为宅基地使用权是无期限限制的，但集体建设用地使用权有期限限制，此外就相关税费而言，后者明显负担较重。从“探索农民住房保障在不同区域户有所居的多种实现形式”的角度出发，兴建农村公寓、农民住宅小区等的土地仍应维系宅基地为宜，可以解释为业主的宅基地使用权的共有。

《征求意见稿》和《第二次征求意见稿》在原第 62 条中新增一款，拟规定“人均土地少、不能保障一户一宅的地区，县级人民政府应当采取措施，保障农村村民实现户有所居的权利。”值得赞同。

---

① 陈小君、蒋省三：《宅基地使用权制度：规范解析、实践挑战及其立法回应》，载《管理世界》2010 年第 10 期。

② 参见贺达水、高强：《农村宅基地制度改革研究》，载《理论探索》2018 年第 4 期。

③ 参见王爱民：《农村宅基地制度改革再认识》，载《中国土地》2017 年第 6 期；高圣平：《宅基地制度改革试点的法律逻辑》，载《烟台大学学报》(哲学社会科学版)2015 年第 3 期。

三、宅基地有偿使用的探索

我国在取消农村宅基地私有制之后，一直奉行的是宅基地长期、无偿使用制度。① 这是宅基地私人所有强制性地转为集体所有之时的政策选择，也与当时政社合一体制相适应。② “宅基地使用权是一种带有社会福利性质的权利，是农民的安身之本”，“宅基地使用权是农民基于集体成员身份而享有的福利保障”，“保障功能依然是宅基地使用权制度的首要功能”。③ 但宅基地无偿使用制度已经成为了农村宅基地分配不均、“批少占多”等问题的制度性基础。为了正确引导农民节约、合理使用土地兴建住宅，严格控制占用耕地，我国于上个世纪八十年代末、九十年代初曾经试行宅基地有偿使用制度，④ 但为加强农业的基础地位，保护农民利益，切实减轻农民负担，国家于 1993 年取消了农村宅基地有偿使用收费、农村宅基地超占费等收费项目。⑤

“经济结构变革带来农民与土地和村庄关系的逐步疏解，宅基地作为农民安身立命之所的重要性逐渐降低，无偿分配和占有宅基地的制度效能逐步下降，宅基地制度改革出现可能性。”⑥《试点意见》指出，对因历史原因形成的超标准占用宅基地和一户多宅的，以及非集体经济组织成员通过继承房屋等占有的宅基地，由农村集体经济组织主导，“探索实行有偿使用”。这一试点政策是原国土资源部较早的相关政策的延续，并没有多大的突破。⑦ 与业已废止的宅基地有偿使用制度不同之处在于：其一，试点政策旨在通过宅基地有偿使用来解决历史遗留的宅基地超占多占问题，倒逼相关农户退出超占宅基地，形成节约用地的基本意识，体现宅基地公平分配的基本思想，同时解决非集体经济组织成员使用宅基地问题，进一步贯彻宅基地使用权的身份属性；其二，试点政策就宅基地有偿使用的范围，既不涉及宅基地初次分配，也不涉及符合规定面积的宅基地利用，仍然实行规定面

---

① 参见 1962 年 9 月《农村人民公社工作条例修正草案》、1963 年 3 月《中共中央关于各地对社员宅基地问题作一些补充规定的通知》。关于宅基地无偿使用制度的变迁，参见高圣平、刘守英：《宅基地使用权初始取得制度研究》，载《中国土地科学》2007 年第 2 期；杨雅婷：《我国宅基地有偿使用制度探索与构建》，载《南开学报》（哲学社会科学版）2016 年第 4 期；杨璐璐：《产权保护视野的农村宅基地制度演进》，载《重庆社会科学》2016 年第 11 期。

② 参见杨一介：《宅基地使用权规制规则反思：冲突与回应》，载《云南大学学报（社会科学版）》2018 年第 4 期。

③ 全国人大常委会法制工作委员会民法室：《中华人民共和国物权法条文说明、立法理由及相关规定》，北京大学出版社 2017 年版，第 319 页。

④ 1990 年 1 月《国务院批转国家土地管理局关于加强农村宅基地管理工作请示的通知》。

⑤ 1993 年 7 月中共中央办公厅、国务院办公厅《关于涉及农民负担项目审核处理意见的通知》。

⑥ 刘守英、熊雪锋：《经济结构变革、村庄转型与宅基地制度变迁——四川省泸县宅基地制度改革案例研究》，载《中国农村经济》2018 年第 6 期。

⑦ 《国土资源部关于进一步完善农村宅基地管理制度切实维护农民权益的通知》（国土资发［2010］28 号）中就提出：“对超过当地规定面积标准的宅基地，经依法处置后按照《关于进一步加快宅基地使用权登记发证工作的通知》（国土资发［2008］146 号）要求予以登记的，村集体组织可以对确认的超占面积实施有偿使用。”

积内无偿取得、无偿使用的制度。其三，试点政策强调宅基地有偿使用“由农村集体经济组织主导”，不仅宅基地有偿使用费的收取条件和标准由集体经济组织确定，而且宅基地有偿使用费由集体经济组织收取，用于有关宅基地规划开发和基础设施建设、农业设施改造及其他公益事业，以及宅基地自愿有偿退出，与此前的由地方国土资源行政管理部门收取在性质和用途上大相径庭。由此可见，本次宅基地制度试点改革基本上放弃了宅基地有偿使用制度可能产生的资源市场化配置趋势，① 这一方案“让无偿使用宅基地的制度继续变相存在，不是真改革”。② 这一改革政策值得检讨。

宅基地的分配同样存在市场化配置的需要。有的试点地方基于本地区的实际情况，突破了宅基地有偿使用范围的上述限制。例如，浙江义乌探索实行有偿选位制度，对于在农村更新改造中新申请获得宅基地的农户和在农村更新改造中不保留原有宅基地需在新宅基地建房的农户，由村级组织统一组织投标选位；湖北宜城“对中心村区位条件较好的宅基地，可以通过公开竞争的方式收取有偿选位费。对集镇范围内的新增宅基地逐步推行有偿使用”；江苏武进就同时有多个成员对区位优、配套设施全的同一宗地提出申请的情形，规定通过竞价的方式进行分配。

没有考虑到试点政策之间的协调。《试点意见》同时探索建立宅基地集体内部流转机制，宅基地可以按照自愿、有偿的原则，以转让、出租等方式在集体经济组织内部流转，但就符合宅基地申请条件的农户而言，既然可以通过无偿分配取得宅基地，为何要有偿受让他人的宅基地？“无偿取得，农民无需购买就可获得，则流转无市场需求。”③这两个试点政策之间的矛盾至为明显。

《物权法》将宅基地使用权作为一类用益物权加以规定，进一步明确了其财产属性；宅基地制度改革的政策目标之一即为“保障农户宅基地用益物权”。在此背景下，宅基地使用权的生成逻辑即应重新解释。宅基地使用权是集体土地所有权之上所设定的一种权利负担，集体经济组织作为土地所有权人是否同意在其所有权之上设定权利负担，应依循集体所有权的行使规则由成员集体决定。当然，和国有建设用地使用权的取得一样，宅基地使用权还要受到规划和指标等公法因素的控制。由此，宅基地使用权是有偿取得还是无偿取得，应由成员集体决定。

同时，应予注意的是，宅基地有偿分配不会过度增加农民的负担。一则有偿使用费主要用于村公共基础设施建设；二则收费标准的确立参酌了当地的经济发展水平和不同的区位条件；三则就经济困难的农户还可结合扶贫政策给予经济补助，“对农民弱势群体的特殊保护不能通过限制其法律权利的行使来实现，而应当采取政策扶持等方式。”④宅基地有

① 参见夏柱智：《土地制度改革背景下的宅基地有偿使用制度探索》，载《北京工业大学学报》(社会科学版)2018 年第 1 期。

② 党国英：《论农村宅基地制度改革的正当性基础与深化策略》，载《新视野》2016 年第 5 期。

③ 瞿理铜、洪艳：《我国宅基地有偿有限期使用的制度经济学分析》，载《湖南社会科学》2015 年第 4 期。

④ 李文谦、董祚继：《质疑限制农村宅基地流转的正当性——兼论宅基地流转试验的初步构想》，载《中国土地科学》2009 年第 3 期。

偿分配在一定程度上限制了没有实际需求的农户申请宅基地的冲动，提高了宅基地利用的效率。①

就宅基地有偿使用收费标准，《试点意见》没有做出统一的规定，各试点地方标准不一，但均采取了分类确定收费标准的做法：第一，根据地段的优劣情况，分地段收取费用；第二，根据超占多占面积的多少，划分不同的面积档次，进行阶梯式收费；第三，根据宅基地使用人身份的不同，对非本集体经济组织成员规定更高的有偿使用费标准。试点政策旨在用经济手段，倒逼相关农户退出多占、闲置宅基地，从而在利益分配公平的情况下，能达到较好的帕累托状态，促进宅基地节约集约利用和村庄的合理布局。部分试点地方采行了"收少数人、少收费"的原则，但这一方法并不利于遏制超占宅基地行为和推动相关农户退出宅基地，不利于提高宅基地节约集约利用水平。只有在收取宅基地使用费已经使得超占者得不偿失时，收取宅基地使用费才有意义。值得注意的是，这一试点政策与现行法存在冲突。根据《土地管理法》第 77 条的规定，"超过省、自治区、直辖市规定的标准，多占的土地以非法占用土地论处"，其法律后果是"由县级以上人民政府土地行政主管部门责令退还非法占用的土地，限期拆除在非法占用的土地上新建的房屋"。这里并没有收取宅基地有偿使用费这一方法。试点政策中完全将"责令退还"改为收取宅基地使用费，不符合比例原则，也于法无据。如超占面积很大，仅靠收取宅基地使用费的方法，并不足以惩戒非法占地行为，还是应直接适用《土地管理法》的相关规定；如超占面积较小、违法程度不大，拆房退地确实存在浪费社会财富的问题，则可以采取收取宅基地使用费的方法。

《征求意见稿》和《第二次征求意见稿》均未涉及宅基地有偿使用的内容。本文作者建议将《土地管理法》第 76 条第 2 款修改为："超过省、自治区、直辖市规定的标准，多占土地情节较轻的，由本集体经济组织收取宅基地有偿使用费；情节较重的，由县级以上人民政府土地行政主管部门责令退还非法占用的土地，限期拆除在非法占用的土地上新建的房屋。"本文作者还主张，宅基地有偿使用制度设计可以把握以下几点：第一，本集体经济组织成员首次取得不超过面积标准的宅基地，由本集体经济组织成员集体决定是否收取使用费；第二，本集体经济组织成员超占、多占宅基地，须支付惩罚性的使用费(其标准的确立应足以遏制超占、多占宅基地行为)；第三，非本集体经济组织成员取得宅基地的，须支付使用费(这一使用费的确立标准应参照建设用地使用权的土地出让金标准)；第四，本集体经济组织成员转让宅基地使用权的，须征得本集体经济组织同意，并将其转让收益中属于宅基地收益部分的相当比例(例如 50%)收归本集体经济组织，同时对转让价格作出限制性规定，比如转让价格不应低于同地区集体建设用地使用权的土地出让金标准；同时，转让后，该成员无权再次申请创设取得宅基地；第五，所有使用费均属本集体经济组织依其土地所有权所取得的收益，应由本集体经济组织所有，无须上交国库，由本集体经济组织依法使用。

---

① 参见徐忠国、谭荣、蒋明利：《农村宅基地有偿分配改革探索——浙江典型案例及理论分析》，载《中国土地》2015 年第 9 期。

四、宅基地取得方式与审批制度改革

宅基地的取得分为创设取得和传来取得，前者是宅基地的分配和审批，后者是宅基地的转让(前已述及)。我国以前粗放式的宅基地管理模式强调的是前者，而且置重于“新增”，并未考虑“存量”。完善宅基地取得方式，就是要改革宅基地审批制度，明确宅基地的流转范围，强调宅基地退出机制，盘活闲置宅基地，提高存量宅基地的利用效率。

在宅基地创设取得制度中，现行的程序是，农民申请宅基地，经乡(镇)人民政府审核，县级人民政府批准后，由农村集体经济组织向宅基地申请者无偿提供宅基地，其中涉及占用农用地的，依法办理农用地转用审批手续(由省级人民政府审批)。《试点意见》指出“改革宅基地审批制度，发挥村民自治组织的民主管理作用”。这里，涉及两个方面的内容。一是，宅基地审批制度的改革。为简化审批程序，《暂时调整决定》规定，下放宅基地审批权限，其中使用存量建设用地的，由乡(镇)人民政府审批；使用新增建设用地的，由县级人民政府审批。这一措施有利于减少审批环节、缩短审批周期，符合国家行政审批制度改革的总体要求。宅基地审批主要审查宅基地申请是否符合规划和用途管制；二是，村民自治组织的民主管理作用的发挥。现行宅基地分配制度过于强调审批的作用，忽视集体土地所有权人的意志。集体经济组织是集体土地的所有权人，宅基地使用权又是在集体土地所有权上所设定的负担，集体经济组织在宅基地的分配环节中应起到关键作用。

关于宅基地审批，《土地管理法》第62条第3款规定：“农村村民住宅用地，经乡(镇)人民政府审核，由县级人民政府批准；其中，涉及占用农用地的，依照本法第四十四条的规定办理审批手续。”《征求意见稿》拟修改为：“农村村民申请宅基地的，依法经村民代表大会同意后，由乡(镇)人民政府审核批准；其中，涉及占用农用地的，由县级人民政府批准。”《第二次征求意见稿》拟修改为：“农村村民申请宅基地的，依法经本集体村民代表会议同意后，由乡(镇)人民政府审核批准；其中，涉及占用农用地的，依照本法第四十四条的规定办理审批手续。”这里，有几个问题值得讨论。第一，将《试点意见》“发挥村民自治组织的民主管理作用”规定为“经村民代表大会同意”或“经本集体村民代表会议同意”，没有准确把握宅基地使用权的生成法理，宅基地使用权派生于土地所有权，而集体土地所有权人是“集体经济组织”，而不是“村民代表大会”或“村民代表会议”等“村民自治组织”。这是两种不同性质的组织，集体经济组织是所有权人，但村民自治组织只是所有权的行使代表，规范的表述应是“集体经济组织”。第二，《征求意见稿》体现了本次改革简化宅基地审批程序的基本精神，但《第二次征求意见稿》就涉及占用农用地的审批，维持现行法的规定“依照本法第四十四条的规定办理审批手续”，仍然由省级人民政府审批。一个可能的解释是严格新增宅基地的审批管理，但这一做法明显与改革精神相悖。基于此，该款应修改为，“农村村民申请宅基地的，依法经本集体经济组织同意后，由乡(镇)人民政府审批；其中，涉及占用农用地的，由县级人民政府审批。”

五、结语

现行宅基地制度安排置重成员权而弱化财产权的倾向，进一步强化农民以成员身份无偿取得和使用宅基地的意识，在一定程度上窒碍了农户以财产权交易和市场方式配置宅基地的可能路径,① 亟待改革。但完全市场化的路径在当下的现实之下几无可能,② 宅基地制度设计绝非简便之题。③ 试点政策也体现着农村土地制度渐进式变迁的基本特点。《实施方案》指出："宅基地制度改革的基本思路是：在保障农户依法取得的宅基地用益物权基础上，改革完善农村宅基地制度，探索农民住房保障新机制，对农民住房财产权作出明确界定，探索宅基地有偿使用制度和自愿有偿退出机制，探索农民住房财产权抵押、担保、转让的有效途径。"随着改革的推进，《2018 年中央一号文件》又指出："完善农民闲置宅基地和闲置农房政策，探索宅基地所有权、资格权、使用权'三权分置'，落实宅基地集体所有权，保障宅基地农户资格权和农民房屋财产权，适度放活宅基地和农民房屋使用权。"尽管如此，"法律制度和政策的调整体现了从只重视宅基地管理到既重视宅基地管理又关怀宅基地使用权人的财产权利的保护的理念的转变。"④在"坚守土地公有制性质不改变、耕地红线不突破、农民利益不受损的底线"的前提下，土地管理法的修改和中国民法典的编纂更应置重于宅基地的财产属性，以实现增加农民财产性收入的政策目标。

（原文刊载于《中国人民大学学报》2019 年第 1 期。）

① 刘守英：《城乡中国的土地问题》，载《北京大学学报》（哲学社会科学版）2018 年第 3 期。

② 参见韩清怀：《城市化背景下农村宅基地制度改革思路探析——以人口的流动性与宅基地的区位固定性之矛盾为视点》，载《城市发展研究》2010 年第 8 期。

③ 参见郑尚元：《宅基地使用权性质及农民居住权利之保障》，载《中国法学》2014 年第 2 期。

④ 王崇敏：《我国农村宅基地使用权取得制度的现代化构建》，载《当代法学》2012 年第 5 期。

典权与“三权分置”契合的法理考量

许承光*

摘　要：农地“三权分置”政策是农村改革重大创新，但以大陆法系传统物权法理观之，其法律逻辑与政策逻辑存在难以调和的冲突。有学者提出可利用典权制度给该政策提供法律外壳，笔者拟在此基础上分析典权与“三权分置”契合的法理依据。大陆法系传统物权法具有浓厚的所有权中心主义和物权客体实物本位色彩，在当代物权法从重所有到重利用、从实物本位到价值本位的发展趋势下，已经束缚了法律实践的发展。因此，笔者主张借鉴以典权为代表的中国古代物权制度以及英美法地产权制度，对大陆法系传统物权法做出适应当代中国国情的新发展。

关键词：三权分置；典权；从所有到利用；从实物本位到价值本位

农地流转“三权分置”政策是“将土地承包经营权分为承包权和经营权，实行所有权、承包权、经营权分置并行”，①“坚持农村土地集体所有权，稳定农户承包权，放活土地经营权。”②“三权分置”是继家庭联产承包责任制后农村改革又一重大制度创新，对进一步健全农村土地产权制度，推动新型工业化、信息化、城镇化、农业现代化同步发展颇有裨益，同时也有助于落实党的十八届三中全会公布的《中共中央关于全面深化改革若干重大问题的决定》中提出的“赋予农民更多财产权利”、“探索增加农民财产性收入渠道”的政策导向。

一、农地流转“三权分置”政策逻辑和法律逻辑的冲突

运用大陆法系传统物权法理观之，“三权分置”的政策逻辑与法律逻辑存在难以调和的冲突：

第一，物权法定原则。丁关良等指出，“其一，土地承包权与土地所有权、土地承包

* 许承光(1965—　)，男，湖北仙桃人，武汉工程大学生态文明研究院院长、教授、硕士生导师。湖北省新世纪优秀人才，主要从事经济法学研究。

① 中共中央办公厅、国务院办公厅《关于完善农村土地所有权承包权经营权分置办法的意见》，2016年10月30日。

② 中共中央办公厅、国务院办公厅《关于引导农村土地经营权有序流转发展农业适度规模经营的意见》，中办发[2014]第61号，2014年11月。

经营权，其性质不是同一层次的范畴，且不能并列使用；其二，土地经营权其权利内涵无法界定，不是法定的民事权利；其三，土地使用权其权利内涵不固定，无法界定；其四，土地承包经营权是一个完整的民事权利，无法‘分解为(土地)承包权和(土地)经营权或(土地)使用权’”。①

“第二，权能分离理论。单平基认为，对土地的直接占有使用只能及于一人，土地所有权派生出土地承包经营权之后，无法再生发具有他物权性质的‘土地经营权’，三权分置不符合他物权的生成逻辑。”②

“第三，一物一权原则……单平基认为，土地承包经营权与土地经营权作为性质与内容相冲突的两项他物权，于同一块土地上既不能同生，也无法并存。由土地承包经营权生发具有权利用益物权性质之土地经营权的观点，在根本上混淆了他物权与具有债权性质之不动产租赁权的区别。”③

二、典权制度与“三权分置”政策的契合

为破解“三权分置”政策法律化的困境，有学者将视线投向中国传统的“有买卖之实而无买卖之名”的独特物权制度——典权制度。典权是指承典人支付典价，占有出典人之物而为用益之权。同时，出典人在一定期限内享有以原典价回赎典物(通常是土地和房屋)以消灭典权的权利。若出典人逾期不赎或以“找贴”(出典人与典权人协议由典权人支付典价与典物卖价差额)方式“作绝”(完全移转典物所有权)，则典权人取得典物所有权。

依其主张，“农户家庭依法获得农村土地承包经营权后，即取得对法律上属于集体所有的农地的‘典权’……可通过转典制度来实现土地流转，原典权人转让土地融资时并不丧失典权，即依然保有既有的土地承包权益，受让人则取得了对典物即集体土地的利用权，从而在实效上实现了土地承包权和土地经营权的分离。农村集体经济组织可凭借出典人的身份行使对典物的回赎权，以实现对土地用途的监督。”④

李显冬教授认为，可将集体经济组织视为出典人，将承包农户对应典权人，将土地承包经营权的设定理解为集体将农地出典给农户。在我国，集体土地所有权是上世纪 50 年代农业集体化以来农民以其土地所有权入社而逐渐产生的，集体的土地权利是从农民的土地权利派生而来，而非农民的土地权利源于集体。“‘怎样找到某种形式的结合，使这种结合能够动用全部成员的集体力量来保护其结合者的人身和利益；而且在这种结合下，每个人在和别人结合的时候并不是使自己服从于其他的人，而是仅仅服从于他自己，并且仍然像从前一样自由。’这便是社会契约所要解决的根本问题。”⑤在农民集体这一社会契约

① 丁关良等：《土地承包经营权流转内涵界定研究》，载《浙江大学学报》2008 年第 6 期。

② 胡震等：《农地“三权分置”的研究综述》，载《中国农业大学学报》2017 年第 1 期。

③ 胡震等：《农地“三权分置”的研究综述》，载《中国农业大学学报》2017 年第 1 期。

④ 李显冬等：《“典权入典”与农地流转“三权分置”之契合》，载《中共青岛市委党校青岛行政学院学报》2016 年第 4 期。

⑤ [法]卢梭：《社会契约论》，徐强译，九州出版社 2007 年版，第 35~37 页。

组织体中，农民个体才是本位，集体只是维护和发展农民利益的手段，将集体的地位抬到农民之上是有违社会契约逻辑的。农民订立社会契约，结合成集体这一社会契约组织体。他们将自己原有的土地所有权让渡给集体，以满足国家建立社会主义公有制的政治经济利益。作为对价，他们从集体取得土地承包经营权，差额部分则由集体和国家对其担负社会保障职责，履行各种服务职能作为弥补。在这一等价的交换中，农民“实际上重新获得了他所失去的所有东西的等价物，并且在这一交易中，他获得了更大的力量来保护他的所有。”①因此，“农户没有用现金作典价，而是用与自己的社会保障的物质基础密不可分的合法利益作为了典价”。②

土地经营权的设立可以纳入典权制度的转典规则下予以规制：农户以典权人的身份将典物二次出典给新型农业经营主体等土地流入方即土地经营权人，对应转典权人，但农户并未完全丧失典权，仍然保有承包权。土地经营权人还可以将经营权进行再流转，对应转典权的再流转。对应以典权或转典权抵押，土地承包经营权人或土地经营权人可以将经营权抵押融资。在典权构造中，所有权、典权、转典权未发生质的断绝，即它们都是物权。以转典权对应土地经营权的一个显著优势就在于可以实现土地经营权的物权化。相较于债权性土地经营权，物权性土地经营权期限长、具有对世性、再流转或设置抵押更为方便，可以使权利人获得更为稳定的收益预期。

目前阻碍农地流转典权模式落地的一个突出障碍就是典权制度中的“作绝”规则，即出典人于回赎期满仍未向典权人提出原典价赎回典物，则出典人将丧失回赎权。典权人取得出典人保留部分的所有权权能，取得典物的完整所有权。在农地流转的典权模式下，作绝意味着承包农户若因经营失败等原因丧失回赎资金，回赎期满，其所保留的承包权将转归土地经营权人，土地经营权人将取得完整的承包经营权。在经营权人并非本集体成员的情况下，其后果将突破我国现行法律的规定。针对这一难题，李显冬教授从典权制度的别卖规则和农村不动产收储制度中找到了解决路径。别卖者，指在回赎期内，出典人将典物流转给其他主体，以所得价款向典权人返还典价，消灭原典权。依其主张，回赎期届满，出典人不为回赎，亦不别卖的，可由集体代位回赎。集体土地收储机构可替代集体经济组织支付典价，行使回赎权收回土地。③ 这种解决方法可视为一种法定别卖，即为阻止非适格主体取得承包权，以维护我国法律对承包权主体的限定，在出典人无力回赎时，将土地经营权依法别卖给集体经济组织或集体土地收储机构，以所得价款偿还典价。

如此，则集体经济组织或集体土地收储机构便替代取得了原土地经营权人的地位，成为新的转典权人，而作为典权人的农户也得以保留承包权。此时集体既是出典人又是转典权人，可能会发生土地所有权与经营权的混同。正如前所述，集体与承包农户之间的出典

① [法]卢梭：《社会契约论》，徐强译，九州出版社 2007 年版，第 39 页。

② 李显冬等：《典权在农村土地经营权流转的扬弃——民法典编撰过程中“典权要入典”》，载《国土资源情报》2014 年第 10 期。

③ 李显冬等：《典权在农村土地经营权流转的扬弃——民法典编撰过程中“典权要入典”》，载《国土资源情报》2014 年第 10 期。

关系与传统的典权构造不同，二者间并不发生实际典价的支付。因此，这种混同不会影响出典关系和转典关系的存续，无非相当于集体作为所有权人暂时收回了土地经营权。集体或收储机构取得转典权后，承包农户若想收回土地经营权，便须向前者返还转典价，即前者代行回赎权时支付的价款。若农户未为此回赎，集体或收储机构为确保收回资金，可将土地经营权流转给其他主体，以所得抵偿其垫付的典价。在土地经营权人违反法律或土地流转合同规定利用土地时，承包农户和集体可通过行使回赎权或代位回赎权收回土地，履行监督职责。

农地流转的“典权模式”通过“将中国农村土地流转中涉及权利的取得、流转、抵押、监督等分别对应典权制度的出典、转典、抵押、回赎等环节，从而在实效上实现所有权、承包权、经营权分离”。① 事实上，农地流转的典权模式在个别地区已经被农民不自觉地实践。在大兴安岭地区，一些进城农民将责任田的经营权转让出去，交换每亩地五千元的进城发展资金，以土地流出方应付的资金使用利息抵销土地流入方应付的土地租金，一般以十年为期，十年期满，双方相互返还资金和土地，也可以再次交易。由村长做交易的裁决人，土地信用合作社做土地使用权交易的中介组织。② 典权的本质就是土地产权主体和货币产权主体相互交换土地和资金的使用权，进行相抵利用，彼此不发生资金利息和土地租金的现实交付，而是相互冲抵。二者何其相似，可见，典权制度的精华——相抵利用若得到宜居的土壤在现代仍有强大的生命力。

诚然，典权与“三权分置”的结合并非毫无芥蒂，前述“三权分置”的典权模式亦略显牵强，传统典权制度与实践还存在一定差距。在与“三权分置”整体上相契合的前提下，若要真正适应政策实施的需要，尚需对诞生于自然经济条件下且经大陆法系物权法理改造的典权的一些具体制度要素做出适应市场经济条件和中国国情的调整，还需要国家农业政策予以配合，囿于篇幅，笔者另文专述(《从特殊买卖形式到特殊物权性租赁权——典权改造路径探析》)。在本文中，笔者拟探讨典权制度与“三权分置”政策相契合的法理依据和价值支撑，以及大陆法系传统物权法理与“三权分置”政策不兼容的深层原因。

三、“三权分置”的内涵研究及大陆法系传统物权法理与“三权分置”政策逻辑冲突的原因分析

(一)“三权分置”的内涵研究

1. 农村土地集体所有权

对农村土地集体所有权的性质，通说采“共有说”，即农民集体成员全体对同一标的

---

① 李显冬等:《“典权入典”与农地流转“三权分置”之契合》，载《中共青岛市委党校青岛行政学院学报》2016年第4期。

② 李昌平:《慎言农村土地私有化》，载《中国土地》2004年第9期。

物(集体土地)共同享有一个所有权。其特殊性主要表现为：其一，该共有权不可分割，集体成员作为共有权人不享有共有物分割请求权；其二，该所有权不可自主转让;① 其三，该共有权还具有一定的身份性，农民基于自己的集体成员身份成为共有人，分享集体所有权。集体所有权的实质是农民集体的全体成员对本集体土地以这种不可分割的特殊共有制为基础实现成员的个人利益。“三权体制”下的集体所有权与“两权体制”下的集体所有权具有延续性，只涉及权能范围的部分调整，不是农地产权改革的核心。

2. 农户承包权

土地承包经营权是一种类所有权的特殊物权，而非传统意义上的他物权，其在物权类型中的合理定位应是所有权与他物权之间而更具所有权属性。承包经营权具有双重属性，一方面是在农地集体共有的基础上由集体成员自主利用共有土地的制度设计，本质上是集体所有权的实现形式；另一方面具有集体所有之外进行他主占有利用的性质。土地承包经营权在性质上类似于不动产共有关系中的分管，即共有人分别占有共有物的特定部分而为用益。该分管权在共有人内部即使强化到可以对抗其余共有人的程度，也仍不能突破自物权的属性。② 在“两权体制”下，土地承包经营权人享有传统的土地所有权人对土地的绝大多数权能，而集体几乎只保留了对土地的处分权能，集体在统分结合的双层经营体制中“统”的地位更多地表现在服务、监督功能上。集体所有权的“私法地位被土地承包经营权僭越”。③ 对于“三权体制”下承包权的性质，笔者认同承包权是对效力受到经营权限制的土地承包经营权的形象化的简称的观点，即承包权与承包经营权相比在性质上并未发生异化，只不过因为经营权人继受取得了直接占有、使用土地等权能，承包权中收益权能更加突出罢了。

3. 土地经营权

“两权模式”下的承包经营权具有浓厚的混合性特征，是公益目的和私益目的相融合的产物。其公益性有二：一，实现集体所有制；二，为农民生活提供基本保障。其私益性表现为承包经营权具有物权和财产属性，在一定程度上具有私权的可处分性。“两权体制”下农地流转的困境就根源于承包经营权的公益性，即它所担负的非物权职能限制了它作为财产的可流转性。因此，“三权分置”的核心就是将承包经营权的公益性权利内容和私益性权利内容相剥离，这种公益性权利内容就是承包权。被剥离出来的私益性权利内容被设定为经营权，是被纯化的纯粹物权，完全具备作为私权的可处分性，成为破解农地流转困境的关键。

---

① 参见高富平：《农地“三权分置”改革的法理解析及制度意义》，载《社会科学辑刊》2016 年第 5 期。

② 参见袁震：《论农村土地承包经营权的相当所有权属性》，载《河南大学学报》2016 年第 5 期。

③ 参见高富平：《农地“三权分置”改革的法理解析及制度意义》，载《社会科学辑刊》2016 年第 5 期。

(二)大陆法系传统物权法理与"三权分置"政策逻辑冲突的原因分析

1. 物权体系所有权中心主义与"从所有到利用"的冲突

大陆法系传统物权体系呈自物权和他物权划分的二元结构，整个物权体系以所有权为核心，所有权是效力最为强大的完全物权、无期物权、自物权，而其它物权则是处于从属地位的定限物权、有期物权、他物权，物权体系呈现出以所有权为中心的等级序列。所有权是在法律许可的范围内对客体独占性的排他支配权，具有完全性、归一性、恒久性、自权性、弹力性。

所有权中心主义观念产生于古罗马有着深厚的经济根源。所有权是人类社会生产关系较简单的经济基础上产生的最简单、最原始的物权类型。在商品经济发展有限的条件下，人类对物的利用模式最早表现为"谁所有谁利用"的单极利用模式。商品经济的发展使得人类对物的利用方式趋于复杂，物之所有人与利用人相分离的多极利用模式开始出现。受制于特定的经济基础，"谁所有谁利用"的单极利用模式仍居主导地位。在这种情况下，人们直观地认为所有权是物权的本体，而其他不太普遍的他物权不过是所有权的派生，在物权等级序列中低于所有权。这种现象反映在法律上就是所有权独大和用益物权等他物权相对羸弱。

近代欧洲大陆法系国家继受罗马法所有权中心主义观念是基于特定的政治经济考量。经过近代资产阶级革命的洗礼后，各国在进行法制建设时面临着建立民主制度、剔除封建残余的历史任务，罗马式所有权的绝对效力为涤荡封建财产关系包含的权力因素、人格依附关系、等级身份关系等杂质、破除多层次的封建土地权利以及市民社会抵御来自国家公权力的侵袭提供了一个支点，法德等大陆法系国家选择了回归罗马法。

近现代社会商品经济的空前发展撼动了所有权中心主义在物权法中的支配地位，传统物权法律关系中以物之所有为中心的价值取向已经为现代物权法律关系中以物之利用为中心的新的时代特征所代替。从个人本位向社会本位演进是近代以来法律发展的一个显著趋势，这种趋势反映在物权法领域的最典型表现就是所有权社会化现象。所有权不单单是权利人依自己意志自由支配其物的权利，所有权人同时还负有不得违背团体利益的不作为义务，以及以所有权之行使促进物尽其用的作为义务。

近现代以来，随着社会化大生产和社会分工的深入发展，非所有人利用他人之物的现象愈发普遍化和复杂化，物之多极利用模式逐渐取代单极利用模式，在社会生产关系中居于主导地位。所有权人往往不亲自对其物行使所有权的各项权能，而通过为他人设定他物权(特别是用益物权)或债权的方式将权能转移给他人代为行使，从而间接实现所有权。对同一他人之物享有利用权的人可能不只一个，同时并存于一物之上的同一性质的利用权也可能有多个，而对他人之物享有利用权的非所有人也往往对这种利用权进行再流转，物之多极利用模式不断向纵深发展。人类对物利用关系的此种发展要求我们对法律作出更加精细化的设计，通过协调对物利用的各种制度(包括物权制度和债权制度)，建立起一个多层次而又秩序井然的对物利用权体系。

"民事权利的客体有层次和顺位之分，其'得以物、精神上创造或权力为其支配的客体，是为第一阶层的权利客体。权利本身则得作为权利人处分的对象，乃第二层的权利客体’。详言之，‘法律规定之外的，但是事实存在的，而且只要他们存在就可以作为支配权的客体，作为第一顺位的权利客体，而把只能在法律上才成为‘客体’的权利客体称为第二顺位的权利客体。所有权和所有其他的支配权属于第二顺位的权利客体，他们是把第一顺位的权利客体作为自己的客体的’”。① 有学者在此种民事权利多元客体理论基础上将权利用益物权理论运用到承包权与经营权分置的法构造中，认为“认可承包权与经营权分置是土地承包经营权的行使方式，则经营权是基于土地承包经营权人的意愿、以土地承包经营权为客体创设的用益物权。而土地承包经营权是基于农地所有权人的意愿、以农地为客体创设的用益物权，设定该权利是农地所有权的行使方式 ”。② 这种权利用益物权的理论在某种意义上可以说是对近现代社会物之多极利用模式深入发展的反映。

2. 物权客体实物本位与价值本位的冲突

近现代物权法发展的另一趋势是物权客体从实物本位向价值本位演进。自罗马法始，能够成为物权客体的东西原则上只能是有形物。大陆法系国家继受了这一观念，如在德国民法上，物权和占有的客体原则上只能是物，只有在例外情况下，用益权(德民第 1068 条)和质权可以设定在权利这种抽象的无体物上。从主观方面来看，在法律发展早期，人类还固守实物思维，往往以占有表征所有权，而能被现实占有的客体只能是有体物。③ 从客观方面分析，物权客体实物本位观念的产生仍然根源于较低的商品经济发展水平。前资本主义社会的总体形象仍然是一个社会流动性较差的静态社会，建立在财产关系具有高度流动性基础上的物权的价值支配性特征还未突出地表现出来。

物的价值包括使用价值和交换价值，物权客体价值本位中的价值是在交换价值的意义上使用的。前资本主义社会是以农业为主导产业的静态社会，人类行使物权的目的更多是获取物之使用价值，近现代社会是以工商业、服务业为主导产业的动态社会，人类行使物权的目的转变为获取物之交换价值，取得尽可能多的增值，物权的收益权能因而盖过使用权能，成为物权的重心。物权的价值支配性日益凸显，即物权实为对物所承载价值的支配权。

近代以来，空间权的产生以及空间纳入物权客体的范围突出反映了物权客体价值本位的发展趋势。依传统物权客体观，空间作为一种无体物无法纳入传统的物权领域，但为了应对人口日益增长与土地资源稀缺的矛盾，适应对土地立体化利用的需要，需要对传统的物的概念做出扩张解释。日本学者我妻荣主张，物的概念不应以物理学上的物为限，除有形体之外，凡具有法律上排他支配可能性的，都应当包括在内。物权的本质特征就在于对特定客体独占性的排他支配权，而该客体必须具有独立的经济价值才具有支配的必要性，其所承载的价值才是物权的真正客体。空间既具有排他支配的可能性，又具有独立的经济价值即排他支配的必要性，自然可以成为物权的客体。

---

① 转引自蔡立东等：《承包权与经营权分置的法构造》，载《法学研究》2015 年第 3 期。

② 转引自蔡立东等：《承包权与经营权分置的法构造》，载《法学研究》2015 年第 3 期。

③ 参见高富平：《从实物本位到价值本位——对物权客体的历史考察和法理分析》，载《华东政法学院学报》2003 年第 5 期。

如前所述，用益权和质权可以权利为客体，在权利作为物权客体时，物权真正的支配对象亦是该权利所承载的独立的经济价值。经济价值是物权的真正客体，无论有体物，还是空间抑或权利都是这种价值的载体，只不过有体物承担这种载体职能的情况更普遍，以至于人们误认为有体物是物权客体的本体。

商品经济发展的水平限制导致所有权中心主义和物权客体实物本位观念的产生，而这两个观念又进一步催生了传统物权法的一个重要原则——一物一权原则。该原则力图简化物权关系，旨在防止多物权的支配权发生冲突以维护物权支配力秩序，特别是优先确保所有权的支配力。在实物本位下，对物之直接占有使用只能属于一人，因此所有权人虽可在自有物上为他人设定他物权而间接占有其物，但只能将对物之直接占有使用权能转让给一个他物权人，故一物之上只能有一个用益物权，否则就违背了权能分离理论和一物一权原则，而其他以直接占有为内容的对物利用权只能是债权。对土地经营权定性中的“债权说”就是固守这种实物本位基础上的一物一权原则的反映。

四、典权制度与“三权分置”兼容的法理依据和价值支撑

(一)宏观视角——中国古代独特“物权”观念与当代物权法发展趋势和中国国情的兼容性分析

人多地少、土地资源相对匮乏是我国自古以来就面临的发展约束，在生产力水平低下的古代社会，如何尽可能提高有限的土地资源的利用效率以维持尽可能多民众的生计成为摆在我们祖先面前的一个重大课题。中国古代各种独特的物权制度均是围绕这一生存需要发生、发展的。

日本学者寺田浩明认为中国古代所有权观念中“所有的对象是指进行收益行为的物或事业范围，同时也被认为是只要以其特定收益方法行动，就能产生相应收益的‘业’”,①即对特定物或事业范围为经营收益行为的权利，是一种抽象物，而不单纯是完整无负担的物或空间。土地所有和土地买卖“不能简单的看作土地的处置与转移，而应看作在占有土地的同时，又将土地作为收益对象管理运用的行为，把买卖土地看作是将其业今后让某人管理运用(即“管业”)，或者使其业成为对方家庭耕作收益“生业”基础(“为业”)的行为”。② 对土地等特定标的物实体的支配和移转只是所有和买卖的表象，土地等实体本身不是所有和交易的客体，其作为载体所承载的为经营收益的正当性或曰权利才是真正的客体，所有权正是对这种抽象土地权利或利益的支配权。不同于大陆法系物权观念中将所有权视为对标的物的排他支配权，寺田浩明认为中国古代的土地所有权是指“自己现在享有

① [日]寺田浩明：《中国近世土地所有制研究》，载《权利与冤抑——寺田浩明中国法史论集》，王亚新等译，清华大学出版社2012年版，第85页。

② [日]寺田浩明：《中国近世土地所有制研究》，载《权利与冤抑——寺田浩明中国法史论集》，王亚新等译，清华大学出版社2012年版，第86页。

的管业(“在不言而喻地负有税粮义务的土地上自由进行经营收益”,① 笔者注)地位能够通过前一管业者交付的契据以及正当的取得该地位的前后经过(当时总称为“来历”,具体表现为前一管业者写下并交付的“绝卖契”)来向社会表明的状态。”②对特定标的物进行经营收益及其正当性构成所有权的要素,对特定标的物或事业范围进行经营收益成为所有权的核心,并且这种经营收益行为还必须具有正当性,即行为人必须享有为此种行为的地位、资格、权利(即“管业”地位)。所有权人负有证明此种正当性的义务,他需要指示自己取得目前所享有的管业地位的前后经过(即“来历”),通常使用的证据就是从前主处取得的契据,只有能够证明自己从事的管业行为的正当性,才能争取到来自社会对自己管业地位的承认、支持。

李力进一步发展了寺田浩明的理论,认为“业是指能够给权利人带来收益(即交换价值,笔者注)的权利”,“业在清代的法律体系中是以能够带来收益的财产为对象而设定的权利,其权利客体与那些只能使用不能带来收益的财产相对应。”李力把清代的财产权分为两类:一类是业权,即不仅有使用效益而且能够带来收益的财产权;另一类是一般财产权,即只能带来使用效益,不能带来收益的财产权。③ 邹亚莎将视野投向中国古代更广泛的物权关系,将业的概念扩展为“对物的使用或收益权利或权利的集合”,认为这一概念“既表明了权利人对物和不动产的权利包括使用和收益等,这些权利有时仅为一种使用权而未必是一种现实的受益;又表明了权利间的平行性和可重叠性。”④上述三位学者的观点具有重要的创新意义,他们从当时当地的语境出发解读中国古代物权现象,而不是套用与中国古代经济基础并不兼容的西方物权法理,因而成功地解释了许多用西方物权法理总也说不清楚的现象。

所有权制度的首要任务就是明确物的归属,以维护财产法秩序静的安全,这是中西所有权观念的共性,但当深入分析两种所有权观念的核心内涵时,二者就显得迥然不同。前者的核心不在于对物独占性的排他支配权,不具有后者那样可以对抗国家和整个社会的强大效力。正如孟德斯鸠所言:“各种法律应该与业已建立或想要建立的政体性质和原则相吻合,其中包括藉以组成这个政体的政治法,以及用以维持这个政体的公民法 ”。⑤ 古代中国实行高度集中的中央集权和君主专制的政治体制,与这种政体性质相适应,中国古代公法发达,私法滞后。古代中国是以自然经济为基础的农业社会,历朝政府基本都坚持重农抑商政策,建立在充分发展的商品经济基础之上的平等互利、意思自治、民主自由等价值观念始终未能得以确立。在这种高压的政治态势和缺乏活力的经济格局之下,私权发展的土壤未能培育起来,类似西方私宅“风能进雨能进国王不能进”的私权神圣逻辑在古代中国没有生存的土壤。在这种私权不发达的背景下,所有权也难以幸免。那种可以对抗国

① [日]寺田浩明:《权利与冤抑——清代听讼和民众的民间法秩序》,载《权利与冤抑——寺田浩明中国法史论集》,王亚新等译,清华大学出版社 2012 年版,第 217~218 页。

② [日]寺田浩明:《权利与冤抑——清代听讼和民众的民间法秩序》,载《权利与冤抑——寺田浩明中国法史论集》,王亚新等译,清华大学出版社 2012 年版,第 218 页。

③ 参见李力:《清代民法语境中“业”的表达及其意义》,载《历史研究》2005 年第 4 期。

④ 邹亚莎著:《清末民国时期典权制度研究》,法律出版社 2013 年版,第 55 页。

⑤ [法]孟德斯鸠:《论法的精神》,许明龙译,商务印书馆 2016 年版,第 15 页。

家公权力和整个社会的大陆法系式所有权显然冒犯了封建专制社会的政体原则——国家至上、君权神圣，难以为封建政体所容。既然对私权的侵害已经在整个社会成为“不会引起违反基本原理的意识或批评”①的“正常现象”，人们便不追求抽象的所谓对物独占性的排他支配权，而格外注重对物之现实使用收益，因此“在说某块土地为某个私人所有时，一开始就不是指对这块土地总括的排他的全面支配，而只是指经营者获得收益的正当性。”②

中国古代物权的客体与其说是物，不如说是物所承载的从事特定经营收益行为的权利，即物权是对权利形态的无体物的支配权。这种抽象的物权客体就是业权，即不仅能给物权人带来使用价值，还能带来收益(交换价值)的权利，是物权客体价值本位的体现。如地方衙门里“胥吏”的职位也可以成为所有和买卖的对象，在缺水的北京等地还存在一种名为“水钩担”的卖水权的所有和交易现象，在某口特定的水井里打水和在特定区域卖水这种业权也可以成为所有和交易的客体。③“(湖南省)常德县之渔业习惯由来已久，各渔业所有人亦自名‘标业’。其取鱼方法有三种，一以钓，二以网，三以鸬鹚。钓为夜间取鱼，至晓则收。网与鸬鹚日中取鱼，至夜则止。若违反此特定时间，给他人造成损害，被告(被害?)人对加害人具有求偿权”。④ 在前述所列举的习惯中，胥吏的职位、在特定水井里打水和在特定区域卖水的地位，以及在特定时间段内用特定方法捕鱼的资格很难说是一种有体物，但都可以概括为从事特定经营收益行为的正当性或曰权利，因而都可以和土地交易一样纳入前述业权秩序之中，成为所有和流转的对象。

中国古代物权观念中，即使是所有权人也只享有物上部分的权利。在专制政体下，除了皇帝，没有人可能对物享有完全圆满的、不受公权力和任何他人侵犯的绝对权利。但这种政体限制的因素只是一种外部原因，内生于社会物质生活条件的因素才是导致所有权不完整性的根本原因。在典制(以土地典权为例)下，田主和典主都是同一块土地上的主，共同分割一个完整所有权的经营收益权。在田面田底结构的永佃权制度下，田面主享有对土地自由耕作或招佃耕种以及自由处分田面权的权利，而田底主保留收取地租、在田面主欠租时夺佃以及自由处分田底权的权利。在前述湖南省常德县渔业习惯中，各渔业所有人分别享有在夜间用钓法捕鱼、在白天用网法捕鱼以及用鸬鹚捕鱼的权利。在这三种习惯中，各权利人享有的都不是特定标的物上全面概括的独占性排他支配权，而只是特定物所承载的全部经营收益权之一部。在资源稀缺的古代中国，如何让有限的资源发挥尽可能大的效用，满足尽可能多百姓的生业需求是指导物权法乃至整个财产法规则形成的首要原则。在生存压力的倒逼下，古代中国民众创造出了丰富多彩的对物利用方式，这种在宽松的法律理论环境下由民间自发形成的物权规则在对资源利用上分割的精巧细腻令人叹为观

① ［日］岸本美绪：《明清契约文书》，载滋贺秀三等著，王亚新、梁治平编：《明清时期的民事审判与民间契约》，法律出版社1998年版，第301页。

② ［日］寺田浩明：《权利与冤抑——清代听讼和民众的民间法秩序》，载《权利与冤抑——寺田浩明中国法史论集》，王亚新等译，清华大学出版社2012年版，第86页。

③ ［日］寺田浩明：《权利与冤抑——清代听讼和民众的民间法秩序》，载《权利与冤抑——寺田浩明中国法史论集》，王亚新等译，清华大学出版社2012年版，第84~85页。

④ 转引自［日］寺田浩明：《田面田底惯例的法律性质——以概念性的分析为中心》，载《权利与冤抑——寺田浩明中国法史论集》，王亚新等译，清华大学出版社2012年版，第23页。

止，是西方式法律理论指导下人为的法律构造所无法比拟的。

中国古代不存在所有权与定限物权的划分以及所有权的优位现象。在西法视角下被归入“他物权”类型的许多业权并未被视为低于所有权的物权等级而受到所有权效力的强大束缚，符合管业来历结构的业权（“来历管业”）在效力上强大到足以与原所有权人相抗衡，被视为与原所有权相并列的双重乃至多重所有。如典权制度下在同一田宅上并存田宅主所有权和典主所有权的双重所有权局面，在典主转典的情形下还会发生转典主所有权与前述两种所有权并行的多重所有权现象，这些权利人都被视为主，即所有权人。中国古代社会是一个建立在自然经济基础上，社会总体流动性很差的农业社会，这种特征在乡村地区表现得尤为明显。传统乡土中国是“一个‘熟悉’的社会，没有陌生人的社会”,① 是一个人情社会、尚让社会，基于来日方长的互惠考量，人们往往会在合理限度内互相让步。在社会中绝大多数人都生活在一种接近最低生存线的状态之下，基于生存的需要而从事的各种生业行为很难说没有一点正当性根据，各种业权都能得到与其正当性强度呈正比的社会的承认和保护。既然无数小民都在强大公权力的压迫和天灾人祸的威胁下艰难生存，苦苦支撑，便没有对谁的生业予以特殊保护的道理。在生产力水平低下而资源又极度紧缺的背景下，对“所有权”与“定限物权”一视同仁无疑有利于激励物之利用者对物进行充分的自主利用，从有限的资源中获取尽可能大的收益，以解决尽可能多民众的生计问题，维持社会的稳定。

典权制度之所以能与“三权分置”政策兼容，从根本上讲在于典权制度所蕴含的中国古代物权制度之精华契合了当代物权法从所有到利用、从实物本位到价值本位以及从个人本位到社会本位的演进趋势，克服了大陆法系传统物权法所有权中心主义、物权客体实物本位和个人本位的缺陷。

（二）微观视角——典权制度与“三权分置”政策之价值契合

1.“三权分置”的首要目标就是促进农地流转、发展农业适度规模经营，推进农业现代化。当前，我国农村居民就业和收入非农化程度逐渐提高，随之而来的是土地上承包农户与实际经营者相分离的情况越来越普遍，农村存在着巨大的土地流转需求。“三权分置”就是要将“两权体制”下承包经营权权利内容中的公益性部分与私益性部分相剥离，并将其私益性部分析出为纯财产性质的用益物权。典权的制度架构正契合了“三权分置”的这一制度目标，传统典制度的核心价值就在于资源共享。典权制度对促进农地流转的独特价值在本文第二部分“典权制度与‘三权分置’政策的契合”中已详细阐述，此不赘述。

由于我国实行土地公有制，农地改革的一个底线就是不得改变农地集体所有制，典权制度不直接改变土地所有权权属而使受让方取得对土地具有相当所有权性质的物权的制度设计可资借鉴。自北魏至唐中叶，中国封建王朝实行均田制下的土地国有制，典制度也正是在这一时期萌芽发展。即使在宋代以后实行土地私有制，土地私有权仍然是一种受到政治权力终局支配的不完全意义上的私有权，以皇帝为代表的封建统治阶级才是土地的最终所有者。为了防止过度的土地兼并造成其它潜在的政治中心以及“富者田连阡陌，贫者无

① 费孝通著：《乡土中国》，上海世纪出版集团 2013 年版，第 9 页。

立锥之地”的土地占有严重失衡状况，历朝政府大都对土地流转进行严格的限制。“有买卖之实而无买卖之名”的典制度为豪强权贵规避法律、兼并土地提供了工具，给土地买卖盖上了一块“遮羞布”，实乃“国有土地所有制下土地买卖的替代形式”。① “三权分置”和典权制度在避免触动土地所有权这一制度目标上是一致的，因而可以纳入典权制度的框架，在不改变土地所有权的前提下实现土地流转，促进农业适度规模经营。

前述维护农地集体所有制是“三权分置”的公益目的之一，“三权分置”的另一个公益目的就是维护农民与作为其生活保障的土地的身份联系。在我国，很长一段时间内，土地不仅是一种作为私权客体的财产，更是一种担负着为农民提供基本生活保障等社会保障功能的公共资源。在农村社会保障体系尚不健全且农民对土地仍然具有一定依赖性的背景下，我国严格限制承包经营权流转。“三权分置”下，经营权虽可自由流转，但承包权属于农户的红线不得突破，以保留农民的根本土地权益。在传统典习惯中，出典人往往是迫于生存压力不得已流转土地的经济弱者，而典制度赋予出典人在将来经济状况好转时回赎土地的权利，出典人仍保留了土地的归属权。在“三权模式”下承包经营权人这一相当所有权人和典习惯下土地所有权人都只是对其所享有的土地权利进行了部分转让而保留了根本土地权益，避免了与流转土地彻底断绝联系。

2. 长期以来，我国农民面临着融资难困境，农民收入水平较低，而通过流转、抵押承包经营权、宅基地使用权、住房财产权融资受到法律、政策规定的严格限制。如在贷款农民无力还款需要将承包经营权、宅基地使用权或农民住房变价受偿时，只有贷款农民所在农民集体成员才有资格受让，致使债权人抵押权难以实现，阻碍了农村金融的发展。“三权分置”将承包经营权中私益性内容剥离出来，承包农户可以通过为他人设定经营权取得对价或者以经营权抵押获得贷款，从而缓解农村金融困境。典制自古就发挥着独特的融资功能。“古代的融资手段主要有买卖、出租、抵押或质押产三种。但是买卖土地会使出让者永久失去对物的使用收益权利；出租在短时间内获得的资金十分有限；而抵押或质押不仅需要支付利息有使负债增加之虞，而且转移占有情况下可能导致对财物的限制。典制度具有以上三种方式所没有的优势，可以使出让人不丧失物的所有的情况下获得急需的资金，并且实现对物的充分利用。因此，典制度是中国古代小农经济下缺乏融资渠道的产物”。②

在农地流转的典权模式下，承包经营权人可以根据自己所需融资额的大小确定为他人设定经营权的期限和权利范围。承包经营权人不需向经营权人支付利息，相当于承包经营权人以经营权人从土地所得收益抵销自己应向对方支付的借款利息，既满足了自己的融资需求，也满足了对方对土地的用益需求，而且简化了程序。前述大兴安岭地区农民创造的土地流转形式就是对这种典权融资模式的实践。经营权人对土地取得广泛的用益权能，为了使自己从土地上获取的收益能够抵偿利息损失，必然竭尽全力开发土地，从而促进资源物尽其用。《土地管理法》等相关法律中有关耕地保护的规定为防止经营权人的短期行为提供了法律保障。

---

① 邹亚莎著：《清末民国时期典权制度研究》，法律出版社2013年版，第44~45页。

② 邹亚莎著：《清末民国时期典权制度研究》，法律出版社2013年版，第45页以下。

（三）业权与英美法地产权的同质性——中国古代物权构造合理性的侧面证明

“英美法的地产权制度直接产生于解决土地归国王所有和又必须将土地分散到不同主体利用的矛盾……由于这样一种特殊历史背景，英美法创造了一个抽象的地产概念，即Estate。Estate表示对土地的某种权利。由此Estate取代了实物（土地）成为人们财产权的客体。于是，在同一块土地上便耸立着多个平行的权利主体，每一个土地权利人均有相对应的客体。实际上，地产（Estates）是在土地最高所有权人（英王）和土地直接占有人之间置入了一个抽象的权利存在状态。”①由于英美法以抽象的土地利益代替土地实物作为不动产物权的统一客体，其不动产物权体系呈现出一种与固守物权客体实物本位的大陆法系截然不同的抽象客体模式。“两个主体先后（相继）拥有的权利可存在于同一个时间（现在），在事先确定的时间和范围内享有不动产的权利。在这里，所有对土地的权利，只有时间和内容上的差异，但没有效力或法律地位上的差异，所有权利都被称为property，都是一种可独立转让和处分的财产权。”②地产权的此种特征与古代中国业权体系下一物多主的物权现象有一定相似性，是一种建立在价值本位基础上，实行物权平等保护的物权体系，与建立在实物本位基础上、奉行一物一权原则和所有权中心主义的大陆法系物权体系存在本质区别。

在地产权和业权体系下，不动产物权是一种平等的结构，全部业权和地产权都是对抽象不动产利益的“所有权”，都是自物权，是对物所承载价值的支配权，是物权客体价值本位的体现。对物的利用而非抽象的排他支配权成为业权和地产权体系下物权的核心内容，在这种抽象客体模式下，物权作为财产权的可流转性得到了更加充分的实现。

五、借鉴业权和地产权制度完善我国不动产物权体系和设计“三权分置”实现形式

（一）以土地使用权为抽象客体完善我国不动产物权体系

中国古代土地业权和英美法地产权都是在土地实行以君主为代表的国有制下，为解决土地归君主国家最终所有和土地由其他主体利用的矛盾，以土地利用为中心，以抽象土地利益为客体构建的不动产物权制度。在我国土地公有制条件下，同样存在土地所有权主体与利用主体相分离的矛盾，以对土地进行利用为内容的各种土地使用权才是土地物权制度的核心。类似于业和地产，我国不动产物权的客体可设计为土地使用权，即对土地为使用收益行为的权利。这种抽象的不动产物权客体上还可以生发出各种具体的现有物权类型，

① 高富平：《土地使用权客体论——我国不动产物权制度设计的基本设想》，载《法学》2001年第11期。

② 高富平：《土地使用权客体论——我国不动产物权制度设计的基本设想》，载《法学》2001年第11期。

与现行法对接。“在土地使用权基础上又可以设定大陆法物权理论中的用益物权，如人役权、地役权等。如果要套用其他国家的用益物权理论的的话，那么，在使用权基础上设定的用益物权已是第二层次上的用益物权；第一层次的‘用益物权’是土地使用权。”①

（二）借鉴业权和地产权制度设计“三权分置”实现形式

将土地使用权设计为我国不动产物权的统一客体后，承包经营权和经营权便都是在这一客体上生发的具体物权类型。土地使用权的抽象性使其在农地流转方面具有以土地实体为客体所不可比拟的优势。如两个以上以占有为内容的同种物权可以同时并存于同一块土地之上，它们都是对土地使用权的支配权，只是在支配的时间和内容上进行了分割。农村集体土地所有权人在其所有权与土地之间置入一个抽象的土地利益——土地使用权，于是集体所有权转变为对这种使用权的支配权。集体所有权人再为本集体成员设定对土地使用权的支配权，或可理解为将其所享有的支配权部分返还给农户，即对土地使用权进行分割支配。承包农户享有的对土地使用权的支配权对应的具体物权类型就是承包经营权。而后，承包经营权人又按照前述逻辑将其所享有的对土地使用权的支配权与土地经营主体进行再分割，后者分割到的就是土地经营权。

典权作为中西融合的产物，一方面与中国传统的典制具有天然的渊源关系，便于与当代物权法从个人本位到社会本位、从实物本位到价值本位、从所有到利用的发展趋势接轨，融入抽象客体模式；另一方面，典权又是经过改造的大陆法系式物权，便于与现行物权法制对接。典权为抽象客体模式提供了一个法律外壳，因而能适应“三权分置”的需求。

这种抽象客体模式下，土地使用权及建立在其上的不动产物权体系被设计为可以自由流转处分的财产权，但需要指出的是，承包经营权等特殊不动产物权担负的公益性功能不能在改造中被舍弃。由于国家负有保障民生的艰巨义务，国家以立法的形式强制对承包经营权的流转作出限制，对作为经济弱者之农户的利益给予倾斜保护，贯穿着经济法保护弱势群体，追求实质公平正义的理念，具有正当性。土地经营权则实现了去身份化、还原土地使用权物权效力和财产属性的改革初衷，成为促进农地流转、发展农业适度规模经营的重要支点。

---

① 高富平：《土地使用权客体论——我国不动产物权制度设计的基本设想》，载《法学》2001年第11期。

“法不禁止皆自由”的私法精义

易　军*

摘　要：“法不禁止皆自由”的精准含义是只要行为人不实施侵犯他人合法的私人领域这一为法所禁止的不正义行为，他就享有充分的自由。“法无禁止皆自由”力图宣示，扣除禁令后剩余的所有空间均为自由的领地，由此凸显了自由为“扣减权”的无所不包的特性，从而营造了最大的自治空间。从微观层面看，它主要适用于仅涉及行为人的涉己行为、无涉第三人的合意行为等场合。在立法中禁令不足、行为虽不违反禁令但违反公序良俗等情形，以及法定主义模式的作用领域，该命题的适用受到限制。从宏观层面看，它具有空泛性，仅依凭其自身，并不足以有效捍卫私人的意思自治。只有使禁令保持一般性、目的独立性、程序性或形式性、底线性等品质，这一命题才能真切地构建起最大的自治空间。

关键词：最大自治空间；禁令；否定性；实践价值

“法不禁止皆自由”是私法的一个经典性命题，它与公法的“法不授权皆禁止”的命题相对照，深刻地体现了私法与公法的差异；① 它有助于保障私人自由，② 正是私法的

---

* 易军(1975—　)男，湖北仙桃人，法学博士，中国政法大学民商经济法学院教授，校学术委员会委员，博士研究生导师。德国波恩大学访问学者，入选教育部新世纪优秀人才支持计划。主要从事民法基础理论、民法哲学、合同法、物权法、法学方法论研究。

① 公私法二分是近代以降人类社会法制的基本架构。这一区分的“直接意义在于，它明确划分了政府或多或少享有自由权的领域与政府交给市民社会的领域”。由于社会关系性质殊异，公私法实行全然不同的原则。在私法领域，奉行私人自治原则，在公法领域，则奉行“权力法定原则”。私人自治原则意谓要最大限度地减少对私人自由意思的干预，使私人能常态性地籍法律行为规律彼此之间的私法关系。“法不禁止皆自由”命题契合了私人自治原则的容许最大的自治空间的意旨，与私法的本质若合符节。而鉴于公权力潜在的破坏性，以及公法关系中双方当事人之间地位的悬殊性，公法领域中的权力法定原则严厉地约束公权力活动，以免公权力被滥用而戕害私权。“法不授权皆禁止”命题要求公权力在法律(授权)的框架内活动，竭力保持公权力运作的谦抑性，符合公法“控权”的内在精神气质。因此，这两个命题大体上能深刻地反映出公私法之间的差异。参见昂格尔：《现代社会中的法律》，吴玉章、周汉华译，中国政法大学出版社1994年版，第178页。

当然，这两个命题也具有一致性，它们都是人类法治思想的重要组成部分，具有理念上的融贯性(Kohärenz，coherence)。Campbell将“法不禁止即权利”与法治思想联系在一起，指出：“法治在道德与实务上的重要性，远超过其规定特定权利的事实。如政府透过法律来治理的限制，使形式化的自由权具有重要意义，即没有被禁止的事，人们有做的权利”。参见Tom Campbell，Rights：A Critical Introduction，Routledge，2006，p. 92。

② 参见彭诚信：《从利益到权利——以正义为中介与内核》，载《法制与社会发展》2004年第5期。

优越性之所在，从而为维护私人自由计，应以之为箴规并大力推行。不过，这个被认为是私法区分于公法的标杆、反映私法特质的重要命题，不但未见规定于民事成文法，而且我国民法学界对其所作的研究也极为有限。该命题的确切含义是什么，其内在机理何在，在实践中如何运作，是否存在功能限度，等等，凡此种种，均未引起民法学界的足够重视，甚至对其中的部分问题根本就未产生问题意识。美国学者鲁格罗·亚狄瑟曾说过，命题不能建立在我们认为不证自明的事物上。很多被谨慎的思想家认为是不证自明的命题，后来却发生问题。① 对"法不禁止皆自由"，我国学界普遍抱持"视为理所当然，因而无庸言说"的态度，但其是否全然妥适，仍不无斟酌余地。本文的主旨即在深入该命题背后，揭橥其真容，呈现其价值，以避免其运作中的偏差。

一、"法不禁止皆自由"的真正意蕴

对"法不禁止皆自由"命题，我国绝大多数学者均直观地从文字表述中推演出含义："法不禁止皆自由"不就是：若不违反法之"禁止"，行为人就自由！这一看法有失轻率。其实，该命题的完整意蕴有三：② 其一，自由"应受"法(强制性规范中的禁令)的限制。"不关注平等自由赖以实现的法律制度框架(the legal institutional framework within which equal freedom can be realized)的观点太幼稚了"，③ "皆自由"的前提就是"法不禁止"。其二，自由"只受"禁令的限制，即在不得不设置强制性规范以限制自由时，原则上须以"否定性"而非"肯定性"标准来规制私人行为。其三，若不违反否定性规则，即听凭行为人完全自由，任其安排自己的生活、处理自己的事务、追求自己的利益。"只要国家提供和维护适当的结构约束(即"法律和制度"，亦即游戏规则)，便可以听任作为经济主体的个人去追求他们自己确定的目标。"④对这一命题的理解，须注意以下问题：

(一)"什么"禁止？

任何法律中都可能包含禁止性规范，因此，这一命题中的"法"当指整个法秩序，但"禁止"一词含义的界定则颇费周章。禁止固然是指对行为人行动范围的否定性限制，其目的在于防阻行为人实施不正义行为，但对不同法域而言，其内涵却有所差异。

就公法而言，禁止性规范当指禁止性的行为规范——命令行为人不为一定行为的规范。但对私法中的禁止性规范，则不能作如是观。禁止性的行为规范在私法中虽属存在，如《物权法》第 90—91 条因涉及到某些立法者不愿坐视的危害公益或私权的行为，而非仅处理相邻所有权的分际，即属行为人不得为的行为规范，但民法的多数禁止性规范属于无

① 参见[英]鲁格罗·亚狄瑟：《法律的逻辑》，唐欣伟译，台北商周出版社 2005 年版，第 47 页。

② 我国学界多从第三点理解这一命题。第一点从法理即可推知，未受重视无须过分指责，但忽略第二点，则纯属认识盲区。不意识到第二点，就难以发掘这一命题的内在机理。

③ Tom G. Palmer, Realizing freedom: libertarian theory, history and practice, Washington: Cato Institute, 2009, p. 2.

④ [美]布坎南：《宪法秩序的经济学与伦理学》，朱泱、毕洪海、李广乾译，商务印书馆 2008 年版，第 318 页以下。

涉行为强制，只涉权利间分际的权限规范。此类规范并无意规律当事人的行为决定，其规范中的“不得”，常与“无权”(können nicht)同义。如大陆法系国家民法典中常设有“禁止自己代理”规定——行为人“不得”为自己代理行为，但它真正的内涵其实是“无权代理”。若经被代理人追认(即补正瑕疵)，自己代理行为仍可生效。权限规范下，当事人仍保有自治空间，立法者并不禁止当事人依其分际做进一步交易。如虽有土地权利人“不得设置屋檐使雨水直泄于邻地”的规范横亘在前，但相关主体仍可借法律行为就向邻地排水事宜作出规范性安排。

(二)“谁”自由?

一般而言，“法不禁止皆自由”命题中“自由”的主体是私人，而非享有公权力者。与此相对，“法不授权即禁止”命题中“禁止”的主体是公权力者。此种限定使私人自由保有外溢性、公权力保有谦抑性。不过，近年来，在我国，认为“自由”的主体可为公权力者的观点频现。如实践中有人提出，政府“法无授权即禁止”是“画地为牢”，只有“规定动作”而无“自选动作”，禁锢了政府的开放思想与创造精神，从而影响地方的发展，因此，对政府而言，“没有明令禁止都可以想、可以干”。① 有学者在理论上进一步阐述，“权力具有政治统治职能与社会服务职能，要保障消极自由不被侵犯，公权力应遵循‘法无授权即禁止’，为促进积极自由得以实现，公权力可适用‘法不禁止即可为’。”②

上述观点的初衷不可谓不好，学者们提出该观点的目的绝不是想让政府权力滥用，但其缺乏合理性，甚至具有危险性也相当明显。譬如社会服务职能与政治统治职能之间是否存在清晰界限?若无清晰界限，就根本无法消除同样需借助积极行为的公权力被滥用的疑虑。过度的关照难免会使政府事无巨细地涉足民众事务，甚至会造成民众对政府的普遍依赖。即使社会服务职能本身无不正当之虞，但政府应通过何种手段来实现该职能，仍值得思虑。目的本身不能证明手段合理。“任何仅仅通过坏的手段而能达到的目的，必须让位于使用合适的手段而达到的较基本的目的。”③总之，政府的创造力不是不应得到激发，但它依然只能在法律的框架内发挥。即使仅在国家提供社会服务的范围内，“法不禁止(政府)即可为”仍不能被奉为圭臬。

(三)“何种”自由?

命题中的“自由”是一个关键性概念，但自由具有多义性，应予辨识，对该“自由”的理解不能忽视以下要点：

1.“自由”意谓“保留而不作评价”

法不禁止要区分为两种情形：一是由于一些行为全然没有法律意义，进而形成“法律

---

① 参见汪习根：《在“授权”与“禁止”之间——科学界定公权力的适用范围》，载《人民论坛》2012年第5期。

② 汪习根、武小川：《权力与权利的界分方式新探——对“法不禁止即自由”的反思》，载《法制与社会发展》2013年第4期。

③ [美]米尔顿·弗里德曼：《资本主义与自由》，张瑞玉译，商务印书馆1986年版，第24页。

上的空白”，如吃饭、穿衣等日常行为与法律完全无涉。二是一些行为与法律相关且为法律规范，但该行为在法律上既不能适当地被认定为“合法”，也不能适当地被认定为“违法”，不能以“禁止或允许”作非此即彼式的回答，从而撤回其规范之手，放弃对该行为的法律评价，而委诸相关行为人的良心自决。① 质言之，在“合法”与“违法”之外，还存在着“保留而不作评价”这第三种可能性，此即所谓的“法外空间”问题。② 例如“自杀”，自杀是一项处于个人意识下的行为，系专属于个人的事务，国家并无某种稳妥的依据赖以依凭去判断自杀究竟是理性还是不理性，因此，法律对自杀的态度，既非禁止，也非允许，而是不作评价。“在此情况下，法律秩序由于欠缺理性、明显且具有一般拘束力的判断标准，所以(法律秩序)放弃(对于此类案型)进行规范，而仍由当事人依其良心决定应如何处置。”③面对自杀及类似情形，法不禁止，并不表明立法者就支持这类行为。“自由”仅意谓“放弃法律评价”。由于法律未禁止自杀，虽可断言法不禁止即有自杀的自由，但该“自由”无疑只保有极其有限的空间。

2. “自由”意谓“私人立法自由”

在私法上，命题中的“自由”表现为私法行为自由：事实行为自由与法律行为自由。前者如自由创作、拾得遗失物等，但法律行为自由无疑最为重要。其原因在于，法律行为是实践私人自治的工具，而私人自治不仅是私法的最高核心精神，且其意旨正在于成就个人的自我决定。④ 相较于事实行为自由，法律行为自由的精髓在于，行为人不仅可自由行为，而且可自由地设定私法效果，质言之，当事人自行创设规制其相互行为之具体规范。⑤ 法律行为具有法律创制功能，其为民法法源的属性不容否认，⑥ 而享有法律行为上自由的行为人实系享有立法权的私人立法者。⑦ 厘清此点甚为重要，因为这两类性质不同的私法行为在“法不禁止皆自由”命题中具有全然不同的意蕴。

就不具有规范性的事实行为而言，所谓“法不禁止皆自由”意谓“法不禁止(事实行为)皆合法”，而具有规范性品质的法律行为则不能被如此解释。根据规范分析法学，一国法律表现为由不同位阶的规范所构成的规范体系，上级法律规范对下级法律规范的调整，不

---

① 林来梵教授指出，法律对人类行为的评价呈现为一种梯度结构，包含五个逐渐递进的层级：以刑罚全面严厉禁止、部分非罪化、全面非罪化、法不禁止但在法理立场上也不鼓励和完全保护(如婚前同居行为)、法不禁止且基于“法不禁止即自由”原理属于自由(如夫妻避孕行为)。这一观点对法律评价等级的梳理已很精致，但仍宜增加“保留而不作评价”的形态。参见林来梵：《自由主义的败家女?》，载《浙江社会科学》2013 年第 1 期。

② 参见[德]阿图尔·考夫曼：《法律哲学》，刘幸义等译，法律出版社 2011 年版，第 15 章。

③ 参见 Neumann/Hassemer/Schroth 主编：《自我负责人格之法律——Arther Kaufmann 的法律哲学》，刘幸义等译，台北五南图书出版股份有限公司 2010 年版，第 203 页。

④ Christian Heinrich，Formale Freiheit und materiale Gerechtigkeit，Mohr Siebeck，2000，S. 43f.

⑤ [奥]凯尔森：《纯粹法理论》，张书友译，中国法制出版社 2008 年版，第 92 页。

⑥ 参见 Larenz/Wolf，Allgemeiner Teil des Bürgerlichen Rechts，9. Aufl.，München，2004，§3Rn. 5；Reinhard Bork，Allgemeiner Teil des Bürgerlichen Gesetzbuchs，2. Aufl.，Tübingen，2006，Rn. 21。

⑦ 就此问题较详细的分析，参见易军：《私人自治的政治哲学之维》，载《政法论坛》2012 年第 3 期。

是对后者作是否“合法”的“合法性”评价，而是对后者作是否“有效”的“效力性”评价。①下级法律规范根据上级法律规范被认定为有效或无效。② 禁令正是国家立法者确立以控制法律行为这一私人立法的质量的上级规范。若不违反禁令，法律行为即有效，反之则无效。“未符合授权规则的条件，使得所做之事无效，因而就此事的目的而言也是无效的。”③就此而言，法律行为并无所谓“合法/非法”问题，而只有“有效/无效”问题。因此，就法律行为而言，“法不禁止皆自由”的意涵，并非“法不禁止(法律行为)皆合法”，而是“法不禁止(法律行为)皆有效”。

二、“法不禁止皆自由”的内在机理

强制性规范包括以否定性限制为内核的禁止性规范(即消极义务规范或禁令)与以肯定性限制为内核的积极义务规范或指令。这一命题被经典性地表述为“法不‘禁止’皆自由”，而非“法不‘强制’皆自由”或“法不‘肯定性限制’皆自由”，为何仅对“禁止”情有独钟？必须潜入该命题背后，深掘其内在机理。

(一)命题赖以成立的理论前提

“法不禁止皆自由”命题建立在两个前提基础之上：私人的意思自治在私法中居立核心地位，以及私法具有否定性或消极性的品质。舍此两个理论前提，该命题无由成立。

在现代社会，主体性思想或人的尊严观念的构成了人类社会的价值基石，④ 如何为每个社会成员容留最大的自治空间遂成为一项极端紧要与迫切的问题。就私法而言，只有私人意思自治在私法中居立核心地位，成为私法基本原则乃至最高指导原则的背景下，“法不禁止皆自由”命题才保有生存空间。在私法中，不是不存在“只有先获许可，行为人才能为某项行为”的现象，即行为以“许可”为条件。但这绝不能在私法中普遍化。“一个人应在得到允许以后方能做特定事情的状态，并不是自由……如果一个人所能做的大多数事情须先获得许可，那就绝无自由可言。”⑤这也正是“法不允许皆禁止”或“法不授权皆禁止”不受私法领域待见的因缘。

---

① 此为分析法学的基本见解，可参见[奥]凯尔森：《法与国家的一般理论》，沈宗灵译，中国大百科全书出版社 1996 年版；[英]哈特：《法律的概念》，张文显等译，中国大百科全书出版社 1996 年版。

② 参见[奥]约瑟夫·拉兹：《法律体系的概念》，吴玉章译，中国法制出版社 2003 年版，第 229 页。

③ [英]哈特：《法律的概念》，张文显等译，中国大百科全书出版社 1996 年版，第 33 页。

④ 虽然一些西方思想家在观点上有很大分歧，但由于共享同一思想资源，因此这些争议当属“家庭内部之争”。如美国学者拉莫尔指出，“对罗尔斯而言，自由主义的正当性原则之所以要强调合理的同意，其根源在于尊重人的原则；对哈贝马斯来说，商谈原则所享有的政治权威同样来自尊重人的原则。”参见[美]查尔斯·拉莫尔：《政治自由主义的道德基础》，载《马克思主义与现实》2010 年第 1 期。

⑤ [英]哈耶克：《自由秩序原理》上册，邓正来译，生活·读书·新知三联书店 1997 年版，第 14 页以下。

就第二个前提而言，由于我国民法学者极少关注到私法的否定性品质，须详为澄明。法的作用是消极的，而不是积极的。① 私法更是如此。“民法的功能大部分是消极性或否定性的”。② 否定性是指私法规范向行为人提出否定性要求，即不从肯定的角度规定行为人具体应做什么，而仅从否定的角度规定行为人不应做什么。否定性使私法规范表现为禁令。“一部道德法典或者一套法律规则体系，主要是由禁止实施某些有害行为的禁令所构成的，而不是由要求提供某些利益的命令构成的。”③

如就法律行为(合同)有效要件这一基础性制度而言，我国民事立法采取了从正面积极规定有效要件的立法方式。如《民法通则》第55条规定，“民事法律行为应当具备下列条件：……”，即为肯定性规范。理论上也多遵从这种思维模式。实际上，这一立法模式系法制史上的异类。大陆法系国家或地区立法多消极地以负面列表的方式规定法律行为所不应有的内容。如德国民法“从来没有将法律行为的效力，而总是将法律行为的无效作为规范的对象。”④就具体的要件而言，“不违反法律或者社会公共利益”显属禁令。“意思表示真实”似乎意谓表意人“应当”意思表示真实，从而为肯定性规范，实则不然。该制度通过将表意人在相对人欺诈、胁迫或乘其危难等情形下所为的意思表示论断为效力瑕疵，对相对人(实系对任何人)提出了不得欺诈、胁迫、乘人之危等消极性义务。⑤“行为人具有相应的民事行为能力”似乎也是肯定性规范，即行为人“应当”具有相应的民事行为能力，但是，行为能力之健全却绝非行为人在为意思表示时可以其自身的积极行为所能成就，其并非行为而系一种事态，它对法律行为效力的影响依然是消极性的。总之，上述各项在实质上均为消极性的有效障碍事由(Wirksamkeitshindernis)。私法之所以具有否定性，主要有以下原因：

第一，立法者的必然选择。由于立法者对那些决定人活动秩序的无限多样的特定事实，常态性地处于一种未知的状态之中，因此，他往往不知道什么行为是好的从而是必须要为的，但人类过去的经验足以表明，一些社会行为会在人们正常追求各自目的的过程中引发冲突，这些行为应被定性为不正义，须加以禁止。质言之，立法者并不拥有评断正义的肯定性标准，而只拥有一些能告知人们什么是不正义的否定性标准。

第二，否定性立法比肯定性立法相对容易。“制定一条规定不得伤害他人的普遍性法律规范，是一件十分容易的事，但是，要制定一条规定每个人都必须帮助处于困境中的他人的普遍性法律规范，就不那么可行了。”⑥其原因在于，在任何群体或社会中，比起其他

---

① 参见[日]川岛武宜：《现代化与法》，王志安等译，中国政法大学出版社1994年版，第26页。

② [英]伊特扬：《现代契约法的发展》，《外国民法资料》选编组：《外国民法资料选编》，法律出版社1983年版，第343页。

③ [美]亨利·马瑟：《合同法与道德》，戴孟勇、贾林娟译，中国政法大学出版社2005年版，第82页。

④ [德]莱奥·罗森贝克：《证明责任论——以德国民法典和民事诉讼法典为基础撰写》，庄敬华译，中国法制出版社2002年版，第268页。

⑤ 参见易军：《私人自治与私法品性》，载《法学研究》2012年第3期。

⑥ [英]彼得·斯坦、约翰·香德：《西方社会的法律价值》，王献平等译，中国人民公安大学出版社1990年版，第5页。

所有的感情和信念，对不应为行动的感情和信念，要更为同质，也更容易取得一致。通过立法，保护人们不受他们不愿他人施加的侵害，比起一切基于这些人的肯定性欲望的立法之法，可能会更容易确定，也能获得更广泛的成功。① 一如 Anthony De Jasay 所述，相较于悉数列举允许事项(list of permissions)，悉数列举禁令(list of interdictions)更容易一些；罗列人们不能做的事情并监督人们不做，比罗列人们有权做的事情并监督人们不做无权做的事，难度要小一些。②

第三，规范的否定性品质相较于规范的肯定性品质具有巨大优势。否定性规则仅禁止而非要求采取特定行动，不向行为人施加肯定性义务。在此规则下，所有行动皆出于行为人的一己意思而非立法者的意志。否定性规则虽威胁使用强制，但它仅为一否定性的强制，强制实处于隐忍不发的状态，行为人无需任何积极行为即可满足其要求。“只要人们不为法律所禁止的行为，法律便得以满足。”③因此，由于多数情况下行为人不费周章即可避免强制，实难断言否定性规则对行为人实施了强制。此际，行为人仍按自己的选择行事，而不同的个人根据他自己的知识并为了实现自己的目的而行事，这一点恰是自由的精髓之所在。一如柯武刚所述，否定性规则“将行动的具体细节和对后果的评价留给行为者自己。因此，当行动者由‘汝不应……’一类禁令引导时，会拥有较多的自由。”④

由于私法具有否定性，私法上的强制性规范以否定性规范为常态，以肯定性规范为异态，禁令几成为强制性规范的代称。不仅如此，相较于肯定性规范，禁令更有助益于私人自治。因此，在私人自治居立私法原则地位，即尽量实现最大化自由的社会背景下，人们只说“法不禁止皆自由”而不说“法不强制皆自由”再自然不过。

(二)命题为何能使自治空间最大

由于私人自由与法之禁止之间具有矛盾关系，在导出私人自由或法之禁止方面实际上有两种路径可供选择：一是以对“自由的全面规定”来推定禁止内容，二是以对“禁止的全面规定”来推定自由。在前者，以“自由”为参照系；在后者，则以“禁止”为参照系。究竟应选取哪种路径，或以何者为参照系推导出他者，其实能反映出持论者对“行为自由的充分尊重或者予以限制的态度”。⑤ 就前一路径而言，囿于人类理性的有限性，法律无论如何都不可能悉数罗列所有的自由形态。若采行这一路径，势必会遗漏大量的个人自由形态，从而在客观上限制人们的行为自由。

“法不禁止皆自由”命题未选取上述路径，而是采取了以对“禁止的全面规定”来推定自由的思路。这一命题之所以能使自治空间最大化，其原因在于，它明确昭示：扣除禁令

① 参见[意]布鲁诺·莱奥尼等著：《自由与法律》，秋风译，吉林人民出版社 2004 年版，导论，第 20~21 页。

② 参见 Tom G. Palmer, Realizing freedom: libertarian theory, history and practice, p. 32。

③ [英]彼得·斯坦、约翰·香德：《西方社会的法律价值》，王献平等译，中国人民公安大学出版社 1990 年版，第 6 页。

④ [美]柯武刚、[德]史漫飞：《制度经济学——社会秩序与公共政策》，韩朝华译，商务印书馆 2000 年版，第 116 页。

⑤ 彭诚信：《从利益到权利——以正义为中介与内核》，载《法制与社会发展》2004 年第 5 期。

后剩下来的所有空间都是自由的领地。由于立法者禁令有限，而人民的创意却总是无穷，“法不禁止皆自由”命题就为行为人容留了无限广阔的自由空间，自由由此具有一种无所不包的特质。其图景犹如一望无垠的海面上零星点缀着几个孤岛，而禁令正是孤岛，自由则是汪洋大海。对每一个船长来说，只要他不碰触这些岛屿，他就能在大海中自由地驰骋，真正实现“海阔凭鱼跃”。若以权利来描绘自由，则自由就是扣除禁令余下的所有行为可能性的权利，是一种扣减权而非加计权。“法无禁止皆自由”足以凸显自由为“扣减权”的无所不包的特性，从而营造了最大的自治空间。这一意义上的自由十分类似于重视概念绝对完整性的大陆法系民法中的“所有权”概念。虽然立法与理论上多以列举权能的方式来界定所有权，所有权宛如权利人对客体的占有、使用、收益、处分等各项权能的堆集或综合，但实际上，作为物权原型的所有权，“不是列举式的赋予个别权能，而是对物上所能够想象的使用途径赋予全面的总体许可”,① 即所有权为一般性、概括性、全面性且不限目的的支配权利。所有权被理解为是一种包含了扣除法令限制剩下来所有权能的权利,② 其内容无所不包，根本无须界定，具有可根据所有人的意思任意使用的特色。③ 总之，由于采行以对“禁止的全面规定”来推定自由的思路，“法不禁止皆自由”命题将自由作为了一个整体来加以保护，而非作为具体的自由加以保护。自由遂呈现出极大的普遍性与广泛性。

禁令不仅成就了私法的否定性，而且在客观上发挥了划定行为边界或行动范围的功能：禁令范围之内，行为人不得染指或碰触。禁令范围之外，则均属于行为人的自由领域；在此领域内行为人完全自由，能够依他们的喜好行事而不会遭到政府的强制。④ 一言以蔽之，“法不禁止皆自由”的规箴“维护了在法律禁令的范围之外为所欲为的自由。”⑤

三、“法不禁止皆自由”的实践价值

在我国，“法不禁止皆自由”的命题虽具有高度的学理性，但并未见诸立法，那它对我国社会究竟有无实践价值？如果纯粹只是学者为满足理论癖好而作的文字游戏，不谈也罢。但事实却非如此。虽然该命题与私人自治原则在精神气质上高度契合，但相较于后者，它仍有一些特质从而凸显其优越性。肇端于此，在中国社会的实践中，该命题成为张扬私人自治原则或价值的有力工具。

(一)命题相较于私人自治原则的特质

民法学者在界定私人自治原则时，几乎都只界定“私人自治”，不谈“原则”。阿列克

① ［德］曼弗雷德·沃尔夫：《物权法》，吴越等译，法律出版社 2002 年版，第 28 页。

② Rey, Heinz, Die Grundlagen des Sachenrechts und das Eigentum, Grundriss des schweizerischen Sachenrechts, Bd. 1, Bern 2000, S. 146.

③ 参见［日］我妻荣：《新订物权法》，罗丽译，中国法制出版社 2008 年版，第 281 页。

④ 参见 Brian Z. Tamanaha, On the rule of law: history, politics, theory. Cambridge University Press, 2004. p. 66。

⑤ Brian Z. Tamanaha, On the rule of law: history, politics, theory. p. 71.

西认为，原则乃是最佳化命令，它要求某事(通常是某种价值或目的)在相对于法律与事实的可能范围内以尽可能高的程度被实现。私人自治原则意谓每个人的自由应在事实条件与法律条件可能的范围内求取最大程度的实现，此即自由的最佳化命令(Optimierungsgebot der Freiheit)。① 质言之，私人自治原则实系主张“自治最大化”。不过，这一含义却潜藏在“私人自治原则”的概念背后，隐而不彰。“私人自治原则”并未从技术层面揭示如何使自治最大化。相较于“私人自治原则”这一术语，“法不禁止皆自由”命题则直观地呈现出“自由最大化”的含义——“即自由”或“皆自由”的表述使得“自由最大化”的意图昭然若揭。舍此不论，“私人自治原则”本身并未提供如何使私人自由的方略，而该命题则直接揭示了使私人保有自由的方式——“法不禁止”。也就是说，私人自由空间的大小应从自由与国家法之间的关系中去探寻。由于认为“自由”与“法”之间存在着此消彼长的关系，因此，欲获取更大自由，则必须从压缩“法”的空间中去求取。

由此看来，相较于私人自治原则，“法不禁止皆自由”命题具有明揭意旨、富有技术性两方面的优越性。因此，虽然仅就该命题中涉及的“私人自治”意义上的那部分自由而言，“法不禁止皆自由”命题与“私人自治原则”实具有相同的意蕴，但该命题不仅直观地表达了“自由最大化”的意旨，而且直陈从何处求取自由，从而提供了相对具有可操作性的判断自由诉求得否成立的标准。在实践生活中，当某人在理论上论证或某行为人主张其享有某种私法上的自由时，他更多地会诉诸“法不禁止皆自由”的命题。

(二)命题作为私人自治原则的有力辩护工具

1. 民法学者对命题的运用

在法学理论上，我国学者有时会将“法不禁止皆自由”命题作为论证某种观点的论据。如就我国法上应否广泛承认惩罚性违约金的问题，有学者指出，基于自愿原则，以及“法不禁止皆自由”，当事人仍可明确约定惩罚性违约金，只要此种条款不违反法律的强制性规定，便仍属有效。② 当然，也有学者怀疑以该命题证明广泛承认惩罚性违约金约定的思路。其理由如下：第一，“法不禁止即自由”中所谓的禁止性法律，并非仅指具体的禁止性规范，而是包括依据公序良俗、公平正义等原则推导出某项行为应被禁止。禁止当事人广泛地约定惩罚性违约金，乃我国法律的应有之义。公序良俗、公平等基本原则就是禁止某些惩罚性违约金约定的法律规范。第二，只有在“法律将本应禁止的行为都规定得一览无遗”的前提条件下，“法不禁止即自由”作为一项基本的权利推定或自由推定才是“一项正义的推定原则”，而我国现行法在禁止性规定的设置上存在着遗漏。③ 考虑到如何商定合同条款属于当事人享有的私人自治中合同内容创设自由的重要组成部分，而且惩罚性违约金毕竟是一种“私的惩罚”，当事人的此种“内容自由”不应过于宽泛而笼统，因此，这

① 参见[德]罗伯特·阿列克西：《法、理性、商谈——法哲学研究》，朱光、雷磊译，中国法制出版社2011年版，第197页。

② 参见韩世远：《违约金的理论问题——以合同法第114条为中心的解释论》，载《法学研究》2003年第4期。

③ 参见崔建远：《合同法》，北京大学出版社2012年版，第367页以下。

两种观点均有所据。

2. 立法者对命题的运用

虽然我国现行法就“法不禁止皆自由”未设明文规定，但在规范制定或修改中，立法者有时却会将其作为重要的指引。这在《物权法》第180条第1款和《公司法》第27条中得到了充分体现。

对抵押物的范围，我国立法历来从“可抵押物”与“不可抵押物”两方面来限定(《担保法》第34条第1款、第37条)。物权法立法过程中，最初也沿袭这一作法，如提请十届全国人大五次会议审议的“物权法草案”即规定：可以抵押的财产包括“法律、行政法规规定可以抵押的其他财产”，不得抵押的财产包括“法律、行政法规规定不得抵押的其他财产”。在该草案审议过程中，有些代表提出，对有些财产，法律、行政法规既没规定不得抵押，又没规定可以抵押。此种情况应予明确。法律委员会经研究后认为，抵押行为属于民事行为，只要法律未规定不得抵押的财产都可以抵押，建议将草案第180条关于“可以抵押”的财产的规定中“法律、行政法规规定可以抵押的其他财产”修改为“法律、行政法规未禁止抵押的其他财产”。①

我国1993年颁布《公司法》第24、80条仅列举了“实物、工业产权、非专利技术、土地使用权”四种非货币出资形式，这一要求较为严苛，过度限制了民商事主体的投资自由，而且在知识经济的时代，多样化、无体化的财产形式越来越多，从发行股票的“对价”的观点来看，只要是公司事业所需的财产与权利且具有一定实际经济价值，应都可作为换取股份的对价。鉴于此，2005年公司法修改时，立法者将该条修改为：“股东可以用货币出资，也可以用实物、知识产权、土地使用权等可以用货币估价并可以依法转让的非货币财产作价出资；但是，法律、行政法规规定不得作为出资的财产除外。”(《公司法》第27条第1款)该条大幅度拓展了非货币出资的渠道，而且“可以……也可以……但是，法律、行政法规规定不得作为出资的财产除外”的表述鲜明地体现了“法不禁止皆自由”的思想。②

3. 当事人对命题的运用

在诉讼中，当事人有时会将“法不禁止皆自由”命题作为起诉、反诉或抗辩的理据，如在广州南湖酒店有限公司与杨秋梅劳动争议纠纷案中，上诉人主张，“该复函只是鼓励用人单位以支付加班费的形式补偿劳动者在法定节假日的加班工作，但并未禁止用人单位用补休的方式进行补偿，法无明文禁止即可为。……因此，我公司采取补休的方式补偿员工的加班工作理应得到法院支持。”③在杜冬梅与郑锋等房屋买卖合同纠纷案中，当事人主张，“双方签订的《房屋买卖合同》是在公平、等价、有偿，不存在欺诈前提下签订的。根

---

① 参见张宗堂等：《物权法草案已经成熟》，《人民日报》2007年3月13日第3版。

② 参见刘俊海：《公司法》，法律出版社2011年版，第150页。

③ 参见广州市中级人民法院民事判决书(2007)穗中法民一终字第667号。

据司法自治法无明文禁止原则规定，合同有效。”①在天水羲皇故里大酒店有限公司与项光同等公司决议效力确认纠纷案中，上诉人提出，“上诉人认为‘法不禁止就可为’，上诉人完全可以起诉，也是适格的原告主体。”②等等。

当事人援引该命题作为支持其诉求的理由，即使表达不精准、脉络不清晰，甚至违反法理，这一尝试也无可指责。当事人以之去论理的行为无疑是这一命题的最好诠释。普通民众既能利用该命题，在一定程度或可表明该命题的深入人心。从这个意义上说，“法不禁止皆自由”命题是民众“为权利而斗争”时赖以依凭的有力武器。

4. 法官对命题的运用

在诉讼过程中，法院有时会以“法无禁止皆自由”命题作为裁判依据。如在何某某诉欧某某租赁合同纠纷案中，法院指出，“我国现行法律中，并没有对预约合同进行明确规定，但从‘法不禁止即自由’的民法原则……来说，预约合同并未违反我国现行法律、法规的禁止性规定，属于有效合同。”③在在中国银行(香港)有限公司诉于世光保证合同纠纷案中，法院指出，“本案被告以个人身份提供对外担保，目前内地……并未禁止个人对外担保，对个人对外担保也无明确法律规定要求批准和登记。法无明文禁止即许可，故原、被告签订的保证合同不违背我国内地法律和公共利益，依法应认定有效。”④在杜百常与刘丁巳赔偿纠纷案中，法院指出，“依法无明文禁止即可为的法理，……原审原被告之间的种植回收合同应当成立。”⑤在永宁县供销合作社与张建勋房屋买卖合同纠纷案中，法院指出，“本案所涉买卖合同属于私法调整范围，按照‘法不禁止即为许可’的原则，双方对廊房部分的买卖应属有效。”⑥等等。

在这些案件中，法院直接援引上述命题作为裁判依据，最终裁判结果基本上是妥当的。当然，法院以其作为推理的基础，其合理性是否充足仍有斟酌余地。“法不禁止皆自由”是一项未见诸明文的抽象命题，显然不属于成文法，也难谓是习惯法，最多只具有“法理”或“学理”的地位。民事法官裁判案件，首先应依“成文法”，再依“习惯法”，只有确认并无可用的习惯法后，才可开始依循法理造法。相较于前二者，法理仅处于间接法源地位，对裁判案件只发挥辅助或补充作用。“法不禁止皆自由”命题即使是“依据良知或理性所推演之合理法则”，甚或“为谋社会生活不可不然之理”，在现行法就法律行为效力已设强制性规范和公序良俗规范之边界的情况下，法院首先应利用规范(如《民法通则》第55条第3项、《合同法》第52条第5项)，而毋庸上溯到该命题的抽象层次，即便诉诸命题，亦应仅作论理的补强之用，其舍法之明文而直接援引法理命题，难免有流于恣意之弊。

---

① 参见广州市中级人民法院民事判决书(2009)穗中法民五终字第1365号。

② 参见甘肃天水市中级人民法院民事裁定书(2013)天民二终字第00028号。

③ 参见柳州市鱼峰区人民法院民事判决书(2012)鱼民初(一)字第5号。在其他案件中，该院亦以同样理据作出裁判，分别参见柳州市鱼峰区人民法院事判决书(2012)鱼民初(一)字第7号、第8号、第1106号判决。

④ 参见广州市中级人民法院民事判决书(2005)穗中法民三初字第432号。

⑤ 参见商丘市睢县人民法院民事判决书(2012)睢民再初字第2号。

⑥ 参见宁夏回族自治区高级人民法院民事判决书(2010)宁民提字第10号。

四、“法不禁止皆自由”的局限性之一：微观视角

“法不禁止皆自由”的功效固然不容小觑，但任何制度皆有其功能限度，逾越功能界限难免会滋生负面效果。一般而言，“法不禁止皆自由”可以适用于下述两种情形：第一，仅涉及行为人自身的行为。法律只服务于社会关系，而涉己行为不涉及他人，无社会关系可言，法律不会作调整，更不论设置禁令加以绝禁。“任何人的行为，只有涉及他人的那部分才需对社会负责。在仅只涉及本人的那部分，它的独立性在权利上则是绝对的。”①即那些不影响其他人而只影响其实施者的行为不应受法律的控制。第二，无涉第三人的合意行为。在私人自治原则之下，两个或多个当事人可以合意自主地安排彼此间的事务。在合同不关涉第三人利益的情形下，合同仅涉及其当事人的利益，虽然从最终结果来看，当事人之间肯定会发生行动自由扩张或限缩、财产的增加或减损等损益变动，但无论是利是害，均为基于各主体的自由意思所生结果，是当事人对自己事务的安排，法律应尽量尊重。在社会生活中，这类行为是“法不禁止皆自由”命题最主要的适用领域。不过，在下列情形，“法不禁止皆自由”命题的适用则受到限制：

（一）立法者原因致禁令不足

由于立法者自身的局限、社会生活的复杂等原因，总会使一些本该形塑于立法的禁令游离于立法之外，因此，就某一或某些具体的事务领域而言，即使立法未设禁令，也不能从“法不禁止皆自由”命题中当然地推导出行为人享有为此一或此类行为的自由。如我国台湾地区“民法”第16条规定，“权利能力及行为能力，不得抛弃。”第17条第1款规定，“自由不得抛弃。”我国大陆法未设类似禁令。当事人当然不可以法未禁止为由而以约定抛弃权利能力、行为能力或自由。就此看来，有学者主张使用“法不禁止皆自由”而非“法无禁止皆自由”的表述，诚非无据。② 即使立法者在立法之际已将社会中的禁令一网打尽，但社会生活总是变动不居，如伴随着新的科技或社会条件而出现了一些行为类型，法律尚未就其是否禁止做出决定，例如尚未对是否禁止研究人的无性生殖进行规范，对此，就不能简单地说，这必然是允许的。③

由于法律存在着“实然法”与“应然法”之分，对某一行为，实然法虽不禁止，但禁止该行为在价值判断上深具正当性，即应然法应禁止者，行为人亦无自由可言。就此而论，断言“法不禁止皆自由”实过于轻率。欲使该命题有效，只能将其中的“法”宽泛解释为“实然法与应然法”，即不能简单地说“法不禁止皆自由”，而是应说“（实然、应然）法不禁止皆自由”。

---

① ［英］约翰·密尔：《论自由》，程崇华译，商务印书馆1982年版，第63页。

② 参见郭道晖：《论权利推定》，载《中国社会科学》1991年第4期。

③ 参见颜厥安：《规范、论证与行动——法认识论论文集》，台北元照出版公司2004年版，第245页以下。

（二）行为不违反禁令但违反公序良俗

“法不禁止皆自由”命题中，“法”当指成文法，这一命题的实际含义是“成文法不禁止皆自由”。当然，仅就成文法而言，其亦有层级，既包括宪法、法律、行政法规等较高层级的法，也包括部门规章、地方性法规、地方性规章等较低层级的法。成文法外延宽狭的不同会对个人的行为自由产生影响。有无必要将命题中的“法”限制解释为高层级的法以保护行为自由？在合同生效的适法性要件问题上，我国立法者与多数学者主张将可影响合同效力的法律限定在“法律、行政法规”这一层级。虽然高层级的法侵害个人自由相对困难，低层级的法损害个人自由的可能性相对较大，但问题的关键不在于法的层级，而在于法本身的质量与品性。在一般法与特别法的关系上，拉兹即指出，“我赞同法治的形式概念，即只要法律具有稳定性和明确性等，就不反对特别法律指令。”“如果这种即时特别法在较为长久一般法设置的框架范围内被制定，则将限制由特别法引入的法律不可预测性，那么也就克服了这一困难。”①

自16世纪以来，法律即成为社会控制的主要手段，但社会控制的手段显然不仅限于法律，还存在着诸如宗教、道德、政策、习俗等规范形态。② 国家不可能将所有的规范形态都提升到法律层面，也不可能将所有的行为禁止都上升为法律的禁令。因此，虽然一些行为不在法律明文禁止之列，但其与公认的道德或习俗格格不入，从而也应被论断为不正当，行为人亦不得为之。由此，法不禁止的并不一定意味着当事人就有行为自由。

从立法例来看，各国民法都会禁止法律行为违反公序良俗（die guten Sitten），也会禁止行为人故意以悖于善良风俗的方法损害他人（事实行为）。但不能由此而认为公序良俗也属于禁令之列。成文法规范与公序良俗本身就不同，一为法律上的规范，一为社会中自然形成的规范（道德规范），是两种不同的社会规范机制，以一个笼统、广阔的“法”概念涵盖不同形态的规范，抹杀了成文法规范与道德规范的分际。③ 成文法规范是社会规范中业已被制度化的那部分社会规范，司法者在裁判中必须适用且应直接适用；而公序良俗则是游离于法之外的社会主流道德，能不能成为“法”进而能否作为裁判依据还需依个案具体判断。放宽“法”的外延，强使二者皆为“法”，会使“法不禁止皆自由”的命题变得模糊

---

① ［奥］约瑟夫·拉兹：《法律的权威：法律与道德论文集》，朱峰译，法律出版社2005年版，第188页。

② 罗尔斯从社会基本结构出发探求社会正义，将社会正义与公共体制（政治的、经济的和法律的）层面上的强制结构相勾连，但柯亨认为这一理论会使人产生政治法律意义上的强制性制度是社会基本结构的全部的错误认识，弱化了根深蒂固的惯例和习俗的作用。他强调除这一层面外，社会基本结构还具有第二种内涵：“属于基本结构的制度，其构成主要依赖惯例、习俗与期望，而非法律。”即重视道德规范在引领社会进步乃至变革过程中的作用。参见［英］G. A. 柯亨：《如果你是平等主义者，为何如此富有?》，霍政欣译，北京大学出版社2009年版，第177页。

③ 在私法领域，区分成文法规范与道德规范，乃至进一步将成文法上的强制性规范区分为自治法与管制法，不只有宏观上的抽象意义，而且还具有微观上的现实意义。

不堪，损害它的简单性与明确性，降低其呵护个人自由的能力。①

总之，在人类行为既受法之禁令限制，又受公序良俗限制的情况下，不能贸然地断言“法不禁止皆自由”，较允当的表述，至少应是“法、公序良俗不禁止皆自由”。

(三)原则上不适用于法定主义模式的作用领域

私法的调整方式可分为意定主义与法定主义两类，它们一起构成“民法技术的典型”。② 一般而言，相对权奉行意定主义、绝对权奉行法定主义。“法定主义似乎是所有定分性质权利的宿命。”③

“法不禁止皆自由”的命题，无疑可在实行意定主义模式的相对权领域大放异彩，但其能否惯行于绝对权领域则不无疑问。本文认为，就像绝对权领域不能改采权利自由设定一样，绝对权领域也属于“法不禁止皆自由”的作用力禁区。最根本的原因在于，人格权、物权等绝对权对世且效力强大，除影响与绝对权人有合同关系的相对人外，还及于第三人，只有借立法将其公示，使它具备某种程度的可识别性，让公众周知其存在，才能使社会成员免遭不测的损害。详言之，绝对权不仅攸关该权利人的利益及其相对人的合同利益，还攸关第三人(即社会大众)利益，④ 是一种制约权利人之外一切人行为自由的权利。因此，在决定是否允许行为人创设法定权利类型以外的新型绝对权时，不仅要考虑绝对权人及其相对人的合意保护问题，而且也要考虑承担不侵害该绝对权的义务的社会大众的利益，而这一利益中最大宗者，当然就是他们的行为自由。若在绝对权领域实行“法不禁止皆自由”的诫命，即当事人在法无禁止之时，可自由创设绝对权，由于绝对权的主观性与非公示性，社会成员根本无法知悉何时会出现他根本不知其内容的绝对权主张者，也根本无法预测自己的行为会对他人产生何种不利影响以致侵害了该人的“绝对权”。若果真如此，则行为人不免动辄得咎，陷入严重的不安定状态，日常民事交往对民事主体来说，势必犹如牢笼。

不可否认，法定主义的程度也有强与弱之分，但只要是“法定”，就在该领域范围内排除了私法主体对私权的自由创设。此时，“法不禁止皆自由”的命题是无效的，不能以法不禁止(实系法未规定)为由即认许当事人借合意自由创设私权。如就人格权而言，它

---

① 颜厥安教授指出，“这一原则(指“法不禁止皆自由”——引者注)受有很多限制，首先，除非我们将‘法律’的概念放得够宽，否则有一些行为类型可能是风俗、道德或习惯所禁止，但是并未为国家之法律所禁止。”这一观点中，有关“法不禁止皆自由”原则应受限制的看法是妥当的，但试图通过放宽“法律”的概念来涵盖风俗、道德或习惯等法律外规范的解决方案则难谓妥当。参见前引㊾颜厥安书，第246页。

② [奥]凯尔森：《纯粹法理论》，张书友译，中国法制出版社2008年版，第94页。

③ 苏永钦：《物权法定主义松动下的模式财产权体系——再探大陆民法典的可能性》，载《厦大法律评论》第8辑，厦门大学出版社2005年版，第9页。

④ 合同关系当然只是合同当事人之间的交易关系，但有时也会涉及交易外的第三人，即发生外部性问题。第三人其实是社会大众的化身。私法之所以许强制性规范介入合同关系，其原因不外乎保护合同关系的当事人，或保护合同之外的第三人。参见 Ian Ayres and Robert Gernert，Filling Gaps in Incomplete Contracts：An Economic Theory of Default Rules，99 Yale L. J. 87(1989)，p. 88。

“没有让与或流通问题，不可能依当事人的意志而创设，也不存在所谓的‘人格法律行为’，人格权立法不能采取意定主义而只能采用法定主义”。① 因此，“法不禁止皆自由”命题对人格权的设立并无适用力。

再如就物权而言，从技术的层面来看，它是借由财产法律行为创设的，而财产法律行为可二分为负担行为与处分行为。在负担行为领域，“法不禁止皆自由”无疑可广泛适用。负担行为本身无涉定分(Zuordnung)，仅以未来定分为目的，只在当事人之间发生债权债务，法律也不对其行为人提出“须有处分权”的要求，当事人自然可自由商定。不过，在处分行为领域，由于实行物权法定(numerus clausus)原则，“法不禁止皆自由”的适用空间则相当有限。“虽然当事人可以自由地约定是否设立法定的物权，但是与债法相反，在物法中不存在形成权自由(Gestaltungfreiheit)。”②

我国《物权法》第 180 条第 1 款规定“债务人或者第三人有权处分的下列财产可以抵押：……(七)法律、行政法规未禁止抵押的其他财产。”该法颁布后，我国学界对之多持肯定态度，有学者指出，“法律、行政法规未禁止抵押的其他财产”均可抵押，实现了从“法无规定即违法”向“法无禁止即合法”的转变，体现了物尽其用的原则;③ 体现了“法不禁止即为允许”的法治理念，极大地扩充了担保物的范围;④ 这种变化的意义非常大。⑤本文认为，不仅立法者误用了“法不禁止皆自由”从而作了一个并不成功的规范设计，而且学界对之赞誉有加，缺乏慎思，有失轻率。其原因在于，虽然在物权法定原则(《物权法》第 5 条)之下，当事人并非没有自治空间，但一些事项确属行为人意思的禁区。由于攸关抵押权的内容，在物权法定原则中类型固定的要求下，民事主体并不能任意突破抵押物范围的法定限制创设抵押权，因此，虽然《物权法》第 180 条第一款第 7 项宣示，法未禁止抵押的财产，民事主体均可抵押，但它注定会滞碍难行。从立法论来看，该条不属于优良的制度设计。它宣示要给人民更多的自由，但民事主体事实上并不能据此享有更多的自由。在解释论上，当然可对该条作限制解释，如将“法律、行政法规未禁止抵押的其他财产”解释为法“未禁止抵押”且“适于公示的”其他财产，从而涤除其文义中隐藏的不现实也不妥当的成分，但这无疑已背离立法者的初衷(当然立法者的初衷本身就有误)，且徒增裁判者的负担与困扰。⑥

概而言之，“法不禁止皆自由”命题在法定主义模式调整下的民法领域只具有极其有限的适用空间。欲使该命题有效，宜将其修正为：“意定主义模式调整下的民法领域中，法不禁止皆自由”。

---

① 张平华：《人格权的利益结构与人格权法定》，载《中国法学》2013 年第 2 期。

② [德]曼弗雷德·沃尔夫：《物权法》，吴越等译，法律出版社 2002 年版，第 14 页。

③ 参见董少广：《物权法有利于保护银行债权》，载《上海金融报》2007 年 5 月 25 日第 12 版。

④ 参见高圣平：《担保物权编：经济发展的推进器》，载《法制日报》2007 年 3 月 25 日第 16 版。

⑤ 参见程啸：《物权法对抵押权制度的六大重要改进》，载《检察日报》2007 年 3 月 26 日第 3 版。

⑥ 退一步讲，即使我国实行物权自由主义，《物权法》第 180 条第 1 款第 7 项亦不能获得生机。因为即使建立物权自由主义，若无一套公示制度、占有推定权利与善意保护制度加以配套，物权的自由创设亦属不可行。

五、“法不禁止皆自由”的局限性之二：宏观视角

“法不禁止皆自由”命题直接牵涉到“法之禁令”与“人之行为自由”的关系。虽然与肯定性规范相比较，否定性品质已使禁令对自由大有助益，但这一命题仍属空泛与脆弱，并不足以真正构建起最大的自治空间。立法显然“不可以使用强制手段禁止人们追求自己的利益和自我保护”,① 但若无其他要求或要素约束，难保立法不会设立这样的禁令。因此，仅否定性根本就不能确保立法能担负起捍卫私人自治的重任。这样的实例不胜枚举。如我国《物权法》第186条规定，抵押权人在债务履行期届满前，不得与抵押人约定债务人不履行到期债务时抵押财产归抵押权人所有。这一禁止流押的规定属禁令无疑，但其合理性却颇值怀疑，因为此种不分场景的一刀切式的禁令已全然阻绝了相关当事人借流押安排其财产的行为自由，抵押权人的自由空间不见被扩大，反而被急剧压缩。②《物权法》第211条有关禁止流质的规定存在着同样的问题。再如，虽然现行《公司法》第27条大幅放宽了股东出资方式，但《公司登记管理条例》第14条却规定，“……股东不得以劳务、信用、自然人姓名、商誉、特许经营权或者设定担保的财产等作价出资。”将世界各国普遍允许的劳务、商誉、特许经营权等剔除于出资形式之外，弊大于利，有失轻率。总之，若立法者过多、过密、过频地设立禁止性规范，或者禁止性规范无一定质量保障，则即使“法不禁止皆自由”的规箴矗立在前，私人自由也必然减少，仅凭这一规箴本身，若别无其他措施相绳，实难以完成对民事主体行为自由圆满保障的重任。正是在此意义上，有学者指出，“‘法无禁止即自由’可能只是相对于那种不通过法律就可以禁止自由权利的非法治状态来说是一种进步观念而已，实不足以奉为圭臬。”③

在现代社会，习惯、宗教教义、美德等已无法为立法提供权威来源，法的正当化问题具有前所未有的迫切性。虽然一如哈贝马斯所述，在多元主义的现代社会中，“全方位世界观和有集体约束力的伦理规范瓦解了，而残留下来的后传统的良心道德，显然是由民主的立法程序提供的”,④ 但民主的立法程序却未必能保证法的正当性。立法之法仍可能戕害社会成员的主动性与行为自由。从这个意义上看，法治所限制的公权力绝非仅以行政权与司法权为限，法治只在立法者也认为应受其约束时才是有效的。要对立法者权力作出有效的限制，非对法律规则都须具备的一般属性——“立法者旨在颁布且人们惟一愿意给予支持的那类规则的一般属性”予以澄明不可。⑤ 禁令只有符合或具备此类一般属性，才有可能不对民事主体的行为自由构成过度戕害，“法不禁止皆自由”命题也才能真正发挥实效。要真切地实践“通过禁令的最大化自治空间”，禁令应具有以下一般品质：

---

① ［美］罗伯特·诺齐克：《无政府、国家与乌托邦》，姚大志译，中国社会科学出版社2008年版，前言，第1页。

② 参见宁红丽：《民法强制性规范的反思与优化》，载《法学》2012年第4期。

③ 林来梵：《“法律保留”的诱惑》，载《法制日报》2007年6月17日第14版。

④ ［德］哈贝马斯：《后形而上学思想》，曹卫东等译，译林出版社2001年版，第684页。

⑤ 参见［英］哈耶克：《法律、立法与自由》第一卷，邓正来译，中国大百科全书出版社2000年版，第141页以下。

第一，禁令应具有蕴含在法律中并成为评价法律标准的“内在道德”，即禁令需具备一般性或普遍性、公布、可预测性或非溯及既往、明确、不矛盾、可为人遵守、稳定性、官员行为与已公布的规则的一致性等因素。① 一般性意谓规范必须是抽象的，而非具体或特别的。② 由于一般性规范只提供了一种个人必须在其间行动的框架，而在该框架内，所有决定都是由行为人本人做出的，因此它们只会限制而不会完全支配行为人自主决策，就此而言，一般性法律可为人们的行为自由提供最为有效的保护。一如昂格尔所述，“正是法律的普遍性确立了公民在形式上的平等，从而保护他们免受政府的任意监护之害。”③前述《物权法》第 186、211 条的弊端就在于其背离了一般性品质，把抵押人或质押人当成需要特别照顾的弱者从而在制度设计时放弃了一视同仁的中间性立场，这就实质性地否定了行为人的自治能力。就其它内在道德而言，毫无疑问，规范的稳定性是自由的必要条件；④ “法律规范的清晰程度攸关其所提供的自由程度。……在其他条件相同的情形下，清晰的规范较含糊不清的规范更能提供充分的自由领域”；⑤ 而可预测性是法治维护自由的关键：它使人们明晰何种行为要受法律强制并据此谋划行动。⑥

第二，禁令应具有目的独立性。自由社会是一个由多种多样的个人自由支配的社会。由于“个人有能力为自己做决定，因而国家的任务就是确保每个人都有公平的份额和机会，每个人可以运用这些资源自己去决定何种目标值得追寻。”⑦进而言之，“自由社会要求个人能追求他们自己设定的目的，而非追求由他人(无论是政治家、官员、社会多数成员还是歹徒)所强加的目的”,⑧ 容留禁令的私法作为他们的活动背景，如果要对这些目的保持公平，本身必须没有目的,⑨ 而把每个人的个人目的当作自己的目的。就此而言，私法乃是一有助益于实现多种不同个人目的的共同工具。这也使得私法呈现出十分浓厚的工具性或手段性。工具性其实就是那种并不依赖特定且已知的目的而是作为一种应对各种偶发情势的手段的属性。禁令的工具性优势在于，个人在遵守禁令时，实际上仍是在追求他自己的目的而非立法者的目的。

第三，禁令应具有程序性或形式性。在现代社会中，“每个人寻求着他自己的自我选

---

① 参见[美]富勒：《法律的道德性》，郑戈译，商务印书馆 2005 年版，第二章。

② 罗尔斯为推导出社会正义的两项根本原则而设计了一种“无知之幕”的状态。这是一种典型的“抽象人”或“一般人”的预设。其本意是排除自然机遇或社会环境中的偶然因素对正义原则选择的影响，从而保证其公平性。参见[美]约翰·罗尔斯：《正义论》，何怀宏等译，中国社会科学出版社 2009 年版，第 10 页。

③ 昂格尔：《现代社会中的法律》，吴玉章、周汉华译，中国政法大学出版社 1994 年版，第 47 页。

④ Tom G. Palmer，Realizing freedom：libertarian theory，history and practice，p. 2.

⑤ Andrew Altman，Critical legal studies：A liberal critique，Princeton University Press，1990，p. 26.

⑥ Brian Z. Tamanaha，On the rule of law：history，politics，theory. p. 90.

⑦ 威尔·金里卡、卞绍斌：《当代政治哲学前沿：多元立场、公民身份与全球视野》，《马克思主义与现实》2013 年第 2 期。

⑧ John Meadowcroft，The Ethics of the Market，Palgrave Macmillan，2005，pp. 14-15.

⑨ 参见钱永祥：《纵欲与虚无之上——现代情境里的政治伦理》，生活·读书·新知三联书店 2002 年版，第 294 页。

择的好生活的观念，而政治机构的存在，则提供了使这种自我确定的获得能够进行的制度性尺度。”①由于这一原因，禁令应秉持过程导向而非结果导向的公正观，即不应追求特定结果，而是竭力实践结果形成过程的正当性。若过程尊重了参与人的所有权与他项权利，且未对其施加任何压迫，则该过程即为合理，质言之，过程决定结果是否公正，手段合理则目的合理，而非相反。② 特定的资源配置结果或损益状态只有在国家刻意的意志行为的操纵支配下才能达致，禁令对结果公平或实质公平的追求不仅会威胁个体的自由和独立，侵蚀个体的自由权利，压制私人的创造力，也使得竞争机制的优胜劣汰功能陷于瘫痪。③

第四，禁令应具有底线性。自由虽属重要，但最大自由并非绝对自由，自由的无限扩张只会引发无穷的冲突，必须使每个人的自由相协调。而协调的最佳方式无疑是为每个人的自由设置边界，从而防阻不同的个人行动之间相互干涉或侵扰。就每一个行为人而言，在该边界之内，他享有为所欲为的无限自由，而在该边界之外，则属于其行为禁区，他的行动自由受到限制。此种自由的相互限制方式能使一个行为人的自由与所有其他人的自由并存，使每个人都享有同等的自由。此即道德哲学家罗尔斯所说的“自由受自由本身的必要条件的控制”，“自由的优先性意味着自由只有为了自由本身才能被限制。”④毫无疑问，当禁令只是那些对自由所作的必要的但又是最低限度的限制的规范，即具有底线性时，⑤民事主体的行为自由才能达到最大化状态。

结语

政府与市场、国家与个人、强制与自由等关系的协调与平衡历来是人类社会历久弥新的永恒难题。⑥ 数十年来，在我国政府与人民孜孜求索的艰苦卓绝努力之下，在“这些构

---

① ［美］A. 麦金泰尔：《德性之后》，龚群等译，社会科学文献出版社1995年版，第246页。

② 参见 Andrew Schotter，Free Market Economics：A Critical Appraisal，B. Blackwell press，1990，p. 13。

③ 参见［德］齐佩利乌斯：《德国国家学》，赵宏译，法律出版社2011年版，第429页以下。

④ 参见［美］约翰·罗尔斯：《正义论》，何怀宏等译，中国社会科学出版社2009年版，第205页、第234页。

⑤ 在德沃金的理论谱系中，这一思想被称为“抽象原则”（abstract principle）：“它坚持，除了为保护人身和财产安全或为矫正市场的某些缺陷而对人们的自由做出必要限制外，只有当人们享有按自己的愿望行动的法律自由时，理想的分配才是可能的。”参见［美］德沃金：《至上的美德：平等的理论与实践》，冯克利译，江苏人民出版社2007年版，第150页。

⑥ 当然，这些范畴之间的关系十分复杂，究竟是协调还是冲突仍非常值得研究。如拉兹一方面指出，强制损害了人的自主性，“首先，强迫别人的人怀有使他人服从其意志的直接目的。使他人服从自己的意志或者是他的目的，或者是实现其目的的手段。其次，强制者旨在通过限制他人的选择而成功地强迫了他们”。另一方面也指出，强制有时是为了实现对个人自主的关切。“强制可以是真诚地为了被强制者的善，甚至也可以是被强制者所寻求的。”参见［美］约瑟夫·拉兹：《自由的道德》，孙晓春等译，吉林人民出版社2006年版，第156页、第158页。

成对级的范畴中应更倚重市场、个人或自由”的社会共识逐渐形成并日益稳固。正是拜此所赐，我国人民的创造力得到空前激发，中国社会也由此取得了举世瞩目的巨大成就。无论是被定性为逐渐形成的“重叠共识”中的重要一项，① 还是被评价为推动中国社会进步诸多因素中重要的一环，“法不禁止皆自由”命题躬逢其盛。在自由与强制的矛盾关系中，它不仅作出了优遇自由的选择，而且通过采用对禁止项的立法列举来推定自由的路径，以求取最大的私人自治空间。这一虽未见诸立法，但并非只有学理价值的命题，在鲜活的中国社会生活中，被用作支撑私人自治原则的有力工具而发挥着影响力，其对私人自治价值的襄赞之功不容抹煞。

中国共产党十八届三中全会公报指出：“改革的核心是处理好政府与市场的关系，使市场在资源配置中起决定性作用和更好发挥政府的作用。”这一旨在处理“政府与市场在资源配置中关系”并凸显了中央坚持市场化改革决心的话语表明：要由市场而非由政府发挥决定性作用，且市场的作用是决定性的而非仅是基础性的。其所意谓的是，政府的管理要少而精、“该管的必须管住管好”，而此之外的，则尽量留待市场解决，“该放的坚决放开到位”。这不啻昭示：除最必要的政府管理外，余者皆委诸市场。由此看来，“法不禁止皆自由”命题与这一纲领性要求，不但契合无间，甚至就是同理连枝。为进一步深化改革，国务院在上海设立自由贸易实验区。《中国(上海)自由贸易实验区总体方案》罗列的九项任务中，位列第三的是“探索建立负面清单管理模式”。相对于正面清单(positive List)而言的负面清单(negative List)模式就是以“黑名单”列明企业不能投资的领域和产业。只要未列入名单，企业和个人都有权进入。其实质是要在产业投资领域(外资与国内民间资本)实行“法不禁止皆自由”。毫无疑问，在这种政府简政放权、激活市场的改革背景之下，“法不禁止皆自由”命题将会获得更为广阔的存续空间与作用舞台。

当然，也要注意到的是，“人们对一种信念近乎普遍的接受，并不能够证明这个信念就是有效的(valid)甚或是有意义的。”②指出此点，绝非是否认该命题的合理价值，而仅是不认同那种视之为理所当然，以及无视其作用限度、凭想象地过分夸大其功能的思维惰性。毕竟抽象的理念与具体制度设计之间总是存有距离。美国学者 Tamanaha 在阐述法治的作用时说，“法治不能是关于人民希望于政府的任何美好物事。对它作这种解读的持久诱惑是法治的象征性力量的实际证明，但我们不能沉迷于它。”③此论表明，法治固有巨大价值，但也非十全十美，不能奢望它能解决一切问题。在对“法不禁止皆自由”这一规箴的态度上，我们亦应如此。在保障与张扬私人自治上，让它竭其所能，但又不能把它当成

① “重叠共识”强调排除各种分歧意见和对立观点之后所形成的共同认识，它对维系社会的稳定统一至关重要。有关该问题的具体分析，参见[美]约翰·罗尔斯：《政治自由主义》，万俊人译，译林出版社 2000 年版，第二部分第四讲“重叠共识的理念”。

② [英]哈耶克：《法律、立法与自由》第二、三卷，邓正来等译，中国大百科全书出版社 2000 年版，第 122 页。

③ Brian Z. Tamanaha，On the rule of law：history，politics，theory. p. 113.

是解决私人自治问题的万灵丹。只有如此，我们才能知悉自治是何其脆弱；要践行自治，不是仅靠喊几声“法不禁止皆自由”的口号即可达致。理念重在落实！法学同仁们其实还有很多精微细致的技术性工作要做。

（原文刊载于《中国社会科学》2014年第4期。）

获利返还论

——以《侵权责任法》第20条为中心

缪　宇*

摘　要：从解释论的角度来看，《侵权责任法》第20条规定的获利返还，只是损害赔偿的客观计算方式，而非权益侵害型不当得利返还。因为不当得利法没有制裁和预防功能，利润不属于不当得利的返还范围。但是，获利返还并不符合损害填补思想，加害人所得利润亦非受害人的所失利益。由于受害人一般难以证明加害人获得的利润，人格标识对利润形成的贡献难以确定，故获利返还在实践中的适用极为有限。从立法论的角度来看，获利返还不应成为独立的债的类型，它主要适用于利用他人排他性权益的营利行为和营利性违约行为。前者应由不法无因管理调整，以行为人恶意介入他人事务为要；后者则应在合同法中通过一般条款来调整，以实际履行和损害赔偿无法救济守约方为前提。

关键词：获利返还；不当得利；损害填补；制裁和预防功能

一、问题的提出

《侵权责任法》第20条在人格权侵权领域确立了"获利返还"制度。从体系解释的角度来看，《侵权责任法》第20条的"获得的利益"，应按照知识产权侵权中的"获得的利益"或"违法所得"做同一解释。依据《最高人民法院关于审理专利纠纷案件适用法律问题的若干规定》第20条第2款和《最高人民法院关于审理商标民事纠纷案件适用法律若干问题的解释》第14条的规定，这一"利益"是指侵权人获得的"利润"。因此，《侵权责任法》第20条中的"利益"应被解释为"利润"。① 但是，将利益解释为利润，意味着损害赔偿与受害人遭受的实际损失脱钩，似乎带上了一点不当得利的色彩。

为了合理界定获利返还，本文将从解释论和立法论两个角度对获利返还的请求权基础进行分析。本文首先从解释论的角度说明获利返还与不当得利、损害赔偿的关系，指出获利返还并非不当得利返还，而是损害赔偿的客观计算方式，并说明获利返还与损害赔偿法

---

* 缪宇(1984—　)，男，湖北仙桃人，法学博士，中国政法大学民商经济法学院讲师，硕士生导师，主要从事民法学研究。

① 参见王利明：《债法总则研究》，中国人民大学出版社2015年版，第620页；朱岩：《"利润剥夺"的请求权基础》，载《法商研究》2011第3期，第138页。

基本理念的冲突、适用中的困难。随后，本文将从立法论的角度对获利返还的请求权基础展开论证，指出获利返还不应成为独立的请求权基础，进而本文主张通过不法无因管理来规制利用他人排他性权益的营利行为，并建议针对营利性违约行为设置一般条款来实现获利返还。

二、解释论角度的观察：获利返还与不当得利、损害赔偿的关系

（一）获利返还并非不当得利返还

1. 权益侵害型不当得利的返还范围不包括利润

在将利益界定为“利润”的背景下，将不当得利作为获利返还的请求权基础，意味着不当得利返还请求权的返还范围包括了“利润”。但是，这种认识值得商榷。

依据《民法通则适用意见》第131条，不当得利返还的标的限于原物和孳息。此外，基于原物获得的收益也属于不当得利的返还标的，它包括原物的用益、基于权利的所得以及原物的代偿。在原物不能返还时，不当得利返还的对象则为一定的价额。于是，当原有利益仍然存在时，利润是否属于不当得利的返还范围，取决于利润是否属于基于原有利益所生的利益；当原有利益不再存在时，利润是否属于不当得利的返还范围，则取决于利润是否属于价额的范围。

然而，利润并不属于基于原形利益所生的利益。因为本于所受利益所生的利益主要包括原物的用益（孳息及使用利益），基于权利的所得（如彩票中奖所得）和原物的代偿，利润并不包括在内。也就是说，孳息以外的其他利益，即受益人通过自己的特殊能力或劳动力获得的超过孳息的其他利益，不属于不当得利的返还范围。这一立场也符合不当得利返还范围取决于损害和获利之间关系的原则：当受益超过损失时，受益人在损失限度内负返还义务，利润系超过受害人损害的利益，就不属于不当得利的返还范围。

此外，利润也不属于价额返还的范围。因为在利益原形不能返还的情况下，受益人应当返还其价额，该价额采客观标准认定。换言之，价额的返还范围以利益原形的客观市价为准。于是，高于市价的利润并不属于客观价额的范围，价额返还不包括利润返还。

因此，利润原则上并非原形利益所生的利益，也不属于客观价额，不属于不当得利的返还范围。

2. 比较法上的考察

在德国法和日本中，利润原则上也不属于不当得利的返还范围，它既非原物的用益也不属于原物的客观价额。

（1）德国法

在德国，利润原则上不属于原物的用益。因为《德国民法典》第818条第1款将不当得利的原物返还范围确定为用益（Nutzungen）和代偿（Surrogate），且“用益”应按照《德国民

法典》第 100 条(用益)和第 99 条(孳息)来解释。① 由于利润并非代偿，能否将利润返还纳入不当得利原物返还范围的唯一途径，就是能否通过解释将利润纳入用益的范围，或者说，利润是否属于使用物或权利产生的利益(Gebrauchsvorteile)。对此，学界认为，这种使用利益限于依据物的自然属性或权利的内容而产生的利益,② 物之消费、出卖或以其他法律行为的方式予以变价，均不属于第 100 条所称的对物的使用。③ 然而，企业通过经营活动取得的利润原则上不属于物之孳息也不属于使用利益，因为它高度依赖于经营者的个人能力。④ 当受益人以营业经营的方式通过侵害他人权益获得利润时，只有与受益人本人能力无关的利润，才可依据不当得利法予以返还。⑤ 虽然司法实践将该部分利润理解为收益,⑥ 但由于这部分利润并非孳息或物的使用利益，故德国学界就该利润能否属于“收益”存在争议。不过，通说认为，该利润的返还以客观收益(objektiver Ertragswert)为限。⑦

不过，《德国民法典》第 818 条第 4 款、第 819 条和第 820 条确立了恶意受益人的加重责任，尤其是《德国民法典》第 818 条第 4 款援引了不当得利法以外的“一般规定”来认定恶意受益人的加重责任，故恶意受益人可能会依据债法一般规定(《德国民法典》第 285 条)负担返还义务。⑧ 恶意受益人因无法返还而取得的代偿，该代偿超过标的物客观价额的部分，也属于返还范围之列。

不仅如此，当原物无法返还时，受益人返还的对象是原物的客观价额,⑨ 但利润并不属于客观价额的范围。值得注意的是，德国学界多数说和司法实践将《德国民法典》第 816 条理解为不当得利法内权益侵害型不当得利的特别规定，无权处分他人之物的不当得利返还范围是无权处分人获得的全部价金。因此，无权处分人应返还其获得的对待给付，超过市价的利润也属于返还范围。⑩ 少数说则主张以物的客观市价为返还基准。⑪ 虽然对第 816 条的返还范围存在争议，但学说上认为第 816 条具有特殊性，不应在不当得利法框架内另行承认一项一般的获利返还责任。⑫

(2)日本法

在日本法上，利润也不属于不当得利的返还范围。首先，利润不属于使用利益。尽管《日本民法典》没有规定使用利益，而仅在第 88—89 条规定了孳息，但学界一般认为，使用利益虽然并非孳息(使用物的对价)，但使用利益的归属及返还义务也应通过类推孳息

---

① MünchKomm/Schwab, § 818, Rn. 8.

② MünchKomm/Holch, § 100, Rn. 2.

③ MünchKomm/Holch, § 100, Rn. 5.

④ MünchKomm/Holch, § 99, Rn. 11.

⑤ Larenz/Canaris, Schuldrecht II/2, 13. Aufl., 1994, § 72 II 3c, S. 272 f.

⑥ BGH NJW 1978, 1578; 2006, 2847.

⑦ BGH NJW 1978, 1578.

⑧ Larenz/Canaris, a. a. O., § 73 II 3b, S. 315.

⑨ Larenz/Canaris, a. a. O., § 72 III 2b, S. 275.

⑩ Larenz/Canaris, a. a. O., § 72 I 2a, S. 267.

⑪ MünchKomm/Schwab, § 816, Rn. 43.

⑫ MünchKomm/Schwab, § 818, Rn. 79.

的规定来认定。① 不过，利润并不属于使用利益的范围，因为日本学者往往参照德国法来理解使用利益，② 即“在维持占有物的基础上通过使用而从占有物中产生的利益，它不包括占有物自身的利益、依靠个人能力及给付成果而获得的利益、保险金。”③而且，学界认为，使用利益无法返还时，返还对象是客观价额。④ 因此，利润并非物或权利的使用利益。不仅如此，当原物无法返还时，返还对象应为受益的客观价额，⑤ 不包括利润。

总的来说，“超过客观价值的买卖价金的返还，超越了不当得利法的范畴。”⑥因此，“当受益人凭借自己的才能将标的物转卖并获得丰厚利益时，对于这种增大的利益，受益人没有返还义务。”⑦即使是针对无体财产权或类似的人格权发生侵害型不当得利，受益人的返还范围仍然是客观价额。⑧ 行为人侵害无体财产权取得的利益，并非不当得利中的“受益”。其理由在于：“尽管财货各有归属，但也不能据此将依靠他人才能而从自己财物中产生的利益归属于自己，受益者依靠其自身才能而产生的利益，应归属于受益者。”⑨

3. 利润返还无法被纳入不当得利返还范围的根源

利润不属于不当得利返还范围的原因在于，利润返还不符合不当得利的制度宗旨。由于利润返还完全剥夺了受益人通过权益侵害获得的收益，因此，利润返还具有浓厚的制裁性(Sanktion)和预防性(Prävention)。⑩ 承认利润也属于不当得利的返还范围，不当得利法就具备了一定的制裁功能和预防功能，进而威慑潜在的行为人，发挥行为导向作用。

然而，虽然权益侵害型不当得利以受益人通过使他人遭受损害的方式获利为前提，但不当得利中的损害却并非损害赔偿法上的损害。前者依违法说或归属说确定，⑪ 后者依差额说认定。在违法说日渐式微、归属说占据统治地位以后，权益侵害型不当得利返还的理论基础发生了变迁：不当得利返还的依据不再是受益人获益行为的违法性，而在于受益人取得了法秩序归属于受害人的特定权益，或遭受损害的权益具有归属内容(Zuweisungsgehalt)。换言之，在不当得利类型论的框架内，不当得利返还的功能不在于制裁受益人，而在于通过给付不当得利返还矫正欠缺法律关系的财货转移(Güterbewegung)、通过权益侵害不当得利返还来保护财货的归属(Güterzuweisung)，除去

① 参见我妻荣：《债法各论》(下卷)，冷罗生等译，中国法制出版社2006年版，第507页。

② 参见石田穣：《民法総則》，信山社2014年版，第459~460页。

③ 油納健一：《民法189条1項の果実の意義(3・完)一「使用利益」の問題を中心に》，载《山口經濟學雜誌》第50卷第2号，第253页。

④ 参见我妻荣：《债法各论》(下卷)，冷罗生等译，中国法制出版社2006年版，第195、212页。

⑤ 参见藤原正則：《不当利得法》，信山社2002年版，第138页、第256~257页。

⑥ 参见藤原正則：《不当利得法》，信山社2002年版，第259页。

⑦ 参见藤原正則：《不当利得法》，信山社2002年版，第161、188页。

⑧ 参见藤原正則：《不当利得法》，信山社2002年版，第234、237、268页。

⑨ 潮見佳男：《契約法・事務管理・不当利得》，新世社2009年版，第314页。

⑩ BGH GRUR 2001，329，331.

⑪ Larenz/Canaris，a. a. O.，§ 69 I 1b，S. 169 f.

“受益人”无法律上原因而受的利益。① 实际上，基于正义观念，不当得利法还贯彻了禁止加害于善意受益人的理念：善意受益人不得因不当得利返还而蒙受不利，仅在现存利益范围内负返还义务。② 不当得利法甚至允许善意受益人保留自己通过劳动和特殊技能基于法律行为获得的利润。③ 与此相对，利润返还所呈现出的制裁性和预防性，只能以指向人类行为的违法说为依据，④ 故立足于归属说的权益侵害型不当得利无法容纳利润返还。⑤ 于是，尽管允许恶意的加害人保留基于权益侵害获得的利润有悖正义观念，但不当得利法并不着眼于对不法行为的制裁和预防，也没有行为导向功能，故我们无法通过不当得利返还来剥夺受益人的利润。

总的来看，除非立法者设置了包含特殊价值判断的例外规定，利润不属于不当得利的返还范围。

4. 不当得利请求权在侵权损害赔偿领域的体现

当权益侵害型不当得利请求权和侵权损害赔偿请求权发生竞合时，受害人可以选择不当得利获得救济。只是不当得利返还的范围并不包括利润，而是依据客观标准确定的许可使用费：⑥ 受益人未经许可利用他人的人格标识或知识产权的，这种利用即为受益人所获得的“利”（并非受益人未支付的许可使用费），由于这种利用在性质上无法返还，故受益人只能返还这种利用的客观价额。⑦ 因此，类推许可使用费（Lizenzanalogie）的损害赔偿计算方法更符合不当得利返还的特征，⑧ 可以将其视为不当得利请求权在损害赔偿领域的变形。

类推许可使用费标准源于一种公平的考量：与获得授权许可的正当当事人相比，不应允许未支付许可费的加害人获得更多的利益，因此，他应当向受害人支付相当的许可使用费；但是，基于损害填补思想和禁止获利原则，也不应苛求加害人要求其支付比正常许可使用费更多的费用。⑨ 基于这一理念，受害人是否有将人格标识和知识产权进行商业化的意愿和能力，不影响该计算方式的使用。⑩ 同时，损益相抵也无须适用，否则会导致加害人的地位优于获得授权许可的当事人，违背这一计算方式的保护目的。⑪ 与此相对，权益侵害型不当得利以加害人的受益为前提，且该受益源于加害人对归属于受害人的权益的介

① Larenz/Canaris, a. a. O., § 67 I 2b, S. 130.

② Larenz/Canaris, a. a. O., § 71 II 1a, S. 257, § 73 I 1b, S. 296.

③ Dreier, Kompensation und Prävention, 2002, S. 380.

④ Canaris, FS Deutsch, 1999, 85, 87.

⑤ Ellger, Bereicherung durch Eingriff, 2002, S. 907.

⑥ BGH GRUR 1987, 520, 523.

⑦ BGHZ 169, 340, 344.

⑧ BGH GRUR 2006, 143, 145.

⑨ BGH GRUR 2006, 143, 145.

⑩ BGHZ 169, 340.

⑪ Großkomm/Köhler, Vor. § 13 UWG, Rn. 326.

入。故受害人即使没有商业化人格标识的意愿，也可以主张许可使用费的返还，① 同样无须适用损益相抵。因此，比较侵权损害赔偿和不当得利返还两种路径，就许可使用费的支付而言，不当得利返还请求权无须权利人证明加害人过错，更为便利。

(二)获利返还作为损害赔偿计算方式存在的问题

《侵权责任法》第20条的获利返还并非不当得利返还。在承认《侵权责任法》的预防功能和制裁功能的基础上，眼下只能将获利返还纳入损害赔偿法，作为损害赔偿的一种客观计算方式。但是，将获利返还计算标准引入侵权损害赔偿责任缺乏充分的正当性，获利返还计算标准并不符合损害赔偿法的宗旨。

1. 理论上的困境：对获利返还计算标准的正当性追问

(1)获利返还的依据并不充分

①获利返还的宗旨不足以证成获利返还计算标准

学说上认为，获利返还的宗旨在于，任何人不得通过自己的违法行为获利，② 让受害人保有通过不法行为获得的利益，与公平观念相悖。③ 然而，这一论据经不起仔细推敲。虽然任何人不得通过自己的违法行为获益，但为什么应当将获利返还给受害人、为什么必须通过损害赔偿的方式将获利返还给受害人、受害人在何种情况下能主张利润返还、利润返还的范围如何，这一论据均无法回答。

《民法通则适用意见》第131条第2句虽然没有承认获利返还，但它也体现了禁止加害人获利的思想。只要将加害人的利益予以剥夺，无论是将利润交给受害人还是国家(第三方)，都能体现对加害人的制裁。因此，上述理论依据充其量只能为利润剥夺提供了正当性，却未能证成利润返还的正当性。

②受害权益的特殊性不足以证成获利返还计算标准

在解释获利返还时，德国司法实践往往以知识产权的特殊性作为证成获利返还(损害客观计算方式)的依据。④ 按照这一认识，知识产权的侵害与有体财产的侵害不同，知识产权权利人几乎无法采取有效的预防措施，而且在损害发生之后，权利人遭受的具体损害往往难以认定，故这类权利极易受到侵害，具有较高的保护必要性。

精神性人格权益与这些知识产权具有较高的类似性，在法秩序允许的范围内，权利人能够通过对具有财产价值的人格要素进行商业化利用获得收益。而且，德国司法实践在保护人格权方面也有借鉴知识产权法的传统，如依据《艺术著作权法》对肖像权提供保护。于是，在肖像权益受到侵害时，联邦法院在侵权损害赔偿中引入了许可使用费标准；⑤ 随后，在公司名称权纠纷中，联邦法院允许损害赔偿权利人在许可使用费标准和获利返还标

① BGHZ 169，340；Canaris，a. a. O.，S. 89 f.

② Rolf H. Weber，ZSR 111(1992)，333；Köndgen，RabelsZ 64 (2000)，661，663.

③ BGH NJW 2001，2173.

④ BGH NJW 2001，2173；BKR 2013，283，287.

⑤ BGH NJW 1956，1554.

准之间选择;[①] 后来，联邦法院更进一步，将获利返还标准适用到死后人格利益的保护上。[②] 于是，在德国法中，获利返还被引入了人格权侵权损害赔偿。

与禁止加害人获利相比，以权利的特殊性为由承认获利返还的确更具说服力。但权利的易受侵害性只能证成强化保护该权利的必要性，并非在损害赔偿计算方面给予该权利区别对待的理由。举证责任减轻等手段，在一定程度也能解决损害难以查明的难题。立法者即使基于这些权利的易受侵害性愿意为上述权利提供特殊的保护，也并非只能选择损害赔偿的计算方式。在德国法中，不法管理[③]和恶意受益人责任[④]都能实现获利返还。与不法管理相对，损害赔偿责任不要求加害人具有故意，过失也可以成立损害赔偿。在损害赔偿法中引入获利返还，在事实上降低了获利返还的门槛。与此相对，有日本学者选择了另一种保护方式，即主张通过不法无因管理来实现获利返还，从而形成权利保护的三层机制：(1)不当得利返还请求权，该请求权不考虑行为人过错，返还范围是对上述权利进行利用的客观价值；(2)损害赔偿请求权，该请求权以行为人具有过失和权利人具有损害为前提；(3)不法无因管理的利润剥夺请求权，该请求权以行为人恶意或重大过失为前提。[⑤] 事实上，主张承认不法管理并以此为依据来实现获利返还的观点，成为了日本学界晚近的有力说。[⑥]

(2)获利返还与损害赔偿法基本观念的抵牾

①获利返还与损害填补观念的冲突

《侵权责任法》的首要功能是补偿功能(损害填补功能)。损害赔偿旨在填补受害人所遭受的损害，且财产损害的赔偿适用完全赔偿原则，禁止受害人从损害赔偿中获利，仅在例外情况下认可惩罚性赔偿。于是，基于损害填补观念，蒙受财产损失的受害人不仅受到完全赔偿规则的保护，还受到了禁止获利规则的限制。通过损害赔偿，受害人的财产地位不应弱于损害未发生时的应然状态；同样的，通过损害赔偿，受害人的财产状况不应优于损害未发生时的应然状态。[⑦] 由于损害赔偿以受害人遭受的“损害”为中心，不考虑加害人是否获得了“利润”，损害赔偿的范围限于当事人的所失利益和所受损失，原则上与加害人通过侵权行为获得的利润无关，故获利返还与损害赔偿的目的并不相同。损害填补旨在将受害人恢复到损害未发生时的应然状态；而获利返还计算方式旨在将加害人恢复到未实施加害行为时的状态。

作为损害赔偿的客观计算方式，获利返还不再与实际损失挂钩，受害人要求获得的利润并非自己蒙受的实际损失，因此，获利返还具有逾越损害填补思想、逃离损害赔偿法领

---

① BGH NJW 1973, 622.

② BGH NJW 2000, 2195; 2000, 2201.

③ MünchKomm/Seiler, § 687, Rn. 25.

④ Larenz/Canaris, a. a. O., § 73 II 3b, S. 315.

⑤ 参见藤原正則:《不当利得法》,信山社 2002 年版，第 234 页。

⑥ 是否应当承认准无因管理，日本学界存在争议。持反对说的学者包括我妻荣、内田贵、川井健等人；持肯定说的学者则包括泽井裕、藤原正则等人。

⑦ MünchKomm/Oetker, § 249, Rn. 20.

域之嫌,① 成为了完全赔偿规则的例外。② 然而，在损害概念采取差额说的背景下，受害人也许根本就没有受到损害，但却能获得加害人创造的利润，从而违反了禁止获利原则。受害人或许没有商业化利用自己人格标识的意愿，即使侵权行为未发生，他也无法获得人格标识商业化利用后的收益，但在侵权行为发生之后，受害人通过获利返还获得了加害人取得的利润，从而，比起在加害行为未发生时的应然财产状况，受害人在损害赔偿之后的财产状况可能更为优越。在实践中，受害人的选择会加剧禁止获利和获利返还的冲突。因为只有当受害人遭受的实际损失和理应获得的许可使用费远远低于加害人获得的利润时,③ 或受害人自己无法通过人格权益的商业化利用获得相应的利润，且加害人获得的利润远远高于受害人通常获得的许可使用费收入时，受害人才会选择获利返还的计算方式。

因此，德国民法学者大多主张将不法管理作为利润返还的请求权基础。④ 知识产权法学界也有这样的主张。⑤ 类似的，有学者认为，利润返还适用了侵权的请求权，却推出了不法管理的法律效果。⑥ 此外，还有学者认为，利润返还本质上是不当得利返还，却适用了侵权请求权的构成要件。⑦

②加害人所得利润与受害人所失利益的关联

将获利返还作为损害赔偿的客观计算标准引入损害赔偿法后，为了减少获利返还对损害填补思想带来的冲击，应当尽量将加害人的收益与受害人的损失挂钩。实际上，我国学界主张从加害人和受害人之间“财产变动”的对应关系着手，将加害人的收益理解为受害人实际损失的另一种表现方式。⑧

类似的，德国司法实践通过“拟制”(Fiktion)来避免获利返还与损害填补发生冲突：假如加害人没有实施权益侵害行为，受害人通过行使权利本可获得该利润，即受害人应获得的利润正好是加害人通过权益侵害所获得的利润。⑨ 基于拟制的不可推翻性，加害人不能以受害人没有获得相同数额利润的能力为由，排除获利返还的适用。故受害人自身能否获得相应的利润，并不重要。即使受害人自身能力有限，无法获得相同数额的利润，加害人也应交出自己获得的实际利润；反之，即使受害人根据自身能力预期自己能够获得更多的利润，加害人也只需赔偿与权益侵害具有因果关系的实际利润。

严格来说，所失利益(entgangener Gewinn)是受害人失去的利润，获利返还针对的是

---

① Staudinger/Schiemann, § 249, Rn. 201.

② 参见周友军:《我国侵权法上完全赔偿原则的证立与实现》，载《环球法律评论》2015 年第 2 期。

③ Großkomm/Köhler, Vor. § 13 UWG, Rn. 344; OLG Düsseldorf GRUR 2004, 53.

④ v. Caemmerer, a. a. O., S. 333, 354 f.; Larenz, Schuldrecht, I, 29 III b, S. 516; Lange/Schiemann, a. a. O., § 6, XII 5 c, S. 362; Deutsch, Haftungsrecht, Rn. 825; Staudinger/Medicus, § 249, Rn. 180.

⑤ Ullmann, GRUR 1978, 615, 618; Beuthien/Wasmann, GRUR 1997, 255, 258 ff.

⑥ Däubler, JuS 1969, 49, 53.

⑦ Esser/Schmidt, Schuldrecht, AT/2, 8. Aufl., Müller, 2000, § 32 III 2a, S. 218.

⑧ 周友军:《侵权法学》，中国人民大学出版社 2011 年版，第 63 页。

⑨ BGH GRUR 2010, 237, 238.

加害人取得的利润，两者并不相同。① 仅当受害人自己有愿意且有能力通过商业化利用自己的人格标示或知识产权时，受害人所失利益才可能等于加害人取得的利润。然而，受害人没有商业化利用的意愿和能力的，本来就无法获得相应的利润。即使受害人有商业化利用的意愿和能力，加害人的利润与受害人失去的利润也不可能具有对应关系：加害人利润的取得仍主要取决于产品和服务能否满足市场需要，② 由于市场竞争的存在，基于生产成本、产品性能、产品定价、营销策略和销量的不同，受害人在权益侵害不发生时应当获得的利润不可能等于加害人获得的利润。如果权益侵害即使没有发生，受害人也无法获得利润的，就不存在损害，此时允许受害人取得加害人所获利润，就违反了禁止获利原则。

类似问题还出现在日本法上。以专利侵权为例，日本《专利法》第 102 条第 2 款规定了"获利返还"的损害赔偿计算方式，将专利侵权人所得利润推定为专利权人的损失，以减轻专利权人所失利益（逸失利益）举证责任。过去的司法实践认为，在专利权人没有实施专利时，不能推定专利权人的损害。③ 因为专利权人并未实施专利的，即使侵权行为未发生，专利权人也不能获得侵权所得的利润，就没有"损害"可言。不过，司法实践的立场在 2013 年有所松动。知的财产高等裁判所认为，《专利法》第 102 条第 2 项只是为了减轻损害额度举证难度而设立的规定，其效果仅在于推定，因此，没有合理的理由对该项规定的适用条件作过分严格的理解，进而，如果没有专利侵害行为的发生专利权人即可得到相关利润，《专利法》第 102 条第 2 项即可适用。④ 对此，专利侵权人可以从营业规模、设备和组织的运转绩效、经营效率、价格竞争力、品牌知名度和影响力等方面提出反证，证明专利权人盈利能力弱于专利侵权人，从而推翻改推定。⑤ 不过，如何认定权利人在未发生侵权时即可获得相应利润，并不容易。而且，由于人格权权利人往往并没有直接商业化利用人格标识的能力，故这一路径难以适用于人格权侵权领域。所以，在人格权侵权领域，日本尚未出现获利返还的判例，司法实践倾向于在财产损害赔偿之外通过精神损害赔偿救济受害人。⑥

2. 实践中的难题：获利返还在人格权侵权救济中的地位

在司法实践中，适用获利返还的人格权侵权案件十分罕见，获利返还主要适用于知识产权侵权案件。究其原因，受害人往往无法证明加害人通过人格权侵权行为获得的利润（份额）；在精神性人格权侵权领域，我国法院长期以来具有基于个案中具体情况来酌定损害赔偿数额的传统。

按照举证责任分配的一般规则和司法实践的立场，受害人应当证明加害人通过权益侵

① MünchKomm/Oetker，§ 252，Rn. 52.

② Dreier，a. a. O.，S. 275.

③ ［日］田村善之：《日本知识产权法》，周超等译，知识产权出版社 2010 年版，第 308~309 页。

④ 知財高判平 25. 2. 1。

⑤ 参见渋谷達紀：《特許法の概要》，経済産業調査会 2013 年版，第 295 页。

⑥ 参见 Hondius&Janssen（eds.），Disgorgement of Profits，Springer，2015，pp. 434-437。

害行为获得了利润。① 受害人无法证明加害人利润数额的,② 或加害人所得利润无法查明的,③ 法院不会适用获利返还，而会根据实际情况确定赔偿数额。但囿于证明能力，受害人一般难以证明对方获得的利润额度，无法通过获利返还获得救济。不仅如此，在具体认定加害人的利润时，能够从收入中被扣除的间接成本越多，受害人能够主张返还的利润就越少，但哪些成本应当从企业的收入中扣除，实践缺乏统一的标准。《侵权责任法》第20条没有规定利润返还的具体范围，而商标法和专利法的司法解释则笼统地将返还利润范围界定为侵权产品的销量与单个产品的利润之乘积，而且两部司法解释使用了不同的利润概念。这对利润的具体计算造成了一定困难。故在人格权侵权案件中，受害人往往不会主张获利返还，而是主张精神损害赔偿。

此外，原则上，为了贯彻损害填补思想，应当返还的利润范围限于与权益侵害具有因果关系的那部分利润。但是，加害人所获得的利润总额是多种生产要素共同发挥作用的产物，权益侵害行为一般只发挥了部分作用，故应返还的利润必须以权益侵害行为对利润形成的贡献为准，而非加害人取得的全部利润。④ 与知识产权不同，人格标识往往无法直接提升产品或服务的质量，与市场需求不存在直接关联，故人格标识的利用对利润形成的贡献度一般不高或者难以查明，这加剧了获利返还的适用难度。在知识产权侵权中，权益侵害对利润形成的贡献尚且不显著,⑤ 那么在利用他人精神性人格权的纠纷中，人格标识对利润形成的贡献就更难以查明了。

因此，《侵权责任法》第20条确立的获利返还标准在司法实践中的作用极为有限，法院根据个案中的实际情况酌定损害赔偿金额才是损害赔偿计算的主要方式。对此，司法实践应当采取对受害人更为有利的举证责任分配模式，或允许法院依职权查明加害人的获利状况，同时，适用对受害人相对有利的成本利润计算方式，明确加害人应当返还的利润份额。

三、立法论角度的观察：获利返还在民法体系中的应然地位

(一)获利返还并非独立的请求权基础

1. 理论层面的观察

(1)获利返还无法成为独立的债的类型

---

① 参见最高人民法院(2009)民申字第523号民事裁定书。

② 参见北京市第三中级人民法院(2015)三中民终字第07997号民事判决书；北京市第三中级人民法院(2016)京03民终1159号民事判决书；上海市第二中级人民法院(2015)沪二中民一(民)终字第361号民事判决书。

③ 参见湖北省高级人民法院(2012)鄂民三终字第137号民事判决书；海南省高级人民法院(2013)琼民三终字第59号民事判决书。

④ 参见最高人民法院(2015)民申字第3574号民事裁定书。主张返还全部利润的裁判，参见广东省高级人民法院(2014)粤高法民一申字第750号民事裁定书。

⑤ 参见最高人民法院(2009)民申字第523号民事裁定书；最高人民法院(2009)民申字第1771号民事裁定书。

从立法论的角度来看，获利返还与其他债的请求权基础不具有相当性，难以作为独立的请求权基础。传统的债之请求权基础包括合同、侵权、无因管理、不当得利等四种，其中，合同请求权源于当事人的合意，而侵权、无因管理则源于行为人的事实行为，不当得利则源于事件，这四种债的发生方式涵盖了主要的民事法律事实，囊括了法定之债和意定之债。而获利返还这一特定的债，不是按照债的发生原因来确定的，而是按照债的效果来认定的，因此，将其与其他四种债的发生方式或债的独立请求权并列会产生在请求权分类标准上的困扰。

不仅如此，将获利返还规定为独立的请求权基础可能对现行债法体系中的其他制度产生冲击：如何解释获利返还与其他债的发生原因的关系？获利返还与侵权损害赔偿、不当得利关系如何？受害人是否得在数项请求权基础之间自由选择？或者说，在何种情况下，应当排除侵权损害赔偿和不当得利的适用而允许受害人转入获利返还？

因此，将获利返还作为与侵权损害赔偿、无因管理、不当得利并列的独立请求权基础或债的类型，理论上并不可行。

(2)德国式获利返还立法论建议的产生背景和不足

在现行德国民法体系中，实现获利返还这一法效果存在多项请求权基础，且各个请求权基础的价值取向、构成要件、保护范围各不相同。因此，与我国学界的上述主张类似，虽然德国学界已经出现了要求为获利返还设置一般条款的立法论主张：如 König 教授主张在权益侵害型不当得利中新增一项规定，从而受害人可以要求故意或重大过失的受益人返还所得利润；Wagner 教授则主张在债法总则中增加一款作为第 251 条第 3 款，从而权利人得要求故意的赔偿义务人返还所得利润，而不再请求损害赔偿，同时删除不法管理的规定。①

然而，经过表决，第 66 届法学家大会大多数学者拒绝了 Wagner 教授的建议；与此相对，Taupitz 教授则在评议报告中提出将不法管理作为获利返还的请求权基础，② 并得到了第 66 届德国法学家大会部分与会者的支持。③

实际上，德国司法实践于 19 世纪末引入了获利返还作为损害赔偿的客观计算方式，④ 旨在解决差额说背景下著作权侵权损害赔偿的计算难题，避免受害人因无法证明自己的财产损失而无法获得救济。在《德国民法典》施行后，就权益侵害型不当得利而言，认定“以他人蒙受损失的方式”适用“财产转移”(Vermögensverschiebung)标准，即受害人的财产减少直接导致受益人财产增加，⑤ 故在未经许可使用他人知识产权的场合，权利人没有遭受实际财产损害，即无法通过权益侵害型不当得利获得救济。同时，知识产权法内部的损害赔偿规定具有封闭性和特殊性，从而知识产权侵权无法适用民法一般规则，只能适用知识

① Wagner, Neue Perspektiven im Schadensersatzrecht-Kommerzialisierung, Strafschadensersatz, Kollektivschaden, 2006, A. 97.

② Taupitz, Neue Perspektiven im Schadensersatzrecht, Referat, in: Verhandlungen des 66. Deutschen Juristentages, Band II/1, 2006, L 83 ff.

③ Verhandlungen des 66. Deutschen Juristentages, Band II/1, 2006, L 91, VI 3.

④ RGZ 35, 63.

⑤ Vgl. Motive Bd. II, S. 830.

产权法内部的损害赔偿规定。① 为了救济受害人、解决损害赔偿的计算难题，司法实践不得不引入损害赔偿客观计算方式。随后，获利返还被司法实践引入一般人格权侵权领域。但是，获利返还这一计算标准的理论基础也一直暧昧不清。司法实践有时将其理解为习惯法上的制度，有时将其理解为不法管理的延伸或类推。② 换言之，德国司法实践没有以民法既有制度作为人格权侵权中获利返还的请求权基础，而将本来只适用于知识产权的特殊损害赔偿计算方式一般化，造成了当下“政出多门”且理论依据混乱的局面。而且，除了人格权和知识产权侵权行为以外，德国学界对获利返还的具体辐射范围也尚未达成共识。因此，虽然德国学界讨论的轰轰烈烈，但获利返还的一般化和制度化，还有很长的路要走。

2. 适用角度的观察

获利返还是否应当成为独立的债之类型，还取决于实践需要。由于学界尚未对应当适用获利返还的案件类型进行总结，所以我们可以将目光转向英美法，对公认的获利返还适用案件类型进行总结，进而，结合这些案件类型，考察我国现行法是否还有必要引入获利返还的一般规定甚至认可独立的获利返还之债。

(1)英美法中的获利返还及其适用范围

严格来说，英美法上与德国法中获利返还(Gewinnherausgabe/Gewinnabschöpfung)对应的制度是“获益赔偿”(disgorgement damages)，与德国法上许可费返还或许可费标准对应的制度是“返还性损害赔偿”(restitutionary damages)。③ 两者都属于以加害人收益为基础的损害赔偿(gain-based damages)，只存在计算标准上的区别。④

在英美法上，狭义的获利返还(获益赔偿)的适用范围案件类型主要：获益型违约行为，违反诚信义务(breach of a fiduciary duty)；⑤ 违反保密义务(breach of confidence)；侵害知识产权，尤其是仿冒(passing off)；特定物一物二卖；侵入他人不动产(trespass to land)等等。⑥ 侵占动产(conversion)能否适用获利返还则存在争议。⑦

(2)现行法中获利返还的请求权基础

在上述案件类型中，侵害知识产权的案件依据知识产权法相关规定适用获利返还。考

① Ellger, a. a. O., S. 597 ff.

② Beuthien/Wasmann, GRUR 1997, 255, 256; v. der Osten, GRUR 1998, 28.

③ Jaffey, *The Nature and Scope of Restitution*, 2000, pp. 135-138, pp. 364-365; Edelman, *Gain-Based Damages*, 2002, p. 66, 72. 与此相对，Barnett 反对区分获益赔偿和返还性赔偿。参见 Barnett, *Accounting for Profit for Breach of Contract*, 2012, pp. 151-154, p. 184。

④ Cunnington, *The Measure and Availability of Gain-Based Damages for Breach of Contract*, in: Saidov and Cunnington (eds), Contract Damages: Domestic and International Perspectives, 2008, p. 217.

⑤ 参见 Snepp v. United States, 444 U. S. 507 (1980); Attorney General v. Blake, [2001] 1 AC 268。

⑥ E. Allan Farnsworth, *Your Loss or My Gain? The Dilemma of the Disgorgement Principle in Breach of Contract*, 94 YALE L. J. 1339 (1985), pp. 1354-1369; Peter Birks, *Restitution-The Future*, 1992, pp. 11-16。

⑦ Jaffey 认为侵占动产属于返还性赔偿的适用范围，而 Edelman 则认为侵占动产也有适用获益赔偿的空间。Edelman 书，第 139 页。

虑到诚信义务来源的多样性，违反诚信义务的获利返还比较复杂：首先，《公司法》第148条、《证券法》第47条、《信托法》第26条、《证券投资基金法》第124条和第130条(学说上将其称之为归入权)可以作为获利返还的依据；其次，在获利与事务处理具有内在关联的前提下，①类推适用《合同法》第404条也是实现获利返还的可行路径。因此，存疑的主要是受益型违约行为、一物二卖和侵入他人不动产。

首先，就获益型违约行为而言，当行为人故意违反了无法以金钱衡量或不具有财产价值的不作为义务并获得利益时，守约方并未遭受财产损失或遭受的财产损失难以证明的，违约损害赔偿难以适用或不足以救济守约方，实际履行也不可能。不仅如此，这种对不作为债权并非具有归属内容的权利，违反不作为义务的“获利”价额也难以确定，故不当得利返还请求权也难以适用。此外，由于不存在绝对权侵害，《侵权责任法》第20条也难以类推适用。这就意味着一项法漏洞的存在。

在不考虑效率违约的情况下，为了预防受益型违约行为、发挥获利返还的阻吓作用，可以在上述合同类型中承认获利返还的适用。因为在该类案件中，依约履行可能是实现守约方履行利益的唯一途径。但是，获利返还的适用应以故意违约为限，②此时获利返还成为实际履行的替代，而非损害赔偿的替代。③不过，在违约方未获得利润的情况下，获利返还无法适用。因此，就不作为违约行为的预防而言，违约金可能更为有效。

其次，就不动产一物二卖而言，既不存在绝对权侵害，也不存在损失难以计算的情况，故《侵权责任法》第20条无法类推适用。在这种情况下，可以将出卖人转卖所得利益推定为买受人的所失利益，要求出卖人交出转卖所得受益。④

最后，就侵入他人不动产而言，未经许可故意占有他人不动产并以此牟利的加害人，构成所有权侵害。所有人得通过所有权请求权取回不动产的占有并主张侵权损害赔偿。财产损失难以计算的，基于事实构造的相似性——未经许可使用他人排他性权益用来牟利，法官可以类推适用《侵权责任法》第20条，要求加害人向受害人返还所得收益。当然，所有人也可以通过不当得利要求加害人返还相应的租金，该租金按照市价确定。

总的来看，在未经许可使用他人排他性权益并以此牟利，且受害人财产损失难以确定的场合，类推适用《侵权责任法》第20条，可以满足受害人的救济需要。但在获益型违约行为的场合，损害赔偿和实际履行可能无法实现守约方的履行利益，《侵权责任法》第20条也无法类推适用，此时即存在适用获利返还的必要，故立法者应当在合同法领域中引入获利返还制度。

(二)获利返还在债法中的请求权基础

从立法论的角度来看，仅仅为了证成获利返还而另起炉灶，似无必要。在维持损害赔

---

① MünchKomm/Seiler, § 667, Rn. 9.

② Köndgen, RabelsZ 56 (1992), 696, 742, 744.

③ 参见 Jaffey, *Disgorgement and "licence fee damages" in contract*, Journal of Contract Law 20 (2004), pp. 57-73。

④ 参见许德风：《不动产一物二卖问题研究》，载《法学研究》2012年第3期。

偿法和不当得利法地位既有功能的背景下，获利返还在民法体系中的应然地位，取决于立法者未来的制度设计：该项制度不仅具有预防功能，而且还应当不受损害填补思想的限制。

在此基础上，本文主张通过获利行为类型化来设计相应的获利返还规则：就利用他人排他性权益的营利行为而言，权利人通过不法管理路径主张获利返还；就营利性违约行为而言，立法者应当单独为权利人设计获利返还的具体规则；就违反诚信义务而言，权利人直接通过归入权主张获利返还。

1. 利用他人排他性权益的营利行为

加害人未经许可利用他人知识产权、精神性人格权营利的，受害人能否通过不法管理要求获利返还取决于两项制度设计：对他人事务的解释，即不法管理中的他人事务是否应与真正无因管理中的他人事务做同一解释，违反他人意愿侵害他人权益是否属于管理他人事务；预防功能的限度，即获利返还应适用于哪些法益，获利返还的适用是否取决于加害人的过错程度。

(1)法益保护范围

本文主张通过不法管理来弥补权益侵害型不当得利和侵权责任法的不足，故不法管理的适用仅限于绝对权，相对权不包括在内。①

(2)他人事务

不法管理中的他人事务，无须按照真正无因管理来解释，② 只要行为人介入他人权益范围的行为缺乏正当权限，③ 即构成管理他人事务，适用不法管理。权利人是否具有商业化利用自己权益的意愿，在所不问。④

(3)行为人的过错

当行为人仅仅具有过失甚至没有过错时，受害人能否通过不法管理要求返还，存在争议。比如，《瑞士债法典》第 423 条并未区分行为人的恶意或善意，故学界有观点认为，人格权侵权领域的获利返还不以加害人具有故意为要；⑤ 但反对观点认为，为了保护善意的行为人，避免将善意行为人和恶意行为人等量齐观，获利返还应以行为人具有恶意为要。⑥ 晚近的司法实践倾向于不法管理必须以行为人具有恶意为前提。⑦ 但就人格权侵权的获利返还而言，司法实践认为，《瑞士民法典》第 28a 条第 3 款就人格权侵害设置的获

---

① Vgl. MünchKomm/Seiler, § 687, Rn. 24; Staudinger/Bergmann, § 687, Rn. 27 ff.

② Staudinger/Bergmann, § 687, Rn. 15 f.; Helms, Gewinnherausgabe als haftungsrechtliches Problem, 2007, S. 127 ff.

③ Vgl. Zürich-Schmid, OR, § 423, N. 14; Basel-Weber, OR, § 423, N. 5; Helms, a. a. O., S. 174; Staudinger/Bergmann, § 687, Rn. 15.

④ Zürich-Schmid, OR, § 423, N. 44 f.; Basel-Weber, OR, § 423, N. 14.

⑤ Gerlach, VersR 2002, 917; Basel-Meili, ZGB, § 28a, N. 18.

⑥ Zürich-Schmid, OR, § 423, N. 36; Basel-Weber, OR, § 423, N. 8.

⑦ Basel-Meili, ZGB, § 28a, N. 18.

利返还，只是在法效果上援引不法管理的获利返还规定，从而受害人无须证明不法管理的存在，仅须证明人格权不法侵害、加害人获利和因果关系即可要求获利返还。① 换言之，人格权侵权时的获利返还不以加害人具有过错为要。②

虽然放弃故意甚至过错要件能够强化对受害人的保护，但考虑到获利返还的制裁性和预防性，将获利返还的适用限制在故意（或重大过失）上更为可取，否则会削弱损害赔偿法和不当得利法的地位。在行为人仅仅具有轻过失的场合，受害人可以通过不当得利法要求许可费的返还。③ 当然，立法者如果认为特定的民事权益存在较强的保护必要性，可以例外地在该民事权益受到侵害时将获利返还的适用范围扩展至行为人具有轻过失的场合。

2. 营利性违约行为

违约救济旨在实现守约方的履行利益，在实际履行和损害赔偿能够满足守约方的履行利益的背景下，认可获利返还会对违约责任体系产生冲击：基于预防和制裁观念，在违约责任救济体系中一般性地认可获利返还，阻吓潜在的违约行为，可能会导致守约方获得超过履行利益的利益，从而偏离违约责任保护履行利益的宗旨。故为了维持履行利益在违约责任救济体系中的中心地位，本文主张严格限制获利返还在违约责任中的适用，即仅当守约方的履行利益无法通过实际履行或损害赔偿实现时，才可以考虑获利返还的适用。

具体来说，获利返还在违约救济中的构成要件有三：（1）违约方具有故意；④（2）违约方因违约行为获得了利润；（3）守约方的履行利益无法通过实际履行、违约损害赔偿实现。所谓“守约方的履行利益无法通过实际履行、违约损害赔偿实现”，是指违约行为一旦发生，实际履行即不再可能且损害赔偿不足以保护守约方，⑤ 如损失无法计算、损害赔偿无法实现守约方的履行利益，即依约履行是实现守约方履行利益的唯一路径。

如前所述，在实践中，可以考虑适用获利返还的违约行为主要是特定物一物二卖和违反合同约定的不作为义务。⑥ 在特定物一物二卖的场合，第二买受人取得标的物所有权的，第一买受人无法再要求出卖人实际履行，如果第一买受人无法或难以从市场上购入替代物，或其他类型替代物无法完全满足第一买受人需要的，或购入相同标的物需要耗费较长时间的，违约损害赔偿难以实现第一买受人的履行利益，故应当允许第一买受人主张获利返还，阻吓潜在的违约行为。当然，针对这类案件类型，“获益交出请求权”制度也不失为可行之策。

依据合同负有不作为义务的当事人，为了自己的利益未按照合同约定履行不作为义务

---

① BGE 133 III 153.

② Hausheer, a. a. O., S. 34.

③ Köndgen, RabelsZ 64 (2000), 661, 689; Restatements of the Law, 3d, 2011, Restitution and Unjust Enrichment, § 51.

④ Gauch, FS Walter, 2005, 293, 316.

⑤ Restatements of the Law, 3d, 2011, Restitution and Unjust Enrichment, § 39.

⑥ 见前注 Barnett 书，第 87 页以下，第 118 页以下。

的，当不作为义务不具有财产价值时，守约方可能未遭受实际财产损害或损害赔偿无法计算，此时，守约方可以要求违约方交出违约所得利润。当然，如前所述，考虑到利润证明的难度，在这些合同类型中，事前约定的违约金条款或许对守约方履行利益的保护更为有效。

对此，本文建议，在未来民法典制定时，立法者在合同法和无因管理相关章节分别增加如下规定：

第×条　当事人一方故意不履行合同义务导致继续履行不再可能，并且对方的合同权利无法通过损害赔偿实现的，对方可以要求违约方交出因不履行合同义务获得的利润。对方要求违约方交出利润的，可以向法院申请，要求违约方提供计算利润的相关账簿、资料。

第××条　事务管理人明知自己没有管理他人事务的权限仍然管理他人事务，并且事务管理不符合本人利益的，管理人应当将事务管理所得的利益交给本人。

（原文刊载于《法商研究》2017年第4期。）

法益保护与比例原则

张明楷*

摘　要：法益保护原则一直是刑事立法的基本指导原理。近年来，有学者主张以比例原则替代法益保护原则。但是，从实体上说，比例原则并无超越法益保护原则的内容；而且，比例原则缺乏合目的性的审查，其标准也不明确；近年来刑事立法中出现的法益概念的抽象化、处罚的早期化以及重罚化现象，并不意味着法益保护原则面临危机，相反说明需要发挥法益概念的批判性机能。当然，比例原则对于贯彻法益保护原则具有方法论的意义。将比例原则引入刑法领域补充法益保护原则时，应当避免简单的话语转换与机械的套用。刑事立法的审查应当按五个步骤展开：(1)目的是否具有合理性？在此需要考虑目的是什么、目的是否与宪法相抵触、目的是否具有重要价值以及目的是否明确、具体。(2)刑罚是不是达到合理目的的有效手段？这一步骤的判断需要借助实证调查研究，不能仅限于逻辑分析与直觉判断。(3)是否存在替代刑罚的手段？在此阶段，需要判断非刑罚手段的有效性，全面权衡刑罚手段与非刑罚手段的利弊。(4)利用刑罚保护法益的同时可能造成何种损害？亦即，刑罚的适用在对法益起保护作用的同时，会给全体国民产生何种附随的萎缩效果？(5)对相应的犯罪应当规定何种刑罚？在肯定轻刑的有效性的同时，需要注重刑罚的公平正义性以及一般预防与特殊预防的必要性。

关键词：法益保护；比例原则；刑事立法；审查内容；审查步骤

近年来，国内外的刑事立法非常活跃，刑法已经由解释的时代转向立法的时代。“由于‘立法时代’的到来，长时期关闭在“解释论”里的刑法学者，再次将目光转向了立法论。”①

如所周知，我国立法机关近年来通过修正案的方式增设了大量犯罪。对此，刑法理论上出现了两种完全相反的评价。持否定立场的学者认为，扩大犯罪圈的做法不符合中国作为“大国法治”的要求与特点，今后的刑事立法应该停止刑法调控范围的扩张，拒绝进一

* 张明楷(1959—　)，男，湖北仙桃人，教育部长江学者，第三届十大杰出中青年法学家，清华大学法学院教授、博士生导师，中国法学会刑法学会副会长、中国人权研究会常务理事、中国警察法学研究会副会长，日本东京大学客员研究员，日本东京都立大学客员研究员，德国波恩大学高级访问学者，主要从事刑法学研究。

① ［日］松原芳博：《刑事违法性と法益论の现在》，载《法律时报》2016年第7号。

步的犯罪化，并适当实行非犯罪化。① 持肯定立场的学者则指出，活跃的刑事立法不会带来刑法过度干预的系统风险，犯罪化与刑法谦抑性没有矛盾；② 犯罪圈扩大的立法趋向，是当代中国社会治理与社会控制的客观需要。③ 之所以形成不同的主张，背后的重要原因显然是对犯罪化的正当性存在不同认识。

刑法是规定犯罪与刑罚的法律，立法时首先要确定的是，什么样的行为值得科处刑罚？或者说，将什么样的行为作为犯罪予以刑罚处罚是正当的？这是刑事立法中最基础、最根本的问题，是任何时代、任何国家都面临的问题；既是立法机关需要考虑的问题，也是刑法理论应当研究的问题。

从刑事立法的角度来说，可以肯定的是，过去几十年里，法益保护主义是刑事立法的基本指导原理。亦即，刑法的目的是保护法益，刑法只能将值得科处刑罚的法益侵害行为规定为犯罪。最为明显的是，在第二次世界大战后，各国刑法理论对法益侵害的探讨迈入了新的阶段，使法益概念具有刑事立法的价值，并将法益概念的重点推移至刑事政策领域，作为研讨制定新条款或者修改旧条款的重要依据。于是，在刑事立法上，对于某种社会生活之利益是否应以刑法保护，莫不以法益概念作为决定性的依据，法益概念成为确定刑法的处罚范围的价值判断标准。④ 例如，德国在战后将完全有责任能力的成人之间自愿发生的性行为(如同性恋、性虐待狂、色情受虐狂等)排除在刑法规制之外，就是因为这种行为仅违反了性道德观念，而没有侵犯法益。⑤ 英国在 20 世纪 60 年代对自杀行为、堕胎行为、21 岁以上男子间的自愿且秘密的同性恋行为实行非犯罪化，也是基于同样的理由。⑥ 我国刑法第 2 条与第 13 条的规定也清楚地说明，刑法的目的是保护法益，犯罪的本质是侵害法益。

从刑法理论的角度来看，正如德国学者所言："尽管'法益'的定义各种各样，但这个基本概念确实是现代德国刑法思想的重要概念。"⑦"战后，德国刑法学借助法益理论一直试图给刑法的暴力干预找到一个界限。其基本思想是：刑法只能保护具体的法益，而不允许保护政治或者道德信仰，宗教教义和信条，世界观的意识形态或者纯粹的感情。"⑧按照日本学者的说法，"法益保护主义的基本内容是，刑法的任务是保护法益，犯罪是对法益的加害行为，即应当被限定为对法益的现实侵害行为或者对法益产生危险的行为。这一观

① 参见刘艳红：《我国应该停止犯罪化的刑事立法》，载《法学》2011 年第 11 期。

② 参见周光权：《转型时期刑法立法的思路与方法》，载《中国社会科学》2016 年第 3 期。

③ 参见梁根林：《刑法修正：维度、策略、评价与反思》，载《法学研究》2017 年第 1 期。

④ 参见林山田：《刑法特论》(上册)，台北三民书局 1978 年版，第 4 页。

⑤ 参见[德]汉斯·约阿希姆·施奈德：《犯罪学》，吴鑫涛、马君玉译，中国人民公安大学出版社、国际文化出版公司 1990 年版，第 380~381 页。

⑥ 参见[英]鲁珀特·克罗斯、菲利普·A. 琼斯：《英国刑法导论》，赵秉志等译，中国人民大学出版社 1991 年版，第 18 页以下。

⑦ [德]Albin Eser：《"法益侵害"と法益论における被害者の役割》，[日]甲斐克则编译，信山社 2014 年版，第 27 页。

⑧ [德]克劳斯·罗克信：《刑法的任务不是法益保护吗?》，樊文译，载陈兴良主编：《刑事法评论》(第 19 卷)，北京大学出版社 2006 年版，第 147 页。

点成为当今学界通说性的共同理解。”①法益保护说不仅在大陆法系国家占支配地位，而且也是英美法系国家的通说。“在英语国家，刑法规范合法性的基础主要是19世纪以来一直起着重要作用的‘损害原则’(Harm Principle)……权力被合法地行使于市民社会任何成员的唯一目的，只能是阻止他对别人造成损害，即便是这种权力的运用违反该成员的意志。”②换言之，“预防对行为人以外(个人的或公共的)各方造成损害或损害风险，永远都是法律强制的适当理由。我们从这些合法性最为确定的干涉情形中得出的这个原则，可以称之为‘对他人的损害原则’或简称‘损害原则’，这个原则作为其正当立法限制方面的道德指引，可以推荐给立法者。”③

但是，法益保护原则并非没有受到挑战。例如，在2008年的“乱伦案判决”中，德国联邦宪法法院“多数法官在第39行及以下解释道：‘对所追求的目标，由于宪法的原因，刑法规范不会被逾越比该目标要求更严格的限制。需要特别指出的是，这些要求也无法从刑法法益理论中找到，甚至对法益概念本身也没有统一的意见’。”④德国联邦最高法院在2014年5月8日的判决中指出：“基于刑法规范所追求的目标以及宪法上的原因，刑法规范并没有被以超越比例原则为基础更严格要求的限制，这些目标从刑法法益理论中并不能引导出来。”⑤德国学者Hirsch“并不否认从社会契约推导出的人的法益概念的可能性，但是认为这并不约束立法者”。“为了限制立法者，无论如何Hirsch还是回归到了宪法的合比例性原则。”⑥再如，由于近些年来日本刑事立法出现了法益概念的抽象化、处罚的早期化以及重罚化现象，井田良教授因此指出：“有必要探求替代法益保护原则的刑事立法的指导原理。而且，该指导原理必须从宪法上有关限制基本权的原则中寻找。”⑦其所提出的替代原则便是比例原则。国内也有学者指出：“作为替代法益概念立法规制机能的指导原则只能从宪法中寻找。宪法中规制公权力行使之比例原则正好可以代替法益概念作为刑事立法的指导原则。”⑧

那么，在刑事立法上能否由比例原则替代法益保护原则呢？从逻辑上说，只有在下述两种情形下，才可以由比例原则替代法益保护原则：其一，比例原则与法益保护原则是包容关系，即比例原则完全包含了法益保护原则的内容；其二，法益保护原则与比例原则是

---

① [日]山口厚：《刑法总论》，有斐阁2016年第3版，第4页。

② [英]安德鲁·冯·赫尔希：《法益概念与“损害原则”》，樊文译，陈兴良主编：《刑事法评论》第24卷，北京大学出版社2009年版，第190页。

③ [美]乔尔·范伯格：《刑法的道德界限(第一卷)对他人的损害》，方泉译，商务印书馆2013年版，第11页。

④ [德]米歇尔·库宾希尔：《对法益概念内涵的最新判例评述》，江溯译，载赵秉志等编：《当代德国刑事法研究》(第1卷)，法律出版社2017年版，第203页。

⑤ 前引库宾希尔文，第207页。

⑥ 前引罗克信文，第159、161页。

⑦ [日]井田良：《最近の刑事立法をめぐる方法论的诸问题》，《ジュリスト》第1369号(2008年)，第63页。

⑧ 程红、吴荣富：《刑事立法活性化与刑法理念的转变》，载《云南大学学报法学版》2016年第4期。

对立关系，而且法益保护原则面临危机，已经不适应当下刑事立法的现状，比例原则具有明显的优势因而可以成为刑事立法的指导原理。本文首先简述法益保护原则与比例原则的基本内容，说明比例原则不能包含法益保护原则的内容；其次说明比例原则在实体内容上的缺陷，论证法益保护原则并不面临任何危机；最后提出比例原则如何补充法益保护原则，即刑事立法应当如何在坚持法益保护原则的前提下运用比例原则。

一、法益保护原则与比例原则的基本内容

明确法益保护原则与比例原则的基本内容以及二者之间的关系，是回答比例原则能否替代法益保护原则的前提。

（一）法益保护原则

法益概念分为自由主义的法益概念（实质的法益概念、批判立法的法益概念）与实定的法益概念（形式的法益概念、方法论的法益概念）。① 前者是指基于国家的任务在所有犯罪中作为核心要素所要求的法益概念，这一概念是实质的犯罪概念的前提，是基于保障国民自由的观念的前实定的概念，它前置于刑事立法或者说直接指向刑事立法者。② “这种法益概念首先具有批判立法的功能：刑法学认为那些不符合保护目的要求的罪刑条文在实质上是错误的，并尽可能地对其加以限制；同时，人们也要求立法者进行改革。”③后者将法益理解为法所保护的利益，故法益不是前实定的概念。例如，“霍尼希认为，法益这一概念指的是某个罪刑条文的目的。随便一种利益，只要某个罪刑条文禁止对它加以损害，那么该利益就是法益。这样看来，法益的概念根本不具有任何独立的实质意义。立法者希望通过刑法来加以保护的所有东西，都可以是一种法益。于是，法益概念就只剩下一种意义，即用简明的方式道出对刑法解释具有决定性意义的目的。从这一点来说，人们也会将之称为‘方法论上的’（methodisch）法益概念。这种法益概念无意为立法者设置界限，它的作用仅仅在于确定立法者通过制定刑法欲达到的目的。”④

罗克辛教授“赞成的法益概念是一个批判立法的法益概念，通过这种方式，该法益概念要达到这样的目的：告诉立法者合法刑罚处罚的界限。因此它区别于所谓的方法上的法益概念，根据这种概念，法益不是被理解为别的，而是被理解为法律的目的，即法律之理。要拒绝这种法益概念，是因为它对于其他承认的目的论的解释的基本原则没有给出什

① 参见［德］阿敏·英格兰德：《通过宪法振兴实质的法益理论?》，马寅翔译，载赵秉志等编：《当代德国刑事法研究》（第1卷），法律出版社2017年版，第94页以下；［日］上田正基：《その行为、本当に処罚しますか—宪法的刑事立法论序说》，弘文堂2016年版，第28~29页。

② Vgl. Claus Roxin, Strafrecht Allgemeiner Teil, Band I, 4. Aufl., C. H. Beck, 2006, S. 14f；陈志龙：载《法益与刑事立法》，台湾大学丛书编辑委员会1992年版，第103页。

③ ［德］乌尔斯·金德霍伊泽尔：《法益保护与规范效力的保障》，陈璇译，载《中外法学》2015年第2期。

④ 前引金德霍伊泽尔文。

么结论。”①不过，在本文看来，从法益的实际内容来说，二者在大部分场合不是对立关系。法益的内容本身是前实定的，但这种内容要受到刑法保护还必须依靠实定刑法。于是经常出现这样的现象：前实定的利益中，一部分受到了刑法的保护，另一部分还没有受到刑法的保护。就已经受到刑法保护的部分而言，刑法理论既要以保护法益为根据解释法条，又要反思该利益是否值得刑法保护；就没有受到刑法保护的部分而言，刑事立法要考虑在社会发展变化后，其中哪些利益值得刑法保护。实质的法益概念侧重的是立法规制机能，即考虑的是刑法应当保护什么利益；方法论的法益概念侧重的是解释规制机能，即所讨论的是刑法正在保护什么利益。虽然后者只是用于指导对罪刑规范的解释，但它在教义学上的意义不可低估。“如果没有方法论上的法益概念，那我们就无法对重要的教义学问题做出回答。譬如，规范所保护的究竟是某种个人法益——例如某人身体的完整性，还是某种集体法益——例如司法机关的运行能力，这对于我们解释某一罪刑条文来说具有根本性的意义。因为，只有对于个人的法益，被害人的承诺才能取消行为的不法。相反，对集体法益造成损害的行为，则不具有成立被害人承诺的可能。因此，对于现今的刑法教义学而言，方法论上的法益概念是不可或缺的。”②不过，由于本文讨论的是刑事立法论的问题，故基本上使用实质的法益概念。

法益保护原则的基本观点是，刑法的目的与任务就是保护法益，即为了使法益不受侵害或者威胁而制定刑法。第一，刑法不是以保护伦理道德为目的；第二，刑法的目的也不是保护法规范本身的效力；第三，其他不属于法所保护的利益的，都不能成为刑法的保护对象。③ 可以肯定的是，“刑法的任务是保护法益，是 19 世纪提出来的一条重要理论。所以，没有或者不允许有不针对特定法益的刑法规定。”④

刑法的目的不是保护伦理道理，也不是保护其他不属于法所保护的利益，这已经得到公认。需要讨论的是上述第二点。法规范维护说认为，刑法的目的在于保护规范的有效性。⑤ 但是，就刑事立法论而言，或者说就刑法理论对刑事立法的规制作用而言，只能采取法益保护说。这是因为，即使承认法规范维护说具有解释规制机能，但它不可能具有立法规制机能。我们可以根据现有的法规范，判断已经发生的某种行为是否成立犯罪。然而，对于刑法并没有规定的危害行为，我们不可能以现有的法规范为根据判断其是否值得科处刑罚。法规范维护说只有借助法益保护说，才能为犯罪化(增设对新型犯罪的处罚规定)提供合理根据。同样，法规范维护说也难以为非犯罪化提供根据，因为已经被刑法规定为犯罪的行为都是对法规范的否定。只有借助法益保护说，通过证明某种行为没有侵害法益，才能使其非犯罪化具有合理根据。⑥

---

① 前引罗克信文，第 152 页。

② 前引金德霍伊泽尔文。

③ 参见前引罗克信文，第 146 页以下。

④ [德]冈特·施特拉腾韦特、洛塔尔·库伦：《刑法总论 I——犯罪论》，杨萌译，法律出版社 2006 年版，第 29 页。

⑤ 参见[德]G. 雅各布斯：《刑法保护什么：法益还是规范适用?》，王世洲译，载《比较法研究》2004 年第 1 期。

⑥ 参见张明楷：《也论刑法教义学的立场》，载《中外法学》2014 年第 2 期。

由于刑法的任务与目的是保护法益，所以，犯罪的本质或者说违法性的实质是法益侵害。这是因为，“从形式上说，刑法上的违法性，是指对刑法规范(评价规范)的违反，但是，由于违法性是根据刑法规范的评价应当被否定的事态的属性、性质，故其内容便由刑法规范的评价的基准即刑法的目的来决定。将什么样的行为作为禁止对象，是由以什么为目的而禁止来决定的。因此，对实质违法性概念、违法性的实质的理解，是由对刑法的任务或目的的理解推导出来的。”①正如井田良教授所言：“结果无价值论的功绩，在于明确了违法判断的内容及违法要素的范围，必须由该刑罚法规所预定的规制目的、保护目的予以限定。”②

19世纪仅有形式的犯罪概念，这可谓当时盛行法律实证主义的当然结果。但是，形式的犯罪概念既不利于刑事司法，也不利于刑事立法。例如，从“犯罪是法律所禁止的、应当科处死刑或者拘禁刑的作为与不作为”③的概念中，立法者不可能知道什么样的行为应当规定在刑法中。“根据‘形式的犯罪概念’，可罚的行为只能在实定法的范围内予以定义。与之相对，实质的犯罪概念追溯到各个时期被法典化的刑法的背后，讨论可罚的行为的实质的标准。因此，实质的犯罪概念先于刑法典而存在，它为立法者提供允许处罚什么、不应当处罚什么的刑事政策标准。”④实质的犯罪概念，就是实质的法益概念的反面。亦即，只有实质上侵害或者威胁了法益的行为，才能被刑法规定为犯罪。

刑法的手段是刑罚，刑罚本身就是对犯罪人法益的剥夺或者损害。与此同时，刑法作为行为规范会针对一般人发挥作用，从而限制一般人的自由。但是，不管是犯罪人的法益还是一般人的自由，都是值得刑法保护的法益。刑法实际上是通过损害一部分法益来保护另一部分法益。因此，刑罚的特征就决定了刑罚的适用必须受到限制。对实质的违法性论作出重要贡献的李斯特也指出：“法益概念，也必然包含着对某种干涉的禁止。”⑤立法机关需要权衡的是，如若将某种行为规定为犯罪，所保护的法益与可能造成的法益侵害相比，孰轻孰重？如果将某种行为规定为犯罪所造成的法益侵害大于其所保护的法益，那么，立法机关就不得将这种行为规定为犯罪。所以，法益衡量是法益保护原则的最重要内容之一。司法机关在判断符合构成要件的行为是否具有实质违法性时需要进行法益衡量；立法机关在判断一个行为是否需要用刑罚处罚时也需要进行法益衡量。

概言之，法益概念不仅具有解释规制机能，而且具有立法规制机能。实质的法益概念为刑法的保护对象提供了经验的、事实的基础，法益是作为人们的生活利益而成为保护对象的。不管是在解释论上还是在立法论上，法益概念都起着指导作用。反过来说，法益概念对刑事立法的指导作用，就是法益概念的立法批判机能。法益概念的属性是经验的实在性以及对人的有用性，因此，对纯粹的道德以及单纯的价值观的保护可以排除在刑事立法

---

① 前引山口厚书，第105页。

② [日]井田良：《犯罪论の现在と目的的行为论》，成文堂1995年版，第147页。

③ 美国纽约州刑法第2条，另参见法国刑法第1条。

④ Vgl. Claus Roxin，Strafrecht Allgemeiner Teil，Band I，4. Aufl.，C. H. Beck，2006，S. 13f。

⑤ 转引自前引Eser文，第27页。

之外。具有经验的实在性的法益概念，成为检讨刑事立法事实的基础。① 亦即，法益概念在刑事立法的过程中起作用，使国家动用刑罚具有正当化根据，同时划定了处罚界限：只有当某种行为具有法益侵害性时，对之设置处罚规定才是正当的。②

(二)比例原则

源于普鲁士行政法的比例原则，适用于所有的行政领域，在许多国家成为一项宪法原则。按照通说，比例原则包括手段的妥当性(适当性)、必要性与相称性(均衡性)三个原则。"(1)妥当性，即所采取的措施可以实现所追求的目的；(2)必要性，即除采取的措施之外，没有其他给关系人或公众造成更少损害的适当措施；(3)相称性，即采取的必要措施与其追求的结果之间并非不成比例(狭义的比例性)。"③

显然，妥当性(适当性)原则处理的是手段与目的之间的关系，这一原则要求政府机关所采取的手段必须能够实现行政目的，或者至少有助于实现行政目的。必要性原则处理的是手段与手段之间的关系，这一原则要求政府机关在多种达成行政目的的各种手段中选择侵害最小的手段。相称性原则(均衡性原则、利益衡量原则、狭义比例原则)处理的是手段的结果与目的之间的关系，其要求政府机关对希望保护的利益和所可能损害的利益进行衡量，如果一项行政措施所损害的利益大于其所保护的利益，就不得采用该行政措施。

不言而喻，将行政法上的比例原则作为刑事立法的原则时，需要考虑三个方面(标准)的问题：第一，"需要检讨设置刑罚法规处罚该行为，是不是为了达成规制目的的有效手段(手段的适正)。在此，在设定一定的正当目的(如维护一般市民的健康)时，要追问处罚该行为是不是实现该目的的适当手段"。要做到这一点，"就需要以一定的确实可靠的方法确认该行为的有害性"。第二，"需要检讨为了实现规制的目的，是否确实有必要采用刑罚这种(以侵害法益为内容的)严厉制裁？这种制裁是否属于对该行为的过度的对应(侵害的必要性)？在此，刑法的补充性具有重要意义"。第三，"在包括性地衡量设置刑罚法规所丧失的利益与所获得的利益时，所获得的利益是不是更大(利益衡量或狭义的比例性)"④。

(三)两个原则的基本关系

不难看出，比例原则与法益保护原则虽然存在重合部分，但二者既不是包容关系，也不是对立关系。

例如，按照比例原则的第一个标准，首先要确定行为的有害性，有害性就是法益侵犯性，因为在刑事立法之前，不可能存在对法规范的违反问题。井田良教授举例指出："打算以维护一般市民的健康为目的，以某种药物对健康产生恶的影响为根据禁止、处罚对该

① 参见前引松原芳博文，第26页。

② 参见[日]井田良：《讲义刑法学·总论》，有斐阁2008年版，第20页。

③ [德]哈特穆特·毛雷尔：《行政法学总论》，高家伟译，法律出版社2000年版，第238~239页。

④ 前引井田良书，第24~26页。

药物的贩卖等行为时，设置刑罚法规的前提是确定该药物真实有害具有一定的盖然性。”①由此可见，如果行为没有法益侵害性，对之适用刑罚就不可能符合比例原则的第一个标准。

比例原则的第二个标准虽然是刑法补充性的内容，但实际上也是法益保护原则的内容。诚然，“法益保护”的字面含义不能展现刑法补充性原理。这是因为，人们习惯于认为，既然刑法的任务是保护法益，那么，只要行为侵害了法益，就应当适用刑法，给予刑法处罚。例如，冯军教授指出：“认为刑法的目的是保护法益，并不能给刑法教义学奠定一个很好的基础。法益保护说完全可能导致刑罚处罚范围的扩大，这是因为，把行为人危险的主观想法当作犯罪来惩罚，总是更能够保护法益的。”②但是，这一说法并不成立。第一，法益保护说本身就要求行为侵害或者威胁了法益，才能作为犯罪处理。如果只是存在侵害法益的想法，而没有侵害法益的事实，法益保护说不可能主张予以刑罚处罚。第二，不可否认的是，“‘法益保护’概念，如果不被严格解释，就有被滥用的危险。”③换言之，刑法只能在罪刑法定原则的框架内发挥法益保护的机能。法益保护说从来没有主张违反罪刑法定原则保护法益。一方面，根据罪刑法定原则实质的侧面，④ 刑法禁止处罚不当罚的行为，既包括禁止处罚无危害的行为，也包括禁止过度的、广泛的处罚。⑤ 另一方面，根据罪刑法定原则形式的侧面，只有当行为具备构成要件符合性、违法性与有责性时，才能将其认定为犯罪。例如，妇女(包括幼女)的性的自主权是值得特别保护的法益，但如果行为客观上侵害了这一法益、主观上缺乏故意，就不可能以其行为侵害了法益为由，将这种行为认定为强奸罪。第三，在刑事立法与刑法理论中，法益是指值得刑法保护的利益，⑥ 而非泛指一切利益。如果某种利益值得由其他法律(如《治安管理处罚法》)保护，但不值得由刑法保护，则不是刑法上的法益。所以，刑法上的法益保护原则，原本就能包括刑法的补充性思想。第四，从刑事立法论上来说，主张法益保护原则的学者历来将刑法的补充性作为法益保护原则的重要内容。例如，德国学者指出：“通常，法律并不禁止可以想象到的一切法益侵害形态，而是仅禁止极为重大的侵害。这正是要求描述受处罚的一定的有害行为的各种条件的犯罪定义的理由。”⑦于是，法益保护被表述为“补充性的法益保护”。⑧ 日本学者指出：“刑法干预权的界限必须来自刑法的社会任务。至于这种任务之外是什么，逻辑上就不可能是刑法的对象。刑法的任务在于，保证公民和平、自由和有社会保障的生存，只要这个目标通过其他的、更小严厉性的干预公民自由的社会政策措施

---

① 前引井田良书。第 25 页。

② 冯军：《刑法教义学的立场与方法》，《中外法学》2014 年第 1 期。

③ [日]甲斐克则：《责任原理と过失犯论》，成文堂 2005 年版，第 85 页。

④ 参见[日]内藤谦：《刑法讲义总论(上)》，有斐阁 1983 年版，第 36 页以下；张明楷：《罪刑法定与刑法解释》，北京大学出版社 2009 年版，第 46 页以下。

⑤ 参见[日]大谷实：《刑法讲义总论》，成文堂 2012 年新版第 4 版，第 62~64 页；[日]山口厚：《刑法总论》，有斐阁 2016 年第 3 版，第 19~21 页。

⑥ 参见[日]前田雅英：《刑法总论讲义》，东京大学出版社 2015 年第 6 版，第 30 页。

⑦ 前引 Eser 文，第 68 页。

⑧ Claus Roxin，Strafrecht Allgemeiner Teil，Band I，4. Aufl.，C. H. Beck，2006，S. 14.

不能达到，那么它就是刑法的任务。”①法益保护原则被表述为“谦抑的法益保护原则”。②

比例原则的第三个标准实际上是典型的法益衡量，因而也是法益保护原则的内容。而且，法益保护原则中的法益衡量，在诸多方面表现出来。例如，在刑事立法中，不仅要对设置刑罚处罚所丧失的利益与所获得的利益进行衡量，而且，在规定具体的违法阻却事由时，也要以法益衡量为根据。

由此看来，比例原则与法益保护原则并不是包容关系与对立关系；从基本内容来看，比例原则并没有超出法益保护原则。既然如此，从逻辑上来说，就不可能得出由比例原则替代法益保护原则的结论。换言之，由比例原则替代法益保护原则，可能只是术语的变化，而不是实质的变更。

二、比例原则的缺陷与法益保护原则的“危机”

要回答比例原则能否替代法益保护原则这一问题，还必须进一步讨论两个问题：由比例原则规制刑事立法是否存在缺陷，以及法益保护原则是否存在“危机”。

(一) 比例原则的缺陷

在本文看来，离开法益保护原则的比例原则，至少存在两个缺陷。

1. 比例原则缺乏合目的性的审查

众所周知，马克思依据人的活动的目的将人的自觉与动物的本能区别开来。人“不仅使自然物发生形式变化，同时他还在自然物中实现自己的目的，这个目的就是他所知道的，是作为规律决定着他的活动方式和方法的，他必须使他的意志服务这个目的。”③“耶林法律哲学的核心概念是目的，他在一部他所撰写的重要的法理学著作的序言中指出，‘本书的基本观点是，目的是全部法律的创造者。每条法律规则的产生都源于一种目的，即一种实际的动机’。他宣称，法律是根据人们欲实现某些可欲的结果的意志而有意识地制定的……根据他的观点，法律在很大程度上是国家为了有意识地达到某一特定目的而制定的。”④施塔姆勒也指出：“作为服务于人类目的的法要证明其正当性就需要提供这样的证据——它是达到正确目的的正确手段。”⑤立法活动是一项追求目的的活动。倘若刑事立法不以目的为指导，其内容必然杂乱无章，而且没有任何实际意义。例如，刑法分则所设立的每一个犯罪，都以保护某个特定的法益为目的，否则就无法理解该规定。刑事立法的目的也是刑法本身的目的，是立法机关规定犯罪及其法律后果的意义之所在。

---

① ［日］平野龙一：《刑法总论 I》，有斐阁 1972 年版，第 47 页。

② ［日］山中敬一：《刑法总论》，成文堂 2015 年版，第 54 页。

③ 《马克思恩格斯全集》第 23 卷，人民出版社 1986 年版，第 202 页。

④ ［美］E. 博登海默：《法理学：法律哲学与法律方法》，邓正来译，中国政法大学出版社 1999 年版，第 109 页。

⑤ ［德］施塔姆勒：《正义法的理论》，夏彦才译，商务印书馆 2016 年版，第 49 页。

可是，“传统比例原则的三个子原则是对公权力行为所选择的手段的评价，但它们并不直接关心公权力行为目的的正当与否。”①换言之，“如果说目的与手段关系自身包含着一个逻辑完备的论述体系的话，那么，比例原则在第一层次的适当性审查时，就对这个论述体系进行了‘截流’，目的正当性成为比例原则审查的‘绝迹之地’。”②概言之，比例原则虽然强调手段的正当性，但没有重视目的的正当性。

例如，德国联邦宪法法院对刑事立法合宪性的审查工作虽然借助于比例原则的三个内容，“但是，它从未通过一种有拘束力的方式提出过这个问题，即立法机关追求的目标本身也需要宪法上的正当化。”③然而，不考虑法益保护目的的刑事立法，只能起到单纯禁止人们实施某种行为的作用，而不能对社会的发展与个人的自由起到任何积极作用。所以，在“乱伦案判决中”，尽管德国联邦宪法法院认为，“禁止兄妹间发生性行为完全是考虑了基本法的规定，而不是考虑了法益的概念。”但宪法法院事实上又是从保护法益的角度做出解释的。亦即，“立法机关充分考虑了保护家庭秩序免受乱伦的危害，同时也充分考虑了保护陷于乱伦关系中的当事人，以及避免乱伦导致后代先天基因方面的疾病，因此它将继续对社会中的乱伦进行处罚，对此立法机关并没有超出它判决所能容许的范围。”④由于德国联邦法院对于刑事立法的合宪性的决定性问题没有给出合理的解答及其逻辑上的缺陷，“联邦宪法法院的决定在刑事法学界遭到了压倒性的批评。”⑤

事实上，不考虑法益保护目的，比例原则也是不可能实现的。如上所述，狭义的比例原则实际上考虑的是手段的结果与目的之间的关系，亦即，“国家在适用任何权力的过程中，其对公民个人权利所造成的损害与其所保护的社会利益之间应保持一定的比例关系。”⑥既然如此，就意味着在刑事立法中，立法机关必须权衡因为规定刑罚而对公民自由所造成的限制或损害与规定刑罚所保护的法益之间是否保持了一定的比例关系。不难看出，“比例原则是以法益保护主义为前提而发挥机能的，而不是替代法益保护主义。”⑦

2. 比例原则缺乏明确性的标准

比例原则不仅在整个欧洲大陆传播，而且成为其他许多国家宪法性审查的一部分。文献中已经给出了比例原则被广泛接受的几个解释，其中的一个解释是，“比例原则的成功或许是由于它是一个空洞的概念，从而允许法院做他任何想要做的。”⑧正因为如此，比例

---

① 刘权：《目的正当性与比例原则的重构》，载《中国法学》2014年第4期。

② 蒋红珍：《论比例原则——政府规制工具选择的司法评价》，法律出版社2010年版，第111页。

③ [德]克劳斯·罗克信：《德国〈基本法〉60周年(第三篇)》，陈晰译，载赵秉志等编：《当代德国刑事法研究》(第1卷)，法律出版社2017年版，第133页。

④ [德]米歇尔·库宾希尔：《对法益概念内涵的最新判例评述》，江溯译，载赵秉志等编：《当代德国刑事法研究》(第1卷)，法律出版社2017年版，第204页。

⑤ 前引库宾希尔文，第197页。

⑥ 郝银钟、席作立：《宪法视角下的比例原则》，载《法商研究》2004年第6期。

⑦ 前引松原芳博文，第26页。

⑧ [以色列]摩西·科恩一埃利亚、易多波·拉特：《比例原则与正当理由文化》，刘权译，载《南京大学法律评论》(2012年秋季卷)，法律出版社2012年版，第38页。

原则的一些要求也不能原封不动地用于刑事立法中。

第一，适当性原则要求手段和目的之间有一个正当合理的联结关系。但是，“依联邦宪法法院的见解，即使只有部分(zum Teil)有助于目的之达成，即不违反适当性原则。基本上，联邦宪法法院采取了一个最低的标准，质言之，只要手段不是完全(völlig)或全然(schlechthin)不适当，即不违反比例原则。”①可是，刑罚是最严厉的制裁措施，具有明显的副作用，如果刑罚手段只是部分有助于法益保护目的的达成，而部分地造成不应有的损害，就不能成为设置刑罚的理由。所以，比例原则并不能完全满足刑法补充性的要求。

第二，必要性原则需要在不同手段之间进行比较。但是，“最小侵害在同样有效的前提下才会发生。因此，在运用必要性原则时，必然要首先确定所使用的手段是否可以达到‘同样有效’，否则将违背必要性原则。对于何为‘同样有效’不存在客观统一的判断标准，而存在诸多争议。”②例如，行政法上的罚款数额可能高于刑法上的罚金数额，那么，哪一种处罚属于最小侵害？凡是刑法规定了单处罚金的场合，能否均由罚款取代？这是必要性原则难以回答的问题。

第三，“法益相称原则是建立在利益衡量基础上的，并不属于精准无误的科学法则，是一种抽象而非具体性的概念……狭义比例原则存在的难题是如何对于不同质的法益进行衡量，诸如生命、健康、环境、文化等价值如何进行价值上的权衡，将是狭义比例原则的最大难题。”③例如，刑法对盗窃罪规定的主要刑罚以及司法实践中适用最多的是有期徒刑，其适用的结果是剥夺被告人的自由，然而其所保护的只是财产。虽然自由法益优于财产法益，但是，没有人会认为，对于盗窃等财产罪只能判处罚金，而不得判处徒刑。这是狭义比例原则不可能说明的。

此外，比例原则“所适用范围首在侵犯过程，但也包括计划形成的任务与风险评估在内——只是强调衡平思考的观察，却少了严格的审查网络”。④ 所以，只是将比例原则的三个内容简单地移植到刑法领域，并不能使刑事立法中的犯罪化与非犯罪化形成严密的审查网络。

诚然，法益保护原则也面临如何判断其他手段是否同样有效以及如何进行法益衡量法益的问题，但是，这不是由比例原则替代法益保护原则就可以解决的，而是需要在贯彻法益保护原则的同时，充分考虑刑罚的有效性、公平性与目的性(参见下节内容)。

(二)法益保护原则的“危机”

如前所述，主张以比例原则替代法益保护原则的学者，以刑事立法中的法益概念的抽象化、处罚的早期化与重刑化现象为根据，强调法益保护原则面临危机。但在本文看来，

---

① 谢世宪：《论公法上之比例原则》，载城仲模主编：《行政法之一般法律原则》(一)，台北三民书局1999年版，第123页。

② 王书成：《比例原则之规范难题及其应对》，载《当代法学》2007年第6期。

③ 王书成：《比例原则之规范难题及其应对》，载《当代法学》2007年第6期。

④ [德]施密特·阿斯曼：《秩序理念下的行政法体系建构》，林明锵等译，北京大学出版社2012年版，第293页。

法益保护原则本身并没有面临危机，相反，当下的刑事立法现象反而说明需要充分发挥法益概念的立法批判机能。

1. 关于法益概念的抽象化

法益概念的抽象化，是指为了保护抽象的法益而动用刑法的倾向。① 在本文看来，刑事立法中是否存在法益的抽象化以及这种现象是否意味着法益保护原则面临危机，还是值得研究的。

其一，刑法理论不应当要求法益概念具有绝对的明确性。这是因为，不管采取什么观点，都不能否认的是，刑法必须保护某些“东西”，将刑法必须保护的这些“东西”归纳为任何一个概念时，这个概念都不可能是绝对明确的。而且可以肯定的是，将刑法必须保护的这些“东西”归纳为法益，是最合适的。

其二，立法机关为保护抽象的法益而将某种行为规定为犯罪，与法益概念本身是否具有抽象性，显然是两个不同的问题。不能因为刑法中存在保护抽象法益的条款，就认为法益概念是抽象的。如后所述，法益应当是相对具体的，而不能过于抽象。倘若刑事立法中存在将侵害抽象法益的行为规定为犯罪的现象，刚好说明刑事立法需要以具体的法益观为指导，需要以实质的法益概念发挥立法批判功能。

其三，在某些场合，常常由于语言的局限性，导致对保护法益出现了抽象或者不准确的表述。例如，关于淫秽物品犯罪的保护法益，日本有“公众的性感情”②以及“不想看到淫秽物品的人的自由”。③ 但是，前者的表述过于抽象，因为“感情”千差万别，难以确定其究竟包括哪些内容。后者的表述也存疑问，因为不想看的人不看就可以了，不必动用刑法。于是，松原芳博教授指出，淫秽物品犯罪的保护法益是“成人的性欲自己控制权，以及为保障未成年人获得性信号的正当接受能力(性的社会化)的环境”。④ 这一表述使得淫秽物品犯罪的保护法益成为经验的实在。根据这一相对具体的保护法益，向希望获得淫秽物品的成年人出售淫秽物品的行为，就可以排除在犯罪之外。

其四，如前所述，即使德国联邦宪法法院在“乱伦案判决”中认为不能援引法益概念来限制立法者的权限，罪刑规范所追求之目的的要求无法从刑法上的法益理论中推导出来，但法院仍然试图找出乱伦罪的保护法益(家庭、性的自我决定权以及后代的健康)。⑤

2. 关于处罚的早期化

众所周知，近年来的各国刑事立法都出现了处罚的早期化现象。例如，德国刑法关于公然煽动违法行为(第 111 条)、建立犯罪团体(第 119 条)、建立恐怖组织(第 119 a 条)、

① 参见前引井田良文，第 55 页。

② 参见[日]町野朔：《刑法各论の现在》，有斐阁 1996 年版，第 262 页。

③ 参见[日]林美月子：《性的自由・性表现に对する犯罪》，载[日]芝原邦尔等编：《刑法理论の现代的展开・各论》，日本评论社 1996 年版，第 58 页以下。

④ 前引松原芳博文，第 28 页。

⑤ 参见[德]克劳斯・罗克辛：《对批判立法之法益概念的检视》，陈璇译，载《法学评论》2015 年第 1 期。

滥用保险(第 265 条)等规定，都是处罚早期化的表现。再如，日本于 2011 年增设的刑法第 163 条之四和第 163 条之五规定，为了伪造支付用磁卡而收集他人磁卡信息的，或者知情而提供该信息的，即使未遂，也要受处罚；无正当理由，以供他人的电子计算机运行之用为目的，制作或者提供不正当指令的电磁记录或者其他记录的，即使未遂，也要受处罚；无正当理由，以供他人的电子计算机运行之用为目的，取得或者保管不正当指令的电磁记录或者其他记录的，要受刑罚处罚。在我国，《刑法修正案(八)》增设的危险驾驶罪、《刑法修正案(九)》增设的准备实施恐怖活动罪，也是典型的处罚的早期化。概言之，处罚的早期化实际上是将大量的危险行为规定为犯罪行为。

井田良教授因此指出：现在的刑事立法，从根底上动摇了迄今为止一般承认的刑事法的基本原则。“在战后的日本刑法学中……个人的行为只有具备法益侵害性才具备处罚的正当性的法益保护原则或者侵害原理(harm principle)，作为基本原则被多数说所承认。特别是基于这一基本原则，实现了法与道德、伦理的分离，国家权力不介入纯粹的价值判断的领域的局面。但是，最近的日本，引人注目的立法倾向是，通过刑罚广泛地抑止法益侵害性(还)不明显的行为。因此，需要探求替代法益保护原则(或者补充法益保护原则)的刑事立法的指导原理，需要解明检讨刑罚法规内容的合理性的判断构造是什么的问题。”① 但是，对法益的危险达到何种程度才需要以犯罪论处，恰恰是需要根据法益保护原则进行判断的，而并不表明法益保护原则需要由比例原则替代。

首先，将对法益产生了现实威胁的行为作为犯罪处理，符合法益保护原则。当人们说刑法的任务与目的是保护法益，犯罪的本质是侵害法益时，其中的“侵害”既包括了造成实害的侵害，也包括造成实害的危险。“在刑法‘超前保护’(Vorfeldschutz)的场合……虽然没有损害法益，但是只要通过危险行为威胁到了法益就可以肯定刑事不法的存在。”②概言之，处罚危险犯并不违反法益保护原则，相反符合法益保护原则。井田良教授明确指出，法益保护原则特别在以下两个方面对立法者起规制作用：“(1)禁止仅以维护道德、伦理为由设置处罚规定；(2)即使为了保护法益，但在对法益没有产生任何实害的阶段，也禁止将其规定为犯罪。”③由于井田良教授认为，法益保护原则仅限于将造成实害的行为规定为犯罪，据此便认为对没有造成实害的危险行为规定为犯罪，就是对法益保护原则的否定。但事实上并非如此。

其次，按照法益保护原则的要求，也只有当行为的抽象危险容易现实化为实害，行为人基本上不可能控制危险的现实化时，才能将该危险行为规定为犯罪。例如，醉酒驾驶机动车的行为，由于行为人不能正常地控制自己的驾驶行为，以至于任何时候都可能发生交通事故，进而导致他人伤亡，所以，将这种行为规定为犯罪完全符合法益保护原则。④ 反

---

① [日]井田良：《最近の刑法学の动向をめぐる一考察》，载《法学研究》2011 年第 9 号，第 224 页。

② [德]乌尔里希·齐白：《全球风险社会与信息社会中的刑法》，周遵友、江溯等译，中国法制出版社 2012 年版，第 208 页。

③ 前引井田良书，第 20 页。

④ 前引罗克信文，第 159 页。

之，在没有达到醉酒程度的场合，由于行为人大体上能够正常地控制驾驶行为，所以，我国刑法没有将其规定为犯罪。再如，恐怖分子具有坚定的犯意，不能期待他们在准备了犯罪工具之后中止犯罪，所以，《刑法修正案(九)》增设准备实施恐怖活动罪，也具有正当性。

最后，井田良教授是以对近年来的日本刑事立法持肯定态度为前提，主张由比例原则替代法益保护原则的。易言之，在井田良教授看来，由于日本近年来的刑事立法对于不具有明显的法益侵害性的行为也当作犯罪处理，所以，法益保护原则不能作为刑事立法的指导原理。但是，实质的法益概念原本就是针对刑事立法的，如果刑法对并不危险的行为也予以处罚，就应当发挥法益概念的立法批判机能，而不能据此否认法益概念。

3. 关于重刑化

所谓重刑化，显然不是法益保护原则造成的。诚然，比例原则有利于防止重刑化，但不能因此认为，法益保护原则是重刑化的理论根据。如前所述，法益保护原则重视刑法的补充性，在适用轻刑足以保护法益时，也反对适用重刑保护法益。这是因为，刑罚具有明显的副作用，不当适用重刑就侵害了行为人的法益。此外，如后所述，明确刑罚的正当化根据并将其贯彻到刑事立法中，才能有效地避免重刑化。

总之，法益的抽象化、处罚的早期化与重刑化，并不意味着法益保护原则面临危机，更不能由此得出必须由比例原则替代法益保护原则的结论。相反，法益保护原则可以检验刑事立法中对抽象法益的保护、处罚的早期化以及重刑化是否具有合理性。事实上，即使是声称以比例原则替代法益保护原则的井田良教授，在具体论述时也只能说以比例原则“补充法益保护原则”;① 或者认为，“在认识法益概念的机能的界限的同时，要注意比例原则在刑法领域的机能。”②

三、比例原则对法益保护原则的补充

德国学者 Eb. Schmidt 反对将缺乏明确标准的比例原则引入刑事法领域。③ 诚然，比例原则缺乏明确的标准，但是，将比例原则引入刑法领域，并不意味着仅仅由比例原则主导一切。比例原则所重视的手段与目的的关联性、手段与手段之间的比较以及手段的结果与目的之间的衡量，确实有利于促进刑事立法程序的精确化与内容的合理性。国内也有学者指出：“比例原则的精髓不仅仅是双方利益之间的衡量，更是一种目的和手段之间关系的衡量，刑法中所谓比例原则的运用仅仅是一种数或量上的比较，这种比较可以用其它原则来表达，比如罪刑相当，没有必要一定要引用比例原则，一个原则如果无所不用，也就无所涵包，失去了它特定的功能和意义。”④然而，将比例原则引入刑法领域，并不意味着

① 前引井田良书，第 25 页；前引井田良文，第 224 页。

② 前引井田良文，第 63 页。

③ 参见陈新民：《德国公法学基础理论》(下册)，山东人民出版社 2001 年版，第 387 页。

④ 许玉镇：《试论比例原则在我国法律体系中的定位》，载《法制与社会发展》2003 年第 1 期。

该原则仅具有罪刑相当的含义。

近年来，国内有学者主张将比例原则引入刑法领域。① 本文也认为，比例原则虽然不能替代法益保护原则，但也可能在刑法领域发挥机能。所应注意的是，由于比例原则的基本内容并没有超越法益保护原则，因此，在将比例原则引入刑事法领域时，必须避免简单的话语转换或者机械的套用现象。事实上，用比例原则替代刑法原则的基本内容，并不具有可行性与实用性。例如，德国曾有学者试图以比例原则替代责任主义原则，但这个方案的确不是解决问题的合适方法。② 同样，单纯用比例原则表述法益保护原则的内容，也不具有现实意义。

诚然，法益保护原则的基本内容与比例原则存在明显的重合之处，但是，法益保护原则注重的是实体内容，重视刑事立法内容的实质的合理性；法益保护原则虽然具有立法批判功能，但缺乏检验刑事立法合理与否的具体程序，没有就立法审查提出具体判断步骤。比例原则的三个内容，实际上是立法审查的三个阶段或者三个步骤。这三个阶段不可以颠倒，只能依次从第一个阶段到第三个阶段。前两个阶段在效果上实际属于效能或帕累托最优测试，目的在于确保手段是有效的，它们使比例原则的核心即平衡的基础更为清晰。③ 换言之，比例原则的三个内容相互联系，层层推进、步步深入；分别进行手段与目的权衡、手段与手段的对比以及投入与产出的衡量。因此，比例原则下的立法是一种权衡利弊得失、体现科学计算的精确立法。这正是可以补充法益保护原则的可取之处。所以，比例原则对法益保护原则的补充，主要不是实体内容的补充，而是审查方法的补充。换言之，比例原则对于贯彻法益保护原则具有方法论或者程序性的意义：在制定犯罪化的条文时，不能简单地因为某种行为具有严重的法益侵害性，就直接按照案件事实进行描述使之成为犯罪，而是要像比例原则所要求的那样，进行逐项审查与递进判断，形成精确的刑事立法。

不过，对刑事立法的审查，也不能简单地套用比例原则的三个阶段。一方面，如前所述，比例原则缺乏合目的性的内容审查，而刑法的目的是保护法益，所以，在对刑事立法进行审查时，首先必须进行合目的性的审查。另一方面，犯罪的后果虽然是刑罚，但刑罚之间存在重大差异，轻者只是2000元罚金，重者会剥夺生命。所以，就刑事立法的审查而言，即使在确认刑罚是达成目的的适当手段之后，还需要进一步审查哪一种刑罚是达到目的的适当手段。在本文看来，立法机关在制定罪刑规范的过程中，刑法理论在判断既有罪刑规范是否具有合理性，以及追问某种行为是否应当被犯罪化时，都应当按照以下五个步骤逐一进行判断。

(一)目的是否具有合理性?

由于刑法的目的是保护法益，故只有出于保护法益的需要，才能处罚某种行为。但

---

① 参见陈晓明：《刑法上比例原则应用之探讨》，载《法治研究》2012年第9期；姜涛：《追寻理性的罪刑模式：把比例原则植入刑法理论》，载《法律科学》2013年第1期。

② Vgl. C. Roxin, Strafrecht Allgemeiner Teil, Band I, 4. Aufl., C. H. Beck, 2006, S. 94f。

③ 参见前引科恩-埃利亚等文，第36页。

是，这一抽象的表述仍然缺乏实际意义。在一环节，需要审查以下四个方面的内容。

1. 目的是什么？

既然要制定一个罪刑规范，就必须考虑这个罪刑规范的目的是什么。最为典型的是，如果是为了保护伦理秩序，就不能制定罪刑规范；对于自我损害行为，也不能以犯罪论处。只有当目的是保护法益时，才有可能制定罪刑规范。

对此，可以从反面进行审查，即所禁止的行为对法益的侵害表现在什么地方？形成侵害的原因是什么？侵害是不是由特定行为所造成的？例如，杀人行为侵害了他人的生命，所以，有关杀人罪的罪刑规范的保护法益便是人的生命。在这个审查过程中，不能将一切条件均视为侵害结果产生的原因，只有当某种侵害结果客观上能够归责于某种行为时，才能认为这种行为造成了侵害结果。就此而言，我国近几年的刑事立法是存在疑问的。例如，《刑法修正案(九)》增设了泄露不应公开的案件信息罪，增设的理由有两点："第一，泄露不公开审理的案件信息对人民法院依法独立公正行使审判权造成不利影响……第二，泄露不公开审理的案件信息的行为损害当事人的合法权益。"①但是，这两点理由难以成立。其一，泄露案件信息妨害司法公正的说法没有根据。审判公开是原则，不公开是例外。倘若认为泄露不公开审理的案件信息妨害了司法，那么，披露公开审理的案件信息也会妨害司法。这是因为，即使是公开审理的案件信息一旦披露并公开传播，也会形成舆论的焦点。但是，我们无论如何都不能认为这对法院依法独立公正审判造成了干扰。正如美国联邦大法官史蒂芬·布雷耶所言："尽管法官受职终身制保障，得以免受民意干扰，但是，他们不可能完全不在乎公众情绪。对法官及其判决的批评之声，时常会传到我们耳中。这在民主社会里是非常正常的事情。法官也会看报，会阅读批评他们判决的学术文章，也会审阅劝说他们以这样或那样的方式裁判案件的诉状。"②就公开审理的案件而言，当事人一方同样可能有选择地披露部分案件信息，制造有利于自己的舆论。另一方当事人也会为了应对而不得不公开发声回应，同样形成舆论对垒。但不能认为，这就给审判机关带来了压力、妨害了司法。公众对哪些案件有兴趣、希望知道哪些案件的审理情况以及对哪些案件发表看法，并不取决于该案件是公开审理还是不公开审理。例如，对于不公开审理的侵犯商业秘密的案件，未成年人的盗窃、伤害等案件，一般公民都不会关注。反之，对于公开审理的许多案件(如贾敬龙案)，一般公民也会关注。更为重要的是，法官的中立立场，并不意味着其不得关注公众对案件的看法。如果一位法官在公众发表不同看法时就不知道该怎么作出判断，恐怕就不适合做法官了。显然，通过避免公众关注案件的审理情况来保证法官的公正审理，既不明智也得不偿失。其二，泄露不公开审理的案件信息的行为损害国家法益或者当事人的合法权益时，如果构成犯罪的，完全可以分别按泄露国家秘密、侮辱、侵犯商业秘密等罪论处。由此可见，设立泄露不应公开的案件信息罪缺乏充分的依据。

---

① 臧铁伟主编：《中华人民共和国刑法修正案(九)解读》，中国法制出版社2015年版，第248~249页。

② [美]史蒂芬·布雷耶：《法官能为民主做什么》，何帆译，法律出版社2012年版，第14页。

2. 目的是否与宪法相抵触？

什么样的利益上升为刑法所保护的法益，取决于刑事立法者的选择，但刑事立法者不能随心所欲地决定。从法律上说，刑事立法者的选择必须具有宪法上的根据。因为宪法具有最高的效力，任何法律的制定都必须符合宪法的规定，而不能与宪法相抵触。从实质上说，刑事立法者的选择必须符合人民群众的意志，宪法从根本上反映了人民群众的利益。因此，如果对某个法益的保护与宪法相抵触，那么，就不能将侵害这种法益的行为规定为犯罪。在这一点上特别应当注意的是，不能将行使宪法所规定的基本权利的行为规定为犯罪，即使这种行为存在一定程序上的瑕疵，也不能将其规定为犯罪。

3. 法益是否具有重要价值？

并不是任何法益都值得刑法保护，只有具有重要价值的法益才值得刑法保护。“尽管如此，目前没有一个可以普遍使用的观点来判定，人类的哪些利益非常重要，以至于需要通过刑法，针对哪些形式的威胁来加以保护。”①某种法益是否具有重要价值，不可能通过数学公式计算出来，但可以进行经验性的判断与比较性的考察。例如，公民的意志决定自由与意志实现自由，是公民自由的重要组成部分；私人文书、印章、署名的公共信用，在社会交往中具有重要性。旧中国刑法与国外刑法普遍规定了胁迫罪与强制罪(或强要罪)，② 以便保护国民的意志决定自由与意志实现自由。再如，旧中国刑法与国外刑法也普遍规定伪造私人文书、印章、署名的犯罪。③ 但是，我国《刑法》第 280 条没有对私文书、印章、署名的信用这一法益予以保护。根据法益保护原则，我国在今后的刑事立法中有必要增加胁迫罪与强制罪以及伪造私人文书、印章、署名的犯罪。

4. 目的是否明确、具体？

“‘法益’是从‘财产’、‘财物’派生出来的概念。盗窃等罪的对象是财物，并不是作为物体就具有价值，而是所有者或占有者在可以使用、收益、处分它的效用中承认其价值。同样，法益意味着与人和某种事物的联系。因此，要能够说是法益，必须具有经验上可能把握的实体，而且，该实体对人是有用的。可以说，法益概念在与人和事物相联系的同时，通过价值与事实的联系，给刑事立法提供价值的正当性与事实的基础。没有满足这种经验的现实性及其与人的关系性的要求的存在，不能说是刑法应当保护的法益，将其作为理由的刑事立法就不具有正当性。”④换言之，“若保护的对象抽象得无法让人把握，则该对象也不能被看做是法益。”⑤例如，将社会秩序、工作秩序、社会心理秩序等作为保护

① 前引施特拉腾韦特等书，第 33 页。

② 参见旧中国 1935 年刑法第 304 条和第 305 条、日本刑法第 222 条与第 223 条、德国刑法第 240 条与第 241 条、法国刑法第 222—17 条和第 222—18 条、意大利刑法第 610 条和第 612 条等。

③ 参见旧中国 1935 年刑法第 210 条和第 217 条、日本刑法第 159 条、德国刑法第 268 条、法国刑法第 441—1 条、意大利刑法第 485 条和第 486 条等。

④ [日]松原芳博:《刑事立法と刑法学》，载《ジュリスト》第 1369 号(2008 年)，第 71 页。

⑤ 前引罗克辛文。

法益，必然导致处罚范围的不确定。就此而言，近几年来的刑事立法也值得商榷。

例如，《刑法》第120条之四所规定的利用极端主义破坏法律实施罪的构成要件是，“利用极端主义煽动、胁迫群众破坏国家法律确立的婚姻、司法、教育、社会管理等制度实施”。“较之饱受质疑的规定兜底性构成要件要素的刑法条款，本罪显然是一个构成要件内涵更加不明确、适用范围更加没有边际的口袋罪。作出这一判断的依据在于极端主义概念内涵和外延的模糊性以及破坏对象范围的广泛性。”①之所以如此，就是因为立法者没有考虑本罪的具体保护法益内容。

又如，《刑法》第286条之一第1款增设的拒不履行信息网络安全管理义务罪的保护法益究竟是什么，是值得研究的问题。该款规定的行为类型包括“致使违法信息大量传播”和“致使刑事案件证据灭失”等类型。可是，如果为了防止违法信息大量传播，就会删除这些信息；而一旦删除这些信息，又可能致使刑事案件证据灭失。具有行为规范作用的刑法不应当让行为主体左右为难。刑法之所以存在这样的规定，就是因为将抽象的网络安全作为保护法益。

再如，《刑法》第287条之一第1款规定的非法利用信息网络罪，包括发布各种犯罪与一般违法信息的行为，导致发布有关销售毒品、枪支的犯罪信息与销售其他管制物品信息的行为，受到相同的处罚。导致这种罪刑不均衡局面的实质原因，在于本法条将信息网络的正当利用这一过于抽象的法益当作本罪的保护法益。

总之，只有当在宪法上具有根据，且具有重要价值的具体法益，才能成为刑法保护的法益。

（二）刑罚是不是达到合理目的的有效手段？

刑法保护法益，就意味着禁止侵犯某种法益的行为。但是，应当禁止某种行为不等于应当以刑罚处罚该行为。在目的确定以后，必须判断刑罚是不是达到合理目的的手段。这是比例原则中的适当性原则在刑事立法中的运用。如果刑罚手段不可能保护某种法益，以及以刑罚制裁某种行为将导致更为严重的犯罪发生时，就表明刑罚手段不是保护法益的有效手段。就此而言，仅进行逻辑推理和直觉判断是不够的，而是需要全面的实证研究。立法的实证调查研究，并不是指立法机关工作人员与相关司法机关人员的简单座谈，而是要就相关问题进行全面、准确的统计，依据统计数据作出决策。例如，德国学者根据相关实证材料指出：“随着性道德的自由化和新闻媒介对性内容的直露表演，男性露阴的被害人遭受比暂时的惊恐更严重的损害的危险性也随之而消失。因男性露阴而判罪，对作案人所造成的严重而又深刻的后果与被害人遭受的轻微危险不成合理比例。随着对男性露阴行为处罚的增加，那些人进行一般犯罪的倾向也上升。因此应当将男性露阴非犯罪化。”②

可以肯定的是，严重的实害犯都早已规定在刑法中，近年来刑事立法所增加的都是危险犯或者其他轻罪（包括法定犯）。本文的看法是，如果对危险犯给予较轻刑罚处罚有利于防止严重实害犯的发生，就表明对危险犯的处罚是保护法益的有效手段。例如，设立危

---

① 前引梁根林文。

② 前引施奈德书，第381页。

险驾驶罪后，交通肇事罪与以危险方法危害公共安全罪逐年减少。① 这足以表明，对危险驾驶行为设立刑罚有利于保护公共安全。同样，轻罪的设立有利于预防重罪时，设立轻罪就具有合理性。例如，我国故意杀人罪的发生率与日本大体相当，但故意伤害罪的发生率则是日本的3倍。② 事实上，我国刑法还规定了日本刑法所没有的聚众斗殴罪与寻衅滋事罪，这两个罪中包含了大量的轻伤害；我国的故意伤害罪以构成轻伤为前提，但日本刑法中的伤害罪并没有伤害程度的限制。如果考虑到这两点，我国故意伤害罪的发生率会更高。从立法论的角度可以想到的是，日本等多数国家刑法有暴行罪(或殴打罪)的规定。亦即，只要行为人对被害人行使有形力，就可能构成暴行罪。暴行罪的设立，可以成为故意伤害罪的一道防线，使得故意伤害罪明显减少。我国刑法没有规定暴行罪，一些人可能因为暴行本身不成立犯罪，便肆无忌惮地实施暴行，结局却构成了故意伤害罪。这表明，暴行罪的设立是有利于保护公民身体健康的。总之，大量的轻微犯罪行为，常常严重扰乱社会秩序，成为构建和谐社会的严重障碍。如果不认真对待，习惯于"抓大放小"，必然导致"由小变大"，从而妨碍国民生活与社会稳定。

反过来，在社会观念发展变化之后，也需要对有关传统的自然犯的刑事立法进行梳理与调整。在这一方面，特别值得反思的是，不能将为了保护儿童而设立的犯罪广泛适用于成年人。例如，刑法虽然规定了奸淫幼女、猥亵儿童的犯罪，但是，对成人之间自愿实施的通奸、同性恋等行为，就不可能实行犯罪化。有关卖淫嫖娼和淫秽物品的犯罪，危害对象主要是儿童。就这类犯罪而言，刑罚虽然是保护儿童身心健康的有效手段，但对于成年人并没有保护的必要性。例如，完全没有必要将引诱成年人卖淫、向成年人出售淫秽物品等行为规定为犯罪。而且，刑罚手段根本不可能使这类行为有所减少。

(三)是否存在替代刑罚的手段?

刑法的目的本来就是保护法益，但同时是以侵害法益的手段(刑罚)保护法益的，而且，侵害手段并不轻微甚至极为严重。"对刑法来说，较轻的手段应当永远优先适用，因为它对公民自由的限制轻于一种经常危及生存的刑事惩罚。"在此意义上说，"刑法以保护其他手段所不能保护的法益为目的。"③所以，即使刑罚是保护法益的有效手段时，也需要进一步判断是否存在替代刑罚的手段。这是比例原则中的必要性原则的适用。

1. 是否存在非刑罚手段?

当存在刑罚与非刑罚两类措施时，如果非刑罚措施也大体能发挥作用，就应当采用非刑罚的方法。正如平野龙一教授所言："即使行为侵害或者威胁了他人的生活利益，也不是必须立即发动刑法。可能的话，最好能交给其他的社会统制手段。可以说，只有在其他

① http://data.stats.gov.cn/easyquery.htm? cn=C01(国家统计局网站，最后访问日期2017年3月15日)。

② 参见张明楷：《故意伤害罪司法现状的刑法学分析》，载《清华法学》2013年第1期。

③ [德]克劳斯·罗克辛：《德国犯罪原理的发展与现代趋势》，王世洲译，载《法学家》2007年第1期。

的社会统制手段并不充分时，或者其他的社会统制手段(如私刑)过于强烈而有代之以刑罚的必要时，才可以发动刑罚。这就是刑法的补充性或者谦抑性。”①

例如，由于种种原因，刑法将部分散布谣言的行为规定为犯罪，这样的立法实际上旨在保护国民的“安心感”，姑且不论这种安心感能否成为刑法保护的法益，但可以肯定的是，“‘安心感’这种社会心理，是受到媒体与时代风潮强烈影响而形成的不安定感觉，未必存在合理根据。在国民的不安欠缺客观事实佐证的场合，能够消除这种不安的有效方法不是刑事立法，而是对真实事实的报道。为了回应国民呼声的象征性立法，常常不仅没有消除国民的不安，反而强化了国民的不安。”②既然通过对真实事实的迅速报道就足以保护国民的安心感，就没有必要动用刑罚手段。

2. 非刑罚手段能否有效地保护法益?

在判断其他手段能否保护法益时，并非只是考虑是否存在其他手段，而是要进一步判断其他手段是否健全和有效。例如，许多国家以前曾经用刑罚强制债务的履行，但现在则委任于民事程序。就不动产而言，在其他国家历来不成立盗窃罪，也是因为不动产不可能消失，委任给民事救济就足够了。日本刑法之所以设立侵夺不动产罪，是因为日本的民事程序还没有充分发挥其机能。③ 由此产生的问题是，在民事程序不能发挥应有机能时，是只需要强调民事程序发挥机能，还是可以在民事程序充分发挥机能之前，先动用刑罚，到一定阶段后再交给民事程序处理?本文采取后一种立场。这是因为，所谓存在替代刑罚的手段，是指当下存在替代手段，而不是指以后存在替代手段。既然现在不能通过民事程序保护不动产，就只能通过刑罚保护不动产。

再如，关于卖淫嫖娼与淫秽物品的规制，即使主张一定程度的合法化与公开化，也不意味着每个村可以设立红灯区、每个店可以出售淫秽物品；而是说，在以行政手段进行有效规制的同时(特定区域的特殊许可等)，对违反规制的行为再给予刑罚处罚。在这样的场合，其中的行政手段事实上也能有效地保护法益。

3. 如何权衡刑罚手段与非刑罚手段的利弊?

刑罚手段与非刑罚手段的利弊比较，应当是全方位的比较，而不只是处罚轻重的比较。换言之，即使刑罚手段整体上重于非刑罚的行政制裁手段，也并不意味着行政制裁的手段永远优于刑罚手段。我国刑法的处罚范围小，行政处罚的范围较宽，但是，这并不等于刑法的进步，更不等于法治的进步。由行政机关直接处罚轻微犯罪，导致“在实际效果上远甚于刑罚的行政制裁相当严重，将这种行政制裁不是交由法院，而是交由行政机关裁量的话，就会违反保障程序公正的宪法精神。”④换言之，我们一直习惯于注重打击严重犯

① 前引平野龙一书，第47页。

② [日]松原芳博:《刑法总论》，日本评论社2013年版，第22~23页。

③ 参见前引平野龙一书，第47页

④ [日]西原春夫:《日本刑法与中国刑法的本质差别》，黎宏译，载赵秉志主编:《刑法评论》(7)，法律出版社2005年版，第123页。

罪，但没有考虑对所谓“非严重犯罪行为”的处罚是否符合法治要求。所以，在取消劳动教养制度后，我国近几年的刑事立法增设许多新罪并规定较轻的法定刑，这完全符合法益保护原则与比例原则。

(四)利用刑罚保护法益的同时可能造成何种损害?

在只能由刑罚保护法益时，还必须进一步判断，以刑罚保护某种法益时，是否会造成对其他法益的侵害以及造成的侵害程度如何？这是狭义的比例原则的适用，也是目的合理性的再次适用。

就此而言，特别需要判断的是，刑罚的适用在对法益起保护作用的同时，会给全体国民的各种活动产生什么影响(附随的萎缩效果)。这种法益之间的对立与协调，既是刑事立法要考虑的，也是刑法解释要考虑的。① 例如，如果对某种经济活动的刑法规制，导致国民经济行为的萎缩，就会严重阻碍经济的发展，因而得不偿失。刑法第225条关于非法经营罪的兜底规定，在相当长时间的广泛适用，事实上妨碍了经济发展。同样，不能为了保护一般的公法益而侵害国民的基本权利。例如，我国《宪法》第35条规定公民有言论自由。“言论自由……是民主社会的基石，也是社会进步的基础动力之一……它不仅适用于无害、顺耳的‘资讯’或‘思想’，还适用于那些令人反感、震惊、愤懑的言论。这是一个多元、包容、开放的社会的必然要求，缺乏这些，就根本谈不上什么‘民主社会’。”②关于言论自由的程度或者边界，要从宪法保护言论自由的目的出发，通过衡量言论的社会价值及其可能产生的危险或者造成的侵害，得出妥当结论。对于参与公共事务管理的言论、批评公众人物的言论以及其他正当行使权利的言论，无论如何都不得以犯罪论处。

在这一点上，刑法上的要求应当比行政法上的比例原则更为严格。在行政法上，利益衡量所强调的只是，“因该限制手段所造成的侵害，不得逾越所欲追求目的而获致之利益”。③ 但是，在刑法上，如果刑罚手段所造成的侵害与所追求的目的而获得的利益相当，就意味着刑罚目的没有实现。换言之，只有当刑罚手段所造成的侵害明显小于所欲追求的目的而获得的利益，才能运用刑罚手段。

(五)对相应的犯罪应当规定什么样的刑罚?

刑罚分为主刑与附加刑，主刑与附加刑存在区别，不同的主刑与不同的附加刑之间存在重大区别，所以，在应当将某种行为规定为犯罪而且应当科处刑罚的情况下，还必须进一步考虑什么样的刑罚是最合适的刑罚。在此问题上，不能单纯以狭义的比例原则为根据，否则就会陷入单纯的报应主义。

---

① [日]佐久间修：《最先端法领域の刑事规制》，现代法律出版社2004年版，第235页。

② 林根诉奥地利案判词，转引自[美]安东尼·刘易斯：《批评官员的尺度》，何帆译，北京大学出版社2011年版，第302页。

③ 陈恩仪：《论行政法之公益原则》，载城仲模主编：《行政法之一般法律原则》(二)，台北三民书局1999年版，第176页。

1. 必要性原则的再适用

按照必要性原则的要求，在对犯罪规定刑罚时，应当选择给犯罪人更少损害或者说侵害最小的适当刑罚，而不得选择过度的刑罚。这是因为，“刑罚如两刃之剑，用之不得其当，则国家与个人两受其害。”①所以，只要较轻的刑罚足以保护法益，就不得规定较重的刑罚。在这一方面，刑事立法需要注意以下几点：(1)在规定某一犯罪的法定刑时，只能以该罪的通常不法程度为根据，不得考虑该罪在特殊情况下的罕见的严重情形；否则就会导致法定刑整体加重，形成过度的刑罚。(2)对于过失犯罪与一般的故意犯罪，仅判处罚金等附加刑就足以预防犯罪时，就必须设置单处附加刑的规定。与自由刑相比，罚金刑具有明显的优势与效果。② 德国的统计资料表明，被判处罚金的犯罪人的重新犯罪率明显低于被判处自由刑(实刑)的犯罪人。③ 美国的实证研究也证明：“无论是初犯还是累犯，受到罚金处罚后的再犯率低于受到缓刑处理的再犯率。”④我国今后的刑事立法应当重视单处罚金的运用。(3)由于法定刑以通常的犯罪类型为基准，但犯罪总是千差万别，所以，刑法应当赋予法官酌定减轻处罚的自由裁量权。(4)刑法应尽可能全面地规定免除处罚情节，以便减少刑罚的副作用。

2. 刑罚的公平正义性

刑罚的正当化根据之一是报应的正义性。报应的正义性不仅决定了刑罚以犯罪为前提，而且决定了刑罚的程度与有责的不法程度相当，而且各种犯罪之间的刑罚必须保持均衡关系，尤其是侵害相同法益的犯罪，更需要特别注意。在增设、删除或者修改一个刑法条文时，必须特别注意其与相关法条的关系。否则，会导致明显的不协调。

例如，编造并传播证券期货交易虚假信息罪的法益侵害性明显大于编造、故意传播虚假信息罪。后者的传播只会造成特定区域的人心理上的不安定与恐慌，不会对人身与财产本身产生危险，但前者的传播不仅在客观上扰乱证券期货市场交易秩序，而且会导致市场参与者财产权益遭受不可挽回的重大损失。但是，《刑法修正案(九)》在增设编造、故意传播虚假信息罪时，却没有将此罪与编造并传播证券期货交易虚假信息罪进行比较，导致此罪的法定刑更重，这显然不合适。⑤

再如，《刑法修正案(九)》删除了嫖宿幼女罪的规定，并废除了组织、强迫卖淫罪的死刑，同时规定对组织、强迫未成年人卖淫的从重处罚。于是产生了这样的问题：多次强

---

① 耶林(Jhering)之语，转引自林山田：《刑罚学》，台北商务印书馆1985年版，第127页。

② 参见张明楷：《责任刑与预防刑》，北京大学出版社2015年版，第398页。

③ Vgl. H. Jescheck/T. Weigend, Lehrbuch des Strafrechts Allgemeiner Teil, 5. Aufl., Duncker & Humblot 1996, S. 769。

④ [美]克莱门斯·巴特勒斯：《矫正导论》，孙晓雳等译，中国人民公安大学出版社1991年版，第128页。

⑤ 参见刘宪权：《刑事立法应力戒情绪——以〈刑法修正案(九)〉为视角》，载《法学评论》2016年第1期。

迫幼女卖淫的，最高只能处无期徒刑，而多次奸淫幼女的，最高可以处死刑。二者的不协调，显然是在修改刑法的过程中未能全面考虑法条之间的关系所致。

又如，刑法第384条对挪用公款罪的基本犯规定的法定刑是“处五年以下有期徒刑或者拘役”，第390条第1款对行贿罪的基本犯规定的法定刑是“处五年以下有期徒刑或者拘役，并处罚金。”这两个罪的法定刑原本分别轻于贪污罪与受贿罪，可以说是公平的。但是，《刑法修正案(九)》将贪污、受贿罪的基本犯的法定刑降低为“三年以下有期徒刑或者拘役，并处罚金”之后，却没有相应地降低挪用公款罪与行贿罪的法定刑，导致轻罪的基本犯的法定刑明显重于重罪的基本犯的法定刑，形成了明显的不公平现象。

以上现象充分说明，对刑法典任何一个法条的修改，都必然对其他法条产生影响。比例原则不仅适用于特定犯罪内部的罪与刑之间，而且必须适用于罪与罪、刑与刑之间。

3. 刑罚正当化根据的运用

“任何法律都必须有其根据，即根据某种明确的观点或信念，否则便无法解释和毫无意义。”①刑罚的正当化根据就是报应的正义性与预防犯罪目的的合理性，其中的预防犯罪既包括一般预防，也包括特殊预防。

(1)一般预防的必要性越大法定刑就可能越重。例如，从对法益的侵害而言，故意毁坏财物罪明显重于盗窃罪。但是，古今中外的刑法对盗窃罪规定的法定刑均重于故意毁坏财物罪，这是因为，盗窃罪的一般预防必要性大。显然，一般预防的必要性大小也必须纳入比例原则的范围进行考量。但是，不能偏离罪行本身的程度，单纯以一般预防的必要性大小决定法定刑的轻重。这是因为，刑罚的程度不能超出报应的限度、不能逾越责任的程度。② 即使非法侵入住宅、破坏通信自由、侮辱、诽谤等行为相当普遍，刑法也不能对之规定重刑。在此意义上说，我国近几年废除许多经济犯罪以及盗窃罪、传授犯罪方法罪的死刑，是完全正当的。

(2)对刑罚执行制度的设计，必须考虑特殊预防的必要性大小。从刑事立法的角度来说，有两点值得说明。

其一，观察各国刑法均会发现，一个非法拘禁他人30天的人，可能被判处3年有期徒刑。对于单纯侵犯财产的行为，也会判处有期徒刑。这似乎违反了均衡原则。事实上，除了对故意杀人者判处死刑以外，几乎再也没有一种刑罚与犯罪完全相“均衡”。国家一方面不采用犯罪人所采用的残酷方法，另一方面不得不通过徒刑以处罚某些犯罪人。概言之，对杀人者判处死刑、对盗窃犯判处罚金，显然很“均衡”；但徒刑基本上难以与犯罪相“均衡”，却得到大量适用。之所以如此，是因为进入19世纪后，基于预防犯罪与改造犯人的功利主义观念，监狱成为集惩罚与教养于一体的“理想”场所。“惩罚与教养应该是在犯人和监督者之间展开的过程。这些过程应能对个人的全面改造发生效用，通过强制他

① [英]鲍桑葵：《关于国家的哲学理论》，汪淑钧译，商务印书馆1995年版，第78页。

② 参见张明楷：《责任刑与预防刑》，北京大学出版社2015年版，第16页以下。

从事日常劳动，改造他的身体和他的习惯，通过精神上对他监督，改造他的精神和意志……这种改造完全由监狱当局负责……监狱虽然是一个行政管理机构，但同时也是一个改造思想的机器。"①监狱中的"严格管制与训诫是改造的方式，它们也如大卫·罗斯曼(David Rothman)所说，'旨在会给社会带去一个信号'。监狱将'训练社会失序的最明显的受害者遵守法律，教会他们抵制堕落……监狱将增进对秩序和权威的新的尊重'。这很重要，因为'社会稳定离开个人化的和真切的对权威的尊重就无法实现'。"②正因为监狱成为集惩罚与教养于一体的理想场所，于是，徒刑成为最普遍的刑罚措施。反过来说，"我们不拥有任何可取消监禁的可行的计划。"③所以，特殊预防的观念决定了对于没有侵害他人自由的犯罪行为，也可能采用剥夺自由的刑罚方法。对此，不能以不符合比例原则为由而予以否认。

其二，刑罚的正当化根据，要求妥当处理报应刑(责任刑)与预防刑的关系。按照责任主义与点的理论，在裁量了责任刑的点之后，就应当在责任刑的点之下、法定刑最低刑以上裁量预防刑；如果有减轻处罚的情节，当然可以或者应当在法定刑之下裁量预防刑。量刑时不应过度考虑一般预防的需要，而应当坚持特殊预防优先的立场。不管发生在什么地区、什么时期的所谓相同案件，犯罪人特殊预防必要性的大小都不可能相同。④ 但是，在判处刑罚的情况下，法官对再犯罪可能性的预测不可能是绝对准确的，犯罪人的行为态度、规范意识等总是在不断变化，法官对任何罪犯都不可能作出"终身都不会悔改"的判断结论。正因为如此，刑法特别规定了减刑制度与假释制度。减刑制度与假释制度是特殊预防目的的产物，也是罪刑相适应原则在刑罚执行过程中的动态实现。同样，死缓制度本身也是特殊预防的产物，从死缓适用的三种结局就可以清楚地看到这一点。既然如此，当罪犯在死缓执行期间具有悔改与重大立功表现时，就表明其特殊预防的必要性减少，没有终身监禁的必要性。

刑法第383条的规定，贪污、受贿数额特别巨大或者有其他特别严重情节，"被判处死刑缓期执行的，人民法院根据犯罪情节等情况可以同时决定在其死刑缓期执行二年期满依法减为无期徒刑后，终身监禁，不得减刑、假释"。"这里规定的'同时'，是指被判处死刑缓期执行的同时，不是在死刑缓期执行二年期满以后减刑的'同时'。"⑤然而，如果贪污、受贿罪犯彻底悔改，完全没有犯罪的可能性，为什么还要终身监禁呢？这显然有悖特殊预防目的。人们习惯于认为，他们原本是要被判处死刑的，现在判处终身监禁当然是对他们有利的，而且有利于一般预防。可是，其一，既然按照现在的死刑标准不应当判处死刑，那么，对他们不判处死刑就不是所谓对他们有利无利的问题。其二，是否具备刑罚

---

① [法]米歇尔·福柯：《规训与惩罚》，刘北成、杨远婴译，生活·读书·新知三联书店1999年版，第140~141页。

② [美]弗里德曼：《选择的共和国》，高鸿钧等译，清华大学出版社2005年版，第171页。

③ 杜小真编：《利科北大讲演录》，北京大学出版社2000年版，第9页。

④ 参见张明楷：《责任刑与预防刑》，北京大学出版社2015年版，第325页以下。

⑤ 郎胜主编：《中华人民共和国刑法释义》，法律出版社2015年第6版，第657页。

的正当化根据，不是以是否有利于罪犯为标准，而是要看是否在报应刑之下有利于预防犯罪目的的实现。其三，终身监禁意味着法官在宣告死缓时，就做出了罪犯终身不会悔改的判断，但这样的判断是不能被人接受的。其四，对特定罪犯判处终身监禁以便预防其他人犯贪污受贿罪，实际上是将罪犯当作预防他人犯罪的工具，也不可取。

（原文刊载于《中国社会科学》2017 年第 7 期，发表时受期刊篇幅所限，删减约八千余言。蒙作者厚赐，本刊将原稿刊出，以飨读者。）

论死刑的替代措施
——以我国刑法立法为基点

李希慧*

飞速行进的时代列车已经将人类载入文明社会，在文明的人类社会，人们已经不再像愚昧时代的人们那样对犯罪人充满强烈的复仇思想，以眼还眼、以牙还牙、以命偿命的报应主义主张早已不再是对犯罪人科处刑罚的圭臬。人类对自身已有了足够的自信，深信即使对最严重的犯罪废除死刑，人类社会也不会停止前进的步伐。人类自信没有死刑的社会将更美好。正是因为人们不再迷信死刑对最严重犯罪的遏制作用，同时基于对神圣的生命权的敬畏，废止死刑的呼声早在200多年前就从著名的启蒙思想家贝卡里亚的笔下发出，随之愈来愈强烈。至20世纪初，一些国家将呐喊变为行动，将在刑法立法中盘据了漫长岁月的死刑加以驱逐。时至今日，据有关资料表明，已有86个国家或地区完全废除了死刑。

随着我国经济、政治、文化的发展，尤其是在我国批准现已签署的联合国《公民权利与政治权利的国际公约》后，尽管不可能全面废除死刑，但应当将死刑罪名控制在有限的范围内。在我国刑法立法废除众多犯罪的死刑后，必然要采用适当的替代措施。笔者拟就这一问题略抒己见。

一、死刑替代措施的界定

研究死刑的替代措施，首先要明确什么是死刑替代措施。从笔者所接触的相关资料来看，尚无人对死刑替代措施作出明确的界定。也许学者们认为，“死刑替代措施”的含义本身是不言自明的，即废除死刑后替死刑而代之的处罚措施。依笔者之见，问题并非如此简单。在保留死刑的国家，站在应然的立场上，死刑只适于最严重的犯罪，相应地，死刑的替代措施是指在废除了最严重犯罪的死刑后所采取的替代死刑的处罚方法。这一定义意味着如果某种犯罪原本就不是最严重的犯罪，但刑法却对该种犯罪规定了死刑，在废除该罪的死刑后所采用的相应的处罚措施，就不属于死刑替代措施的范畴，从而不是死刑替代措施这一课题研究的范围。比如，我国刑法第295条规定的传授犯罪方法罪、第358条规定的组织卖淫罪等，其犯罪的性质和危害程度远远达不到“最严重的犯罪”的要求，但其

* 李希慧(1957—)，男，湖北仙桃人，法学博士，北京师范大学刑事法律科学研究院教授、博士生导师，主要从事刑法学、国际刑法学研究。

最高法定刑却是死刑。当这两种犯罪的死刑被废除后，按照罪刑相适应的原则，应该将其最高法定刑确定为10年有期徒刑，而这里的10年有期徒刑显然不属于本文所讲的死刑替代措施。

二、其他国家刑法中的死刑替代措施之考察

任何国家在废除死刑后，都会采取相应的替代措施，也就是采取相应的刑种替代原来的死刑。在讨论我国应采取什么死刑替代措施之前，有必要考察其他一些国家在废除死刑后所采取的替代措施，以供参考和借鉴。

综观一些已经废除死刑的国家，各自采取的替代措施并不完全相同。

《意大利刑法典》第176条第3款规定：被判处无期徒刑的人，在至少服刑26年后，才可以获准假释。这就意味着意大利所确定的死刑替代措施是服刑26年不得假释的无期徒刑。《意大利刑法典》规定有无期徒刑的罪名众多，其中有的无期徒刑罪名是由原来的死刑罪名变化而来的，而有的罪名则原本的最高刑就是无期徒刑。属于前类犯罪的有：公民持武器反对意大利国家罪；为同意大利交战的目的与外国人勾结罪；使意大利面临战争危险的、针对外国的敌对行为罪；摧毁或者破坏军事设施罪；删除、伪造或者窃取涉及国家安全的文书或文件罪；刺探涉及国家安全的消息罪；刺探被禁止传播的消息的间谍活动罪；泄露被禁止扩散的消息罪；利用国家秘密罪；反对国家权力的武装暴动罪；内战罪；篡夺政治权力和军事指挥权罪；侵害外国首脑罪；屠杀罪。属于原来的最高法定刑就是无期徒刑的犯罪有：政治或军事间谍活动罪；助战行为罪；泄露国家秘密罪；侵害共和国总统罪；破坏、洗劫和屠杀罪；绑架罪；传播疫病罪；杀人罪；掳人勒赎罪。

《加拿大刑事法典》的做法与《意大利刑法典》的基本相同，替代死刑的刑种是终身监禁，也是在特定的服刑期内不得假释。根据《加拿大刑事法典》第742条的规定，下列两种情况下被判处终身监禁的犯罪人服刑25年内不得假释：其一，犯严重叛国罪或一级谋杀罪的；其二，曾因杀人被定过罪，又被定二级谋杀罪的。

《德国刑法典》、《瑞典刑法典》、《芬兰刑法典》、《丹麦刑法典》等规定的死刑替代措施是终身自由刑或者终身监禁。

《德国刑法典》规定可以处终身自由刑的犯罪是：针对联邦的叛乱罪；叛国罪；谋杀罪；故意杀人罪；掳人勒索罪；抢劫致死罪；纵火(轻率)致人死亡罪；引爆炸药罪；滥用放射线罪；对机动车司机进行抢劫性攻击罪；侵害空中和海上交通罪。《瑞典刑法典》规定可以适用终身监禁的具体犯罪包括：谋杀罪；重纵火罪；引起爆炸、洪水、塌方、海难、航空器或火车事故或其他类似灾难罪；重蓄意破坏罪；重劫持罪；(严重)蓄意破坏航空港罪；叛变罪；重叛逆罪；与外国政权谈判不忠诚罪；重间谍罪；叛国罪。《芬兰刑法典》规定对种族灭绝罪；加重的叛国罪；加重的间谍罪；加重的严重叛国罪；谋杀罪；出于恐怖意图的杀人或者谋杀罪，适用终身监禁。《丹麦刑法典》则规定出卖、分裂国家罪；破坏、中断生产或者交通罪；侵害国家独立罪；非法变更宪法或者使之不起作用罪；妨碍议会工作罪；恐怖主义犯罪；纵火罪等犯罪的最高刑为终身监禁。

《西班牙刑法典》在废除死刑的同时，也废除了无期徒刑，其死刑替代措施为在犯一

罪的情况下，在加重一级处刑后监禁的期限不得超过30年。

由上所述，不同国家所采取的死刑替代措施可以分为两类，一是无期徒刑或者终身自由刑或者终身监禁，如上述意大利、加拿大、德国、瑞典、芬兰、丹麦等国家的做法。而在采取这种做法的国家，对被判处无期徒刑或者终身自由刑或者终身监禁的犯罪人适用假释的规定不完全相同：有的则是长时期不得假释的无期徒刑；如在意大利，被判处无期徒刑的犯罪人必须服刑26年以后才能适用假释；在加拿大，被判处终身监禁的犯罪人必须服刑25年以后方能予以假释；有的是较长时期不得假释的终身自由刑，如在德国，被判处终身自由刑的犯罪分子服刑15年后才能假释。二是长期徒刑，如上述西班牙刑法典的做法。

三、我国刑法中死刑替代措施的确定

在我国，短期内不可能全面废除死刑，可以争取的目标只能是在较短的时间内废除部分犯罪的死刑，也就是废除从犯罪的性质和社会危害性程度来讲，可以被列入最严重的犯罪的范围，但在最严重的犯罪中，其犯罪的性质和社会危害性尚未达到登峰造极的程度的犯罪的死刑。而对那些最严重犯罪中的犯罪的性质和社会危害性都可能达到极点的犯罪则要经过较长时间才能废除死刑。现行的我国刑法规定了68个死刑罪名，在这68个死刑罪名中，除传授犯罪方法罪、组织卖淫罪这两个罪的死刑规定明显不合理，不属于废除死刑后采取替代措施的外，其余66种犯罪中的背叛祖国罪、放火罪、决水罪、爆炸罪、投放危险物质罪、以危险方法危害公共安全罪、劫持航空器罪、故意杀人罪、绑架罪、抢劫罪、军人叛逃罪、战时残害居民罪等12种犯罪，应属于性质和社会危害程度达到了极点的犯罪，对这些犯罪的死刑规定暂不能废除，其余的54种犯罪的死刑规定都应予以废除，代之以其他的刑罚方法。

如上所述，各国废除死刑后所采取的替代措施不尽相同；有的国家采用的是长时期不得假释的无期徒刑或者终身监禁，如意大利、加拿大；有的国家采用的则是较长时间不得假释的终身自由刑，如德国；还有的国家采用的是长期监禁，如西班牙。我国刑法在废除了54种犯罪的死刑后，取而代之的刑罚当然不能是西班牙刑法典所规定的长期有期徒刑，而只能是无期徒刑。因为有期徒刑即使长达30年，其严厉性也无法与无期徒刑或者终身监禁相比，不能对最严重的犯罪给予足够的否定评价，普通民众难以接受。

在肯定了废除54种犯罪的死刑后的替代措施应是无期徒刑后，究竟是采取意大利、加拿大的严厉做法，还是采用相对缓和的德国做法，抑或是维持现行刑法关于无期徒刑的规定。笔者认为，意大利、加拿大刑法中关于对被判处无期徒刑或者终身监禁的犯罪人分别长达26年、25年不得假释的规定，体现了无期徒刑或者终身监禁应有的严厉性，其做法是可取的，而德国刑法将被判处终身监禁的犯罪人假释的条件确定为最少执行15年监禁，使得犯罪人实际服刑的时间过短，与终身监禁的严厉性不相称。因此，笔者倾向于意、加两国的立法价值取向，认为我国在废除54种犯罪的死刑后，应将25年内不得假释的无期徒刑作为其替代措施的内容之一。但是，应该注意的是，我国刑法的做法与意大利、加拿大两国刑法的做法不同，意、加两国的刑法只规定了假释，而没有设置减刑制度，在只规定了假释而没有规定减刑的情况下，犯罪人在监狱里服刑的时间可以得到保证，而我国刑法中的假释与减刑并存，而且根据我国刑法第 81 条第 2 款的规定，对累犯以及因杀人、爆炸、抢劫、强奸、绑架等暴力性犯罪被判处 10 年以上有期徒刑的，不得假释，这就意味着对累犯以及因杀人、爆炸、抢劫、强奸、绑架等暴力性犯罪而被判处无期徒刑的犯罪人，只能通过减刑而回归社会。这就要求刑法对减刑的规定进行调整，即刑法应规定：被判处无期徒刑的犯罪人，经过一次或者几次减刑，其服刑的时间不得少于 25 年，从而与适用假释的犯罪人的服刑时间保持一致。这是笔者所主张的我国死刑替代措施的又一内容。

总而言之，我国的死刑替代措施应是 25 年不得假释或者减刑后服刑期不得少于 25 年的无期徒刑。

四、死刑替代措施确定后刑法规定之间的协调

在确定废除 54 种死刑之后的替代措施是 25 年不得假释或者减刑后服刑期不得少于 25 年的无期徒刑之后，随之而来需要解决的问题是我国刑法的相关规定与这一替代措施的协调，要使我国刑法的相关规定与这一替代措施保持协调，就需要对我国现行刑法的相关规定进行相应的修改，我国现行刑法具体需要修改的内容有以下几个方面：

第一，关于假释的规定。我国现行刑法第 81 条第 1 款规定："被判处无期徒刑的犯罪分子，实际执行十年以上，如果认真遵守监规，接受教育改造，确有悔改表现，假释后不致再危害社会的，可以假释。如果有特殊情况，经最高人民法院核准，可以不受上述执行刑期的限制。"这一规定表明，被判处无期徒刑的犯罪分子最少只需执行 10 年就可以假释，与笔者所主张的被判处无期徒刑的犯罪分子最少需要执行 25 年的主张明显不符，应修改为"被判处无期徒刑的犯罪分子，如果认真遵守监规，接受教育改造，确有悔改表现，假释后不致再危害社会的，在至少服刑 25 年后才可获准假释。如果有特殊情况，经最高人民法院核准，可以不受上述刑期的限制。"

第二，关于减刑的规定。对被判处无期徒刑且不能适用假释的犯罪分子要做到通过一次或者几次减刑后实际执行的刑期不少于 25 年，也需要修改现行刑法关于减刑的规定。我国现行刑法没有就被判处无期徒刑的犯罪分子首次减刑前的服刑期作出明确规定，根据我国最高人民法院《关于办理减刑、假释案件具体应用法律若干问题的规定》之精神，被判处无期徒刑的罪犯在执行期间，如果确有悔改表现或者有立功表现的，服刑 2 年以后，可以减刑。按照这种做法，结合现有有期徒刑的最长期限是 15 年的情况，被判处无期徒刑经过减刑后很难达到至少服 25 年刑的要求。为了解决这一问题，必须在立法上作以下两个方面的调整：一是延长并且由刑法明文规定被判处无期徒刑的犯罪分子首次减刑之前的服刑期。其他一些国家的刑法就此有明确规定，如越南刑法典第 58 条规定，对于终身监禁者，首次减刑前应执行的刑期是 12 年；对于合并刑期为终身监禁者，则必须实际执行 20 年后才可减刑。保加利亚刑法典第 38 条 a 规定，对于被判无期监禁者，只有实际服不少于 20 年刑期时，才可以减为有期监禁刑。笔者认为，我国刑法可将无期徒刑首次减刑的时间确定为已经执行 15 年之后。二是提高有期徒刑的最长期限。我国现行刑法规定

的有期徒刑的最长期限是15年，如果被判处无期徒刑者在已经执行15年之后获第一次减刑，那么，就是减为15年有期徒刑，而根据现行刑法的规定，有期徒刑通过一次或者几次减刑，实际执行的刑期不得少于原判刑期的二分之一，这就是说，当无期徒刑减为有期徒刑后实际执行的刑期最少是7年6个月，这就意味着被判处无期徒刑的犯罪分子执行的刑期最短是22年6个月，这与笔者关于被判处无期徒刑的犯罪分子通过减刑实际执行的刑期不得少于25年的主张不符。为了解决这一问题，笔者主张，我国的有期徒刑的最高期限应该从15年提高到20年，这样做，可以确保被判处无期徒刑的罪犯通过减刑最少也要执行25年刑期。

第三，关于"死缓"的规定。本文前面已指出，我国在较短时间内只能废除54种死刑罪名中的死刑，对另外12种死刑罪名的死刑予以保留。因为我国刑法规定了死刑的两种执行方式，一种是立即执行，另一种是缓期二年执行(理论上简称为"死缓")。"死缓"的实行，提出了死刑替代措施与死缓制度协调的问题。根据我国刑法第50条的规定，判处死刑缓期执行的，在死刑缓期执行期间，如果没有故意犯罪，二年期满后，减为无期徒刑；如果确有重大立功表现，二年期满以后，减为15年以上20年以下有期徒刑。对于由"死缓"减为无期徒刑的，适用上述关于对被判处无期徒刑的犯罪分子适用假释或者减刑的主张，不存在着任何障碍，但对于由"死缓"减为15年以上20年以下有期徒刑的情况来讲，则达不到对被判处无期徒刑的犯罪分子最少执行25年刑期的要求。因为死刑缓期执行的时间是2年，在2年时间内，犯罪分子有重大立功表现，2年期满后即使减为20年，总共也只能执行22年，与被判处无期徒刑的犯罪分子最少也要执行25年的要求不相符，而且这里的对象是被处死缓的犯罪分子，被判处死缓的犯罪分子最终执行的刑期最高只能是22年，而被判处无期徒刑的犯罪分子却最少要执行25年刑罚，这显然不公平，因为既然犯罪分子被判处"死缓"，那就意味着其犯罪的社会危害性要大于被判处无期徒刑的犯罪人所犯罪行的社会危害性。鉴于此，笔者建议，取消现行刑法中关于被判处死刑缓期二年执行的犯罪分子可以减为有期徒刑的规定，只规定可以减为无期徒刑，从而适用被判处无期徒刑的犯罪分子通过假释或者减刑执行的刑期不得少于25年的规定，这就意味着被判处死刑缓期二年执行的犯罪分子最少也要执行27年刑期，从而充分体现刑法的公平精神。

第四，原法定最高刑为无期徒刑的犯罪的法定最高刑的调整。在我国现行刑法中，有一些犯罪的法定最高刑为无期徒刑，具体罪名是：颠覆国家政权罪；组织、领导、参加恐怖活动组织罪；劫持船只、汽车罪；违规制造、销售枪支罪；生产、销售伪劣产品罪；生产、销售劣药罪；生产、销售不符合卫生标准的食品罪；生产、销售不符合标准的医用器材罪；生产、销售伪劣农药、兽药、化肥、种子罪；走私淫秽物品罪；出售、购买、运输假币罪；金融机构工作人员购买假币、以假币换取货币罪；伪造、变造金融票证罪；伪造、变造国家有价证券罪；伪造、变造国家有价证券罪；骗购外汇罪；贷款诈骗罪；信用卡诈骗罪；有价证券诈骗罪；骗取出口退税罪；非法出售增值税专用发票罪；合同诈骗罪；诈骗罪；抢夺罪；组织他人偷越国(边)境罪；非法持有毒品罪；战时故意提供虚假敌情罪；挪用公款罪；行贿罪；故意泄露军事秘密罪、过失泄露军事秘密罪。在54种犯罪的死刑由无期徒刑取代后，上述犯罪的法定最高刑无期徒刑是继续保留还是修改为最高有期徒刑(即笔者建议的20年有期徒刑)，就需要研究。一些废除了死刑的国家的相关刑法条文没有明确标明这一点，因而，看不出原来最高刑是无期徒刑的犯罪是继续保持无期徒刑还是降为最高有期徒刑，而只有《意大利刑法典》对原为死刑的犯罪通过注释说明“原来的刑罚是死刑”，而对原最高刑为无期徒刑的犯罪则没有作此注释。这就表明，意大利的刑法在由无期徒刑代替死刑罪名的死刑后，并没有将原来最高刑是无期徒刑的犯罪的最高刑相应地降低为最长的有期徒刑，而是仍然维持原有的无期徒刑。对于这一问题，我国有学者主张我国刑法应该同时规定两种不同的无期徒刑，一种是通过假释或者减刑服刑最少不少于25年的无期徒刑，另一种就是我国现行刑法规定的无期徒刑，即经过减刑或者假释服刑不得少于10年的无期徒刑。并且认为这样做可以相对保持刑罚的稳定性和连续性，可以在对现有刑罚制度的根基予以保留的同时，根据犯罪严厉程度的不同，做到区别对待，并形成轻重衔接的罪刑阶梯。笔者不赞成这种主张。同一刑法典中规定两种不同的无期徒刑，在逻辑上就存在着疑问，会导致刑种排列上的混乱。另外，将无期徒刑分为两种的做法在各国的刑法立法中也没有先例。笔者认为，在无期徒刑替代一些死刑罪名中的死刑后，应该相应地调整现行刑法中最高法定刑为无期徒刑的犯罪的法定刑，即将其最高法定刑规定为最长的有期徒刑，即笔者建议的20年。这样做，体现了罪刑相适应这一刑法基本原则的要求，因为原来最高法定刑是死刑的犯罪的社会危害性较之于原来最高法定刑是无期徒刑的犯罪的社会危害性要大，当前者的最高刑罚由死刑变为无期徒刑后，那么，相应地，后者的最高刑罚当然也要相应地调整为最长的有期徒刑。这样才体现了区别对待，也形成了轻重衔接的罪刑阶梯。

另外，原法定最高刑为死刑，次高刑为无期徒刑的犯罪，在废除了死刑后，其法定最高刑相应地变为无期徒刑，而原来的次高刑无期徒刑则应相应地变更为20年有期徒刑。例如，根据我国现行刑法第108条、第113条的规定，投敌叛变罪的最高刑是死刑，次高刑是无期徒刑，当废除投敌叛变罪的死刑后，其最高刑为无期徒刑，相应地，其原来的次高刑无期徒刑应降为20年有期徒刑。

(原文刊载于《河北法学》2008年第2期。)

习近平新时代反恐理论的形成与发展

康均心*

摘　要：作为新时代中国特色社会主义理论的重大成果，习近平新时代反恐理论全面丰富夯实了中国特色社会主义理论体系，不仅为我国反恐实践奠定了坚实的理论基础、丰富的思想内涵、宏伟的战略指导，而且为世界反恐贡献了中国话语体系、中国道路、中国模式。全面缕析习近平新时代反恐理论形成与发展的时代背景与内涵，深度挖掘习近平新时代反恐理论具有的独特时代价值，全面贯彻习近平新时代反恐理论，对我国反恐法治、反恐战略、反恐机制等建设具有高瞻远瞩的重要意义。

关键词：习近平新时代反恐理论；总体国家安全观；立法体系；反恐机制；全民反恐

伴随全球经济社会的全面发展，在全球安全治理能力和治理水平日益现代化的同时，国际恐怖主义活动持续活跃，许多国家和地区接连遭受严重恐怖主义袭击，造成大量人员伤亡和财产毁损。尽管国际反恐合作取得了长足的进展，但全球恐怖主义活动的多发频发，对世界和平、稳定、发展构成了持续强烈的冲击，应对恐怖主义威胁仍是全球安全治理的一个重大难题。中国共产党第十八次全国代表大会以来，习近平总书记从坚持和发展中国特色社会主义全局战略出发，系统阐述了中国特色社会主义建设中面临的系列重大理论和实践问题，并在诸多重要会议上就当前国内和国际反恐形势发表了一系列重要讲话，形成了习近平新时代反恐理论，为全球反恐合作、构建人类命运共同体提供了坚实、科学的理论支撑。

一、习近平新时代反恐理论形成的时代背景

（一）全球反恐的严峻形势强烈要求全方位大幅度提升反恐的国家力度

随着世界各国经济联系的日益紧密以及文化交往的日益频繁，经济全球化和文化多元化是处于世界大家庭中的任何一员都无法回避的。经济、文化全球化日益深化的同时，恐怖主义活动的破坏力和扩散力也与日俱增，由此促发了更广泛的恐怖效应和更严重的暴恐犯罪。在全球反恐的国际舞台上，中国作为厚积薄发的冉冉新星，占据重要地位。在新时

---

* 康均心（1968—　），男，湖北仙桃人，法学博士，中南财经政法大学社会科学研究院院长、教授、博士生导师，湖北省法学会刑法学会会长。主要从事刑法学、体育法学、反恐怖主义研究。

代中国特色社会主义事业发展的当下，打击和预防恐怖主义犯罪活动必须紧跟全球反恐大势，不断加强反恐的国家力度。一方面要全面推动我国反恐实践进一步迈向现代化，及时适应全球反恐形势的需要，更加有力地打击国内的恐怖主义犯罪；另一方面，要全方位构建我国的反恐战略，优化反恐机制，强有力地开展国际反恐合作，更好地融入世界反恐阵线。因此，全球反恐大趋势的发展必然会推进我国的反恐进程，同时我们也必须顺势而为，开展独具中国特色的反恐维稳行动。作为在全球有重要影响力的大国，我国反恐战略的构建和全面实施既能彰显我国反恐机制的优越性，又能彰显我国整体的政治、文明实力，更好地为全球反恐合作贡献中国力量。

(二)国内爆发严重暴力恐怖主义犯罪表明必须站在国家战略的高度重视反恐工作

改革开放40年来，我国各项事业迅猛发展，但我国从没放弃或暂时停止打击恐怖主义犯罪活动。晚近以来，以“台独”“港独”等为代表的分裂势力和不断发生的暴力恐怖主义犯罪像瘟疫一样持续地侵蚀着改革开放健康发展的肌体。在我国新疆地区，以“东突”恐怖主义组织为代表的“三股势力”算得上一个长久的历史遗留问题，① 在30多年的反恐斗争中，受国内外复杂的政治、宗教、民族等因素的影响，这些遗留问题尚未被彻底解决。近些年来，由于国际形势的变化，境外反华势力对境内暴力恐怖主义势力扶持力度加大，导致境内暴力恐怖主义犯罪活动也随之愈演愈烈，表现为暴力恐怖主义袭击在地区间延伸，恐怖袭击的对象发生转变，由以往以袭击公安机关、政府机关为主转向开始袭击普通民众。有学者指出，以分裂国家为目的的宗教极端主义，不仅不忌惮采取暴力恐怖手段，并且愈来愈倾向于以滥杀无辜的残暴行为危害社会，造成社会恐慌，以扩大它的影响，迫使国家作出退让，以达到分裂国家的目的。② 由此可见，寄希望于在短期内根除这些极端主义势力是艰难的，单纯依赖某一项政策法规解决上述问题也是行不通的。要全方位地有效遏制恐怖主义，就必须站在国家宏观战略的高度，从理论和实践上予以双重重视，根据国情不断地调整和完善反恐战略。

(三)贯彻落实新时代总体国家安全观强烈呼唤安全稳定的发展环境

2014年，习近平总书记在中央国家安全委员会第一次会议上提出了总体国家安全观，并要求“坚持总体国家安全观，走出一条中国特色国家安全道路”。③ 这就是新时代的总

---

① 所谓“三股势力”，是指宗教极端势力、民族分裂势力、暴力恐怖势力。“三股势力”打着民族、宗教的幌子，煽动民族仇视，制造宗教狂热，鼓吹对“异教徒”进行“圣战”，大搞暴力恐怖主义活动，残杀无辜，挑起暴乱骚乱。我国也同样遭受恐怖主义、分裂主义和极端主义“三股势力”的侵扰，“东突”恐怖主义势力(“东突厥斯坦伊斯兰运动”)是中亚“三股势力”的主要力量之一，该势力以将新疆从中国分裂出去为目标，与中亚地区的一些组织相勾结，参与、制造了一系列恶性恐怖事件，包括袭击中国驻外使馆、杀害中国公民等。

② 参见刘志浩、黄蓉、王英政：《中国反恐现状调查：1年严打不能根除恐怖主义》，http：//news. sina. com. cn/c/2014-06-23/140230407636. shtml，2018-04-21。

③ 参见习近平：《坚持总体国家安全观走中国特色国家安全道路》，载《人民日报》2014年4月16日。

体国家安全观。总体国家安全观既是党领导国家安全的政策方针，也是把国家安全纳入法治轨道的重要指针。贯彻落实总体国家安全观，需要对内部和外部安全两手抓、两手都要硬。对内主要把握求发展、求变革、求稳定、建设平安中国；对外主要把握求和平、求合作、求共赢、建设和谐世界。既重视国土安全，又重视国民安全；既重视传统安全，又重视非传统安全；构建集政治安全、国土安全、军事安全、经济安全、文化安全、社会安全等于一体的国家安全体系。既重视发展问题，又重视安全问题，发展是安全的基础，安全是发展的条件，富国才能强兵，强兵才能卫国。既重视自身安全，又重视共同安全，打造命运共同体，推动各方朝着互利互惠、共同安全的目标相向而行。① 2018 年，中国共产党第十九次全国代表大会报告又将反恐纳入国家安全战略，提出坚持总体国家安全观，统筹传统安全和非传统安全，严密防范和坚决打击各种暴力恐怖活动，反对一切形式的恐怖主义。② 按照总体国家安全观的部署，首先，要对内部和外部的安全实行两手抓，要抓住抓牢、两手都要使力，硬起来。在对内安全上，主要强调把握发展、变革、稳定，实现发展、变革、稳定的良性互动，全面建设法治中国，建设平安中国；在对外安全上，主要强调把握和平、合作、共赢的良性运行，建设和谐、共享、共赢的世界。其次，要把握统筹运行好国土安全与国民安全、传统安全与非传统安全。全面构建集政治安全、经济安全、文化安全、社会安全、国土安全、军事安全等于一体的国家安全体系以及国家安全制度(包括国家安全法治)体系。再次，要把握处理好发展与安全的关系，明确发展是安全的基础，安全是发展的条件，打好基础，具备了条件，才能富国，才能利民，才能强兵，才能卫国，才能安天下。最后，要高瞻远瞩地重视处理好自身安全与共同安全的关系。自身安全是基础，是前提，是出发点；共同安全是目标，是归宿，也是保障。这就要求按照总体国家安全观来打造人类命运共同体，推动世界各国以及各方朝着互利互惠、共同安全的目标相向而行，构建人类和谐美丽的共同家园。③ 将总体国家安全观提升至党和国家战略发展的高度，进而对反恐工作提出更高的要求是习近平新时代反恐理论的重要特征。总体国家安全观要求安全稳定的发展环境，推动了习近平新时代反恐理论的形成与发展，进而为全面指导国际国内的反恐行动提供了科学合理的思想基础。

二、习近平新时代反恐理论的深刻内涵

习近平新时代反恐理论滥觞于 2014 年 3 月 1 日云南省昆明市一起暴力恐怖事件的发生。④ 该事件发生后，习近平总书记在第一时间作出重要指示，要求“以坚决态度、有力

① 参见习近平：《坚持总体国家安全观走中国特色国家安全道路》，载《人民日报》2014 年 4 月 16 日。

② 参见梅传强、童春荣：《总体国家安全观视角下的预防性反恐研究——以十九大报告为切入点》，载《现代法学》2018 年第 1 期。

③ 参见习近平：《坚持总体国家安全观走中国特色国家安全道路》，载《人民日报》2014 年 4 月 16 日。

④ 2014 年 3 月 1 日 21 时 20 分左右，在云南省昆明市昆明火车站发生了一起以阿不都热依木·库尔班为首的新疆分裂势力一手策划组织的严重暴力恐怖事件。该暴力恐怖团伙共有 8 人(6 男 2 女)，现场被公安机关击毙 4 名、击伤抓获 1 名(女)，其余 3 名落网。此案共造成平民 29 人死亡、143 人受伤。《3·1 昆明火车站暴力恐怖案》，htps：//zhidao. baidu. com/question/1644465914966518100. html，2018-04-21。

措施，严厉打击各种暴力恐怖犯罪活动”。① 2014 年 3 月 4 日，习近平总书记在参加全国政协少数民族界委员联组会时指出，“要坚决依法惩处和打击暴力恐怖活动”。② 2014 年 4 月 9 日，习近平总书记在为武警部队“猎鹰突击队”授旗时强调，“武警部队作为国家反恐维稳的重要力量，要……坚决有力打击各种暴力恐怖犯罪活动”。③ 随着国际国内反恐活动的不断深入，习近平新时代反恐理论的内涵也在不断深化和升华。习近平新时代反恐理论涉及诸多方面的内容，内涵丰富深刻。

（一）以总体国家安全观统领全民反恐战略

总体国家安全观以政治安全为根本，就国内反恐而言，暴力恐怖主义犯罪严重威胁着我国的国家安全。要落实总体国家安全观，贯彻全民反恐战略理念，提升全民族对暴力恐怖主义犯罪分子的憎恶度，首先要依靠群众的力量，加强对西部地区边防安全和社会稳定的重视。重视我国西部边防安全，要着重推进新疆反恐战略行动，使暴力恐怖主义犯罪分子无处遁形。这些宏大的反恐理论的深刻内涵蕴涵在习近平总书记在各类会议或者公众场合发表的重要讲话之中。早在 2014 年 1 月全军的一次重要会议上，习近平总书记就明确强调要“加强反蚕食、反分裂、反恐怖斗争，确保我国西部边防安全、确保西部地区社会稳定、确保西进战略扎实推进”，④ 必须更加自觉地把加强民族团结作为治疆之策、稳疆之要，紧紧依靠各族人民并肩战斗、共卫家园，切实打牢实现长治久安的群众根基。推进形成以总体国家安全观为统领的全民反恐战略部署。

（二）以全面依法治国构建法治反恐格局

在全球法律治理和我国全面依法治国的双重实践背景下，将反恐纳入法治的轨道，运用法治思维和法治方式，开展国内全民反恐，推进国际反恐合作，构建以全面依法治国为精髓的法治反恐格局，是维护国家安全和实现社会长治久安的必由之路。2014 年 4 月 25 日，习近平总书记在中共中央政治局就切实维护国家安全和社会安定进行第十四次集体学习时指出：“反恐怖斗争事关国家安全……坚决把暴力恐怖分子 嚣张气焰打下去。要建立健全反恐工作格局，完善反恐工作体系，加强反恐力量建设。要坚持专群结合、依靠群众，深入开展各种形式的群防群治活动，筑起铜墙铁壁，使暴力恐怖分子成为‘过街老鼠、人人喊 打’”。⑤ 构建以维护国家安全为核心的反恐法治体系，并进一步建设完善的

---

① 《习近平就云南昆明火车站暴力恐怖案件作出重要指示》，http：//www. xinhuanet. com/politics/2014-03/02/c_119564039. htm，2018-04-21。

② 参见李拓：《这三年的 3 月 4 日习近平“政协时间”发出哪些信号》，http：//www. xinhuanet. com/politics/2016/03/03/c1118228145. htm，2018-04-21。

③ 参见曾伟：《习近平两月 15 次提反恐：突出“底线思维”、“群防群治”》，http：//politics. people. com. cn/n/2014/0428/c1001_24952160. html，2018-04-21。

④ 参见刘雷：《习近平：加强反蚕食、反分裂、反恐怖斗争》，http：//www. 81. cn/jwgd/2014-01/02/content_5717070. htm，2018-04-15。

⑤ 习近平：《切实维护国家安全和社会安定》，载《人民日报》2014 年 4 月 27 日。

反恐法治，是党和国家在中国共产党第十八次全国代表大会以来高度重视的工作，经过几年的努力，国家陆续出台了一系列有关维护国家安全的法律，并逐步夯实和丰富了反恐法治体系，为全面开展国内国际反恐实践提供了充足的法治资源(如图一所示)，① 我国的法治反恐格局基本形成。可以说，法治反恐是习近平总书记依法治国理论在反恐领域的重要体现。

(三)以"零容忍"的态势严打恐怖主义

恐怖主义是人类社会的毒瘤，彻底干净地消灭恐怖主义是全人类的共识。2014 年 5 月 21 日，习近平总书记在亚洲相互协作与信任措施会议第四次峰会上指出："对恐怖主义、分裂主义、极端主义这三股势力，必须采取零容忍的态度，加强国家和地区合作，加大打击力度"。② 针对 2014 年 4 月 30 日新疆乌鲁木齐火车南站发生的暴力恐怖主义案件，习近平总书记指出，反暴力恐怖斗争一刻也不能放松，必须采取果断措施，坚决把暴力恐怖分子的嚣张气焰打下去。必须打早、打小、打苗头，以迅雷不及掩耳之势、用铁的手腕予以毁灭性打击。③ "零容忍"是习近平总书记上任以来首次对打击恐怖主义犯罪提出的要求和展现的姿态，全面彰显了习近平总书记严惩恐怖主义犯罪的决心和韬略，是习近平新时代反恐理论的基础。④

(四)以构建人类命运共同体为目标开展国际反恐合作

我国的反恐国际合作经历了一个由被动到积极主动融入的过程。在这个转变过程中，习近平总书记站在历史的高度，指出要以构建人类命运共同体为目标的使命感和责任感，开展反恐国际合作。习近平总书记关于人类命运共同体的论述，为我国的反恐国际合作指明了方向。习近平总书记在诸多国际大型会议的讲话中反复谈及反恐国际合作和区域合作的重要性，尤其是在当前形势下更应重视区域性合作机制的构建。这表现在如下四个方面：

(1)要建立严密的反恐执法安全网络。2015 年 7 月 10 日，习近平总书记在上海合作组织成员国元首理事会第十五次会议上指出："我们要强有力推进反恐、禁毒、防务合

① 参见康均心：《全球反恐背景下国家安全法治体系构建》，载《山东大学学报》(哲学社会科学版)2017 年第 2 期。

② 《习近平在亚信峰会作主旨发言》，http：//world. people. com. cn/n/2014/0521/c1002-25046183. html，2018-04-21。

③ 参见邹春霞：《媒体：习近平首次提出对恐怖主义"零容忍"》，http：//politics. people. com. cn/n/2014/0522/c1001-25049653. html，2018-04-10。

④ "零容忍"打击犯罪的政策是根据 1982 年美国政治学家詹姆斯·威尔逊和犯罪学家乔治·凯琳提出的"破窗理论"而提出的。根据"破窗理论"，如果社区中有一栋建筑的一扇窗户遭到破坏而未得到及时修补，那么肇事者就会误认为整体建筑都无人管理，从而得到自己可以任意进行破坏的心理暗示，久而久之，这些破窗户就会给人一种社会无序的感觉，各种违反秩序的行为和犯罪行为就会在公众麻木不仁的氛围中滋长，整个社会治安状况随之逐步恶化。"零容忍"打击犯罪的政策，正是一种有效、合理的修补"破窗"的策略。

作，提高本组织安全行动能力，形成更严密健全的执法合作网络”。①

(2)要完善全方位的区域合作机制，特别是反恐的区域合作。2015 年 10 月 12 日，习近平总书记在中共中央政治局第二十七次集体学习中强调，要“加强国际社会应对资源能源安全、粮食安全、网络信息安全、应对气候变化、打击恐怖主义、防范重大传染性疾病等全球性挑战的能力”。② 此外，中非反恐合作、中俄反恐合作的相关机构设置充分体现了习近平总书记新时代的反恐理论。

2015 年 12 月 4 日，习近平总书记在中非合作论坛约翰内斯堡峰会开幕式上致辞时专题阐述了关于反恐的计划即中非和平与安全合作计划。根据该计划，“中方将向非盟提供 6000 万美元无偿援助，支持非洲常备军和危机应对快速反应部队建设和运作。中方将继续参与联合国在非洲维和行动；支持非洲国家加强国防、反恐、防暴、海关监管、移民管控等方面能力建设”。③ 2017 年 7 月 3 日，习近平总书记在接受俄罗斯媒体采访时指出，中俄两国在反恐安全领域的合作是中俄全面战略协作伙伴关系的重要组成部分，为国际反恐合作树立了典范……在打击恐怖主义、分裂主义、极端主义“三股势力”等领域开展了良好合作，为维护两国和本地区稳定发展发挥了重要积极作用。中方愿同俄方深化双边务实合作，加大在彼此反恐核心关切上的相互支持……坚持联合国在反恐国际合作中的主导作用，推动上海合作组织等机制反恐安全合作不断走向深入，共同推动反恐国际合作取得更大进展。④

(3)网络反恐要有全球视野。2015 年 12 月 16 日，习近平总书记在第二届世界互联网大会开幕式上指出：“各国应该携手努力……加强对话交流，有效管控分歧，推动制定各方普遍接受的网络空间国际规则，制定网络空间国际反恐公约，健全打击网络犯罪司法协助机制，共同维护网络空间和平安全”。⑤

(4)反恐国际合作要标本兼治。反恐是各国共同的义务，世界各国要主动担当、积极作为，发挥作用。2017 年 1 月 18 日，习近平总书记在联合国日内瓦总部演讲时指出：“近年来，在欧洲、北非、中东发生的恐怖袭击事件再次表明，恐怖主义是人类公敌。反恐是各国共同义务，既要治标，更要治本。要加强协调，建立全球反恐统一战线，为各国人民撑起安全伞”。⑥ 始终把人民安全放在最高位置。国家安全一切为了人民，必须把人民安全作为根本目的，充分体现以人民为中心的国家安全理念。面对经济发展新常态，确保经济在合理区间运行，积极发挥社会政策的托底作用，人民生活持续改善。完善立体化

---

① 《习近平在上海合作组织成员国元首理事会第十五次会议上的讲话》，http：//www.xinhuanet.com/world/2015-07/10/c_1115889105.htm，2018-04-21。

② 习近平：《推动全球治理体制更加公正合理》，载《人民日报》(海外版)2015 年 10 月 14 日。

③ 习近平：《开启中非合作共赢、共同发展的新时代——在中非合作论坛约翰内斯堡峰会开幕式上的致辞》，http：//www.xinhuanet.com/world/2015-12/04/c_1117363197.htm，2018-04-21。

④ 参见《习近平接受俄罗斯媒体采访》，载《人民日报》2017 年 7 月 4 日。

⑤ 《习近平在第二届世界互联网大会开幕式上的讲话》，http：//www.xinhuanet.com/politics/2015-12/16/c_1117481089.htm，2018-04-21。

⑥ 习近平：《共同构建人类命运共同体——在联合国日内瓦总部的演讲》，载《人民日报》2017 年 1 月 20 日。

社会治安防控体系，坚决打击暴力恐怖活动，坚决遏制严重刑事犯罪高发态势，创造更加安定的社会环境。① 2017 年 9 月 26 日，习近平总书记在国际刑警组织第八十六届全体大会开幕式上的主旨演讲中强调：“对同一性质的安全问题，特别是反恐、难民、疫情等问题，不能根据本国眼前利益对别国采取截然相反的态度。要坚持和维护联合国宪章以及国际刑警组织章程，认真履行打击跨国犯罪公约和反腐败公约，不断完善相关国际规则，确保国际秩序公正合理、人类社会公平正义。”②

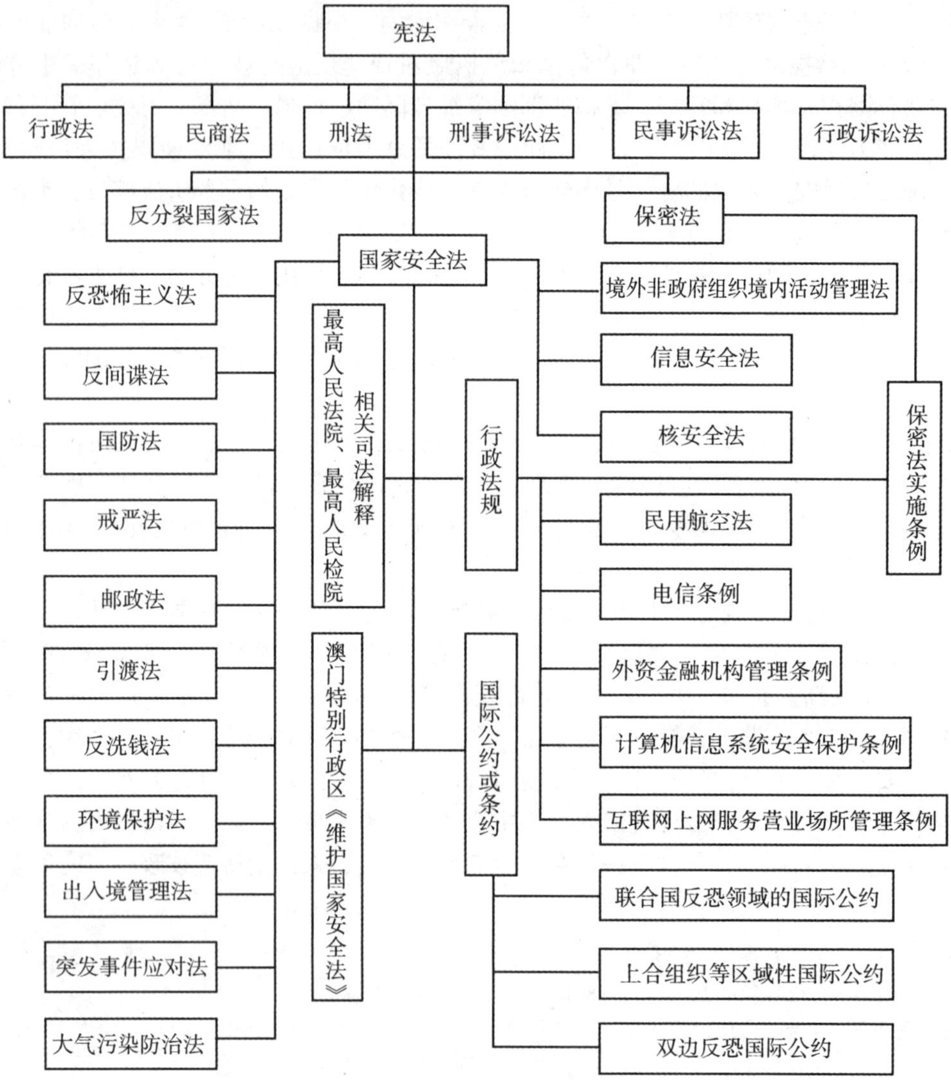

① 参见钟国安：《以习近平总体国家安全观为指引，谱写国家安全新篇章》，http：//theory.people.com.cn/n1/2017/0415/c40531-29212820.html，2018-04-21。

② 习近平：《坚持合作创新法治共赢携手开展全球安全治理——在国际刑警组织第八十六届全体大会开幕式上的主旨演讲》，http：//www.xinhuanet.com/politics/2017-09/26/c_1121726066.htm，2018-04-21。

三、习近平新时代反恐理论的时代价值

习近平新时代反恐理论具有极强的时代价值，主要体现在以下几个方面。

(一)丰富发展了新时代中国特色社会主义理论

“中国特色社会主义理论体系是不断发展的开放的理论体系。”①随着社会的发展以及实践的演进，新的理论成果必然会不断涌现，习近平新时代反恐理论就是中国特色社会主义理论的新发展、新内容，这套理论体系的形成，丰富和完善了中国特色社会主义理论的内容。如前所述，习近平新时代反恐理论的根本目标就是深入打击恐怖主义犯罪活动，维护国家的安全与稳定，保障人民生活幸福，回应人民群众对国家和社会的新期待和新要求。习近平新时代反恐理论和习近平生态文明思想等科学理论一样，接地气、近民生、利天下，让人民群众感受到了中国共产党严格要求自身的同时，高瞻远瞩全面保障人民群众的合法权益，为人民群众提供安全稳定的国家环境做出了各种努力。习近平新时代反恐理论的形成和发展，将中国特色社会主义法治理论的发展推向了新境界，其提出的全民反恐、凡“恐”必打等主张，不仅在整体格局上开拓了反恐的思路和机制，而且深刻把握了我国具体国情和党的传统中依靠人民、为人民服务的理念，丰富了反恐斗争的理论基础，为反恐行动的开展拓展了路径，使反恐理论成为我党治国理政思想的重要组成部分。

(二)全面贯彻总体国家安全观

总体国家安全观的提出和实施是对我国现在面临的国内外安全形势的高度概括和总结，是顺应需要、应运而生，是指导我国国家安全工作的顶层设计。总体国家安全观的可贵之处在于它具有鲜明的时代性，在面临和应对严峻的安全形势挑战时，依然蕴含和贯穿着合乎当下时代潮流的宝贵价值。② 习近平新时代反恐理论本身就是在总体国家安全观的时代背景下酝酿而生的。依照唯物主义辩证法，任何事物都是相互区别与联系的，对事物的认识既要区别又要相互联系地看待。这就要求我们秉持全面发展的眼光看问题，进而实现事物之间的和谐发展。习近平新时代反恐理论与总体国家安全观是辩证统一的关系，总体国家安全观促进了习近平新时代反恐理论的萌生，而习近平新时代反恐理论又在指引各项反恐行动展开实施的情况下，贯彻总体国家安全观，实现国家安全稳定的目标，两者形成良性互动，共同推进我国和谐社会和总体国家安全的顺利发展。

(三)权威定性暴力恐怖活动

恐怖主义通常是指为达到某种政治或社会目的，通过暴力手段攻击社会和平民，制造恐怖气氛，引起社会注意，威胁有关政府或社会的主张和行为。联合国大会在 1994 年遣

---

① 王玉华：《论中国特色社会主义理论体系的开放性》，载《中共中央党校学报》2012 年第 3 期。

② 参见杨海坤、马迅：《总体国家安全观下的应急法治新视野——以社会安全事件为视角》，载《行政法学研究》2014 年第 4 期。

责恐怖活动时指出："企图引起公众恐慌的犯罪行动，不管是个人还是团体为追求政治目的而从事这些行为都是不可接受的，不管其背后的性质是政治、意识形态、哲学、种族、宗教等都不能使之合法化。"①习近平总书记指出，近些年，在我国一些地区发生的暴力袭击案件，尤其是边疆地区发生的暴力袭击案件，是符合恐怖主义特征的，不管他们采取的暴力恐怖主义手段如何变化，其本质是分裂国家和民族。暴力恐怖活动"既不是民族问题，也不是宗教问题，而是各族人民的共同敌人"。② 习近平总书记对暴力恐怖活动性质的权威定性，有助于全国人民团结一心，形成良好的全民反恐的社会氛围。因此，习近平新时代反恐理论的重要价值之一就是对这些暴力恐怖活动的定性，使全国各族人民对暴力恐怖主义袭击行为有了统一的认识，能够上下一心抵制、排斥暴力恐怖主义犯罪分子，对暴力恐怖主义犯罪分子起到了威慑作用。因此，对暴力恐怖活动的定性和态度，是习近平新时代反恐理论的宝贵价值之一，为今后的反恐行动奠定了理论基础。

（四）清晰勾画出我国反恐的总体布局

恐怖主义活动具有较强的分散性、隐蔽性，以及灵活多变的手段方式，从而在一定程度上增加了全方位打击暴力恐怖主义犯罪活动的困难。习近平新时代反恐理论通过对国内反恐维稳工作中的经验及当前的恐怖分裂活动的特点规律的总结，清晰勾画出我国反恐的总体布局。

（1）重点把握"打早、打小、打苗头"的深刻内涵。习近平总书记在2014年视察新疆时着重强调新疆工作的着眼点和着力点要放在社会稳定和长治久安上。对付暴力的恐怖犯罪分子一定要有有效手段。对暴力恐怖活动，必须保持严打高压态势，先发制敌……以震慑敌人、鼓舞人民。这是对我国全方位开展反恐行动提出的更严格的要求，也是维护人民生命财产安全更加有效的做法。恐怖主义犯罪活动是与社会、人类正常活动相背离的行为，无论是在国内还是在全球范围内都遭到强烈的谴责，因此，对恐怖主义犯罪分子是绝对不允许姑息纵容的。对暴力恐怖活动的打击应该做到未雨绸缪，尽量做到打早、打小、打苗头，否则就会导致难以弥补的后果。这也表明反恐与打击其他犯罪活动是存在一定差异的。虽然"打早、打小、打苗头"理念是习近平总书记在视察新疆时提出的，但这并不仅是对新疆反恐提出的要求，而是对全国反恐工作提出的要求。③

（2）反恐需要法治思维。恐怖主义犯罪活动对全球的威胁和破坏，令全球主张和平共处的国家深恶痛绝，要全方位地遏制和打击恐怖主义犯罪，法律的严惩是必不可少的，严格依法惩治这些暴力恐怖犯罪，考量着世界各国的智慧和胆识。我国在构建法治中国的过程中，更需要重视在反恐过程中善用法治思维，严格依法治国、依法反恐，贯彻落实宽严相济的刑事政策，最大限度地打击、分化、瓦解暴力恐怖犯罪分子。对暴力恐怖犯罪活动的首要分子、罪行严重的人员要依法坚决严惩；而对参与暴力恐怖活动的一般人员就需要

---

① 转引自关雪莲：《习近平同志"反恐维稳"思想研究》，载《科技经济导刊》2017年第9期。

② 习近平：《对暴力恐怖保持严打高压》，载《人民日报》（海外版）2014年4月28日。

③ 参见闫佳琪、何天天：《专家解读习近平新疆行：对反恐提出更高要求》，http://military.people.com.cn/n/2014/0505/c1011-24977820.html，2018-04-21。

区别对待，争取、教育、挽救受蛊惑和受蒙蔽的群众，彰显法律尊严。法治思维在反恐过程中的运用，是习近平法治理论和反恐理论的交融，共同为维护人民群众合法权益、国家总体安全提供强有力的理论指引，为我国反恐法治的实施提出了更高的要求。

(3)重视反恐国际合作。近年来，在欧洲、北非、中东一些国家和地区发生的暴力恐怖袭击事件一再表明，恐怖主义是全人类的公敌。由于国际恐怖主义的蔓延速度正在逐年加快，因此反恐国际合作必不可少。2015 年 7 月，习近平总书记在上海合作组织成员国元首理事会第十五次会议上强调："我们要强有力推进反恐、禁毒、防务合作，提高本组织安全行动能力，形成更严密健全的执法合作网络"。① 2017 年 1 月，习近平总书记在联合国日内瓦总部的演讲中也提及："反恐是各国共同义务，既要治标，更要治本。要加强协调，建立全球反恐统一战线，为各国人民撑起安全伞"。② 2017 年 7 月 3 日，习近平总书记在接受俄罗斯媒体采访时指出："中国和俄罗斯都是恐怖主义受害者。两国在反恐安全领域的合作是中俄全面战略协作伙伴关系的重要组成部分，为国际反恐合作树立了典范"。③ 由此可见，习近平新时代反恐理论在国际合作上提出了 3 个层面的内容：在理念上，要基于联合国提供的大型平台，强化国际反恐合作理念；在立法上，要结合国际会议、条约，完善相关法律体系；在反恐机制上，要开展双边和多边的国际反恐合作。

四、习近平新时代反恐理论的发展

中国共产党第十八次全国代表大会以来，习近平总书记发表了一系列重要讲话，其中关于反恐怖主义活动的内容逐渐形成较为系统的反恐理论。习近平新时代反恐理论萌发后，在我国反恐立法、司法、战略等层面展现出强大的指导力，推动了反恐各个领域工作的开展。

(一)习近平新时代反恐理论推动了我国反恐立法体系的构建和完善

众所周知，法治是人类政治文明的重要成果，是现代社会治理的基本手段，只有坚持法治精神，才能实现公平正义。2017 年 9 月 26 日，习近平总书记在国际刑警组织第八十六届全体大会开幕式上指出，反恐"要坚持和维护联合国宪章以及国际刑警组织章程，认真履行打击跨国犯罪公约和反腐败公约……确保国际秩序公正合理、人类社会公平正义"。④

在《中华人民共和国反恐怖主义法》(以下简称《反恐怖主义法》)调研起草的过程中，如何从习近平总书记的反恐理论和总体国家安全观中概括出反恐活动的权利与义务关系，

---

① 《习近平在上海合作组织成员国元首理事会第十五次会议上的讲话》，http：//www.xinhuanet.com/world/2015-07/10/c_1115889105.htm，2018-04-21。

② 习近平：《共同构建人类命运共同体——在联合国日内瓦总部的演讲》，载《人民日报》2017 年 1 月 20 日。

③ 参见《习近平接受俄罗斯媒体采访》，载《人民日报》2017 年 7 月 4 日。

④ 习近平：《坚持合作创新法治共赢携手开展全球安全治理——在国际刑警组织第八十六届全体大会开幕式上的主旨演讲》，htp：//www.xinhuanet.com/politics/2017-09/26/c_1121726066.htm，2018-04-21。

以形成逻辑自洽的反恐法律体系就是反恐立法的重中之重;① 作为反恐基本法的《反恐怖主义法》，不仅要以总体国家安全观指导下的反恐理论统筹整个反恐领域的立法工作，还要为制定其他相关的反恐法律法规提供基础支撑。《反恐怖主义法》的政治性、政策性和综合性很强，习近平新时代反恐理论为反恐立法提供了前瞻性指引。另外，法律规定本身具有一定的滞后性，反恐立法亦如此。在经济、社会、科技快速发展的当下，将会衍生出诸多形态各异的新型恐怖主义活动，这就需要在习近平新时代反恐理论的前瞻性指引下，弥补各项反恐策略和立法技术手段的缺憾。习近平新时代反恐理论为反恐措施的应用提供了合法证成空间。② 因此，在习近平新时代反恐理论的指引下，反恐立法取得了跨时代的成就。2015 年 12 月 27 日《反恐怖主义法》颁布，2016 年 1 月 1 日实施。这部首开反恐怖主义立法一体化模式先河的法律出台，正式宣布将反恐怖主义纳入法治轨道，主动顺应国际反恐战略转型趋势，立足国家安全战略的高度，以立法的实际行动健全国家安全法律制度体系，推动国家安全法治建设。③

在习近平新时代反恐理论指引下构建的反恐立法体系，无论是在理论构建、反恐制度构建还是在反恐实践上都具有重要意义。在理论构建上透过法治可以实现保障社会稳定的目的，可以实现保障人民安全的目的，还可以实现保障强国之路的目的。要实现“中国梦”，必须以法治作为治国理政的基本方式，通过法治提供根本性、全局性、长期性的制度保障;④ 而在反恐立法体系的制度构建上，对宪法、刑法、国家安全法、反恐怖主义法的立法完善都具有积极意义；在反恐立法体系的实践上，坚持运用法治意识、法治思维和法治方式来处理国家安全事务，坚持党在国家安全事务中的领导和协调作用，并且坚持正确处理信息公开与安全保密之间的关系。⑤

(二)习近平新时代反恐理论推动了国家安全委员会的设立

其他国家设立国家安全委员会较我国要早，外国在应对暴力恐怖主义犯罪这种非传统安全领域的事件方面已经积累诸多经验。我国的国家安全委员会早在 1997 年就被提出过，但始终未得到实践落实。⑥ 随着经济、社会、科技的迅猛发展，国家安全问题越来越受到

① 参见郭永良：《论中国反恐立法的基本轨迹》，载《太平洋学报》2015 年第 8 期。

② 参见杨海坤、马迅：《总体国家安全观下的应急法治新视野——以社会安全事件为视角》，载《行政法学研究》2014 年第 4 期。

③ 参见康均心：《全球反恐背景下国家安全法治体系构建》，载《山东大学学报》(哲学社会科学版)2017 年第 2 期。

④ 参见人民日报评论员：《为中华民族伟大复兴提供法治保障——论深入学习贯彻十八届四中全会精神》，载《人民日报》2014 年 10 月 25 日。

⑤ 参见康均心：《全球反恐背景下国家安全法治体系构建》，载《山东大学学报》(哲学社会科学版)2017 年第 2 期。

⑥ 《上海合作组织成立宣言》和《上海合作组织宪章》对该合作组织的宗旨进行了明确说明，其中的一点就是确定维护和加强地区和平、安全与稳定，共同打击恐怖主义、分裂主义和极端主义、毒品走私、非法贩运武器和其他跨国犯罪。2002 年 6 月，上海合作组织内部又新设了多边性的常设反恐怖机构——北京秘书处和比什凯克地区反恐怖机构——作为区域反恐怖主义中心，对区域内的暴力恐怖犯罪分子产生了一定的威慑力。

广泛关注，国家安全所面临的局面也愈加复杂，仅恐怖主义犯罪这一威胁就必须引起国家的高度重视。我国的国家安全委员会是依照 2013 年 11 月中国共产党第十八届三中全会发表的公报予以设立的。这个时期是习近平新时代反恐理论的萌芽时期，习近平总书记在中国共产党第十八次全国代表大会后就国家安全委员会的设立作了说明："设立国家安全委员会，加强对国家安全工作的集中统一领导，已是当务之急。国家安全委员会主要职责是制定和实施国家安全战略，推进国家安全法治建设，制定国家安全工作方针政策，研究解决国家安全工作中的重大问题"。① 国家安全委员会的设立，为我国积极融入国际反恐合作机制奠定了稳固的基础，也提供了机构框架上的高效对接。这有助于更好地统筹整合各部门资源，进行有效协调，为打击恐怖主义犯罪活动、维护国家安全发挥应有之功效。国家安全委员会的设立，是积极落实国际反恐合作机制以及向全球反恐大势主动靠拢的表现，也体现了对域外具有反恐先进经验国家的学习和借鉴。恐怖主义犯罪是全人类的公敌，也是各个国家难以独立抗衡的社会暴行，在全球反恐队伍越来越庞大的同时，打击恐怖主义势力必须坚持标本兼治。这就需要我们在反恐过程中把握好国内外的双重环境情况，进而协调好与合作国家的沟通与行动。国家安全委员会的设立，旨在通过协调好国内外管控与合作，维护国家安全，彰显对外沟通与合作的优势。由此可见，习近平新时代反恐理论推动设立的国家安全委员会为我国反恐维稳起到了主要的统筹和保障作用。

（三）习近平新时代反恐理论推动了我国全民反恐战略的形成

全民反恐战略早已被外国重视并付诸实践。例如，2009 年美国提出的全民反恐战略口号是"如果你看到了什么，就请说出来"；俄罗斯也结合多年的反恐经验，在其国家反恐委员会和国家反恐网站制定了反恐《公民行为准则》；2010 年，陆克文担任澳大利亚总理时，发表了题为《让澳大利亚更安全——保护我们的社区》的反恐白皮书，全面介绍了澳大利亚的反恐政策，其中提及"家庭成员、亲友、社区和宗教领袖虽然没有武器装备，但他们一直处于抵御恐怖主义的第一线，他们能够最先察觉身边人行为和态度有所改变"；

2001 年，英国内政部也发布了最新反恐"预防战略"，鼓励民众、社区和非政府组织积极参与反恐。2014 年 4 月 25 日，中共中央政治局就切实维护国家安全和社会安定进行第十四次集体学习，习近平总书记主持学习并发表讲话，强调群众在反恐斗争中的重要性。2017 年 2 月 14 日，在新疆维吾尔自治区皮山县城某小区内发生了一起暴力恐怖案件，该案件反映出我国的反恐形势依然十分严峻，对恐怖主义要保持高压打击态势。为了挤压暴力恐怖犯罪分子的生存空间，壮大反恐的群众基础，在习近平新时代反恐理论的指引下和借鉴域外反恐经验的基础上，"全民反恐战略"逐渐显现并被重视。正如有的学者所言，我们必须充分相信、依靠和发动人民群众，构筑坚不可摧的反恐防范铜墙铁壁。牢固树立全民反恐意识，增强全民反恐能力，筑牢全民反恐防线，坚决打赢反恐"人民战争"。当前对暴力恐怖主义犯罪活动的打击，需要广泛依靠群众、信赖群众，即贯彻"全

---

① 《习近平在上海合作组织成员国元首理事会第十五次会议上的讲话》，http：//www. xinhuanet. com/world/2015-07/10/c_1115889105. htm，2018-04-21。

民反恐战略”，才能将暴力恐怖主义犯罪活动扼杀在摇篮里。习近平总书记强调，要开展一场反恐维稳的人民战争，加强群防群治群控，反恐活动需要民众自身做好准备，需要民众调整积极参与的心态，极强的反应能力和自卫能力。这些都推动了我国全民反恐战略的实施。

(四)习近平新时代反恐理论推动了上海合作组织反恐安全合作机制实现新跨越

上海合作组织和其常设反恐怖机构早在习近平新时代反恐理论萌生之前就已存在，受习近平新时代反恐理论的引领，现在其运行和发展更加顺畅高效。2015 年 7 月，习近平总书记强调：“我们要强有力推进反恐、禁毒、防务合作，提高本组织安全行动能力，形成更严密健全的执法合作网络”。

2015 年 10 月，中共中央政治局就全球治理格局和全球治理体制进行第二十七次集体学习时，习近平总书记也强调了反恐与国家安全合作机制的重要性，“要推动建设国际经济金融领域、新兴领域、周边区域合作等方面的新机制新规则，推动建设和完善区域合作机制，加强周边区域合作，加强国际社会应对……网络信息安全……打击恐怖主义……等全球性挑战的能力”。① 2017 年 1 月 18 日，习近平总书记在联合国日内瓦总部的演讲中再次强调：“恐怖主义是人类公敌。反恐是各国共同义务，既要治标，更要治本。要加强协调，建立全球反恐统一战线，为各国人民撑起安全伞”。② 这一系列重要讲话，构成习近平反恐理论的重要组成部分，并且推动了上海合作组织的反恐安全合作机制实现新跨越，在反恐过程中发挥出更大的作用。在习近平反恐理论的助推下，已有一些专家学者针对如何实现该新跨越建言献策。其中，就有学者提出了“构建上海合作组织区域化反恐执法联动机制、构建并完善上海合作组织区域化反恐刑事司法合作机制”的建议。③ 习近平总书记在其讲话中提及的“中方一直以建设性方式支持国际社会打击恐怖主义的努力……开展反恐国际合作，一是要摒弃‘双重标准’，充分发挥联合国在国际反恐斗争中的主导作用，矢志一心，形成合力；二是要妥善解决地区热点问题，帮助叙利亚等中东国家尽快恢复稳定，遏制住恐怖主义蔓延猖獗之势；三是要着眼长远，综合施策，标本兼治，政治、经济、文化等多措并举，从源头肃清恐怖主义滋生的温床”④将会更好地指导、推进上海合作组织的反恐安全合作机制实现新跨越。

(五)习近平新时代反恐理论与时俱进地明确提出要打击网络恐怖主义犯罪

随着物联网和互联网技术的飞速发展，恐怖主义思想在网络空间广泛渗透和扩散，网

---

① 习近平：《推动全球治理体制更加公正合理》，载《人民日报》(海外版)2015 年 10 月 14 日。

② 习近平：《共同构建人类命运共同体——在联合国日内瓦总部的演讲》，载《人民日报》2017 年 1 月 20 日。

③ 参见舒洪水、毛振宇：《我国与周边国家反恐司法合作机制研究——以上海合作组织为视角》，载《公安学刊》2017 年第 1 期。

④ 参见《习近平接受俄罗斯媒体采访》，载《人民日报》2017 年 7 月 4 日。

络恐怖主义正成为当前恐怖主义犯罪的重要运作方式，严重危及一个主权国家的国家安全和国际地位。为此，防范和打击网络恐怖主义犯罪是反恐领域必须面对的一大难题。网络恐怖主义犯罪虽然是一种新型产物，但习近平新时代反恐理论与时俱进地明确提出要打击网络恐怖主义犯罪。2015 年 12 月 16 日，习近平总书记在第二届世界互联网大会开幕式上明确提出："保障网络安全，促进有序发展"。① 2017 年 7 月 3 日，习近平总书记在接受俄罗斯媒体采访时指出："面对严峻的恐怖威胁，国际社会命运共同体意识在增强，反恐共识不断增多，合作打击恐怖主义取得重要成效。但是，问题依然突出……暴力恐怖思想通过网络和社交媒体在全球持续蔓延，其深层次影响将不断显现"。② 由此可见，习近平新时代反恐理论早已关注到网络恐怖主义对网络安全以及国家安全造成的威胁，并明确提出要严厉打击网络恐怖主义犯罪，这对我国反恐立法、执法和司法起到了重要的指导作用，为全方位打击暴力恐怖主义犯罪，维护国家安全稳定的大局，为人民群众构建和谐美好的生活环境发挥着重要的作用。

五、结语

世界是普遍联系和发展的，人类的理论亦是如此。人类理论发展的历程表明，任何一个特定的时代都会有与其对应的特定理论，通过该特定的理论反映出这个时代的特殊需求。习近平新时代反恐理论的形成和发展，是全球反恐时代的呼唤，是总体国家安全观的必然产物，其科学性、合理性、前瞻性是不断经过实践检验并验证的，它为我国未来反恐实践获得更大的成就，为国家的安全稳定、繁荣昌盛奠定了坚实的理论基础。

（原文刊载于《法商研究》2018 年第 5 期。）

① 参见《习近平接受俄罗斯媒体采访》，载《人民日报》2017 年 7 月 4 日。

② 习近平：《开启中非合作共赢、共同发展的新时代——在中非合作论坛约翰内斯堡峰会开幕式上的致辞》，http：//www. xinhuanet. com/world/2015-12/04/c_1117363197. htm，2018-04-21。

刑法第29条第1款后段的教义学分析

黄旭巍*

摘　要：从目的论解释的角度出发，有必要将未达到刑事责任年龄者实施的法益侵害行为，解释为刑法第29条第1款后段中的“犯罪”，即不法意义上的犯罪；在区分不法与罪责的基础上，承认有些场合下的“犯罪”包括了无罪责的不法行为，也完全符合“犯罪”一词的通常用法。但是，在某些条款中将犯罪解释为行为，只是在区分罪行与罪名、罪质与罪量，并不意味着将犯罪理解为“不法意义上的犯罪”。以未达到刑事责任年龄者事实上可能具备了规范意识为由，将引诱其犯罪者认定为教唆犯，有损法的安定性。原则上将引诱未达到刑事责任年龄者犯罪的人认定为间接正犯，并不违反限制从属性说。第29条第1款后段中的“教唆”，是广义的教唆，其含义与第301条第2款中的“引诱”相同，包括了第347条第6款中的“利用、教唆”这两种情形。因此，引诱未达到刑事责任年龄者犯罪的间接正犯，虽然不成立教唆犯，但其利用行为仍属于广义的教唆，应当从重处罚。

关键词：未达到刑事责任年龄者；不法意义上的犯罪；限制从属性说；间接正犯；教唆

我国刑法第29条第1款后段规定：“教唆不满十八周岁的人犯罪的，应当从重处罚。”毫无疑问，当教唆对象不满十八周岁、但达到刑事责任年龄时，应当对教唆者适用该规定。换言之，教唆已满十六周岁不满十八周岁的人犯罪，以及教唆已满十四周岁不满十六周岁的人犯我国刑法第17条第2款规定的八种罪，这两种情形都在“教唆不满十八周岁的人犯罪”的规范涵摄范围之内。

值得研究的问题是，以未达到刑事责任年龄者为引诱①对象时，是否属于“教唆不满十八周岁的人犯罪”？对这一疑问的回答，取决于以下三点：第一，被引诱的未达到刑事责任年龄者实施的行为是犯罪吗？应当承认这种“不法意义上的犯罪”吗？何谓“不法意义上的犯罪”？第二，以未达到刑事责任年龄者为引诱对象的人，是间接正犯还是教唆犯？抑或不可一概而论？第三，如果认为该引诱者一律或者可能成立间接正犯，那么此时作为间接正犯的引诱者所实施的行为是“教唆”吗？

围绕上述问题，付立庆教授在《法学评论》2015年第2期发表了《犯罪概念的分层含义

---

* 黄旭巍（1980—　），男，湖北仙桃人，法学博士，南京大学法学院副教授，美国东北大学犯罪学与刑事司法学院访问学者，主要从事刑法学研究。

① 引诱，即引起他人实施不法行为的意思。其与教唆的关系，容后文详述。

与阶层犯罪论体系的再宣扬——以“教唆不满十八周岁的人犯罪”的规范理解为切入》(以下简称付文)一文。付文以承认违法意义上的犯罪概念为前提，在共犯从属性程度问题上主张限制从属性说，笔者对此表示完全赞同。但对于付文将“犯罪行为”等同于“不法意义上的犯罪”、将引诱未达到刑事责任年龄者以有无规范意识为标准区分为“教唆”与“利用”，笔者则持保留意见。特撰本文，以求教于付立庆教授。

一、未达到刑事责任年龄者能够实施“不法意义上的犯罪”

(一)承认“不法意义上的犯罪”之必要性与可能性

按照我国传统的四要件犯罪构成理论，只有全部具备客体、客观、主体、主观这四大要件，才能够成立犯罪。这种平面式犯罪构成体系，没有明确区分不法与罪责，容易导致犯罪概念的一元化。其结果是，只要缺少其中一个要件，在任何意义上就都不能称之为犯罪了。这样一来，未达到刑事责任年龄者实施的法益侵害行为，由于欠缺主体要件，因而不可能是犯罪。既如此，引诱未达到刑事责任年龄者实施侵害法益的行为，无论如何都不属于教唆不满十八周岁的人“犯罪”，不能适用“应当从重处罚”的规定。

然而，这一结论不符合刑法第29条第1款后段的规范目的。我国刑法之所以规定该条文，“是因为未成年人思想不够成熟，社会经验不足，容易听信坏人的挑唆而走上歧途”，是“为了更好地保护青少年，预防坏人唆使利用未成年人干坏事”。① 而未达到刑事责任年龄者同样属于“思想不够成熟”的未成年人，同样可能被坏人唆使利用“干坏事”。不仅如此，“教唆年龄越小的未成年人犯罪，其社会危害性②就越大”，③ 因而更应当从重处罚。由此看来，从目的论解释的角度出发，有必要将未达到刑事责任年龄者实施的法益侵害行为，解释为刑法第29条第1款后段中的“犯罪”，即不法意义上的犯罪。

当然，目的论解释的必要性不能超出文理解释的可能性范围。无罪责的不法行为，是否在“犯罪”一词可能具有的含义之内呢？对此，德国学者许迺曼教授认为：“其一、由社会损害性产生与强调被害人观点的行为非价；其二、强调行为人观点的个人可避免性，亦即可非难性”，“这两种观点认为将犯罪行为区分成这二个规范性的构成部分有其必要，这同样和历史与日常生活语言中不法与罪责的初步区分相符”。④ 而只要“采用这种阶层化的犯罪构成体系的话，犯罪的概念也就完全可作多元化的理解”。⑤ 这就意味着，“一

---

① 高铭暄：《中华人民共和国刑法的孕育诞生和发展完善》，北京大学出版社2012年版，第34页。

② 这里所说的社会危害性，只能理解为我国传统通说语境下所谓主客观相统一的社会危害性。其实，此时的法益侵害程度没有差别，只是非难可能性更高。

③ 参见最高人民法院刑事审判第一、二、三、四、五庭：《刑事审判参考(总第54集)》，法律出版社2007年版，第142页。

④ [德]许迺曼：《区分不法与罪责的功能》，许玉秀、陈志辉译，《不移不惑献身法与正义——许迺曼教授刑事法论文选辑》，台北春风煦日论坛2006年版，第429页。

⑤ 钱叶六：《共犯论的基础及其展开》，中国政法大学出版社2014年版，第193页。

般来说，犯罪是指具备了成立犯罪的全部条件的行为，即犯罪是具备违法性与有责性的行为。但是，犯罪的本质是法益侵害，在此意义上说，只要是侵犯了法益的行为，就具备了犯罪的本质”。① 付文也正确地指出：“刑法典中的‘犯罪’一词至少有两种含义：需要承担法律后果、应受刑罚处罚意义上的犯罪(‘违法有责意义上的犯罪’)，以及客观意义上的犯罪(违法意义上的犯罪)。”②最高人民法院在《刑事审判参考》的“审判释疑”中，就使用了“教唆不满14周岁的未成年人实施犯罪”③的表述。如前所述，四要件理论的主张者将“教唆不满十八周岁的人犯罪”理解为“唆使利用未成年人干坏事”，其中所谓的“干坏事”就是指实施侵害法益的行为、而不论行为人有无罪责，因此实际上是默认了不法意义上的犯罪概念。这似乎表明，“维持传统的犯罪构成体系，也可以承认犯罪概念的相对性”,④ 但其前提是“贯彻客观优先的阶层递进观念”。⑤ 总而言之，在区分不法与罪责的基础上，承认有些场合下的“犯罪”包括了无罪责的不法行为，完全符合“犯罪”一词的通常用法。

(二)“不法意义上的犯罪”之体系解释

从体系解释的角度来看，我国刑法中还有诸多条文所规定的“犯罪”、“罪”或“不负刑事责任”(即不是犯罪)，应当在不法意义上解读。以下结合付文，略举三例。

第一，刑法第20条第3款规定：“对正在进行行凶、杀人、抢劫、强奸、绑架以及其他严重危及人身安全的暴力犯罪，采取防卫行为，造成不法侵害人伤亡的，不属于防卫过当，不负刑事责任。”对此，付文正确地指出：“作为特殊防卫对象的‘严重危及人身安全的暴力犯罪’，是指严重危及人身安全的暴力行为，该行为不一定符合暴力犯罪的全部条件，而可能是符合故意杀人罪、故意伤害罪等犯罪的构成要件并且无任何正当理由，只是由于刑事未成年或者属于精神病等特殊原因，因欠缺可谴责性而不负刑事责任。”⑥不仅如此，付文还声称坚持法益侵害说以及“物的不法论”，不接受构成要件的故意、构成要件的过失的概念,⑦ 进而主张不是出于故意或者过失的意外事件仍然是不法意义上的犯罪，故可对之进行正当防卫。⑧ 但是，对于欺骗一个13周岁的孩子使其误将毒药当作白糖、导致毒死他人的设例，付文却认为“13周岁的孩子对于自己的行为性质毫不知情，此时完

---

① 张明楷：《以违法与责任为支柱构建犯罪论体系》，载《现代法学》2009年第6期。

② 付立庆：《犯罪概念的分层含义与阶层犯罪论体系的再宣扬——以“教唆不满十八周岁的人犯罪”的规范理解为切入》，载《法学评论》2015年第2期。

③ 参见最高人民法院刑事审判第一、二、三、四、五庭：《刑事审判参考(总第54集)》，法律出版社2007年版，第142页。

④ 张明楷：《刑法学》，法律出版社2016年版，第105页。

⑤ 黎宏：《我国犯罪构成体系不必重构》，载《法学研究》2006年第1期。

⑥ 付立庆：《犯罪概念的分层含义与阶层犯罪论体系的再宣扬——以“教唆不满十八周岁的人犯罪”的规范理解为切入》，载《法学评论》2015年第2期。

⑦ 这意味着，故意、过失只是罪责要素，而非不法要素。

⑧ 付立庆：《犯罪概念的分层含义与阶层犯罪论体系的再宣扬——以“教唆不满十八周岁的人犯罪”的规范理解为切入》，载《法学评论》2015年第2期。

全没有将其独立评价的必要性与正当性”；只有在明确告诉一个 13 周岁的孩子用毒药毒死他人的场合，才“有单独评价的必要”，“可以对此孩子本身进行正当防卫乃至于特殊防卫”。① 不得不指出，付文此处有自相矛盾之嫌。说到底，以上两种场合的区别仅仅是 13 周岁的孩子知情与否(即有无故意)，而是否成立不法意义上的犯罪与故意无关。一个未达到刑事责任年龄、并且由于受骗而欠缺故意(甚至连过失也不具备)的人，如同一个受骗的精神病人一样，虽然“确实仅仅是他人实施杀人行为的工具而已”,② 但不影响其所实施的行为是不法意义上的犯罪。反之，将后一场合下 13 周岁孩子的故意行为评价为不法意义上的犯罪，也与其处于被支配者的地位并不矛盾。“由于间接正犯并不以自己的身体动作直接实现构成要件，故被利用者必须客观上实施了符合构成要件的不法行为。”③因此，只要认同正当防卫的正当化根据是法益衡量，就应当承认对被利用者也可以进行正当防卫。

付立庆教授最近进一步指出，在欺骗 13 周岁的孩子说是白糖(实为毒药)而让其给他人服用的场合，被利用者由于在规范上可以被评价为利用者“手的延伸”，故他人的反击实际上仍是向不法侵害人(的人身)进行防卫。④ 按照这种观点，在 13 周岁的孩子并非被欺骗而是自己将毒药误认为白糖且给他人服用的场合，由于该 13 周岁的孩子对于自己的行为性质同样毫不知情，故其不是不法侵害人、其行为也不成立不法意义上的犯罪，不能对其进行防卫；不仅如此，由于这种场合下 13 周岁的孩子不是任何人的工具，故也无法将他人的反击视为对利用者的防卫。结局是，他人的反击不属于任何意义上的防卫，充其量只能考虑是否成立紧急避险。这一结论殊不合理，也与论者所持“物的不法论”背道而驰。其实，在间接正犯的情形中，把被利用者称为工具，只是一个不准确的描述。无论如何，被利用者仍然是一个独立的人，既非利用者的人身、更不是利用者的财产。应当认为，此时利用者和被利用者都是不法侵害人。即使下毒对于被利用者来说只是意外事件，也不能否认被利用者实施了不法意义上的犯罪，故当然可以直接对作为不法侵害人的被利用者本身进行正当防卫。

第二，刑法第 21 条规定，紧急避险行为没有超过必要限度造成不应有的损害的，“不负刑事责任”。对此，付文正确地指出，在正当化的紧急避险场合下，“不负刑事责任”意味着不是不法意义上的犯罪；而在免责的紧急避险场合下，“不负刑事责任”只是意味着没有罪责。付文还认为，在所保护的利益等于所牺牲的利益的场合，即便是从法益保护主义或者是结果无价值论的角度而言，也应该认为该行为对整个社会是无价值的，属于违法，可以评价为不法侵害从而对之实施正当防卫。⑤ 笔者认为，付文似乎对“结果无价

① 付立庆：《犯罪概念的分层含义与阶层犯罪论体系的再宣扬——以“教唆不满十八周岁的人犯罪”的规范理解为切入》，载《法学评论》2015 年第 2 期。

② 付立庆：《犯罪概念的分层含义与阶层犯罪论体系的再宣扬——以“教唆不满十八周岁的人犯罪”的规范理解为切入》，载《法学评论》2015 年第 2 期。

③ 张明楷：《刑法学》，法律出版社 2016 年版，第 401 页。

④ 参见付立庆：《违法意义上犯罪概念的实践展开》，载《清华法学》2017 年第 5 期。

⑤ 付立庆：《犯罪概念的分层含义与阶层犯罪论体系的再宣扬——以“教唆不满十八周岁的人犯罪”的规范理解为切入》，载《法学评论》2015 年第 2 期。

值”有所误读。所谓结果无价值，并非意味着结果对社会没有价值，而是指结果反价值、负价值。日本学者山口厚教授针对阻却违法性的紧急避险指出：“为了肯定充足了‘法益的均衡’要件，保全的法益(所回避的法益侵害)必须与侵害法益(所产生的法益侵害)是同等程度的，或者是保全法益超过了侵害法益。”①日本学者西田典之教授也认为，紧急避险并未超过必要限度造成不应有的损害，“无疑是以法益比较不出现负数(不低于)为要件，理应包括法益比较为零(等价值)的场合”。② 换言之，“在甲法益与乙法益等值的情况下，如果保护甲法益的唯一方法是损害乙法益，那么，充其量只能认为，这种避险行为没有意义，因为从社会整体上说，法益并没有受到任何损害”。③ 所以，保全法益与侵害法益等值时，依然是正当化的紧急避险，其“不负刑事责任”的含义是不成立不法意义上的犯罪。

第三，刑法第 269 条规定，成立事后型抢劫罪的前提是“犯盗窃、诈骗、抢夺罪”。对此，付文认为，“立法解释或者司法解释对于已满 14 周岁未满 16 周岁者实施盗窃、诈骗、抢夺行为且为窝藏赃物、抗拒抓捕或者毁灭罪证当场使用暴力或者以暴力相威胁的，是否适用第 269 条认定为抢劫采取了回避的态度”。④ 其实，司法解释并未回避这一问题，而是意见分歧。2003 年最高人民检察院法律政策研究室《关于相对刑事责任年龄的人承担刑事责任范围有关问题的答复》持肯定说，其第 2 条规定：“相对刑事责任年龄的人实施了刑法第 269 条规定的行为的，应当依照刑法第 263 条的规定，以抢劫罪追究刑事责任。”这实际上是认为，已满 14 周岁不满 16 周岁者虽然未达到盗窃、诈骗、抢夺罪的刑事责任年龄，但其行为依然是“犯盗窃、诈骗、抢夺罪”。而 2006 年最高人民法院《关于审理未成年人刑事案件具体应用法律若干问题的解释》则持否定说，其第 10 条指出：“已满 14 周岁不满 16 周岁的人盗窃、诈骗、抢夺他人财物，为窝藏赃物、抗拒抓捕或者毁灭罪证，当场使用暴力，故意伤害致人重伤或者死亡，或者故意杀人的，应当分别以故意伤害罪或者故意杀人罪定罪处罚。”该规定的言外之意是，已满 14 周岁不满 16 周岁者盗窃、诈骗、抢夺后未致人伤亡的，只能以无罪论处；即使致人伤亡，也不成立第 269 条规定的事后型抢劫罪。其逻辑是，“盗窃、诈骗、抢夺罪”是指同时具备不法与罪责意义上的犯罪，故已满 14 周岁不满 16 周岁者不可能犯此三罪。笔者赞同肯定说。因为在判断某行为是否成立犯罪时，必须遵循先分析不法、再考查罪责的阶层顺序。判断已满 14 周岁不满 16 周岁者能否成立第 269 条规定的事后型抢劫罪，也应如此。在首先进行的不法阶层判断中，由于已满 14 周岁不满 16 周岁者符合犯不法意义上的“盗窃、诈骗、抢夺罪”这一前提，故其事后行为导致其具备了第 269 条所规定的不法要件；在随后进行的罪责阶层判断中，由于事后型抢劫罪是抢劫罪的一种类型，而抢劫罪的刑事责任年龄标准是已满 14 周岁即可，故已满 14 周岁不满 16 周岁者也完全符合事后型抢劫罪的罪责要件。可见，应当将第 269

---

① 参见[日]山口厚：《刑法总论》，付立庆译，中国人民大学出版社 2011 年版，第 144 页。

② 参见[日]西田典之：《日本刑法总论》，王昭武、刘明祥译，法律出版社 2013 年版，第 119 页。

③ 张明楷：《刑法格言的展开》，北京大学出版社 2013 年版，第 292 页。

④ 付立庆：《犯罪概念的分层含义与阶层犯罪论体系的再宣扬——以“教唆不满十八周岁的人犯罪”的规范理解为切入》，载《法学评论》2015 年第 2 期。

条中的“犯盗窃、诈骗、抢夺罪”理解为不法意义上的犯罪。

（三）“不法意义上的犯罪”之解释限度

在同时具备不法与罪责意义上的犯罪概念之外，承认“不法意义上的犯罪”这种犯罪概念的分层含义，由来于区分不法与罪责的视角。实际上，还可能从其他视角来认识犯罪。

其一，区分罪行与罪名的视角。2002 年全国人大常委会法制工作委员会《关于已满十四周岁不满十六周岁的人承担刑事责任范围问题的答复意见》规定：“刑法第 17 条第 2 款规定的八种犯罪，是指具体犯罪行为而不是具体罪名。对于刑法第 17 条中规定的‘犯故意杀人、故意伤害致人重伤或者死亡’，是指只要故意实施了杀人、伤害行为并且造成了致人重伤、死亡后果的，都应负刑事责任。而不是指只有犯故意杀人罪、故意伤害罪的，才负刑事责任，绑架撕票的，不负刑事责任。”付文认为，该意见将犯罪理解为犯罪行为，可谓是对违法意义上的犯罪概念的一次彻底尝试。① 其实，到底将犯罪理解为罪行还是罪名，与是否承认不法意义上的犯罪概念是两码事。将犯罪行为和不法意义上的犯罪混为一谈，实属望文生义。2003 年最高人民检察院法律政策研究室《关于相对刑事责任年龄的人承担刑事责任范围有关问题的答复》同样将犯罪解释为罪行，其第 1 条规定：“相对刑事责任年龄的人实施了刑法第 17 条第 2 款规定的行为，应当追究刑事责任的，其罪名应当根据所触犯的刑法分则具体条文认定。对于绑架后杀害被绑架人的，其罪名应认定为绑架罪。”但将未达到绑架罪刑事责任年龄者实施的行为认定为不法且有责意义上的绑架罪，明显违背了责任主义原则。与此相反，2006 年最高人民法院《关于审理未成年人刑事案件具体应用法律若干问题的解释》第 5 条则规定：“已满 14 周岁不满 16 周岁的人实施刑法第 17 条第 2 款规定以外的行为，如果同时触犯了刑法第 17 条第 2 款规定的，应当依照刑法第 17 条第 2 款的规定确定罪名，定罪处罚。”该解释将刑法第 17 条第 2 款规定的八种犯罪理解为包括想象竞合与法条竞合的具体罪名，② 是合理的。

其二，区分罪质与罪量的视角。2005 年最高人民法院《关于审理抢劫、抢夺刑事案件适用法律若干问题的意见》第 5 条规定，行为人实施盗窃、诈骗、抢夺行为，未达到“数额较大”，为窝藏赃物、抗拒抓捕或者毁灭罪证当场使用暴力或者以暴力相威胁，具有严重情节的，可依照刑法第 269 条的规定，以抢劫罪定罪处罚。付立庆教授认为，该司法解释“强调虽未达到这三类犯罪定罪的数额标准，但只要实施了上述三类行为，就可能被评价为‘犯盗窃、诈骗、抢夺罪’”，因而是贯彻违法意义上的犯罪概念的一个逐步趋于共识的例子；③ “这一司法解释实际上也是采取了‘罪行说’而非‘罪名说’的立场。这种‘罪行

---

① 付立庆：《犯罪概念的分层含义与阶层犯罪论体系的再宣扬——以“教唆不满十八周岁的人犯罪”的规范理解为切入》，载《法学评论》2015 年第 2 期。

② 参见欧阳本祺：《对〈刑法〉第 17 条第 2 款的另一种解释》，载《法学》2009 年第 3 期。

③ 付立庆：《犯罪概念的分层含义与阶层犯罪论体系的再宣扬——以“教唆不满十八周岁的人犯罪”的规范理解为切入》，载《法学评论》2015 年第 2 期。

说’，实际上就是违法意义上的犯罪(客观意义上的犯罪)的当然归结。”①然而，数额只是罪量的问题。将犯罪理解为不要求数额的行为，是侧重于其罪质层面，与是否承认不法意义上的犯罪概念无关。2016年最高人民法院《关于审理抢劫刑事案件适用法律若干问题的指导意见》第3条进一步明确规定：“‘犯盗窃、诈骗、抢夺罪’，主要是指行为人已经着手实施盗窃、诈骗、抢夺行为，一般不考察盗窃、诈骗、抢夺行为是否既遂。”可见，在某些条款中将犯罪解释为行为，并不意味着将犯罪理解为“不法意义上的犯罪”。

二、引诱未达到刑事责任年龄者犯罪的人原则上成立间接正犯

(一)共犯的要素从属性与间接正犯的成立范围

狭义共犯的成立，以正犯行为具备构成要件符合性、违法性、有责性、可罚性这四大要素中的哪几个要素为前提，这就是共犯的要素从属性问题。对此，大体上存在夸张从属性说、极端从属性说、限制从属性说与最小从属性说这四种观点。“一般地，要缓和要素从属性的话，教唆、帮助的成立范围就广，与此同时，间接正犯的成立范围就变窄。”②对此，德日经历了由极端从属性说到限制从属性说的转向。

极端从属性说认为，只有正犯行为具备了构成要件符合性、违法性与有责性时，才有教唆犯、帮助犯成立的余地。于是，在引诱未达到刑事责任年龄者犯罪的场合，由于正犯不具备有责性，故引诱者无法成立教唆犯。无奈之下，只能对引诱者以间接正犯论处。“提出间接正犯从这一概念时想达到的目的，即弥补由于参与他人犯罪，必须以他人具有责任为前提，而产生的刑事可罚性的漏洞。”③这一思路，目前在我国居于主流地位。最高人民法院在《刑事审判参考》上先后分析了两个相关案例，都认为引诱者一律成立间接正犯而非教唆犯，而这种“非区分说”或曰“责任能力区分说”的理由则是“根据刑法第25条的规定，共同犯罪是指‘二人以上共同故意犯罪’，即两个以上都达到刑事责任年龄，具有刑事责任能力的人共同故意犯罪。因此，构成教唆犯也必然要求教唆人和被教唆人都达到一定的刑事责任年龄，具备刑事责任能力”。④ 极端从属性说将共同犯罪理解为共同实施不法且有责意义上的犯罪，从而视间接正犯为不能成立狭义共犯时的替补角色，既不符合应当优先判断正犯的因果共犯论思维，也难以解决帮助未达到刑事责任年龄者犯罪等具体问题。

限制从属性说认为，当正犯行为具备了构成要件符合性与违法性时，就有成立狭义共犯的空间。限制从属性说与“共同犯罪是不法形态”的观念相契合，已成为德日的通说。

---

① 参见付立庆：《违法意义上犯罪概念的实践展开》，载《清华法学》2017年第5期。

② 参见[日]松宫孝明：《刑法总论讲义》，钱叶六译，中国人民大学出版社2013年版，第215页。

③ [德]冈特·施特拉腾韦特，洛塔尔·库伦：《刑法总论Ⅰ——犯罪论》，杨萌译，法律出版社2006年版，第300页。

④ 最高人民法院刑事审判第一庭、第二庭：《刑事审判参考》(总第16集)，法律出版社2001年版，第74页。

对于引诱未达到刑事责任年龄者犯罪的情形，按照限制从属性说，虽然也有将间接正犯消解于共犯之中即一律认定为教唆犯的主张，但日本与我国的支持者基本上认为，应当以被引诱的未达到刑事责任年龄者是否已经具有一定程度的规范意识为标准进行具体判断。例如，主张限制从属性说的大谷实教授指出："只要是具有规范意识的人，即便是无责任能力人，也能成为被教唆人。但是，完全没有规范意识的人或被作为工具而加以利用的场合，就不是教唆犯而是间接正犯。"①又如，张明楷教授认为，"如果采取限制从属性说，则教唆对象可以是无责任能力的人"，即"虽然没有达到法定年龄，但事实上具有责任能力的人"或者说"有一定规范意识的人"。② 付文也赞同这种"规范意识区分说"："真正重要的，并不是孩子的年龄是 13 周岁还是其他，而在于直接实施构成要件行为者是否是在知情的情况下，基于自由意志和基本的规范意识而实施危害行为。"③也就是说，应当将引诱未达到刑事责任年龄者犯罪区分为两种不同情况，即"教唆"有规范意识者或"利用"无规范意识者，从而认定为教唆犯或间接正犯。④ 于是，未达到刑事责任年龄的犯罪人可能有规范意识，此时引诱者不成立间接正犯，被认为是限制从属性说的必然结论；反之，如果将引诱者一律认定为间接正犯，似乎就意味着贯彻了极端从属性说。然而，是否存在这种对应关系，还值得研究。

(二)实务中狭义共犯与间接正犯的界分

案例一：2014 年 7 月 1 日 18 时许，被告人安外尔某、希尔艾某伙同阿布某某(1999 年 8 月 24 日出生)在西安市雁塔区长安中路音乐学院附近伺机盗窃。20 时许，由安外尔某望风，希尔艾某掩护，阿布某某趁被害人林某行走不备，从其挎包内盗走橙色钱包一个，内装有现金人民币 1250 元及林某身份证、社会保障卡、银行卡等物品。

对于此案，西安市雁塔区人民法院认为，被告人安外尔某、希尔艾某以非法占有为目的，结伙利用不具有刑事责任能力的未成年人扒窃他人财物，其行为已构成盗窃罪。⑤ 显然，该判决是立足于极端从属性说，囿于两名被告人无法与未达到刑事责任年龄者成立共同犯罪的思维，只能得出被告人是利用不具有刑事责任能力者的间接正犯之结论。但是，在本案中，不法意义上的盗窃犯罪行为是由未达到刑事责任年龄的阿布某某直接实行的，两名被告人只是分别实施了为盗窃望风与掩护的行为，在整个盗窃犯罪过程中仅居于辅助、从属的地位，而并没有对犯罪起支配作用。因此，从分工角度来说，被告人属于帮助犯；从作用角度来说，应当将被告人认定为从犯，进而从轻、减轻处罚或者免除处罚。本案判决书将帮助未达到刑事责任年龄者犯罪的被告人认定为间接正犯，既不符合客观事实，也不合理地加重了对被告人的处罚，充分暴露了极端从属性说的缺陷。

---

① [日]大谷实：《刑法总论》，黎宏译，法律出版社 2003 年版，第 326 页。

② 参见张明楷：《刑法学》，法律出版社 2016 年版，第 414 页。

③ 付立庆：《犯罪概念的分层含义与阶层犯罪论体系的再宣扬——以"教唆不满十八周岁的人犯罪"的规范理解为切入》，载《法学评论》2015 年第 2 期。

④ 付立庆：《犯罪概念的分层含义与阶层犯罪论体系的再宣扬——以"教唆不满十八周岁的人犯罪"的规范理解为切入》，载《法学评论》2015 年第 2 期。

⑤ 参见西安市雁塔区人民法院(2015)雁刑初字第 00083 号刑事判决书。

案例二：2012 年 3 月 5 日下午，经谢某某(已满 15 周岁未满 16 周岁)提议、纠集，被告人陆晓华(23 岁)跟随谢某某至苏州市清塘新村 50 幢某室盗窃。根据谢某某的安排，由被告人陆晓华望风，谢某某采用扳窗栅栏、钻窗入户的手段实施盗窃，共窃得被害人吴某某夫妇人民币 11 万元。盗窃得手后，陆晓华分得赃款人民币 6000 元。

本案的争议焦点是：公诉机关以同案人员谢某某是未达刑事责任年龄人不构成犯罪为由，否认其为共犯，进而认为陆晓华应负本案之主要刑事责任，该指控观点是否成立；本案是否应对陆晓华按照从犯论处。对此，苏州市金阊区人民法院认为，公诉机关以本案盗窃数额特别巨大为由，要求判处被告人陆晓华 10 年以上有期徒刑或者无期徒刑的观点，背离了案情实际。该院认为，从本案盗窃犯意的发起(谢某某提出犯意)、犯前安排分工(谢某某安排陆晓华在外望风)、盗窃行为的实施(谢某某本人自行实施)、赃款的分配(谢某某分得近 95%的赃款)等全部核心环节看，在整个盗窃过程中，谢某某均处于主导地位，其并非被陆晓华操控，而陆晓华则处于从属地位。谢某某不构成犯罪系因法定年龄问题，不影响对其主导地位的认定，故本案被告人陆晓华虽被单独起诉，仍应被认定为从犯，予以从轻或者减轻处罚，否则也明显有悖于罪刑相适的刑法原则。故判决被告人陆晓华犯盗窃罪，判处有期徒刑 7 年，并处罚金人民币 7000 元。① 一审判决后，被告人陆晓华未提出上诉，公诉机关也未抗诉，判决已经发生法律效力。

这一判决的引人注目之处在于：首先，实际上承认了未达刑事责任年龄的谢某某所实行的盗窃行为成立不法意义上的犯罪。其次，由于陆晓华仅仅实施了为盗窃望风的帮助行为，故否认了已达刑事责任年龄的陆晓华是间接正犯。最后，肯定了二人构成作为不法形态的共同犯罪。其中，谢某某是正犯，其未达刑事责任年龄并不影响陆晓华成立帮助犯。不难看出，该判决运用了限制从属性说的思维，其结论也彰显了限制从属性说的合理性。

案例三：2011 年 7 月 4 日，宋某(20 岁)唆使谢某(14 岁)盗窃，后谢某前往北京市海淀区清河朱房后街某公寓，钻窗入室窃取笔记本电脑一台、MP5 一个、手机一部。

北京市海淀区人民法院的已生效判决认为，被告人宋某唆使他人入室盗窃，其行为已构成盗窃罪，并对其适用刑法第 29 条第 1 款后段“教唆不满十八周岁的人犯罪的，应当从重处罚”的规定，判处有期徒刑 9 个月。② 相对于均为帮助未达到刑事责任年龄者犯罪的前面两个案例，本案的特点是引诱或曰唆使未达到刑事责任年龄者犯罪。付立庆教授充分肯定了本案判决，认为其“否定了谢某是单纯被利用的工具”。③ 笔者则认为，该判决并未否认谢某是被利用者、宋某成立间接正犯。一方面，如果该判决的真意是否定谢某的工具地位，就必然会承认谢某与宋某成立不法意义上的共同犯罪，进而将宋某认定为教唆犯而非间接正犯，并按照宋某在共同犯罪中所起的作用，对其以主犯或从犯论处。然而，判决只字未提宋某是教唆犯或主犯，唯一的解释是其认为宋某是单独犯罪、是假借谢某之手实施盗窃行为的间接正犯。另一方面，该判决之所以被误认为“否定了谢某是单纯被利用的工具”，可能是因为对宋某适用了“教唆不满十八周岁的人犯罪”的规定。但是，如后所

① 参见苏州市金阊区人民法院(2012)金刑二初字第 0105 号刑事判决书。

② 参见北京市海淀区人民法院(2012)海刑初字第 1096 号刑事判决书。

③ 参见付立庆：《违法意义上犯罪概念的实践展开》，载《清华法学》2017 年第 5 期。

述，宋某的行为是教唆，并不等同于宋某构成教唆犯。在针对本案的检委会通报中，北京市人民检察院也明确指出“教唆不满 14 周岁的未成年人实施犯罪，教唆人与被教唆人之间不成立共同犯罪”，“‘教唆’是指教唆行为，并非指一定要构成共同犯罪中的教唆犯”。① 换言之，在引诱而非仅仅帮助未达到刑事责任年龄者犯罪的场合，引诱者仍应构成间接正犯。

(三)限制从属形式视野下的间接正犯原则说之提倡

笔者赞同限制从属性说，但同时主张引诱未达到刑事责任年龄者犯罪的人原则上成立间接正犯。

一方面，以未达到刑事责任年龄者事实上可能具备了规范意识为由，将引诱其犯罪者认定为教唆犯，有损法的安定性。付文承认，“不可能提出一个绝对确定的标准”来判断被引诱人是否具有规范意识，只能结合其实际年龄与具体行为进行分析。② 但是，这种标准“会产生无法解决的界定困难，因为这样一来，即使儿童或精神病患者(还)没有责任能力，显然多少也能独立行为，然而，这种独立的程度不可能被进一步确定”。③ 付文认为，应当将规范意识与“刑法关于刑事责任年龄的规定脱钩”，④ 但这种规范意识“不仅是相当模糊的概念，因此在实务的判断中有极大的困难，而且背离了刑法将责任能力限定在 14 岁以上的旨趣”。⑤ 刑事责任年龄固然只是一种规范设定，事实上难以完全排除某些未达到刑事责任年龄者对某些法益侵害行为具有辨认控制能力，但是，规范意识只能进行规范判断，规范的设定必须遵守而不可反驳，正如不能将这些事实上具有辨认控制能力的未达到刑事责任年龄者认定为有罪责一样。否则，难免会陷入恣意的判断而无刑事法治可言。付立庆教授正确地指出，应当“重视未成年与精神病两者的区别”，即对于精神病人而言，“不能辨认或者控制自己行为”是个实质标准，而刑事立法划定的刑事责任年龄仅是出于保护未成年人的政策考量而推出的形式化标准。⑥ 但是，恰恰由于刑法规范对两者设定了不同的标准，决定了对精神病人的规范意识必须进行实质判断、而对未达到刑事责任年龄者的规范意识只能进行形式判断。正是因为“任何的价值判断，比如是否存在‘辨认和控制能力’，都可能存在因人而异的缺陷”，刑法才对刑事责任年龄作了明确规定。置刑法明文规定的规范意识标准于不顾，另行去“尽量追求‘规范意识’标准的操作化”，⑦ 无异

---

① 参见《北京市人民检察院检察委员会通报》(法律适用意见专刊)2014 年第 1 期。

② 付立庆：《犯罪概念的分层含义与阶层犯罪论体系的再宣扬——以“教唆不满十八周岁的人犯罪”的规范理解为切入》，载《法学评论》2015 年第 2 期。

③ [德]冈特·施特拉腾韦特，洛塔尔·库伦：《刑法总论 I——犯罪论》，杨萌译，法律出版社 2006 年版，第 301 页。

④ 付立庆：《犯罪概念的分层含义与阶层犯罪论体系的再宣扬——以“教唆不满十八周岁的人犯罪”的规范理解为切入》，载《法学评论》2015 年第 2 期。

⑤ 参见[日]西原春夫：《犯罪实行行为论》，戴波、江溯译，北京大学出版社 2006 年版，第 242 页。

⑥ 参见付立庆：《违法意义上犯罪概念的实践展开》，载《清华法学》2017 年第 5 期。

⑦ 参见付立庆：《违法意义上犯罪概念的实践展开》，载《清华法学》2017 年第 5 期。

于缘木求鱼。

另一方面，原则上将引诱未达到刑事责任年龄者犯罪的人认定为间接正犯，并不违反限制从属性说。按照限制从属性说，在已满刑事责任年龄者帮助未达到刑事责任年龄者实行犯罪的场合，或者未达到刑事责任年龄者胁迫已满刑事责任年龄者实行犯罪的场合，已满刑事责任年龄者并未支配犯罪因而当然不成立间接正犯，应以帮助犯或者胁从犯论处；在客观上引诱了未达到刑事责任年龄者犯罪、但误以为其已满刑事责任年龄的场合，引诱者虽然在客观上支配了犯罪、但欠缺主观上的支配意思，故也不成立间接正犯，而应以教唆犯论处。但是，在明知被引诱者未达到刑事责任年龄而引诱其犯罪的场合，由于刑法规范设定了被引诱者没有规范意识、不构成规范障碍，引诱者原则上“基于其在法律上的优势地位，亦即其之‘意思支配’”①凌驾于被引诱人的行为支配之上，故成立间接正犯，而无须判断其是否成立狭义共犯，因此与限制从属性说并不矛盾。这一点，从德国的相关立法与学说即可看出端倪。德国刑法第 26 条规定，故意教唆他人故意实施违法行为的是教唆犯。在这一明确采纳限制从属性说的立法背景下，“主流观点认为，至少当幕后操纵之人说服无责任能力人实施犯罪(而不仅仅是支持其犯罪)时，就是间接正犯”。② 在讨论引诱一名对其行为违法性有足够认识的 13 岁男孩纵火的案件时，耶塞克、魏根特两位教授指出，应当“将行为支配理解为幕后操纵者基于其对法律的掌握而对事件加以操纵”，“在所有有意识地利用无责任能力者实施犯罪行为的情况下，均为间接正犯，而且，如果该无责任能力的幕前人事实上能够认识其行为的不法性并按规范行为的，同样为间接正犯”。③ 罗克辛教授也认为：“对无罪责能力人的利用，在原则上是间接实行人，不管在个别案件中，精神病人或儿童是否不是可能而是的确拥有自己的意志”。④ 可见，将引诱未达到刑事责任年龄者犯罪的人，原则上认定为间接正犯而非共同犯罪中的教唆犯，与限制从属性说并行不悖。之所以说原则上而非一律是间接正犯，是因为存在真正身份犯这一特殊情形，即不具有身份者引诱具有身份的未达到刑事责任年龄者犯罪时，不具有身份者并未支配犯罪，故例外地成立教唆犯。例如，非法行医罪是只有未取得医生执业资格的人才能构成的真正身份犯，当取得医生执业资格的人引诱不满 16 周岁的未取得医生执业资格的人犯非法行医罪时，引诱者只能成立非法行医罪的教唆犯。

三、引诱未达到刑事责任年龄者犯罪的间接正犯实施了“教唆”行为

(一) 间接正犯与教唆犯的关系

在引诱未达到刑事责任年龄者犯罪的人成立间接正犯的场合，能否适用刑法第 29 条

---

① 参见黄常仁：《间接正犯与正犯后正犯》，台北汉兴书局有限公司 1998 年版，第 33 页。

② [德]冈特·施特拉腾韦特，洛塔尔·库伦：《刑法总论 I——犯罪论》，杨萌译，法律出版社 2006 年版，第 301 页。

③ [德]汉斯·海因里希·耶塞克，托马斯·魏根特：《德国刑法教科书》(总论)，徐久生译，中国法制出版社 2001 年版，第 808 页。

④ [德]克劳斯·罗克辛：《德国刑法学总论》(第 2 卷)，王世洲主译，法律出版社 2013 年版，第 46 页。

第 1 款后段，首先取决于该间接正犯是否也成立教唆犯。“争议点在于，正犯的犯罪行为支配和参与的犯罪行为支配二者之间，到底是只具有在强度上的量的区别，还是具有质的不同”，根据后者的观点，“间接正犯和教唆是完全不同的两种东西”。①

在刘某利用不满 14 周岁的人投毒杀人一案中，最高人民法院主张“质的不同说”。在该案中，被告人刘某指使 12 周岁的女儿用家中的鼠药毒杀了金某。对此，最高人民法院在“审判释疑”中认为：“被告人刘某非教唆犯，而是‘间接正犯’，故对刘某不能直接援引有关教唆犯的条款来处理，而应按其女实行的故意杀人行为定罪处刑”，② 即不适用刑法第 29 条第 1 款后段“从重处罚”的规定。付文进一步明确指出：“在成立间接正犯的场合，就不应该按照刑法第 29 条第 1 款的规定‘从重处罚’，同时，也不能酌定从重处罚，而只能按照单独犯罪，科以普通的刑罚。”③“质的不同说”面临的主要问题是，相对于能够适用刑法第 29 条第 1 款后段的教唆犯而言，引诱未达到刑事责任年龄者犯罪的间接正犯罪责更重，却反而不能被从重处罚，违反了罪刑均衡原则。付文提出的解决方案是，“在‘从重处罚’之外”，“根据教唆者在共同犯罪中所起的作用，其仍然可能被评价为从犯从而从轻或者减轻处罚”。④ 然而，我国虽然没有如德日一般明文规定教唆犯科以正犯之刑，但在实践中，教唆犯基本上都是以主犯论处的。因此，笔者认为，以教唆犯可能是从犯为由，来平衡不能从重处罚间接正犯的缺陷，过于理想化。

值得注意的是，在间接正犯与教唆犯的处罚均衡问题上，付立庆教授的观点最近似乎有所改变。他承认，按教唆犯处理，对被告人不利，但这“是一种合理的、值得肯定的差别”，“因为其制造出了一个违法意义上的犯罪人(违法共犯论)，并据此引起了法益侵害，从报应和预防的角度都有较之单独犯罪人从重处罚的必要”；因此，“在确实无法明确区分背后者是否‘实质支配’了被利用者时，应该本着‘有利于被告’的原则，按照间接正犯处理”。⑤ 但是，对于实质支配了犯罪事实的间接正犯之处罚，却轻于教唆犯这种二次责任类型，无论如何是说不通的。其实，间接正犯同样制造出了一个违法意义上的犯罪人，在这一点上与教唆犯毫无差别。因此，对引诱 15 周岁者杀人的教唆犯之处罚，不应当重于引诱 5 周岁者杀人的间接正犯，否则就是不均衡的。⑥

---

① [德]乌尔斯·金德霍伊泽尔：《刑法总论教科书》，蔡桂生译，北京大学出版社 2015 年版，第 426 页。

② 最高人民法院刑事审判第一庭、第二庭：《刑事审判参考》(总第 16 集)，法律出版社 2001 年版，第 71 页。

③ 付立庆：《犯罪概念的分层含义与阶层犯罪论体系的再宣扬——以“教唆不满十八周岁的人犯罪”的规范理解为切入》，载《法学评论》2015 年第 2 期。

④ 付立庆：《犯罪概念的分层含义与阶层犯罪论体系的再宣扬——以“教唆不满十八周岁的人犯罪”的规范理解为切入》，载《法学评论》2015 年第 2 期。

⑤ 参见付立庆：《违法意义上犯罪概念的实践展开》，载《清华法学》2017 年第 5 期。

⑥ 可资印证的是，有域外立法对此予以明文规定。《土耳其刑法典》第 37 条第 2 款规定，利用他人实行犯罪的，也应当作为实行犯追究刑事责任。利用无责任能力的人实施犯罪的，加重三分之一至二分之一处罚。而其第 38 条第 2 款则指出，对教唆未成年人实施犯罪的案件，不适用加重处罚的规定。参见陈志军译：《土耳其刑法典》，中国人民公安大学出版社 2009 年版，第 16~17 页。

与“质的不同说”相反，“量的区别说”则认为，“由于间接正犯与教唆犯并不是对立关系”，故引诱未达到刑事责任年龄者犯罪的间接正犯“也完全符合教唆犯的成立条件”。① 换言之，“教唆犯是指实施教唆的行为人”，而“间接正犯实施犯罪的行为方式可能与教唆犯的行为方式存在相同之处，因此，两者可以在一定范围内发生竞合”。② 笔者认为，这种思维方式固然有其合理之处，但却漠视了正犯与狭义共犯的区别。的确，从历史上看，“间接正犯，是19世纪中叶从教唆犯概念分离出来的一种法律称谓”，③ 但是，“刑法理论演变至今，间接正犯和教唆犯的界限已经明晰”。④ 主张间接正犯也是教唆犯，恰如“人体与‘尸体’具有重合的要素，只不过人体存在多于‘尸体’的要素”⑤的观点一样，有混淆不同范畴的本质之虞。

（二）我国刑法中“教唆”的两种含义

“质的不同说”与“量的区别说”虽然针锋相对，但两者的共同点在于，将实施教唆行为的人等同于教唆犯。最高人民法院在艾某教唆未满14周岁未成年人犯盗窃罪一案中，则另辟蹊径，区分了教唆犯与教唆人：“虽然教唆不满14周岁的未成年人实施犯罪的，教唆人成立间接正犯，但并不影响在教唆人与被教唆人非成立共同犯罪的间接正犯情况下，对教唆人依法进行从重处罚”。⑥ 对此，付文批判道：“这是文字游戏，只是论者为了说明自己预设的观点而牵强附会而成，并无更多的实质性的说服力。”⑦笔者认为，应当联系我国刑法中的相关条文，以明确“教唆”的含义。

纵览我国刑法典，除第29条的总则性规定之外，分则中还有两处关于引诱未成年人犯罪的规定。其一是，在第301条第1款的聚众淫乱罪之后，第2款规定了引诱未成年人聚众淫乱罪：“引诱未成年人参加聚众淫乱活动的，依照前款的规定从重处罚。”其二是，在第347条的走私、贩卖、运输、制造毒品罪之中，第6款规定，利用、教唆未成年人走私、贩卖、运输、制造毒品的，从重处罚。显然，这两处规定都是对第29条第1款后段的强调。既然如此，第29条第1款后段中的“教唆”、第301条第2款中的“引诱”、第347条第6款中的“利用、教唆”，这三者的内涵就应当是相同的。也就是说，在我国刑法中，“教唆”一词有两种含义。第29条第1款后段中的“教唆”，是广义的教唆，其含义与第301条第2款中的“引诱”相同，包括了第347条第6款中的“利用、教唆”这两种情形；

① 张明楷：《刑法学》，法律出版社2016年版，第454页。

② 参见肖吕宝：《关于“教唆不满十八周岁的人犯罪的，应当从重处罚”的理解与适用》，载《政法学刊》2007年第5期。

③ ［德］冈特·施特拉腾韦特，洛塔尔·库伦：《刑法总论Ⅰ——犯罪论》，杨萌译，法律出版社2006年版，第294页以下。

④ 何庆仁：《我国刑法中教唆犯的两种涵义》，载《法学研究》2004年第5期。

⑤ 张明楷：《刑法学》，法律出版社2016年版，第279页。

⑥ 参见最高人民法院刑事审判第一、二、三、四、五庭：《刑事审判参考（总第54集）》，法律出版社2007年版，第143页。

⑦ 付立庆：《犯罪概念的分层含义与阶层犯罪论体系的再宣扬——以“教唆不满十八周岁的人犯罪”的规范理解为切入》，载《法学评论》2015年第2期。

而第 347 条第 6 款中的“教唆”、第 29 条第 1 款前段以及第 2 款中的“教唆”，则是狭义的教唆，即除利用之外的、成立教唆犯意义上的“教唆”。这并非牵强附会的文字游戏，而是体系解释的必然结论。因此，引诱未达到刑事责任年龄者犯罪的间接正犯，虽然不成立教唆犯，但其利用行为仍属于广义的教唆，应当从重处罚。

（原文刊载于《法律科学》2018 年第 6 期，人大复印报刊资料《刑事法学》2019 年第 4 期全文转载。）

“刑法化”、过度刑法化与非犯罪化理论述评
——消极刑法观之坚守

胡　莎*

摘　要：近年来，主要包括预防性刑法观、控制风险刑法观、预防性犯罪化、民生刑法观的积极刑法观，与主要涵盖“避免社会治理过度刑法化”、“谨防刑法过分工具化”、“慎重入刑”的消极刑法观之间，存在着尖锐的理论对峙。而在这两派的论战中，“犯罪化”、“入刑”、“泛刑化”、“过度犯罪化”、“惩罚主义立法”、“刑法极端工具化”、“出罪”、“去罪化”……等令人眼花缭乱、杂乱无章、缺乏统一的犯罪化及相关概念，被两个阵营的学者们随意“信手拈来”。这种犯罪化理论研究现状，明显难以应对积极刑法观论者所大力支持的未来立法犯罪化问题。因此，有必要澄清、整合以及重新解读“刑法化”、过度刑法化与非犯罪化及近似概念、以及相互关系，并在坚守消极刑法观的情形下，做到：借用“犯罪化”时，应以“刑法化的元理论”与“刑法化的规范理论”分类为前提；引用过度刑法化时，应直面我国存在过度犯罪化问题；应重用可兼顾充分发挥刑法功能与避免刑法滥用的“司法上的非犯罪化”。

关键词：犯罪化；预防性刑法观；过度犯罪化；消极刑法观；出罪

对“刑法化”、过度刑法化与非犯罪化等犯罪化理论的研究，直接关系到我国社会治理、刑事立法修正与演进、刑罚体系改革、刑法学知识的创新与转型，因而，我国目前这方面的研究已达到相当繁荣的程度。来源于英美的犯罪化理论中的“刑法化”、过度刑法化与非犯罪化这三个概念，也早已在我国刑法学研究中落地生根。但是，在我国现有犯罪化相关研究文献中，除“犯罪化”、“过度刑法化”、“非犯罪化”这三个概念随处可见之外，还看到众多类似概念“四处横飞”，例如“入刑”、“积极刑法观”、“入罪”、“泛刑化”、“过度犯罪化”、“过罪化”、“过度的‘惩罚主义’”、① “刑法依赖综合症”、② “刑法

---

* 胡莎(1988—　)，女，湖北仙桃人，法学博士，广州大学法学院讲师，英国伦敦大学玛丽学院访问博士生，主要从事刑法学与刑事政策学研究。

①　参见[德]埃里克·希尔根多夫著：《德国刑法学——从传统到现代》，江溯、黄笑岩译，北京大学出版社 2015 年版，第 219 页。

②　参见卢勤忠：《“中罪中刑”的刑法结构之提倡——对“严而不厉”的一点质疑》，载《当代法学》2012 年第 6 期。

权膨胀”、“刑法肥大”、“万能主义刑法观”、①“刑法极端工具化”、“除罪化”、“出罪”、“出罪化”、“去罪化”……。这些近似概念看似相当新颖，彼此之间的关系也貌似错综复杂，但这明显属于概念丛生、“乱花渐欲迷人眼”的研究乱象，不仅浪费学术资源，也显然反衬出我国犯罪化理论研究，连基本的概念都未统一，谈何犯罪化理论之实质、长远、深入发展？谈何指导我国今后的立法犯罪化事业？而且，近两三年来，刑法学界部分学者，基于风险社会的风险理论，过于偏爱犯罪化，力推积极、预防性犯罪化之积极刑法观，同时否定我国存在过度犯罪化问题，且冷落非犯罪化理论。② 从一国的犯罪化与非犯罪化之平衡发展③，同时谨防过度犯罪化的刑法发展规律来说，这明显是刑法不健康发展的征表。而且，德国罗克辛教授曾明确指出：寄希望于刑法将预防犯罪发挥到极致、用以为未来提供保障的刑法纯粹功能化，是一种很大胆的观点，因为，预防刑法观之信条，在轮廓上从来就是无法辨认的，并且根据法治国的性质，从来就是无法审查的。④ 鉴于此，值此新中国第一部刑法典颁布施行至今的40周年纪念年，对我国“刑法化”、过度刑法化与非犯罪化等犯罪化理论的内涵，予以探究、澄清、反思与重构，并坚守传统的消极刑法观，意义格外重大。

“刑法化”(Criminalization)，通常被称为“犯罪化”，是指将某种曾经不由刑法惩治的行为纳入刑法中作为犯罪论处，并对行为人施以相应刑罚，或者将已经被纳入刑法范围的行为，加重刑罚。在我国目前的犯罪化研究中，对该概念之研究，存在的最显著问题是概念不统一，例如“犯罪化”基本上可以与下列词组混用：“刑事化”⑤、“以犯罪论处”、“入罪”、“入罪化”、“入刑”、“扩张刑法的适用范围”、“预防刑法”、⑥“预防性刑法

① 参见郑丽萍：《犯罪化与非犯罪化并驱——中国刑法现代化的应然趋势》，载《中国刑事法杂志》2011年第2期。

② 参见高铭暄、孙道萃：《预防性刑法观及其教义学思考》，载《中国法学》2018年第1期；付立庆：《论积极主义刑法观》，载《政法论坛》2019年第1期；时延安：《犯罪化与惩罚体系的完善》，载《中国社会科学》2018年第10期；周光权：《积极刑法立法观在中国的确立》，载《法学研究》2016年第4期；梁根林：《刑法修正：维度、策略、评价与反思》，载《法学研究》2017年第1期；黎宏：《情景犯罪学与预防刑法观》，载《法学评论》2018年第6期；满涛：《我国犯罪化立法的教义学边界》，载《刑法论丛》2017年第4卷。

③ 参见郑丽萍：《犯罪化与非犯罪化并驱——中国刑法现代化的应然趋势》，载《中国刑事法杂志》2011年第2期。

④ 参见[德]克劳斯·罗克辛：《德国刑法学总论》(第1卷)，王世洲译，法律出版社2005年版，第19~21页。德国“法兰克福学派”的代表人物，皆“反对通过一种预防性的刑法来与现代社会的问题作斗争的努力”。

⑤ 参见马乐：《“教授间谍案”将民事争议刑事化》，载《法制日报》2015年5月26日第010版；万方：《企业合规刑事化的发展与启示》，《中国刑事法杂志》2019年第2期。企业合规计划，主要是企业为规避自身刑法风险而设的，即如果企业内部已经有自我管理、自我监督、自我预防、发现和制止违法犯罪的合规措施，那么司法机关对犯罪的企业会减免罚金、或适用缓刑、或减刑、或免于起诉不追究刑事责任，这样有效地避免了企业因司法机关非理性的刑事干预，遭受不必要的损失。

⑥ 参见何荣功：《预防刑法的扩张及其限度》，载《法学研究》2017年第4期。

观”①、“预防刑法观”②、“预防性犯罪化”③……笔者虽然基本上赞同这些名词或词组可任意交换着使用，但却不禁担忧刑法学者轻视“犯罪化”理论研究，误以为研究“犯罪化”并无任何特殊理论意义，换言之，明明是“屠龙宝刀”的“犯罪化”理论(或称“刑法化”理论)，却被无意中轻视为“普通的刀”，哪里的刑法学研究需要犯罪化及类似概念，就随意用在哪里，与“普通的刀”毫无二致，这一点急需点醒“用刀人”，这也是当下犯罪化理论研究最值得关注的问题。

众所周知，“过度刑法化”(Overcriminalization)④，简称“过罪化”⑤，也称为过剩犯罪化(汪明亮教授)、过度犯罪化(齐文远教授)、惩罚主义(樊文教授)、刑法依赖症⑥……，其主要是指社会中存在太多的犯罪、太多的惩罚，这导致国家权力机关在应对一些不应作为犯罪论处的行为时，直接出动刑法予以规制，产生众多有罪判决，但由于这些有罪判决因违反刑法谦抑性、罪刑法定原则或罪责刑相适应原则，而不得民心，导致刑法适用无效果，而且还产生众多负面影响，我国学者还习惯性地将此种现象统称为“刑法过度扩张”、“刑法泛化”、⑦“刑法过分工具主义化”、⑧“刑事优先论”、⑨“新刑法工具主义”、“过度用刑”、“重罪化”、“不慎重用刑”⑩……，这些词组也几乎可以视作“过度刑法化”的同义词。笔者也基本赞同对“过度刑法化”问题作如此五花八门的“冠名”，但是，这种研究对象用语不统一、不一致，甚至是相当杂乱的客观研究现状，容易导致部分学者倾向于认为“过度刑法化”研究也并无多大新意，甚至会直接否认我国存在过度刑法化问题，笔者对该研究现状，深表堪忧。

至于“非犯罪化”，顾名思义，是非罪化(Decriminalization)的全称，对其通常的理解是：将一些不应作为犯罪论处的行为，不再作为犯罪论处。但是，根据我国“过度刑法化”理论研究的开创者何荣功教授的理解，可正常推导出“非犯罪化”应是指“非刑法化”，即将曾经纳入刑法调控范围的行为，剔除出刑法圈，因此，在我国目前的非犯罪化研究文献中，也基本上可以将“非刑法化”、“非罪化”、“出罪”、“除罪”、“除罪化”、“去犯罪化”、“轻刑化”等词与“非犯罪化”替换着用，笔者认为这种替换，符合“非犯罪化”本质涵义。可惜的是，在上述“非犯罪化”概念群中，当下最闪耀的“学术明星”，并不是“非犯

① 参见高铭暄、孙道萃：《预防性刑法观及其教义学思考》，载《中国法学》2018年第1期。

② 黎宏：《情景犯罪学与预防刑法观》，载《法学评论》2018年第6期。

③ 参见郭旨龙：《预防性犯罪化的中国境域——以恐怖主义与网络犯罪的对照对视角》，载《法律科学》2017年第2期。

④ 参见何荣功：《社会治理“过度刑法化”的法哲学批判》，载《中外法学》2015年第2期。

⑤ [美]道格拉斯·胡萨克著、姜敏译：《过罪化及刑法的限制》，中国法制出版社2015年版。

⑥ 参见赵军：《法治建构与社会治理的“刑法依赖症”——以拐卖儿童犯罪的法律演进为中心》，载《法学评论》2016年第6期。

⑦ 参见于志刚：《刑法修正何时休》，载《法学》2011年第4期。

⑧ 参见谢望原：《谨防刑法过分工具主义化》，载《法学家》2019年第1期。

⑨ 参见游伟：《反思“刑事优先论”》，载《检察日报》2010年3月18日第003版。

⑩ 参见沈海平：《过度刑法化还是秩序供给不足》，载《检察日报》2015年5月13日第007版。

罪化”，而是“出罪”，“出罪”具体是指我国阶层犯罪论体系中的违法阻却事由与责任阻却事由这两大类出罪事由，该两类出罪事由，可以为我国司法实践大量的“非犯罪化”，提供坚实的理论根据，因此，在强大的、极具体系性的刑法教义学出罪事由面前，来源于英美刑法中的非犯罪化理论，显得多余且无用，这既让专门研究非犯罪化的学者哀叹不已，也让望文生义、想当然的以为非犯罪化才是解决“过度刑法化”问题之最好办法的学者，对我国的“过度刑法化”问题漠然视之，这种态度进而蔓延至专门研究“过度刑法化”的学者，他们要么“转头”大力支持通过“刑法教义学”解决社会治理“过度刑法化”问题，要么直接表明犯罪化(刑法化)才是我国今后的大趋势，而非犯罪化并不是，因此其研究意义不大。笔者对该研究现状持折中看法，虽然赞同通过刑法教义学中的出罪事由理论，解决“过度刑法化”问题，但是对有些学者认为我国目前研究“非犯罪化”意义不大之看法难以苟同，因为即使是教义学上的出罪事由研究，其只是非犯罪化研究的一部分而已。

通过上述对我国目前刑法学研究中的“刑法化”、过度刑法化和非犯罪化三个概念及其近似概念的初步介绍，我们可以发现：我国目前犯罪化理论(“刑法化”理论)，密集散布着三组杂乱无章的概念群，而每一组概念群中的概念，有些名称极为类似，有些名称各异，这些名称看上去皆较宽泛、抽象，但是其自身所蕴含的思想，在学者的论述中，又相当简单易懂，笔者认为，这也正是我国犯罪化研究目前难以为实体刑法学研究提供知识、理论增长点、渐渐被其边缘化的主要原因之一，而另一个主要原因是作为我国实体刑法学核心内容的刑法教义学越来越发达，刑法教义学才是我国目前刑法学研究的主流，因为“刑法教义学”才是使我国刑法学知识呈现井喷式增长的“功臣”(陈兴良教授《刑法的知识转型(学术史)》)。虽然目前我国犯罪化研究现状呈现两个极端，一端是犯罪化研究内容显得很高深，充满哲思，受部分刑法学者追捧，例如刑法中的法律道德主义分析、家长主义刑法、积极刑法观、风险刑法观、预防刑法观等等；另一端是犯罪化研究变为“无底线”、“无节制”地不断呼吁将各种行为入刑的研究，这类研究目前一般被斥责为象征性立法、情绪性立法横行的“始作俑者”。这种各执一端的犯罪化研究现状，也反映出犯罪化理论研究，既可以展现其形而上的一面，容易被钟情于刑法哲学研究的学者所青睐与酷爱，也可以彰显其形而下的第一面，为热衷于刑事立法改革的学者、以及每年皆要提立法议案的人大代表们所器重与厚爱。从这个角度来说，我们可得出如下结论：我国所有刑法学理论研究的内容，以及刑法实践的基本内容，皆可概括称为属于“刑法化”理论①，该理论分为刑法化的元理论与刑法化的规范理论，其中刑法化的元理论，围绕犯罪的本质和刑罚的证成而展开，其早已遍布于刑法哲学、刑事政策学、犯罪学之中；而刑法化的规范问题，即规范的刑法化理论(Normative Criminalization Theory)，是关于刑法化的限制及其道德原理，也称为定罪处罚范围的界限理论，这主要是专门针对或服务于刑事立法与刑法解释工作。因此，刑法教义学，只是规范的刑法化理论的一个组成部分，特别是我国当前

① 在此必须补充说明的是，由于刑法学的英语是“Criminal Law”，过度刑法化的英语是“Overcriminalization”，而犯罪化的英语是“Criminalization”，因此，“犯罪化”事实上与“刑法化”是同义词，两个概念可以互换使用，因此本文并不是在偷换概念，也不是故意创造新词、混淆视听，只是希望读者从英文原词的角度，全新看待我国刑法学理论研究中的“犯罪化”理论。

处在日益复杂的风险时代、网络时代、恐怖事件频发的时代，仅从刑法教义学的内容体系，对犯罪化问题予以解答，还远远不够，很需要从刑法哲学、刑事政策学、犯罪学、刑事立法的内容中研究“刑法化”问题。①

由此可见，犯罪化理论，即“刑法化”理论，不仅统摄性强，而且直接与刑事立法、刑法教义学相呼应，② 同时也能够合理解释为何刑法哲学、刑事政策学，甚至刑事诉讼法、法理学研究中，到处可见“犯罪化”这一万金油般的“身影”。而本文也主要是依据“犯罪化”无处不在的法学研究现状，针对“刑法化”、过度刑法化与非犯罪化概念的现有研究，对这三个概念，分别展开自主性、反思性的检讨与重新解读。

一、借用“犯罪化”概念时“除纳其形，还应纳其实”

如前所述，我国刑法学者广泛、频繁地借用英美刑法中的“犯罪化”一词，在这些学者的研究论证过程中，几乎只是将“犯罪化”当作“入刑”、“刑法化”、“以犯罪论处”、“扩大刑法适用范围”、“入罪”、“入罪化”等等的同义词，虽然该词形似我国刑法专业术语，但其实我国仍未赋予其具体的、独特性的刑法规范实质内容或刑法哲学思想，也正由于该缺陷，刘艳红教授在2011年那句广有影响力的“我国应该停止犯罪化的刑事立法”之直呼，③ 毫无效果，立法机关反而在2015年通过《刑法修正案》(九)，更加“变本加厉”地通过典型的增设众多新罪名、降低已有犯罪之入罪门槛的犯罪化方式，全方位地扩大刑法的适用范围④，2017年年底又通过《刑法修正案》(十)增设侮辱国歌罪，这足以说明我国刑事立法的大规模犯罪化进程，早在2011年就通过《刑法修正案》(七)的出台而全面启动，即使刘艳红教授当时十分睿智地立即大声疾呼“停止”，但刑事立法机关作为犯罪化工作的“驾驭者”，一直都“刹不住车”，可能根本就不愿“刹车”，其只想不断猛踩油门⑤、希望快点到达“刑事立法严密、丰富、完备、发达”的目的地，尽快采用西方发达国家“严而不厉”、“立法只定性不定量”的做法。

虽然从我国目前对犯罪化研究的各种客观事实层面来看，现有犯罪化研究已经算是汗牛充栋，但“犯罪化”却仍然只是“入罪”、“入刑”、“扩大刑法适用范围”等术语的空泛代名词，学者对其进一步深入的研究，也主要是担心犯罪化立法没有边界限制而“走极端”，担忧其偏离“适度犯罪化”发展方向，朝着“过度犯罪化”方面“跑偏”。我国目前对“过度犯罪化”的理解，主要是用其指代刑法中存在的大量客观现象或隐患，例如刑法介入过于早期化或前置化，这极大地限缩了公民自由；将行政违法行为作为犯罪论处，这导致行政

① 参见郑玉双：《法理学贡献于刑法学的方式：以刑法观为例》，载《中国法律评论》2018年第3期。

② 满涛：《我国犯罪化立法的教义学边界》，载《刑法论丛》2017年第4卷。

③ 参见刘艳红：《我国应该停止犯罪化的刑事立法》，载《法学》2011年第11期。

④ 参见刘志伟：《〈刑法修正案(九)〉的犯罪化立法问题》，载《华东政法大学学报》2016年第2期。

⑤ 我国台湾地区的林山田教授将犯罪化与非犯罪化也比喻为“油门”与“刹车”。参见郑丽萍：《犯罪化与非犯罪化并驱——中国刑法现代化的应然趋势》，载《中国刑事法杂志》2011年第2期。

权僭越司法权；刑民不分，这使得司法机关不正当地侵犯公民自由；① 将一些不具有强烈道德谴责的日常生活行为作为犯罪论处，导致被查获的民众认为只是运气不好或倒霉才沦为罪犯，使得刑法得不到民众应有的尊重；有些犯罪化立法，例如拒不支付劳动报酬罪的增设，违背刑法谦抑性；刑法规范不断膨胀、臃肿不堪、所规制的行为重叠繁复，存在竞合的犯罪化现象；② 过度犯罪化消耗国家大量立法资源、司法资源与学术资源，导致国家预防犯罪的成本过高，这会连锁反应般的导致刑法预防犯罪的效用降低等等。这些众多的、杂乱无章的客观现象，也正是我国犯罪化研究所展现出来的研究内容，因此，从此面向来看，“过度犯罪化”这个概念，在我国目前的犯罪化研究语境下，确实有多余之嫌，因为如果不将上述众多客观现象填充到过度犯罪化研究中，而是直接在“犯罪化”名义之下对这些刑法客观现象予以研究，过度犯罪化这一概念被“踢出”我国刑法学界，也完全可以理解。

据此，我们也能理解为何在英美国家引发刑法理论研究狂潮的“过度犯罪化”问题，在我国并不是一个问题，而且有学者通过比较英美刑法中犯罪化的研究与我国对于犯罪化的现实研究情况，发现英美刑法中的犯罪化研究，实际上是一个道德哲学与政治哲学上的概念，属于刑法理论背后的理论，主要包括损害原则③、冒犯原则④、家长制主义、法律道德主义等哲学理论，即通过哲学，特别是伦理学的视角，来充满高度、深度地审视“应否将某个行为纳入刑法作为犯罪论处，如果将其作为犯罪论处、施以惩罚，那么，定罪处刑的正当性根据为何”的重大刑法哲学问题，即国家动用刑法的正当根据为何，这才是“犯罪化”的精神实质之所在。⑤ 而我国目前刑法学的主流研究是刑法教义学，全国有重

① 参见刘志伟：《〈刑法修正案（九）〉的犯罪化立法问题》，载《华东政法大学学报》2016 年第 2 期。

② 参见姜敏：《刑法修正案犯罪化及限制》，中国法制出版社 2015 年版，第 122~123 页。

③ 损害原则，也称为伤害原则或法益保护原则，周光权教授采纳日本学者松原芳博、井田良的观点，认为法益概念在现代社会抽象化、精神化、稀薄化是大势所趋，法益的犯罪化的限制功能必将退化，没有法益概念的限制，用于提升国民遵守规范意识的积极犯罪化，定将越来越多，这也是我国的时代要求。但问题是：法益这种发展趋势，在象征性立法、立法活性化特别严重的日本，容易被人理解，但是作为发达国家日本人的法律规范意识总体上比我国人高，可为何还是要通过积极的犯罪化提升国民规范意识呢？而且张明楷教授一再强调要发挥法益概念的批判功能，这明显与周光权教授主张的法益批判功能必将退化的观点相冲突，之所以相冲突，笔者认为主要是因为犯罪化正当根据理论，除了张明楷教授所主张的法益保护原则外，其实还有其他的正当根据理论。详细内容，在此不赘述。参见前引周光权文；张明楷：《法益保护与比例原则》，载《中国社会科学》2017 年第 7 期。

④ 实际上，英美刑法上的冒犯原则，可以为积极刑法观论者提供强大的理论支持，因为被犯罪化的冒犯行为，是指带给冒犯者各种令其感到恐惧、厌恶、恶心、尴尬、不便、愤怒、怨恨、震惊、不满、不满、心理不舒服等各种高度分散人注意力的、负面的、消极的、不良的情绪，而积极刑法观论者主张的灵活刑法化，正是为了安抚民众的不安情绪。但笔者认为某些冒犯行为被犯罪化，除需符合冒犯原则的具体适用准则，还需考量犯罪化替代措施。参见胡莎：《冒犯原则与犯罪化的正当性原则——以公开性交为例》，载《政法学刊》2017 年第 5 期。

⑤ 参见方泉：《犯罪化的正当性原则——兼评乔尔·范伯格的限制自由原则》，载《法学》2012 年第 3 期。

大影响力的刑法学家们，也极力主张刑法学教义学研究，该研究方法起源于德国，其归根到底要解决的刑法问题，其实也是依据何种标准可以将某种行为定为犯罪、基于何种理由可以追究行为人刑事责任，只是研究该问题的刑法理论，被约定俗成的称为“犯罪构成要件理论”或者“犯罪论体系”，该体系主要包括构成要件理论、不法论与责任论。由于来源于德国的犯罪论体系理论，在我国青年刑法学者中，目前已取得类似于“四要件犯罪构成要件理论”根深蒂固、不可撼动的刑法实践地位，而其本质上致力于解决的问题，也正是英美刑法学上力争要解决的犯罪化问题，因此，来源于英美刑法中的“犯罪化”研究，在我国刑法理论中沦为“入刑”、“入罪”、“扩大刑法调控范围”等等的代名词而未获得应有的重视，这完全可以理解。

但是，不可否认的是，起源于英美刑法学上的“犯罪化”概念，也早已深深根植在我国刑法学者心中，目前由于我国完全借鉴日本刑事法学对“犯罪化”所“摆放”的理论位置，将其安置在刑事政策学中①，这导致我国对“犯罪化”的研究，与占主流的实体刑法学(即以犯罪论体系为核心分析框架的刑法教义学，或称为刑法解释学)目前是井水不犯河水，二者各自为阵，互相都难以渗透。早在2008年，张明楷教授就尝试着将“犯罪化”理论完全引入到占刑法学术圈主流的理论话语体系中，即对犯罪化概念，采用的是广义的理解，其认为犯罪化是指：立法上或司法上将以往不是犯罪的行为，作为刑法上的犯罪，使其成为刑事制裁的对象，例如有些行为以往只是法律所不禁止的，或是指民事、经济、行政违法行为，如今却被作为犯罪论处，其中立法上的犯罪化，相当于扩大刑罚处罚范围的刑法增设、修改，司法上的犯罪化是指成文刑法没有变化，但通过司法解释，将某种行为以往不是犯罪的行为认定为犯罪。至于张明楷教授为何主张犯罪化广义概念，明确认可司法上的犯罪化，是因为其认为立法犯罪化需要“很长的过程”，而2008年左右，正是“立法机关沉默的时代”，这导致那个时代必然是“法官解释刑法的时代”，因此犯罪化除了包括立法犯罪化外，还包括司法犯罪化。② 但是，与2008年刑事立法状态相比，我国目前的刑事立法状况，发生了翻天覆地的变化，首先，截至2019年，我国已出台10个《刑法修正案》，近十几年来，随着反恐、反极端形势持续严峻、网络犯罪常见多发、考试作弊行为越发猖獗等等，恐怖主义犯罪、网络犯罪、信息犯罪与考试犯罪等等刑法新罪名，层出不穷，其中考试作弊、使用虚假身份证件、组织、资助非法聚集、公开披露、报道不应当公开的案件信息等原本只是不道德、违纪或普通违法的行为，如今也被犯罪化，这些都属于典型的过度犯罪化罪名③；其次，各罪罪状之扩充，即刑法适用范围的持续扩张，令刑法学者或刑法实务工作者应接不暇，刑事案件不断增多，基层司法工作人员常年超负荷办案、监狱也人满为患；最后，全国人大常委会也早已将《刑法修正案(十一)》提上立法日

① 参见[日]大谷实：《刑事政策学》，黎宏译，中国人民大学出版社2009年版，第93~106页。大谷实教授在该书中明确指出：“一旦社会关系复杂，便可看到作为社会控制手段而随便创设犯罪的倾向。对于这种过剩犯罪化(Overcriminalization)应当慎之又慎。”

② 参见张明楷：《司法上的犯罪化与非犯罪化》，载《法学家》2008年第4期。

③ 参见谢望原、张宝：《刑法修正案(九)的亮点和不足》，载《苏州大学学报》(哲学社会科学版)2015年第6期。

程，犯罪化立法，在党中央及最高权力机关必须要不断向人民群众展现其在打击犯罪、社会治理方面有所作为的新时代，注定会越来越多。① 基于这种近年来活跃、热闹、持续不断的刑事立法修订情况，齐文远教授、谢望原教授与何荣功教授敏锐地发现，我国刑法不仅已显示出过度犯罪化的苗头、倾向或趋势，而且存在过度犯罪化问题②，因而警惕性地强烈呼吁：应避免过度犯罪化、谨防刑法过分工具主义、避免社会治理的“过度刑法化”或刑法泛化等等。除此之外，也有学者开始依据刑法目的理性，即刑法“面向当下”以实现法律正义，还是“追求终极之善”以实现社会正义，来深入研究我国犯罪类型设定的“过度刑法化”问题。③

因此，结合我国当前“犯罪化大提速”的现实背景，当我们重新审视2008年张明楷教授力倡的司法上的犯罪化概念时，会发现上述对犯罪化的广义理解，即包涵了司法上的犯罪化的理解，终究不过是张明楷教授所力主的实质解释论意义上的司法适用方法而已，这早已不属于英美刑法犯罪化研究中“原滋原味”的“犯罪化”研究，因为“司法上的犯罪化”这一概念，显露出司法权僭越立法机关创设犯罪与刑罚规范的独家专属权，而且欠缺对社会普通民众所能容忍的最低限度的道德予以综合考虑，同时难以获得社会大众的普遍性支持。因此，司法上的犯罪化违背法治精神，应予以抛弃，但是对法条的扩大解释与司法上的非犯罪化，却应该予以弘扬，因为前者可在罪刑法定原则的基本框架下，解决积极刑法观论者担忧的刑法规制缺陷与漏洞问题，而后者可在很大程度上可帮助克服社会治理“过度刑法化”问题。因此，在英美刑法犯罪化研究的语境下，张明楷教授其实一直都在通过深耕刑法解释学理论，切切实实地解决“过度犯罪化”问题，这就是全球刑法学理论研究的相通之处，无论采取刑法哲学的视角、还是采用刑法解释学的方法，皆是为国家公权力动用刑法限制或剥夺公民财产、自由、生命等基本权益的权力予以限制，从而保障人权。

如前所述，虽然“犯罪化”一词，遍布我国目前的法学研究文献中，其与“入罪”、“入刑”、“刑法化”、“以犯罪论处”等词组同义交互使用，这也已经是法学研究约定俗成的做法，但是，并不代表犯罪化的研究内容，与我国目前刑法学术界近几年流行的刑法观毫不相干、也不代表犯罪化研究与刑法学研究、刑事政策学研究、犯罪学研究界限明晰，更不代表犯罪化是我国今后刑事立法的唯一趋势，这几点迫切需要在犯罪化研究中予以澄清。

(一)刑法观的核心内容其实是犯罪化(刑法化)问题

刑法观，即对刑法参与社会治理的程度、大小、深浅所持的观念，也称为刑法参与观。在我国如今的刑法学界，占主导地位的刑法观，是积极刑法观，具体是指面对网络技

---

① 参见《2019年全国人民代表大会常务委员会工作报告(摘要)》，“学习强国”学习平台2019年3月9日。

② 参见齐文远：《修订刑法应避免过度犯罪化倾向》，载《法商研究》2016年第3期。

③ 参见吴亚可：《刑法目的理性视阈下我国犯罪类型设定“过度刑法化”论纲》，载《刑法论丛》2017年第2卷。为解决我国目前的“过度刑法化”问题，该文主张立法者在将某种行为类型化为犯罪时，应采用立法实证方法，笔者赞同该观点。

术、生物科技、人工智能①等发展带来安全风险、秩序风险的当下，刑法应积极、主动、扩张性、预防性的参与、介入到这些风险的治理与控制中，将相关行为及行为人予以“犯罪化”，因此积极刑法观，也可以称为国权主义刑法观、威权主义刑法观、权力本位刑法观、“民粹主义刑法观”②。很明显，该刑法观与我国刑法应保持谦抑性、最后手段性、刑法应坚持自由主义的基本观念相抵触。于是，就此可以引出了一个目前在刑法学研究中争论很大的问题：我国目前的刑法，是应该积极争当控制、预防风险之社会管理工作的“急先锋”或“最优利器”，还是应坚持一贯的保守、谦抑、安定姿态，在所有社会治理措施的最后面，“亦步亦趋”，继续坚如磐石地做所有社会治理方式的“最坚强之后盾”？

对于该问题，目前刑法学界明显分成两派：一派是力主我国未来应持续“犯罪化”，徐剑锋博士将其称为“积极刑法观”③，笔者认为其也可以称为“积极犯罪化”或“积极刑法化”，其主要动机是为了避免出现刑法规制漏洞④。该派别的代表人物皆有较强的学术影响力，例如主张预防性刑法观的高铭暄教授，其主张刑法应积极“承担”社会治理的新时代使命；提倡民生刑法观的卢建平教授，认为刑法应以保障民生权益为基本内容⑤，例如刑法应重点保障人民群众的交通出行安全、食品安全、按时获得劳动报酬等热点民生利益，对于侵犯人民群众这类民生利益的行为，应该予以刑法化，争取对相关行为人定罪处罚。对此，我国有学者对食品安全领域展开了与民生刑法观相反的“泛犯罪化”思考，详细、深入地论证了我国其实并不应该将过失危害食品安全行为、持有危险食品、拒不履行食品召回义务予以犯罪化。⑥ 这对民生刑法观进行了较合适的质疑与批判。

另外，在积极刑法观阵营中，还有推崇“风险控制的刑法观”(陈兴良教授语)的劳东燕教授，其认为我国处在风险社会，随着风险逐年增多，人们的不安情绪也日益增多，因

---

① 例如目前引发刑法学界广泛关注的热点议题是：是否应通过刑法对人工智能予以规制。笔者在前瞻性地假设将不同类型的人工智能体作为刑事责任主体之后，我国刑法就此会面临的众多具体实在的理论困境。参见胡莎：《论人工智能体作为刑事责任主体的反思》，载《广州大学学报》(社会科学版)2019年第2期。

② 民粹主义刑法观，是指以特定事件为契机，若受被害人及其与其有共鸣的一般公民的呼声所裹挟而进行仓促立法，则有可能缺乏对刑罚效果的冷静判断，进而导致处罚过于严厉，即制造不公正的惩罚。这种刑法观在日本备受指责，日本学者川出敏裕教授、金光旭教授认为，这一指责与日本现状部分相符，因此，需要考量的是如何抑制该倾向。参见[日]川出敏裕、金光旭著：《刑事政策》，钱叶六等译，中国政法大学出版社2016年版，第93页。

③ 参见徐剑锋：《互联网时代刑法参与观的基本思考》，载《刑事法学的现代课题——祝贺谢望原教授从教40周年》，法律出版社2017年版，第13页。

④ 熊永明教授明确指出：设立新罪的建言者所理解之漏洞，有的是因为作出片面解释而造成不应有的漏洞，有的是因为没有进行法益解释造成不应有的漏洞，有的是因为进行了消极解释而造成不应有的漏洞，有的是因为建言者们为追求立法的精细所造成不应有的漏洞，有的是因为忽略立法类型化原则而造成不应有的漏洞，有的是因为漠视刑法的最后手段性而造成不应有的漏洞。参见熊永明：《我国罪名建言热潮之隐忧及其批判》，载《法学评论》2015年第6期。

⑤ 参见卢建平：《加强对民生的刑法保护——民生刑法之提倡》，载《法学杂志》2010年第12期。

⑥ 参见李森、陈烨：《食品安全领域泛犯罪化保护》，载《政治与法律》2013年第7期。

此国家控制风险以安抚民众成为现代社会压倒性的政治需要。① 除此之外，还有大受欢迎的实质刑法观，其内涵是：为回应实质可罚的政策诉求目的，将形式上不符合法条字面核心意思、边缘含义或传统理解的行为，实质解释成符合法条的规定，因而追究或增加被告人的刑事责任。例如将“交通肇事后逃逸”中的“逃逸”，解释成包括交通肇事后留在原地不予救助的行为。赵运锋副教授对此指出，“对实质解释天生具有的突破规范界限的冲动不能掉以轻心”②，该论述清晰易懂、恰当透露地出对“实质刑法观”的担忧。

还有旗帜鲜明地倡议我国当下总体上应采纳积极刑法观的周光权教授与付立庆教授，他们提倡“确保刑法及时参与社会治理，保持犯罪化立法活跃”、“刑法介入社会生活应该更为积极一些”，在风险社会下，刑法的提前介入是顺理成章的事、“象征性刑法”的存在也不足为怪。③ 至于付立庆教授倡议积极刑法观的理由之一，是因为通过刑法的介入，可以“倒逼”法制观念普遍淡薄的国人遵守基本规则，④ 但笔者认为，通过“毁掉”特定国人自由、时间、精力、尊严、金钱、家庭的刑罚方式，来提升社会上其他国人的法制观念，这将特定人作为手段而不是目的来看待，明显是不尊重特定人生而为人的人格尊严，而且这种观点太功利，牺牲一部分公民的自由，以换取大部分公民守法意识提升的普法宣传政治效果。另外，如果这个特定的个人，某天变为我们自己或亲朋好友，那到时候真是“搬起石头砸自己的脚”。

据此，与积极刑法观相对应的另一派，是谨防“过度刑法化”的消极刑法观，在笔者看来，也可以称为“消极犯罪化”、“消极刑法化”、自由主义刑法观、权利本位刑法观，其为了充分保障公民权利、自由以及实现公平正义，将重点放在尽量寻找其他社会治理措施，而不是“犯罪化”。主要代表人物有：完全理解我国目前刑法工具主义化现状，但还是呼吁我国应“谨防刑法过度工具主义化”的谢望原教授；主张“新刑法工具主义”造成立法空置与选择性司法现象的魏昌东教授，当然，最典型的代表人物，自然是非何荣功教授莫属，其主张治理社会过度刑法化，会削弱刑法的公众认同，阻碍社会创新。

尽人皆知，刑法学派别之争，最基本的前提，是必须弄懂“对方阵营”所要表达的意思，而积极刑法观论者，在大肆批评其敌手——提醒世人提防“过度犯罪化”的消极刑法观论者之前，也必须理解犯罪化理论视野中的过度犯罪化理论。

首先，消极刑法观论者不会否定或者抵制我国今后的犯罪化趋势，也不会宣扬我国今后的刑事立法应该大面积非犯罪化。至于其所主张的犯罪化之重点，应该主要放在现代文明社会中被一般民众深恶痛绝、需要被犯罪化的传统恶行，在严厉打击这类传统犯罪时，

---

① 参见劳东燕：《风险社会中的刑法：社会转型与刑法理论的变迁》，北京大学出版社2015年版，第31~34页。

② 参见赵运锋：《惩罚主义立法与刑法教义学反思——对“刑法修正案”的逻辑分析与法理展开》，载《河南警官学院学报》2016年第5期。

③ 参见付立庆：《论积极主义刑法观》，载《政法论坛》2019年第1期。

④ 参见付立庆：《论积极主义刑法观》，载《政法论坛》2019年第1期。

刑法应表现得积极、主动。① 例如强奸罪的适用范围应该在立法上扩大至包括丈夫对妻子②、男性对男性(包括男童)、女性对女性、女性对男性；猥亵儿童罪的适用范围应扩大到家庭涉未成年人的乱伦、家庭中的长辈猥亵、性骚扰未成年人；拐卖妇女、儿童罪适用范围应扩大至包括智障男性，当然最好是还原为1979年刑法所规定的：拐卖人口罪；③ 对行使国家公权力机关的国家工作人员贪污行为构成犯罪，应增设“贿赂诱因控制型”犯罪、应无数额要求、应扩张至所有非法利益、应取消“承诺为他人谋取利益”要件等等。

这些才是应该作为犯罪论处的行为，但是当社会上发生那些令人民群众震惊、愤怒的个人悲惨事件时，“刑法”竟无动于衷，或“毫无反应”，而司法人员也基于性禁忌的落后性文化作祟，甚至根本没有意识到这些行为应该是严重的刑事罪行。再例如，偶然防卫是否为故意杀人类型的犯罪，在学界引发了行为无价值与结果无价值之争：是否应将偶然防卫行为作为故意杀人罪(或未遂形态)来论处，根据严厉惩治“自身恶”的自然犯的犯罪化原理，此行为明显应予以犯罪化，因为行为人怀着杀人的故意杀死他人，违反禁止杀人的刑法规范，虽然事后查明行为人的故意杀人行为，偶然产生“保护了自己或他人的生命”的附带效果，但是基于行为人主观意图与客观行为同时性原则，行为人的行为性质应定性为故意杀人，如果根据结果无价值的理论逻辑，将偶然防卫的行为不以故意杀人罪论处，这明显违背民众心目中的朴素正义观，而且有刻意将简单问题复杂化的嫌疑，但是结果无价值论者，还是会继续宣扬这种偶然防卫行为不应作为犯罪处理，因为其这个行为客观上挽救了一个人的生命，保护了生命法益，但在笔者看来，这种观点明显是避重就轻，因为行为人的行为重点，在于其杀死了一个人，“行为与结果同在”,④ 而不是根据假想的因果流程，认为其保护了自己或他人的生命法益，而且，这种观点直接无视了行为人的主观罪责，这让人匪夷所思，如果司法机关不将这种罪恶行径定性为故意杀人罪，这肯定会引起坊间对刑法规范无尽的嘲笑。由此可见，我国未来犯罪化的任务相当艰巨，对于我国目

---

① 需要补充的是，消极刑法观与积极刑法观的分类具有相对性，近年来我国盛行的是积极刑法观，其主要是指通过《刑法修正案》的方式，对网络违法行为、违背科技伦理行为、恐怖主义违法行为、生态环境违法行为、日常不道德行为或违法行为……予以犯罪化的问题，表现得特别积极、主动。但现阶段的消极刑法观论者认为，由于刑法本身是一个特别消极的制度，会带来重大的负面影响，显著增强社会的对立面，因而如果不是迫不得已，国家不应出动刑法，所以，刑法对这些新型危害行为、违反行政法、民法或经济法的行为予以犯罪化时，应该保持消极、被动。至于对千年来被人们所深恶痛绝的传统犯罪，例如直接侵犯公民人身权利的行为、国家公权力腐败的行为，还是应保持积极、主动。对消极刑法观作如此理解，并不存在逻辑冲突，而是与其内在逻辑融会贯通、一脉相承，因为在消极刑法观看来，刑法存在之意义，主要是为了限制国家刑罚权，保障人权。

② 参见陈兴良：《婚内强奸犯罪化：能与不能——一种法解释学的分析》，载《法学》2006年第2期。

③ 参见刘宪权：《论我国惩治拐卖人口犯罪的刑法完善》，载《法学》2003年第5期；杨文龙：《论“拐卖人口罪”的恢复》，载《湖北社会科学》2008年第3期；焦阳：《〈公民权利与政治权利国际公约〉视野下的中国刑事法改革》，载《人权》2017年第2期，

④ 参见李瑞杰：《论行为与结果的关系——兼评“积极刑法立法观”》，载《社会科学动态》2017年第5期。

前应作为犯罪论处的行为，却因为各种落后的传统文化观念作祟、或被结果无价值、行为无价值理论立场应保持一致的逻辑漩涡所迷惑，竟然在理论上被非犯罪化了。对于这种现象，确实值得我们刑法学者进行反思，我们是不是过于看重刑法学的犯罪构成要件理论体系之建构、法益侵害说立场之宣扬和客观主义主义之提倡，从而导致刑法学理论高高在上而难以接地气？

其次，消极刑法观论者主张的犯罪化，其指代的当然是适度犯罪化，即，不能基于多变的政策指示、意识形态观念，将不道德的行为、情节轻微的违法行为等予以犯罪化，否则可能涉嫌过度犯罪化。如果消极刑法观论者与积极刑法观论者一样，在犯罪化前面加上"适度"二字，会显得画蛇添足，有玩文字游戏之嫌。① 至于消极刑法观论者之所以反对将现代风险社会中的抽象风险行为予以犯罪化，是因为这些风险本身是不确定的、不可预测的、不可控制的，如果将这些风险行为纳入刑法的调控范围，则会导致刑法所保护的法益范围，越发模糊，刑法所调控的范围，毫无限制，因此，"以风险管控为功能的刑法观在逻辑上就根本难以成立"。② 而且，以预防、控制风险这一纯粹功能化取向的刑法，对于社会治理的效果，肯定是最不理想的。③

再次，难以否认的是，我国刑事立法机关目前确实采用的是积极刑法观。而积极刑法观的法理学根基，是主张现代法律应该是一种回应型法（Repressive Law），即注重回应作为主体的个体之间的实质正义之追求，也争取与政策愿景相融合，进而推动法治发展，④ 但是难以回避的是，这种回应型的法，从娘胎中就自带"容易过度回应意识形态和政治利益"的属性，⑤ 因此，这是积极刑法观论者必须正视消极刑法观论者所告诫的"过度刑法化"问题的重要原因。

最后，虽然上述不同刑法观"冠名"不同，但实际上大多数刑法观都追求的是刑法在现代社会发挥功能的方式，特别是积极刑法观，尤其看重刑法如何参与社会治理、如何抗击、控制风险，因此，对于各种危险行为应否予以犯罪化之研究，与刑法教义学中的犯罪论体系紧密相连，而且在很大程度上相互融合⑥。但是消极刑法观论者，即随时提防社会治理"过度刑法化"的学者，在对待应否将某种危险行为予以犯罪化时，优先考虑的是实施该危险行为的行为人，应否遭受惩罚，能否遭受惩罚，以及遭受何种程度的惩罚，只有当实施危险行为的行为人，应该获得、而且可以获得公正应得的刑法报应时，才能将行为

① 参见赵秉志：《刑法总论中的争议问题研究》，载《华东刑事司法评论》第七卷，法律出版社2004年版，第26页。

② 参见陈兴良：《风险刑法理论的法教义学批判》，载《中外法学》2014年第1期。

③ 参见樊文：《犯罪控制的惩罚主义及其效果》，载《法学研究》2011年第3期。

④ 参见梅传强、张永强：《金融刑法的范式转换与立法实现——从"压制型法"到"回应型法"》，载《华东政法大学学报》2017年第5期。

⑤ 参见涂云新、秦前红：《司法与民意关系的现实困境与法理破解》，载《探索与争鸣》2013年第7期。

⑥ 参见郑玉双：《法理学贡献于刑法学的方式：以刑法观为例》，载《中国法律评论》2018年第3期。

人实施的行为予以犯罪化①。从此方面也可以看出，消极刑法化理论完全可以将“以刑制罪”相关理论纳入其体系中，而刑法教义学中的犯罪论体系对其却无能为力。

(二)不应将犯罪化研究等同于实体刑法学研究

众所周知，刑法学是有关犯罪、刑事责任和刑罚的学科，而有学者将犯罪化研究完全等同于刑法学研究，认为犯罪化与非犯罪化的根据，正是犯罪的功能理论、刑事责任的归责理论与刑罚目的论。② 这种认识，明显与我国实体刑法学研究的主流观点不符，因为主流观点是：刑法学主要是刑法教义学的研究，而并不是犯罪化的研究。另外，该学者有关犯罪化的研究结论主要有三点：一是犯罪具有正面的社会功能，只应将犯罪控制在普通民众可以容忍的范围内，追求消除、杜绝犯罪，这是不现实的；二是追究刑事责任时应坚持客观主义，而不是主观主义；三是在决定犯罪化还是非犯罪化时，应坚持预防主义的刑罚目的论，而不是报应主义。这三点充满思想性的有力论断，明显属于西方刑法思想史的内容，将其强行塞入犯罪化理论框架中，只会让犯罪化理论研究不招人待见。而且，对犯罪化的研究内容如此设定，用犯罪化理论的“新瓶”去装西方刑法思想史这一“古老典藏靓酒”，也容易让学者误解“犯罪化”只是西方刑法思想史的“代言人”，而其独立理论价值被轻视。

(三)不应将犯罪化研究完全等同于刑事政策学研究

有学者将刑事政策的所有研究内容，皆拉入仅作为一种立法事实的“犯罪化”或“入罪”支持性论述中，认为某种危险行为被犯罪化这一立法事实，涉及到保安处分制度、两极化、严打等具体刑事政策、以被害人愤怒、焦虑、恐惧等情绪主导刑事立法的刑罚民粹主义、治安处罚法应否以及如何纳入刑法中的刑法结构问题等等。③ 虽然不容置疑的是，这些皆为“大刑法学”中的重大议题，但是如此借用“入罪”或“犯罪化”，只是更大鲜明地衬托出“犯罪化”只是指代一种立法事实，即，某种曾不被作为犯罪论处的行为，如今作为犯罪论处了，除此之外，别无其他刑法思想内涵或理论知识，这对一直渴望将自身确立为与刑法教义学齐平的独立学科的“犯罪化理论”来说，十分可悲，更别提犯罪化研究的真正“理论抱负”，是将“整体刑法学”在法学研究中的理论地位，取而代之。

(四)不应将刑法观研究等同于犯罪学研究

持预防刑法观之积极刑法观论者的黎宏教授，虽然深知“人们逐渐认识到刑事司法系统对于预防和减少犯罪有其极限，只要消除存在与生活环境中的犯罪动机，便会有效防止犯罪发生，在这方面，建筑师、治安志愿者乃至于被害人本人所发挥的作用，甚至比传统

---

① 参见胡莎：《缓解过度犯罪化问题的公正应得报应理论》，载《宁夏大学学报》(人文社会科学版)2015年第5期。

② 参见李正新：《犯罪化与非犯罪化的根据》，载《政法论坛》2017年第1期。

③ 参见欧阳本祺：《刑事政策视野下的刑法教义学：探索中国刑法教义学与刑事政策的贯通构想》，北京大学出版社2016年版，第281~294页。

的警察等司法人员的作用更大"，但还是明确主张：拥有众多犯罪原因论的犯罪学中的某个犯罪原因论，即情景犯罪学理论，相较于风险社会理论，可以更好地为我国目前大面积的预防性犯罪化之存在，提供正当性解释，并完全认同刑法应该用来预防犯罪、减少犯罪①。但这明显是把刑法学研究与犯罪学研究完全混淆了，因为犯罪学是关于犯罪原因、犯罪对策与犯罪控制的学科，其"全部能量在于动员各种社会资源与社会力量、形成对犯罪的强大的全方位全天候的抵制与管制机制，以控制和预防犯罪，从而维护社会的安全与秩序"，而刑法学是关于犯罪、刑事责任与刑罚的学科，其以约束和规制国家公权力、实现公平正义为首要价值取向，防止和克服国家刑罚权的恣意、任性，确保公民的自由、公正与人权，而不是以预防、减少犯罪、谋求社会安全与秩序为首要价值，② 而且，限制国家刑罚权、保护公民自由，也是作为刑法基本原则的罪刑法定原则之法理根据③，因此预防刑法观论者主张以刑法来预防犯罪，这是强行要求刑法越俎代庖，当发现风险来了，直接搬出最强的法治武器，但发现最强武器无效时，于是持续执迷不悟地继续用刑以及加重刑罚，当然也会附带性地研究下力量较弱的其他武器，但民众已经被"娇惯得"十分依赖刑罚与重刑，因此，研发其他力量较弱的非刑法武器，并不符合我国目前的刑法文化，无法获得应有的高度重视，例如为维护国家安全，直接利用刑法这种简单、粗暴、威慑力巨大的工具，预防恐怖主义活动或主张，会导致预防恐怖主义犯罪的其他真正有效的非刑法的犯罪预防措施，在暴力镇压色彩厚重的反恐图景下，虚化为毫不起眼、存在感弱的背景色。

其实，预防性刑法观论者也深知这些质疑，但其将这些质疑解读为："预防性刑法观"在颠覆传统刑法学理论体系时，其自身"理论体系的跟进不足"。④ 但这种观点反而间接说明："预防性刑法观"在我国目前，理论根基薄弱。具体来说，虽然立法权力机关的预防性刑事立法工作已成定局与趋势，但预防性刑事立法的正当根据之理论，较之于传统的限制国家刑罚权、保障公民人权、以公民自由为首要价值的消极刑法观，还是匮乏、迟滞的。而且，预防性刑法观论者主张刑法学的演进，应随着立法权力机关的意志、目的、客观情势而转移，这明显与刑法具有独立、自主性、不被操控、不被政策"牵着鼻子走"的现代属性相背离。因此，目前在刑法学界深入人心的，还不是积极刑法观，而还是消极刑法观。因此，致力于在惩治、打击、抵制犯罪方面有所作为的立法权力机关，还是应将厚望寄予犯罪学，而不是刑法学，毕竟现代刑法学产生之初，就是用来限制国家刑罚权的，并不是扩充国家刑罚权。

另外，积极刑法观论者明确主张刑法应该积极参与社会治理，但是，社会治理明显是属于犯罪学的经典话题，而刑法直接强势、优先地掺和到社会治理中，并不符合新中国社会治理的经验。例如习近平总书记所提及的"枫桥经验"表明：在没有刑法典的上个世纪

---

① 参见黎宏：《情景犯罪学与预防刑法观》，载《法学评论》2018 年第 6 期。

② 参见徐剑锋：《互联网时代刑法参与观的基本思考》，载《刑事法学的现代课题——祝贺谢望原教授从教 40 周年》，法律出版社 2017 年版，第 13 页。

③ 参见黎宏：《刑法学总论》(第二版)，法律出版社 2016 年版，第 46 页。

④ 参见高铭暄、孙道萃：《预防性刑法观及其教义学思考》，载《中国法学》2018 年第 1 期。

50年代，通过“对于守法的给与适当的鼓励；对于基本守法的，指出好的地方，批评不好的地方；对于有一般违法行为的，给与严肃批评；对个别有严重违法行为、在评审中又不低头服罪的，才列为重点对象，依靠群众进行说理斗争”，实现了“捕人少、治安好”的社会治理效果，这向我们展示了多元治理主体、多元治理方式、非政府行为体的参与、治理手段非强制性、非正式控制性之预防犯罪观的有效性，以及明确了维护社会安全，应该是“主体”间的双向互动过程，即安全治理的施动者与受动者皆为主体，而不是前者是治理主体，后者是被治理的客体。①

最后，积极刑法观论者大力主张学习西方国家将所有涉恐怖主义行为，严丝合缝地皆规定为犯罪，以预防恐怖主义犯罪、抵抗恐怖主义风险，② 但是，目前西方国家恐怖主义频发，而且过度犯罪化问题泛滥，学者们关注的重点都是如何抵制过度犯罪化风险，而不是风险刑法中的风险。再说，根据一般国民感受，我国目前的整体治安状况和社会安全度，比西方国家好，不知道我国目前处在“风险社会”之说如何说起？总而言之，前车之鉴，后事之师，不论我国未来刑法学界“积极刑法观”如何强势崛起，刑法学还是应坚持肩负起预防“刑法泛化”之风险重任。

（五）犯罪化不是单纯指代对我国今后刑法规范的发展趋势

犯罪化不是单纯指代我国今后刑法规范的发展趋势，其自身蕴含着大量理论宝藏，其除了表征我国今后刑事立法的趋势，还督促立法机关在决定是否将某些风险行为予以犯罪化时，思考众多重大的问题，例如那些真正应受惩罚的风险行为，确定能被刑法精确地瞄准而避免刑法伤及无辜吗？在某种风险行为被“刑法化”之前，我们是否充分认识到现代社会的风险生成机制并以此建立起各项先进、发达的“风控”制度？

“犯罪化”并不是我国今后刑法规范发展的唯一的趋势，③ 我国今后刑事立法规范的发展趋势，还包括过度犯罪化趋势。④ 当然，我国过度犯罪化问题远不如英美国家那么严重，但是该问题值得我们提高警惕、密切关注。⑤ 除此之外，我国今后的刑法规范发展，还包括因刑法规范太多，司法机关无暇顾及所有的犯罪行为，因此会频繁地有选择性的适

① 参见马荣春：《“枫桥经验”：预防犯罪观的重要启示》，载《南昌大学学报》(人文社会科学版)2019年第1期。

② 在目前全球反恐刑事政策上，这是一种新型、特殊的国家安全观模式，该模式在价值取向、立场选择以及所专属的领域等方面，与目前传统、通行的刑事司法系统模式迥然不同。参见胡莎：《论我国持有恐怖主义物品犯罪化的根据及模式——适用刑法第120条之6的三点规则》，载《犯罪研究》2017年第3期。

③ 参见付立庆：《论积极主义刑法观》，载《政法论坛》2019年第1期。

④ 参见谢望原：《谨防刑法过分工具主义化》，载《法学家》2019年第1期。

⑤ 目前英美将垄断行为，即卡特尔行为(Cartel Behavior)，规定为犯罪，这在英美学术界引发了巨大争论，并被质疑这种行为是过度犯罪化。但我国仍然一直有学者主张应顺应世界潮流，将垄断行为予以犯罪化，这种无视我国《反垄断法》已经对卡特尔行为形成有效的威慑体系，实不可取。参见刘仁文：《立体刑法学》，中国社会科学出版社2018年版，第219~220页；胡莎：《论卡特尔行为的过度犯罪化》，载《中国刑事法杂志》2015年第5期。

用刑法，这实际上正是张明楷教授所主张的司法上的非犯罪化，即司法上的非犯罪化趋势会越来越明显。

二、引用“过度刑法化”或类似概念时应直面我国存在过度犯罪化问题

如前所述，“过度刑法化”是对英美刑法中“Overcriminalization”的翻译，是指“太多的犯罪，太多的惩罚”(Too much crime，too much punishment)，“过度刑法化”一词，恰如其分地体现了该概念作为刑法理论背后之理论的法哲学性质，只是由于“过度刑法化”或“刑法化”，或其同义词“刑法泛化”，是何荣功教授自创的新词，所以，一般提及“过度刑法化”或“刑法化”时，还是需要打冒号,① 尽管如此，由于“Criminalization”被翻译成“犯罪化”，这早已为我国刑法学所熟知，因此，大部分学者也习惯是直接将“Overcriminalization”翻译为“过度犯罪化”。而学者提及“过度犯罪化”，一般也会打冒号，这清晰地“散发”出部分学者并不认同我国存在过度犯罪化问题的信息。确实，虽然我们不知道刑法圈(犯罪圈)的真正范围到底有多大，也不清楚其实际边界在哪里，但是何为“过度刑法化”，我国刑法学理论上早已有明确的判断标准，但是我国部分刑法学者在研究过程中引用“过度刑法化”概念时，直接无视“过度刑法化”问题的存在，例如我国刑法第290条的扰乱国家机关工作秩序罪，将一些表达合理民生诉求的维权行为也纳入刑法规范内，这是典型的社会治理“过度刑法化”问题，不懂为何部分刑法学者不认可该观点。

(一)判断我国是否存在“过度刑法化”应采纳英美刑法中的判断标准

时延安教授明确指出：我国目前并不存在过度刑法化问题，因为英美刑法中过度犯罪化问题存在与否的判断标准，是英美国家罪名过多(约上万个)、刑罚与民事惩罚界限不清以及处在监狱或矫正系统下的人口过多(约两百多万人)，但我国并不存在这种现实背景，因此我国目前不存在“过度刑法化”问题。② 很明显，时延安教授对于英美刑法中“过度刑法化”的判断，实际上主要采用的是只具有参考作用的定量分析法(Quantitative Analysis)、同时顺带兼顾定性分析法(Qualitative Analysis)，但其忽略了在英美刑法“过度刑法化”判断中起重要作用的成本收益分析法(Cost-Benefit Analysis)，同时，还直接无视了英美刑法“过度刑法化”判断的事实标准：大量日常行为被犯罪化、所有人皆为潜在的罪犯、利用刑法全面管控社会，而且，其也无暇顾及英美刑法“过度刑法化”判断的规范标准：弱化或无视行为内在非犯罪性、降低或者抛弃行为人主观罪责、滥用刑法的责难、象征、宣告功能。③ 当然，虽然时延安教授否定我国存在“过度刑法化”问题，但其也清

① 参见何荣功：《社会治理“过度刑法化”的法哲学批判》，载《中外法学》2015年第2期。

② 参见时延安：《犯罪化与惩罚体系的完善》，载《中国社会科学》2018年第10期。

③ 参见胡莎：《论英美“过度犯罪化”的判断标准——简论“过度犯罪化”的苗头》，载《法治社会》2017年第3期。

楚地认识到"如果刑法立法采取大规模犯罪化路径，则有关过度犯罪化的批判肯定会接踵而至"①。而目前，我国明显处在大规模犯罪化的刑事立法阶段。

(二)将普通、日常的生活、工作行为作为犯罪论处的"罪魁祸首"是刑法规定

我国司法实践中之所以一直存在非法经营罪、寻衅滋事罪、以危险方法危害公共安全罪被滥用的倾向,② 是因为这些行为被犯罪化时，立法者将一些普通、日常的生活行为或工作行为也"一股脑的"的涵盖在刑法文本中，将其予以犯罪化了，而刑法文本正是司法活动的指引。具体来说，根据我国犯罪概念的通说观点，犯罪首先是符合刑法规定、然后是具有严重社会危害性、最后是具有应受惩罚性的行为,③ 而一些日常、普通的生活行为或工作行为被认定为犯罪行为，其源头是刑法的规定。例如在农村地区从事收购玉米工作的王立军，因其在未办理行政审批手续的情况下，实施该"收购玉米"的行为，一审认定该行为属于非法经营的犯罪行为，这让普通民众感到震惊，因为对于某种行为是否应该作为犯罪论处，一般人民群众心中大致会有一个朴素的直觉预判，而被告人王立军"收购玉米"的行为，明显是在农村地区司空见惯的普通工作行为，而得出该行为应作为犯罪论处的"罪魁祸首"，正是因为由代表人民群众的全国人民代表大会及其常务委员会制定或修改的我国刑法中非法经营罪之规定所致，而司法机关只是在"法律有明文规定的，应当定罪处罚"的有罪必罚观念下，将该行为定罪处罚，即使是预防性刑法观论者，也认为这是"刑法极端工具化"倾向之表征;④ 再例如通过"摆气枪射击气球摊"谋生的赵春华，其摆气球摊的行为，在我国属于司空见惯的传统娱乐项目，却被定性为犯罪，其定性的依据也还是刑法。因此，这两个在全国具有重大社会影响力的案件，完全可以明确地说明将一些普通日常的生活、工作行为也囊括其中的刑法，当初其在被制定或修改时，刑法制定者没有把握好度，其存在明显的过度刑法化问题。由此可见，学者自我批评我国存在"过度刑法化"问题，无非是想将刑法中所规定的犯罪定义或司法实践中的犯罪定义，控制在一个社会能够容忍的范围之内，如果刑法规定或司法机关认定的某种犯罪行为，事实上不能够为社会普通人所接受或容忍，那么这就是一种"过度刑法化"现象。

(三)面对"过度刑法化"质疑应持"有则改之，无则加勉"的自信姿态

显而易见的是，"犯罪化"是一个客观中性词，而"过度刑法化"是一个富含主观感情色彩的贬义词，这个词蕴含了对我国刑法大量的负面、消极评价，看起来比较刺眼的，听起来也比较刺耳，这对于早已将"不得随意评判刑法"作为信条的刑法学者来说，承认我

---

① 参见时延安:《犯罪化与惩罚体系的完善》，载《中国社会科学》2018 年第 10 期。

② 参见王立志:《人身安全是危害公共安全罪的必备要素——以刘襄瘦肉精案切入》，载《政法论坛》2013 年第 5 期。

③ 参见高铭暄、马克昌主编:《刑法学》(第八版)，北京大学出版社、高等教育出版社 2017 年版，第 45 页。

④ 参见高铭暄、孙道萃:《预防性刑法观及其教义学思考》，载《中国法学》2018 年第 1 期。

国存在“过度刑法化”问题，确实有很大难度，所以我国学界一般不愿意接纳这个“专业术语”。① 即便这样，不容否认的是，“过度刑法学”，已经属于我国刑法学中的专业术语，特别是在国家治理或社会治理语境下，更是一个不可或缺的理论批判利器，该词概括性极强，其直至立法犯罪化过热现象所导致的各种弊端，包括刑法依赖症、行刑不分、刑民不分，刑法适用范围因用语模糊而极其宽泛，刑事立法的普遍化、随意化、庸俗化、过度实用化，使得刑法缺乏严肃性、权威性、威慑力、独特性，导致刑法难以令人产生畏惧感，其有效预防犯罪的价值将大打折扣，而且，刑法中一些明显不合时宜的规定，也会成为民众嘲笑、奚落的谈资②，例如对律师或其他辩护人充满歧视的辩护人、诉讼代理人毁灭证据、伪造证据、妨害作证罪，也早已被人诟病很久；由于购票实名制的推出、网络购票的全面普及，倒卖车票、船票罪，被众多学者质疑其与时代脱节；信用证诈骗罪由于案情一般极其复杂、专业性过强，在司法实践中几乎被久置不用；总之，随着今后大规模的犯罪化，嘲笑刑法的亚文化肯定会形成气候，不认可、不尊重刑法规范的行径将到处可见。

其实，是否承认我国存在过度刑法化问题，这并不是重点，因为对于我国存在“过度刑法化”的指责，完全可以“有则改之，无则加勉”，其重点在于通过指责我国刑法存在“过度刑法化”隐患，可以勉励所有的刑法学者关注一个重大的时代难题：为什么在风险社会之下，不能通过技术更新、社会合作方式的优化及相关刑法之外的制度的建立与完善，以促进风险规避与风险分担，却必须通过犯罪前置的手段，即通过刑事司法制造无数的个人悲惨“故事”的方式，以控制风险？③

（四）直接“依刑法治国”的司法现状掩盖了刑法之外的社会制度的落后或欠缺

“过度刑法化”，主要是质疑刑法规范将日常、普通行为或其他缺乏犯罪性的行为囊括其中，导致司法机关动用刑法处罚了不当罚的行为，这明显是将刑法作为治理国家、治理社会的主要工具④，这种做法昭示了“我们在制度层面和社会治理层面解决违法问题上，能力欠缺”。⑤ 具体来说，我国利用刑法治理社会时，“治理对象避重就轻、治理方式避难就易，回避复杂、棘手、治理周期长的根本性问题及其系统性解决方案”⑥。例如游客在旅游景点的省级文物保护单位的历史文物上刻字，这种行为无疑是涉嫌成立故意损毁文物罪，但如果直接将那些在旅游途中“爱好”写“到此一游”的低素质游客，直接认定为犯罪嫌疑人，利用刑罚制度予以处置，即，将刑法作为社会治理的首要工具或直接手段，这只彰显了我国文物保护制度在保护文物方面存在明显漏洞，甚至是缺乏相应的具体特定文

① 参见高铭暄、孙道萃：《预防性刑法观及其教义学思考》，载《中国法学》2018 年第 1 期。

② 参见王强军：《社会治理过度刑法化的隐忧》，载《当代法学》2019 年第 2 期。

③ 参见郑玉双：《法理学贡献于刑法学的方式：以刑法观为例》，载《中国法律评论》2018 年第 3 期，第 99、108 页。

④ 参见谢望原：《谨防刑法过分工具主义化》，载《法学家》2019 年第 1 期。

⑤ 参见王强军：《社会治理过度刑法化的隐忧》，载《当代法学》2019 年第 2 期。

⑥ 参见赵军：《法治建构与社会治理的“刑法依赖症”——以拐卖儿童犯罪的法律演进为中心》，载《法学评论》2016 年第 6 期。

物保护制度，这种非刑法制度的不科学、不公正或完全欠缺，才是纵容普通公民犯罪的“绿色通道”①，真正要对该社会治理失败案例承担政治责任的，应该是具体文物保护制度，因为其在“回应”社会治理时，漏洞重重或流于形式；再例如对于农村基于刚性需要而收养子女的行为人，直接定为收养被拐卖的儿童罪，但是这种通过对行为人定罪施加刑罚后，所有的送养制度、收养制度之缺陷与送养、收养管理工作之漏洞，得到了全面的掩盖，

（五）“过度刑法化”理论的真谛在于“刺激”学者反思并发展犯罪化理论

对“过度刑法化”的批判，是大规模犯罪化时代背景下必然附随品，它不仅可使犯罪化理论朝着纵深发展，“逼迫”犯罪化理论研究者去法理学（例如法社会学②）、政治哲学、伦理学等高深学科中挖掘犯罪化正当根据的理论学术资源；而且还可让犯罪化研究上升至更高层次，即驱使犯罪化理论研究者，从依赖刑法治理社会或严格管控社会，转向为研究社会治理的所有方法，达到合理控制违法犯罪的治理效果，我们可以合理预测：如果刑法学者提高并确立避免社会治理“过度刑法化”的忧患意识，这必然伴随着我国社会治理方法越来越进步、发达、完善，越来越人性化；另外，对“过度刑法化”的批判研究，也可以提醒刑法教义学研究者，在对刑法个别词或句进行解释时，不可不当地扩大刑法适用范围，例如不应将“网络空间”类推解释为寻衅滋事罪中的“公共场所”，否则“报纸、书本、杂志等所占用的虚拟媒体空间”也可以变为一种“公共场所”，这让人难以接受；再比如，在区分不能犯和未遂犯理论争论中，不应采取纯粹主观说，因为这种学说会不当地扩大刑罚处罚范围；再例如，对于正犯与共犯区分理论的激烈之争，应采用限制的正犯概念，即以自己的身体动静实施构成要件行为的人是正犯，因此，刑法本应只规制实行行为，却也同时处罚帮助行为、教唆行为的共犯行为，这表面上扩张了刑罚处罚范围，但实际上是限缩了刑罚处罚范围，因为根据该限制的正犯概念，帮助行为与教唆行为之外的介绍行为、组织行为、阴谋行为等其他行为，皆不是共同犯罪之刑法规范中规定的实行行为，也不属于狭义共犯行为，因而不应作为共同犯罪处罚，所以，限制的正犯概念是可取的。而与之相反的是扩张的正犯概念，是指所有的行为皆为正犯或实行犯，因此，刑法理所当然应该直接处罚望风行为、介绍行为、提供犯罪工具的行为、事前合谋的行为等，明显无限扩大了刑罚处罚范围，实不可取。

三、重用可兼顾发挥刑法功能与避免刑法滥用的“司法上的非犯罪化”

“非犯罪化”对下列情形具有理论指导作用：将那些不应作为犯罪论处的行为，剔除

① 谢望原著：《刑事政策与刑法专论》，中国人民大学出版社 2017 年版，第 24 页。

② 参见张华：《“恶意跳桥秀”犯罪化的法社会学反思》，《刑事法判解》2018 年第 18 卷，第 64~85 页。该作者提出：由广州市政法委牵头主导的座谈会，在假定跳桥者有罪、以及是“恶意”为之的前提下，展开对其犯罪化的讨论，这未能对跳桥之行为进行理性、宽容与全面的斟酌，也对该“恶意”背后特定的社会因素与隐藏的社会矛盾都被忽略、屏蔽了。笔者表示赞同。

出刑法，不作为犯罪论处。粗略一看，立法上的非犯罪化，貌似是解决我国大规模犯罪化路上的"挡道者"——"过度犯罪化"问题的快捷方式，但以现代刑法的历史大视野来看，现代法治国家一直存在着一种久置不用原理(Doctrine of Desuetude)：为顺应时代变迁与客观情势更迭，即使某些罪刑规范长期得不到司法机关的适用，但立法机关基于恐惧非犯罪化会引发民众指责其放纵罪犯、惩恶不力、没有做到除恶务尽的政治原因，也不会将该罪刑规范删除，或者将相应的行为不作为犯罪论处，这促使司法机关也逐渐形成一种消极不适用这些罪刑规范的惯例，进而导致一些罪刑规范，一直久置不用，但也不会通过立法机关予以非犯罪化。① 因此，该原理较好地解释了为何"非犯罪化"研究，不是解决我国目前社会治理"过度刑法化"问题的最佳路径，但是，非犯罪化理论，在现阶段却可"寄生于"司法上的出罪之"皮囊"，来避免"过度刑法化"问题。由于来源于德日犯罪论体系中的出罪理论，在我国理论上相当发达，这导致来源于英美刑法中的"非犯罪化"理论，在我国无明显的用武之地，因而在众多学者的研究中，其常被暗指无用且多余。但笔者认为，我国出罪事由的教义学研究虽已经相当发达，但并不代表"非犯罪化"这一概念真的是多余且无用的，与之相反，"非犯罪化"理念本身很强大，以自由主义、经济主义、法益保护主义与刑法谦抑主义为思想基础的"非犯罪化"概念②，具有"见缝插针"、"无孔不入"的本领，至少在目前看来，其既可以完全将自己融入到犯罪化理论研究中，也可以完全将自身汇入至刑法教义学的研究中，特别是司法机关利用非犯罪化理念，有利于其克服其单向入罪思维，从而兼顾充分发挥刑法功能与避免刑法功能的滥用，也有利于帮助司法机关回应预防性刑法观论者强势主张的下列观点：我国将不应由刑法规制的行为纳入刑法中，导致行为人被不当地定罪或量刑畸重的"锅"，应该由被国家授权的机关，即司法机关来"背"。③

有学者认为我国刑事立法既规定定性因素，也规定定量因素，而根据定量因素，我国可以直接将情节轻微的行为不作为犯罪论处，因而，在我国笼统强调非犯罪化，是不符合客观现实的，至于英美国家，由于他们的刑事立法只规定了定性因素，没有规定定量因素，因此需要通过非犯罪化理论，将情节轻微的行为非犯罪化，才需要强调非犯罪化。笔者认为这种观点误解了英美刑法中的非犯罪化理论，因为众所周知，作为刑法发展方式的犯罪化之逆向轨迹，"非犯罪化"理论其起源于英美国家，其主要是指将吸毒、卖淫、流浪、赌博、同性恋等不道德的行为予以非犯罪化，而并不是我国有些学者所认为的将情节轻微的行为予以非犯罪化。而目前我国仍有大量非犯罪化的艰巨任务未完成，例如张明楷教授曾写道：组织卖淫罪、容留、引诱他人卖淫罪，是无被害人的行为，对其予以非犯罪化，有利于全国性病防止、税收增加、强奸犯罪减少、有利于司法机关集中昂贵、短缺的

① 参见胡莎：《论刑法规范的久置不用原理》，载《中国石油大学学报》(社会科学版)2015年第6期。

② 参见郑丽萍：《犯罪化与非犯罪化并驱——中国刑法现代化的应然趋势》，载《中国刑事法杂志》2011年第2期。

③ 参见高铭暄、孙道萃：《预防性刑法观及其教义学思考》，载《中国法学》2018年第1期。

司法资源打击有被害人的犯罪。① 再例如冯军教授在2008年明确指出：应将赌博罪予以非犯罪化。② 另外，聚众淫乱罪的非犯罪化，在刑法学界的呼声也一直较高。③ 同时，于改之教授曾明确表示传播淫秽物品罪应予以非犯罪化。④ 目前，随着法定犯时代的到来，有些法定犯随着经济法或行政法改革，也应该予以非犯罪化，例如梅传强教授主张"随着证券发行注册制的改革，擅自发行股票、债券的行为就应该做去犯罪化处理"⑤，虚报注册资本罪、虚假出资、抽逃出资罪也存在类似情况。除此之外，有学者还建议，为大大提高信贷资金的利用效率，应废除高利转贷罪。⑥

因此，我国目前仍然需要立法上的非犯罪化，只是基于久置不用原理(Doctrine of Desuetude)，立法上的非犯罪化之路被堵死了，在越发强调能动司法的现阶段，我们只能务实地寄希望于司法机关，通过非犯罪化途径，在"刑事司法上限制处罚范围"⑦，为积极、预防性的刑事犯罪化所招致的各种弊端，提供疏通渠道，例如英美目前也主要是通过司法上的非犯罪化方法，解决其过度犯罪化问题。⑧ 而且，持积极刑法观的周光权教授，虽然在"对方阵营"，也认为应在司法中坚持谦抑性原则，这能有效化解立法功能化扩张所带来的过度刑法化危险。⑨ 同样处于"对方阵营"、持积极犯罪化的梁根林教授，也主张我国刑法学研究，应该将目光进一步转向解释论上对实体刑法内涵的教义学诠释与界定。⑩ 另外，我国刑事诉讼法学者，也已研究出行政违法行为被犯罪化处理的刑事司法程序控制之多项措施，⑪ 这些措施事实上皆属于广义的司法上的非犯罪化。

(一)应将基于"不可避免的违法性认识错误"而实施的行为予以司法上的非罪化

农业时代刑法所规制的行为，皆具有明显责难性，法官无需在行为的可谴责性上做太多的判断，但现代工业社会，立法机关基于管控社会的需要，"生产"出大量的行政犯，这类犯罪的主观责难性较弱，导致有些行为人明显不满足违法性认识的最低标准，却直接遭受刑法管制。例如闫啸天"掏鸟蛋"成立非法猎捕珍贵、濒危野生动物罪，被告人认为

---

① 参见张明楷：《刑事立法的发展方向》，载《中国法学》2006年第4期。

② 参见冯军：《犯罪化的思考》，载《法学研究》2008年第1期。

③ 参见贾学胜：《司法上的非犯罪化》，暨南大学出版社2014年版，第152~157页。

④ 参见于改之：《我国当前刑事立法中的犯罪化与非犯罪化——严重脱逸社会相当性理论之提倡》，载《法学家》2007年第4期。

⑤ 参见卢建平文；梅传强、张永强：《金融刑法的范式转换与立法实现——从"压制型法"到"回应型法"》，载《华东政法大学学报》2017年第5期。

⑥ 参见姚万勤：《犯罪化理论根据的抉择与范围界限》，载《重庆大学学报》(社会科学版)2019年第2期。

⑦ 参见张明楷：《网络时代的刑法理念——以刑法的谦抑性为中心》，载《人民检察》2014年第9期。

⑧ 参见胡莎：《英国诈骗罪过度犯罪化问题及其解决》，载《中山大学法律评论》2016年第14卷。

⑨ 参见周光权：《积极刑法立法观在中国的确立》，载《法学研究》2016年第4期。

⑩ 参见梁根林：《刑法修正：维度、策略、评价与反思》，载《法学研究》2017年第1期。

⑪ 参见张泽涛：《行政违法行为被犯罪化处理的程序控制》，载《中国法学》2018年第5期。

惩罚结果对其不公正；刘大蔚“网购仿真枪”成立走私武器罪，被告人及其家属认为量刑畸重，量刑不公正；赵春华“摆气球射击摊”成立非法持有枪支罪，全社会为之哗然；王力军“收购玉米”构成非法经营罪，引起学界对“非法经营罪”之兜底特征再次“翻旧账似”地批判与反思；另外还有张某“在网上为儿子购买两把玩具枪”成立非法买卖枪支罪、某农民“在山上采了三株兰花”构成非法采伐国家重点保护植物罪……这些被告人皆辩称自己并不知道这些行为是犯罪，认为这些行为只是日常、普通的生活娱乐行为或司空见惯的工作行为，而当这些被告人最终还是被定罪后，其一般是虚弱、无能地自责自己法制观念淡薄。但是，这真的只是行为人法制观念淡薄才被定罪吗？笔者认为，这明显是刑法规范制定得过于宽泛，打击面过大，社会中到处都是刑法陷进，普通老百姓一不留心，就掉进去了。这些不得民心的定罪判决，其实只是国家利用刑法全面管控社会的“战果”而已，这就是“过度刑法化”问题，该问题的存在，直接动摇了我国刑法理论通说中绝对的知法推定理念，并开始颠覆“不知法者不免责”的刑法格言，进而敦促我国尽快重构违法性认识可能性理论，将不具备违法性认识之最低标准的行为人，不认定为罪犯。而违法性认识之最低标准，是指“行为人对立法者据以订立禁止规范的行为实质反价值性有所认知，而这里的实质反价值性，是指立法者所确定的特定的社会危害性，其本质是不被容许的法益侵害性，不能给特定的利益造成损害，这与故意犯罪的刑法规定完全契合。”①如果不将基于违法性认识错误而实施的行为予以非罪化，则会导致“不教而诛，刑繁而邪不胜”，同时还会侵犯公民的尊严与自由，难以获得公众认同而最终无法实现一般预防效果。②

但是，令人倍感惋惜的是，目前我国司法机关并不会适用“不可避免的违法性认识错误事由”将被告人出罪，而是依据行为不具有刑事处罚必要性，从而不再以犯罪论处。③例如王力军非法经营案二审，是根据行为尚未达到严重扰乱市场秩序的危害程度，不具有刑事处罚必要性而改判无罪，即直接运用但书条款出罪，这种做法在精细性、明确性方面明显欠缺，且落后于众多具体的出罪事由理论之发展，同时，对于“但书”相当陌生的普通大众，只会觉得“但书”条款赋予了司法机关极大的裁量权，而一审误判是因为司法机关未运用好该司法裁量权，因此仍会对司法机关求全责备。其实，在笔者看来，即使不动用“但书”条款，如果法官坚持消极刑法观，在遵守“国法”时，兼顾“天理、人情”，重点关注行为人的主观罪责，也不会制造出那些不得民心的一审判决结果。④

(二)司法机关应充分发挥社会相当性理论的非犯罪化功能

河北省赵县的省级“非遗”传承人、79岁的杨风申，因制作民俗表演烟花，被判刑四年六个月，理由是被告人违反国家爆炸物管理法律法规，未经有关部门批准，在其杨家庄村中的3旧家居民区，非法制作烟火药15千克以上，其行为已构成非法制造爆炸物罪，情节严重。虽然该判决完全符合“非法制造爆炸物罪”的刑法规定，但是却无视制作民俗

① 参见陈璇：《责任原则、预防政策与违法性认识》，载《清华法学》2018年第5期。

② 参见陈璇：《责任原则、预防政策与违法性认识》，载《清华法学》2018年第5期。

③ 参见(2017)内08刑再1号。

④ 参见阮齐林：《刑事司法应坚持罪责实质评价》，载《中国法学》2017年第4期。

烟花表演的行为，符合我国社会传统文化传承的伦理风俗，其属于历史过程中长期形成的传统文化行为，该行为自然欠缺伦理评价上的非难可能性①，即，这种违反国家爆炸物管制行政法规的行为，并未达到严重脱逸社会相当性的程度，② 因此，应根据社会相当性理论予以非犯罪化。这在英美刑法中称为“文化辩护事由”，是指行为人以自己生活环境中的文化传统，以及个人价值观，来解释自己的行为准则，同时阐明自己的心理状态，从而主张自己不构成犯罪的策略。③

(三)应通过司法解释将大量不具有刑事处罚必要性的行为规定为“不认为是犯罪”

如上文提及，我国刑法第 13 条之但书，是具有中国特色的刑法规范，最高人民法院对其的解释，是指行为已经具备犯罪构成要件，属于刑法的调整范围，但“情节轻微危害不大”，不具有刑事处罚必要性(简称“刑事可罚性”)，因而“不认为是犯罪”，不予追究刑事责任。④ 由此可见，但书在防止国家治理社会“过度刑法化”问题，大有作为。除此之外，我国刑法分则中各种免除处罚的规定，极大地彰显了我国立法者的犯罪化智慧，例如第 276 条之一第 3 款规定：“尚未造成严重后果，在提起公诉前支付劳动者的劳动报酬，并依法承担相应赔偿责任的，可以减轻或者免除处罚”。这有利于激励企业主及时支付劳动报酬，而为进一步充分发挥此种激励作用，可对“公诉”、“支付”等作扩大解释，缩窄该刑法规范的适用范围。再例如对第 281 条第 3 款的“伪造、变造、卖卖身份证件罪”和第 281 条之一的“使用虚假身份证件、盗用身份证件罪”中的“身份证件”，应进行狭义解释，将一些不应惩罚的身份证件违法行为，在司法上予以非犯罪化；还例如第 284 条之一第 1 款的组织考试作弊罪与第 4 款的代替考试罪中的“考试”，予以限制解释，将“在法律规定的国家考试”予以限制解释，即只能是全国人大及其常委会设置的考试制度，同时采取列举加概括的方式，明确规定：在所有的期末考试、省级运动员资格考试、高校入职考试等其他考试中作弊的，不认为是犯罪。

(四)司法机关量刑时必须坚守比例性原则

缓解过度犯罪化问题的办法，应是在遵循比例性原则的基础上，对行为人施以公正应得的惩罚，其具体是指司法机关在适用比例性原则时，其判断内容是“在不同案件以及相似案件中，犯罪行为所造成的、可比较的损害之性质以及严重性与不法性、支配罪犯造成损害的应受责难性、以及犯罪遭受的、可比较的刑罚相对严厉性这三者，应

---

① 参见屈学武：《中国刑法上的免责机制反思——从违法性认识错误切入》，载《法治研究》2018 年第 1 期。

② 参见于改之：《我国当前刑事立法中的犯罪化与非犯罪化——严重脱逸社会相当性理论之提倡》，载《法学家》2007 年第 4 期。

③ 参见赖早兴：《美国刑法中的文化辩护及其启示》，载《现代法学》2016 年第 3 期。

④ 参见张泽涛：《行政违法行为被犯罪化处理的程序控制》，载《中国法学》2018 年第 5 期。

保持比例性”。① 虽然遵照该判断内容，可能还是难以精准决定何种惩罚才是行为人应遭受的公正应得的惩罚，但是我们根据比例性原则，很容易识别出不公正的惩罚，当我们发现不公正惩罚时，应提高警惕，能不作为犯罪论处的，司法机关应通过各种出罪事由或刑事诉讼程序直接出罪，如果应该定罪的，应充分利用定罪免刑制度、法定刑以下减刑制度或其他量刑制度，尽可能避免量刑畸重或错误定罪。最后，即使处于“对方阵营”的积极刑法观论者，为消除突破法治的“刑法极端工具化”隐忧，也主张寻求比例性原则对刑罚权予以合理约束②。

结语

在积极、预防性的刑法观(预防性犯罪化)与消极、报应性的刑法观(谨防过度犯罪化之刑法观)的学术论争中，可以合理预计，从短期来看，胜利者必定是预防性刑法观论者，因为最高权力机关为安抚民众对不道德行为、一般违法行为的恐慌、愤怒、不安等情绪，将会持续不断地颁布预防性犯罪化立法；但长期来看，胜利者却是消极刑法观论者，因为随着刑法范围不断扩充，越来越多的人，会因仅实施日常、普通的生活行为或工作行为，却被作为罪犯论处，即赵春华、王立军、陆勇、谭秦东等之类的人间悲剧，将会持续不断地上演，而悲剧之所以发生，其源头是立法机关当初将这类行为无差别地一起予以犯罪化，而并非积极刑法观论者所指称的司法机关适法不当，因为有一个不争的事实：司法机关在我国宪法中是适法机关，其只不过是国家最高权力机关这头被称为“利维坦”③深海怪兽的“打手”而已，在关键时刻，由人类创造、后被人类唤醒的“利维坦”，虽然可如怪兽“哥斯拉”一样拯救人类，但其更多的是带给无数个体无尽的苦难。④

(本文系国家社会科学基金青年项目“风险社会下无人驾驶汽车的法律规制研究”(项目号：18CFX047)的阶段性成果。)

① 参见胡莎：《缓解过度犯罪化问题的公正应得报应理论》，载《宁夏大学学报》(人文社会科学版)2015年第5期。

② 参见高铭暄、孙道萃：《预防性刑法观及其教义学思考》，载《中国法学》2018年第1期。

③ 参见何荣功：《预防刑法的扩张及其限度》，载《法学研究》2017年第4期。

④ 观2014年6月13日、2019年5月31日分别在全国各大院线开始热映的《哥斯拉》、《哥斯拉2：怪兽之王》有感。

假定的因果关系反思：具体问题与归因思维

杜治晗[*]

摘　要：在因果关系及客观归责的范畴内，条件公式、假定的因果关系、结果避免可能性中的合义务替代行为是密切相关的三个问题。三者在思维方式上存在极为紧密的内在关联，即都是反事实思维在刑法学中的具体运用。反事实思维在刑法学的因果关系判断中有着独特作用，而假定的因果关系问题只是反事实思维局限性的体现。

关键词：假定的因果关系；条件公式；合义务替代行为；反事实思维

一、问题的提出

假定的因果关系问题，是指假设行为人的现实行为不存在，而法益侵害结果仍会由他人的行为或事件引起，由此而形成的因果关系判断问题。例如常见的教学案例[电椅案]：甲是已经被绑在电椅上即将要被执行死刑的犯人，仇人乙在行刑人丙即将执行刑罚时撞开丙，抢先按下电钮使乙死亡。此时，乙即使不按动电钮，丙也会正常行刑，那么是否承认甲的死亡与乙的行为之间具有因果关系？因为其他人的行为或事件只是事后的假定，所以其与结果之间的关系就是"假定因果关系"，假定的因果关系问题由此得名。目前，我国刑法理论业已形成共识，在假定的因果关系场合，不能否定现实行为与结果之间的因果关系。① 之所以就必将出现的结果仍追究行为人的责任，最重要的原因在于必须坚持刑法对法益保护：刑法不因法益损害的必然发生而放弃保护，而行为人亦不得以他人之行为或事件而推脱责任。②

在因果关系及客观归责的范畴内，条件关系公式、假定的因果关系、结果避免可能性中的合义务替代行为是密切相关的三个问题。近年来，假定的因果关系及合义务的替代行

＊ 杜治晗(1990—　)，男，湖北仙桃人，法学博士，华中科技大学法学院讲师。主要从事刑法学研究。

① 有日本刑法学者认为，在假定的因果关系中，应当否定因果关系的存在，因为一旦考虑假定的原因，就会出现没有甲行为，也会有乙行为产生结果，说明行为对结果的发生没有支配力，这种场合没有因果关系。在我国，尚未出现类似的观点。参见周光权：《刑法总论》(第三版)，中国人民大学出版社 2016 年版，第 122 页。

② 参见注①周光权书，第 123 页；[德]乌尔斯·金德霍伊泽尔：《风险升高与风险降低》，陈璇译，载《法律科学》2013 年第 4 期。

为逐渐成为我国刑法理论讨论的热点。围绕假定的因果关系是否影响归责、假定的因果关系和合义务的替代行为之间的区别等问题，我国学者进行了卓有成效的讨论和研究。① 在我国学者的现有研究中，假定的因果关系问题并没有得到充分的重视，只是作为合义务替代行为及结果避免可能性的重要参照而被论及。但是，假定的因果关系问题一方面与条件关系公式息息相关，一方面联结合义务替代行为，是探讨三者之间内在关联的重要线索。

从假定的因果关系与条件关系公式的关系来看，假定的因果关系问题是适用条件关系公式时产生的具体问题。刑法上因果关系的认定，以行为人的行为与结果之间存在“若无前行为则无后结果”的条件关系为基础。根据条件关系公式，在类似于[电椅案]的情形中，由于假设情形仍能导致结果发生，因而否定现实行为与结果之间存在条件关系；这就产生法益侵害结果无法归因于现实行为、更不可能归因于假设行为的不合理结论。刑法理论一般认为，在假定的因果关系问题中，存在一种与条件关系公式不同的思维方式，即在运用条件关系公式之外，还考虑了假设事实与结果的关系(假定因果关系)。假定因果关系对条件关系公式的适用造成了干扰，正是这一思维方式产生了不合理结论。因此，假定的因果关系问题在刑法理论上受到广泛的批判。

从假定的因果关系与合义务替代行为的关系来看，二者最核心的内容都是，假设没有行为人的违反义务的行为而结果仍会发生，判断能否将结果归属给行为人的行为。由于假定的因果关系问题处于广受批判的境地，合义务替代行为及其上位的结果避免可能性问题之合理性也受到质疑。近年来，我国学者在假定因果关系和结果避免可能性的关系上聚讼不已，② 根源就在假定的因果关系问题。假定的因果关系问题与结果避免可能性(及结果避免可能性的下位规则合义务替代行为)之间的关系，业已成为难解而又不能绕开的“斯诺克”。

但是，本文认为，刑法理论对假定的因果关系问题的认识存在偏差。假定的因果关系问题所受到的批判，是李代桃僵、替条件关系公式受过。所谓假定因果关系的思维方式，是条件关系公式为了维护自身的合理性而作出的巧妙切割。之所以要作出切割，一方面是

① 车浩教授发表了“假定因果关系、结果避免可能性与客观归责”一文，对假定因果关系不能否定归责的理由进行了说明，澄清并论证了假定的因果关系与结果避免可能性之间的区别。此后，陈璇博士发表了“论过失犯的注意义务违反与结果之间的规范关联”一文，就合义务替代行为在过失犯客观归责的规范义务关联判断中的作用，以及在合义务替代行为中限制性运用假定因果关系的思维方法的正当性依据，进行了详细说明。此外，庄劲博士发表了“客观归责理论的危机与突围——风险变形、合法替代行为与假设的因果关系”一文，坚决反对假定因果关系的思维模式，主张剥离客观归责理论中蕴含假定因果关系思维的归责规则。徐然博士发表了“结果避免可能性与过失犯的客观归责”一文，详细说明了结果避免可能性在检验义务关联中的地位，以及结果避免可能性所使用的判断方法“合义务替代可能性”与假定的因果关系之间的关系。参见车浩：《假定因果关系、结果避免可能性与客观归责》，载《法学研究》2009 年第 5 期；陈璇：《论过失犯的注意义务违反与结果之间的规范关联》，载《中外法学》2012 年第 4 期；庄劲：《客观归责理论的危机与突围》，载《清华法学》2015 年第 3 期；徐然：《结果避免可能性与过失犯的客观归责》，载《北大法律评论》2015 年第 2 辑。

② 自车浩教授首次详细论述、澄清假定的因果关系与结果避免可能性之间的区别后，举凡涉及过失犯客观归责中规范义务关联、结果避免可能性、合义务替代行为等问题的场合，我国学者无不花费大量篇幅论述、澄清或反驳、反澄清相关问题。参见前引①车浩文；陈璇文；庄劲文；徐然文。

因为在结论上必须要肯定现实行为与结果之间的因果关系；另一方面是要坚持处于通说地位的条件关系公式不存在根本性问题。作出切割后，理论的批判很自然地向“假定的因果关系”的思维方式聚焦，认为不合理的结论来自于不合理的思维方式。这样，假定因果关系的思维方式的“不合理”被放大，而条件关系公式的合理性反思则搁浅在具体适用的层面。这一切割处理又给合义务替代行为这一归责规则带来了困扰：要么竭力划清结果避免可能性(及合义务替代行为)与假定的因果关系之间的界限，要么在承认二者相同的前提下设法论述结果避免可能性问题及合义务替代行为自身的合理性。

要明了条件关系公式、假定的因果关系和合义务替代行为这三者的内在关联，关键还是要对假定的因果关系问题进行正本清源的梳理。本文从假定的因果关系问题切入，在已有研究成果的基础上，尝试澄清该问题及其思维方式的本来面目，在思维方式的层面理顺相关问题的脉络，并对相关问题进行反思。

二、假定的因果关系问题的澄清

目前，理论上多数意见是尽力将假定的因果关系问题与条件关系公式、合义务替代行为进行区隔，那么，澄清对假定的因果关系问题的认识，则可以反其道而行之，通过对比、探讨其与条件关系公式、合义务替代行为的关系，发现三个问题间的互动与关联。

(一)“附加假设情形”之辨伪

目前，我国刑法理论日趋公认，刑法上因果关系判断应当包括事实层面的事实因果判断和规范层面的结果归属判断,① 而是否存在事实因果关系，首先要以条件说为标准进行判断。② 条件说认为，肯定行为与结果之间具有因果关系，二者需要存在“若无该行为则应不会发生该结果”这样的关系，概括为检验公式就是“非 P 则非 Q”；行为 P 乃结果 Q 的必要条件，因此这一条件关系理论也被称为必要条件说。③ 必要条件说“非 P 则非 Q”的检验公式，是通过假设已经现实发生的行为不存在的方法，来观察结果是否仍会发生，因此这一公式也被称为“假定的消去公式”或“假定排除法”。④ 从某种程度上说，条件关系公式堪称刑法上因果关系的第一块基石。

一般认为，在假定的因果关系问题中，除适用“假定消除公式”将行为人的现实行为

---

① 参见张明楷：《刑法学》(上)，法律出版社 2016 年版，第 183 页；黎宏：《刑法学总论》，法律出版社 2016 年版，第 92 页。

② 参见张明楷：《刑法学》(上)，法律出版社 2016 年版，第 185 页；黎宏：《刑法学总论》，法律出版社 2016 年版，第 93 页；参见周光权：《刑法总论》(第三版)，中国人民大学出版社 2016 年版，第 122 页。

③ 参见[日]西田典之：《日本刑法总论(第 2 版)》，王昭武、刘明祥译，法律出版社 2013 年版，第 78 页。

④ 参见[日]松原芳博：《刑法总论重要问题》，王昭武译，中国政法大学出版社，第 49 页；参见[日]西田典之：《日本刑法总论(第 2 版)》，王昭武、刘明祥译，法律出版社 2013 年版，第 78 页。

排除出去之外，还在思维过程中“附加考虑了假设性因素”。① 所谓“附加考虑假设情形”有两层意思：第一，假定的因果关系中，可能引发同样结果的替代原因不是现实存在的，而是处于潜在状态，相对于现实行为而言是“假设情形”；② 第二，在适用假定的消除公式判断条件关系时，需要考虑的只是事实上存在的情况，因此，考虑潜在的替代原因就是“附加考虑”。③ 相较于“假定的消除公式”，假定的因果关系问题可以概括为“假定的添加”。此处需要说明的是，假定的因果关系中，所假设的行为或事件并非全然虚构，而是“潜在”的行为或事件，也就是事后观察有相当根据会发生的行为或事件。④ 尤其需要注意的是，理论上假定的因果关系问题所考虑的“潜在”的替代原因，不论是他人的犯罪行为、合法行为还是自然事件，都与现实行为具有时间的密接性，而不会讨论与现实行为、现实结果时间上间隔久远的行为或事件，譬如人的自然死亡。

由上文论述似乎可以看出，假定的因果关系问题和“假定的消除公式”在思维方法上既有显著的相同点也有根本的差异。相同之处在于，二者都是以现实的因果过程为参照，假设在因果流程中更改某一因素或条件，观察因果流程是否会发生变更。简言之，二者都是带有假设条件的思维活动。二者之不同似乎也很明显，假定的因果关系问题在按照假定的消除公式消除现实行为之后，将并未发生的假设情形人为地“添加”进入考虑范围内。在[电椅案]等假定的因果关系场合，正是假设情形的存在，给假定消除公式的适用造成了干扰。刑法理论因此认为，在假定的因果关系问题中，存在一种特别的“假定因果关系思维”。如前所述，必要条件说的假定消除公式是刑法上因果关系判断的第一块基石，其思维方法的正当性、科学性几乎不言自明。因此，假定的因果关系问题之所以会产生不合理的结论，自然就可以归咎为“附加考虑假设情形”的不合理。

然而，假定的因果关系场合，真的存在“附加考虑假设情形”这一思维过程吗？真的存在独特的“假定因果关系思维”吗？

本文认为，在假定的因果关系场合，并不存在“附加考虑假设情形”这一思维特征；所谓“附加考虑假设情形”，完全是适用假定的消除公式时，在思维过程中自然而然出现的现象。详言之，条件关系的假定消除公式在思维过程上是这样一个动态的过程，即假定消除行为人的行为这一个因素，保留其他所有现实条件，观察在消除行为人的行为之后，其余因素是否会运动发展至结果产生。仍以[电椅案]为例，按照条件关系公式，被消除的仅有仇人乙的行为，行刑人丙的正常行刑是具有事实根据的“潜在”状态，并不能被一并消除；消除乙的行为后，丙的行为会自然而然的成为现实，引起结果发生。因此，在假定的因果关系场合，自始至终只有一个假设，也就是适用条件关系公式时，消除现实原因的假设；至于所谓添加的“假设情形”，是现实因果流程中潜在的、尚未现实化的行为或

① 参见[日]松原芳博：《刑法总论重要问题》，王昭武译，中国政法大学出版社，第54页。

② 参见[日]山口厚：《刑法总论(第2版)》，付立庆译，中国人民大学出版社2011年版，第52页。

③ 参见[德]乌尔斯·金德霍伊泽尔：《刑法总论教科书(第六版)》，蔡桂生译，北京大学出版社2015年版，第83页。

④ 参见黄荣坚：《基础刑法学》(上)，元照出版公司2012年版，第271页。

事件成为现实；在假定的因果关系场合，自始至终也只有一个消除现实行为的思维活动，并不存在人为的添加考虑其他情形的思维活动。之所以会产生“附加考虑假设情形”的错觉，是在消除现实行为时，将潜在的其他行为或事件一并予以消除，这是不正确的。

通过对比择一的因果关系与假定的因果关系，可以印证上述结论。在择一的因果关系场合，二个以上的独立行为导致结果的发生，各独立行为都能导致结果的发生。例如[毒药案]，事先没有犯意联络的甲、乙二人，分别在丙的茶杯中投入致死量的毒药，丙饮茶后中毒而死。假定的因果关系与择一的因果关系相似之处在于，二者都是结果的发生存在替代原因的情形，适用“非 P 则非 Q”的条件关系公式会得出无法归因的结论；不同之处在于，择一的因果关系是替代原因现实存在的情形；而假定的因果关系则是替代原因是潜在、尚未发生的情形。① 不过，所谓已经现实化和尚未现实化的“潜在”，仅仅是客观事实在时间维度上的先后差别而已，无损于客观事实存在的客观性。在[毒药案]等择一的因果关系场合，消除甲的行为之后，其他客观存在的因素包括乙的行为都予以保留，那么在[电椅案]中，消除行为人的行为之后，其他客观存在的因素包括行刑人的状态也都应该予以保留。

(二)假定的因果关系与合义务替代行为

上文已述，假定的因果关系的假设情形，是行为人的行为之外，其他人的行为或事件会引起结果的发生。如果此时改换假设的条件，假设行为人当时采取合法的行为，而结果仍不可避免或很有可能发生，这就成为“合义务的替代行为”问题。典型案例如[山羊毛案]：画笔制造厂的厂主购进一批中国山羊毛，在未按要求对山羊毛进行消毒清洁的情况下交给工人加工。结果四名女工因感染羊毛中的炭疽病菌而死亡。事后查明，当时的清洁消毒剂并不能杀灭羊毛中的病菌，即使厂主按照要求清洁消毒，被害人也仍会感染身亡。

合义务的替代行为，是用以判断结果避免可能性的方法：将因果流程中行为人违反义务的行为，替换成遵守义务的行为，其余因素保持不变，以观察结果是否仍会发生。结果避免可能性问题是过失犯的客观归责的重要问题，其任务是检验违反义务的行为与结果之间的规范关联，检验注意规范在个案的具体条件中有没有发挥避免结果的实际效用。刑法理论普遍支持，在行为人即便遵守了义务，结果仍然确定发生的场合，排除对行为人的归责；② 而在行为人遵守义务，结果很可能发生(难以避免)时，多数观点也支持排除归责。③

假定的因果关系问题和合义务替代行为在论证思路上，均采取了某种假定性思路，即先假定现有的不法行为不存在，后检视法益损害结果发生之可能性；在思维过程中，也出

① 参见[日]山口厚：《刑法总论(第 2 版)》，付立庆译，中国人民大学出版社 2011 年第 3 版，第 52 页。

② 参见[德]克劳斯·罗克辛：《德国刑法学总论(第 1 卷)》，王世洲译，法律出版社 2005 年版，第 234 页。

③ 详细观点参见车浩：《假定因果关系、结果避免可能性与客观归责》，载《法学研究》2009 年第 5 期。

现了现实不存在的假设事实。只是二者的结论不同，假定的因果关系并不阻却结果的归责，而合义务的替代行为则能够阻却对结果的归责。那么，二者之间是否还存在其他区别？

最初，我国学者认为假定的因果关系问题与结果避免可能性问题(主要是合义务的替代行为)是不同类型的问题。有观点细致罗列了以下不同之处：第一，假定的因果关系不影响归责，是指不能根据一个假定的因果关系来否定之前已经清楚无疑的因果关系，结果避免可能性所使用的“合义务的替代行为”的思考方法，则是要去检验一个义务关联性尚不明确的因果关系。第二，从结果的同一性上来看，前者比照的是“抽象的结果”，后者比照的是“具体的特定结果”。第三，前者考察的往往是其他行为主体的行为或事件，后者考察的是行为人自身符合义务的行为；前者在行为主体上不具有同一性，后者则保持行为主体的同一性。第四，前者涉及两个原因力，后者只有一个原因力。第五，前者的假设情形是真实的、潜在的，如果没有行为人的行为就会真实发生；相反，结果避免可能性中的“合义务替代行为”，是始终不存在的假定，完全是基于检测规范有效性的目的而人为设计的一个假想的比较。①

不过，后继的研究者大多并不认可上述区分。有论者指出：第一，无论是在假定的因果关系还是在结果避免可能性(合义务替代行为)中，都有以行为人的假定合法行为替代行为人的现实违法行为的成分。在[山羊毛案]中，是以工厂主按要求消毒的合法行为替代其不按要求消毒的违法行为，但是在[电椅案]中，替代行为人乙私自行为这一违法行为的，不仅有行刑者正常行刑，当然也包括行为人乙不私自行刑的合法行为。第二，所谓假定的因果关系涉及两个原因力，结果避免可能性的合义务替代行为中只涉及一个原因力，陷入了将不同的判断结论作为思考方法本身的误区。只有利用合义务替代行为检验，即使实施符合义务的行为而结果不可避免时，才能确认只存在一个原因力；如果结果可以避免，则存在两个原因力。不论检验结果如何，合义务的替代行为与假定的因果关系问题的思维过程中，都存在两个因果过程(也就是两个原因力)相互比较。第三，在合义务的替代行为中，行为人的合法行为确乎是一个假定，但是，行为人行为之外的客观事实因素也仍然是真是存在的，不是完全的假定。② 第四，合义务的替代行为比较的也有可能是抽象意义上的结果，例如，[山羊毛案]中比较的，就是抽象意义上的“感染病菌而死”。③

在本文看来，从细节特征着手，既无法准确无疑地区分假定的因果关系和合义务替代行为(结果避免可能性)之间的详细区别，也无法严密圆满地说明说明二者之间完全不存在任何差别。例如，无法否认在假定的因果关系中也当然地以行为人的假定合法行为替代了现实违法行为，同时不能对行为主体的同一性这一差别视而不见。区分说的观点始终斤斤于细节特征，避而不谈二者在思维方法上的相同，忽视了二者之间最明显的差别，恰恰就是在思维过程中，假定的因果关系问题里的假定事实是自然而然出现的，而合义务替代行为却是人为地替换进去的。不过，反驳区分说的观点正确说明，尽管有上述差别，仍然无法从思维方法

① 参见车浩：《假定因果关系、结果避免可能性与客观归责》，载《法学研究》2009年第5期。

② 参见陈璇：《论过失犯的注意义务违反与结果之间的规范关联》，载《中外法学》2012年第4期。

③ 参见庄劲：《客观归责理论的危机与突围》，载《清华法学》2015年第3期。

上将结果避免可能性与合义务替代行为截然隔离于假定的因果关系之外。本文认为，思维方式上的相同才是假定的因果关系问题与合义务替代行为之间更为根本的内容。

(三)小结

在此简单归纳上文所论述的内容。首先，在假定的因果关系问题中，并不存在“附加考虑假设事实”的“假定的因果关系思维”。按照假定消除公式的逻辑，存在潜在的替代原因的场合，必然会产生假定的因果关系问题，后者是假定消除公式的逻辑延伸。其次，假定的因果关系问题，与结果避免可能性中的合义务替代行为这一检验方法，虽然在细节特征上有些许区别，但是从思考方法上无法将二者截然隔离开来，二者在思维方法上同根同源。总之，三者在思维方式上存在极为密切的内在关联。

三、摆脱“假定事实”困扰的理论尝试

如果运用假定消除的思维方法时，必然会出现干扰因果关系判断的“假设事实”，那就说明条件关系公式存在着根本性的问题。如此一来，条件关系公式在因果关系理论中的基础性地位也会受到根本性的质疑。只有证明，在适用条件关系公式时能够在技术层面杜绝假设事实的出现，才能消除上述质疑。同时，合义务替代行为与假定的因果关系问题在思维方式上同根同源，而考虑假设条件，又正是假定的因果关系与合义务替代行为的共同之处。不论是条件关系公式还是假定的因果关系问题受到质疑，其都无法独善其身，且解决假定的因果关系问题的方案，也会同步对其产生影响。因此，如何摆脱“假定事实”的困扰，成为条件关系公式与结果避免可能性理论的共同课题。

(一)假定的因果关系问题之解题

为了避免在假定的因果关系场合得出无法归因的不合理结论，理论上可行的方案大致有附加禁止说、具体的结果观和合法则的条件说等三种。比较而言，附加禁止说、具体的结果观都是意图在技术层面排除“假定事实”对因果关系判断的干扰，证明假定消除的思维方法也可以排除“假定事实”，条件关系公式并不存在根本性问题。合法则的条件说则放弃了条件关系公式及其思维方式。下文将要说明，附加禁止说及具体的结果观的尝试是不成功的。

1. 附加禁止说的祛魅

所谓附加禁止说，是指在因果关系判断中，不得在去除作为因果关系判断对象的行为之后，再附加现实并不存在的假定性事项。附加禁止说是专为解决假定的因果关系问题而对条件关系公式作出的修正，非常明确的指向假定性事项这一特征。至于禁止附加条件的理由，一种观点认为，条件关系是实行行为和结果之间自然的、物理的关系，没有成为现实的假设条件，不能放在考虑范围之内。① 另一种观点则认为，现实行为与结果之间的关

① 参见黎宏:《刑法学总论》，法律出版社 2016 年版，第 94 页。

系是客观存在的，并不因为有其他现实并不存在而可能出现的假设条件，就否定前者的客观存在。① 附加禁止说的影响力非常强大，不仅是日本刑法理论解决假定的因果关系问题的通说，还被上升为“禁止附加原则”，② 严厉禁止根据未曾发生过的假想因果流程来否定现实结果的归责，甚至被视为刑法学的态度。③

虽然附加禁止说在刑法理论上广受支持，乃至被称为“禁止附加原则”，但是这一方案并不圆满，尤其是“禁止附加”的具体理由需要推敲。附加禁止说的指向性非常明显，将“附加考虑假设情形”作为假定的因果关系问题的症结所在；但是前文已述，在假定的因果关系中并不存在“附加假设情形”的问题。在此指出附加禁止说的错误，同时印证上文的论述。

首先，“附加禁止说”在思考方法上存在明显的错误。第一，“禁止附加”的提法并不妥当。我国台湾地区学者黄荣坚教授认为，“不得添加假设情况”的说法，与“非 P 则非 Q”的思考方法完全互相矛盾：所谓“非 P”也就是一种假设情况，而且是事实上不存在而被添加进去用于取代既有事实的假设情况。④ 所以，附加禁止说的提法是搬起石头砸条件关系公式的痛脚。第二，附加禁止说的方法粗暴无理。日本学者松原芳博指出，假定的消去公式原本就是以假想世界作为问题，因此不能不考虑，在假定没有行为人的行为的场合，所能预想到的事态走向。⑤ 附加禁止说将运动着的因果过程截取为静态的片段，将运动过程中紧密相连的各行为各事件当做可以机械抽取的零件。但是，现实的因果过程是运动的、关联的，既然所假设的情形在客观上是潜在的、可能的，那么去除现实行为之后它也就会出现。真正“添加”条件的，不是判断因果关系的人，而是客观事实；禁止“添加”反倒与客观现实扞格。

其次，从具体的理由来看，刑法上的因果关系具有现实性、自然性等客观属性是毫无疑义的，但是以此为由将行为当时尚未现实化的情形驱逐出因果关系的考量范围，却并未击中“假定的因果关系”的要害。如果我们认为，假定情形与现实结果之间存在因果关系，这一结论显然是有悖因果关系的现实性和自然性。然而，“假定的因果关系”问题并不是为了证立假定情形与现实结果之间的因果关系，而只是否定了现实行为与现实结果之间的条件关系；“假定的因果关系”形成的局面是，现实的行为与结果之间不存在条件关系，而不是假定的情形与结果之间存在条件关系。因此，难以说将假定情形纳入考虑范围与因果关系的现实性、自然性等客观属性相悖。

再者，认为不能以现实不存在的条件而否定客观存在的条件关系，这样的观点也只是表明了态度，没有给出理由。我们反而可以认为，在适用“若无前者则无后者”的条件关系公式时，只有以现实不存在的条件否定现实行为与结果之间的条件关系，才是符合条件

① 参见车浩：《假定因果关系、结果避免可能性与客观归责》，载《法学研究》2009 年第 5 期。

② 参见[日]西田典之：《日本刑法总论(第 2 版)》，王昭武、刘明祥译，法律出版社 2013 年版，第 81 页；[日]松原芳博：《刑法总论重要问题》，王昭武译，中国政法大学出版社，第 54 页。

③ 参见庄劲：《客观归责理论的危机与突围》，载《清华法学》2015 年第 3 期。

④ 参见黄荣坚：《基础刑法学》(上)，元照出版公司 2012 年版，第 271 页。

⑤ 参见[日]松原芳博：《刑法总论重要问题》，王昭武译，中国政法大学出版社，第 55 页。

关系公式的，除非否定条件关系公式，否则该结论不应受到质疑。

通过以上分析可见，附加禁止说或附加禁止原则只是提出了方案，而实质性的理由却并不坚实。因此，西田典之教授委婉的批评附加禁止说的做法过于讨巧，而山口厚教授则批评附加禁止说是为了肯定条件关系而不得不作出的修正，很难再找出其他理由。①

2. 具体结果观的质疑

刑法上的因果关系是实行行为与构成要件结果之间的关系，而构成要件的结果必须要具体地把握。② 所谓具体的结果观，是指条件关系的判断中的结果，必须是在结果样态、发生时间等属性上具体的、特定的、个别的结果。在此观点看来，因果关系判断要解决的问题是，哪些情况促成了具体结果的发生。具体的结果观是刑法上因果关系判断的前提。

按照具体的结果观，在替代原因所导致的结果与现实行为所引起的结果存在差异的场合，根本就是两种不同的因果流程，无需将彼流程纳入此流程。进而言之，在因果关系判断中需要考虑的只是事实上存在的、对因果地解释具体结果的发生不可或缺的情况，现实中未能发生的情形在解释具体结果的发生时无需考虑。③ 大谷实教授认为："(条件关系)是没有前行为就没有后结果的行为和结果之间的具体的事实的连接，所以，适用这一公式的，仅限于现实所发生的具体结果和导致该结果发生的个别的实行行为之间的关系。"④

正如人不会两次踏入同一条河流，在现实生活中两个不同的因果流程产生相同结果的可能性微乎其微。"结果"是条件关系判断的起点，抓住这一咽喉要害，具体的结果观能够将许多存在替代原因的情形排除出条件关系的判断范围。例如常见的[飞机场案]，甲前往机场准备搭乘飞机，乙在机场外将其枪杀，数小时后甲原定乘坐的航班在大洋上失事，乘客无一生还。死于枪杀与死于空难只在"死亡"的抽象意义上相同，是不同的具体结果。⑤

然而，即便将结果予以具体的把握，在适用必要条件说的条件关系公式时，也仍然会在假定的因果关系等问题上产生困难。⑥

首先，要确定具体或特定的结果，并不是在结果端依靠对"结果"的描述和观察可以独力完成的，而是需要观察包括特定的行为人、特定的行为方式，乃至时间、地点在内的细节要素。将结果的特征属性细化之后，确实可以将许多具有抽象共性的结果区分为不同

① 参见[日]西田典之：《日本刑法总论(第2版)》，王昭武、刘明祥译，法律出版社2013年版，第81页；[日]山口厚：《刑法总论(第2版)》，付立庆译，中国人民大学出版社2011年第3版，第52页。

② 参见张明楷：《刑法学》(上)，法律出版社2016年版，第184页；黎宏：《刑法学总论》，法律出版社2016年版，第94页。

③ 参见[德]乌尔斯·金德霍伊泽尔：《刑法总论教科书(第六版)》，蔡桂生译，北京大学出版社2015年版，第82至83页。

④ [日]大谷实：《刑法总论(新版第2版)》，黎宏译，中国人民大学出版社2008年版，第200页。

⑤ 参见林钰雄：《新刑法总则》，元照出版公司2014年版，第158页。

⑥ 参见[日]山口厚：《刑法总论(第2版)》，付立庆译，中国人民大学出版社2011年第3版，第51页。

的具体结果。问题在于，“具体结果”的特征、属性需要具体化到何种程度，没有明确标准作为依据。具体结果的界定不是通过分毫不误的素描能够完成的任务，其间必然对特征、属性有所取舍。这里就存在着巨大的任意性，使得任意情况都可能成为结果的特征、属性。此处借用德国学者萨姆松设计的[岔道案]为例进行说明：在火车行驶的前方发生了山体崩塌，山体堵住了整条铁路。火车司机甲已无法及时刹车避免撞崖事故。而乙调整了岔道，使火车从右轨道进入旁边的左轨道，甲遂在左侧轨道上撞崖。那么，在[岔道案]中，甲撞死于左侧轨道和死于右侧轨道是极其细微的差别，死亡地点距离近在咫尺，死亡时间分秒无差，是否属于不同的“具体结果”？罗克辛教授就认为，在法益保护观点下这两个结果都是一样的，乙调整轨道属于对自然事件无意义的修改。① 但反对观点认为，甲撞死于右轨道是一个自然事故，而撞死于左轨道则是认为造成的，二者在规范意义上完全不同；乙调整轨道的行为，与开枪、放置炸弹杀害甲并无不同。② 简言之，乙扳道的行为是否属于具体结果中有意义的属性，在规范评价上存在不同看法。这表明，在死因不同(上文的枪杀与空难)的案件中，具体的结果观很容易确定具体结果;③ 而在发生原因、发生时点、结果样态等各方面差异较小的场合，具体结果的确定并不容易，仍然会留下争议的空间。

其次，如果在适用条件关系公式时，彻底贯彻具体的结果观，恐怕条件关系公式自身也会被架空为一个“检验图章”。详言之，假定的消除公式是消除行为人的行为，观察相同结果是否仍会发生，如果相同的结果不会发生，那么就存在条件关系。按照具体的结果观，在[电椅案]中，甲死于乙按动电钮，和死于丙正常行刑是不同的具体结果，不仅行为人不一样，而且结果的规范意义也不一样；[岔道案]中也可以做如此理解。如此，只要确定了具体结果，适用假定的消除公式时，只要排除行为人的行为，相同的“具体结果”就必然不会出现了，行为人的行为也必然与结果存在条件关系。条件关系公式的检验意义，就完全成为一个图章，一个精巧的思维游戏。其实，我们在将特定的行为人、特定的行为方式，乃至时间、地点等等细节要素作为“具体结果”的特征内容时，条件关系就已经确定了。所以，具体的结果观如果贯彻到底，即使能够彻底解决假定的因果关系问题，也必然会架空条件关系公式。

3. 合法则的条件说的优势

合法则的条件说认为，一个行为与时间上随后发生于外部世界的变化相联系，而且这一联系如果能以科学法则或经验法则加以说明的，就认为二者具有因果关系。④ 根据合法

---

① 参见[德]克劳斯·罗克辛：《德国刑法学总论(第1卷)》，王世洲译，法律出版社2005年版，第250页。

② 参见车浩：《假定因果关系、结果避免可能性与客观归责》，载《法学研究》2009年第5期；庄劲：《客观归责理论的危机与突围》，载《清华法学》2015年第3期。

③ 参见张明楷：《刑法学》(上)，法律出版社2016年版，第189页。

④ 参见[德]汉斯·海因里希·耶赛克、托马斯·魏根特著：《德国刑法教科书(总论)》，徐久生译，中国法制出版社2001年版，第345页；参见[德]克劳斯·罗克辛：《德国刑法学总论(第1卷)》，王世洲译，法律出版社2005年版，第235页。

则的条件说，只要现实行为与结果之间的事实关联在科学法则上是能够得到说明，能够认定由于行为的作用而发生了结果的场合，即便不存在“非 P 则非 Q”的关系，也能肯定行为与结果之间的事实的因果关系。目前，刑法理论普遍认为，合法则的条件说较之必要条件说更为优越，尤其是在解决假定的因果关系、累积的因果关系、超越的因果关系等问题上。①

合法则的条件说认为，因果关系的实质内容并不是“若无 P 则无 Q”的必要条件关系，而是“有 P 则有 Q”充分条件关系。② 这也就是说，合法则的条件说与必要条件说对因果关系的定义不同，思考方法也不同。

因此，从论证模式来看，假定的消除公式是消极的排除，那么从结论上来说，只有将其他的相关可能排除完毕之后，始能确认条件关系，也就是“吹尽黄沙始见金”；而合法则的条件说则是积极的确认，从正面说明待证明事项之间存在合乎科学法则、经验法则的联系。这一差别具体到“假定的因果关系”问题上，就是假定的消除公式总是需要考虑其他替代情形，而合法则的条件说在解释假定的因果关系问题时，只需要说明“事实的联系”。适用合法则的条件关系公式，在经验法则上因果关系较为明显的案件，即使存在替代原因，也能清晰的得出结论，不会徒滋歧议，此其优于假定的消除公式者一；在根据经验法则难以得出结论时，合法则的条件公式则可以借助自然科学方法、统计学方法等加以证明，而此时假定的消除公式则无能为力，此其优于假定的消除公式者二。③

4. 代小结

以解决假定的因果关系场合的功效而言，上述诸说可谓互有长短。张明楷教授认为，在具体的结果观指导下适用条件关系公式，结论上与合法则的条件说并没有区别。④ 这一看法忽略了诸说之间的根本性差异。附加禁止说和具体的结果观所代表的态度是：条件关系公式在思维方式上不存在根本问题；假定事实会对因果关系判断产生干扰，试图从技术层面排除假定事实的出现。合法则的条件说，是从思维方式上排除了假定事实的出现。本文的分析表明，附加禁止说与具体的结果观并不能彻底杜绝假定事实的出现，不能解决条件关系公式在思维方式上的问题。值得注意的是，既然假定的因果关系问题所受到的质疑自然地波及到结果避免可能性问题，那么，解决假定的因果关系问题的方案也会影响结果避免可能性问题。

(二)合义务替代行为的自证合理

在假定的因果关系问题中，“假定因果关系不影响归责(因果关系判断)”的结论已经

① 参见[德]埃里克·希尔根多夫：《德国刑法学——从传统到现代》，江溯、黄笑岩等译，北京大学出版社 2015 年版，第 274 页。

② 参见[日]松原芳博：《刑法总论重要问题》，王昭武译，中国政法大学出版社，第 52 页。

③ 参见[德]克劳斯·罗克辛：《德国刑法学总论(第 1 卷)》，王世洲译，法律出版社 2005 年版，第 234 页。

④ 参见张明楷：《刑法学》(上)，法律出版社 2016 年版，第 190 页。

成为坚实的共识；同时，为了排除假设事实对因果判断的干扰，“附加禁止说”禁止考虑假设事实的严厉态度，在学说上影响巨大。受此影响，我国学者似乎不自觉地带有以下倾向：将假定的因果关系问题视为“原罪标签”。在支持结果避免可能性理论的立场上来看，需要与假定的因果关系划清界限。上文引述的“区分说”，之所以在肯定结果避免可能性所运用的“合义务替代行为”的思考方法“在外形上也很类似于”假定的因果关系的情况下，仍然穷尽可能的列举细节特征上的不同，将二者论述为“本来是两个问题”，① 最根本的考虑恐怕还是论者认为只有划清二者之间的界限，结果避免可能性问题及其使用的合义务替代行为方法才能摆脱质疑。与此相反，在反对结果避免可能性理论的立场上看，其与假定的因果关系的联系密切就是“原罪”。有学者甚至认为，假定因果关系的思维模式——也就是根据未曾发生过的假想因果关系来否定现实结果之归责——是刑法学禁止的思考模式，而客观归责的两大核心原理——风险创设与风险实现——及其派生的风险变形、合法替代行为等归责规则，都蕴含了假定因果关系的思维模式，应当予以剥离。②

根据上文的分析可以明确，从细节特征上不能区分假定的因果关系与结果避免可能性，二者有着相同的思维方式。目前，也有观点认为，尽管假定的因果关系、结果避免可能性与条件关系都是基于某种假设性思维，但是三者在思维构造上也并不一致。直观来看，假定的因果关系是“添加”，条件关系公式是“消除”，而结果避免可能性是“替代”。以思维方式的共通来否定假定的因果关系与结果避免可能性之间的区别，并不恰当。③ 前文已力证假定的因果关系问题中并不存在“假定的添加”，而三者在思维构造上的具体差异留待下文说明。此处要说明的是，即使假定的因果关系与结果避免可能性存在上述思维构造上的差异，这一区别也没有任何意义，甚至会恶化结果避免可能性(以及合义务替代行为)的处境：“替代”比“添加”更为深刻的更改了客观事实，更为彻底的进行了假定，既然假定的因果关系不合理，那么结果避免可能性应该更加不合理。

如何在肯定结果避免可能性与假定的因果关系在思维方式上相同，而假定的因果关系受到质疑的条件下，论述结果避免可能性的合理性？有观点认为，用于检验结果避免可能性的合义务替代行为假定的因果关系的体现，也是“假定因果关系不影响归责”这一原则的例外，是对假定的因果关系思维的限制性运用。④ 持这一观点的学者首先认为，从思维方法上来说，要在整个因果流程中找出引起现实结果发生的必要条件，必须要采取类似科学实验的方法，将待检验的事实从因果链条中暂时剥离，以观察因果过程会否发生变化；同理，在检验违反注意义务的行为与结果之间是否有必要关联时，也必须采取这种排除性的思考方式将违反注意义务的行为抽离，但另一方面又必须保留行为人的行为，以此单独对行为的注意义务违反性本身进行检验。⑤ 其次，从规范目的以及假定事实出发，论述

---

① 参见车浩：《假定因果关系、结果避免可能性与客观归责》，载《法学研究》2009年第5期。

② 参见庄劲：《客观归责理论的危机与突围》，载《清华法学》2015年第3期。

③ 参见徐然：《结果避免可能性与过失犯的客观归责》，载《北大法律评论》2015年第2辑。

④ 参见陈璇：《论过失犯的注意义务违反与结果之间的规范关联》，载《中外法学》2012年第4期。

⑤ 参见陈璇：《论过失犯的注意义务违反与结果之间的规范关联》，载《中外法学》2012年第4期。

“限制性运用”假定事实的正当性。详言之，规范是针对接受规范的人而设立的，只有属于行为人能够操纵的行为覆盖范围内的因素，才属于能够影响规范效力实现的事实。在假设其他人的行为或事件会引起结果的发生时，这一假设条件并不处于行为人的行为覆盖范围之内，结果的发生与行为人违反义务的关联无从观察；而假设行为人的行为合法，这一假设条件处于行为人的行为覆盖范围之内，结果的发生与规范是否具有避免结果的效力才具有关联。而限制的内容，则包括替代行为是处于行为人的控制范围之内可能影响规范效力发挥的事实因素、替代的合义务行为与现实的违法行为属于同一类型，且是可供选择的最低限度的合义务行为等等。①

可以看出，这一观点与附加禁止说、具体结果观的思路如出一辙。上述观点的理由，首先是说明了条件关系公式与合义务替代行为，在假定消除的思维方法上是一致的，而这一思维方法是科学的、合理的、必要的。此处的意图，就是借用条件关系公式的权威性，使得合义务替代行为的思维方式免受质疑。其次，由于合义务替代行为的根本特征就是使用“假设事实”替代现实行为，因此必须要对“假设事实”本身予以正当化。上述观点充分说明了，第一此处的假定性事实不会干扰规范性质的归责判断，第二此处的假定事实在规范目的上也是合理的。简言之，“限制性运用”的合理性在于假设事实的选择和判断性质的要求。主张“区分说”的学者也有相似的观点，认为假定的因果关系与结果避免可能性的区别在于替代因子的选择和判断目的的取向。② 不得不承认，这些理由都是有道理的。条件关系公式是用以判断事实性质的因果关系的，假定的因果关系问题最大的不合理，就是由于假设事实的干扰，使得结论上出现了既不能归因于现实行为更不能归因于假设事实的归因漏洞。这一归因漏洞，否认、无视现实因果力，也等于否认因果联系的普遍性，所以在事实上的因果关系判断中，考虑假设事实、“以假设事实否认归责”会受到严厉的禁止。而结果避免可能性的判断目的旨在确认法规范在个案中的效力，由于在规范逻辑上可以承认规范效力的不足，因此在规范性质的归责阶段“以假设事实否认归责”，也就可以说得过去。

但是，反对结果避免可能性理论及合义务替代行为方法的观点，已经剑指条件关系公式及合义务替代行为的思维方式。反对论者认为，判断义务违反与结果是否存在规范上的关联，不能以假设合义务行为是否导致同等损害为根据，而必须从规范之目的加以观察。规范之目的应当以积极的方法来界定，而不是通过合义务替代行为“假设实施合法行为结果是否仍会发生”这一消极方法来观察。作为佐证，因果关系理论的条件公式也是通过“假想不存在”的方法来证明因果关系，但是这一方法无法说明因果关系，只有合法则的条件说才能积极的说明行为与结果在自然法则上的联系。既然我们不能通过“假想不存在”来判断二者的事实关联，则同样不能据此来判断二者的规范关联。③

① 参见陈璇：《论过失犯的注意义务违反与结果之间的规范关联》，载《中外法学》2012 年第 4 期。
② 参见徐然：《结果避免可能性与过失犯的客观归责》，载《北大法律评论》2015 年第 2 辑。
③ 参见庄劲：《客观归责理论的危机与突围》，载《清华法学》2015 年第 3 期。

(三)小结

综上所述，假定的因果关系问题暴露了条件关系公式在思维方式上的不足：运用假定的消除法，在思维过程中必然会出现干扰因果判断的假设事实。这一问题无法在技术层面予以解决。试图在细节特征上切割结果避免可能性理论与假定的因果关系问题，从而使结果避免可能性摆脱质疑的方法是不成功的。结果避免可能性的检验方法是合义务替代行为，虽然可以从假设事实的限制性选择及判断目的上论述合义务替代行为的正当性，但也仍然无法摆脱反对观点对合义务替代行为在思维方式上的质疑。也就是说，无论是假定的因果关系问题还是结果避免可能性问题，都不能将问题聚焦在摆脱“假设事实”的困扰上，而应该聚焦于思维方式。总之，假定的消除公式、假定的因果关系、结果避免可能性理论(合义务的替代行为)三者之间明显具有某种联动关系存在，无法全存但可能全非。要避免出现三者全非的最不利局面，同时又合理说明为何不能三者全存，要害在说明、探讨三者背后的思维模式。

四、本文观点：反事实思维的发现与检讨

(一)反事实思维原理

其实，条件关系公式、假定的因果关系，以及结果避免可能性问题使用的合义务替代行为方法，在判断方法上有一个共同特征，即先确定检验对象，再在现实因果流程中变动这一检验对象，创立平行于现实因果事件序列的假设因果事件序列(也可称为“平行序列 parallel series”)，将二者进行比较，以得出检验结论。① 这种思维方式在认知心理学上被称为“反事实思维”(counterfactual thingking)。②

认知心理学的研究表明，人们在对外部世界发生的事件进行因果推理或归因时，最常见的思维方式就是对过去的事件先进行否定而后再构建一种可能性假设。③ 反事实思维就是在思维活动中，以假设的方式撤销已经发生的事实，构建出与现实事件相反的可能性假设，将现实的事件与可能性假设进行比较的思维过程。反事实思维在思维过程中，一般以反事实条件句的形式出现，也就是“如果……那么……”形式的虚拟蕴涵命题。④ 一个反事实条件句包括两部分，虚假的前提和虚假的结论，例如“如果当时好好学习，那么成绩

① 参见[英]H. L. A. 哈特、托尼·奥若尔：《法律中的因果关系》，张绍谦、孙战国译，中国政法大学 2005 年版，第二版前言第 22 页。

② 参见卿素兰、罗杰、方富熹：《反事实思维与因果推理的关系》，载《湖南大学学报(社会科学版)》，2004 年第 1 期。

③ 参见卿素兰、罗杰、方富熹：《反事实思维与因果推理的关系》，载《湖南大学学报(社会科学版)》，2004 年第 1 期。

④ 参见陈俊、贺晓玲、张积家：《反事实思维两大理论：范例说和目标—指向说》，载《心理科学进展》2007 年第 3 期。

就不会下滑”。由此不难看出，条件关系公式、假定的因果关系问题以及结果避免可能性问题都运用了反事实思维。

反事实思维内部根据假设条件句的不同也可以分为三种类型：其一是加法式(additive)，在前提中添加事实上未发生的事件或未采取的行动而对事实进行否定的反事实思维。例如，如果我上了闹钟，那么我就不会睡过头，“上闹钟”就是添加事实。其二是减法式(subtractive)，与加法式相反，减法式是从真实事件中删除某些因素，然后再重新进行建构。例如，如果不是堵车，那我就不会迟到。其三是替代式(substitutional)，就是将前提事实替换成假设事实，对结果进行对比观察的类型。例如，如果我当时不走这一步而走那一步，这盘棋就不会输。① 基于反事实思维的类型区分，有论者认为，条件关系公式、假定的因果关系和结果避免可能性，这三者在思维构造上并不完全一致。条件关系公式可以对应上述的减法式，而假定的因果关系问题可对应加法式，合义务的替代行为对应替代式。②

本文认为，将条件关系公式、假定的因果关系、合义务替代行为对应反事实思维的三种类型，是一种想当然的望文生义。首先，根据本文的分析，假定的因果关系问题就是条件关系公式的衍生问题。假定的因果关系中出现的假设事实，是条件关系公式在构造平行序列时，原本潜在的事实因素随着消除现实行为而自然出现的。因此，假定的因果关系并不是加法式的反事实思维。刑法理论上，真正符合加法式反事实思维特征的，应该是不作为犯的因果关系。刑法理论一般认为，如果行为人实施其被期待实施的行为，极有可能或十有八九不会发生法益侵害结果的场合，可以认定该不作为和危害结果之间具有因果关系。③ 此处，行为人实施符合作为义务要求的行为，是一个没有任何事实根据的假设情形，被人为地添加进判断过程中。④ 其次，虽然心理学上认可了反事实思维中存在加法式、减法式、替代式等类型划分，但这种类型划分的界限本身是不清晰的。正如黄荣坚教授所举的例子，“假设某甲没有对某乙开枪”并不是单纯的消除，已经添加了一种“此处真空”的假设进去，否则无法想象某甲没有对某乙开枪却又没有任何其他假设状况会存在。⑤ 也就是说，假定的消除同时伴随着假定的添加。同理，假定的消除与假定的替代之间界限也不明了。我们假设甲没有开枪，究竟是将“甲开枪”的行为消除了，还是以“甲没有开枪”替换了“甲开了枪”？或者说，假定的替代也就是假定的消除与假定的添加一起组合而成。再次，在反事实思维内部区分不同类型的意义何在，也是值得思考的。区分不同类型的反事实思维，最大的便利就是在某一类型可能会产生不合理结论时，将其与其他类型作

① 参见杨红升、黄希庭：《关于反事实思维的研究》，载《心理学动态》2000年第3期。

② 参见徐然：《结果避免可能性与过失犯的客观归责》，载《北大法律评论》2015年第2辑。

③ 参见周光权：《刑法总论》(第三版)，中国人民大学出版社2016年版，第130页。

④ 正是因为不作为犯的场合是真正的“假设的添加”，刑法学上的有力观点认为，不作为犯的因果关系是“禁止附加原则”的例外。在我国，黎宏教授曾经持这种观点，参见黎宏：《刑法学》，法律出版社2012年版，第99页。黎宏教授后来整体修正了不真正不作为犯的理论，批评、反思了上述观点，认为不真正不作为犯的场合，并不存在和作为犯一样的事实因果关系。参见黎宏：《刑法学总论》，法律出版社2016年版，第94页、第95页。

⑤ 参见黄荣坚：《基础刑法学》(上)，元照出版公司2012年版，第271页。

出切割。但是，上文的分析已然证明，这种切割处理方式并不成功，对任意一种类型的质疑都会指向反事实思维本身的正当性、合理性。总之，本文不赞成将条件关系公式、假定的因果关系、结果避免可能性(及其使用的合义务替代行为)对应为不同类型的反事实思维，而是主张统一把握、协调这三个问题，说明反事实思维这一思维模式的正当性与局限性。

(二)反事实思维的正当性与局限性

1. 反事实思维的正当性

首先，反事实思维是一种极为普遍、极为常见的归因认识活动，其存在本身就是正当的。正如因果关系有其本身的规律，认识、判断因果关系的思维活动也自有其规律。现实生活中，人们无时无刻不在对自己的行为、对他人的行为、对周围发生的各种事件寻找原因并作出解释。这种寻找原因、作出解释，或者说将行为或事件的结果归属于某种原因的过程，就是归因(causal attribution)。归因问题既是认识论、科学哲学研究的对象，也是认知心理学的重要内容。哲学上的因果关系，偏重于客观性、普遍性、辩证转化等形而上的属性，虽然指明了因果关系在认识论上的意义，但并不探讨人是如何认识因果关系的，也不探讨人是如何搜寻原因。①

在刑法学上，无论是传统的因果关系理论还是现代的客观归责理论，都是围绕着“结果归责”这一核心展开，也就是确定构成要件结果之后，审查该结果是否由实行行为引发。② 刑法的因果关系判断实际上也是搜寻原因、解释原因的归因认识活动。从因果关系的内容范畴来说，行为与结果之间具有什么样的事实联系或规范联系，才能成为刑法上认可的“原因”，更多地借助哲学予以界定。至于如何搜寻原因、确定原因，则不能不回归到认识活动的原理层面予以把握。“反事实思维”并不是人为设计出来的思维模型，而是人类在搜寻原因的认知过程中自然而然形成的；运用反事实思维进行因果推理，也不是后天训练所形成的技巧，人类在归因过程中激发反事实思维几乎是一个自动过程。③ 因此，没有理由在刑法学中使用反事实思维判断因果关系。

其次，反事实思维面临的最大疑问在于，因果关系是客观事实之间引起与被引起的关系，因果关系应当具有事实性、客观性；而反事实思维逆向重构了事实因果流程。那么，在判断刑法上的因果关系时运用反事实思维，是否会损及因果关系的事实性、客观性？以往，我国传统通说以哲学上因果关系的特征属性作为分析刑法上因果关系的工具，基于客观因果关系的立场分析现实事实，反对假设条件的研究。我国传统通说排斥条件说的“假定消除法”，与这一观念应该说不无关系。④ 但是，这样的疑问是理论的多虑。因果关系的客观性，是指客观事实之间客观上存在因果联系，是判断对象内容及判断结论的客观

---

① 参见刘永芳：《归因理论及其运用》(修订版)，上海教育出版社 2010 年版，第 5 页。

② 参见劳东燕：《事实因果与刑法中的结果归责》，载《中国法学》2015 年第 2 期。

③ 参见陈俊、贺晓玲、张积家：《反事实思维两大理论：范例说和目标—指向说》，载《心理科学进展》2007 年第 3 期。

④ 参见林亚刚：《刑法学教义》，北京大学出版社 2014 年版，第 191 页。

性；而判断因果关系的思维活动则必然是主观意识活动，是一种认识形式。“在每种知识中，都必须区别开质料，亦即对象，和形式，亦即我们认识对象的方式。”①因此，判断方法并不会损及判断对象在内容上的客观性。从学说沿革也可以看出，国外刑法理论长期使用条件说的“假定排除法”判断因果关系，并没有使刑法上的因果关系失去客观性。

不过，理论上始终对加法式、替代式的反事实思维存在疑虑。理论上有观点认为，在不真正不作为犯的场合，判断因果关系时添加考虑假定事实，会使得因果关系的有无，随着判断者的添加事实有无而变化，从而使因果关系成为一种思考上的存在，有损因果判断的客观性。② 对这一疑虑，本文认为可以从以下方面进行解释。第一，因果关系毕竟是事物之间的联系，虽然也是一种客观存在，但并不如事物一样是直接性的存在，而是一种间接性的、设定起来的存在；质言之，因果关系是区别于“存在”的“本质”。③ 这就表明，我们认识因果关系，在主观思维中必然较认识事物自身更为复杂、更为抽象，但是，认识因果过程的思维活动，并不会改变因果关系的客观属性。第二，上述观点指出“判断因果关系时添加考虑假定事实，会使得因果关系的有无，随着判断者的添加事实有无而变化”，其实，不是因果关系的有无随着假定事实的有无而变化，而是判断结论随假定事实而变化。这里可以说是损及判断结论的稳定性，但不是损及因果关系的客观性。第三，“不作为”虽然是一个规范上的概念，但是不作为仍然对应着客观上存在的一种状态，那么这一客观状态与“结果”所对应的客观事实之间，仍然存在事实上的联系。总之，无论是哪一种类型的反事实思维，都是在思维过程中对客观事实进行了假设性变动，既然运用减法式的反事实思维不会损及因果关系的客观性，那么运用加法式、替代式的反事实思维应该也不会损及因果关系的客观性。

2. 反事实思维的局限性

归因认知过程本身是复杂的，所运用的思维方法也是复杂多样的，反事实思维只是最常见的一种归因思维。刑法学上的因果关系判断虽然也可以广泛地运用反事实思维，但反事实思维自有其局限。在假定的因果关系场合，条件关系公式之所以产生不合理的结论，结果避免可能性理论所受到的批评，都源于反事实思维的局限性。

首先，反事实思维的因果推理机制是一种比较效应机制，即在思维过程中将已经发生的既存事实与可能的理想化结果或者某一参照点进行比较。比较效应机制，是利用人的感觉对偏离参照点的相对差异非常敏感，从而找出使得现实因果流程偏离理想化的因果流程的差异因素，将其确定为原因。换句话说，反事实思维并不是一种具有坚实的逻辑实证基础的因果推理思维。④ 反事实思维所运用的比较效应机制，依赖人的感觉寻找、确定结果发生的原因，显然存在很大的不确定性。正因如此，在现实因果流程较为简单的场合，反

① 参见[德]康德：《逻辑学讲义》，许景行译，杨一之校，商务印书馆 2010 年版，第 32 页。

② 参见黎宏：《刑法学总论》，法律出版社 2016 年版，第 94 页。

③ 参见[德]黑格尔：《小逻辑》，贺麟译，商务印书馆 1980 年版，第 242、243 页。

④ 参见卿素兰、罗杰、方富熹：《反事实思维与因果推理的关系》，载《湖南大学学报(社会科学版)》，2004 年第 1 期。

事实思维运用比较效应机制容易确定导致结果发生的原因；但是，在结果的产生至少存在两种以上的原因，每一种原因都是结果产生的充分条件，此时由于各充分条件在发生的时间序列上辐辏，与理想化的因果流程相较，差异因素密集，“反事实思维”就无法得出有效的结论。①

在刑法理论中，条件关系公式无法在假定的因果关系、择一的因果关系、重叠的因果关系等问题场合有效的运用，就体现了反事实思维在因果推理机制上的局限：正如劳东燕教授所指出的，这些场合由于无法将相关行为与其他的作用因素相分离，所以不可能运用条件公式来判断事实因果关联的有无。② 与择一的因果关系和重叠的因果关系相比，假定的因果关系暴露出条件公式最为致命的缺陷：反事实思维将因果关系的判断引向了毫无界限可言的未知领域。因为假定的因果关系问题提醒我们，只有穷尽知晓结果发生当时已经现实化了的、潜在的足以引发结果的全部条件，运用反事实思维进行判断才不至于出现错误；如果不能确定结果发生当时是否还存在其他潜在的、可以引起结果发生的条件，那么反事实思维作出就无法做出判断。黄荣坚教授虽然力挺条件关系公式，但也直言不讳，“正由于‘非 P’的世界是一个不确定的世界(有无限多可能性的世界)，因此要用符合逻辑概念的方式去证明‘非 P 则 Q’，或是证明‘非 P 也 Q’，其实是不可能的。”③

既然反事实思维的因果推理机制存在如许不足，那么是否果真如批评意见所认为的，含有反事实思维的假定消除公式不能发现、说明因果关系，合义务替代行为也不能判断行为与结果之间的规范关联？④ 本文认为，这一论断过于绝对。确实，合法则的条件说则能够在经验法则、科学法则上说明因果关系的内容，条件关系公式只能分析出行为与结果在现象上具有“非 P 则非 Q”这种逻辑上的必要条件关系，这是分析出的逻辑关系，并没有扩展我们对于因果关系的认识。⑤ 但是，不能就此完全否定反事实思维的功能。

从归因认知过程的起点上来看，条件关系公式和合法则的条件说在归因认知上的起点是相同的。无论是哲学、心理学还是法学的研究都认为，哲学家休谟(David Hume，1711—1776)与穆勒(John Stuart Mill，1808—1873)奠定了因果关系理论的基石。⑥ 休谟认为，在我们将一个事件判断为另一个事件的原因之前，一个必须要满足的前提是，原因与结果必须具有重复的“共生”(co-occur)关系。所谓“共生”，就是原因现象与结果现象在发生的时间上具有时间上、空间上的接近性。休谟认为，因果关系是事件内部共有的属性，

① 参见卿素兰、罗杰、方富熹：《反事实思维与因果推理的关系》，载《湖南大学学报(社会科学版)》，2004 年第 1 期。

② 参见劳东燕：《事实因果与刑法中的结果归责》，载《中国法学》2015 年第 2 期。

③ 参见黄荣坚：《基础刑法学》(上)，元照出版公司 2012 年版，第 283 页。

④ 参见庄劲：《客观归责理论的危机与突围》，载《清华法学》2015 年第 3 期。

⑤ 参见[德]阿图尔·考夫曼：《法律哲学》，刘幸义译，法律出版社 2004 年版，第 85 页。

⑥ 参见刘永芳：《归因理论及其运用》(修订版)，上海教育出版社 2010 年版，第 8 页以下；参见[英]H. L. A. 哈特、托尼·奥若尔：《法律中的因果关系》，张绍谦、孙战国译，中国政法大学 2005 年版，第 13 页以下。

是不可以被直接感知的，只能通过重复的观察、依据先前的经验知识推断出来。① 穆勒继承并发展了休谟的理论，正式提出了著名的“差异法”(method of difference)：“如果一种情形下所考察的现象产生了，另一种情形下所考察的现象没有产生，这两种情形除了一个事项外其余事项皆为相同，且该不同事项只存在于前一种情形下，那么该不同事项就是所考察现象产生的原因或至少是其原因不可缺少的一部分。”②休谟和穆勒的观点对后世影响至深。在心理学中，归因理论的创立者海德(Fritz Heider，1896—1988)在穆勒的“差异法”基础上研究提出了“协变原则”(covoriation principle)，在多种可能作为原因的因素中，只有与待解释的行为或事件协同变化的因素，才会被判定为行为或事件的原因。海德指出，无论是普通人还是科学家，在寻找行为或事件的原因时，在认识上都遵循这个原则。③ 而反事实思维的因果推理机制就是利用比较效应机制，感知现实因果流程与理想化因果流程中的差异点，与休谟、穆勒、海德等人的观点一脉相承。从上述内容可以直观的看出，穆勒的差异法被延续至法学理论中，其表现形式由心理学形式转变为逻辑学形式，就是条件关系公式！④ 由此可见，无论是条件关系公式还是合法则的条件说，在判断因果关系的认知起点上，都必须首先找到与结果发生在时间上、空间上接近的、协同变化的因素；在发现这一协变因素的过程中，反事实思维的比较效应机制就已经发生了作用：所谓协变因素本身就是一个异常的条件。⑤ 在此之后，条件关系公式用经验观察，通过比较检验，再次确定这一因素就是导致现实因果流程与理想化因果流程产生差异的因素，而合法则的条件说，则是以科学法则、经验法则解释这一因素与结果的关联。二者只是方法不同而已，不能说合法则的条件说具有发现、说明因果关系的功能，而条件关系公式不具有。

(三)小结

由此可见，条件关系公式以及结果避免可能性问题使用的合义务替代行为方法，都是反事实思维在刑法学中的具体运用。从认识活动自身的方式和规律而言，反事实思维是最基本的归因认知方式之一，在发现、认识因果关系上确实有基础性的作用，刑法上的因果关系理论运用反事实思维自然也是正当的。不过，反事实思维在因果推理机制上有重大缺陷，在导致结果发生的因素密集辐辏时，反事实思维无法发挥作用。在刑法的因果关系理论中，既不能完全否定反事实思维的运用，也应正视其缺陷。

---

① 参见[英]H. L. A. 哈特、托尼·奥若尔：《法律中的因果关系》，张绍谦、孙战国译，中国政法大学 2005 年版，第 13 页、第 14 页。

② 参见刘永芳：《归因理论及其运用》(修订版)，上海教育出版社 2010 年版，第 8 页。

③ Fritz Heider：The psychology of interpersonal relations，转引自刘永芳：《归因理论及其运用》(修订版)，上海教育出版社 2010 年版，第 17 页。

④ 参见[英]H. L. A. 哈特、托尼·奥若尔：《法律中的因果关系》，张绍谦、孙战国译，中国政法大学 2005 年版，第 14 页。

⑤ 参见[英]H. L. A. 哈特、托尼·奥若尔：《法律中的因果关系》，张绍谦、孙战国译，中国政法大学 2005 年版，第 30 页。

五、结语

假定的因果关系问题，本来只是刑法学中一个非常微观的问题，确切的说，只是条件关系公式的适用产生疑难的一种情形。但是，假定的因果关系问题的问题类型和思维过程，却钩连着刑法中的许多问题。就微观的具体问题而言，除了本文集中讨论的条件关系公式本身、结果避免可能性之合义务替代行为以外，包括不作为犯的因果关系、帮助犯的因果关系等问题都与之紧密关联。从宏观的理论体系来看，现代客观归责理论也确实有众多规则涉及假定的因果关系问题。因此，假定的因果关系问题虽然琐细，却犹如“蜂腰”，联系着众多问题。以往，因为条件关系公式在因果关系理论中处于绝对权威的地位，而假定的因果流程似乎也有悖于因果关系的客观属性，因此假定的因果关系问题成为刑法理论极力排斥的理论。这样标签化的理解，使得刑法学理论在条件关系公式、合义务替代行为等具体问题的解释上常常顾此失彼：如果要维护条件关系公式的地位，就排斥假定的因果关系，这又使不作为犯的因果关系陷入尴尬境地；排斥假定的因果关系，合义务替代行为的合理性就只能以规范判断的需要来解释。只有超越具体问题的考量，在思维原理层面理解假定的因果关系问题，还原其本来面目，澄清相关问题的内在关联，才能真正协调好各个问题的解释。刑法学不是一门孤独的、自足的学科，刑法学上的因果关系理论，也是用于指导因果关系的认识活动，从心理学的思维原理层面理解刑法学上的因果关系理论不仅必要，而且开阔了刑法学上的因果关系理论的研究空间。

（原文刊载于《刑事法评论》2017 年第 1 期。）

电子商务经营者知识产权保护义务与责任分析
——以《电子商务法》规定为限

熊 英*

历经三次公开征求意见、四次审议的《中华人民共和国电子商务法》，2018 年 8 月 31 日在十三届全国人大常委会第五次会议上表决通过，并于 2019 年 1 月 1 日生效实施。《电子商务法》全文共七章八十九条，对电子商务经营者的义务、电子商务合同的订立与履行、电子商务的争议解决、电子商务促进和电子商务经营者的法律责任等进行了详细规定，其中关于电子商务经营者的义务和责任部分还具体规定了电子商务经营者对知识产权保护的义务与责任。

本文以《电子商务法》规定为限，分析电子商务经营者对知识产权保护的法定义务以及不履行法定义务的后果。其间，我们会将《电子商务法》中的规定与《信息网络传播权保护条例》①中的相关规定比较分析，并提出今后对《电子商务法》进行司法解释时应该具体规定的相关内容。

一、电子商务经营者保护知识产权的一般义务

根据《电子商务法》第 9 条规定，电子商务经营者包括“电子商务平台经营者、平台内经营者以及通过自建网站、其他网络服务销售商品或者提供服务的电子商务经营者。”但由于不同类别的电子商务经营者在电子商务活动中的地位不同，《电子商务法》除了第 5 条规定了所有类别的电子商务经营者都有保护他人知识产权的一般性义务外，第 41 条还特别规定了“电子商务平台经营者”保护他人知识产权的一般义务。

(一)电子商务经营者应当尊重并保护他人的知识产权

在知识经济的今天，无论是商品或者服务大都涉及到相关的知识产权，如涉及专利技术或者注册商标的商品，或者是他人享有著作权的出版物等等。因此，《电子商务法》第 5

---

* 熊英(1963—)，女，湖北仙桃人，法学硕士，北京工商大学法学院教授，硕士生导师，主要从事知识产权法和婚姻家庭法研究。

① 《信息网络传播权保护条例》于 2006 年 5 月 18 日以中华人民共和国国务院令第 468 号公布，根据 2013 年 1 月 30 日中华人民共和国国务院令第 634 号《国务院关于修改〈信息网络传播权保护条例〉的决定》修订。该《条例》共 27 条，自 2013 年 3 月 1 日起施行。

条规定：电子商务经营者在经营活动中，应该遵守市场公平竞争秩序，保护消费者的合法权益，保护因电子商务活动可能涉及到的他人的隐私、知识产权等。①

我们认为，《电子商务法》第5条的规定具有一定的倡导性和指引性。作为电子商务经营者要遵守该条的规定，至少应做到以下两点：

首先，电子商务经营者应该有对他人知识产权尊重和保护的意识。电子商务经营者作为市场经营主体，在追求市场利益的同事，必须遵守公平竞争的秩序，遵守他人的知识产权。具体而言，作为平台经营者，应该制定保护知识产权的具体规则，约束自己和平台内经营者的行为，注重对他人知识产权的保护。作为平台内的经营者或其他通过自建网站、其他网络服务销售商品或者提供服务的电子商务经营者，在向消费者提供具体的商品或服务时，应该通过合法的途径获得向消费者提供的商品或服务，不经营假冒伪劣商品，不侵害他人的知识产权。

其次，作为平台经营者应主动对平台内经营者的经营活动进行知识产权保护监控，一旦发现（自己主动发现或者权利人通知发现或者消费者举报发现等）平台内经营者的行为侵犯了他人的知识产权，应主动立即采取相应的措施，制止侵权行为的继续以免损害后果的扩大。而作为平台内经营者，在接到平台经营者转送的“侵权通知”后也应积极配合，及时终止侵权行为，并提供商品或服务的来源，积极配合以保护他人的知识产权。

（二）平台经营者保护他人知识产权的一般义务

电子商务平台经营者是电子商务活动平台的搭建者，而其经营电子商务平台的目的就是通过平台内经营者的“进驻”获利。因此，电子商务平台经营者有义务也有条件和能力对“进驻”平台内经营者的活动进行监管。也正是基于电子商务平台经营者在电子商务经营活动中的特殊地位，《电子商务法》第41条特别规定了电子商务平台经营者保护知识产权的一般义务。②

1. 建立知识产权保护规则

我们认为，《电子商务法》第41条规定要求电子商务平台经营者建立知识产权保护规则，应该包括具体的知识产权保护制度和措施，而不是仅仅在一些制度和处罚细则中对知识产权的保护有所体现。实践中，并没有平台经营者制定具体的“知识产权保护规则”，而是通过一些不同的措施保护知识产权，如搭建“知识产权保护平台”，方便知识产权权利人或者消费者对平台内经营者侵犯他人知识产权或者销售假冒产品进行投诉；或者制定

① 《电子商务法》第5条明确规定：电子商务经营者从事经营活动，应当遵循自愿、平等、公平、诚信的原则，遵守法律和商业道德，公平参与市场竞争，履行消费者权益保护、环境保护、知识产权保护、网络安全与个人信息保护等方面的义务，承担产品和服务质量责任，接受政府和社会的监督。

② 《电子商务法》第41条明确规定：电子商务平台经营者应当建立知识产权保护规则，与知识产权权利人加强合作，依法保护知识产权。

相关“处罚规则”制裁侵犯他人知识产权的平台内经营者。① 显然，平台经营者的这些措施都只是一种“亡羊补牢”。而《电子商务法》第41条的规定是要求平台经营者主动制定相应的知识产权保护规则，并通过一定的措施保证规则的实施。

因此我们建议：在今后的《电子商务法》司法解释中明确规定：电子商务平台经营者应当制定“知识产权保护规则”、“对平台内经营者侵犯他人知识产权的处罚规则”并予以公示，同时还应提供“知识产权保护平台并建立相应的纠纷解决机制”。

2. 应当与知识产权权利人合作

作为平台经营者，有义务尊重和保护他人的知识产权，但并没有义务知晓具体的知识产权权利人的权利状况，也没有义务实时跟踪和审查平台内经营者的经营活动。因此我们认为，《电子商务法》要求平台经营者与知识产权人加强合作，主要是针对平台内经营者的知识产权侵权行为发生之后，平台经营者接到知识产权权利人的侵权通知时，应积极按照《电子商务法》的相关规定，将“侵权通知”转送到平台内经营者、及时采用必要措施终止侵权行为等合作行为。

当然，在平台内经营者侵犯知识产权的行为发生之前，为了避免或尽快制止知识产权侵权行为，平台经营者与知识产权权利人也可以事先进行主动的合作，如知识产权权利人将自己的知识产权现状和许可使用情况事先告知平台经营者，为平台经营者主动监督平台内经营者的经营行为提供保护权利的依据。

总之，平台经营者与知识产权权利人合作可以是事先的合作，更多的应该是事后的积极配合。如果平台经营者没有依法合作，如不及时将知识产权权利人的“侵权通知”转送给平台内的经营者，那么其将与平台内经营者连带承担因不作为导致知识产权侵权损害扩大的部分。有关平台经营者与知识产权权利人事后的合作要求，《电子商务法》通过规定平台经营者的具体义务予以了细化。

二、平台经营者保护他人知识产权的具体义务与责任

电子商务经营活动离不开平台经营者，而作为知识产权利人在发现平台内经营者的行为有可能侵犯了自己的知识产权时，往往也会第一时间与平台经营者联系，因为平台经营者是确定的，其有固定的平台管理员和联系方式，一些平台经营者还搭建了专门的知识产权保护平台和投诉通道。而平台内经营者或者没有确定的联系方式，或者没有专门的管理人员，大多也没有具体的纠纷解决机制。正是基于平台经营者在电子商务活动中这种特殊的地位，《电子商务法》第42、43、44、45、84条规定了电子商务平台经营者具体的义务和不履行义务的责任。

① 例如电子商务平台淘宝网、天猫网都有相应的《出售假冒商品认定和处罚规则与实施细则》。根据《淘宝出售假冒商品处罚规则及实施细则》的规定，平台内经营者出售假冒商品，淘宝将给予相应的处罚。但是，这些平台经营者并没有制定单独的“知识产权保护规则”。

（一）“通知+删除”的义务

“通知+删除”的义务原本是对网络服务提供商的要求，即网络服务提供商并不直接向消费者提供商品或者服务，但如果具体的网络服务商提供的商品或服务侵犯了他人的权利，权利人就会将侵权情况通知网络服务提供商，那么网络服务提供商则应在接到权利人的“侵权通知”后，及时采取必要的措施删除侵权信息，制止侵权行为的继续。如果网络服务提供商履行了“通知+删除”的义务，则对网络服务商的侵权行为后果不承担责任。否则依法将与网络服务商即直接侵权行为人共同承担连带责任。

“通知+删除”的义务在我国《信息网络传播权保护条例》中有明确的规定。由于电子商务平台提供者与网络服务提供商在网络经营活动中的地位具有相同性，因此《电子商务法》也明确规定了电子商务平台提供者的“通知+删除”的义务

1. 采取必要措施和侵权通知转送的义务①

（1）接到通知后，应当及时采取必要的措施。平台经营者具有一定的特殊性，这是因为平台经营者与平台内的经营者具有类似“管理与被管理”的关系。因此，一旦平台内经营者提供的商品或者服务侵犯了他人的知识产权，知识产权权利人第一时间通知平台经营者，将更有利于对知识产权的及时保护。根据《电子商务法》第 42 条的规定，平台经营者“接到通知后，应当及时采取必要的措施”。

但知识产权权利人应采用何种形式发出“侵权通知”、“侵权通知”的内容包括哪些等，《电子商务法》第 42 条没有明确规定。我们认为可以参考《信息网络传播权保护条例》第 14 条的规定②，在未来《电子商务法》的司法解释中明确规定以下内容：

首先，通知的形式。通知的形式应该采用书面形式或者是可以下载打印的电子版，而不应是口头或者电话等非书面形式。

其次，通知的内容。通知的内容应该包括权利人的基本信息、侵权行为的证明材料和要求采取的具体措施、网络地址等。如权利人的姓名（名称）、联系方式和地址；要求删除或者断开链接的侵权商品或服务和网络地址；构成侵权的初步证明材料。

第三，必要措施的选择。平台经营者在接到“侵权通知”后，应该“及时”采取必要的措施。那么，何为“及时”？我们认为“及时”是在接到“侵权通知”后在工作时间开始时第

---

① 《电子商务法》第 42 条：知识产权权利人认为其知识产权受到侵害的，有权通知电子商务平台经营者采取删除、屏蔽、断开链接、终止交易和服务等必要措施。通知应当包括构成侵权的初步证据。电子商务平台经营者接到通知后，应当及时采取必要措施，并将该通知转送平台内经营者。

② 《信息网络传播权保护条例》第 14 条：对提供信息存储空间或者提供搜索、链接服务的网络服务提供者，权利人认为其服务所涉及的作品、表演、录音录像制品，侵犯自己的信息网络传播权或者被删除、改变了自己的权利管理电子信息的，可以向该网络服务提供者提交书面通知，要求网络服务提供者删除该作品、表演、录音录像制品，或者断开与该作品、表演、录音录像制品的链接。通知书应当包含下列内容：（一）权利人的姓名（名称）、联系方式和地址；（二）要求删除或者断开链接的侵权作品、表演、录音录像制品的名称和网络地址；（三）构成侵权的初步证明材料。权利人应当对通知书的真实性负责。

一时间采取必要的措施。其次，何为“必要措施”？我们认为，平台经营者应该在接到“侵权通知”后，根据侵权行为的具体情形和权利人的请求，选择采取“删除、屏蔽、断开链接、终止交易和服务等”不同措施，即应有针对性的有效采用措施。

(2)转送侵权通知的义务。知识产权权利人通知平台经营者不是因为平台经营者的行为侵权，而是认为平台内的经营者行为侵权。因此，平台经营者接到知识产权人的“侵权通知”后，一方面应及时采取必要措施，与此同时应将“侵权通知”转送到平台内的经营者即具体的侵权行为人。

也就是说，平台经营者应该一方面采取必要的措施，制止侵权行为的继续；另一方面应及时将知识产权权利人提交的“侵权通知”材料转送给侵权行为人，便于平台内经营者接到“侵权通知”后，知道自己行为的侵权性，及时终止侵权行为，或举证抗辩认为自己的行为不存在侵权。

2. 不存在侵权行为的声明转送、告知、终止或解除所采取措施的义务①

(1)声明转送的义务。平台内经营者接到知识产权侵权通知后，如果认为自己的行为不存在侵权，平台内经营者也有权做出“不存在侵权行为的声明”。平台经营者接到平台内经营者“不存在侵权行为的声明”后，也应及时将“不存在侵权行为的声明”转送给知识产权权利人。

首先，不存在侵权行为的声明形式和内容。《电子商务法》第 43 条没有明确规定不存在侵权行为的声明形式和内容，我们认为可以参考《信息网络传播权保护条例》第 16 条，②在未来的《电子商务法》司法解释中明确规定，声明的形式采用书面形式，声明的内容包括：平台内经营者的姓名(名称)、联系方式和地址；要求恢复经营的商品或服务的名称和网络地址；不构成侵权的初步证明材料。

其次，告知的义务。即平台经营者在将平台内经营者不存在侵权行为的声明转送给知识产权权利人的同时，还应告知知识产权权利人“可以向有关主管部门投诉或者向人民法院起诉”。这是因为，作为平台经营者只是一种特殊的“中间人”，并没有解决侵权纠纷的司法权力和行政管理的权力。因此，知识产权权利人与平台内经营者之间的知识产权侵权纠纷，如果双方不能协商解决，最终也只能由有关行政主管部门或法院依法处理。

---

① 《电子商务法》第 43 条：平台内经营者接到转送的通知后，可以向电子商务平台经营者提交不存在侵权行为的声明。声明应当包括不存在侵权行为的初步证据。电子商务平台经营者接到声明后，应当将该声明转送发出通知的知识产权权利人，并告知其可以向有关主管部门投诉或者向人民法院起诉。电子商务平台经营者在转送声明到达知识产权权利人后十五日内，未收到权利人已经投诉或者起诉通知的，应当及时终止所采取的措施。

② 《信息网络传播权保护条例》第 16 条：服务对象接到网络服务提供者转送的通知书后，认为其提供的作品、表演、录音录像制品未侵犯他人权利的，可以向网络服务提供者提交书面说明，要求恢复被删除的作品、表演、录音录像制品，或者恢复与被断开的作品、表演、录音录像制品的链接。书面说明应当包含下列内容：(一)服务对象的姓名(名称)、联系方式和地址；(二)要求恢复的作品、表演、录音录像制品的名称和网络地址；(三)不构成侵权的初步证明材料。服务对象应当对书面说明的真实性负责。

(2)及时终止或解除所采取的措施。平台经营者依法履行了“转送和告知”的义务之后，“在转送声明到达知识产权权利人后十五日内，未收到权利人已经投诉或者起诉通知的，应当及时终止所采取的措施。”《电子商务法》如此规定的目的是为了保护正当合法经营的平台内经营者的权益。因为，如果知识产权权利人在接到“不存在侵权行为的声明”之后，既不投诉也不起诉，说明不存在侵权行为的声明有事实依据，那么，平台经营者则应对平台内经营者采用的措施予以终止或解除，恢复平台内经营者的正常经营活动。

显然，根据《电子商务法》第 43 条的规定，平台经营者“及时终止或解除所采取的措施”的时间是在“转送声明到达知识产权权利人后十五日内”。而《信息网络传播权保护条例》第 17 条①规定的是“立即”。我们认为，在没有经过司法认定侵权之前，知识产权权利人和平台内经营者的权利义务应该是平等的，“立即终止或解除所采取的措施”与“及时采取必要的措施”规定体现了对二者要求和保护的平等性，同时也能最大限度的避免因为知识产权权利人的错误通知，给平台内经营者造成更大的损害。显然，《电子商务法》第 43 条和第 42 条的规定，没有达到对知识产权权利人和平台内经营者同等保护的效果，因此建议将《电子商务法》第 43 条修改如下：平台内经营者接到转送的通知后，可以向电子商务平台经营者提交不存在侵权行为的声明。声明应当包括不存在侵权行为的初步证据。电子商务平台经营者接到声明后，应当将该声明转送发出通知的知识产权权利人，并告知其可以向有关主管部门投诉或者向人民法院起诉。并同时终止所采取的措施。

3. 及时公示“通知、声明及处理结果”②

平台经营者作为“中间人”，在接到知识产权权利人的侵权通知、平台内经营者提交的不存在侵权的声明以及最后的处理结果等都应及时在平台上予以公示。我们认为：这里的处理结果应该仅限于通过平台经营者的中介沟通，知识产权权利人与平台内经营者之间问题的解决情况，不包括行政或司法机关的处理或裁决情况。

而要求及时公示“通知、声明及处理结果”的意义在于：一是将有关信息对争议双方透明，有利于公平公证的解决双方纠纷；二是对平台内其他经营者也是一种提醒，经营活动必须严格依法进行，尊重并保护他人知识产权。

(二)知道或者应当知道并采取必要措施的义务③

1. 知道或者应该知道的义务

一般来说，平台经营者没有义务审查平台内经营者提供的商品或者服务是否侵犯他人

① 《信息网络传播权保护条例》第 17 条：网络服务提供者接到服务对象的书面说明后，应当立即恢复被删除的作品、表演、录音录像制品，或者可以恢复与被断开的作品、表演、录音录像制品的链接，同时将服务对象的书面说明转送权利人。权利人不得再通知网络服务提供者删除该作品、表演、录音录像制品，或者断开与该作品、表演、录音录像制品的链接。

② 《电子商务法》第 44 条：电子商务平台经营者应当及时公示收到的本法第四十二条、第四十三条规定的通知、声明及处理结果。

③ 《电子商务法》第 45 条：电子商务平台经营者知道或者应当知道平台内经营者侵犯知识产权的，应当采取删除、屏蔽、断开链接、终止交易和服务等必要措施；未采取必要措施的，与侵权人承担连带责任。

的知识产权。但是如果“知道或者应当知道平台内经营者侵犯知识产权的，应当采取删除、屏蔽、断开链接、终止交易和服务等必要措施”①显然这一规定也是借鉴了《信息网络传播权保护条例》中的规定。

(1)“红旗原则”在不同法律、条例、司法解释中的规定。平台经营者作为一种网络服务提供商，前述《电子商务法》规定的“采取必要措施和转送的义务”其实就是“避风港原则”的适用。而“知道或者应当知道的义务”，则是“红旗原则”的适用。在规定“网络服务提供者”“红旗原则”的适用时，2000 年公布的《最高人民法院关于审理计算机网络著作权案件适用法律若干问题的解释》第 5 条规定，提供内容服务的网络服务提供者，明知网络用户通过网络实施侵犯他人著作权的行为要承担共同侵权责任。② 2006 年公布的《信息网络传播权保护条例》第 22 条第 3 项规定，网络服务提供者提供作息存储空间，供服务对象向公众提供作品、表演、录音录像制品，但不知道也没有合理理由知道服务对象侵权的不承担赔偿责任。第 23 条规定，网络服务提供者明知或应知所链接的作品、表演、录音录像制品侵权的，应当承担共同侵权责任。③ 2010 年实施的《侵权责任法》第 36 条第 3 款规定：网络服务提供者知道网络用户利用其网络服务侵害他人民事权益，未采取必要措施的，与该网络用户承担连带责任。《电子商务法》第 45 条规定：电子商务平台经营者知道或者应当知道平台内经营者侵犯知识产权的，应当采取删除、屏蔽、断开链接、终止交易和服务等必要措施；未采取必要措施的，与侵权人承担连带责任。

(2)“红旗原则”在不同法律、条例、司法解释中规定的差异。从以上规定来看，在适用“红旗原则”时，对网络服务提供商主观上的要求用语不同，从“明知”到“明知或应知”再到“知道”、“知道或应该知道”。其实，“明知或应知”等同于“知道或应该知道”，而“知道”可以分为“知道或应该知道”。除《最高人民法院关于审理计算机网络著作权案件适用法律若干问题的解释》第五条规定要求的是“明知”外，其他规定都可以理解为要求网络服务提供者必须存在“知道或应当知道”。

(3)“红旗原则”所要求的“知道或应当知道”的理解。所谓“知道”应理解为应当知道，即平台内经营者的经营活动侵犯他人的知识产权，平台经营者应该知道。例如，根据知识产权权利的侵权通知已经确定平台内经营者的行为构成侵权，而后被终止交易。但是在侵权纠纷处理后不久，平台内经营者又进行同样的侵权行为，在此种情况下即便没有知识产权权利人的侵权通知，平台经营者也应该知道平台内经营者的行为是侵权行为，应该主动对平台内的经营者采取必要的措施制止侵权行为的继续。

所谓“应当知道”，也应根据一定的事实推断。假设平台内经营者销售侵权商品，被消费者向平台经营者投诉，之后平台内经营者继续销售侵权商品，平台经营者“应当知

① 《信息网络传播权保护条例》第 23 条：网络服务提供者为服务对象提供搜索或者链接服务，在接到权利人的通知书后，根据本条例规定断开与侵权的作品、表演、录音录像制品的链接的，不承担赔偿责任；但是，明知或者应知所链接的作品、表演、录音录像制品侵权的，应当承担共同侵权责任。

② 2004 年和 2006 年修改的《最高人民法院关于审理计算机网络著作权案件适用法律若干问题的解释》没有变更该规定。

③ 2013 年该条例进行修改时，没有变更该规定。

道”，并应主动采取必要措施制止侵权行为。

2. 采取必要措施的义务

如果根据具体的情况可以认定，平台经营者知道或者应该知道平台内经营者的行为侵犯了他人的知识产权，平台经营者并不当然就与直接侵权人共同承担侵权责任，而是规定了平台经营者“采取必要措施的义务”，即如果平台经营者“采取删除、屏蔽、断开链接、终止交易和服务等必要措施”，制止了侵权行为的继续，则不承担民事责任。否则，依法与侵权人承担连带责任。

（三）平台经营者不履行法定义务的民事连带责任

平台经营者不是直接的商品或服务的提供者，因此涉及有关知识产权侵权行为也只能是平台内经营者的行为。在一般情况下，平台经营者不应对平台内经营者的侵权行为承担法律责任。但是，如果平台经营者没有依法履行自己的义务，将与平台内经营者承担相应的连带责任。

1. 未履行转送侵权通知、不侵权的声明、必要措施的采取或终止义务的民事连带责任①

（1）如前所述，知识产权权利人认为平台内经营者的行为侵犯了自己的知识产权，并通知了平台经营者，那么平台经营者接到通知后，一方面要及时将侵权通知转送给平台内经营者，另一方面应及时采取必要的措施，以免侵权行为后果的扩大。如果平台经营者未及时采取必要措施的，对损害的扩大部分与平台内经营者承担连带责任。

平台经营者承担连带责任的原因不是直接实施了侵权行为，而是因为没有及时的依法履行义务导致损害后果的扩大，那么仅仅就损害的扩大部分与平台内经营者承担连带责任。显然，平台经营者的连带责任是因为不履行法定义务的结果，而且连带责任的范围也限于未依法履行义务所导致的后果。

（2）平台经营者依法将平台内经营者不存在侵权的声明转送发出侵权通知的知识产权权利人，并及时终止所采取的措施。如果最后确认平台内经营者的行为不构成侵权，那么平台经营者因没有履行以上法定义务，导致平台内经营者的损失，平台经营者应该与错误通知的知识产权权利人承担连带的民事责任。

2. 知道或者应当知道平台内经营者侵犯知识产权的，未采取必要措施的，与侵权人承担连带责任

我国《电子商务法》即将实施，在今后的实务中如何认定平台经营者知道或者应该知道平台内经营者侵犯知识产权，必将是难点之一。其实在《电子商务法》颁布之前，有相关的案件发生。

---

① 《电子商务法》第42条：电子商务平台经营者接到通知后，应当及时采取必要措施，并将该通知转送平台内经营者；未及时采取必要措施的，对损害的扩大部分与平台内经营者承担连带责任。

例如，在“衣念(上海)时装贸易有限公司诉浙江淘宝网络有限公司、杜国发侵害商标权纠纷上诉案”①中，作为该案的第二审法院上海市第一中级人民法院经过审理后认定事实如下：

首先，在案证据证明被上诉人衣念公司从2006年起就淘宝网上的商标侵权向上诉人淘宝公司投诉，而且投诉量巨大，然而至2009年11月，淘宝网上仍然存在大量被投诉侵权的商品信息，况且在上诉人删除的被投诉商品信息中，遭到卖家反通知的比率很小，由此可见，上诉人对于在淘宝网上大量存在商标侵权商品之现象是知道的，而且也知道对于被上诉人这样长期大量的投诉所采取的仅作删除链接的处理方式见效并不明显。

其次，被上诉人的投诉函明确了其认为侵权的商品信息链接及相关的理由，虽然被上诉人没有就每一个投诉侵权的链接说明侵权的理由或提供判断侵权的证明，但是被上诉人已经向上诉人提供了相关的权利证明、投诉侵权的链接地址，并说明了侵权判断的诸多理由，而且被上诉人向上诉人持续投诉多年，其所投诉的理由亦不外乎被上诉人在投诉函中所列明的几种情况，因此上诉人实际也知晓一般情况下的被上诉人投诉的侵权理由类型。上诉人关于被上诉人未提供判断侵权成立的证明，其无法判断侵权成立的上诉理由不能成立；上诉人在处理被上诉人的投诉链接时，必然要查看相关链接的商品信息，从而对于相关商品信息是否侵权有初步了解和判断。因此，通过查看相关链接信息，作为经常处理商标侵权投诉的上诉人也应知道淘宝网上的卖家实施侵犯被上诉人商标权的行为。

再次，在案的公证书表明被上诉人购买被控侵权商品时原审被告杜国发在其网店内公告：“本店所出售的部分是专柜正品，部分是仿原单货，质量可以绝对放心……”，从该公告内容即可明显看出杜国发销售侵权商品，上诉人在处理相关被投诉链接信息时对此当然是知道的，由此亦能证明上诉人知道杜国发实施商标侵权行为。

最后，判断侵权不仅从投诉人提供的证据考查，还应结合卖家是否反通知来进行判断，通常情况下，经过合法授权的商品信息被删除，被投诉人不可能会漠然处之，其肯定会作出积极回应，及时提出反通知，除非确实是侵权商品信息。故本案上诉人在多次删除杜国发的商品信息并通知杜国发被删除原因后，杜国发并没有回应或提出申辩，据此完全知道杜国发实施了销售侵权商品行为。

综合上述因素，法院认为上诉人淘宝公司知道原审被告杜国发利用其网络服务实施商标侵权行为，但仅是被动地根据权利人通知采取没有任何成效的删除链接之措施，未采取必要的能够防止侵权行为发生的措施，从而放任、纵容侵权行为的发生，其主观上具有过错即知道或应该知道，客观上帮助了杜国发实施侵权行为，构成共同侵权，应当与杜国发承担连带责任。

通过该案不难看出，判断平台经营者是否存在主观上“知道或者应该知道”的过错，必须根据具体情况分析。如果通过事实分析，能够合理认定平台经营者存在主观过错，并且也没有对平台内经营者的知识产权侵权行为主动采取制止措施，因此导致侵权行为损害后果的扩大，那么，平台经营者就应与平台内经营者对知识产权权利人共同承担民事赔偿

① 《衣念(上海)时装贸易有限公司诉浙江淘宝网络有限公司、杜国发侵害商标权纠纷上诉案》，载《中华人民共和国最高人民法院公报》2012年第1期(总第183期)。

责任。

（四）平台经营者不履行法定义务的行政责任

1. 承担行政罚款的责任

根据《电子商务法》第84条的规定，平台经营者因为没有依法履行义务，对平台内经营者实施侵犯知识产权行为未依法采取必要措施的，除应与平台内经营者承担相应的连带民事赔偿责任外，还应承担相应的行政责任。即当平台经营者没有依法履行义务，采取必要的措施制止平台内经营者的知识产权侵权行为，不仅导致知识产权权利人的损失扩大，同时也有可能使得平台内经营者的行为损害更多消费者的合法权益，破坏市场公平竞争秩序，因此有关知识产权行政部门有权责令相关的平台经营者限期改正，逾期不改正的，处五万元以上五十万元以下的罚款；情节严重的，处五十万元以上二百万元以下的罚款。

三、平台内经营者保护他人知识产权的具体义务和责任

（一）依法提交不存在侵权行为的声明和初步证据

电子商务平台内的经营者是具体的向消费者提供商品或服务的经营者，如果其经营行为侵犯了他人的知识产权，作为知识产权人可以直接与平台内经营者协商解决侵权纠纷。但在实践中，知识产权权利人往往难以找到具体的平台内经营者，将平台内经营者的侵权行为通知平台经营者。

但是，知识产权权利人认为平台内经营者的行为侵犯了自己的知识产权，并不一定就是事实。因此，被知识产权权利人指控的平台内经营者在接到平台经营者转送的“侵权通知”后，有权声明自己的行为没有侵权，而向平台经营者“提交不存在侵权行为的声明”。

平台内的经营者依法提交“不存在侵权行为的声明”是一种权利。但从对提交声明的要求而言，也可视为是一种法定义务。如关于提交声明的形式，《电子商务法》中没有明确的规定。我们认为应该与“侵权通知”的形式要求一样，参考《信息网络传播权保护条例》规定，① 在今后的《电子商务法》司法解释中予以明确规定。其次，声明的内容应该包括销售商品的名称、价格、合法来源等说明不侵权的初步证据。平台内的经营者依法提交“不存在侵权行为的声明”应该真实，不得虚构伪证。否则，因此给知识产权权利人造成更大的损失，平台内的经营者应该对损失的扩大部分承担惩罚性的赔偿责任。

---

① 《信息网络传播权保护条例》第16条 服务对象接到网络服务提供者转送的通知书后，认为其提供的作品、表演、录音录像制品未侵犯他人权利的，可以向网络服务提供者提交书面说明，要求恢复被删除的作品、表演、录音录像制品，或者恢复与被断开的作品、表演、录音录像制品的链接。书面说明应当包含下列内容：（一）服务对象的姓名（名称）、联系方式和地址；（二）要求恢复的作品、表演、录音录像制品的名称和网络地址；（三）不构成侵权的初步证明材料。服务对象应当对书面说明的真实性负责。

（二）独立承担民事责任

如果平台内经营者在接到“侵权通知”后，并不能证明自己行为的合法性，而是实施了侵犯他人知识产权的经营行为，则应对自己的侵权行为依法向知识产权权利人独立承担民事赔偿责任。如果平台内经营者能够提供经营商品或服务的合法来源，那么平台内的经营者则只承担停止侵权的责任。

（三）与平台经营者连带承担民事责任

作为平台内的经营者是具体的直接侵权行为人，原则上应该有直接侵权人承担。但是，如果知识产权权利人向平台经营者通知平台内经营者的侵权行为，平台经营者接到“侵权通知”后没有及时采取必要措施，使得侵权行为后果加重，那么就损害后果的加重部分或者扩大部分，依法则应由平台内的经营者与平台经营者共同承担连带责任。这里需要注意的是：首先，与平台经营者承担连带责任的范围是特定的，必须是在平台经营者没有履行法定义务导致侵权行为损害扩大，那么只就扩大部分与平台经营者共同连带承担。其次，共同承担的是连带责任不是按份比例责任。

（四）行政责任

根据《电子商务法》第 85 条的规定，平台内经营者的行为如果侵害了他人的知识产权，除依法承担民事责任外，还可能要承担相应的行政责任。即电子商务经营者违反本法规定，销售的商品或者提供的服务不符合保障人身、财产安全的要求，实施虚假或者引人误解的商业宣传等不正当竞争行为，滥用市场支配地位，或者实施侵犯知识产权、侵害消费者权益等行为的，依照有关法律的规定处罚。

就实施侵犯知识产权行为而言，依法处理的相关法律包括《商标法》、《专利法》、《反不正当竞争法》等等。如根据《商标法》第 60 条的规定，工商行政管理部门处理时，认定侵权行为成立的，责令立即停止侵权行为，没收、销毁侵权商品和主要用于制造侵权商品、伪造注册商标标识的工具，违法经营额五万元以上的，可以处违法经营额五倍以下的罚款，没有违法经营额或者违法经营额不足五万元的，可以处二十五万元以下的罚款。对五年内实施两次以上商标侵权行为或者有其他严重情节的，应当从重处罚。销售不知道是侵犯注册商标专用权的商品，能证明该商品是自己合法取得并说明提供者的，由工商行政管理部门责令停止销售。根据《专利法》第 63 条规定：假冒专利的，除依法承担民事责任外，由管理专利工作的部门责令改正并予公告，没收违法所得，可以并处违法所得四倍以下的罚款；没有违法所得的，可以处二十万元以下的罚款；构成犯罪的，依法追究刑事责任。

结语

《电子商务法》规定电子商务经营者应该依法保护他人的知识产权，并规定了一般义务、具体义务和法律责任。但有些规定不太具体，因此我们认为有必要在以后的相关司法解释中予以明确。其次，实践中也有可能存在知识产权权利人向平台经营者发出的侵权通知是“错误通知”，而正是由于其“错误通知”，给平台内经营者造成一定的损失，那么发出“错误通知”的知识产权权利人也应依法承担赔偿责任，赔偿平台内经营者因此所遭受的损失。如果知识产权权利人或是出于市场竞争，或者出于其他目的诬陷平台内经营者的经营活动，“恶意错误通知”平台经营者，并造成平台内经营者损失的，“恶意错误通知”的知识产权权利人，依法应加倍承担赔偿责任(即承担惩罚性的赔偿责任)。① 只是有关知识产权权利人的法定义务与责任问题不是本文分析的范围，在此不予展开讨论。

(原文载于《中国市场监管研究》2019 年第 4 期。)

① 《电子商务法》第 42 条：因通知错误造成平台内经营者损害的，依法承担民事责任。恶意发出错误通知，造成平台内经营者损失的，加倍承担赔偿责任。

《垄断法规》评析

肖志远*

一般认为，1624年英国《垄断法规》是现代专利制度的鼻祖，其与英国工业革命之间的因果关系一直是学术界的争议话题。古人云：不谋全局者不足以谋一域。东方智慧启示我们，对于西方法律智慧的研究不能脱离所处历史时代和制度本身所处的知识体系。

一、《垄断法规》颁布前的欧洲专利立法与实践

按照米勒和戴维斯在其风靡于美国大学法学院的教科书《知识产权法概要》中的介绍，“美国专利法的发展历程可以追溯到古希腊时代”。① 这一观点仅仅给出了一个线索，并没有给出古希腊时代专利情况的具体细节或抽象轮廓。由于美国曾经是英国的殖民地，所以这一历史的追溯同样对英国有意义。通过查找文献，笔者发现有学者作如下论述：“最早的专利出现在欧洲。据史料考证，专利的萌芽产生于公元前500年，在今意大利南部以生活奢侈著称的古都锡巴里斯，② 一种烹调方法被授予为期一年的独占权。”③另有学者认为是授予新器皿为期一年的垄断权。这样就将米勒和戴维斯文章中的“追溯”作了回应。

此外，对于专利制度的起源与早期形态另有学者认为，专利起源于存在行会的古罗马帝国，但并不能确定那一时期的行会是否遵循了这样的一个制度，即其存在主要是为了社会与宗教目的。中世纪的行会在存在于城市的市场经济环境下得到了发展。有可能财产权观念发展到保护在外地获得广泛声望的手艺知识，因此增加了手艺的商业价值。因此它可能被认定为公共财产，而非一项由个人持有的垄断权。手艺在行会内部改良并为所有行会的匠人分享。例如，威尼斯的玻璃工人在文艺复兴时期的制造玻璃方面享有盛誉。玻璃制造被严格地限制在行会成员内部并且受到了严密控制。有很多关于工作日、学徒年限、技

---

* 肖志远(1974—)，男，湖北仙桃人，法学博士，中南财经政法大学法学院副院长，副教授、硕士生导师。教育部人文社会科学重点研究基地——中南财经政法大学知识产权研究中心专职研究员，国家版权局国际版权研究基地研究员。主要从事知识产权法研究。

① [美]阿瑟·R. 米勒、迈克尔·H. 戴维斯：《知识产权法概要》，周林、孙建红、张灏译，中国社会科学出版社1998年版，第3页。

② 锡巴里斯(Sybaris)，意大利南部一古希腊城，位于塔兰托海湾，曾因其富饶与奢靡而著名，510年在与克罗托那的战争中被毁。

③ 王桂玲：《专利制度的起源及专利文献的产生初探》，www.sipo.gov.cn/sipo/wxfw/ wxyjyfz/zlwxyj/2000/zlzdqyjzlwxcs.doc。

术规范、玻璃质量、使用成分的规定。①

既然是“追溯”专利法的发展历程，这就表明作为追诉对象的时间段是专利制度的思想萌芽或者处于早期的发展形态，同时，古希腊时代的这种独占权与现代专利法律意义上的专利权相去甚远。历史总是会惊人地再现，现代专利法的核心就是专利权人公开其发明的内容，国家授予其一定时期的独占实施权，这与古希腊时代的独占权的合理内核是有一定的相近之处。通过继续考察文本，在古希腊时代和现代专利法之间的漫长历史中，专利制度经历了怎样的变迁才成为今日此番面貌？个中过程无疑令探索者着迷。

(一)威尼斯王国的专利立法与实践：近代专利制度的雏形

1. 立法：鼓励与保护发明

在中世纪的欧洲，存在过轻视手工业者的历史，据学者描述，“在13世纪，经济的和社会的两种革命，在行会里和城市里，都已发生。富人阶级到处控制了地方政府和地方贸易与工业；他们并通过法律来支持他们的利益，如特权和专利，或表达了他们轻视群众的态度。例如，在布鲁日，1241年的法律把伪造货币者、小偷和手艺工人联在一起。从13世纪中期起，在欧洲人口稠密的工业地区，如在伦巴第、多斯加纳和法兰德斯，罢工和暴动是普通事件”。② 但是在意大利却鼓励有创造力的人制造有用装置，非常引人注目。例如国内有学者认为，1474年欧洲商品经济极盛一时的威尼斯王国率先制定了专利法。著名物理学家伽利略的扬水灌溉机的发明，曾在该国获得了20年的垄断权。由于这个国家后来从世界版图上消失，不少人把英国在1624年制定的《垄断法》视为第一部具有近代意义的专利法。③ 这一点在外国学者的有关著述中也有类似的表述作为映证：“15世纪的意大利威尼斯城作为当时西方世界的商业中心，产生了最初的专利制度。1409年，威尼斯城授予一位叫海斯林根(Henricus von Hesling)的日耳曼人根据运用于日耳曼人的普通法，拥有对一项矿物加工技术的专有权。”④由于笔者的资料来源有限，该法现在难以获悉，只能从有限的文献中查找到如下立法文本片段。在该法中有这样的表述：“我们中间有伟大的天才，可以发明和发现灵巧的装置……现在，如果能为这些人的工作和发现的装置制定法规，使其他的人看到他们不能制造和剥夺发明者的荣誉，就会有更多的人运用他们的才能，也会发现并建造极益于我们国家的装置。”⑤“本元老院规定，任何在本城市作出了新颖而精巧的机械装置者，而且在本城邦内前所未有，一旦其发明经改进已臻完善，则应向市政厅报告，以便使该项发明得以利用及运作。以后十年内，我辖区内的其他任何人，未经发明者许可或授权都不得制作任何与其发明相同或类似的事物。如果有人以违法

① 参见 Vishwas Devaiah，A History of Patent Law，http：//www. altlawforum. org/PUBLICATIONS/document. 2004-12-18. 0853561257。

② [美]汤普逊：《中世纪经济社会史(300—1300年)》(下册)，耿淡如译，http：//ich. cass. cn/bjchsh/Article_Show2. asp？ArticleID=312。

③ 段瑞春：《关于知识产权的几点认识》，载《求是》1999年第4期。

④ Harold c. Wegner：Patent Harmanization，London：Sweet&Maxwell，1993，p. 3。

⑤ [美]Paul A. David：《知识产权制度和熊猫的拇指：经济理论和历史中的专利、版权与商业秘密》，谷彦芳译，载《科技与法律》1998年第4期。

的方式制作读物，上述作者或发明人有权向本城长官控告此人，而长官应令侵权人付发明者100金币，且立即销毁伪造品。”①然而，多数权威都将此法令视为以前实践的法律条文化，而没有阐述任何新原则。法律要求在威尼斯境内未曾制造的任何“新颖和独出心裁的”装置进行登记，并禁止除发明者之外的所有个人在10年内制造该装置，违反该法令将受到惩处。另外，1474年到1490年间，根据威尼斯法典，实际并没有授予几项专利，尽管事实上专利特权一直持续授予到16世纪中叶，5—80年不等的排他性生产权，以及垄断性贸易特权。

2. 相关授权实践

一般认为欧洲大陆的专利法是用来吸引外国的能工巧匠进行技术转移的工具。② 然而在14世纪和15世纪初，有关的财产权一般采取许可排他性应用其他地方发明的且当地不掌握的工艺或设备的形式，通常寻求特权的人并非发明者。在这些发展方面威尼斯起了带头作用。早在1332年威尼斯大议会创办了一项特权基金，向一位表示要把其技艺知识带给这座城市的外国风车设计师提供了贷款和其他酬金。1416年议会授予来自罗德岛的Franciscus Petri一项纤维缩绒织物高级装置专利权，允许Petri及其继承人有50年排他性制造、更改和重建为该目的建造的机械的权利。

在这一时期特权的授予(仅严格限于威尼斯)谋求“秘密”的披露和应用——无论是国外起源的还是国内人才开发的。1421年，当佛罗伦萨公社向Brunelleschi授予一项他声称可以在阿诺河上从事更廉价货物运输(有利于商人等)的新船设计的专利时，Brunelleschi在申请书上明确地排除了披露的可能：他拒绝将这种机械提供给公众，以防在未经许可的情况下他的技能会被别人享有，但如果他能为此享有某些特权，他将公开他的秘密，并向所有人披露。

大约从那时起，各种装置的专利特权的发放变得频繁起来，到1460年，威尼斯参议院在行政实践中划分了授予销售含有“发明”的产品的排他性垄断权和禁止他人未经许可使用该装置并同时强制权利所有人在他人缴纳“合理的专利权税”后发放许可的制度的区别。在这一时期，技术引进仍是首要的目的：1469年，德国人John von Speyer被授予在威尼斯境内享有印刷业垄断权，条件是引进这一技术。③

(二)英国的经营特权授予制度：专利制度的前夜

从词源学角度来分析，“patent”(专利)在英语中同时有形容词和名词两种含义，在作形容词时意思是“开放”，其名词形式则源自专用名词letters patent(拉丁文 litterae patentes

① Mandich, Venetian Patents (1450-1550), 30J. Pat. & Trademark. Off. Society 166, 177(1948). 转引自[美]罗伯特·P. 墨杰斯等:《新技术时代的知识产权法》，齐筠等译，中国政法大学出版社2003年版，第101页。

② Edward C. Walterscheid, The Early Evolution of the United States Patent Law: Antecedents (Part 2), 76 J. Pat. & Trademark Off. Soc'y 849 (1994)。

③ [美]Paul A. David:《知识产权制度和熊猫的拇指：经济理论和历史中的专利、版权与商业秘密》，谷彦芳译，载《科技与法律》1998年第4期。

的直译)，意思就是公开信(特许状)。特许状是表示授予某些特权、权利、头衔或爵位并向公众宣布的一种官方文件。因此里面有有权授予人的签章，而外面则不用封印粘封，这一时期所说的“公开”与揭示发明毫无关系。① 这一点非常值得注意，即专利授权所采权的公开信形式与发明专利内容的公开并没有直接的关联。

1. 特权授予：引进外国先进技术的工具

在中世纪的欧洲，很早就存在着有君主赐给工商业者在某些商品上垄断经营的特权。但这毕竟不同于今天讲的“专利”，到很像我国汉代的盐铁专营，只是汉代那种专营的“利”被国家所“专”，而中世纪的欧洲那种“利”则被工商业者所“专”罢了。②

在中世纪晚期和文艺复兴早期的英国，专利开始被用作吸引外国技术转移和揭示技术秘密的一种手段。有学者认为这段历史中存在一个假设，即知识产权保护制度的建立是政府认识到鼓励国内发明活动的收益要比应用能从世界其他地方自由地“借来”的技术和产品知识更有利可图。③

2. 特权授予：引进技术工匠和维护王权的工具

由于技能不能用语言来解释，无论是口头的还是书面的都一样。它只能示范操作，所以学习技能的唯一途径是经由学徒和经历。直到1700年，甚至更晚一点，英国人从不谈起“手艺”，而只谈“秘传诀窍”，这不仅因为手艺技能拥有者曾发誓保密，而且因为一项手艺根据定义未经拜师学艺的认识学不到的，它是靠示范来传授的。④

在十四世纪，专利被用来通过从国外移入熟练技师以鼓励外国技术的引进。例如，1331年，爱德华二世将特许状发给了佛兰人的纺织匠 John Kempe，1336年，发给了两个在约克郡(英国)定居的 Brabant 纺织匠，1368年，发给了三个从荷兰代夫特市来的制表匠。此时，英格兰与欧洲大陆的许多地区相比技术上落后，所以可以理解要努力“借用”较先进的工业技术。希望外国高明的工匠能向英国的徒工们介绍他们各自技艺的“诀窍”。但因为这些外国工匠不可能在徒工们获得工匠地位后继续控制这些新的熟练工人，他显然希望受到保护，不受所培养出来的一大批潜在的本地竞争者的威胁。⑤

随着都铎王朝的到来(1485年)，用特许证书作为鼓励国家工业的一种方式让位于皇室商谈秘密协议的方式，这是为了吸引国外熟练的工匠为它所用。例如，德国的军械士、意大利的造船工人和玻璃匠以及法国的铁匠都这样被吸引越过英吉利海峡。英国实行相对

---

① [美]Paul A. David:《知识产权制度和熊猫的拇指：经济理论和历史中的专利、版权与商业秘密》，谷彦芳译，载《科技与法律》1998年第4期。

② 郑成思:《知识产权的起源》，http://www.iolaw.org.cn/shownews.asp?id=6757。

③ [美]Paul A. David:《知识产权制度和熊猫的拇指：经济理论和历史中的专利、版权与商业秘密》，谷彦芳译，载《科技与法律》1998年第4期。

④ 参见[美]彼得·德鲁克:《后资本主义社会》，张星岩译，上海译文出版社1998年版，第29页。

⑤ [美]Paul A. David:《知识产权制度和熊猫的拇指：经济理论和历史中的专利、版权与商业秘密》，谷彦芳译，载《科技与法律》1998年第4期。

宽松的宗教政策，这也在一定程度上起到了引进人才的作用。因为法国国王在1685年实行宗教迫害，导致大批胡格诺教徒被迫离开法国，来到英国。他们富有创新精神，后来他们中间产生了许多发明家和企业家。① 但伊丽莎白一世继位(1558年)后，重新制定了先前全面鼓励技术转让的政策。1561年至1571年间，在首先授予两个外国人专利后(一项是引进西班牙硬白皂生产，另一项是原从安特卫普引进的硝酸钾的生产)，皇室根据这一政策发放了很多专利。授予垄断地位对王权也有财政上的意义，因为王权的税收和借贷能力是很受限制的。它将市场风险转移给外国工匠，也把收取消费税的负担以超过他们生产成本标高的形式转嫁给了他们。根据宫廷的喜好和皇室的财政需要，皇室大肆运用签发各种垄断权的特权，以至于到1601年伊利莎白不得不允诺改革以转移议会在这一问题上对她王权的异议。但这仅仅拖延了冲突，在詹姆士一世当政时，以限制这项王室特权为目的的指责和对抗行动日益增多。②

二、《垄断法规》：从行政特许到私权

(一)与王室宠儿的特权决裂

从威尼斯和英国的特许权授予的历史来看，早期的专利在权利来源上是王室的授权，其目的是通过吸纳技术工匠并授予专利权达到增加财政收入、维护特权阶级经济利益的目的。在英国，王室滥用销售诸如钢铁和食用醋之类的食品原料等工业品的垄断授权，最终导致了限制王室授予特权的权力的垄断法规的出台。技术性的和有表现力的创新的各种特权被允许存在，并因为这一原因，我们将早期的王室特权视为现代专利与版权法的起源。③ 随着时间流逝，通过许可证授予的印刷特权和专利授权之间的区别不那么泾渭分明了。专利开始处于公众监督之下。④ 1623年，英国议会通过了《垄断法规》(全称为《关于垄断以及摒弃刑法和由此产生之没收的法律》)，该法于次年开始施行，终结了所有王室的垄断、特许权和专利，法律规定自该法颁行之后这些特权均为非法，第一条就鲜明地表明了这一态度："鉴于陛下圣明裁断、优处财富与体恤臣民，于公元1610年下颁诏书，谕示全体王国暨子孙后代，宣布所有授予的专卖特权、刑法利益、摒弃法律或者就没收作出妥协之权力均系与陛下之法律相抵触，而陛下之宣告委实与本王国旧日之基本法律相一致；再鉴于嗣后陛下明令，任何提起诉讼均不得适用该等授权；然而，基于误报与公物的虚假存在，该等授权已经被不正当获得与非法适用了，此给陛下之臣民带来极大的冤苦与

---

① 参见《改变世界的工业革命》，载《历史与社会——我们传承的文明》，人民教育出版社2004年版，电子版http：//www. pep. com. cn/200406/ca410627. htm。

② [美]Paul A. David：《知识产权制度和熊猫的拇指：经济理论和历史中的专利、版权与商业秘密》，谷彦芳译，载《科技与法律》1998年第4期。

③ 参见Lyman Ray Patterson，Copyright in Historical Perspective，Vanderbilt University Press，1968，p. 83。

④ 参见Edward C. Walterscheid，The Early Evolution of the United States Patent Law：Antecedents (Part I)，76 J. Pat. & Trademark Off. Soc'y 697，701 (1994)。

困扰，既违反了本王国之法律，也有违陛下慈恤之意，故此宣告如上：为使之归于无效，防止类似情况在今后发生，特此立法规定，迄今为此或者自此以后向任何个人，政治实体或者法人等所颁发的，在本王国或者威尔士自治领内独家购买，销售、制造、经营，使用之全部专卖特权以及委任状、授权书、许可证、特许状、开封特许证，或者特许任何他人或者许可从事、使用或者行使任何违反法律或者制定法之宗旨目的之任何其他专卖特权、权力、自由或者授予权力；或者为该特许、许可而发给令状者；或者同意任何他人采取被制定法所限制之罚款或者没收者；或者对于所有在法院判决之前由制定法判定为正当的罚款、没收之商品的利益作出授权或者允诺的；以及所有为导致、构成、加强、促进或者支持该等结果而发出之宣告、禁止令、限制令、令状或者诸如此类的其他文件，均与本王国法律相抵触，并因此而应当全部撤销；以上诸项不再具有任何效力，并且绝不得被适用或者执行。”①

(二)确定普通法上的专利权

由于专利具有的社会效果为当时欧洲各国所认同，并且英国也从发明家获取专利公开技术或者进行技术转让的过程中获益良多。为了避免限制王权而导致发明活动受影响，法律规定今后取得专利权需要根据普通法进行审查，不再依赖王室的授权许可，成功地解决了限制王权与鼓励创新的问题。该法第二条规定了这一立法技巧：“任何专卖特权与所的这些意图达到上述目的之委任状、授权书、许可证、特许状、开封特许证、宣告、禁止令、限制令、令状和诸如此类的其他文件，以及它们的效力和有效性，在此后均应根据本王国之普通法而非其他标准加以检查、听审、审理与裁定。”但有一个例外，即认可对一个新产品的“第一和真正的发明人”授予 14 年或 14 年以下对王室专利的垄断。

《垄断法规》第六条规定：“但是，此前所述之任何声明，并不及于在今后所作的、给予任何新制造方法真正的最早发明人在本王国内独占性经营或者生产该制造品之权利的开封特许状与授权书，其期限为十四年或者以下，而他人在此特许状或者授权书之期限内，不得使用之，该等特许或者授权书既不会通过提高国内的商品价格、危及贸易或者造成公众不便而与法律相抵触，也为对国家造成损害：该十四年期限应当自今后第一个特许状或者授权书作出时起算，但是，若本法未予制定，也没有任何其他法律，它们仍应当具有同样之效力。”

根据这一规定，英国国王只能对新发明给予独占特许权，这对于以前滥用特权授权的王权来说，是一个非常大的权力范围限缩。这样，在 1623 年，《反垄断法》就有效地结束了绝大多数影响自由贸易与竞争的、对于主要货物与商品的重大垄断行为。尽管这部法律的效力并不完备，但它毕竟中止了皇家大批量地授予垄断权的行为。值得一提的是，作为专利法发展过程中最重要的起点，《反垄断法》的产生却正是为防止无限制地授予专利垄断而采取的措施。既然法律一般并不支持垄断，而专利却带有垄断的性质，因此《反垄断

① 本文对该法中译本的引文参考了金海军：《知识产权私权论》，中国人民大学出版社 2005 年版，第 229~230 页。

法》中反垄断的主旨就值得注意了。①

(三)公力救济机制的设立

为了避免专利垄断造成其他人的损失，该法规定受害者可以依据法律对垄断者提起诉讼，第三条为受害者提供了救济途径：“现在或者自此以后的所有人，政治实体或者法人，均不得拥有、使用、行使或者利用任何专卖特权，或者所有这些意图达到上述目的之委任状、授权书、许可证、特许状、开封特许证、宣告、禁止令、限制令、令状和诸如此类的其他文件为托辞或者借口，受到阻碍、冤苦、滋扰，或者其财产受到扣押、冻结、没收或者留置，而起诉要求获得救济或者发还财产的，则在任何此类案件中，该人应当可以根据本法所提起的任何诉讼而在普通法上获得救济；该等诉讼针对那些使其受到阻碍、冤苦、滋扰之人，或者使其财产被扣押、冻结、没收或者留置之人提起，并应由王座法院、民事法院或财税法院听审与裁判……”从条文来看，实际上所表述的是为那些申请专利权遭受拒绝的发明人提供了法律救济。这样看来，《垄断法规》规定了获取专利的途径是通过普通法上的审查，不再是王室的恩赐授予。此外，如果申请遭到拒绝或者因此遭受财产损失，发明人可以寻求的法律救济措施。这从权利授予、救济的层面较为系统地规定了作为专利权的私权性质。

三、对《垄断法规》配套制度的考察

《垄断法规》的颁布确实具有划时代的重要意义，但一部法律的出台这是否就意味着专利私权地位的最初和最终确立呢？笔者认为，《垄断法规》仅仅在专利权的来源方面解决了封建特许还是法定授权的问题，该法尚未规定专利授权的机关、程序、审查内容、可专利性标准等现代专利法的大多数内容。对一份300多年前的法律文件我们本不应求全责备，但是要确定专利权在该法中的法律性质，我们还需要考察专利权在当时的环境下发挥效应的辅助制度。

(一)专利申请费制度

资料显示，在《垄断法规》颁布之后，英联邦的专利制度尚未完成统一化进程。尽管1707年和1800年的法律将大不列颠各岛联合成为议会联盟，但是直到1852年，英国各邦的专利制度才趋同。直到1852年，三项独立的专利还需要分别在三地获得，总计费用超过300英镑，这是一笔非常大的支出。一个熟练工人当时的周薪是1英镑，在一家工业企业，即使工头或者经理在幸运的时候每周也只能挣到2—3英镑。申请耗时非常长：在1852年专利局建立之前，发明人奔波于各政府部门之间(Christine MacLeod形象地将这一过程比喻为“发明人驾驶着申请材料的航船在政府各办公室的迷宫里穿梭”)。按照一份1850年的估计，有28个阶段，外加35个阶段。这两种估计看起来夸大了申请制度的影

---

① 该文本的中译本名称采取了“反垄断法”的表述法，与国内大多数学者使用的“垄断法规”有所不同。本文尊重译者的权利，未作更改。引文参见[美]阿瑟·R. 米勒、迈克尔·H. 戴维斯：《知识产权法概要》，周林、孙建红、张灏译，中国社会科学出版社1998年版，第4页。

响，但是申请过程的时间与复杂程度是毫无疑问的。根据一位曼彻斯特的制线工人于1722—1723年在其日记中的记载，为了将其发明申请专利，他在伦敦花了将近130英镑和6个月的时间。在查里斯·狄更斯在《一个穷人的专利故事》(A Poor Man's Tale of a Patent)表达他的嘲讽的年代，人们还没有理由相信专利申请过程在下一个世纪会变得简单一些。高昂的申请费只不过催生了一种新的职业：专利代理人。① 由于旧的专利制度手续繁杂，申请技术专利要用许多钱，一般出身寒微的发明家负担不起。发明焦炭炼铁的达比，发明纺织机的哈格里夫斯、克伦普顿，发明蒸汽机的萨弗里、纽可门，都没有获得专利权。资产阶级基于利用科学技术的迫切需要，在19世纪后半叶先后修改或制订了新的专利法。在1852年修订的英国专利法中否定了贵族特权，宣布凡属独创性的发明和见解均应受到法律保护并获得奖励，简化了申请专利的手续。新专利法还规定，发明创造在申请专利之后必须付之实施；如果发明人自己不实施或妨碍他人合法利用，就要强迫实施或取消专利权。② 由于旧的专利制度限制了工业革命的发展，因此，专利法修正案于1852年出台的时候，几乎没人感到惊讶。该法将专利初审费在全英国降为25英镑并建立专利局，这被视为一项主要的改革受到了欢呼。人们在想，定期爆发、超过半个世纪的关于专利制度的争论有望平息。但是恰恰相反，这引发了一场近30年的激烈争论，威胁到废除专利制度，直到1883年这一争论才宣告平息。1883年专利法将专利初审费降至负担得起的4英镑(1英镑用来申请，加上3英镑填写说明书)，并引入了有限的技术审查。③ 在整个十九世纪，发明人要获取一项英国专利主要受到申请费用而非审查的限制。直到1902年，专利法引入了核查专利在英国是否具有新颖性的正式审查制度，英国才成为实行登记制的国家之一：审查费用由专利权人和他(她)的代理人承担。④

(二)专利说明书制度

早期的专利没有专利说明书，相关立法也没有这方面的具体要求。回顾历史文献，在1449年，第一项英国专利的所有人John of Utynam被授予对彩色玻璃加工制造方法的为期20年的垄断权，其被要求将该方法传授给当地的英国人，这与现代通行的出版专利说明书有着类似的功效。《垄断法》颁布时也未对专利说明书做出明确规定，这一时期英国专利制度的显而易见的特点就是，除非专利超过保护期，否则禁止接触专利说明书，同时对

① 参见Christine MacLeod，Jennifer Tann，James Andrew，Jeremy Stein：The Price of Invention：counting the cost of patents in Victorian Britain，a case study from steam engineering，www.eh.net/XIII Congress/cd/papers/78MacLeodStein423.pdf。

② 参见《改变世界的工业革命》，载《历史与社会——我们传承的文明》，人民教育出版社2004年版，电子版http：//www.pep.com.cn/200406/ca410627.htm。

③ 参见Christine MacLeod，Jennifer Tann，James Andrew，Jeremy Stein：The Price of Invention：counting the cost of patents in Victorian Britain，a case study from steam engineering，www.eh.net/XIII Congress/cd/papers/78MacLeodStein423.pdf。

④ 参见Christine MacLeod，Jennifer Tann，James Andrew，Jeremy Stein：The Price of Invention：counting the cost of patents in Victorian Britain，a case study from steam engineering，www.eh.net/XIII Congress/cd/papers/78MacLeodStein423.pdf。

专利权人是否是发明者或者改良者相对来说不怎么关心。和欧洲的大多数其他国家一样，英国经常对那些将在其他地方发现的技术引进到英国的居民给予奖励。①

直至1709—1714年英国安娜女王统治时期，法规中才对描述发明内容的专利说明书有了明确要求。提交专利说明书的时间规定为授权后6个月内。英国专利史上最重要的变革是1852年《专利法修改法令》(The Patent Law Amendment Act 1852)，依据该法令，英国建立了现代意义上的专利局，并且明确要求发明人在提交专利申请时必须充分陈述其发明内容提交专利说明书，说明书将予以公布，公布日期为申请日起三周内。专利申请时提交的说明书可以是临时的，但在6个月内必须提交完整的。(其后，1883年修订的专利法又将完整专利说明书的提交时间规定为授权之前。专利在申请后无论是否授权都要公开出版。)英国专利局内建立了专利说明书处，专门负责专利说明书的印刷和出版。这是出版专利文献首次在专利法中有了明确规定，它标志着具有现代特点的专利制度的最终形成。②

四、开放式的结论：《垄断法规》距离私权有多远？

对于专利制度的历史如何评价，是一个有争议的问题。在产生之初的形态上，专利与版权有着同样的王室特权背景。世界知识产权组织善意提醒我们注意专利制度的历史与早期功能，“必须牢牢记一点：专利最初是作为技术转让和建立新工业的工具而出现的，这对于我们研究专利制度的演变问题十分有益”。③《垄断法规》颁行之后，有学者将该法的实施效果和工业革命相结合进行分析，认为在1750年至1800年间，英国从原先由王室宠儿发财致富的专利向着鼓励把知识用于工具、产品和生产过程和奖励其发明的发明者的专利转变。它不仅触发了英国持续一个世纪的机械发明狂热，而且结束了手艺秘传诀窍和保密。④ 笔者认为，工业革命的爆发仅仅是《垄断法规》颁行后的一个社会事件，而历史事件的发生不是单向度的，《垄断法规》不过在历史时间上早于工业革命，二者之间的直接关系需要社会学、历史学的充分论证，但这无疑超出了本文着重要讨论的范围，故不拟展开论述。

产权具有激励财富进取心的作用以及专利制度隐含有这种功能已经为今天的经济学家所证实，甚至有学者以此作为切入点和分析工具，认为中国近代落后于西方世界是因为缺乏有效的产权制度激励。⑤ 基于同样的道理，笔者认为不同社会发展阶段之间的比较不是

---

① 参见 Kenneth L. Sokoloff, B. Zorina Khan, Intellectual Property Institutions in the United States: Early Development and Comparative Perspective, http://www.dklevine.com/archive/sokoloff-kahn.pdf。

② [美]阿瑟·R.米勒、迈克尔·H.戴维斯：《知识产权法概要》，周林、孙建红、张灏译，中国社会科学出版社1998年版，第3页。

③ 世界知识产权组织编著：《知识产权纵横谈》，张寅虎等译，世界知识出版社1992年版，第21页。

④ 参见[美]彼得·德鲁克：《后资本主义社会》，张星岩译，上海译文出版社1998年版，第30页。

⑤ 参见蔡宝刚：《私有产权保护的意义追问——以“李约瑟难题”的法律解答为例》，载《法学评论》2005第3期；李玉璧：《知识产权法制与“李约瑟之谜”的破解——一个产权理论的分析框架》，载《西北师大学报》2003年第2期。

某一个具体的制度的欠缺或者具备就可以获得最终解释的。因为在产权制度缺乏的情况下，中国古代的四大发明问世就是对“产权决定论”的一个极好反证。对社会现象的解释需要从更深刻的层面切入。《垄断法规》在制度层面终结了君主的任性和特权，作为其逻辑后果，政治制度的民主削弱了特权阶级对经济利益的控制，使得普通民众的创造热情被激发，对财富的平等追求引发了社会深层次的变革，这一意义远远超出了任何发明创造对社会发展与经济增长的影响，在这个意义上完全可以说，《垄断法规》本身就是制度文明史上最伟大的发明。但《垄断法规》距离专利私权有多远？

这个问题在社会科学领域提出来，远远不如在自然科学领域的度量衡那样可以精确计算和定位，甚至可以说用具体的数字来描述社会科学领域的诸事物之间的关系无疑是一种理性的狂妄。我们更多地看到用一个模糊的、描述性的词汇来评价社会科学领域的事件和行为。例如有的学者将《垄断法规》理解为“发明者权利的大宪章”和“现代专利制度的里程碑”①。但是另外有学者认为这一表述从年代上来讲有失偏颇，因为当时“发明”这个动词的涵义比今天要丰富得多。例如，在1618年詹姆士一世授予Robert Crumpe的一个著名的水泵专利中，“发明”的意思包括“应用、发现、创办或着手生产”。简而言之，在英格兰开始应用本身就可以是一个充分条件，因为技术转让、商业化和工业开发也被视为有价值的公众目标，能通过授予专利垄断得以实现。② 从这一点来看，《垄断法规》实际上以取消特权阶级的政治经济特殊地位为手段，以限制王权为目的。对确立专利权人的私权地位、兼顾竞争政策和公共政策则并未涉及，这也并非该特定历史条件下法律的阶段性任务。

至于一项技术达到何种标准才能够被授予专利、依照何种程序申请以及是否应该对权利进行限制等一系列配套制度的缺乏，是我们在浏览文本的时候所获知的信息。从文本中我们看到的是这样的一幅景象：一群上升中的资产阶级议员在议会吵吵嚷嚷、匆匆忙忙地进行表决，在台下低头站立的是国王，他因为滥用权利向宠臣发放特许权和债台高筑而情绪低迷，因为权利受到限制而心不甘情不愿；在议院的大门之外站立着手持各种工具的发明家，他们紧皱眉头、心事重重：刚刚被从王室的特权下解放出来获得重生，还来不及举杯庆贺，马上就又陷入了一个不知道该如何获得社会认可的专利权的迷茫之中。私权，对他们来说，还只是一个停留在纸面上的符号和令人热望的憧憬。

与《知识产权协定》完善的权利类型、丰富的权利内容、有效的权利救济和争端解决机制相比较而言，《垄断法规》无疑是一个非常初级的法律，但在当时的环境下能够走出从特权到私权的这样一大步，其意义不可小视。正如有的学者所言：“一个时代的概念发展到什么水平，是由那个时代的认识水平所决定的。”③这引发了笔者的另一个思考：对权

---

① The Statute of Monopolies or the so-called “Magna Carta of the rights of inventors” is regarded as a landmark of the modern patent system. Penrose, E. T., The Economics of the International Patent System, John Hopkins Press, 1951, p. 7。

② ［美］Paul A. David：《知识产权制度和熊猫的拇指：经济理论和历史中的专利、版权与商业秘密》，谷彦芳译，载《科技与法律》1998年第4期。

③ 彭漪涟主编：《概念论》，学林出版社1991年版，第241页。

利人来说，私权在什么意义上有意义？笔者不敢对此妄加推论，但个人认为在立法文本上正面规定私权的具体内容是不够的，像《垄断法规》这样以反向排除封建王权的方式规定专利权也是不够的。如前所述，这距离确认私权并保证私权有效行使和得到有效救济这样的目标来说还需要进行大量的制度构建。

论多次鉴定的驱动机制与法律对策

叶自强*

摘　要：本文选择若干个案，剖析多次鉴定中三个主体（当事人、鉴定人和法律人）之间展开激烈博弈的过程，揭示多次鉴定中“当事人唯利启动，鉴定人积极跟进，法律人迁就退让”的严重扭曲的驱动机制。当事人的利益是驱动多次鉴定运转的决定性因素，从理论上否定了所谓“重新鉴定是鉴定意见的重要纠错机制”的观点，否定了多次鉴定的思想根据，同时也发现由法律规定最高鉴定次数的必要性和迫切性。最后提出建立“两次鉴定”制度的构想，即无论原告还是被告，在诉讼中都只能各有一次鉴定的机会；禁止进行第三次鉴定；不允许二审阶段发生任何鉴定活动。如果一审阶段没有发生鉴定事宜，而二审法院认为有必要进行鉴定的，案件应当发回原审法院重审。再审阶段不允许启动任何鉴定事项。案件的事实问题原则上必须在一审阶段查清。

关键词：多次鉴定；重新鉴定；利益驱动；鉴定次数；两次鉴定

大约从20世纪90年代以来，多次鉴定就广泛存在于我国司法实践中。最初它主要给当事人带来沉重的讼累，引来不少怨冤。到现在，它除了继续承载当事人的更多怨冤之外，还给另外一个涉事主体（鉴定人）造成很大职业困惑和不安全感。① 其积弊之深重，不能不引起人们的焦虑和反思，但人们的反思大多流于表面现象，深层次的研究极为缺乏。笔者拟选择若干个案作深入的解剖，揭示多次鉴定的驱动机制，发现其沉疴，并在此基础上提出应对之策，也许对该问题的解决有所裨益。

一、多次鉴定中严重扭曲的驱动机制

多次鉴定涉及三方评价主体：当事人（民事诉讼的原告和被告；刑事诉讼的犯罪嫌疑人、被害人）、鉴定人和法律人（法官、检察官）。与此相应，也存在三种评价标准：利益

---

* 叶自强（1962—　），男，湖北仙桃人，中国社会科学院法学研究所研究员。英国伦敦大学高等法学院客座教授，美国夏威夷大学法学院访问学者，主要从事民事诉讼法和证据法研究。

① 近年来，社会鉴定机构和鉴定人遭当事人暴力攻击的恶性事件时有发生。例如2015年7月20日，张某持刀闯入中山大学法医鉴定中心，劫持了一名女医务人员，原因是对该中心出具的鉴定意见十分不满。参见《中山大学劫持案，事件升级持刀劫持女助理》，载“今日头条”，https：//www.toutiao.com/i4779974415/，最后访问时间：2018年5月10日。

评价、技术评价和法律评价。这三方主体之间、三种标准之间是如何展开博弈的，谁是赢家？谁是输家？其运行机制到底是怎样的？下面我们通过两个多次鉴定案例来加以深入的剖析。

(一)江苏省睢宁县因邻里纠纷引发的故意伤害案①

1. 基本案情和鉴定意见

本案被告人孙荣良，56岁，被害人李安(化名)，48岁，均是江苏省睢宁县姚集镇村民。两家住前后院，多年来一直因宅基地纠纷关系紧张。2014年6月4日16时，李安和孙荣良因宅基地纠纷动起了手，孙荣良拳击李安面部致其鼻骨骨折。9月15日，睢宁县公安局物证鉴定室出具《法医学人体损伤程度鉴定意见书》，认为李安两侧鼻骨粉碎性骨折，其损伤程度为轻伤二级。(第一次鉴定意见，简称S1[3])②

2015年1月8日，公安机关以涉嫌故意伤害罪将犯罪嫌疑人孙荣良移送睢宁县检察院审查起诉。4月14日，睢宁县检察院将该案提起公诉。开庭前，孙荣良及其辩护人向法院提出申请，要求对李安伤情进行重新鉴定。县法院于6月22日委托连云港某司法鉴定中心重新鉴定。一个月后，该司法鉴定中心出具一份《司法鉴定书证审查意见书》，认为“结合临床检查及会诊，李安右侧鼻骨线形骨折，属轻微伤”。(第二次鉴定意见，简称S2)

被害人李安对第二次鉴定结果不服，也提出重新鉴定申请。法院于2015年9月29日再次委托南京市某医院司法鉴定所进行鉴定。10月15日，该所出具的鉴定意见书认为，“李安右侧鼻骨线形骨折，属轻微伤”。(第三次鉴定意见，简称S3)

“因证据发生变化，在该案延期审理、补充侦查期间，我们要求侦查机关对李安伤情重新鉴定。”办案检察官介绍说。2017年3月14日，徐州市公安局物证鉴定所出具鉴定意见书，认为李安鼻骨“损伤程度构成轻伤二级”。(第四次鉴定意见，简称S4)

2017年6月13日，被告人孙荣良涉嫌故意伤害案开庭审理。7月17日，睢宁县法院对该案作出一审判决，被告人孙荣良犯故意伤害罪被判处有期徒刑一年，并赔偿被害人各项损失6300余元。③

2. 对四次鉴定意见的分析和评价

从案情中可以看到，被害人伤情先后经四次鉴定(S1、S2、S3、S4)，两次结论为“轻伤”，两次为“轻微伤”。S1，轻伤，系睢宁县公安局物证鉴定室出具《法医学人体损伤程度鉴定意见书》，系诉前鉴定。它是确定孙荣良是否构成犯罪的依据。

S2，轻微伤，是检方提起公诉之后，由犯罪嫌疑人和辩护方申请重新鉴定后得出的鉴定意见。法官是基于维护其诉讼权利的考虑，允许其重新鉴定的。但是从辩护方来说，

① 参见王威、顾敏：《四次伤情鉴定，听谁的?》，载《检察日报》2017年8月24日。

② 本案先后发生了四次鉴定，分别用S1、S2、S3、S4来表示。S取自睢宁县的第一个汉语拼音字母。

③ 参见王威、顾敏：《四次伤情鉴定，听谁的?》，载《检察日报》2017年8月24日。

这是为了维护其利益的举动和措施。

S3，轻微伤，是被害人不服S2向法院申请重新鉴定后得出的鉴定意见。本来，从保障诉讼权利的角度来说，睢宁县公安局物证鉴定室已经出具了有利于被害人的鉴定意见(S1)，并以此为依据向当地检察机关移送起诉材料。因此，受害人提起第三次鉴定是不必要的行为，是受害人基于单纯的技术评价标准所采取的错误行为。这个鉴定意见对他是不利的。

S4，轻伤，这是检方考虑到"因证据发生变化"，要求公安侦查机关进行重新鉴定得出的鉴定意见。

检方认为，S4是规范的，予以采纳。在检方看来，S4不存在多次鉴定问题，是必要的鉴定。但这种看法是值得商榷的。

3. 关于"因证据发生变化"

所谓"因证据发生变化"，即是指鉴定意见从轻伤到轻微伤的变化。笔者注意到，检方对于已出具的三次鉴定意见并没有随意否定，这意味着检方设定的前提是：S1、S2、S3等三次鉴定及其鉴定意见，都是独立的合理的存在，在法律上具有平等的地位。既然如此，"证据变化"意味着几个鉴定意见不一致，但并不意味着后者推翻了前者，或后者纠正了前者的错误，如果前者确有错误的话。

既然已进行了三次鉴定，得到了S1、S2、S3，为何还要进行第四次鉴定？这无疑透露了检方的一个想法，即需要再一次通过鉴定对已有的S1、S2、S3三项鉴定意见做一次技术评价或检验，反映了技术评价标准在检方心中的重要地位。面对已有的三项鉴定意见，检方不敢独立地作出法律评价，而是屈身于技术标准，从而发生了第四次鉴定。这是S4产生的深层次原因。在这里，是技术评价的权威性起了决定性作用。

4. 如何看待检方和法官否定了S2和S3？

不要忘记如下的庭审事实：检方和法官均以法律评价的方式否定和推翻了S2、S3的法律效力。这个事实说明，S2和S3其实是不需要进行的。本案完全可以基于S1项来作出判决，因为S4与S1结果完全一致。

在对S1、S2、S3、S4四项鉴定意见的评价中，S1、S4结果完全一致，都是轻伤。从S1到S4，经历了一个"轻伤—轻微伤—轻微伤—轻伤"的封闭循环，一个从"轻伤"出发又回到"轻伤"的循环。既然如此，为什么在S1、S2(不一致，能代表本案的两种鉴定意见)出来之后，法官不主动组织庭审，却要顺着多次鉴定的轨道继续滑下去呢？难道从未意识到S3、S4是多余的、不必要的吗？

上述情况说明，迁就当事人利益和鉴定技术的权威性在检察院和法院工作中占有优于法律评价的分量。如果说第二次鉴定是有合理的诉讼平衡需要，那么第三次鉴定就是检方屈从当事人利益的结果。此外，还有什么合理的解释？此案充分反映了多次鉴定中利益、技术和法律等三种评价标准的激烈博弈。其中法律标准受到前两者的严重挤压。在目前的法律框架下，法律评价难以获得正常的空间。

5. 在S1、S2、S3三项中哪些是不必要的鉴定？

我们看到，在S3之前已经有两个不同的鉴定意见：S1与S2。被害人提出第三次鉴定，是因为S2不利于被害人，这是单纯的利益评价。也许他认为有利于己的S1已经被S2推翻，而S2又不利于自己，故不服S2，于是要求重新鉴定。第三次鉴定的结果可能有三：(1)S3与S1一样，都是轻伤；(2)S3与S2一样，都是轻微伤；(3)S3与S1和S2都不一样，即构成重伤。对于第一种结果，被害人肯定满意，却于犯罪嫌疑人不利，他肯定不服，要求重新鉴定。对于第二种结果，被害人不会满意，必然要求再作重新鉴定。至于第三种结果，犯罪嫌疑人是绝对不会同意的，一定会要求重新鉴定。总之，当S3出来之后，不管出现以上三种情形中的哪一种，总会有人要求重新鉴定的。果然，检方说"因证据发生变化"要求徐州市公安局司法鉴定所重新鉴定，结果是轻伤(S4)。

对于S4，犯罪嫌疑人或许有过不满意的抱怨，或许有过重新鉴定的申请。但是法院基于审判期限等因素的考虑，觉得不能再迁就当事人，于是断然要求S1、S2、S3、S4四次的鉴定人出庭作证。这个事实本身说明，其一，在现有的法律框架下此四次鉴定都是合法的、必要的鉴定。在6月13日开庭审理之前所发生的四次鉴定，从程序上说都是必要的，这是未限制鉴定次数必然会发生的结果。其二，检方否定S4意味着，在本案的多次鉴定中，其中的作为技术评价结果的S4是可以被否定的。这当然是一种法律评价。检方作出了法律评价，且被法官认可，说明检方和法官是能够积极地就鉴定意见作出法律评价的，有能力克服"以鉴代审"的弊端，有能力克服技术评价依赖症。其三，基于同样的理由，在其余的三项鉴定意见中，可能还有鉴定意见能够被否定，只要法官采取主动措施的话。

(二)云南省昆明市赵某对李某的故意伤害案

1. 本案起因和鉴定情况

2010年4月9日晚上11点左右，李建森被赵某及其妻子一顿暴打。李反应过来后报了警。赵某随即被刑事拘留。据李建森陈述，他被打的原因是：自己欠赵某18000元的货款，后来双方约定只还15000元，一周内还清，但时间还没到就被赵某及其妻子打了一顿。①

第二天，李觉得左耳嗡嗡作响，基本听不到什么，便去医院检查。"医生告诉我，我的左耳已穿孔，可能要打官司，让我赶紧去做伤情鉴定。"李来到昆明法医院司法鉴定中心。2010年4月12日，李建森的伤情鉴定结果出来：损伤系外力作用致左耳鼓膜外伤性穿孔，伤情为轻伤，九级伤残。(第一次鉴定意见，简称K1[6])②

① 参见程浩：《一名受害者的"鉴定苦旅"，4次伤情鉴定得出三种结果》，载《都市时报》2012年6月5日。

② 本案先后发生了四次鉴定，得出了四个鉴定意见，分别用K1、K2、K3、K4来表示。K取自昆明市的第一个汉语拼音字母。

10月25日，赵某被取保候审。三天后，警方委托昆明法医院司法鉴定中心对李建森的伤情进行了重新鉴定，结果和第一次一样：轻伤。（第二次鉴定，简称K2）

2011年8月初，官渡区人民检察院以赵某涉嫌犯故意伤害罪，向官渡区法院提起公诉。同时李建森以赵某的犯罪行为给自己造成经济损失为由，向法院提起刑事附带民事诉讼。

2011年8月23日，法院开庭审理此案。庭审中，赵某及辩护人对鉴定结论有异议，申请重新鉴定。8月30日，法院委托春城司法鉴定中心重新鉴定。但鉴定结论让赵某大吃一惊，结论显示：伤者李建森目前左耳听力障碍程度属重伤，八级伤残。（第三次鉴定，简称K3）

赵某自然不服。同时，公诉机关也认为，对同一人身伤害存在两个以上不同的鉴定结论，因此需要重新鉴定，并申请延期审理。法院同意了。2012年1月30日，经官渡区人民检察院委托，昆明市人民检察院带李建森到省人民检察院进行法医学检查。3月1日，市人民检察院邀约省人民检察院、省公安厅、昆明医学院第一附属医院、昆明市公安局的法医和临床专家共同对李建森进行了会诊。会诊结果显示：李建森的损伤程度为轻伤，伤残等级为十级。（第四次鉴定，简称K4）

至此李建森已进行了四次伤情鉴定，三次轻伤，一次重伤。法院再次开庭审理后，公诉机关依然坚持最先的指控意见，认定李的伤情为轻伤。法院经审理后认为，最后一份会诊意见书由多名权威法医、临床专家共同会诊，是具有一定权威性的文证审查意见，并与昆明法医院司法鉴定中心的鉴定结果相印证，因此，可作为认定李建森伤情的依据，法院予以采纳。法院判决被告人赵某犯故意伤害罪，判处有期徒刑一年，缓刑一年，并赔偿李建森经济损失4万余元。①

2. 三种评价标准之间的博弈

让我们首先选择K2和K3来考察。当K2出来之后，对于犯罪嫌疑人赵某来说，似乎有一种幻觉和侥幸，想纠正K2的“错误”（尽管他根本不知道其中的“错误”在哪里），期待通过重新鉴定，得出比轻伤更轻的“轻微伤”的鉴定意见。② 然而结果却得到“重伤”的鉴定意见（K3）。他立即从梦幻中惊醒过来，又一次提出重新鉴定的请求。从赵某对鉴定的意识和行为可以看到，利益衡量始终是驱使他提出重新鉴定的唯一标准。只要鉴定意见于他不利，他就会提出重新鉴定的请求。

我们可以继续推演下去，在对抗式诉讼中，当一个鉴定意见出现之后，只会对当事人一方有利，而对另一方不利。允许不利的一方提出重新鉴定申请，绝不会只出现一个有利于他的结果，而是可能出现两个结果，即对他有利，或者对他不利。如果对他有利，他自

① 参见程浩：《一名受害者的“鉴定苦旅”，4次伤情鉴定得出三种结果》，载《都市时报》2012年6月5日。

② 我国刑法第234条规定，故意伤害他人身体的处三年以下有期徒刑、拘役或者管制；犯前款罪，致人重伤的，处三年以上十年以下有期徒刑。因此，到底是轻伤还是重伤，对判决有重要的作用。

然心满意足；反之，如果对他不利，他必然不服，又会提出新的重新鉴定申请。这是一种基于维护其利益所产生的条件反射。其申请鉴定的行为与其利益之间具有直接的相关性。在双方当事人关于鉴定意见的博弈中，如果法律评价机制软弱无力，或者完全缺位，那么必然会催生"多次鉴定"困局，案子会久拖不决。

我们应当认识到，当司法鉴定介入当事人双方的诉讼利益的冲突中，它所作出的鉴定意见不可能同时满足双方的要求，此时面临一个利益选择问题。但这个选择权却不属于直接利益的主体(当事人双方)，也不属于间接利益的主体(作出鉴定意见的鉴定人)，而是专属于法官。法官应当跳出当事人的纠缠和威胁，跳出单纯的技术标准，跳出鉴定迷信的窠巢，用法律程序的力量解决问题。法官不应当被当事人的利益、被鉴定意见牵着鼻子走。法官应当通过诉讼程序有效地控制鉴定活动。只允许必需的鉴定活动，禁止不必要的鉴定活动。①

在本案中，遗憾的是，当赵某得到重伤的鉴定意见(K3)之后，"公诉机关也认为，对同一人身伤害存在两个以上不同的鉴定结论，因此需要重新鉴定，并申请延期审理。法院同意了"。这里，公诉机关的认识和举措，以及法院的决定，都是错误的，因为他们完全站在技术的角度考虑问题，忽视了法律程序的价值和力量。在法官、检察官获得上述认识之前，遵循法律程序与利益驱动重新鉴定之间的较量还会长期进行下去。

(三)对以上两个案例的小结

通过详细地考察两个案例，大致可以窥视出多次鉴定的驱动机制，其中，追求私利的当事人旺盛执着；拥有技术的鉴定人积极跟进；② 法律人则往往滞后(睢宁案)或者缺位(昆明案)。就是说，当事人的利益是驱动多次鉴定运转的决定性因素，这种局面是当初的法律设计者不可能料到的。本来，法官应该在审判实践中起主导作用，当事人和鉴定人都应受到法官的指挥和约束，但现实中法官不得不屈就于当事人的利益，唯恐招来其敌意和报复，因此这是一种受到严重扭曲的、近乎本末倒置的机制，令人惊讶。

通过对以上案例的具体考察，笔者发现未限定最高鉴定次数，是驱动多次鉴定不断前行的秘密。"多次鉴定"号犹如一列没有安装制动阀的危险列车，长期行驶在司法领域，能不闯祸？在云南省昆明市的故意伤害案中，经历了四次鉴定，检法仍有分歧。在甘肃卢治军诉

---

① 在司法实践中，为了防止当事人利用鉴定程序拖延诉讼，避免前后鉴定意见冲突带给审判工作的困扰，部分法官对重新鉴定心生抵触，进而严加管控，在没有正当理由或证据否定鉴定意见的情况下，一般不会准许重新鉴定。但这样一来，当事人必然将不满转向法官。参见陈如超：《鉴定纠纷及其解决机制——基于民事司法鉴定的实践逻辑》，载《证据科学》2017 年第 2 期。

② 在审判实践中，由于大多数承办法官盲目轻信鉴定结论，发现问题不及时反馈给鉴定单位和鉴定人；鉴定人出庭制度未得到很好的实施；错案责任无法追究等原因，滋长了一些鉴定机构和鉴定人只讲经济效益，不讲科学和实事求是的不良鉴定作风。参见吴玉凤：《如何破解现行司法鉴定体制下的重复鉴定问题》，载"中国法院网"，https：//www. chinacourt. org/article/detail/2006/10/id/222590. shtml，最后访问时间：2018 年 6 月 3 日。

兰化一中损害赔偿案中，案件从1991年到2010年19年间，历经一审—二审—申诉—发回重审—再上诉—再发回重审等阶段，鉴定也进行了多次，一直持续到2010年。① 在湖北省武汉市方婆婆“借条”真假案(见本文最后一部分)中，尽管一审做出了三次鉴定，二审时又申请法官做出了三次鉴定。在该借条官司终审有了结果之后，仍没有最终停止鉴定的明确信号。

也许在申诉阶段还有鉴定活动，因为方婆婆案件的“多次鉴定”号列车并没有安装制动阀，一旦有人启动，它就会自动前行，无法停止。这是多年来深藏在“多次鉴定号”上的一个秘密。因此设立最高鉴定次数是十分必要的，否则后患难除。

二、驳“重新鉴定是鉴定意见的重要纠错机制”论

人的行为往往受其思想的指导，多次鉴定也是如此。我们不能忽视其产生和发展过程中的思想动力。有一种支持多次鉴定的观点认为“重新鉴定是鉴定意见的重要纠错机制”。② 持这种观点的当事人认为，它是自己捍卫自身权益的有效手段，如果有鉴定意见于自己不利，他们会不遗余力地就同一问题申请重复鉴定，同一待证事实因此出现多份鉴定。许多法官在办案过程中，往往下意识地将多个鉴定意见相互印证，以便确定哪个对，哪个错。法官对鉴定意见的审查，也演变成对多个鉴定意见的技术性甄别，法官在判决中几乎都会选择重新鉴定的鉴定意见，这自然引起了当事人们对重复鉴定的极大热情。据广西象州县人民法院统计，该院2010年到2014年共受理司法鉴定案件50件，其中有当事人自行进行诉前委托鉴定的案件15件，在诉讼中当事人申请对这些诉前委托的鉴定进行第二次鉴定10件，第二次鉴定率达到66%以上，而第二次鉴定的意见全都与原来当事人

---

① 案情如下：1991年12月23日，14岁的兰化一中初一学生卢治军因与同桌学生发生打斗，被年级主任王志强拉到走廊里施以体罚，卢治军脑部撞在墙上受伤。由于没能及时送医院治疗，卢治军因重度颅脑损伤从此卧床不起。其间，经由省高院法医技术室3次鉴定，认为卢治军伤情系暴力作用所致的可能性较大。王志强被判处有期徒刑3年，缓刑3年，兰化一中向卢治军支付经济损失9.3万元。但随后卢治军病情恶化，出现脑萎缩、肢体瘫痪等15种并发病症，成了“植物人”。1995年，司法部司法鉴定科学技术研究所鉴定认为，卢治军在受伤前已存在脑发育不全，故其并发症状与外伤并无直接因果关系。卢治军父亲不服此鉴定意见，从1998年起，卢父多次诉至法院向校方索赔，然而历经区、市两级法院4次审理，法院均驳回了卢父的巨额民事索赔。2005年，兰州市中院进行大接访，卢父遂申诉至中院。次年7月14日，该申诉经审查后，兰州中院将该案第二次发回重审。最终，西固区法院于2009年6月15日仍驳回其全部诉请。卢父再次提出上诉。2009年12月，兰州中院第3次作出发回重审的裁定。2010年5月，西固区法院又委托中国法医学会司法鉴定中心进行鉴定。参见郭玉红、李洁：《历经数次鉴定和庭审受害者家人表示异议伤情要进行第六次鉴定西固“植物人”官司将再次开打》，载《兰州晨报》2010年6月3日。

② 如有人认为，“重新鉴定是鉴定意见的重要纠错机制”；“启动重新鉴定，意味着此前的鉴定意见已经失效。”“基于重新鉴定在时间上的后位性与重新鉴定机构在级别上高位性，法官几乎都会选择重新鉴定的鉴定意见。”参见陈如超：《鉴定纠纷及其解决机制——基于民事司法鉴定的实践逻辑》，载《证据科学》2017年第2期。

诉前自行委托的鉴定意见不一致，法院在判决时均采信了第二次鉴定所得出的鉴定意见。① 笔者不禁要问：难道“重新鉴定是鉴定意见的重要纠错机制”吗？让我们通过剖析江苏省睢宁县故意伤害案中所发生的有关事实来予以澄清。

在本案发生的四次鉴定中，彼此相邻的三组鉴定意见（S2 对 S1，S3 对 S2，S4 对 S3）之间发生了如下结果，让我们来细致观察并作出评价。

S2 对 S1，轻微伤对轻伤，两个鉴定意见不一致。

S3 对 S2，两个鉴定意见一致，均是轻微伤。

S4 对 S3，轻伤对轻微伤，两个鉴定意见不一致。

如果“重新鉴定具有纠错功能”是一个正确的命题，那么，绝不会发生 S3 对 S2 这两个鉴定意见一致的情形。因为既然前后一致，只能是后者证实了前者的正确性，断不会是对前者之“错”予以纠正。

为了进一步考察“重新鉴定具有纠错功能”这个命题的真实性，我们不妨把所谓“重新鉴定”的范围从“彼此相邻”扩大到“彼此不相邻却相关”。在本案四次鉴定中，如下三组鉴定意见，虽然不是彼此相邻，但由于它们面临着同一鉴定对象（客体），因此它们之间显然具有一定的内在联系。如果我们以鉴定对象（客体）为参照点和联系点，那么，还会合理地推演出如下彼此不相邻的三次重新鉴定：S3 对 S1 的重新鉴定；S4 对 S1 的重新鉴定；S4 对 S2 的重新鉴定。它们分别发生了以下结果：

S3 对 S1，轻微伤对轻伤，两个鉴定意见不一致。

S4 对 S1，轻伤对轻伤，两个鉴定意见一致。

S4 对 S2，轻伤对轻微伤，两个鉴定意见不一致。

如果“重新鉴定具有纠错功能”是一个正确的命题，那么，绝不会发生 S4 对 S1 这两个鉴定意见一致的情形。因为从四次鉴定活动发生的时间顺序来看，假如确实有“错”，那么“错”必然在前，纠错只能在后，绝不会发生相反的情况。因此，从 S4 对 S1 这两个鉴定意见一致的情形看，说明 S4 并无纠正 S1 之“错”的功能。

从上面的分析可以发现，“重新鉴定具有纠错功能”是一个不能得到完全证明的命题，一个不能成立的命题。

让我们接着讨论下去。假如“重新鉴定具有纠错功能”是一个正确的命题，那么在 S1、S2、S3、S4 四个鉴定意见之间，在彼此相邻的情况下只会出现如下的排序：

S2 对 S1，轻伤对轻微伤，两个鉴定意见不一致。

S3 对 S2，轻微伤对轻伤，两个鉴定意见不一致。

S4 对 S3，轻伤对轻微伤，两个鉴定意见不一致。

假如“重新鉴定具有纠错功能”是一个正确的命题，在 S1、S2、S3、S4 四个鉴定意见之间，在彼此不相邻的情况下只会出现如下的排序：

S3 对 S1，轻微伤对轻伤，两个鉴定意见不一致。

---

① 参见区禹泉：《申请对诉前鉴定重新鉴定应严格把关》，载“广西壮族自治区高级人民法院网”，http：//www. gxcourt. gov. cn/info/1110/147716. htm，最后访问时间：2018 年 6 月 10 日。

S4 对 S2，轻伤对轻微伤，两个鉴定意见不一致。

可见，在彼此相邻和不相邻两种情况下，都不会出现 S4 对 S1(轻伤对轻伤，两个鉴定意见一致)的情形。

如何理解 S4、S1 的一致？它们是两家不同的独立的鉴定机构分别作出的鉴定意见，它们之间的一致并不具有必然联系。有人或许会说，S3 与 S2 完全一致，S4 与 S1 完全一致，说明了重新鉴定的必要性，说明它具有检验前者是否正确的功能。我们认为，在"纠错功能"站不住脚的情况下却转换论题，去强调重新鉴定的检验价值，犯了"转换论题"的逻辑错误。不过在诉讼实践中，法官在面临多次鉴定的情况下并不否定重新鉴定，而是允许重新鉴定，把多个鉴定意见拿来互相印证。这也给多次鉴定造成了繁荣的市场，说明在法官的意识中，技术评价远远高于法律评价。

最后，如何理解 S4 的意义呢？在本案可以看出，S4 被检方和法官所认定，说明只要法律人主动，就可以采取法律评价措施；一味依赖鉴定往往会使法官和检方置于被动地位。

然而我们注意到，S4 与 S1 是完全一致的。既然 S1 早已存在，且与 S4 完全一致，我们不禁要问，还有必要把鉴定活动从第一次延续到第四次吗？为何不在 S1、S2 之后就开庭审理，在庭审中检验它们，从而节省时间加速庭审呢？

此外，不妨让我们进一步假设，本案经过了七次鉴定，并得出了七个鉴定意见(S1、S2、S3、S4、S5、S6、S7)，其中 S7 与 S1 完全一致，而介入两者之间的 S2—S6 完全一致，最后检方和法官确认依 S1 和 S7 的鉴定意见来判决。在这种情况下 S7 也是必要的鉴定吗？假如它是必要的，即等于合法地承认多次鉴定，又怎能遏制多次鉴定？因此这种检验和印证多次鉴定意见的方式是值得怀疑的。

笔者指出和批评了本案的不少弊端，但并不是说本案法官的处置一无是处。其积极意义在于，法官终于敢扬起"法律评价"的利剑，在鉴定持续到第四次时果决地中断重新鉴定的进程，要求所有鉴定人到庭作证。比起那些鉴定到 7—8 次的案例，这种处置是值得赞赏的。

下面看一下云南昆明市的故意伤害案。先来考察 K2 和 K3 两者的关系。从犯罪嫌疑人赵某的主观心态来说，他不服第二次鉴定意见(K2)，因为这意味着他将承担刑事责任。他企图获得一个有利于自己的鉴定意见(如轻微伤)，这样他可以不承担刑事责任。这是其主观愿望，说明驱动他申请重新鉴定的动力源是利害关系，并不是想获得一个有关伤情的事实真相。

如果这种重新鉴定机制起着纠错的作用，那么从 K2 到 K3，即从轻伤转为重伤的鉴定意见，对赵某来说，这根本不符合他的利益，这显然不是纠错，而是错上加错。对他来说，只有"利益"起着决定性作用。"纠错"是表象，是托词。纠错，或者推翻前一个鉴定意见，是一种法律评价，当事人不拥有这种权力。当事人也没有技术定性的权力，因为这是鉴定人的专有权力。

由于 K3 仍不合他的利益，于是他又申请第四次鉴定。假如 K3 真能纠正 K2 的所谓

“错误”，是不会发生这种情形的。赵某申请第四次鉴定的举动反过来证明，K3 的重新鉴定活动根本没有纠正其心目中的那个“错”的功能。

接下来考察 K3 和 K4 的关系。鉴定人接受第四次鉴定申请后，基于技术标准得到了 K4(轻伤)。赵某接受了这个鉴定意见，因为它与 K3 相比，于他是比较有利的。只有从“利于他”的角度，才可以说 K4 纠正了 K3 的错误，推翻了 K3 的效力。除此之外，还能作出别的解释吗?

假如 K4 依然是重伤，那么赵某肯定还会不服，还会要求继续申请第五次鉴定。这再次说明，“利益”权衡是当事人启动重新鉴定的根本动机。

在本案中，到第四次鉴定时，由于鉴定意见符合赵某的利益，他不再申请重新鉴定，于是在赵某、检方和鉴定人三方之间达到了一个暂时的休战式平衡。可是 K4 却不符合另一方当事人—受害人李某的利益，他并未信服，他决定还要上诉。① 或许在二审中他还要申请重新鉴定。可见在现行法律框架下，当事人利益在启动重新鉴定方面起着决定性作用，法律则显得十分疲软。

总之，在本案的伤情鉴定中存在着利益标准、技术标准和法律标准之间的博弈。当事人一方为了维护自身的利益，首先启动鉴定程序；拥有技术的鉴定人积极跟进，有求必鉴，罕有拒绝，因为任何一个重新鉴定申请都符合鉴定人的经济利益。因此，鉴定人与当事人的利益是紧密地联系在一起的。鉴定人在当事人利益的背后积极推动“多次鉴定”号列车向前行驶。至于司法机构方面，由于司法政治化，法官和检方受到错案责任追究制的压力和当事人的纠缠与威胁，为求自保，故藏起法律评价的盾牌，明智地选择退让。② 因此在三方的博弈中，利益起着决定性作用。只要当事人有直接的利益需要，在法律没有限制鉴定次数的情况下，他随时会启动“多次鉴定”号列车驶往下一站，没有人能拦得住它。

在多个鉴定意见的“对—错—错—对”的相互转化中进行利益和技术等博弈，最后只能通过法律评价机制作出决断，这才是正途。但遗憾的是，因我国目前诉讼法没有规定，

① 法院作出一审判决：被告人赵某犯故意伤害罪，判处有期徒刑一年，缓刑一年，并赔偿李建森经济损失 4 万余元。赵某没有提出上诉，但受害人李建森觉得，本案中会诊意见书不应予以认可，“按照规定，会诊意见书应该有签名和盖章，但这上面的字却是打印上去的”；另外，一审法院认定自己伤情的依据为何要与昆明法医院司法鉴定中心的鉴定结果相印证，“就算要相互印证，也应该与春城司法鉴定中心印证”。李建森不服一审判决，现已上诉至昆明市中级人民法院。参见程浩：《一名受害者的“鉴定苦旅”，4 次伤情鉴定得出三种结果》，载《都市时报》2012 年 6 月 5 日。

② 当前，当事人向法院和法官施压的方式名目繁多：向上级法院上诉，在法院系统内部信访，往各级党政、人大和政协机关上访，到检察院和纪委揭发、检举、控告法官等。以鉴定问题提出的上访、检举揭发，显然会影响到他们的绩效考评、职位升迁及其法律责任。当事人的抗拒还会危及法官个人的名誉、自由和生命。因此，面对当事人无休止的“依法抗争”和“违法缠闹”，推卸责任、转移矛盾，哪怕暂时脱离干系、抽身事外，都会成为受到严苛的“数目字管理”与绩效考核挤压的法官的理性抉择。参见陈如超：《鉴定纠纷及其解决机制——基于民事司法鉴定的实践逻辑》，载《证据科学》2017 年第 2 期。

法官缺乏限定鉴定次数的法律依据，导致法律评价手段无法派上用场，法律评价机制处于软弱或者休眠状态，任由利益评价机制和技术评价机制发挥作用，从而必然导致多次鉴定经常发生，无休无止。

三、关于建构“两次鉴定”制度的构想

通过以上分析，笔者揭示了多次鉴定中“当事人唯利启动，鉴定人积极跟进，法律人迁就退让”的严重扭曲的驱动机制，否定了所谓“重新鉴定是鉴定意见的重要纠错机制”的观点，从理论上否定了多次鉴定存在的必要，同时也发现了由法律规定最高鉴定次数的必要性和迫切性。接下来的问题是，我们应该如何规定一个合理的鉴定次数？在司法实践中，也有人在积极探索鉴定次数问题。例如有的搞协商鉴定次数；① 有的积极推动诉前鉴定，② 但因缺乏法律依据，这些措施都只是权宜之计。笔者经过深入研究，在此试提出从法律上建立“两次鉴定”制度的构想。

（一）对域外鉴定次数制度的考察

什么是合理的鉴定次数呢？带着这个问题，笔者详细研究了德国和我国澳门地区等大陆法系国家和地区的相关法典，也参考了美国的司法实践。德国和我国澳门地区《民事诉讼法》明确规定可以从事第二次鉴定。德国《民事诉讼法》第 412 条规定：“（1）法院认为鉴定不能令人满意时，可以命原鉴定人或命另一鉴定人为新的鉴定。（2）如果鉴定人在鉴定完毕后被准许回避时，法院可以命另一鉴定人为鉴定。”③澳门地区《民事诉

① 针对多次、重复鉴定的现象，河南省范县人民法院规定，双方当事人事先可以协商申请司法鉴定的次数。对于那些情节比较单一、标的不大的案件，如果双方当事人一致同意只进行一次鉴定，则不能够再次委托重新鉴定；对于协商后没有办法达成一致意见的双方当事人，在案件一审过程中进行司法鉴定次数只能限制在两次以内；二审委托司法鉴定仅限定为一次，再审不再允许进行鉴定，特别注意的是当事人举证鉴定的不受此限。参见杨明、唐辉：《浅析网络商标侵权诉讼中的证据认定问题》，载“中国法院网”，https：//www. chinacourt. org/index. php/article/detail/2017/06/id/2904904. shtml，最后访问时间：2018 年 6 月 10 日。

② 吉林敦化法院尝试进行诉前司法鉴定制度。当事人立案伊始，立案庭对当事人诉求进行初步审核，确定需要司法鉴定后移交机动车交通事故责任纠纷案件合议庭，合议庭指定专人联系双方当事人，以遵循自愿及双方同意为原则，主动告知当事人可申请诉前鉴定程序，并及时指导如何提供材料，组织双方当事人对鉴定材料进行质证。在此基础上，按随机或双方共同协商方式确定司法鉴定机构委托鉴定，并对鉴定过程全程跟踪，督促司法鉴定机构及时准确完成鉴定，尽快将鉴定意见书送达双方当事人，完成诉前鉴定工作并告知当事人可以选择调解或直接提起诉讼。“一般情况下，只要当事三方有意向共同委托诉前鉴定，就为日后的调解奠定了良好的基础。”参见褚庆平、王鹤、王鸿帅：《吉林敦化法院试行诉前鉴定探索案件审理新路径》，载“中国法院网”，https：//www. chinacourt. org/article/detail/2017/11/id/3087619. shtml，最后访问时间：2018 年 6 月 12 日。

③ 参见《德意志联邦共和国民事诉讼法》谢怀栻译，中国法制出版社 2001 年版，第 102 页。

讼法》第510条规定："一、任一当事人得于知悉第一次鉴定之结果后十日期间内，申请进行第二次鉴定；为此，须陈述其不同意所提交之鉴定报告所依据之理由。二、如法院认为进行第二次鉴定对查明事实真相属必需者，得于任何时刻依职权命令进行第二次鉴定。三……"①日本二战前的《民事诉讼法》也曾经规定了可以从事二次鉴定。②在美国民事诉讼中，由于实行诉前证据交换制度，当事人必须在诉前完成鉴定事宜。每一方仅有一次鉴定机会。把双方的鉴定次数加起来最多也就二次。③ 因此，从上述国家和地区的情况来看，把必要的鉴定确定为二次是合理的。超过这个数额的鉴定就是不合理、不必要的鉴定。

(二)关于第一次鉴定的概念和范围

1. 关于诉前的第一次鉴定

假如申请人(即单方委托鉴定人，下同)于诉前只进行了一次鉴定，并将此次鉴定意见提交到法院，那么此次鉴定就是本案的第一次鉴定。换言之，诉前的第一次鉴定与本案的第一次鉴定发生重合。不过这种情况很少发生。大多数情况下，申请人于诉前进行了两次或者两次以上的鉴定(以下简称诉前多次鉴定)，并且把所有这些鉴定意见全部提交到法院，这难免给承办法官带来困惑。

根据"两次鉴定"制度，我们必须从中找寻本案的第一次鉴定。这就需要确定一个选择的标准。通常，申请人之所以申请多次鉴定，是为了从中得到一个最有利于己的鉴定结论。然而，把多份鉴定意见均提交法院，却会因它们之间的意见不一致，甚至彼此严重冲突给办案法官造成惶惑。对于这种显而易见的缺陷，两次鉴定制度当然不能允许，它只能允许其中一种对当事人有利的鉴定意见提供给法院。这样既满足了申请人自身为追求胜诉谋求技术支持的努力，符合诉讼对抗中人性逐利的本质，也铲除了因意见不一致甚至彼此严重冲突的多份鉴定意见提交到法庭的可能性，使法官摆脱了选择的专业困扰，保障了庭审的顺利进行。

---

① 参见中国政法大学澳门研究中心编：《澳门民事诉讼法典》，中国政法大学出版社1999年版，第160页。

② 参见[日]松冈义正：《民事证据论》，张知本译，洪冬英勘校，中国政法大学出版社2004年版，第230~231页。

③ 笔者详细研究了美国波士顿的一起环境污染案件及其专家鉴定问题。本案应原告方律师要求经过了两次鉴定，先后由约翰·托洛宾斯基和·文森特·墨菲参加鉴定并提出了鉴定意见。其余人士仅仅是提供专家意见，并没有参与鉴定工作。本案实行陪审团集中审理和连续的庭审，审理期限长达5个月。因为事实的认定是在一审完成的，而鉴定、专家证人都必须在一审召集，而一审是一个非常耗时、费力、费钱的程序。一旦完成了一审，就决定了案件的胜负。换句话说，在二审和三审再去进行鉴定或请专家证人，几乎不可能得到法律程序的认可。参见[美]乔纳森·哈尔：《漫长的诉讼》，黄乔生译，译林出版社1998年版，第393页。

由于诉前多次鉴定是很难避免的一种客观存在,① 因此笔者建议应允许申请人从多个鉴定意见中选择一个，即把选择权交给申请人，法院不必强制规定。

从以上论述中不难看出，诉前多次鉴定中所指的第一次鉴定，与本案的第一次鉴定是有差异的，不是同一个概念，具有不同的意义。我们需要在诉前多次鉴定中确定本案的第一次鉴定，它既是本案鉴定的起点，也为第二次鉴定确立一个参照坐标。有了第一次鉴定和第二次鉴定，那么就可以确立本案的“两次鉴定”结构，为顺利进行一审作准备，也为将来可能发生的二审甚至再审奠定事实审的基础。反之，如果申请人在诉前进行了多次鉴定，且把所有这些鉴定意见全部提交到法院，就会使法院陷入困境，庭审将无法顺利进行下去。

2. 关于诉讼中的第一次鉴定

假如当事人于诉前没提出任何鉴定申请，但诉讼开始之后，法官认为对于本案某专门性问题必须请专家鉴定，并依据职权，按照规定程序提交到某个鉴定机构去鉴定，那么这次鉴定就是本案的第一次鉴定。

---

① 实践中，人们对诉前鉴定有不少争议。反对诉前鉴定的人认为，其一，当事人自行委托鉴定的启动，只能由占有鉴定材料的一方当事人提起，另一方当事人即使想自行委托鉴定，也会因其不能占有和提供相应鉴定材料而委托不能，这对其是不公平的。其二，不少司法鉴定机构受经济利益驱动，对当事人自行委托鉴定来者不拒，经常会不自觉地站在委托方的立场，失去了鉴定的中立性和公正性。其三，鉴定人违反回避原则，导致鉴定意见的可信度大大降低。当事人为了取得对自己有利的鉴定结论，往往会通过各种渠道找到和自己有朋友、同学等各种关系的鉴定机构、鉴定人，在这种情况下，鉴定人通常不会自行回避。而对方当事人对此根本不知情，申请鉴定人回避更是无从谈起。鉴定意见的可信度大打折扣。参见徐俊奎:《民事诉讼中自行委托鉴定的难点及建议》，载“法律图书馆网”，http: //www.law-lib. com/lw/lw_view. asp? no=22493，最后访问时间：2018 年 6 月 15 日。赞同者则认为，诉前委托鉴定应纳入司法鉴定的范畴。其根据是，第一，对有关法律的解释不宜过于狭窄。尽管根据相关规定，司法鉴定必须在诉讼活动中进行，但若把诉讼活动严格限定在起诉后到诉讼结束的这一时间范围，就不适当了。对于人民法院尚未受理的民事、行政案件，当事人及其代理人、当事人的近亲属为解决举证中专门性问题而委托的鉴定，也应纳入司法鉴定范畴。第二，诉前鉴定与举证责任分配原则是相符合的，是当事人为起诉所作的准备活动。第三，诉前鉴定能解决司法实践中的诸多不便。案件的发生与诉讼的开启存在一定的时间差，由于客观原因，譬如鉴定对象的保存不便、容易变质或者易受损害等原因而急需鉴定。而法律又规定当事人必须在诉讼过程中取得法官的同意方能进行鉴定，在这种情况下很可能错过最佳鉴定时期，导致一些鉴定材料丧失鉴定的条件，从而给当事人带来巨大的损失。第四，侦查机关的诉前鉴定也存在一定的合理性。我国法律规定的刑事立案标准是：有犯罪事实，需要追究刑事责任。换言之，侦查机关要立案必须拥有一定的证据，而在人身伤害、死亡、强奸、贪污受贿之类的案件中，必须首先进行鉴定才能确定犯罪事实是否存在。鉴定意见仅仅是一种侦查线索，并不是证据，不会因为有了鉴定意见就能达到立案标准，从而发动强制侦查。何况侦查机关的人力、物力有限，一律否定诉前鉴定是一种反效率的表现。第五，具有司法鉴定资质的鉴定机构在接受鉴定业务时，并未严格区分诉前鉴定与诉讼中鉴定，且诉前鉴定占据了业务量的大部分。如果把诉前鉴定的业务都交给法院，无疑会增加法院的负担。笔者认可诉前鉴定。参见张乐跃、王真祥：《诉前委托鉴定的性质及其监管》，载《人民司法》2013 年第 20 期；贾治辉、唐佳、陈如超：《我国诉前鉴定中的问题与对策》，载《中国司法鉴定》2008 年第 4 期。

3. 关于诉前多次鉴定中鉴定费用的处理

如果申请人于诉前只进行了一次鉴定，那么按败诉者负担原则，在一审判决中确定由败诉者承担此次鉴定费用。如果申请人于诉前进行了多次鉴定，但只选择其中之一提交到法院，那么按照败诉者负担原则，这个被选定的鉴定之费用应该由败诉者负担，并在一审判决中确定。其余的未被选定的鉴定之费用由谁来承担呢？由于它们事实上已经成为无效的鉴定意见，故不具备按败诉者负担原则处理的法律资格，只能由单方委托鉴定的一方自行承担。

4. 确定本案第一次鉴定的意义

从上可见，确定本案的第一次鉴定，即可以区分诉前单方的多个鉴定与第一次鉴定之间的根本区别，有效地排除(第一个鉴定之外的)其他鉴定，有效地处理其他鉴定费用分担问题。

确定了第一次鉴定，就确定了本案鉴定的起点，也便于随后可能开启的第二次鉴定，从而及时构建两造诉讼结构中的鉴定框架，为诉讼双方在庭审质证中搭建起就专门技术性事项进行平等对抗和辩论的平台。反之，如果始终确立不了第一次鉴定，也就无法确立第二次鉴定，庭审辩论也就无法正常展开。因此，必须认真看待第一次鉴定。为此，法院在接纳申请人的鉴定意见时，应要求其书面签字，注明仅提供了一份鉴定意见，它就是本案的第一次鉴定意见。

(三)第二次鉴定与重新鉴定的区分及其意义

不少文章中将初次鉴定之后的鉴定称为"重新鉴定"，笔者认为这种提法过于笼统，是不科学的。一般来说，许多人均是在贬义上使用"重新鉴定"一词的。例如有人写道："多次的重新鉴定结论客观上削弱司法鉴定的科学性、动摇司法判断的稳定性。不同的鉴定结论使当事人对鉴定机构的权威性产生怀疑，法官据此作出的判决也因此不会被接受。"①还有人说："无限制的重新鉴定有损司法鉴定的客观性、科学性和权威性。建议在刑诉法明确规定'鉴定次数一般以二次为宜'，避免案件因为无休止的重新鉴定而久拖不决。"②从这里我们看到，作者使用了"多次的""无限制的""无休止的"等含有明显贬义的形容词来修饰"重新鉴定"。

但是，如果我们细致观察和分析诉讼实践就不难发现，初次鉴定(第一次鉴定)之后的鉴定并不都是消极的，却常常具有积极的意义。首先，这是防范有偏向性的司法鉴定的需要。在面对当事人的个人委托时，由于"当前绝大多数的司法鉴定机构都是盈亏自负的

---

① 参见徐艳：《浅析民事诉讼证据制度下的重新鉴定》，载"许昌市魏都区人民法院网"，http：//wdqfy.hncourt.gov.cn/public/detail.php? id=4354，最后访问时间：2018年6月15日。

② 参见李贺军、石蕾：《重新鉴定启动后诉讼程序有待明确》，载"正义网"，http：//www.jcrb.com/procuratorate/theories/practice/201708/t20170807_1784274.html，最后访问时间：2018年6月25日。

社会化机构，为达到营利目的，他们有时会偏离中立性要求，尽可能地得出当事人想要的鉴定结果，以至于会隐瞒某些鉴定材料或者适用对鉴定人有利但已经失效的鉴定标准”。①为了预防此种鉴定意见直接进入诉讼环节，应当允许另一方当事人申请第二次鉴定。

其次，这是保护被告诉讼权利的需要。司法鉴定是鉴定人运用专门知识和技能，借助科学仪器设备，对案件中专门性问题进行鉴别和判断的活动。司法鉴定活动是由人来完成的，是人的主观对客观鉴定材料的反映。因此，诉讼双方对司法鉴定都十分重视。在不少情况下，初次鉴定(第一次鉴定)由原告启动，系原告自行委托鉴定，这是法律所允许的。此时另一方当事人(被告)尚未得到相应的诉讼保护，多数情况下他们根本不知情。对于原告诉诸鉴定手段取证进而起诉的行为，作为科学技术外行的被告往往显得寝食难安，束手无策。这时被告特别需要通过重新鉴定来维护自己的权益。由于前后两个鉴定人认识水平的不同、使用的鉴定方法及鉴定标准不同等因素的影响，在第二次鉴定中很可能得出与第一次鉴定不同的鉴定意见。因此在初次鉴定之后，法院启动第二次鉴定，是对另一方当事人申请第二次鉴定权利的确认，是对其诉讼权利的保护。

可见，初次鉴定(第一次鉴定)之后的鉴定，并不都是消极的，我们应当充分理解其积极意义。对于该鉴定不宜简单地使用“重新鉴定”这个术语，称之为“第二次鉴定”较为合适，两者不应混淆。

在本文以下部分，对于初次鉴定(第一次鉴定)之后的鉴定，笔者均称之为“第二次鉴定”，以示与“重新鉴定”分开。这是下文展开分析和推理的概念基础之一。

(四)第二次鉴定与初次鉴定的联系和区别

根据我国有关法律，第二次鉴定与初次鉴定之间，应该是彼此独立的、平等的，不存在孰优孰劣的问题。在法院受理的民事诉讼中，原告(特别是侵权案件的原告)往往在立案前通过单方鉴定取得相应的伤残等级、续医费、护理期限、误工期限等鉴定意见，作为索赔的证据。② 这种鉴定被称为单方鉴定(或称为原鉴定、第一次鉴定)。“以重庆市巴南区法院为例，2016年全年受理的鉴定就有203件，其中第二次鉴定共有92件。经调查，92件中原告自己委托53件，交巡警支队委托22件，律师事务所委托17件。第二次鉴定结果：与原鉴定意见一致的有45件；与原鉴定意见不一致的有24件(其中伤残等级14件，后续医疗费6件、护理4件)。”③“2017年前4个月，巴南法院共受理鉴定申请53件，其中第二次鉴定共计22件，自己委托17件，交警队委托3件，律师事务所委托2件。第二次鉴定结果：与原鉴定意见一致的有7件；与原鉴定意见不一致的有11件。”④

---

① 参见刘延龄：《法院对外委托司法鉴定存在的问题及完善措施—以民事诉讼为视角》，载“平安广西网”，http：//www. pagx. cn/html/2016/lltt_0301/48947. html，最后访问时间：2018年4月20日。

② 参见刘秀荣：《关于解决侵权案件单方鉴定的几点思考》，载“中国法院网”，https：//www. chinacourt. org/article/detail/2017/07/id/2923650. shtml，最后访问时间：2018年6月25日。

③ 参见刘秀荣：《关于解决侵权案件单方鉴定的几点思考》，载“中国法院网”，https：//www. chinacourt. org/article/detail/2017/07/id/2923650. shtml，最后访问时间：2018年6月25日。

④ 参见刘秀荣：《关于解决侵权案件单方鉴定的几点思考》，载“中国法院网”，https：//www. chinacourt. org/article/detail/2017/07/id/2923650. shtml，最后访问时间：2018年6月25日。

以上数据说明，针对单方鉴定所进行的第二次鉴定，比例是很高的。

值得注意的是，第二次鉴定的鉴定意见往往与原来当事人自行委托的鉴定意见不一致，特别是伤残类鉴定经常会调低一个等级，至于调整原因基本上没在鉴定意见中反映出来，而办案法官却往往会以第二次鉴定的鉴定意见为依据作出判决，这反过来促进了第二次鉴定的申请。至于为什么不采信当事人自行委托鉴定所得出的鉴定意见，有些法官认为，未经法院委托的鉴定意见是不合法的或无效的鉴定，而经法院委托的鉴定更具有合法性；法官对单方自行鉴定不进行严格审查，轻易将当事人为维护自己的权利而自行委托以确定损害后果的鉴定意见否决，这是缺乏法律依据的。有的法官自知理亏，便干脆回避这一问题。

诉前自行委托的鉴定意见是一种法定证据，是否有效及能否得到法官采信都需要经过质证，因此当事人要求对诉前单方委托的鉴定意见进行重新鉴定，无异于对这份证据提出了异议，至于异议是否成立，则应由案件双方当事人进行质证才能确定。法官不能以不懂其他专业为借口轻易启动重新鉴定程序。① 对于无根据地排除第一次鉴定意见，无条件地接纳第二次鉴定意见所作出的一审判决，如果当事人提出上诉，那么，二审法院应以事实未查明为由发回重审。

(五)“两次鉴定”制度的主要内容

以上我们对两次鉴定制度的一些理论问题作了充分研讨，现就其制度构想作出如下总结：

一审阶段。无论原告还是被告，都只能各有一次鉴定的机会。他们可以分别自行选择鉴定机构和鉴定人。第一次鉴定可能发生在诉前，也可能发生在诉讼过程中。如果一方(或者双方)当事人于诉前进行了多次鉴定，相应地得到了多个鉴定意见，那么法律应规定，申请人只能被允许提交其中的一份鉴定意见(视为第一次鉴定的鉴定意见)给法院，作为诉讼的证据，其余的鉴定意见被视为无效，杜绝多个鉴定结论被法院接纳的情况。如果当事人有鉴定需要且于诉前未进行鉴定的，可在诉讼中提出一次鉴定申请。之所以作出上述规定，是因为依各国诉讼法通说，一审系事实审，证据(鉴定意见系其中的一种)必须在一审收集和集中，以确保在一审查清案件事实。二审则主要是法律审，一般不审理事实问题。此原理对于第二次鉴定的规定也适用。

第二次鉴定通常由被告提出，且只能发生在一审诉讼中。第二次鉴定存在的根据是：一是原告于诉前自行委托鉴定，被告不知情；如果不允许被告申请第二次鉴定，则对其显失公平，不符合诉讼公正原则。二是因法律所设立的专家辅助人制度实施得很不理想，为了弥补此缺憾，允许第二次鉴定，形成对抗制诉讼中的平衡性，既符合现代的两造诉讼结构原理，又有利于保护被告的诉权。

在已经发生第一、二次鉴定的情况下，禁止进行第三次鉴定。根据多次鉴定的两个相邻鉴定之间不存在纠错机制的观点，第三次鉴定意见不可能推翻第二次鉴定的意见，只会

① 参见区禹泉：《申请对诉前鉴定重新鉴定应严格把关》，载“广西壮族自治区高级人民法院网”，http：//www. gxcourt. gov. cn/info/1110/147716. htm，最后访问时间：2018 年 6 月 10 日。

制造前后两个鉴定意见之间的矛盾，增加讼累。为了减少和消除矛盾，提高诉讼速度和效益，法律不应允许第三次鉴定。但是第二次鉴定之后可以申请一次补充鉴定，补充鉴定并非一项独立的鉴定，它构成第二次鉴定的一个组成部分。

二审阶段。不允许二审阶段发生任何鉴定活动。如果一审阶段没有发生鉴定事宜，而二审法院认为有必要鉴定的，应将案件发回原审法院重审。案件的事实问题原则上必须在一审阶段查清。

为什么不允许当事人在二审中申请鉴定？其一，一审中没有提出鉴定申请，二审中却申请鉴定，其意图在于通过证据突袭，推翻一审判决。《最高人民法院关于民事诉讼证据的若干规定》(以下简称“证据规定”)第19条规定：“当事人及其诉讼代理人申请人民法院调查收集证据，不得迟于举证期限届满前七日。”对方在一审举证期限届满后和在法庭审理中一直不提起鉴定，等到二审时再提出鉴定，显然已经过了举证期限。其实质是证据突袭，违反了民事诉讼的诚信原则，对另一方是不公平的，故不应被允许。其二，由于一审中没有提出鉴定申请，二审提出鉴定申请且被允许，就会产生一个问题：适用哪种程序审理案件？是一审程序还是二审程序？对此民事诉讼法没有明确规定，一般会运用二审程序重新审理案件，最后作出终审判决。如果二审阶段重新鉴定的意见与原鉴定意见不一致，否定了原鉴定意见，将对案件的实体权利处理产生重大影响，甚至有可能推翻一审判决，使一审判决成为错误判决，在我国实行错案责任追究制的严峻环境下，对一审承办法官不仅不公平，有时甚至会造成危险的后果。其三，有可能产生新的重新鉴定。二审中法官同意对方鉴定后，若是己方提出反对意见，且根据“证据规定”第28条“一方当事人自行委托有关部门作出的鉴定结论，另一方当事人有证据足以反驳并申请重新鉴定的，人民法院应予准许”，已方在征得法官允许后还可以申请重新鉴定。也就是说，在二审中也会产生重新鉴定。假如败诉方不服二审判决，进入申诉环节后，还可能提出新的重新鉴定申请。那么，案件将继续拖延下去，这显然不符合诉讼解决纠纷的目的。

再审阶段也不应允许启动任何鉴定事项，理由与二审基本相同。不能通过再审中启动鉴定的方式来审理和查明事实问题。如果发现案件事实不清且需要进行鉴定的，则应发回原审法院重审。

从长期来看，这项政策的优点是：一是节省当事人的诉讼成本；二是使法官摆脱多个鉴定意见所带来的专业困扰，加快法庭的结案步伐，提高诉讼效率；三是有利于及时解决纠纷，维护社会稳定。

四、试用“两次鉴定”制度破解多次鉴定的难题

下面试举两例，看看我们如何有效地、低成本地破解多次鉴定的难题。

(一)破解四川南充市民被人伤害案中的多次鉴定问题

基本案情：2008年7月29日，四川南充市民刘文逵在闹市被人袭击，双脚被挑断脚

筋。从事发后第三天一直到2009年6月，有关机构对刘文逵的伤情先后做了四次司法鉴定。① 第一次鉴定是事发后第三天，顺庆区公安分局刑侦三队送检其伤情，结论为轻伤(N1)；第二次是2009年2月，受刘文逵所在单位委托，经四川新华司法鉴定所鉴定，刘文逵伤情为重伤，伤残等级为五级(N2)；第三次是2009年2月，受刘文逵所在单位委托，经南充市公安局物证鉴定所鉴定，刘文逵伤情为重伤，伤残等级为五级(N3)；第四次是2009年5月，由于犯罪嫌疑人对伤情提出重新鉴定申请，刘文逵被要求到四川西南司法鉴定中心重新鉴定，伤情评定为轻伤(N4)。②

从上面可以看到，本案经过四次鉴定，得出了四份但性质完全相反的两种伤情鉴定意见—轻伤(N1、N4)和重伤(N2、N3)。让受害人刘文逵费解的是，检察院的起诉采纳了其中的轻伤结论。对此顺庆区检察院表示，他们最后依据的是省政府认定的鉴定机构的鉴定结论(N4)，如果刘文逵有异议，可向法院申请更高级别的鉴定机构重新鉴定。

面对诉前的四次鉴定，我们该如何利用“两次鉴定”制度加以处理呢？关于诉前是不是允许多次鉴定，我国法律法规目前尚无限制，应视为允许，实践中也是这样做的。由于本案诉前出现了四个鉴定意见，按照我国刑事诉讼规则，公诉方只能选取其中之一来起诉，不应当同时选取两个对立的鉴定意见作为起诉的证据。因此，本案中“检察院起诉时采纳轻伤结论”，可以视为检察机关的一种合法的选择行为。然而在现实社会中，受害方对检察机关的行为是警惕的，因为他珍视自己的权利。受害人或许意识到，检察院起诉时采纳轻伤结论，反映了控诉方的起诉意图——意在偏袒犯罪嫌疑人，对其从轻处罚的倾向，这当然会引起他的警觉和不满。虽然法官原则上应持中立立场，但现实中检法关系密切，法官作出判决，会在相当程度上尊重检察院的起诉书。因此受害人只要放松警觉，法官就会轻易地实现检察院的起诉意图，损害受害人的权利。

与此相反，如果检察院起诉时采纳重伤结论，则反映了控诉方的另一种起诉意图——意在保护受害人，有对犯罪嫌疑人从重处罚的倾向。这当然会引起犯罪嫌疑人和辩护律师的警觉和不满。在这种情况下，辩护方基于诉讼构造原理，会及时提出重新鉴定的申请，这也是合理的。

那么在本案中，法院应当允许受害人提出重新鉴定的请求吗？按照诉讼法原则，法官在诉讼中处于中立的立场。不论公诉方以哪一种结论来起诉，法官都不应当受到鉴定意见的直接影响或者束缚，而应当根据自己独立的思考作出判断。因此，在法院受理诉讼后和开庭审理之前，受害人针对上述“检察院起诉时采纳轻伤结论”的做法，再去申请重新鉴定，是不必要的。此外，鉴于本案在诉讼之前已经进行了四次鉴定，得出了轻伤和重伤两个性质完全相反的结论，不可能再有与此不同的第三种鉴定意见。因此，在法院受理诉讼后和开庭审理之前，法官根据“两次鉴定”制度，不应当允许受害人申请重新鉴定。

既然不应允许申请重新鉴定，那么在受害人有合理担忧的情况下，法官有无措施消除这些担忧呢？有的。(1)要求检方的轻伤鉴定意见的鉴定人出庭作证。本案中，出现了两份轻伤鉴定意见(N1和N4)，但检方只能挑选其中一份(比如N4)，该鉴定意见的鉴定人

① 参见魏贺：《市民闹市被挑断脚筋，4次司法鉴定结果迥异》，载《人民日报》2009年8月13日。

② 参见魏贺：《市民闹市被挑断脚筋，4次司法鉴定结果迥异》，载《人民日报》2009年8月13日。

必须出庭作证。另外一份轻伤鉴定意见视为失效，其鉴定人不必出庭作证。(2)法官应当要求重伤鉴定意见(N2 和 N3)的鉴定人出庭作证。本案中，出现了两份重伤鉴定意见，但辩护方只能挑选其中一份(比如 N2)，该鉴定意见的鉴定人必须出庭作证。另外一份重伤鉴定意见视为失效，其鉴定人不必出庭作证。

总之，在一审开庭之前，或者一审的法庭辩论终结之前，最多只出现两次鉴定活动，得出两次鉴定意见。其好处是，一是有利于控诉方及时提起诉讼，避免因多次鉴定而久拖不诉；二是有利于诉讼公平。如果只允许控诉方拿出轻伤的鉴定意见来起诉，不允许受害人提出重伤的鉴定意见来作证，那么对受害人可能不公平。

最后应当指出，假如 N1、N2、N3、N4 四次鉴定意见均为轻伤，那么控辩双方就证据的性质达成一致，法庭很容易就此作出双方可以接受的判决。

(二)破解武汉市方婆婆“借条”真假案中的多次鉴定问题

基本案情：2007 年 6 月，家住洪山区鲁巷的方婆婆收到一张 12 万元借条复印件和诉讼传票。儿子宋涛曾向某公司的高先生借款 12 万元，并由母亲方某证明，此款一直未还。但按照方婆婆的说法，儿子绝没有借过这笔钱，“借条是伪造的”。①

法院开庭，借条的真假成为庭审焦点，拥有资深文检资格的专家，先后对借条上的笔迹展开了六次鉴定。(1)中南财经政法大学司法鉴定中心结论为：借条笔迹与当事人的笔迹基本一致。方婆婆不服，申请另作鉴定。② (2)湖北中真司法鉴定中心结论为：笔迹模仿痕迹严重，属伪造。出示借条的高先生不服。(3)西南政法大学司法鉴定中心结论为：不存在伪造。2009 年 5 月，洪山区法院一审以此结论为依据，判决方婆婆母子败诉，须偿还 12 万元借款。方婆婆不服，提起上诉。(4)湖北三真司法鉴定中心结论是：笔迹字数过少，退回。(5)北京明正司法鉴定中心结论：倾向不是一人书写。这个似是而非的结论，让案件无法审理。(6)武汉市中院遴选省高检、省警官学院、武汉市公安局三名资深文检专家，联合会检，结论是：笔力着力较重，墨水较浓，有的运笔动作该交代的没交代清楚；显微镜观察字迹有形快实慢、抖动、停顿、弯曲等现象，倾向伪造。此次鉴定时间是 2010 年 12 月 20 日，鉴定结论被武汉市中院采信。考虑到并无其他直接证据证明高先生提供 12 万元借款，武汉市中院于 2011 年 4 月 25 日终审判决，方婆婆母子胜诉。出示借条的“债方”高先生需承担鉴定费、案件受理费 2.8 万元。③

在本案中，一审作出了三次鉴定，并作出一审判决，但败诉方不服，提起上诉。二审时，又申请法官作出了三次鉴定。在该借条官司终审有了结果之后，败诉的高先生说：“借条是绝对真实的，但弄不懂这么高级的笔迹鉴定专家，却没法得出统一结论。我会考

---

① 参见刘春燕：《母子因借条被告上法庭，经 6 次笔迹鉴定辨真假》，载“中国新闻网”，http://www.chinanews.com/fz/2011/05-24/3061955.shtml，最后访问时间：2018 年 5 月 20 日。

② 参见刘春燕：《母子因借条被告上法庭，经 6 次笔迹鉴定辨真假》，载“中国新闻网”，http://www.chinanews.com/fz/2011/05-24/3061955.shtml，最后访问时间：2018 年 5 月 20 日。

③ 参见刘春燕：《母子因借条被告上法庭，经 6 次笔迹鉴定辨真假》，载“中国新闻网”，http://www.chinanews.com/fz/2011/05-24/3061955.shtml，最后访问时间：2018 年 5 月 20 日。

虑重新搜集借款的证据，重新提出申诉。”谁也不知道在申诉阶段是否还允许鉴定申请。

按两次鉴定制度，二审不会发生鉴定活动，故本案二审所发生的第四、五、六次鉴定均是无效的。即使本案发生再审(假如高先生真的提出申诉并被法院受理的话)，也不会有产生任何鉴定的可能性。

至于一审阶段所发生的三次鉴定，可以作如下处理：其一，第三次鉴定发生在起诉两年之后，不可能是第二次鉴定之补充鉴定，因此是不合法的，必须剔除。其二，二审法院应以一审阶段的第一、二次鉴定意见为基础，要求鉴定人出庭作证，在质证过程中，结合其他证据一起综合判断。这样根据两次鉴定制度，就可以清晰地剔除第三、四、五、六次鉴定意见，然后以第一、二次鉴定意见为基础展开和推进诉讼进程，并作出判决。

(原文刊载于《法治现代化研究》2018年第5期。)

中国环境公益诉讼实践与立法

别　涛*

环境公益诉讼相关立法规定，回应了新时期生态文明建设和绿色发展的现实需求，为以司法的力量保护生态环境提供了法律依据，已经成为我国环境法治体系的重要组成部分。本文通过考察近年来环境公益诉讼立法情况，分析其中存在的主要困难和问题，并就制度完善提出建议，以期推动中国环境公益诉讼制度更为充分地发挥维护国家利益和公众环境权益的重要制度功能。

一、中国环境公益诉讼立法进展

2002年《民事诉讼法》修正首次明确了公益诉讼的法律依据。此后，2014年《环境保护法》修订、2017年《民事诉讼法》和《行政诉讼法》修正、2018年《人民检察院组织法》修订和《人民陪审员法》制定，都对公益诉讼主体和范围做出了基本规定。此外，有关司法解释对环境公益诉讼有关问题做了进一步明确。

（一）环境公益诉讼主体逐步扩大

2002年修正通过的《民事诉讼法》第五十五条规定："对污染环境、侵害众多消费者合法权益等损害社会公共利益的行为，法律规定的机关和有关组织可以向人民法院提起诉讼。"该条明确了环境公益诉讼的主体，即"法律规定的机关和有关组织"。有关法律对"法律规定的机关和有关组织"做了进一步明确。

1. 社会组织

2014年通过的《环境保护法》第五十八条规定："对污染环境、破坏生态，损害社会公共利益的行为，符合下列条件的社会组织可以向人民法院提起诉讼：（一）依法在设区的市级以上人民政府民政部门登记；（二）专门从事环境保护公益活动连续五年以上且无违法记录。符合前款规定的社会组织向人民法院提起诉讼，人民法院应当依法受理。提起诉讼的社会组织不得通过诉讼牟取经济利益。"

2015年施行的《最高人民法院关于审理环境民事公益诉讼案件适用法律若干问题的解

---

* 别涛（1963—　），男，湖北仙桃人，法学博士，生态环境保护部法规标准司司长，主要研究方向为环境法。

释》，细化了《环境保护法》规定的有权提起环境民事公益诉讼的社会组织判断标准。其中规定：社会组织，包括在设区的市级以上人民政府民政部门登记的社会团体、民办非企业单位以及基金会等社会组织；设区的市，自治州、盟、地区，不设区的地级市，直辖市的区以上人民政府民政部门，可以认定为“设区的市级以上人民政府民政部门”；社会组织章程确定的宗旨和主要业务范围是维护社会公共利益，且从事环境保护公益活动，提起的诉讼所涉及的社会公共利益与其宗旨和业务范围具有关联性的，可以认定为“专门从事环境保护公益活动”；社会组织在提起诉讼前五年内未因从事业务活动违反法律、法规的规定受过行政、刑事处罚的，可以认定为“无违法记录”。

中国生物多样性保护与绿色发展基金会(下称绿发会)起诉宁夏回族自治区中卫市8家企业涉嫌污染腾格里沙漠的案件，中卫市中级人民法院以“主体不适格”为由，予以驳回。法院认为，绿发会的宗旨与业务范围虽然是维护社会公共利益，但其章程中并未确定该基金会同时具备《环境民事公益诉讼司法解释》第4条规定的“从事环境保护的业务”，其业务范围也未写明包括从事环境保护的业务，因此不符合原告资格。绿发会向宁夏回族自治区高级人民法院正式提起上诉，请求依法撤销中卫市中级人民法院的民事裁定书，并依法受理其起诉宁夏8家企业环境污染民事公益诉讼一案。

最高人民法院通过提审腾格里沙漠环境污染系列公益诉讼案，以指导性案例的方式进一步明确了《环境民事公益诉讼司法解释》的审查标准。一是明确了审查社会组织是否符合环境民事公益诉讼司法解释规定的“专门从事环境保护公益活动”，应从其章程规定的宗旨和业务范围是否包含维护环境公共利益，是否实际从事环境保护公益活动，以及提起环境公益诉讼所维护的环境公共利益是否与其宗旨和业务范围具有关联性等三个方面进行认定。二是明确了社会组织章程虽未明确规定维护环境公共利益，但工作内容包含大气、水、海洋、土地、矿藏、森林、草原、湿地、野生生物、自然遗迹、人文遗迹、自然保护区、风景名胜区等环境要素及其生态系统多样性保护的，可以认定该社会组织的宗旨和业务范围是维护环境公共利益。三是明确了社会组织从事植树造林、濒危物种保护、节能减排、环境修复等直接改善生态环境的行为，或者从事与环境保护有关的宣传教育、研究培训、学术交流、法律援助、公益诉讼等活动，可以认定为实际从事环境保护公益活动。社会组织起诉事项与其宗旨和业务范围不具有一一对应关系，但与其所保护的环境要素或者生态系统具有一定的联系，可以认定社会组织提起的诉讼与其宗旨和业务范围具有关联性。

2. 检察机关

检察机关能否提起公益诉讼，2012年修正的《民事诉讼法》没有具体明确。

党的十八届四中全会提出“探索建立检察机关提起公益诉讼制度”，并写入全会公报和2014年发布的《中共中央关于全面推进依法治国若干重大问题的决定》。

2015年7月1日，全国人大常委会通过《关于授权最高人民检察院在部分地区开展公益诉讼试点工作的决定》，授权最高人民检察院在生态环境和资源保护、国有资产保护、国有土地使用权出让、食品药品安全等领域开展提起公益诉讼试点。根据授权，最高人民检察院发布了《检察机关提起公益诉讼试点方案》

随后，检察机关依法履行职责，积极提起环境民事、行政公益诉讼，案件数量逐步超过了社会组织提起环境公益诉讼案件数量。截至2016年12月底试点开始半年时，检察机关提起环境公益诉讼74件，仅占公益诉讼案件总数的38%。到2018年9月，在已经受理的全部2041件环境公益诉讼案件中，检察机关提起的公益诉讼案件为1836件，达到了受理案件总数的90%。

2017年6月27日通过的《民事诉讼法》和《行政诉讼法》对检察机关提起公益诉讼进行了规定。《民事诉讼法》第五十五条增加一款，规定："人民检察院在履行职责中发现破坏生态环境和资源保护、食品药品安全领域侵害众多消费者合法权益等损害社会公共利益的行为，在没有前款规定的机关和组织或者前款规定的机关和组织不提起诉讼的情况下，可以向人民法院提起诉讼。前款规定的机关或者组织提起诉讼的，人民检察院可以支持起诉。"《行政诉讼法》第二十五条增加一款，规定："人民检察院在履行职责中发现生态环境和资源保护、食品药品安全、国有财产保护、国有土地使用权出让等领域负有监督管理职责的行政机关违法行使职权或者不作为，致使国家利益或者社会公共利益受到侵害的，应当向行政机关提出检察建议，督促其依法履行职责。行政机关不依法履行职责的，人民检察院依法向人民法院提起诉讼。"

2018年10月26日修订的《人民检察院组织法》第二十条明确，人民检察院职权之一是"依照法律规定提起公益诉讼"，再次明确了检察机关提起公益诉讼的主体资格。

3. 行政机关

海洋环境监管部门作为环境公益诉讼主体，立法早已明确。由于污染和破坏海洋环境给国家造成的损失极大，立法注重强化对污染破坏海洋环境行为的民事赔偿责任。1982年《海洋环境保护法》规定，违反该法造成或者可能造成海洋环境污染损害的，有关主管部门可以"责令限期治理，缴纳排污费，支付消除污染费用，赔偿国家损失"。1999年修订《海洋环境保护法》在此基础上，进一步明确了有关部门代表国家提出赔偿要求："对破坏海洋生态、海洋水产资源、海洋保护区，给国家造成重大损失的，由依照本法规定行使海洋环境监督管理权的部门代表国家对责任者提出损害赔偿要求。"2002年《民事诉讼法》修订时，《海洋环境保护法》上述规定被立法机关认定为环境公益诉讼类型之一。"有的环境保护领域的法律已规定了提出这类诉讼的机关。比如，海洋环境保护法规定，海洋环境监督管理部门代表国家对破坏海洋环境给国家造成重大损失的责任者提出损害赔偿要求。"①

（二）环境公益诉讼范围逐步扩大

2002年《民事诉讼法》明确了环境公益诉讼范围，即"污染环境损害社会公共利益"。

2014年《环境保护法》明确，环境公益诉讼范围包括"污染环境、破坏生态，损害社会

---

① 全国人大常委会法制工作委员会主任李适时：《全国人民代表大会法律委员会关于〈民事诉讼法修正案（草案）〉修改情况的汇报—2012年4月24日在第十一届全国人民代表大会常务委员会第二十六次会议上》。

公共利益的行为”，并不限于《民事诉讼法》明确的“污染环境”。《环境保护法》第 2 条规定，“本法所称环境，是指影响人类生存和发展的各种天然的和经过人工改造的自然因素的总体，包括大气、水、海洋、土地、矿藏、森林、草原、湿地、野生生物、自然遗迹、人文遗迹、自然保护区、风景名胜区、城市和乡村等。”上述环境要素依法均可被纳入环境公益诉讼范围。

在人民法院已经受理的环境公益诉讼案件中，除涉及直接污染环境、破坏生态的行为外，还包括其他损害生态环境的行为类型。例如，在绿发会诉深圳市速美公司、浙江淘宝公司大气污染民事公益诉讼案中，原告主张被告通过生产、销售汽车“年检神器”，帮助车辆逃避年检从而导致大气污染。

在重庆市绿色志愿者联合会诉“饿了么”等外卖订餐平台公益诉讼案中，原告主张被告未向用户提供是否使用一次性餐具的选项，致使用户在直接点餐的情况下系统会默认为其配送一次性餐具，造成了巨大的资源浪费和生态破坏。

在绿发会诉雅砻江流域水电开发有限公司环境民事公益诉讼案中，原告主张水电站的建设将会对濒危植物“五小叶槭”的生存产生重大风险。在自然之友诉国家电网(甘肃)分公司、(宁夏)分公司大气污染公益诉讼案，原告则是主张未全额保障性收购清洁能源的行为提高了煤电的利用比例，对于大气造成了污染，试图通过公益诉讼减少清洁能源的浪费现象。

2017 年修改后的《民事诉讼法》和《行政诉讼法》授权检察机关提起环境公益诉讼的范围，为“破坏生态环境和资源保护”，比“污染环境、破坏生态”又有新的拓展。

(三)环境公益诉讼类型涵盖民事和行政两类

随着检察公益诉讼制度的确立，环境公益诉讼开始从民事诉讼扩张到行政诉讼领域，同时还由于检察机关的刑事公诉职能，与刑事诉讼发生了关联。针对司法实践中检察公益诉讼的线索往往来源于刑事案件的情况，为了提高诉讼效率，特别是针对同一污染环境、破坏生态的行为妥当平衡当事人的刑事、民事责任，《最高人民法院最高人民检察院关于检察公益诉讼案件适用法律若干问题的解释》(简称《检察公益诉讼司法解释》)第 20 条明确规定了检察刑事附带民事公益诉讼制度。目前，刑事附带民事环境公益诉讼已经成为环境公益诉讼的重要类型，并正在逐渐探索具体诉讼规则。此外，一些地方人民法院还受理了部分环境行政附带民事公益诉讼案件，环境公益诉讼的复合性不断增强。

(四)环境公益诉讼程序规则逐步完善

1. 诉讼前置程序

环境公益诉讼程序，检察院提起民事环境公益诉讼以没有依法可以提起公益诉讼的机关和组织或者法律规定的机关和组织不提起诉讼为前提，提起行政公益诉讼的前提条件是“向行政机关提出检察建议，督促其依法履行职责”而“行政机关不依法履行职责”。

2018 年制定的《人民陪审员法》第十六条规定，人民法院审判根据民事诉讼法、行政诉讼法提起的公益诉讼第一审案件，由人民陪审员和法官组成七人合议庭进行。

2. 行为保全和证据保全制度

人民法院积极探索环保禁止令制度，通过颁发禁止令，禁止、限制污染者在诉前或诉中的排污行为，避免了损失持续扩大，取得了良好的预防效果。针对污染物流动、迁移的特点，积极探索证据保全措施，确保不致因证据灭失或错过采证时间而失效。

在中华环保联合会诉江阴市长泾梁平生猪专业合作社、江阴市长泾栋梁生猪养殖场水、土壤污染环境公益诉讼案中，人民法院同时适用了行为保全和证据保全，还根据案件实际情况采取了财产保全措施，保证了受损生态环境得以有效修复。

3. 发挥专家在事实查明中的作用

人民法院在遵循诉讼制度基本规则的基础上，积极发挥技术专家在证据采样指导、损害事实查明、因果关系认定、修复方案选择、修复成果验收等方面的重要作用。主要方式包括由专家担任人民陪审员直接参与案件审理；作为当事人一方或双方申请的专家辅助人；作为专家咨询委员会或专家库成员，为审判人员提供咨询意见。技术专家的有效利用丰富了事实查明的方法，对司法鉴定形成了有效补充，为审判人员依法妥当行使自由裁量权提供了专业依据和智力支持。

4. 妥当支持生态环境服务功能损失赔偿请求

自《环境民事公益诉讼司法解释》第 21 条确立生态环境服务功能损失赔偿责任以来，各地法院严格按照司法解释的规定，妥当支持原告提出的赔偿请求。

泰州“天价”环境公益诉讼案首次将环境容量、环境承载能力等环境法上的重要概念引入生态环境损害的认定中，确立了污染大气、水等具有自净能力的环境要素仍应承担服务功能损失这一重要裁判规则，拓宽了服务功能损失赔偿的适用范围，实现了对环境公共利益的有效维护。

5. 灵活运用替代性修复责任方式

对客观上无法修复或没有必要修复的受损生态环境，各地法院按照《环境民事公益诉讼司法解释》的规定，在法律框架内积极灵活适用“补种复绿”“增殖放流”“护林护鸟”“劳务代偿”等替代性修复责任，促进区域环境容量和承载能力的恢复和提升。

在中华环保联合会、自然之友诉长安汽车公司大气污染公益诉讼案中，长安汽车公司经调解承诺在公共场所安装 100 根新能源电动汽车充电桩，对替代性修复的责任方式做出了新的探索和尝试。

二、环境公益诉讼立法存在的问题

尽管近年来环境公益诉讼立法取得了长足的进步和发展，但作为一项新类型的诉讼制度，制度设计还存在着诸多不足，主要体现在以下几个方面。

(一)环境公益诉讼请求缺乏环境损害赔偿实体法依据

《环境保护法》《民事诉讼法》《行政诉讼法》解决了环境公益诉讼的诉权问题，但对于环境公益诉讼的请求权基础等实体权利规则，则始终缺乏法律依据。

目前与环境侵权有关的法律规定，主要包括《物权法》第七章的相邻关系和《侵权责任法》第九章的环境污染责任。其中，相邻关系适用范围有限，一般是处理民事主体之间的通风、采光、噪声等邻里纠纷，与大范围的大气、水、土壤污染相去甚远，难以适用；环境污染责任则受到《侵权责任法》第2条的规制，仅适用于污染环境、破坏生态导致人身、财产损害的情形，不涉及环境公共利益的保护，难以为环境公益诉讼建构扎实的实体制度安排。

(二)环境修复资金的管理和使用制度未能有效建立

近年来，生态环境损害修复资金的管理和使用日益成为司法实践中面临的突出问题。目前，山东、海南、贵州等地设立了专门的环境修复资金账户，集中管理、使用当事人缴纳的生态环境修复资金。但在中央层面及全国大多数地区，修复资金的管理制度仍未有效建立。实践中，有的将资金上交财政，有的将资金保管在法院执行账户或是交给检察机关管理，有的探索将资金交给第三方社会组织管理，资金难以统一有效管理的问题较为突出。此外，修复资金的使用制度尚未建立，污染者承担的服务功能损失费、替代性修复赔偿资金没有合适的使用渠道，也在一定程度上制约了环境公益诉讼功能的有效发挥。

(三)诉讼程序规则有待健全、实体规则有待完善

一是事实查明方法单一，“鉴定难、鉴定贵”的问题仍未解决。主要表现为缺少专业化的、具有公信力的环境损害鉴定机构，同时，鉴定机构的地域分布也不平衡；损害评估鉴定技术规范存在冲突和缺失；鉴定费用相对偏高，甚至高出案件标的额；部分审判人员对鉴定意见过度依赖，甚至将法律判断问题交给鉴定机构处理。二是专门裁判规则不完善。主要表现为环境公益诉讼相较于普通环境侵权的特殊裁判规则研究探索不足；不同污染和生态破坏行为在归责原则、举证责任分配规则和责任承担方式未能通过类型化研究加以区分。三是检察公益诉讼制度不完善。主要表现为检察刑事附带民事公益诉讼、二审上诉制度等重大程序规则尚存不少争议，行政公益诉讼受案范围、行政机关是否依法履职等实体问题的判断标准还没有形成统一认识。

三、完善环境公益诉讼立法的建议

(一)推动生态环境损害赔偿专门立法

根据中央生态文明体制改革的安排，自2015年在吉林等七省市开展生态环境损害赔偿制度改革试点，2017年开始在全国范围试行。各地办理了省市两级政府或者制定部门提起的大量环境损害赔偿诉讼，同时也办理了环保社会组织提起的相关环境公益诉讼。有

必要在全面总结试行该项改革以来的实践，特别是其中较为成熟的实体性和程序性规则，在此基础上，研究制定专门的法律规范。

（二）探索建立惩罚性赔偿制度

我国传统民事权利救济制度是以损害填补为原则，惩罚性赔偿为例外。从司法实践来看，各地法院根据案件的实际情况，积极探索惩罚性赔偿在环境公益诉讼中的适用，取得了良好的法律效果和社会效果。

例如常州市人民检察院诉许建惠、许玉仙土壤、水污染环境民事公益诉讼案中，人民法院在适用虚拟治理成本法确定系数时明确提出“考虑到本案污染者的过错程度、污染物性质、周边环境敏感度等因素，酌情确定本案以虚拟治理成本 5 倍计算赔偿数额 150 万元。”在徐州市人民检察院诉徐州市鸿顺造纸有限公司水污染民事公益诉讼案中，人民法院根据被告违法排污的主观过错程度、排污行为的隐蔽性以及环境损害后果等因素，判决被告以案件查明 2600 吨废水造成的生态环境损害数额为基数在 3 至 5 倍区间承担最终赔偿数额，带有较为明显的惩罚性赔偿特征。

目前《民法总则》已在第 179 条规定了惩罚性赔偿制度，为环境公益诉讼适用惩罚性赔偿责任提供了法律依据。法院有必要围绕惩罚性赔偿的适用条件、赔偿额度范围等问题积极进行探索，构建环境公益诉讼惩罚性赔偿体系。

（三）健全修复资金使用管理制度

关于修复资金的管理，一方面要着眼长远，继续推动在全国范围内建立统一环境修复资金的管理制度。另一方面又要立足现实，可以考虑依据《土壤污染防治法》《生态环境损害赔偿制度改革方案》的规定，探索将环境修复资金交由土壤污染防治基金管理或纳入生态环境损害赔偿资金的管理体系。

关于修复资金的使用，现阶段可以考虑由司法部门或者价格主管部门牵头，加强与发展改革部门、财政部门、生态环境等部门加强沟通协调，将修复资金与政府生态与环境保护、修复和改善资金共同纳入财政预算，让修复资金真正用于环境的修复。

加快"绿色立法"　健全生态文明保护制度

叶　青*

党的十八届四中全会决定指出，用严格的法律制度保护生态环境，加快建立有效约束开发行为和促进绿色发展、循环发展、低碳发展的生态文明法律制度，强化生产者环境保护的法律责任，大幅度提高违法成本。建立健全自然资源产权法律制度，完善国土空间开发保护方面的法律制度，制定完善生态补偿和土壤、水、大气污染防治及海洋生态环境保护等法律法规，促进生态文明建设。我省要始终高举生态立省、绿色崛起的旗帜，着力保障生态安全，着力构筑绿色产业体系，着力发展生态经济，着力按照"源头严护、使用严管、损害严惩、效果严评"的思路，构建较完备的生态文明保护制度体系。

一、建立"源头严护"的制度体系

源头保护制度。所谓源头，是指事物的根源。在这里是指构成生态系统的物化的最初载体，包括水资源地、森林资源地、矿产资源地、动植物资源地等等。如我省有鄱阳湖水系、湘江水系、珠江东江水系，鄱阳湖每年为长江提供1460亿立方水源，占长江流量的15.5%；有赣江源头水保护区等16个水源涵养区；有鄱阳湖候鸟保护区等8个省级以上涉水自然保护区；有鄱阳湖鳜鱼、翘嘴红鲌等16个国家级水产种质资源保护区；有鄱阳湖南矶湿地国家级自然保护区等5处省级重要湿地保护区、15处国家级湿地公园；有仙女湖风景名胜区等国家级2处、省级5处涉水风景名胜区；有耕地面积3091521.89公顷；全省森林面积达1.6亿亩，森林覆盖率达64 .4%；我省有色金属、贵金属和稀有稀土金属矿产资源丰富，已发现各种有用矿产183种(以亚种计)，矿产地5000余处；全省现有脊椎动物600余种，有陆生野生动物845种，其中国家一级保护动物19种、二级保护动物68种；已知高等植物5115种，占全国总数的18%。我省以全境列为国家生态文明先行示范区，并上升为国家战略。这些都构成了我省生态文明法治建设的源泉和基础，我们就要运用法治手段加以保护。江西省人民代表大会要通过《关于大力推进生态文明先行示范区建设的决议》。

自然资源资产产权制度。产权是所有制的核心和主要内容。自然资源资产产权制度主

---

* 叶青(1958—　)，男，湖北仙桃人，江西省法学会副会长、江西省侨联法顾委副主任。曾任江西省司法厅副巡视员。现兼职江西道善律师事务所律师、武汉仲裁委员会仲裁员等。南昌大学法学院兼职教授，主要从事行政法学、合同法、诉讼法研究与实务。

要指借助于明晰自然资源产权以及合理定价反映自然资源的真实成本，使市场在生态环境资源的配置中起决定性的作用。自然资源产权不清晰的直接后果就是造成资源掠夺性开发和利用。根据宪法规定：矿藏、水流、森林、山岭、草原、荒地、滩涂等自然资源，都属于国家所有，即全民所有；由法律规定属于集体所有的森林和山岭、草原、荒地、滩涂除外。城市的土地属于国家所有。农村和城市郊区的土地，除由法律规定属于国家所有的以外，属于集体所有；宅基地和自留地、自留山，也属于集体所有。但这只是笼统和原则的规定。目前存在的问题是，尚未把每一寸国土空间的自然资源资产的所有权清晰界定，未把其具体的使用权人清晰界定；未把国家直接行使的所有权、国家的地方政府行使的所有权清晰界定，未把集体直接行使的所有权、个人行使的使用权及承包权清晰界定。因此，要进行统一的确权登记。

国家自然资源资产管理体制。在清晰界定了国家自然资源的所有权、使用权及承包权基础上，就要区分作为部分国家自然资源资产所有权人的权利与作为自然资源管理者的权力。就是要按照所有权人、使用权人及承包权人与管理者分开，一件事由一个部门管理的思路，建立统一行使自然资源资产所有权人职责的体制，授权其代表国家行使所有者的占有权、使用权、收益权、处置权；对各类国家自然资源资产的数量、范围、用途进行统一监管，享有所有者权益，实现权力、义务、责任相统一。

二、建立“使用严管”的制度体系

自然资源用途管制制度。自然资源用途管制制度就是对一定国土空间里的自然资源按照自然资源属性、使用用途和环境功能，采取相应方式的用途监管；其侧重强调国家对国土空间内的自然资源按照生活空间、生产空间、生态空间等用途或功能进行监管，实现资源最佳配置；表明一定国土空间里自然资源无论所有者是谁，都要按照用途管制规则进行开发，不能随意改变用途。如我省不仅已建立了较为严格的耕地用途管制，而且要对天然草地、林地、河流、湖泊、湿地、滩涂等空间实行用途管制。

主体功能区制度。推进形成主体功能区，就是要根据不同区域的资源环境承载能力、现有开发强度和发展潜力，统筹谋划未来人口分布、经济布局、国土利用和城镇化格局，确定不同区域的主体功能，并根据主体功能定位，明确开发方向，完善开发政策，控制开发强度，规范开发秩序，促进生产空间集约高效、生活空间宜居适度、生态空间山清水秀。可将国土空间分为以下主体功能区：按开发方式，分为优化开发区域、重点开发区域、限制开发区域和禁止开发区域；按开发内容，分为城市化地区、农产品主产区和重点生态功能区；按层级，分为国家和省级两个层面。我省国土空间划分为重点开发区域、限制开发区域和禁止开发区域三类主体功能区。重点开发区域包括35个县(市、区)，国土面积34043平方公里，占全省的20.40%，含列入国家重点开发区域的鄱阳湖生态经济区的18个县(市、区)。限制开发区域包括65个县(市、区)，国土面积132857平方公里，占全省79.60%，含列入国家限制开发区域的南岭山地丘陵森林生态及生物多样性功能区的9个县(市)。禁止开发区域包括依法设立的国家级、省级及以下自然保护区、风景名胜区、森林公园、地质公园、重要湿地等相关区域。全省省级以上禁止开发区域共

416处。

资源有偿使用和生态补偿制度。自然资源有偿使用制度，是指国家以自然资源所有者和管理者的双重身份，为实现所有者权益，保障自然资源的可持续利用，向使用自然资源的单位和个人收取自然资源使用费的制度。国家曾长期以行政手段无偿提供土地资源、水资源等自然资源给企业事业单位使用。本应归公有的大量资源收益留在使用者手中，国家缺乏调剂余缺力量，难以实现自然资源在社会化生产中的优化配置，自然资源的公有制在很大程度上被虚化。通过有偿、能流动的自然资源使用制度，对资源作为生产要素交给市场调节，才能合理配置自然资源，实现最大资源利用效益。

生态补偿机制是指对损害生态环境的行为或产品进行收费，对保护生态环境的行为或产品进行补偿或奖励，对因生态环境破坏和环境保护而受到损害的人群补偿，以激励市场主体自觉保护环境，促进环境与经济协调发展。

三、建立“损害严惩”的制度体系

环境治理和生态修复制度。生态修复是指对生态系统停止人为干扰，以减轻负荷压力，依靠生态系统的自我调节能力与自组织能力使其向有序的方向进行演化，或者利用生态系统的这种自我恢复能力，辅以人工措施，使遭到破坏的生态系统逐步恢复或使生态系统向良性循环方向发展；主要指致力于那些在自然突变和人类活动活动影响下受到破坏的自然生态系统的恢复与重建工作，恢复生态系统原本的面貌，比如砍伐的森林要种植上，退耕还林．退田还湖，让动物回到原来的生活环境中。我国生态环境恶化还表现为植被被破坏、水土流失、沙漠化等方面。根据全国第二次土地侵蚀遥感调查，我国水土流失面积为356万平方公里，沙化土地174万平方公里，每年流失的土壤总量达50亿吨，全国113108座矿山中，采空区面积约为134.9万公顷，采矿活动占用或破坏的土地面积238.3万公顷，植被破坏严重。生态修复就是恢复它的生态结构，也就是恢复一个生态系统的完整性，即恢复物种多样性和完整的群落结构；恢复可持续性，这包括生态系统的抵抗能力和生态系统自我修复能力；恢复它的文化、人文特色。

生态环境损害赔偿制度。环境污染的直接损害是指受环境污染危害而导致法律所保护的现有财产的减少或者丧失的实际价值，即实际损失；环境污染的间接损害是由直接损失引起和牵连的其他损失，也即在正常条件下可以得到，但因环境污染危害而未能得到的那部分合法收入，也称可得利益损失。环境污染的物质损害是指受害人因受环境污染危害所导致的财产上的损失；精神损害在民法中指侵害行为所造成的人格伤害，在环境法中则指因污染导致受害人精神利益的损害。赔偿损失是环境侵权里主要的民事救济方式。对财产损失全部赔偿的原则，即赔偿责任范围的大小应以行为人对其行为所造成的财产损失的大小为依据，全部予以赔偿，包括直接损失和间接损失，对人身伤害赔偿由此造成的财产损失的原则，包括必要的医疗费、因误工减少的收入、残疾后的生活补助费、死者丧葬费和死者生前所扶养的人的生活补助费以及其他必要的费用。但是在环境侵权案件中，人身伤害往往不仅带来财产的损失，还有精神上的伤害。

生态环境损害责任终身追究制和领导干部实行自然资源资产离任审计制度。一些地方的领导干部把 GDP 作为唯一的追求目标，无视自然资源的保护，实行掠夺性开发，导致生态受到严重的破坏。因此，要坚持尊重自然、顺应自然、保护自然的发展观念，牢固树立“既要金山银山，更要绿水青山，绿水青山就是金山银山”的生态文明理念。要探索编制自然资源资产负债表、对领导干部实行自然资源资产离任审计，而且建立生态环境损害责任终身追究制，较好地解决了现有制度难以追责的问题。对造成生态环境损害的企业和个人，也应当终身追究其责任。一是资源环境政策执行情况审计，主要审计资源环境方面的法律、法规、规章和政策实施情况，有关资源环境管理制度的建立、执行和监管情况；二是资源环境资金管理情况审计，主要审计资源环境资金筹集、分配、使用和管理情况，揭示资金运行中存在的问题；三是资源环境项目建设与运营情况审计，主要审计项目建设和目标完成情况，资源开发利用管理和生态环境保护情况，并对项目建设、运营情况进行分析、评价；四是应当依法进行资源环境审计监督的其他情况。并将审计结果作为考核和任免干部的依据。

四、建立“效果严评”的制度体系

生态文明考核评价机制。把资源消耗、环境损害、生态效益纳入经济社会发展评价体系，推进生态文明示范省创建。一是指标体系要充分体现加快我省经济发展方式转变的要求，进一步突出对发展代价的考核；二是指标体系要反映生态文明建设一些刚性任务；三是要根据不同区域、不同行业、不同层次的特点，建立各有侧重、各具特色的考核评价标准。在广大干部中进一步树立绿色政绩观，将生态文明建设工作纳入领导干部年度述职、地方和部门绩效考核内容。进一步完善市县科学发展综合考核评价方案，在实行分类考核的基础上，提高生态文明建设考核的权重。加强循环经济、绿色经济、低碳经济等方面的考核，将“万元 GDP 能耗”、“公共机构节能”、“主要污染物排放下降率”、“主要河流断面优质水率”、“空气质量”、“林地(湿地)保有量”、“耕地保有量”、“基本农田保护面积”、“防灾减灾指数”等指标作为考核内容。对重视生态环境保护，完成生态文明建设任务成绩突出的，要给予大力表彰。对不按科学发展观要求办事，推进生态建设和环境保护等约束性指标任务完成不好的，要进行批评教育、诫勉谈话。对不重视生态文明建设、发生重大生态环境破坏事故的，要实行严格问责，在评优评先、选拔使用等方面予以一票否决。前一段，我省对未完成 2013 年减排任务的市县实行了一票否决，取消其评优评先资格；对 99 家减排任务完成滞后的单位实行书面预警；对 58 家减排任务完成严重滞后的单位实行挂牌督办。

五、统一自然生态空间不动产登记

合理开发利用保护资源的前提是明晰产权。国务院第 656 号令公布了《不动产登记暂行条例》，自 2015 年 3 月 1 日起施行。不动产登记，是指不动产登记机构依法将不动产(土地、海域以及房屋、林木等定着物)权利归属和其他法定事项记载于不动产登记簿的行为。包括不动产首次登记、变更登记、转移登记、注销登记、更正登记、异议登记、预告登记、查封登记等。具体登记对象有集体土地所有权、房屋等建筑物、构筑物所有权、森林、林木所有权、耕地、林地、草地等土地承包经营权、建设用地使用权、宅基地使用权、海域使用权、地役权、抵押权、法律规定需要登记的其他不动产权利。

根据国家相关政策，在国土资源部设不动产登记局，并会同有关部门起草不动产统一登记的法律法规，推进不动产登记信息基础平台建设。指导监督全国土地登记、房屋登记、林地登记、草原登记、海域登记等不动产登记工作不动产登记，进行“四统一”工作（登记机构、登记簿册、登记依据和信息平台），实现不动产审批、交易和登记信息实时互通共享和依法查询。健全完善不动产物权体系，确定不动产统一登记的效力、程序和类型，规定不动产登记机构职责和审查要求，建立不动产登记错误赔偿制度。目前，我国启动不动产统一登记工作的省份至少已达到 18 个，包括江西省。因此我省要加快推进自然资源资产统一确权登记，形成归属清晰、权责明确、监管有效的自然资源资产产权制度。

六、实施国土空间开发保护

国家主权与主权权利管辖下的地域空间，是国民生存的场所和环境，包括陆地、陆上水域、内水、领海、领空等。从提供产品的类别来划分，一国的国土空间，可以分为城市空间、农业空间、生态空间和其他空间四类。我省制定了《主体功能区规划》，主要目标是：一是空间开发格局清晰。基本形成“一群两带三区”为主体的城镇化战略格局，主要城镇化地区集中全省 60%左右的人口和 80%以上的经济总量；形成以鄱阳湖平原、赣抚平原、吉泰盆地、赣南丘陵盆地等四个农产品主产区为主体，以其他农业区为重要组成，“四区二十四基地”为主体的农业战略格局，农业综合生产能力得到切实加强；基本形成“一湖五河三屏”（鄱阳湖，赣江、抚河、信江、饶河、修河，赣东北-赣东、赣西北-赣西、赣南山地森林生态屏障）为主体的生态安全战略格局，把禁止开发区、重要饮用水源保护区、重要江河源头、主要山脉、重要湖泊等生态功能极重要地区划入红线范围，实施严格管控。二是空间结构得到优化。全省国土空间开发强度控制在 6. 38%，城市空间控制在 2750 平方公里以内，农村居民点占地面积减少到 4200 平方公里以下，各类建设新增占用耕地面积控制在 933. 33 平方公里以内。耕地保有量不低于 28133. 33 平方公里（4220 万亩），其中基本农田保护面积不少于 24273. 33 平方公里（3641 万亩）。生态绿色空间扩大，林地面积达到 104470 平方公里。三是空间利用效率提高。城市空间单位面积创造的生产总值大幅度提高，城市建成区人口密度更趋合理。粮食和棉油等主要经济作物的单产水平稳步提高。单位生态空间蓄积的林木数量和涵养的水量增加。生态系统稳定性明显增强，土地退化面积减少，退化湿地有效恢复，生物多样性得到切实保护。重点流域和区域环境质量得到明显改善，主要污染物总量排放得到有效控制，主要江河湖库水功能区水质达标率稳步提高到 91%以上。自然灾害防御水平进一步提升，应对气候变化能力明显增强。开展以人为本、四化同步、优化布局、生态文明、文化传承的新型城镇化建设。

七、设立国家公园

国家公园是指对有代表性的自然生态系统、珍稀濒危野生动植物物种的天然集中分布区、有特殊意义的自然遗迹等保护对象所在的陆地、陆地水体或者海域，依法划出一定面积予以特殊保护管理和利用的区域。建立国家公园的目的就在于保护生态系统的完整性，强化对资源的有效保护和合理利用。国家公园制度是一种资源保护与开发利用实现双赢的先进管理模式，是让生态环境与旅游消费达到共存的国际惯例和普遍适用的规律。既有利于保护珍贵的自然资源和人文资源，又有利于开发出游客赞赏的目的地景区，还有利于改善社区居民的生活环境。根据资源特征，国家公园的地域会被划分为特别保护区、特别景观区、户外游憩区和一般管制区，实行核心功能、过渡功能及服务功能的分区控制管理。目前，我省共有世界地质公园 2 处、国家地质公园 4 处、国家级矿山公园 3 处、国家级自然保护区 13 处，省级自然保护区 37 个，国家级风景名胜区有 14 处，数量位列全国第三的世界文化自然遗产庐山、三清山、龙虎山、龟峰等。如庐山可申报为国家公园。

八、促进绿色发展、循环发展、低碳发展

实现绿色、低碳、循环发展是建设生态文明的核心内容。

1. 绿色发展包括绿色工业、生态农业、绿色消费。绿色工业是指实现清洁生产、生产绿色产品的工业，其实质是减少物料消耗，同时实现废物减量化、资源化和无害化。发展清洁技术、清洁生产和生产绿色产品。生态农业是指根据土地形态制定适宜土地的设计、组装、调整和管理农业生产和农村经济的系统工程体系。它要求把发展粮食与多种经济作物生产，发展大田种植与林、牧、副、渔业，发展大农业与第二、三产业结合起来，利用传统农业精华和现代科技成果，通过人工设计生态工程、协调发展与环境之间、资源利用与保护之间的矛盾，形成经济、生态、社会三大效益的统一。绿色消费是指节约资源，减少污染。如节水、节纸、节能、节电；骑自行车或乘公共汽车，减少尾气排放等等；选择节能环保型汽车和节能省地型住宅；选择低污染低消耗的绿色产品，重复使用，多次利用，少用一次性制品；抵制过度包装；垃圾分类，循环回收；救助物种，拒绝食用野生动物和使用野生动物制品，制止偷猎和买卖野生动物的行为；实施绿色标识认证制度。立足把生态优势转化为产业优势、竞争优势和发展优势，加快推进生态建设产业化、产业发展生态化，促进经济与生态协调融合发展。按照规模、高效、生态的要求，大力发展现代生态农业，提高粮食综合生产能力，提升特色优势农产品精深加工水平，提升江西农产品竞争力和影响力。围绕构建绿色、节能、高效、生态的绿色工业体系，大力培育壮大新能源、新材料、节能环保等新兴产业，推动产业转型升级。围绕打造中国红色旅游首选地、国际生态旅游优选地、世界著名观光度假休闲地，大力发展生态旅游业，建设旅游强省。以绿色生态为导向，加强宜居宜业生态城市建设，加大对城市生态环境建设的投入，综合治理城市的河流水系，大力修建城市湿地、公园、绿地，把绿水青山留给城市居民。加快推进和谐秀美乡村建设，改善农村经济社会发展环境，提升农民生活品质。

2. 积极推动资源节约集约利用，加强能源消费总量和能耗强度双控制，大力推进节能降耗。坚持节水优先，实行最严格的水资源管理制度，落实用水总量控制制度、用水效率控制制度、水功能区限制纳污制度、水资源管理责任和考核制度。实行最严格的耕地、草地和林地保护制度，对损毁建设用地和未利用地开发整理成园地，经认定可视作补充耕地，验收后用于占补平衡。

3. 循环发展要坚持节约优先战略，全面实行资源利用总量控制、供需双向调节、差别化管理，努力构建高效节约的资源能源利用体系按照减量化、再利用、资源化原则，推进工业、农业和服务业等领域的资源循环利用工作，加强资源循环利用关键技术的研发和利用，延伸产业链条，推动资源利用方式根本转变，提升循环经济发展水平。以冶金、化工、建材、造纸、印染、制药等行业为重点，推进清洁生产，开发应用源头减量、循环利用、再制造、零排放和产业链接技术。鼓励企业间实现废物交换利用、能量梯级利用、废水循环利用和污染物集中处理。推进建筑、道路和农林等废弃物资源化利用，鼓励农业立体种植、养殖，大力推广生态养殖模式和轮作复种、间套作等耕作方式，支持林纸一体化生产。建立健全城市社区和乡村回收站点、分拣中心、集散市场“三位一体”的回收网络。加快完善再制造旧件逆向物流回收体系，推进再制造产业发展。建立健全垃圾分类回收制度，合理配置垃圾分类回收设施，完善分类回收、密闭运输、集中处理体系，推进餐厨废弃物等垃圾资源化利用和无害化处理。培育一批可再生资源专业回收、处理、利用企业，加快赣州稀有金属和铜产业循环经济基地、鹰潭铜产业循环经济基地建设，推进萍乡、景德镇、新余全国资源枯竭型城市转型试点。我省将大力发展循环经济，提高应对气候变化能力，全面推行绿色循环低碳生产方式。到 2017 年，对 60%以上的国家级园区和 40%以上的省级园区实施循环化改造；全面推进循环经济示范企业、示范园区和示范城市建设，探索建立循环经济产业联盟，实现循环经济发展由试点向示范推广的转变，形成“企业小循环、园区中循环、社会大循环”的循环经济发展格局；依托现有交易平台，积极培育省级碳排放权交易市场，推动企业参与低碳领域的国际互惠交易活动。

4. 低碳发展要求突出抓好工业、建筑、交通、公共机构等重点领域节能，加强重点用能单位节能管理。加快推行合同能源管理和电力需求管理，实行能效标识制度、节能产品认证制度、节能产品政府强制采购和财政补贴制度。开展企业节能低碳行动，全面推进绿色建筑行动，深入开展节能降耗全民行动，创建一批示范性节能公共机构。加强节能能力建设，节能量达到 1000 万吨以上标煤。推进节水型社会建设，支持国家级节水型社会试点城市建设。严格用水总量控制，加快重点行业节水技术改造，大力推广管道输水、膜下滴灌等高效节水灌溉技术，建立健全工农业用水水权转换机制。加强城市节约用水，强化用水定额管理，加快中水回用设施建设，大力推广应用节水型器具。实施地下水监测工程，严格控制地下水开采。推进土地集约利用整理农村废弃宅基地，大力发展节地型建筑，盘活存量建设用地。鼓励深度开发利用地上地下空间，合理利用矿产资源，规范能源和矿产资源开采管理，严格控制特定矿种开采总量，推广先进适用的开采技术和工艺设备，提高开采回采率、选矿回收率和综合利用率。降低二氧化碳排放量。广泛应用太阳能等新能源，开发替代能源，建立健全温室气体排放和节能减排统计监测制度。

九、发展生态环境保护市场

生态环境及污染的治理具有公共资源属性、外部性、空间外延性，这就决定了区域环境保护的整体性，涉及多个行政管理区域范围。由于各地经济发展水平差异、环境保护意识不同，容易造成地方政府在跨区域环境问题上的决策和治理成本差异。在综合考虑生态保护成本、发展机会成本和生态服务价值的基础上，采取财政转移支付或市场交易等方式，对生态保护者给予合理补偿，是明确界定生态保护者与受益者权利义务的公共制度安排。在若干生态文明重大制度上形成可复制、可推广的典型模式。这就要全面推行矿业权评估、挂牌、交易制度，减少政府对自然资源的直接配置和对配置的过度干预。大力发展森林碳汇，培育建立水权、林权交易市场，建立全省统一的排污权有偿使用交易平台。加快自然资源及其产品价格改革，全面反映市场供求、资源稀缺程度、生态环境损害成本和修复效益。碳排放权是指能源消费过程中排放的温室气体总量，包括可供的碳排放权和所需的碳排放权两类。多余的碳排放权，可通过交易出售；而原定的碳排放限额不够用，也可以通过交易购买。这样，整个大区域的碳排放总量控制住了，又能鼓励企业提高技术、节能减排。我省在筹建赣粤闽碳交易中心。排污权交易是指在污染物排放总量控制指标确定的条件下，治理成本较低的企业可以采取措施以减少污染物的排放，剩余的排污权可以出售给那些污染治理成本较高的企业。排污权交易的交易费用主要包括寻求交易的基础信息费用、谈判与决策费用等。水权交易是指将通过认购水权、转让水权等方式，水资源将会配置到效益高的地方，效益低的地方可转让部分或全部用水权，获得出让权进行节水改造或兴修水利工程。取水权是用益物权。水权交易费主要包括水利建设、水利设备的维护、环境生态的影响、第三方利益在经济方面的补偿、水价以及年限费用等。我省已作为全国水权试点省区，要在水资源使用权确权登记、水权交易流转、相关制度等方面取得突破。

合同生态环境服务是指用户获得了既定的环境效果，才付费给治理企业。合同生态环境服务的需求决定了其责任主体包括两类：第一类为排污企业(工业企业)，即“谁污染谁负责”；第二类为地方政府，以收费的方式将环境责任集中起来，进而由政府集中采购服务。这两类责任主体以合同或契约的方式，向专门提供环境服务的责任主体采购明确的环境服务并依据环境效果支付相应的费用。这种形式决定了合同环境服务的特点，即选择第三方提供外部服务并且以服务前后的环境效果差来计费。环境服务业的转型改变了原来服务方式，将引导环保产业由设备制造、工程建设等领域向综合环境服务领域转型，它包括咨询、投融资、设计、工程建设、设备制造集成、监理、运营等各个产业单元。按服务对象，资金提供方式，期限长短，产权处理方式的不同，合同环境服务模式的表现形式可有多种。

十、建立统一的生态环境保护监督管理体制

目前，资源约束趋紧、环境污染严重、生态系统退化的形势依然严峻，呈现明显的结

构型、复合型特征，生态产品成为最短缺的产品。一些地方存在雾霾频发、垃圾围城、饮水不安全、土壤重金属含量超标等环境问题威胁人民群众生命健康，社会极其关注，群众反映强烈。因此，要下大气力加以解决，使单位地区生产总值能源消耗比全国平均水平低20%；重要河流水功能区水质达标率达到89%左右，城市空气质量全部达到或优于二级标准；重点区域水土流失得到有效治理，湿地保有量达到91.01万公顷，森林覆盖率稳定在64%，珍稀濒危野生动物种群数量逐步增长等。

深化生态环境保护管理体制改革，建立纵向到底、横向到边的环境监管网络和责任体系。对工业点源、农业面源、交通移动源等全部污染源排放的所有污染物，对大气、土壤、地表水、地下水和海洋等所以纳污介质，进行统一监督管理。健全统一监管、分工负责和“国家监察、地方监管、单位负责”的监管体系。加强环境监察队伍建设，强化环境监督执法，推进联合执法、区域执法、交叉执法。

十一、开展生态环境治理及项目建设

1. 深入推进净空、净水、净土行动，进一步防范环境风险，增强生态产品供给能力。目前，我省制定了节能环保、新能源、新材料、生物和新医药、锂电及电动汽车、绿色食品等十大产业发展规划，力争到2017年，十大产业实现主营业务收入2.3万亿元，年均增长18%左右，比2012年翻一番以上，努力将其打造为引领江西未来经济发展的支柱产业。工业企业是大气和水污染物排放的主要源头。要加大污染物减排力度，严格执行新建项目环境影响评价制度和“三同时”制度，在电力、钢铁、有色、化工、建材等高耗能、高污染行业，建立新上项目与当地减排指标完成进度挂钩、与落后和过剩产能退出相结合的机制要以强化污染源控制为重点，强化对高能耗、高排放行业项目准入管理，对不符合产业政策和环保要求的项目坚决不批，禁止新建或改扩建各类高能耗、高排放行业项目和排放一类污染物和持久性有机污染物的建设项目在城镇居民聚集区域、规划区，禁止新建化工、农药(原药生产)、钢铁、焦化、水泥(熟料)、有色金属冶炼等大气污染型项目；推进火电、钢铁、水泥、造纸、印染等重点行业的污染减排项目，对脱硫脱硝设施运行情况进行巡查；以造纸、印染、化工、医药、农副产品加工、食品加工、饮料制造、有色金属冶炼及加工、石油加工、炼焦等行业为重点，继续加大水污染深度治理和工艺技术改造力度，提高行业污染治理技术水平；推广清洁能源，推进常规火电“上大压小”工程，高效开发利用水电资源，大力发展风电，适度发展太阳能发电，多元化利用生物质能，因地制宜发展农村能源，积极开发地热能。实施昌九大气污染联防联控规划。化解过剩产能和淘汰落后产能，对产能严重过剩行业新(改、扩)建项目，制定产能等量减量置换方案，严禁新增产能。到2017年，确保钢铁、水泥、平板玻璃、船舶等行业化解产能过剩矛盾任务基本完成。优化能源结构，提高清洁能源比重。积极推动能源生产与消费革命，保护好核电厂址，条件成熟后启动彭泽核电站一期工程，加快推进核环境国家重点实验室建设。

2. 实施农村清洁工程，改善农村卫生条件和人居环境。减少农业生产中化学投入品的使用量和农业废弃物的产生量，加大畜禽和水产养殖污染防治力度。开展农村垃圾无害化集中处理，因地制宜探索科学合理、经济便利的多种垃圾处理模式。开展创建森林乡镇和森林村庄活动，净化、美化、绿化村容村貌，初步构建农田林网体系，形成“村在林中、林在村中”的农村生态美景。

3. 实施退耕还林、生态公益林及天然阔叶林保护、防护林体系建设、易灾地区生物措施治理等重大工程。依法保护各级自然保护区、风景名胜区、森林公园、湿地公园、自然文化遗产地、地质公园，形成点面结合、功能互补的各类生态区域。加强生态治理以鄱阳湖湿地为核心，以国家级、省级湿地保护区和湿地公园为重点，以及“五河”流域水系、水源涵养区、饮用水源区，采取自然修复与工程治理相结合的方式，加强湿地生态系统的保护和恢复。强化“五河”及东江源头、农村饮用水水源保护和赣抚尾闾综合整治，统筹鄱阳湖流域上下游、干支流的生态建设和环境保护，实施长江暨鄱阳湖流域源头水资源保护工程，控制水库水体养殖污染。开展乡村河堤治理、丘陵山区地质灾害隐患点治理、以流域为单元的生态综合治理，实施生态移民搬迁工程、地质灾害避灾搬迁工程和矿山地质环境治理恢复工程。特别是生存在深山区、库区，且居住分散，公共基础设施极度匮乏，通过生态移民搬迁。大力实施植树造林、封山育林，着力保护生物多样性，让生态系统休养生息，扩大环境容量，提高生态自我修复能力。搞好森林资源管护，加强森林防火和有害生物防治。强化自然保护区监管，加大生物物种资源保护和管理力度，加强生物安全管理。进行集体林权制度改革，依法确定林地承包经营权和林木所有权，放活经营权，落实处置权，完善林木采伐管理机制，规范林地、林木流转建立健全产权交易平台，建立支持集体林业发展的公共财政制度，推进林业投融资改革，加强林业社会化服务。

4. 推进城市污染治理，建成区域数据实时监测，治理噪声、扬尘、餐饮油烟、移动源污染防治，实施公交优先战略，提升燃油品质，加快淘汰黄标车和老旧车辆，推广新能源汽车。积极推进工业园区污水集中处理设施和配套管网建设，到 2017 年全省工业园区新建污水配套管网 2000 公里，实现省级以上工业园区污水处理设施建设全覆盖；重点完善县(市)污水收集系统和雨污分流系统，启动部分市县污水处理二期工程建设，增加脱氮除磷设施，到 2017 年城镇生活污水集中处理率达到 85%以上。垃圾无害化处理建设。

5. 加大自然灾害治理力度。开展地质灾害治理，实施地质灾害调查制度、地质灾害预报制度、地质灾害易发区工程建设地质灾害危险性评估制度、对从事地质灾害危险性评估的单位实行资质管理制度、与建设工程配套实施的地质灾害治理工程的“三同时”制度。开展地震地质灾害治理，实行地震预报、抗震设防地震应急等措施。

十二、推行有偿使用和生态补偿

生态补偿是指中央和省财政代表大范围的生态产品受益人，通过均衡性财政转移支付方式购买生态产品。要加快建立健全生态补偿机制，建立中央转移支付与地方配套相结合的补偿方式，探索通过对口支援、产业园区共建等方式实施横向补偿；在东江源、赣江源、抚河源等流域开展生态补偿试点；支持在鄱阳湖实施湿地生态补偿试点，探索湿地生态效益补偿办法；完善公益林生态补偿制度，形成科学合理的森林生态效益补偿标准体系；健全矿产资源有偿使用、矿山环境治理和生态恢复保证金制度，建立矿产资源开发生态补偿长效机制。如我省安排专项资金，对"五河一湖"(赣江、抚河、信江、饶河、修河和鄱阳湖)及东江源头保护区进行生态补偿，补偿资金的20%按保护区面积分配，80%按出境水质分配，出境水质劣于Ⅲ级标准时扣除相应比例的补偿资金。但是还存在补偿不规范、补偿形势单一、补偿主体对象不明确等问题。着眼于约束生态环境消防，让生态环境消费者的成本内部化、制度化、刚性化，做到谁使用生态资源谁付费。生态补偿要实现规范化、标准化、动态化。规范化要求在顶层上明确生态主体权利义务和生态补偿责任；标准化要求建立科学的生态价值评价体系，完善分类及测算方法，制定生态补偿标准；动态化反映生态损害的修复是一个长期的动态过程，修复成本可能不断地增加。

十三、实行污染物排放总量控制

污染物排放总量控制，简称总量控制，是将某一区域作为一个完整的系统，采取措施将排入这一区域的污染物总量控制在一定数量之内，以满足该区域的环境质量要求。总量控制制度是环境保护领域的一项基本制度，也是各国普遍实施的一项制度。我省对主要污染物排放总量控制为四项，污染物减排约束性指标在"十一五"化学需氧量、二氧化硫减排的基础上，新增了氨氮、氮氧化物两项指标。同时，在重点区域、流域、海域专项规划中，还要控制重点重金属、总氮、总磷等污染物排放量。同时，重点加强对水、大气、土壤、森林、湿地等生态要素和资源开采、环境污染等方面情况的监测，进一步完善对"五河"流域交界断面水质情况的监测，准确掌握生态环境状况及动态变化；加快监测网络建设，遵守国家监测规范；建立环境资源承载力监测预警机制和应急响应机制，加强区域生态环境安全危机防范，提高生态环境安全突发事件处置应对能力。

十四、开展环境污染治理和责任追究

为严厉处罚环境污染犯罪行为，最高人民法院颁布了《最高人民法院、最高人民检察院关于办理环境污染刑事案件适用法律若干问题的解释》，明确了环境污染犯罪的定罪标准，降低了入刑门槛，解决了办理环境污染刑事案件取证难、鉴定难、认定难等问题。对环境污染违法行为，也要追究其法律责任。对应建而未建污染物处理措施、擅自投入生产的建设项目，一律责令停止生产；对排入管网水超标、园区污水处理厂超标运行的企业一律停产治理；对利用渗井、渗坑等方式排放污水的，责令限期消除污染，并依法处罚，追缴排污费。对拒不执行停产决定的企业，申请人民法院强制执行；对限期治理后仍不能达标的，报请当地政府依法予以关停；造成重大和特大污染事故的，要依法报请有批准权的人民政府责令关闭；对涉嫌环境污染犯罪的，要及时移送公安机关依法追究刑事责任。前一段，我省已关停89户企业的落后产能生产线，已完成50家涉重金属企业的强制性清洁生产审核工作。开展整治违法排污企业保障群众健康环保专项行动，进行重金属污染专项整治，取缔关闭污染严重的涉重企业11家，停产整顿企业25家，责令整改或限期治理企业7家。查处大气污染和废水污染地下水的环境违法问题，对偷排、漏排、直排企业进行了处理，其中，责令限期改正的75家，停产整治的32家，取缔关闭污染严重的企业12

家，实施经济处罚189万余元。开展环鄱阳湖综合整治，对“五河”干流和鄱阳湖周边1公里范围内重点行业废水排污单位进行了检查，对沿江、沿河、沿湖医药企业进行环境风险排查。在专项整治期间，沿湖各级环保部门共排查3237家企业，重点检查了207家废水排放企业，其中限期整改34家，停产整治2家，取缔关闭1家，确保了鄱阳湖水质安全。

十五、鼓励支持环保公益诉讼

环保公益诉讼是指社会成员，包括公民、企事业单位、社会团体依据法律的特别规定，在环境受到或可能受到污染和破坏的情形下，为维护环境公共利益不受损害，针对有关民事主体或行政机关而向法院提起诉讼的制度。实践证明，这项制度对于保护公共环境和公民环境权益起到了非常重要的作用。根据现行《民事诉讼法》第五十五条的规定：“对污染环境、侵害众多消费者合法权益等损害社会公共利益的行为，法律规定的机关和有关组织可以向人民法院提起诉讼。”要探索建立检察机关提起公益诉讼制度。最高人民法院出台了《关于审理环境民事公益诉讼案件适用法律若干问题的解释》。我国于2007年11月诞生第一个专门的环境法庭—贵阳市中级人民法院环境保护法庭，迄今我国各级人民法院设立的专门环境法庭约180个，为依法保护生态环境发挥了积极作用。

（本文节选自：《法治江西建设读本》，中国长安出版社2015年版。）

农村环境污染公益诉讼的困境及路径选择

徐前权*

摘　要：城乡二元经济发展结构致使农村成为环境污染重灾区，农业生产生活以及乡镇企业污染成为主要污染源，农村环境污染治理局势紧迫。农村环境污染公益诉讼作为救济的最后一道防线，在环保行政监管职能缺位、城乡环保救济力度格局失衡、新农村建设政策制度保障需求三个层面有其独特价值。而在司法实践中，农村环境污染公益诉讼陷入受案率低、原告起诉积极性不高、判决执行时间长见效慢的困境。造成这些困境的原因是多方面的。应该从功能重新定位、扩容诉讼原告范围、建立有效的农村环保宣传和监测体系以及公益诉讼基金制度多方面作出努力。

关键词：农村环境污染；公益诉讼；困境；路径选择

引言

长期以来，党和国家十分重视“三农”工作。2018 年的中央一号文件《中共中央国务院关于实施乡村振兴战略的意见》对实施乡村振兴战略进行了重大部署，要求“把乡村建设成为幸福美丽新家园”。2019 年中央一号文件《中共中央 国务院关于坚持农业农村优先发展做好“三农”工作的若干意见》，全文共分 8 个部分，其中第三部分是“扎实推进乡村建设”。

保护自然生态环境是建设美丽农村基本前提。然而，由于复杂的历史因素和现实因素，我国农村在最近二三十年的发展过程中，在一定程度上存在片面强调经济发展，注重环境保护与生态平衡不够，结果导致环境污染日趋严重，生态环境遭到严重破坏。我们已经尝到了环境污染带来的恶果。

好在党中央国务院及时发现问题，提出重视农村环境保护，强调建设美丽乡村必须将保护生态环境放在首要位置。

我对农村环境保护方面存在的问题有切身的感受。小的时候，家乡门前的小河清澈透明，河里面长着水草，河岸边满是青草，河边的路旁是一排排的水杉和柳树。每到夏天，

---

* 徐前权(1963—　)，男，湖北仙桃人，长江大学法学院教授，硕士生导师，长江大学人文社科处处长。荆州市人民政府法律顾问，武汉仲裁委员会仲裁员，曾任湖北省人民检察人民监督员，曾挂职荆州市委政法委副书记，主要从事仲裁法学和社会法学研究。

白天里小伙伴们在河边钓鱼，在河里游泳嬉戏；晚上吃完饭后，和家人躺在竹床上乘凉，摇着蒲扇，看着天上的星星和银河，听长辈们讲各种传奇故事。最近几年，每当回家乡的时候，看到的是门前清澈的小河变成了又黑又臭的小水沟，晚上也看不到清晰的银河和亮晶晶的星星。

家乡存在的环境污染现象，促使我思考本文的问题。

一、农村环境污染的紧迫局势

改革开放以来，我国坚持以经济建设为中心，经济持续高速增长，成为世界第二大经济体。而随之带来的是居高不下的能耗以及逐渐恶化的环境。二者之间呈现同步的增长趋势。① 在城乡二元发展结构中，农村由于其自然禀赋，经济发展过程承担更重比重的负产影响。其中，农村环境污染问题尤为突出，局势十分紧迫。

(一)农业生产污染

一是养殖业污染，主要指畜禽养殖和水产养殖污染。主要包括畜禽水产投放饲料以及排便，无法就近还田，因此未经处理直接排入土壤、河道中，对农作物的生长和水源的污染危害极大。而非科学水产养殖对水污染尤为严重，养殖水体未经处理直接排放流域，对农业生产生活用水造成很大的安全隐患。二是农业化肥以及其他生产所需物资使用。由于目前我国处于主要依靠农药、化肥来提高农作物产量的发展阶段。而农药、化肥的利用率只有30%~35%，绝大部分挥发到空气中或从排水沟渠流失，因而造成土壤、地表水、地下水和空气污染，进而通过呼吸或食物链进入人体，影响人类身体健康和生命安全。农药、化肥的长期大量使用，导致土壤自身活力及肥力下降，土壤重金属超标、污染加重、地下水污染，形成恶性循环，导致环境进一步恶化。②

(二)农村生活污染

目前，我国农村生活垃圾、污水处理设施建设严重滞后，基本处于初建或者待建状态，全国乡镇绝大多数少有或者基本没有环境保护基础设施，绝大部分行政村污染处理处于“三没”状态——没钱、没人、没设施。农民和村委会没有能力处理生活垃圾，生活污水随便排放，给农村卫生安全带来极大隐患，同时也成为地表水和地下水的主要面源污染。

(三)乡镇企业污染

随着城镇化进程的加快，乡镇企业迅速发展。但由于乡镇所处地域局部区域限制，乡镇企业中相当一部分属于技术含量低、设备落后、效益较差、能耗较大、环境污染较严重

① 李靓：《农村环境污染制度性因素的分析》，载《调研世界》2011年第7期。

② 据不完全调查，目前全国受污染的耕地约有1.5亿亩，污水灌溉污染耕地3250万亩，固体废弃物堆存占地和毁田200万亩，合计约占耕地总面积的1/10以上。

的企业，如造纸、纺织、煤炭、非金属矿制品、化工及食品加工业。尤其是近年来随着城市污染控制力度的加强，污染严重的工业企业向农村地区转移增加，成为农村新的污染源。再加上乡镇企业布局不合理，污染物处理率也显著低于工业污染物平均处理率。乡镇企业所排放的废水、废气和废渣已经成为环境保护的突出问题和影响人体健康的主要因素之一。

农业生产生活和乡镇企业污染加重农村产出赋值，在城市发展过程中，农村扮演生产生活资料输出者，而对能耗后遗留“三废”又扮演一定净化者的双重角色。尤其是现今国家城市环境保护策略的加强，农村成为城市环保减压阀，承担更重的环境净化压力，自身环境呈现逐步恶化的趋势。

二、农村环境污染公益诉讼保护的必要性

农村环境污染呈现扩大化、严重化趋势，而由于农村地域属性制约以及国家治理权限设计，导致农村环境污染处于放任发展的态势，造成行政不济、救济无由、自救力薄的尴尬局面。而诉讼作为最后一道侵权救济防线，对于环境污染保护具有无以替代的关键作用。环境侵权救济具有受害面广、耗时长、成本高、效益慢、专业性强等特点。个体一般无法承受其累，公益诉讼成为其可供选择的有效途径。农村环境污染实行公益诉讼保护有其必要性。

（一）弥补农村环境保护行政权缺位

《中华人民共和国环境保护法》第十条规定：“国务院环境保护主管部门，对全国环境保护工作实施统一监督管理；县级以上地方人民政府环境保护主管部门，对本行政区域环境保护工作实施统一监督管理。”环境保护中，县级以上地方政府承担监督管理职能，行政权作为环境保护救济第一道防线，应当发挥其重要独特作用。而在现实中，由于“经济发展优先”传统观念的影响，环境保护行政职能严重缺位，甚至异化为经济发展的“隐形”保护伞。而农村实行村民自治，农村环境保护政府监管更难以触及，通过行政监管方式难以达到有效保护的效果。公益诉讼作为最后救济防线，一方面能利用其反馈机制促使环保行政部门积极行使环保监管职能，一方面能增强对环境侵权主体的威慑。农业环境公益诉讼能有效弥补环保行政监管职能的缺位，加强对农村生产生活行为的有效规制。

（二）调整城乡环保救济力度失衡的格局

近年我国城镇化发展迅速，由于城市优质资源分布更为集中丰富，人口城镇化趋势也相应加快，人口从农村转移至城市加剧了城市生存环境的挑战，再获取更多优质资源的同时期望更好的生存环境和空间，从而造成人口不断增长与有限资源分配二者之间的冲突，造成城市生产生活资源供给与随之产生废物自净能力的失衡，城市环境保护局势严峻，国家环保救济力度分配更倾向于城市，而农村分配比例则较小。环境污染公益诉讼，为农村环境保护提供有效保护的途径，利用国家强制力来予以保护，国家通过顶层设计来完善对农村环境保护的制度保障。农村环境保护相对城市环境保护，具有鲜明的差距，由于缺少

专业技术、人才、资金和完备的制度保障，只有通过国家意志的介入以公益诉讼制度保护形式来调整城乡环保救济能力的失衡格局，缩短二者之间的鸿沟。

(三)满足新农村建设政策制度保障的需求

新农村发展是城乡二元发展格局中的重要一极，是农村支持城市发展后反哺农村的重要表现。近几年中央大力发展农村，聚焦三农问题，加强农村经济有序发展建设，从衣食住行基本保障层面改善农村生产生活环境，通过调整产能结构和经营模式，激发农村经济活力，农村整体呈现向荣面貌。而农村环境问题是新农村建设中需要重点解决突破的问题，也是利益涉及最为广泛、影响最大、难度最大、矛盾最为尖锐的遗留问题。“先发展后治理”思路与新农村创新、协调、绿色、开放、共享“五大发展理念”①不相协调。尤其农村居民自身思想见识的局限性，注重个体及眼前利益，而环境保护利在公众，可能需要牺牲单个利益，尤其是对农村居民生活生产习惯产生较大冲击，会给农村环境保护造成内在阻碍，从内由外突破阻力相对较大，只能通过国家强制推行制度设计，借助外力来改变农村环保现状，而公益诉讼制度建立作为主要外力之一，从而在一定程度上满足新农村建设政策制度保障的需求。

三、农村环境污染公益诉讼面临的困境

农村环境污染公益诉讼意在摆脱农村环境污染救济无门的局面，为新农村建设提供有力的制度保障，而在司法实践中却不尽人意，由于受制度本身设计局限性、提起主体争议利益联系程度、争议本身特性等诸多因素影响，陷入“有形而无实质效益”的困境。

(一)农村环境污染公益诉讼受案率低

在农村环境污染中，农村环境公益诉讼，案件受案率一直保存持续低迷状态。甚至我国环保法庭成立当初，很长一段时期内在受理环境公益诉讼案件方面临着零受案率的尴尬困境。② 而造成这一现象具有内外在原因。内在原因主要在于农村环境污染问题相对更为复杂，受传统民族文化影响，农村发生环境污染受害案件，牵扯利益纠葛更为杂乱、受害群体更为庞大、关系调整更为繁琐、处理结果执行难度更大、闹访风险更高，这使得注重绩效考核的法官心存忌惮，不愿受理，案件一般难以进入审理阶段。外在原因主要有农村居民自身环保意识淡薄，一般只有造成相对明显严重后果才会寻求救济途径，同时农村居民自身见识的狭隘性，强调眼前利益实在利益，侵权方给予一定的利益补偿也能安抚矛盾爆发，能在一定程度上阻断公益诉讼的推进。而诉讼周期长、见效慢、司法不公等原因也加大了此局面的发生可能性。

---

① 博罗：以“五大发展理念”为引领 推进新农村建设工作，中国文明网，http：//www. wenming. cn/syjj/dfcz/gd/201512/t20151218_3031972. shtml，访问时间：2017 年 9 月 28 日。

② 陈亮：《环境公益诉跑“零受案率”之反思》，载《法学》2013 年第 7 期。

（二）作为环境公益诉讼主体的原告起诉积极性不高

《中华人民共和国民事诉讼法》第五十五条规定，提起公益诉讼的主体为法律规定的机关和有关组织。《中华人民共和国环境保护法》第五十八条规定，符合“a. 依法在设区的市级以上人民政府民政部门登记；b. 专门从事环境保护公益活动连续五年以上且无违法记录”两个条件之一的社会组织可以提起环境公益诉讼。综合而言，环境公益诉讼提起主体有检察院等有关机关、环保协会等社会组织，而对自然人没有予以授权，不具有环境公益诉讼主体资格。而这两类主体对于环境污染侵权纠纷而言不是直接利益关系方，只是基于立法授权，相对于检察院而言，在行使原本职权的同时需要额外承担环境公益诉讼职责，对于工作人员而言仅仅只是增加了工作负担，相应待遇并未随之提高。尤其环境公益诉讼作为一种新型的诉讼方式，具有较强的专业性，提起公益诉讼面临技能不足、工作难以开展等风险。对于社会组织而言，其组织属性决定其参与公益诉讼面临诸多掣肘，原告身份无法完全施展，存在较大败诉风险，加大了信誉损失的可能性，另一方面缺乏资金支持公益诉讼的完成。诸多原因导致作为原告参与公益诉讼的积极性不高。

（三）环境公益诉讼判决执行时间长见效慢

环境公益诉讼侵权判决主要存在三种后果，财产赔付、行为禁令、恢复原状，而在农村环境污染中，农村自身经济结构比较单一、经济基础薄弱，侵权主体经济能力较弱，赔付能力欠缺，同时经济结构的运转在一定程度上带动地方经济发展，惠及一定范围内的人员，行为禁令具体实施触及其利益也存在一定阻碍。而由于农村生产的隐晦性，以及环境污染具有较长的爆发潜伏期，加之村民对于环境保护的忽视，致使农村环境污染呈现严峻局势，恢复可能性降低，尤其是对原有生态系统的损坏，几乎难以达到原有的环境条件，从而导致法院判令难以实现。单纯就经济效益层面而言，环境公益诉讼即使胜诉实际产生的经济效益短期内难以达到预期达到的经济效益，可视成效需要较长周期才能呈现。

四、农村环境污染公益诉讼的路径选择

诸多因素相互作用致使农村环境污染公益诉讼陷入困境，究其原有具体表现在以下几个方面：1. 环境公益诉讼定位不准；2. 提起环境公益诉讼主体过窄；3. 农村居民自身环保意识薄弱；4. 环境保护资源分布不平衡等。而针对农村环境保护现状，需要多管齐下，才能有效遏制局势进一步恶化，保护农村居民合法权益。

（一）突出环境行政公益诉讼首要地位功能定位

现阶段环境公益诉讼主要呈现出的是环境民事公益诉讼，主要针对侵权方，以侵权为事由来主张权益。这一制度定位存在较大偏差，环境诉讼最好用作一种预防性措施①，在

① 参见[美]约瑟夫·L. 萨克斯：《保卫环境—公民诉讼战略》，王小钢译，中国政法大学出版社2011年版，第102页。

此过程中，环保行政监管职能具有独到作用，唯有充分发挥其监管职能才能有效预防环境污染，需要通过公益诉讼反向督促环保行政监管部门有效行使职权来保障。而在我国经济发展中，仍然走的是“发展才是硬道理”的老路，以牺牲环境发展经济一度成为各个行政主体的共识，更有甚者环保行政部门成为环境污染的“游说”部门，其职能异化，而对此缺乏有效的评价纠正督促机制。公益诉讼中只是单纯就环境污染侵权进行救济，而对环保行政监管部门不作为、反作为等行为缺乏有效监督纠正机制，是环境公益诉讼定位不准确的本质反映。环境公益诉讼的正确定位应当包含环境民事公益诉讼和环境行政公益诉讼，并且二者所置地位有所不同，环境行政公益诉讼应当担任首要职能，而环境民事公益诉讼则处于次要或者保底职能。正如美国公益诉讼设计，民事罚金的运用在其环境公民诉讼中受到较大的限制。① 如此才真正符合环境公益诉讼的设计价值本意。

（二）扩容农村环境污染公益诉讼提起主体

农村环境污染公益诉讼主体主要为法律规定的机关和其他组织。而理论界对农村居民个体和村民委员会是否应当作为农村环境污染公益诉讼提起主体存在较大争议。笔者认为，将农村居民和村委会扩容到农村环境污染公益诉讼提起主体范围内，有其现实和法律基础。根据环境正义理论，每一个主体都应当有下享有环境权及环境救济权的资格。村民和村委会作为农村环境污染直接受害方，法律应当予以保护，而作为利益相关方，应当被赋予直接寻求救济的权利，同时对村民和村委会直接赋权能激发农村环境保护的积极性。《中华人民共和国村民委员会组织法》第八条第二款规定，村委会具有保护和改善生态环境职责。这一规定虽然没有直接明确村民委员会的诉讼权利，但根据权责统一原则，有了职责就应该赋予其相应的权利，② 从而可以推测村委会有成为公益诉讼提起主体的法理基础和法律体现。

（三）建立有效的农村环保宣传和监测体系

农村环境保护基础设施相对缺乏、生产生活安全隐患较大、村民获取信息渠道贫乏、居民自身环保意识淡薄等因素导致农村居民深受环境污染之害而无法通过有效途径主张合法权益。一方面需要建立有效的农村环保宣传体系，需要从传统观念层面改变村民固有认识，使其了解环保的重要性以及丰富救济主要途径。另一方面，建立全覆盖农村环保监测体系，主要针对气体、水体、土壤三者进行有效监测，既能让居民了解生存环境良优情况，侧面加深对环境保护重要性的理解认识，也能为公益诉讼证据保存提供媒介。而我国现今环保宣传和监测区域主要为城市，对于农村尚未建立持续环保宣传和监测体系，这需要进一步推广和普及。

---

① 参见胡中华：《论美国环境公益诉讼中的环境损害救济方式及保障制度》，载《武汉大学学报》(哲学社会科学版)2010 年第 6 期。

② 参见冯汝：《确立村民委员会环境公益诉讼原告资格的社会与法律基础》，载《中南大学学报》(社会科学版)，2013 年第 3 期。

(四)建立公益诉讼基金制度

环境公益诉讼费用承担是其制度实效不佳的重要原因之一。环境公益诉讼受案率低主要受经费问题制约。环境权益是公众权益，不特定社会成员受益，而环境公益诉讼面临专业性强、争议标的额高、损益风险大等特点，致使社会成员难以承其累，公益诉讼提起意愿积极性不强。而通过建立公益诉讼基金制度，能为公益诉讼开展提供坚实的物质保障，基金主要用于对社会成员提起公益诉讼的律师费用、诉讼费用、调查费用的承担以及对受害人的补偿、提起公益诉讼的原告的奖励或者是公共环境的改善。①

结语

伴随着人们对农村环境保护意识的不断提升，农村环境污染治理的重要性也会不断提高。在城乡二元经济协同发展同时，环境保护也应当置于相当战略地位。在充分认识农村环境污染严峻局势的基础上，农村环境污染公益诉讼这一红线的设置与成效发挥具有举足轻重的意义。而农村环境污染公益诉讼由于诸多缘由相互作用陷入困境，唯有通过功能重新定位、扩容诉讼原告范围、建立有效的农村环保宣传和监测体系、公益诉讼基金制度多管齐下才能助其突破困境，真正实现其设计本意。

---

① 参见王雪娇:《论农村环境污染的法律救济——以建立完善环境公益诉讼为视角》，载《农业资源与环境学报》2010年第6期。

国家治理现代化视域下的矿业权审批制度研究

夏云娇*

摘　要：国家治理现代化包涵国家治理体系与治理能力的现代化，是全面深化改革的总目标。矿业权审批作为重要的公权力，其科学配置和正当行使，有利于矿产资源可持续利用，有利于矿业经济、社会、环境又好又快地发展。然而，矿业权审批存在官员违法审批、企业逃避审批等乱象，深入分析其背后存在的原因，进而完善矿业权审批制度对推进国家治理体系与治理能力的现代化具有重大的现实与理论意义。

关键词：国家治理；现代化；矿业权审批

一、国家治理现代化与矿业权审批制度改革

十八届三中全会将“完善和发展中国特色社会主义制度，推进国家治理体系和治理能力现代化”作为全面深化改革的总目标，这对中国未来的社会主义现代化建设事业来说，具有重大而深远的理论和实践意义。最高人民法院副院长江必新指出：所谓国家治理体系和治理能力的现代化，就是使国家治理体系制度化、科学化、规范化、程序化，使国家治理者善于运用法治思维和法律制度治理国家，从而把中国特色社会主义各方面的制度优势转化为治理国家的效能。① 2014 年 1 月 1 日，习近平总书记在《人民日报》上进一步指出：“国家治理体系是在党领导下管理国家的制度体系，包括经济、政治、文化、社会、生态文明和党的建设等各领域体制机制、法律法规安排，也就是一整套紧密相连、相互协调的国家制度；国家治理能力则是运用国家制度管理社会各方面事务的能力，包括改革发展稳定、内政外交国防、治党治国治军等各个方面。”也就是说，国家治理现代化应当包括治理体系的制度化与法治化、治理主体的多元化与合作化、治理过程的规范化与程序化、治理方式的科学化与信息化、治理结果的高效化与人本化。

审批制度改革是全面深化改革的重要组成部分。党的十八大提出要深化审批制度改革，继续简政放权，推动政府职能向创造良好发展环境、提供优质公共服务、维护社会公平正义转变。矿业权审批作为国土资源部门掌握的重要公权力，其科学配置和正当行使，

---

* 夏云娇（1973—　），女，法学博士，中国地质大学法学系副教授，硕士生导师，国家公派澳大利亚国立大学法学院访问学者，主要从事环境资源行政法学研究。

① 江必新：《推进国家治理体系和治理能力现代化》，载《光明日报》2013 年 11 月 11 日，第 10 版。

事关政府职能转变与法治政府、服务型政府和廉洁政府建设。在国家治理现代化的背景下，矿业权审批改革要求国土资源部门简政放权、瘦权力塑效能。将“该放的权坚决放开放到位，不该管的不管不干预”，同时对确需保留的审批事项，也要建立标准明确、程序严密、运作规范、制约有效、权责分明的管理制度。具体而言，与国家治理现代化总目标相适应，矿业权审批改革的目标为：一是，矿业权审批制度本身科学化、法治化；二是，作为国家治理者之一的自然资源部门要善于运用法治思维和法律制度审批矿业权，同时发挥涉矿中介组织、矿业参与者的各自功能与作用；三是，矿业权审批过程的规范化与程序化；四是，矿业权审批方式的科学化与信息化；五是，最终实现矿业权审批结果的高效化与人本化。只有这样，才能把矿业权审批的制度优势转化为服务经济社会发展、维护人民群众权益的最终目的。

二、矿业权审批的制度基础

(一)矿业权审批的制度依据

矿业权审批是指矿业权管理机关根据申请人的申请，经过依法审查，采取“批准”、“同意”等发放证照等方式，准予其在特定区域内从事矿业勘探或开采、认可其探矿或采矿的资格资质、确认特定民事关系或者特定民事权利能力和行为能力的行为。矿业权审批包括在一级市场和二级市场的行政审批。

一级市场的是指矿业权管理机关对尚未设立矿业权或原有的矿业权已消灭的区域通过竞争或非竞争性方式设置矿业权而形成的市场。一级市场中探矿权和采矿权的行政审批的主体有所区别。根据我国《矿产资源勘查区块登记管理办法》第 4 条：经国务院指定的机关审查同意后，由国务院地质矿产主管部门登记，颁发勘查许可证”，“勘查下列矿产资源，由省、自治区、直辖市人民政府地质矿产主管部门审批登记，颁发勘查许可证，并应当自发证之日起 10 日内，向国务院地质矿产主管部门备案；(一)本条第一款、第二款规定以外的矿产资源；(二)国务院地质矿产主管部门授权省、自治区、直辖市人民政府地质矿产主管部门审批登记的矿产资源”，可见，我国探矿权授予的主体是国土资源部和省级国土资源主管部门两级审批机关。此外，根据《矿产资源开采登记管理办法》第 3 条的规定，我国采矿权的审批采用的是国土资源部、省级、市(地)级和县(市)级国土资源主管部门四级审批发证的体制。① 在矿业权的获取方式上，根据《探矿权采矿权招标拍卖挂牌管理办法(试行)》对获取矿业权的相关规定，我国矿业权出让采用的竞争性方式有三种：招标、拍卖、挂牌。

矿业权二级市场是矿业权平行转移的市场，即发生在矿业经营者之间的交易市场。二级市场矿业权的流转方式主要是矿业权转让，还包括矿业权的作价抵押、出资、出租等。根据《探矿权采矿权转让管理办法》第 4 条规定，转让采矿权，应当具备下列条件：“国务院地质矿产主管部门和省、自治区、直辖市人民政府地质矿产主管部门是探矿权、采矿权

---

① 《矿产资源开采登记管理办法》第 3 条。

转让的审批管理机关。国务院地质矿产主管部门负责由其审批发证的探矿权、采矿权转让的审批。省、自治区、直辖市人民政府地质矿产主管部门负责本条第二款规定以外的探矿权、采矿权转让的审批”,① 可见，在二级市场中矿业权的流转也需要通过行政审批。

(二)矿业权出让审批

我国现有立法对矿业权出让的行政许可审批权限进行了明确的区分与界定。国土资源部负责审批：(1)国家规划矿区和对国民经济具有重要价值的矿区内的矿产资源；(2)跨省、自治区、直辖市的矿产资源；(3)领海及中国管辖的其他海域的矿产资源；(4)外商投资勘查的矿产资源；(5)煤、油页岩、烃类天然气、二氧化碳气、煤成气、地热、放射性矿产、金、银、铂、锰、铬、钴、铁、铜、铅、锌、锡等；(6)开采石油，天然气的，经国务院指定的机关审查同意后，有国土资源部矿产开发管理司登记，颁发采矿许可证。省级矿产资源主管部门审批：(1)国家规划矿区和对国民经济具有战略意义的矿区的矿产资源，领海以及中国管辖的其他海域的矿产资源以外的矿产，其储量规模在中型以上的矿产资源；(2)国务院地质矿产主管部门授权省、自治区、直辖市人民政府地质矿产主管部门审批登记的矿产资源。

对于上述除由国家和省级矿产资源主管部门审批的矿业权外，其他的矿产资源的矿业权由县级以上地方人民政府负责地质矿产管理部门按照省级人大常委会制定的管理办法审批登记，颁发采矿许可证，同时逐级向上一级人民政府主管部门备案。矿区范围跨县级以上行政区域的，由所涉及行政区域的共同上一级登记管理部门审批登记。

矿业权审批机关在收到申请人的申请材料之后，应该组织相关的专家对申请的矿区范围是不是存在采矿权交叉重复的情况以及矿产资源开发利用初步方案进行审查，国土资源部门应协助登记管理机关进行调查，经登记管理机关审查同意开采的，确认矿区范围并下发审批意见，不同意开采的，说明理由，并把申请资料退回。审批机关在进行审查时要考虑以下几个原则：一是矿产资源开发实行统一规划、合理布局、合理开采和综合利用；二是矿山建设规模、服务年限要与申请开采的储量相适应；三是矿山生产要体现规模生产、集约化经营的方针；最后要保护已有采矿权人的利益。②

(三)矿业权转让审批

所谓矿业权转让的审批指矿业权人在转让矿业权之前必须向有关部门提出申请，经审查批准后才可以进行，而矿业权转让审批制度则是对矿业权转让审批行为进行规制的一系列法律规范的总称。③

矿业权转让必须进行审批，是因为矿产资源不可再生，更关系到社会民生乃至国家战略，必须得到有效的开发和利用。现阶段我国法律主要从内容和程序两方面对矿业权转让

---

① 《探矿权采矿权转让管理办法》第 4 条。

② 张国生：《矿业权的出让取得研究》，内蒙古大学学位论文，2011 年，第 21 页。

③ 参见敬伟君：《矿业权转让若干问题研究——以转让方受让方规避法律为视角》，兰州大学硕士学位论文，2011 年。

审批进行规制。

1. 矿业权转让审批的内容

根据现有规定，各种形式的矿业权转让，转让双方都必须向登记机关提出申请，经审查批准后办理变更登记手续。矿业权转让的当事人须依法签订矿业权转让合同。按照规定，探矿权人或者采矿权人在申请转让探矿权或者采矿权时，应当向审批管理机关提交下列资料：①（一）转让申请书；（二）转让人与受让人签订的转让合同；（三）受让人资质条件的证明文件；（四）转让人具备本办法第五条或者第六条规定的转让条件的证明；（五）矿产资源勘查或者开采情况的报告；（六）审批管理机关要求提交的其他有关资料。国有矿山企业转让采矿权时，还应当提交有关主管部门同意转让采矿权的批准文件。

矿业权人按照国家规定以出售、作价出资、合作勘查等方式依法转让矿业权的，转让双方应按规定到原登记发证机关办理矿业权变更登记手续。但是受让方为外商投资矿山企业的，应到具有外商投资矿山企业发证权的登记管理机关办理变更登记手续。就具体的审批权限来看，国务院地质矿产主管部门负责由其审批发证的矿业权转让的审批。省、自治区、直辖市人民政府地质矿产主管部门负责其他矿业权转让的审批。

2. 矿业权转让的审批程序

首先，矿业权人应当提出矿业权转让申请。在提出申请之前，还应当明确矿业权转让双方的权利义务，并签订矿业权转让合同。其次，由有审批权限的部门受理申请。根据《探矿权采矿权转让管理办法》的规定，拥有矿业权转让审批权限的部门为国务院地质矿产主管部门和省级地质矿产主管部门。再次，由以上部门对申请进行审查，审查结束后做出审批意见。根据是否符合法律规定的情形，该机关必须在40天内做出是否允许转让的通知，并通知转让双方。如果不批准，应当说明理由。最后，如果申请被批准，转让双方应当办理矿业权变更登记手续，法定期限为收到批准转让的通知之日起60日内。②

三、矿业权审批存在的问题及原因分析

（一）矿业权审批存在的问题

1. 矿山企业逃避审批屡见不鲜

虽然国务院和国土资源部已经发布了一系列的法律法规和规章对矿业权转让的审批进行规制，但逃避审批现象仍然普遍存在。一些小型矿山企业多以私下通过托管等方式进行变相转让，而那些大型矿产企业多通过签订股份转让合同，实现矿业权的转让，从而达到规避审批的目的。关于矿业公司股权转让我国法律并没有做出明确规定，这使得法院在处

---

① 《探矿权采矿权转让管理办法》第8条。

② 参见康乐君《矿业公司股权变动与矿业权转让关系研究》，中国地质大学（北京）硕士学位论文，2012年。

理此类案件时出现了分歧。有些法院认为虽然在形式上转让方的名称和法人地位没有任何变化，但在实质上已经达到了矿业权转让的目的，而我国法律规定矿业权转让必须经过相关部门的审批，所以此类转让应当无效。在实践中，尽管转让方与受让方都知道通过股权转让可能会被法院判定无效，但其仍然愿意冒着风险去选择这种转让方式。所以，法院受理的矿业公司股权转让案例并不少。例如，2008 年云南省高院受理的梁栋与张友童、昆明东迪矿业有限公司股权转让纠纷一案中，法院认为当事人签订的股权转让协议的内容违反了法律对矿业权转让方式的禁止性规定，判决该转让协议无效。

2. 矿业权审批违规违法现象严重

矿产资源作为一种限制性资源，其开发利用受到政府的严格管制。因此，矿业权的转让必须要经相关部门审批才能进行。然而，拥有审批权力的官员在巨额利润的引诱下，通过帮助不具备转让资质的矿业权人顺利通过审批，使其获得转让资格，实现权钱交易；一些没有受让资质的企业为了获得矿业权，也会通过行贿等方式操作审批流程，改变审批结果。这些官员和企业为了一己私利，不顾勘探、开采能力进行操纵矿业权转让交易的行为，一方面导致矿产资源被严重浪费，国家利益受到损害；另一方面违背了市场交易的公平性原则，严重干扰着矿业权转让市场的交易秩序。

官员违规审批现象自矿业权被允许转让的时候开始就层出不穷，各种贪污腐败案件不胜枚举。仅 2010 年，全国已经被发现的矿产资源类型的犯罪人数已达数百，而令人关注的“安徽矿王”案件更是这类案件的典型。在该案件中，霍邱铁矿公司与大昌公司签订了矿业权转让协议，约定将其所有的范桥铁矿探矿权转让给大昌公司。在转让的审批程序中，时任安徽省国土资源厅副厅长杨先静与大昌集团董事长吉立昌互相勾结，作出违规批准的决定，将按国家规定必须招标、拍卖或挂牌的范桥铁矿探矿权，作价 1.5 亿元出让给大昌公司，而该探矿权的市场合理价格为 8.1 亿元。

(二)矿业权审批存在问题的原因分析

1. 矿业权审批立法层次不高、体系不完善

目前对矿业权流转的行政审批仍主要适用 1998 年国务院的三个行政法规①，《矿产资源法》对此没有规定。经过近二十年的快速发展，我国社会的整体状况发生了巨大的变化，矿业权市场所面临的情况也发生了巨大的变化，在这种情况下以“三个办法”来规范现有的矿业权流转市场无疑捉襟见肘。大量的矿业权流转审批立法分散在各种规范性法律文件中，而这些规范性文件往往是为了在某一特定时期内解决某一具体的问题而设置的，所以政策性、权宜性明显，法律层次低。一方面在很大程度上导致矿业权流转审批立法稳定性不足，另一方面也使得矿业权流转审批制度缺乏一个权威的法律文件。如《矿产资源法》规定禁止将探矿权和采矿权倒卖牟利，其中拥有矿业权的企业可以以合并、分立或者合资的形式变更采矿权主体，而《矿业权出让转让管理暂行规定》直接规定矿业权可以以

① 《矿产资源勘查区块登记管理办法》、《矿产资源开采登记管理办法》、《探矿权采矿权转让管理办法》。

出售等形式进行转让，这在立法上造成了矿业权转让制度的不规范。又如《矿业权出让转让管理暂行规定》第46条明确规定“矿业权转让的当事人须依法签订矿业权转让合同。依转让方式的不同，转让合同可以是出售转让合同、合资转让合同或合作转让合同。转让申请被批准之日起，转让合同生效。”也就是说，矿业权转让合同的生效与否是以矿业权审批部门是否批准为要件的。然而依据《物权法》第15条的规定，“当事人之间订立有关设立、变更、转让和消灭不动产物权的合同，除法律另有规定或者合同另有约定外，自合同成立时生效；未办理物权登记的，不影响合同效力。”由此，矿业权转让合同的效力并不明确。

2. 双层审批造成矿业权流转效率低下

我国法律规定矿业权转让审批制度实行中央与省级管理制，即由国务院地质矿产主管部门负责由其审批发证的探矿权、采矿权转让的审批，由省级地质矿产主管部门负责除此之外的审批。也就是说，市级和县级的地质矿产主管部门仅有设立采矿权的权利，而没有审批其转让的权利。这就导致了在市级和县级设立的采矿权无法在原管理部门进行审批，必须向省级主管部门提出转让申请，等到审批通过之后才能到原管理部门办理矿业权变更登记手续，无疑加重了转让双方的交易成本和风险。对于现代市场经济而言，谋求合法的经济利益是市场主体参与市场竞争的主要目的所在，尤其是在瞬息万变的市场经济条件下，时间就是机会、效率就是效益。流转作为一种市场行为，却需要双重审批，在这种情况下市场环境会发生各种可能的变化，而这种审批的低效率也无疑会对矿业权市场的形成和发展造成严重的不良影响。此外，市、县级设立的采矿权的矿区多为小矿和普通矿，从矿业权人的成本角度出发这很容易导致逃避审批、私下转让现象的发生。①

3. 矿业权审批导致其抵押权实现难

《矿业权出让转让管理暂行规定》明确规定了矿业权的抵押，但是就现实情况来看，矿业权的抵押在全国大部分地区是很少见的，甚至是被禁止的。尤其是对于探矿权这一矿业权而言，其在现实中的操作难度很大。理论界和实务界许多人对探矿权是否具有物的价值形成截然相反的两种观点：一种观点认为，探矿权仅为勘查矿产资源的权力，其客体无法确认，不是物权所以不能抵押；另一种观点认为，探矿权具有物权属性，其地质资料和查明储量可作为其客体，而且从探矿权的转让可以看出探矿权可以评估且具有价值，所以探矿权是可以抵押的。② 这一认识的差异不仅存在于理论界，而且矿业权管理机关、银行和法院等都对此存在不同的认识。与此同时就矿业权的抵押而言，如果采矿权在抵押后被拍卖，按照相关的规范文件，矿业权审批机关为国土资源管理部门，银行和法院并不具备

① 参见郝晓丽：《矿产资源流转中权力寻租的法律问题研究》，昆明理工大学硕士学位论文，2013年。

② 孔宁：《矿业权属性与行政许可制度及其关系研究》，中国地质大学（北京）硕士论文，2011年，第23页。

拍卖采矿权的权力，采矿权的转让必须经管理部门批准才能生效。① 由此造成了允许采矿权抵押，但一部分采矿权经拍卖后却无法进行矿业权转让审批的现象，严重影响了当事人的权益。

4. 矿业权审批后续监管乏力

"行政许可是过程性、连续性行为，行政许可行为并不会在颁发许可证后就自行终结，行政许可行为的外延边际应该贯穿于被许可行为的全过程。"②"行政许可审批本身不能保证被许可人在许可范围内从事活动，也不能确保被许可人自觉履行法定义务，行政许可审批只有与监督、管理相结合，才能形成一个有效的监控体系，从而真正发挥行政许可制度的效能与作用。"③具体到矿业权流转行政许可领域，矿业权流转行政许可制度不仅仅要求权利主体在获得矿业权流转行政许可时符合法律规定的条件，也要求这些相应的主体在具体的生产过程中必须达到一定的标准。我国目前对矿业权流转许可的后续监管除了安全生产许可以外，其余的一般都采取年检的方式，这种定期监管的方式收效甚微。第一，年检采用书面审查与实地审查相结合的方式，这也就意味着对年检很大一部分需要通过书面审查的方式进行，而作为书面审查重要依据的各种材料，均是由矿山企业向年检实施机关提供的，矿山企业在提供材料前，必然要比照相关的法律，审查自己是否符合年检的要求。第二，即使年检实施机关需要对某一矿山企业进行实地审查，在实践中的通常做法是在实地审查前，就会告诉矿山企业何时去检查、检查团由哪几位官员和专家组成、需要检查的事项有哪些等等。这种实地检查的方式一方面给了矿山企业充足的时间准备年检材料，提高了年检的效率，另一方面也给了矿山企业充足的准备时间去应付年检。

5. 矿业权转让审批部门的权力缺乏规制

"绝对的权力导致绝对的腐败。"我国现行的《矿产资源法》修订于 1996 年，仍然带有计划经济的色彩，在基本精神上偏向于用行政管理的手段规范矿业市场，未能考虑到矿业权的用益物权属性。国务院出台的相应法律法规文件虽然逐渐解放了矿业权转让市场，但仍然侧重于规制矿业权人的法律行为，审批机关的权力过大，没有相关条款对其进行限制。在民事领域内的物权法难以约束矿业主管部门负责人滥用职权的行政行为，这使得矿业权人的合法权益难以获得制度上的保障，而管理机关滥用职权的行为更严重扰乱了矿业权转让的市场秩序，导致非法转让现象的不断发生。

---

① 参见申升：《法院可以裁定将矿业权直接过户他人吗?》，载《中国矿业报》2014 年 3 月 8 日，第 A04 版。

② 孙耀霖：《煤炭法制建设中应解决的几个问题》，载《郑州经济管理干部学院学报》2007 年第 6 期。

③ 应松年：《当代中国行政法》上卷，中国方正出版社 2005 年版，第 753 页。

四、完善矿业权审批制度推进国家治理现代化

(一)完善矿业权审批相关立法，促进矿业权审批制度体系科学化、法治化

1. 建立分类分级审批制度，进一步削减矿业权审批事项

“《行政许可法》的法理精髓在于，凡是能够通过市场机制解决的问题，应当由市场机制去解决；通过市场机制难以解决的，但通过规范公正的中介机构自律能够解决的，应当通过中介机构自律去解，从这个意义上，可以说三种权利(力)的行使有一个顺序，私权问题尽量通过私权的办法解决，若解决不了再通过社会的力量权解决，社会力量还解决不了的才动用国家力量。”①具体到矿业权审批领域，矿业权的物权属性决定了在矿产资源配置过程中必须首先发挥市场的作用，在市场解决不了时才动用矿业权审批的方式来解决。

根据矿产资源对国民经济的重要程度、开采安全程度、开采活动对环境的破坏程度等社会性因素，对矿产资源实行分类管理制度。第一类矿产资源，主要是关系国家战略安全的矿产资源，例如黄金、石油、铀等，此类矿产资源的探矿与采矿权只能由国务院地质矿产部门通过实施矿业权行政许可的方式赋予特定的采矿权申请人；第二类矿产资源，主要包括一些开采条件不尽相同，有些开采安全风险较小、有些则存在极大的安全风险的矿产资源，例如煤矿、地热等，此类矿产资源可以采取矿业权行政许可与市场竞争相结合的方式；第三类矿产资源，主要是一些开采难度较小、对国家安全影响较小的矿产资源，例如砂石、粘土等，此类矿产不应当再设置矿业权许可，而是应当通过完全的市场竞争方式来取得矿业权。彻底改变当前应该由政府实施强化管理的重要矿产资源(例如煤矿)却没有管住，应该由市场来调节的普通矿产资源(例如普通砂石、粘土)却管的太死的局面。

针对矿业权转让双层审批的弊端，应当从我国矿业权转让的实际情况出发，以矿产资源国家宏观管理，市场微观运行为指导思想，建立一个有效、规范的矿业权转让审批制度。具体是指合理分配中央与地方的审批权限，让地方政府也能参与其中，以减轻矿业权人的负担和风险。根据矿产资源的种类和多寡，实行分类分级审批，对一些涉及国民经济命脉的大型矿区由中央负责审批，而相对重要的矿产资源由省级管理机关进行审批，剩余的不太重要的矿产则直接由市级以及县级相关部门负责审批。

2. 修订《矿产资源法》，明确矿业权出让、转让合同的效力

根据《矿业权出让转让管理暂行规定》第46条，“转让申请被批准之日起，转让合同生效”。也就是说，未经行政审批的合同是严重欠缺生效要件的合同，因而法律上不按当事人合意的内容赋予效力。司法实务据此认为，“未经相关部门批准的采矿权转让合同，属无效合同”。② 这与我国《物权法》将矿业权归入用益物权的范畴相悖，《物权法》第15条，“当事人之间订立有关设立、变更、转让和消灭不动产物权的合同，除法律另有规定

① 李显东：《中国矿业立法研究》，中国人民公安大学出版社2006年版，第45页。

② 云南省高级人民法院民事判决书：(2010)云高民二终字第110号。

或者合同另有约定外，自合同成立时生效；未办理物权登记的，不影响合同效力。”尽管矿业权属于一种比较特殊的物权，其是由国家矿产资源所有权所派生出来的重要权利。与一般的物权相比其又呈现出一定国家公权的色彩，但是不可否认的是，从本质上来看，其仍然属于物权范畴，矿业权在发生流转时仍然要适用物权转让的一般规则。只不过，矿业权作为关系国家能源安全和发展战略的一项重要权利，法律对其转让的规范要严格于普通物权，矿业权的转让不但需要登记作为公示手段，还需要经过行政审批。但设置矿业权转让行政审批的最终目的在于维护矿业秩序、国家利益和社会利益，在这种情况下并不能以行政审批来取代当事人的意思自治。所以，应当尽快修订矿产资源法，明确矿业权出让、转让合同的效力。

（二）遏制矿业权审批裁量权的滥用，重视审批流程的规范化与程序化

由于矿业权审批制度存在申请材料繁多、审批程序繁杂、审批时间长等现状，导致矿山企业申请的矿业权、矿业权的流转等可能需要等上几年才能获得批准，不利于矿业权配置的市场化进程，不利于矿产资源的开发和国民经济的发展。采矿权申请需要材料众多，① 不同部门审批形式和审批时间不同，有的申请材料可以并联编制、审查和审批，但大多数材料是串联编制、审查和审批。各种申请资料是具有先后顺序的，如没有完成地质报告编写、评审、备案，就无法进行地质资料汇交，没有完成地质资料汇交就无法办理资源储量查明登记，以此类推，形成一环套一环，环环相扣的情况。而且，各个单位均以前面一个或者多个申请材料为依据，单独审批（非多部门联合审批）。有的市、县变本加厉，甚至征求的村小组意见，层层设关卡。到审批机关审批完成，需要多次“审批”，导致审批程序更加复杂。加之审批资料需要耗费时间，如地质（储量核实）报告的编写、评审、备案一般需要半年以上时间，环评报告的编写、审查和批准时间也需要半年以上时间，其他报告和方案从编写到审查批准一般需要三个多月时间，采矿权申请人无论是以探矿权转采矿权形式或者是通过招标拍卖挂牌方式取得采矿权形式，划定矿区范围后（此时已经完成储量评审备案），金属矿山一般需要 2 年时间（大型矿山需要 3 年时间甚至更长），地热和矿泉水以及市、县颁发采矿许可证的非金属矿山如建筑用石料、陶瓷土、砖瓦用粘土等一般也需要 1 年左右时间。往往出现划定矿区范围后 5 年时间无法完成采矿登记的个案。②

因此，为减少矿业权审批自由裁量权的滥用，应当规范和优化审批事项流程，加强行政审批标准化建设，严格规范审批的实施主体、条件、程序、期限和收费标准等内容，严把行政审批的入口与出口，严格执行接办分离制度，理顺政务大厅受理与相关司局审查的关系，坚持“无标准不受理”原则。

---

① 如广东省要求新立采矿权需要提供 19 项资料，参见 2009 年广东省国土资源厅《关于规范采矿权审批权限下放实施管理工作的通知》（粤国土资矿管发〔2009〕527 号）。

② 参见张文银：《广东省采矿权审批发证管理问题及对策研究》，中国地质大学（北京）学位论文，2012 年。

(三)加强网上审批系统建设，推进矿业权审批方式的科学化与信息化

网上审批是利用信息技术和其他相关技术来构造更适合以互联网为主要特征的信息时代的行政审批结构和审批运行方式，是虚拟化的行政审批机关，实现审批权力结构由垂直型向扁平型转变，形成一个跨越时间、地点、层级的全天候、全周候、全年候的审批服务体系。① 实施网上审批，加大矿业权审批信息公开力度，依法公开审批权力运行流程，加强国土资源部电子政务建设，适时全面推进矿业权审批事项电子申报和远程申报，加强审批行为的线上监控与及时监督，有利于简化审批程序，增强审批服务的透明度，避免自由裁量的滥用，提高审批效率。因此，网上审批系统是推进矿业权审批方式科学化与信息化的关键所在。

(四)建立健全矿业权审批后续监管制度，加大对涉矿违法行为的惩处

“徒法不足以自行”，在进行矿业权流转审批事前管制的同时还要加强对审批后续监管制度建设。一是，严格遵照《行政许可法》的规定，由国土资源部门来依法查处行政相对人涉矿违法行为。二是，优化现有的监管手段和模式，采取年检与不定期检查相结合的监管方式。我国目前虽然也有不定期检查，但是这种不定期检查一般是在春节、人民代表大会召开期间，或者发生重大安全生产事故以后进行，并没有将不定期检查常态化。对矿业权审批不仅要实行年检制度，而且应当树立月月检、日日检的理念，不仅要发挥年检的作用，而且也应当注重不定期检查的效果。同时加大年检中实地检查的比例，为了保证矿山企业上报的年检材料的真实性，由监管机关对矿山企业的年检材料一律采取实地检查的方式进行复核，无疑是最为有效的。

(五)建立健全矿业权审批问责机制，预防治理矿业权审批中的腐败问题

矿业权涉及的经济利益和社会影响十分巨大，同时许多重大矿业生产事故的发生也与行政审批不严格有着直接关系。行政审批作为一项政府行为，是政府行使着人民赋予的权利，行政审批能否公平、公正、公开地进行，以及行政审批违法时能否有效问责，对社会主义市场经济建设与发展，社会秩序的和谐运行都有着重大影响。党的十八大召开以来，以习近平总书记为核心的党中央一再重申和反复强调加强反腐倡廉工作，社会舆论极力呼吁惩治贪腐官员的形势下，涉矿贪腐案件的频繁发生，一只只“老虎”被揪出。为防微杜渐，预防腐败，不仅要明确违规审批矿业权的责任人的行政责任，而且要对涉矿违法审批的政府官员实行具体全面、切实可行的问责机制。矿业权审批问责的对象应是矿业权审批过程中的一切行政主体和公务人员。在明确具体问责对象时，一要分清审批机关上下级、各部门、正副职之间的责任，避免多头领导造成的职权混乱而引发的责任混淆。二要根据党政分工不同，分清各自责任，切忌以党代政造成职责混乱。只有行政责任、法律责任、政治责任、道德责任的追究到位，方能起到震慑违法犯罪，有效治理腐败，最终实现矿业权依法审批。

---

① 丁茂战：《我国政府行政审批治理制度改革研究》，中国经济出版社 2006 年版，第 173 页。

水源保护区划调整后的行政补偿问题探讨

钱　敏*

摘　要：水源保护区划调整，必然涉及已经建成的建设项目所有人的合法权益；就目前的法律规定而言，依法必须拆除或关闭；然而在拆除或关闭时，对于行政相对人、权利人的合法权益如何保护，我国法律并没有明确的实施细则。鉴于理论上对于这种救济的性质、原则、范围、程序等等均存在争议，因此，在实践中也必然会直接损害行政相对人的实际权益。笔者拟对水源保护区划调整引起的相关行政补偿问题做一探讨，并提出如何解决的建议。

关键词：水源保护区；行政补偿；原则；范围；程序

一、导言

1984年《中华人民共和国水污染防治法》第12条规定，县级以上的人民政府可以将下述水体划为水源保护区：生活饮用水水源地、风景名胜区水体、重要渔业水体和其他有特殊经济文化价值的水体。

水源保护区是国家对对某些特别重要的水体加以特殊保护而划定的区域。水源保护区的建立旨在保障用水安全，有效缓解区域发展与生态保护的矛盾，从而促进社会经济全面可持续发展。

随着经济的不断发展，一些地方政府为了更加科学合理的划定水源保护区，有效解决水源地周边环境管理与群众生产生活之间的突出矛盾，根据《中华人民共和国水污染防治法》第五十六条"国务院和省、自治区、直辖市人民政府可以根据保护饮用水水源的实际需要，调整饮用水水源保护区的范围，确保饮用水安全"，对饮用水地表水源保护区进行了必要的调整。调整后的一级、二级水源保护区域也明显扩大。为了优化城市给排水格局，确保水质达标，地方政府对饮用水源保护区的建设项目进行清理整顿。

在清理整顿过程中，根据《中华人民共和国水污染防治法》第五十八条："禁止在饮用水水源一级保护区内新建、改建、扩建与供水设施和保护水源无关的建设项目；已建成的与供水设施和保护水源无关的建设项目，由县级以上人民政府责令拆除或者关闭"，以及

---

* 钱敏(1971—)，男，湖北仙桃人，广东邦仁律师事务所主任，合伙人律师，主要代理行政诉讼与复议案件、担任政府法律顾问。

第五十九条："禁止在饮用水水源二级保护区内新建、改建、扩建排放污染物的建设项目；已建成的排放污染物的建设项目，由县级以上人民政府责令拆除或者关闭。"之规定，地方政府对那些已经取得合法的工商营业执照、税务登记证、排污许可证、卫生许可证等经营主体，以及这些经营主体的厂房、土地、设备、生产线等建设项目，会依法行使"责令拆除或者关闭建设项目"之权力。

然而，尽管法律对饮用水水源一级、二级保护区内已经建成的建设项目有了明确的规定，要求"责令拆除或者关闭建设项目"，但是，拆除或者关闭之后的行政补偿问题既没有相关指引，也没有实施细则，形成了一个立法缺陷。

在实践中，这些合法的经营业主的权利如何保护、如何救济，企业利益与公共利益的冲突如何协调，理论上存在诸多争议，加之这类问题本身缺乏明确的法律法规指引，因此，研究此类问题，也具有一定程度的理论意义和现实意义。笔者就水源保护区划调整后的相关行政补偿问题做一探讨，以期同仁。

二、"责令拆除或者关闭建设项目"的行政处理决定的性质探讨与实务操作

一种观点认为，"责令拆除或者关闭建设项目"是行政许可撤回的表现形式，属于行政许可行为。如马怀德、解志勇认为，"关闭有时也称为撤销、封闭、取缔等，其主要形式有吊销、撤回许可证、营业执照，禁止生产经营，爆破、填埋、铲平等"，"撤回许可性关闭，又称为政策性关闭。是针对不符合国家产业政策、环境及资源保护政策的企业而言。这类企业并不是违反了严格意义上的法律或行政法规，因此不具有违法性，这是它与处罚性关闭的根本区别。这类企业在开办之初，是符合法律规定的。行政机关之所以撤回许可其营业的承诺，主要是因为，随着政治、经济的发展，国家会相应对国民经济发展规划、计划进行必要的调整，而他们的生产经营方针、策略、方式已不能适应这种变化，二者产生了不可调和的冲突、矛盾，他们必须服从国家的大局。"①

另外一种观点认为，"责令拆除或者关闭建设项目"属于管制性征用，是出于公共利益的需要，国家不直接使用，但对相对人使用、处分其财产等权利加以限制或禁止的行为。并指出在实践中这类管制性征用行为可以概括为三种类型：一是对财产使用权的禁止或限制，如《防沙治沙法》第35条规定"因保护生态的特殊要求，将治理后的土地批准划为自然保护区或者沙化土地封禁保护区的，批准机关应当给予治理者合理的经济补偿"；二是财产处分权的禁止或限制，如《森林法实施条例》第15条规定"防护林和特种用途林的经营者，有权获得森林生态效益补偿的权利"；三是对财产收益权的限制，如《种子法》第14条规定"单位和个人因林业主管部门为选育林木良种建立测定林、试验林、优树收集区、基因库等而减少经济收入的，批准建立的林业主管部门应当按照国家有关规定给予经济补偿"。②

① 马怀德、解志勇，《关闭企业的法律思考》，载《人民法院报》2001年5月11日。

② 刘平：《行政执法原理与技巧》，上海人民出版社2015年版，第250页。

目前在司法实践中，大多数法院都采纳了行政许可撤回的观点。

如广东省高级人民法院(2014)粤高法行终字第918号行政判决书中认为：钟观容经营丰门凹砖厂的行为发生在龙府函(2012)115号《关闭砖瓦窑场决定书》作出之前，该砖厂已经依法领取了《个体工商户营业执照》、《税务登记证》、《土地临时使用证》，且合法经营多年，应当受到法律保护。龙门县人民政府为公共利益需要关闭丰门凹砖厂的行为属于撤回行政许可的行为。

湖南省湘潭市中级人民法院(2016)湘03行初39号行政判决书中认为：2013年10月20日，被告湘潭市人民政府发布《关于实施竹埠港地区化工企业整体退出的通告》，授权被告湘潭市岳塘区人民政府具体实施对竹埠港区域化工企业关停退出工作。而该《通告》中的"授权"实际上是"委托"，"关停退出"实际上是"行政许可撤回"的情形之一。被告湘潭市人民政府、被告湘潭市岳塘区人民政府为治理湘江竹埠港区域重金属污染，基于社会公共利益需要和行政管理职能目标，有权对依法登记成立具备企业法人营业资格、办理了组织机构代码证和排污许可等手续且对尚在有效期限内的企业实施关停退出，即可以撤回对原告的行政许可。

笔者认为，因水源保护区的划定和调整，行政机关不管是以决定的形式还是以命令的形式，对行政相对人下达"责令拆除或者关闭建设项目"通知书，均表示水源保护区内的企业不能再进行生产经营行为，要经营则必须搬迁，该通知书客观上就是行政机关实施了限制相对人合法财产权行使的行为；从本质上来说，属于对先前行政许可的撤回。

三、相关行政补偿的法律规定

我国《行政许可法》第八条规定："公民、法人或者其他组织依法取得的行政许可受法律保护，行政机关不得擅自改变已经生效的行政许可。

行政许可所依据的法律、法规、规章修改或者废止，或者准予行政许可所依据的客观情况发生重大变化的，为了公共利益的需要，行政机关可以依法变更或者撤回已经生效的行政许可。由此给公民、法人或者其他组织造成财产损失的，行政机关应当依法给予补偿。"

由此可见，行政补偿是指行政主体在管理国家和社会公共事务的过程中，基于社会公共利益的需要，合法行使公权力致使行政相对人遭受财产损害时，对该行政相对人依法给予补偿的法律制度。

行政补偿制度在德国、法国等国都有比较完备的法律规定。如在德国，行政补偿则细分为征收补偿、准征收补偿、特别负担补偿和征收性侵害补偿等。① 征收补偿是国家基于公共利益的需要，对权利人的财产或具有财产价值的权利所为的部分或全部之剥夺而给予的补偿；准征收补偿又称为类似征收之补偿，指国家"违法无责"的行为一旦在实际效果上给当事人构成特别牺牲时而进行的补偿；特别负担补偿是指国家对权利人的财产权的限制违反了平等原则或比例原则时而给予的补偿；征收性侵害补偿指财产权受合法行政行为

① 参见[德]哈特穆特·毛雷尔：《行政法学总论》，法律出版社2000年版，第698页。

附随效果的侵害达到征收程序时而为的补偿。①

又如，法国的公用征收补偿是指行政主体为了公共利益目的，以法定的强制方式取得私人不动产的所有权或其它物权时所给予的事先公平的补偿，其标的仅限于不动产。②

目前，尽管我国《宪法》第十三条第三款明确规定“国家为了公共利益的需要，可以依照法律规定对公民的私有财产实行征收或者征用并给予补偿”；但是，散见于其他具体法律法规规定的行政补偿条文并不统一，如《中华人民共和国国防法》、《中华人民共和国水法》等对行政补偿的标准作出了“适当补偿”的规定，而《城市私有房屋管理条例》、《侨眷归侨权益保护法》等规定的则是“合理补偿”标准，《中外合资经营企业法》和《公路法》等规定的则是“相应补偿”标准。又如《国有土地上房屋征收与补偿条例》第二条则规定“为了公共利益的需要，征收国有土地上单位、个人的房屋，应当对被征收房屋所有权人给予公平补偿”等等。

因此，最高人民法院在《关于依法平等保护非公有制经济促进非公有制经济健康发展的意见》(法发[2014]27号)第十二条也指出，行政机关为公共利益的需要，依法变更或者撤回已经生效的行政许可、行政审批，或者提前解除国有土地出让等自然资源有偿使用合同的，人民法院应依法支持非公有制经济主体关于补偿财产损失的合理诉求。

然而，对于水源保护区划调整后的相关行政补偿缺少明确的具体规定，这不得不说是一个立法缺陷。

四、水源保护区划调整后的行政补偿构成要件

一般来说，水源保护区划调整后的行政补偿构成要件主要包含以下几个方面：

第一，行政机关实施了合法的水源保护区划调整行为。行政机关实施的不管是行政征收行为，还是限制财产权的行为，都必须具有合法性。行政补偿不同于行政赔偿，行政赔偿是违法行政行为引起的，而行政补偿是合法行政行为引起的。

第二，行政机关实施的水源保护区划调整行为必须出于公益之目的，具有公益性。我国《行政许可法》第八条强调“为了公共利益的需要”即是如此。否则，行政机关随意改变区划、随意限制他人合法权益的行使就会构成违法行为，引起的后果便是行政赔偿。

第三，财产权利人合法权益遭受的损害与行政机关实施的水源保护区划调整行为存在法律上的因果关系。财产权利人的合法权益被限制、被关闭、被征收征用等，均是因为行政机关实施的水源保护区划调整行为而引起，二者之间存在法律上的因果关系是行政补偿的前提条件。

第四，财产权利人合法权益遭受的损害的事实客观存在。行政机关实施的水源保护区划调整行为如果没有造成财产权利人合法权益损害事实和结果的，行政机关也就无须进行补偿。

---

① 参见[德]哈特穆特·毛雷尔：《行政法学总论》，法律出版社2000年版，第719页。

② 参见王名扬：《法国行政法》，北京大学出版社2007年版，第372页。

五、水源保护区划调整后的行政补偿原则

尽管我国宪法规定了行政补偿，但仅仅只有“依照法律规定给予补偿”的概括性规定，并没有具体的原则指引；事实上，如前所述，实践中可以“依照的法律规定”少之又少，根本无法操作。因此，有必要在理论上对行政补偿原则进行探讨。笔者认为，一般应有以下几个原则：

（一）依法补偿原则

行政机关实施行政管理行为，都必须严格遵守行政法律规范，应当依照法律、法规、规章的规定进行，没有法律、法规、规章的规定，行政机关不得作出影响行政相对人合法权益或增加行政相对人义务的决定。在行政补偿领域，行政机关也应当依照法律、法规、规章的规定进行。

（二）信赖保护原则

信赖保护又称信赖利益保护，是指非因法定事由并经法定程序，行政机关不得撤销、变更已经生效的行政决定；因国家利益、公共利益或者其他法定事由需要撤回或者变更行政决定的，应当依照法定权限和程序进行，并对行政相对人因此受到的财产损失依法予以补偿。① 该原则的宗旨在于保障私人的既得权，维护法的安定性以及私人对其的确信。我国《行政许可法》第八条正是信赖保护原则在我国行政立法中的第一次确立。水源保护区划调整，恰恰符合行政机关因公共利益的需要撤回先前的行政决定事宜，因此，在该类行政补偿中确立信赖保护原则完全符合宪法保障人民对法安定性的信赖以及宪法对财产保障权的基本原则。

（三）公平补偿原则

行政补偿设立的目的是为了弥补行政主体的合法行为给行政相对人所造成的损失，因此补偿必须要以相对人的损失为依据，再结合其他的具体情况，尽量使受害者恢复到原来的状态，不能恢复的，补偿的标准要与损失基本相匹配。

在土地、房屋征收中，确立了“先补偿、后征收”原则，即行政机关作出征收决定前，征收补偿费应当足额到位，专户存储、专款专用，通过对被征收人因征收造成的损失给予公平的补偿，使之最大限度地恢复原有土地使用人、房屋所有人权利全部行使的状态。

同样，在水源保护区划调整后的行政补偿中，也应该确立公平补偿原则，对被限制行使财产权利人因水源保护区划调整造成的损失给予公平的补偿，最大限度地保护其合法权益。

---

① 参见刘平：《行政执法原理与技巧》，上海人民出版社 2015 年版，第 75 页。

(四)高效便民原则

高效便民要求行政机关实施行政管理行为时，以民为本，讲究办事效率、遵守法定时限、履行承诺的约定时限，积极履行法定职责。不能为了追求效率而轻易牺牲行政相对人的正当权益；更不能消极履职，无限期地拖延行政相对人提出的合理补偿处理事宜。①

六、水源保护区划调整后的行政补偿范围、模式及程序

(一)补偿范围

对于行政补偿的范围如何确定，理论上并无定论。有学者认为，均以“现实直接者为限，若预计仅有获得利益可能，或间接可以获得利益之损失，不在补偿之列”。②

我国《国有土地上房屋征收与补偿条例》第十七条规定：“作出房屋征收决定的市、县级人民政府对被征收人给予的补偿包括：(一)被征收房屋价值的补偿；(二)因征收房屋造成的搬迁、临时安置的补偿；(三)因征收房屋造成的停产停业损失的补偿。”

在水源保护区划调整后的行政补偿中，究竟如何界定这种财产权限制所导致的损失，能否与因行政征收导致财产所有权丧失造成的损失相提并论？

笔者认为，当前公私利益冲突时常发生，行政机关公信力不断受到行政相对人的质疑，应参照《国有土地上房屋征收与补偿条例》规定，坚持有损失必补偿的理念，只要因水源保护区划调整导致行政相对人有损失的，不管是直接的还是间接的，应当全方位、最大限度地保护相对人的合法权益，既包括直接损失，也应包括间接损失，都应该得到充分的补偿。否则，单单就直接损失予以补偿不仅范围狭窄，不利于对私人合法权益的全面保护，也不利于公平正义的实现。

首先，位于水源保护区内的先开办的企业，其土地性质本来是工业用地，但因为调整为水源保护区后，无法继续生产经营，也就不能发挥土地本来用途，即财产的使用、收益、处分权能均不能实现，对土地使用权人来说，其权利受到实质性损害，相当于该土地被征收，因此该土地以及该土地上的房屋，可以比照国有土地房屋依法征收，都应当纳入到行政补偿的范围。

其次，被依法责令拆除或者关闭“建设项目”所涉及的项目本身损失，如机器设备、生产线、配套设施等固定资产类损失，经搬迁还可以使用的，应当补偿搬迁费用；不能搬迁、不能继续发挥作用的，可以按实际评估损失予以补偿。

再次，因拆除或者关闭“建设项目”所涉及的项目经营损失，如订单合同违约而支付第三方的违约金、人员的裁减而支付的经济补偿金等都属于实际产生的损失，也应纳入到行政补偿的范围。

最后，对于被依法责令拆除或者关闭“建设项目”所涉及的间接损失，如企业、建设

---

① 参见刘平：《行政执法原理与技巧》，上海人民出版社2015年版，第74页。

② 参见王红跃：《行政补偿范围研究》，中央民族大学博士学位论文，2014年1月，第58页。

项目可预期的收益、土地房产预期增值部分等，在合理范围内可以适当地给予补偿。

（二）补偿模式

目前，世界各国的水源地补偿模式中，政府购买补偿是主要模式之一。上世纪 90 年代美国已逐步将水源地关键区域的私人土地收购归国有，以便于能够更加有效地对水源地土地利用进行调控。通过土地征用的方式，较好地解决了水源区保护与当地经济发展的问题，并为公众提供安全饮用水发挥了关键作用。①

我国目前在水源地保护区生态行政补偿方面的研究和实践仍处于初期探索阶段，相应的补偿机制和制度安排仍很欠缺。根据补偿对象不同，主要集中在矿产资源、森林、自然保护区、退耕还林还草还湖、流域、湿地等方面。

《中华人民共和国水污染防治法》第七条提出了"国家通过财政转移支付等方式，建立健全对位于饮用水水源保护区区域和江河、湖泊、水库上游地区的水环境生态保护补偿机制"，但是如何建立补偿机制，并没有太多的实施细则条款加以明确。

除了支付补偿金之外，行政机关对于能够置换土地、厂房的方式让企业继续经营的，可以采取置换土地、厂房的方式让企业继续经营；也可采用包括返还财产、恢复原状、组织生产、安置就业等多种形式予以补偿。

（三）补偿程序

由于目前在水源保护区划调整后的行政补偿中没有专门的单行立法，缺乏对行政补偿程序的规定，使行政补偿纠纷难以得到圆满解决。

我国《国有土地上房屋征收与补偿条例》第二十七条规定：实施房屋征收应当先补偿、后搬迁。也就是说，在房屋征收中，协商前置是行政补偿的重要程序，即通常以当事人事前协商一致为前提，在当事人就补偿范围、标准、方式等事项达成协议后才实施造成相对人权益损害的有关行为。即便有如此明确清晰的法条，但在实践中涉及国有土地上房屋征收与补偿的案件仍然层出不穷。

因此，在水源保护区划调整后的行政补偿中，为了维护行政相对人的合法权益，减少行政相对人与行政机关可能发生的纠纷，笔者认为，仍应当把协商前置作为该类行政补偿案件的必经程序。

同时，根据《最高人民法院关于审理行政许可案件若干问题的规定》第十四条"行政机关依据行政许可法第八条第二款规定变更或者撤回已经生效的行政许可，公民、法人或者其他组织仅主张行政补偿的，应当先向行政机关提出申请；行政机关在法定期限或者合理期限内不予答复或者对行政机关作出的补偿决定不服的，可以依法提起行政诉讼。"之规定，如果行政相对人与行政机关发生行政补偿争议或纠纷的，行政相对人应当先向行政机关提出申请；行政机关在法定期限或者合理期限内不予答复或者对行政机关作出的补偿决定不服的，行政相对人可以依法提起行政诉讼。这一司法解释为解决行政补偿争议提供了

① 参见王爱敏：《水源地保护区生态补偿制度研究》，山东农业大学博士学位论文，2016 年 6 月，第 140 页。

明确的司法救济途径。

七、建议及对策

（一）加强行政补偿的基础理论研究，推动行政补偿制度的建立

2004年，国务院出台的《全面推进依法行政实施纲要》中明确提出“要建立健全行政补偿制度”，然而，十几年过去了，我国至今都没有一部行政补偿制度的法律法规，甚至连行政补偿制度的基本原则、范围、程序等都没有一个统一的版本。尽管有些领域或散见到部分关于行政补偿的内容，但其表述内容大都是原则性，既缺乏完善的制度性安排，也缺乏实际操作的可能性。因此，加强行政补偿的基础理论研究，结合我国国情和实务，真正推动建立具有我国特色的行政补偿制度，成为我国行政法学界的当务之急。

（二）针对水源保护区划的调整，制定相应的实施细则，明确行政补偿的原则、范围、标准；条件成熟时，可以制定一部单独的行政补偿法

水源保护区划的调整，是随着社会经济发展而不断变化产生的，涉及的对象又是特定的行政相对人，不能因为公共利益的需要，让这些特定的行政相对人成为特别利益的受害人。公民的合法私有财产应该得到保护，这是法治社会的一个重要标志，也是各国的宪法以及物权法律规定的基本原则。但是，仅仅有宪法和物权法上原则性保护条款是远远不够的。

因此，在我国目前缺乏相应的行政补偿法律法规的阶段，建议相关行政部门、司法部门可以制定相应的实施细则，明确行政补偿的原则、范围、标准；待条件成熟时，抓紧制定一部符合中国国情的行政补偿法，对于协调公私利益矛盾、推动社会的全面进步、建设法治政府，都是十分必要的。

企业社会责任法律规制的理性思考

——兼评中国《公司法》第5条之规定

陈晓星*

企业社会责任可谓近年来中国社会炙手可热的话题，无论是经济学界、社会学界还是法学界，都对此进行了激烈的讨论，一场企业社会责任运动在中国已然展开。然而，在繁荣背后，我们需要多一份理性和冷静。广义或笼统的说，企业应当承担社会责任，这是没有问题的，但当我们基于法学视野考察中国企业社会责任，对企业社会责任进行法律规制时，不应无限扩张企业社会责任，不应忽视中国企业发展的特殊性和差异性，更不应将企业社会责任作为企业活动和企业立法的理念追求和基本准则。面对企业社会责任的法律规制，我们需要理性思考。同时，应重新检视中国《公司法》第5条关于公司社会责任的规定。

一、法学视野下企业社会责任的内涵界定

“企业社会责任”这一概念的提出，最早可追溯到亚当·斯密，而现代企业社会责任理论则肇始于20世纪初的美国。① 一般认为，1924年美国的奥利弗·谢尔顿最早提出了公司社会责任的概念，他把公司与满足产业内外各种人类需要的责任联系起来，认为社区利益作为一种衡量手段，远远高于公司利益。② 然而，企业社会责任概念自其诞生之日起，就没有形成一个清晰的界定，可谓众说纷纭。有“经济责任说”，认为“公司的社会责任就是为股东们赚钱”；有“慈善责任说”，认为“企业社会责任是企业的一种自我承担，通过自愿的商业行为及自愿地贡献本身的资源去改善社区的福祉”，“企业社会责任一般理解为慈善责任”；有“道德责任说”，认为“企业社会责任的实质是一种企业对社会的道义责任，是一种理性而自觉的行为”；有“法律责任说”，认为“企业的责任区分为社会责任和道德责任两大类，企业的社会责任是法定的必须承担的责任”；有“综合社会责任说”，认为“企业社会责任是指企业对社会所负有的经济责任、法律责任、道德责任和慈

---

* 陈晓星(1966—)，男，湖北仙桃人，中南财经政法大学法学院副教授、硕士生导师，经济法系副主任，主要从事商法学研究。

① 参见周有苏、张虹：《反思与超越：公司社会责任诠释》，载《政法论坛》2009年第1期。

② 参见刘俊海：《公司的社会责任》，法律出版社1999年版，第2页。

善责任”。①可见，人们对企业社会责任的认识并不统一。应该说，由于看待企业社会责任的角度不同，很难简单的评价上述诸学说的优劣。然而，企业社会责任的边界不清，势必导致企业承担社会责任在对象和内容上的模糊。目前我国学术界有将企业社会责任泛化的趋势。人们从社会生活的多角度讨论企业社会责任，将企业社会责任等同于企业对社会的责任，包括创收营利、环境保护、产品质量、劳动用工、安全生产、社区利益、慈善捐款等社会生活的方方面面。这种讨论如果仅仅是在道德或伦理层面，对企业的影响或是一种良性的互动，但一旦进入法律层面，将企业承担社会责任作为一种法律义务和法律责任，就需要厘清其具体的责任对象和责任范围，否则，企业将承受难以承受之重，甚至会颠覆企业生存的根基并危及市场经济体系。显然，法学视野下应谨慎界定企业社会责任的内涵。

笔者认为，单纯谈企业社会责任是一个非常宽泛的概念，但法律角度下的企业社会责任的内涵要狭窄得多。企业社会责任应兼具道义责任和法律责任的性质，但主要是一种道义责任，这是由企业的本质属性所决定的。众所周知，市场经济下绝大多数企业都是商事组织，营利最大化尽管不是其唯一目标，但一定是其首要目标和根本目标。当然，商事企业作为社会经济生活中的重要成员，在追求营利最大化的同时，同样需要承担一定的社会责任。不过这种责任主要表现为道德准则的作用。道德准则一般不直接规定于法律之中，故而它的落实主要依靠市场、舆论、风俗、习惯等法律之外的非正式的制度安排。②法律责任是企业承担社会责任的必要选择，其主要依靠法律的强制力保障实施，这里法律责任实质为企业社会责任设定了最低的标准。将企业社会责任写进法律条文时，应当考虑以下几方面的因素：一是这种责任应有较为清晰的边界，即有明确的责任对象和责任内容；二是这种责任应具有操作性强的责任追究机制；三是这种责任的设定不得从根本上损害企业的营利本位。

二、法律规制企业社会责任的若干反思

现行中国《公司法》第 5 条和《合伙企业法》第 7 条分别明文规定了公司、合伙企业“必须承担社会责任”。2008 年由美国席卷全球的金融风暴，以及近年来频发的毒奶粉、矿难、环境污染、黑网吧等事件，使得通过法律责任实现企业社会责任已成理论界和实务界的广泛共识。笔者也认同法律规制对保障实现企业社会责任的重大意义，但对企业社会责任如何进行法律规制，需要我们进一步反思。

首先，企业社会责任不应成为企业立法的理念追求和基本准则。企业的功能是什么？企业的责任有哪些？这是我们进行企业立法时不能回避的重大问题。毫无疑问，绝大多数企业都是作为一种商事组织而存在，创造财富、实现增值应该是其最基本的责任。这也是商事企业区别于政治党派、行政机关、宗教组织及其他公益性社会团体的重要标志。因

---

① 参见王熊文：《企业社会责任概念诸说及评析》，载《理论月刊》2007 年第 11 期。

② 参见朱慈蕴：《公司的社会责任：游走于法律责任与道德准则之间》，载《中外法学》2008 年第 1 期。

此，促进商事企业营利最大化应是企业立法的基本理念追求，而促进交易迅捷原则也就成了商法的首要原则。当然，商事企业不能也不应回避其应当承担的社会责任，但基于法律规制下的社会责任应是适度的、合理的和可控的，易言之，在法律视角下，企业社会责任应是遵循效率优先这一基本价值理念下的社会责任，也即效率下的公平。然而，现行中国《公司法》及《合伙企业法》将企业"必须承担社会责任"直接写进法律条文，而且是总则部分，这浓墨重彩的一笔，实质上已将企业社会责任提升为相关企业立法的基本理念和价值准则，必然会无限扩张企业社会责任的法律规制范围，削弱商事企业的营利本质。

其次，法律规制企业社会责任必须立足于中国企业的历史与现实状况。企业社会责任的概念和理念首倡于西方，并经历了由道德义务到法律责任的过程。企业社会责任在中国只是近几年才为学术界所关注，但中国《公司法》将企业社会责任明确写进总则，一下子走到了世界的前列。应当指出，中国企业的历史发展轨迹与现实状况同西方国家存在明显的差异，二者面临的企业社会责任法律规制的环境也大相径庭。从历史来看，中国代表公权力的经济法发达而具有私法属性的民商法不发达，既没有如西方国家那样成熟的自由企业制度，独立的市场化的企业培育也远远不够。在长期的计划经济体制下，中国企业其实已不是一个单纯的营利性组织，而是一个小型社会，履行着繁杂的社会职能。伴随着中国市场经济体制的确立，符合市场规则轻装上阵的企业在慢慢发育，但绝大部分还远未长成参天大树(具有垄断地位的一些国有企业不在此列)。尽管中国企业改革在逐步深入，但政企不分、企业摊派等现象并未得到有效根治。在这种背景下，简单的笼统的在法律条文中直接规定企业"必须承担社会责任"，不仅于事无补，还可能会恶化企业的生存环境，为不当干预企业经营活动的行为提供口实。

最后，应充分关注不同类型企业社会责任法律规制的差异性。不同类型企业在性质、功能、地位等方面可能存在明显的差异，其对社会的影响力也各不相同，因而应区分不同类型企业就其社会责任给予不同的法律规制措施。一是营利性企业与非营利性企业之分。非营利性企业主要是国有企业。国有企业一般是基于实现某种特定的社会经济目标而建立，虽然也会从事某些营利活动，但社会公益目标是其优先目标。国有企业在增进就业、平抑物价、社区服务等方面应当承担比其他营利性企业更多的社会责任，甚至在某种程度上可以说，国有企业就是为承担某些社会责任而存在的。二是中小型企业和大型企业之分。大型企业占有社会资源多、经济实力强、对社会影响大，当然应当承担比中小型企业更多的社会责任。例如上市股份有限公司，一般本身资产庞大，职工人数众多，提供的产品和服务对社会影响力巨大，因而在产品质量、环境保护、职工利益等方面具有特定的社会责任。三是一般企业和特殊企业之分。这里的特殊企业是指某些特殊行业的企业或者具有某种特别职能的企业。如保险企业的特殊社会职能主要是运用保险企业对风险的评估和预测，在社会上其他企业之间建立良好的预警机制。[①] 再如银行业企业往往在维护金融秩序和金融稳定方面负有特定的社会责任。总之，法律对不同类型的企业社会责任可以量身定做，施以不同的法律规制。

---

① 参见郭秀华、王冠宇：《企业社会责任与公司治理国际研讨会综述》，载《中外法学》2008年第1期。

三、中国企业社会责任法律规制的路径选择

在全部企业社会责任实现路径中，法律责任追究无疑是最严厉的，也应该是最有效的。问题是，这一路径如何展开呢？

中国现行《公司法》直接将"社会责任"纳入了总则性规定。中国《公司法》在第一章"总则"第5条明确规定："公司从事经营活动，必须遵守法律、行政法规，遵守社会公德、商业道德，诚实守信，接受政府和社会公众的监督，承担社会责任。"对此条款，国内多数学者认为是关于公司道德义务的一般性条款，并对其是否具有可裁判性产生争论。事实上，包括中国《公司法》在内的法律、法规并没有赋予上述社会责任条款以任何具体内容，也没有相应的惩罚保障机制，这使得公司社会责任的责任主体、责任内容均不够确定，这大大削弱了该条款的法律规制效力。

笔者认为应当删除中国《公司法》第5条有关社会责任的总则性规定。理由如下：第一，这是一个没有法律刚性约束的宣示性条款，其对规范公司行为实现公司社会责任并无多大实际意义，反而会造成法律实施上的窘迫和困惑。如果只是宣示性条款，应该通过其他路径解决，不宜直接写进法律条文。第二，该条款作为原则性条款，内涵模糊边界不清，极易导致对公司社会责任的无限扩张，也可能导致有关机构和部门对公司经营行为的不当干预。第三，该条款在总则部分显示，赋予了其基本原则的地位，违背了公司作为商事组织的本质属性，从而造成商事组织立法指导思想上的混乱。笔者注意到，即使是计划经济体制下颁布的《中华人民共和国全民所有制工业企业法》，也在其总则一章第3条明文规定："企业的根本任务是：根据国家计划和市场需求，发展商品生产，创造财富，增加积累，满足社会日益增长的物质和文化生活需要。"但在现行《公司法》中，我们找不到体现公司营利性组织特点的条文，若此时突出企业社会责任，势必会发出错误的信号。

删除"社会责任"法律总则性条款，并不等于抛弃企业社会责任的法律规制。相反，企业社会责任的法律规制在未来的法律框架内应当也可以进一步强化。只是这种强化不是通过抽象的缺乏可操作性的基本原则性条款彰显，而是经由具体的法律义务责任规范实施。一方面，中国现行相关法律规范实际已经为企业社会责任的法律规制提供了坚实的基础，需要做的不过是严格执法和违法必究，对承担社会责任的企业而言，关键是诚信守法和做好自己。如中国现行《宪法》、《民法通则》、《环境保护法》、《劳动法》、《劳动合同法》、《产品质量法》、《消费者权益保护法》等法律法规，分别从不同的角度规定了企业对消费者、职工、环境资源等的社会责任，已经初步构建了企业社会责任保障的法律规范体系。当前最亟待解决的问题不是无法可依，而是法的执行和实施不够。另一方面，随着中国企业的成长壮大以及新时期社会环境的变化，一些原本依靠道德准则保障实现的企业社会责任义务需要上升到法律责任，可通过原有法律的修订及新法的颁行完善企业社会责任法律条款，实现对企业社会责任的法律规制。不过，在将某些道德义务上升到法律准则时，应谨慎为之，以避免打破效率与公平的平衡点。此外，税法、市场准入法还可以推出优惠和鼓励措施，以推动企业自觉承担社会责任。

就《公司法》和《合伙企业法》等商事组织法层面而言，其在保障实现企业社会责任方

面能够发挥独特的法律规制作用。如时下学界讨论较多的职工和债权人参与公司治理就是一种行之有效的方式。公司的社会责任最终是通过公司的权力机关和执行机关实施，因而一方面可以加大公司董事特别是独立董事对消费者、雇员、债权人的社会责任义务，另一方面可以进一步探索职工、债权人等进入董事会、监事会的途径，让公司利益相关者能够直接影响公司社会责任的实现。此外，在公司司法解散制度、公司破产清算制度、公司合并分立制度等方面，也需要适度强化公司的社会责任。现行中国《公司法》虽然从职工、债权人利益保护等方面对公司承担社会责任做了一定规定，但多原则性条款，操作性不够，难以从根本上保障实现。未来公司法针对公司社会责任的法律规制宜更加注重法律条文的刚性约束。

总之，中国企业社会责任的法律规制应避免形式化主义，相关法制的完善还有待进一步深入。当然，法律规制不是保障企业社会责任的唯一措施，在严格实施法律的同时，应更充分的发挥道德准则、国际标准、企业自治规则、社会契约等在实现企业社会责任中的重要作用。而如何和谐法律责任与道德准则等之间的关系，将是未来企业社会责任研究中需要重点关注的内容。

（原文刊载于《中国商法年刊.2009：商法事业中的社会责任》，知识产权出版社 2009 年版。）

“一带一路”倡议下中国的国际民商事司法协助：实践、问题及前景

乔雄兵*

摘　要：近30年来，中国通过参与国际民商事司法协助条约的谈判，缔结国际民商事司法协助条约，完善国内相关立法，积极为他国提供各种形式的民商事司法协助，为推动国际民商事司法协助的发展作出了应有的贡献。然而，我国当前的国际民商事司法协助依然存在很多问题，包括司法协助条约实施效率低下、外国当事人在中国直接取证或送达的问题以及信息技术提供司法协助的问题等。在“一带一路”倡议下，为促进我国的国际民商事司法协助，我国应该在多个方面予以改进，包括推动与“一带一路”沿线国签订新的民商事司法协助条约、构建与“一带一路”沿线国的司法协助信息交流平台、灵活处理民商事司法协助中互惠原则、充分利用信息技术提高司法协助的效率以及探索新的司法协助方式等。

关键词：一带一路；民商事司法协助；送达；取证

自2013年9月中国提出共建“丝绸之路经济带”和21世纪“海上丝绸之路”(以下简称“一带一路”)的重大倡议以来，得到国际社会高度关注。然而，在推进“一带一路”建设，促进区域经济一体化的过程中必然会产生大量跨境民商事纠纷。据统计，2010年1月至2014年6月，我国各级法院审结一、二审涉外涉港澳台民商事及海事案件287262件，同比增长41.48%。① 在2016年，全国法院仅审理审结涉港澳台、涉侨案件1.9万件，办理涉港澳台司法协助请求或委托事项1.1万件。② 而随着涉外民商事纠纷的日益增多，国际民商事司法协助所引起的问题也日益增多。而随着我国“一带一路”倡议的不断推进，中国与沿线国之间的民商事司法协助也成为当前亟需解决一个重要的问题。据统计，截至2017年2月，我国已与70个国家缔结司法协助条约、资产返还和分享协定、引渡条约和

---

* 乔雄兵(1974—　)，男，湖北仙桃人，法学博士，武汉大学国际法研究所副教授，硕士生导师，英国卡迪夫大学、美国加州大学戴维斯分校及德国马克斯·普朗克国际私法与比较法研究所访问学者，兼任中国法学会国际私法学会副秘书长，主要从事国际私法、国际商事仲裁法研究。

① 参见中国涉外商事海事审判网：http：//www. ccmt. org. cn/shownews. php？id=15125，2015年9月20日访问。

② 参见2017年《最高人民法院报告》。

打击“三股势力”协定共135项(108项生效)。① 近年来，中国法院审查、办理的司法文书送达、调查取证、引渡、被判刑人移管等司法协助案件，平均每年都在3000件以上，司法协助案件的范围覆盖了全球70余个国家。然而，目前，我国与“一带一路”的很多沿线国都还没有签订相关的民商事司法协助公约，与已经签订了民商事司法协助的国家之间也存在协助范围过窄、执行效率过低等问题，影响了中国与有关沿线国民商事司法协助的进行。为了更好的实施“一带一路”倡议，我国应该在多个方面改进我国与沿线国的民商事司法协助制度。因此，本文拟对“一带一路”倡议下中国国际民商事司法协助的现状及问题进行实证分析，并对完善我国民商事司法协助制度提出可行性的建议，从而对推动我国对外民商事交往的顺利进行有所裨益。

一、中国现有国际民商事司法协助的法律依据

近30年来，中国通过参与国际民商事司法协助条约的谈判，缔结国际民商事司法协助条约，完善国内相关立法，积极为他国提供各种形式的民商事司法协助，为推动国际民商事司法协助的发展作出了应有的贡献。

目前，中国进行国际民商事司法协助的主要法律依据是国内立法及司法解释、国际公约及双边司法协助条约等规定。

在国内立法及司法解释方面，我国《民事诉讼法》(2012)第4编第276条至第283条对有关民商事司法协助问题作了规定。此外，还有一些司法解释和文件涉及民商事司法协助问题，主要有：2015年2月4日起施行的《最高人民法院关于适用〈中华人民共和国民事诉讼法〉的解释》、2015年7月7日颁布的《最高人民法院关于人民法院为“一带一路”建设提供司法服务和保障的若干意见》、2013年5月2日实施的《最高人民法院关于依据国际公约和双边司法协助条约办理民商事案件司法文书送达和调查取证司法协助请求的规定》以及2006年的《最高人民法院关于涉外民事或商事案件司法文书送达问题若干规定》等。

在国际公约缔结方面，主要是海牙国际私法会议和联合国所制定的公约。截至2017年，海牙国际私法会议已经制定了近40部公约，涉及法律适用、民事程序、司法协助等多个方面。其中，涉及国际民商事司法协助方面的公约主要有：(1)1954年《民事诉讼程序公约》，截至2017年4月20日，该公约共有49个成员国；② (2)1961年《取消外国公文认证的公约》，截至2017年4月20日，该公约共有113个成员国；③ (3)1965年《海牙送达公约》，截至2017年4月20日，该公约共有71个成员国；(4)1970年《海牙取证公约》，截至2017年4月20日，该公约共59个成员国；④ (5)1971年《关于承认与执行外

---

① 参见外交部官网：http：//www. fmprc. gov. cn/web/ziliao_674904/tytj_674911/wgdwdjdsfhzty_674917/t1215630. shtml，2017年3月15日访问。

② 参见 www. hcch. net，visited on 20 April，2017。

③ 参见 www. hcch. net，visited on 20 April，2017。

④ 参见 www. hcch. net，visited on 20 April，2017。

国民事或商事判决的公约》，该公约目前只有5个成员国。① (6)2005年《法院选择协议公约》，该公约已经于2015年10月1日生效，目前有30个成员国。此外，在国际商事仲裁的承认与执行方面，联合国于1958年6月10日在纽约通过了《承认和执行外国仲裁裁决的公约》(简称《纽约公约》)。该公约的目的是为了促进仲裁裁决的承认和执行，除非有该公约所列举的拒绝执行裁决的理由，各缔约国的主管机关和执行法院都有义务承认和执行外国仲裁裁决。截至2017年4月20日，该公约已有157个成员国。② 目前，我国已经加入的民商事司法协助公约主要有1965年《海牙送达公约》、1970年《海牙取证公约》及1958年《纽约公约》。此外，还有部分司法协助条约适用于我国香港和澳门地区。例如，1961年《取消外国公文认证的公约》适用于香港和澳门地区，1954年《民事诉讼程序公约》适用于澳门地区。

在双边司法协助条约方面，我国自1985年开始与有关国家谈判缔结有关司法协助条约以来，我国在司法协助条约缔结方面成绩显著。首先，在双边司法协助条约方面，截至2017年2月，中国共与37个国家签订了涉及民商事内容的双边司法协助条约。③ 此外，2015年12月，中国完成了与伊朗关于民商事司法协助条约的谈判，有望在不久与伊朗缔结该民商事司法协助条约。④

二、近年来中国与有关国家间国际民商事司法协助的实践

(一)民商事案件司法文书域外送达

在民商事司法文书域外送达方面，我国于1991年3月2日加入《海牙送达公约》，该公约于1992年1月1日起对我国生效。我国批准加入《海牙送达公约》时，指定中华人民共和国司法部作为中央机关和有权接受外国通过领事途径转递文书的机关。同时，我国对该公约部分条款作了保留，主要包括：第一，对公约第8条第1款所规定的外交人员或领事直接送达，我国声明"只有文书须送达给文书发出国公民时"，才能采用上述方式在我国境内进行送达。第二，对公约第10条所规定的直接邮寄送达、主管人员直接送达及利害关系人直接送达三种替代送达方式，我国声明反对在我国境内采用。第三，对公约第15条第1款关于被告如未出庭，只有在确定有关传票或类似文书确已送达或交付给被告或留置在其居所，且能保证被告有进行答辩的足够时间，才能作出缺席判决的规定，我国

---

① 分别是阿尔巴尼亚、塞浦路斯、荷兰、葡萄牙、科威特。

② 参见 United Nations Treaty Collection，available at https：//treaties. un. org/pages/ViewDetails. aspx?src=TREATY&mtdsg_no=XXII-1&chapter=22&lang=en，visited on 20 April，2017。

③ 主要包括：法国、比利时、意大利、西班牙、泰国、保加利亚、摩纳哥、匈牙利、新加坡、突尼斯、阿根廷、韩国、阿联酋、埃及、塞浦路斯、波兰、蒙古、罗马尼亚 、古巴、俄罗斯、土耳其、乌克兰、白俄罗斯、哈萨克斯坦、希腊、吉尔吉斯坦、塔吉克斯坦、乌兹别克斯坦、越南、老挝、立陶宛、朝鲜、科威特、巴西、秘鲁、阿尔及利亚及波黑。

④ 参见司法部司法协助交流中心官网：http：//www. moj. gov. cn/sfxzjlzx/content/2016-01/12/content_6442188. htm? node=24391，2017年2月15日访问。

声明在符合该条第2款所规定各项条件的情况下，我国法院可以不顾第1款的规定，作出缺席判决。第四，对于公约第16条第3款所规定的缺席判决中的被告在败诉时于符合一定条件下法院有权使被告免于因上诉期间届满而丧失上诉权的效果，我国提出声明，被告要求免除丧失上诉权效果的申请只能在判决作出之日起一年之内提出，否则我国法院不予受理。①

从我国加入《海牙送达公约》到现在，中国法院和外国法院相互委托送达民商事案件司法文书的数量，已从最初的每年不足10件上升到每年3000余件，案件类型已由简单的经济纠纷、婚姻家庭纠纷扩展到知识产权纠纷、股权纠纷等多领域的纠纷。据统计，最近几年我国收到来自《海牙送达公约》成员国提出的送达请求书的数据分别如下：2009年2215件、2010年2039件、2011年1898件、2012年1930件、2013年1943件。而与此同时，我国根据《海牙送达公约》提出送达请求书的数据如下：2009年1079件、2010年1183件、2011年1166件、2012年1366件、2013年1315件。2014年到2015年我国收到和提出的送达请求书总数量也基本都维持在每年3000件左右。2016年，截至11月30日，中国共办理民商事司法文书送达请求案件2300件。②

目前，我国一些法院在涉外司法文书送达上也不断探索新的方法。例如，上海市第二中级人民法院民四庭采用通过外国公司在沪设立的企业代为向其转送司法文书的方法，从而成功地提高了送达效率和缩短了办案周期。在浙江省东方兴业有限公司诉日本协和观光开发株式会社出资转让纠纷一案中，被告就是一家在沪设有独资企业的日本公司。法院法官受理该案后，即向被告在沪独资企业发出公函，要求配合向被告转送达应诉法律文书，并提供被告电子邮件、联系电话等。该独资企业收到公函和法律文书后，即与其投资者联系并转送法律文书。被告日本协和观光开发株式会社收到应诉材料后，主动与原告联系并达成庭外和解，原告遂向法院撤回起诉。此外，在上海乐山国际贸易有限公司诉赛利亚株式会社买卖合同纠纷一案中，被告同样是一家在沪设有独资企业的日本公司。该院民四庭也是采用和上述案件相同的方法进行转递送达，被告于立案后第9天便收到了全部司法文书，并将加盖印章的送达回证提交该法院，使该案得以顺利进入审理程序。③

此外，我国一些华侨较多的法院探索了利用海外联络员进行域外送达，也取得了较好的效果。例如，浙江青田法院利用其作为侨乡的独特优势，通过聘用海外联络员协助送达。该法院通过与县侨办、侨联协作，和海外华人商会、同乡会等民间组织积极沟通，聘请当地能力强、威望高的侨领为海外联络员。2011年以来，青田法院已陆续聘任海外联络员7名，遍布青田华侨最为集中的5个国家的7个城市。这些海外联络员协助法院寻找和确认受送达人的联系方式和送达地址等，从而极大地提高了送达效率，并为当事人之间

① 参见www.hcch.net，visited on 20 April，2017。

② 参见司法部司法协助交流中心官网：http：//www.moj.gov.cn/sfxzjlzx/content/2016-12/12/content_6913517.htm?node=24391，2017年3月20日访问。

③ 参见叶婧：《中国民商事域外送达制度研究》，华东政法大学硕士学位论文2012年，第35页。

达成和解创造有利条件。①

(二)民商事案件域外调查取证

在民商事案件域外取证方面，我国1997年12月8日加入《海牙取证公约》。该公约于1998年2月6日对我国生效。但是，我国在加入公约时对一些条款作了保留。中国政府作的保留如下：(1)根据公约第23条，我国声明对于普通法系国家旨在进行审判前文件调查的请求书，仅执行已在请求书中列明并与案件有直接联系的文件的取证请求；(2)根据公约第33条，我国声明除第15条以外，不适用公约第二章的规定，即对公约第二章由外交代表或领事和特派员获取证据的所有规定，我国只承诺履行第15条所规定的内容，在民事或商事方面，允许缔约国的外交代表或领事在我国境内针对其本国国民取证。②

另外，根据公约第39条第4款规定："对公约的加入只有在加入国和声明接受其加入的缔约国之间有效。"截至2017年4月20日，公约已经在我国与54个国家之间有效。③据不完全统计，近几年我国根据《海牙取证公约》收到取证请求书的数据分别为：2009年27件、2010年33件、2011年35件、2012年42件、2013年58件。而同一时期，我国根据公约发出的请求书分别是：2009年0件、2010年1件、2011年1件、2012年3件、2013年2件。2014年至2015年尚未收集到相关数据。2016年，截至11月30日，中国办理有关调查取证请求42件。④

从实践来看，中国法院主动向外国提出取证请求的数量并不多，只有少数案件真正利用《海牙取证公约》和双边条约或通过其他途径在国外成功的取证。如1998年广东雅芳有限公司被诉侵权委托中国代理律师域外取证案就是一例。该案最后通过在美国域外取证，有效地查清了案件事实，顺利解决了争议双方的民事纠纷。⑤

而对外国法院和当事人在中国取证，在加入《海牙取证公约》之前，我国一直持比较谨慎态度，只有在少数案件中外国在中国获取了有关证据。自20世纪90年代以来，随着我国加入《海牙取证公约》以及与其他国家签订的司法协助条约日益增多，外国利用公约或司法协助条约在中国取证的案例也日益增多，而很多请求是根据《海牙取证公约》向中国提出的。2003年美国伊利诺伊州北区法院请求取证案就是一例。⑥ 该案涉及美国伊利诺伊州北部地区法院受理的Weldbend Corporation诉Silbo Industries，Inc. 使用虚假的原产地从中国进口并销售碳钢管配件一案。因涉及产品的原产地问题，2003年3月25日，美

① 参见罗明：《涉侨审判新闻发布会发布稿》，资料来源于：http：//www. zjcourt. cn/content/20130925000001/20130925000006. html，访问日期2014年2月17日。

② 参见 https：//www. hcch. net/en/instruments/conventions/status-table/？cid = 82，visited on 15 March，2017。

③ 参见 https：//www. hcch. net/en/instruments/conventions/status-table/acceptances/？mid = 493，visited on 20 April，2017。

④ 参见司法部司法协助交流中心官网：http：//www. moj. gov. cn/sfxzjlzx/content/2016-12/12/content_6913517. htm？node = 24391，2017年3月20日访问。

⑤ 参见杜新丽著：《国际私法实务中的法律问题》，中信出版社2005年版，第222页。

⑥ 参见杜新丽著：《国际私法实务中的法律问题》，中信出版社2005年版，第221页。

国法院按照《海牙取证公约》向中华人民共和国司法部提出了协助调查沈阳某压力容器厂与被告的交易情况以及相关证人的请求。司法部作为我国负责专递请求的中央机关，接到请求书后转交给最高人民法院，经研究，就美国提出的请求予以同意，并准许双方律师出席取证现场。但对要求证人宣誓、对证人的口头调查并录像的请求，我国主管机关表示"我国尚无有关规定，且无法操作"，故予以拒绝。

（三）法院判决的互相承认与执行

目前，中国没有加入任何一个承认与执行外国判决的专门性的国际公约，不过，我国加入的少数其他国际公约含有外国法院判决承认与执行的规定，如我国 2001 年 1 月 5 日加入的《国际油污损害民事责任公约》第 10 条就涉及缔约国间对于特定判决的相互承认与执行问题。① 因此，中国现阶段承认和执行外国法院判决的主要法律依据是双边司法协助条约和国内立法。

在国内立法方面，中国承认与执行外国法院判决的国内法律规定主要散布在《民事诉讼法》(2012)涉外篇中，以及最高人民法院的有关司法解释和关于外国法院判决离婚的专门法律规定中。根据《民事诉讼法》第 281 和 282 条的规定，外国法院判决在中国得到承认与执行就必须要以存在国际公约、双边司法协助条约或者互惠为前提条件，还不能违反中国的基本法律原则、主权、安全和社会公共利益。此外，2015 年最高人民法院颁布的《关于适用〈中华人民共和国民事诉讼法〉的解释》第 543 条至 549 条对中国承认与执行外国法院判决做出了补充性的规定。

近几年来我国每年接收到的域外判决承认与执行的请求数量并不多。据统计，2015 年中国审查办理传递外国法院判决承认与执行案件共 6 件。2016 年，截至 11 月 30 日，中国审查办理外国法院判决承认与执行请求 15 件。

在中国法院判决被外国承认与执行方面，典型案例主要有：2002 年，德国柏林高等法院承认了中国江苏省无锡市中级人民法院的判决。② 2011 年湖北省高院审理的三联公司诉美国罗宾逊公司案的判决得到美国第九巡回法院的承认与执行。③ 2014 年 1 月 28 日，新加坡高等法院裁定执行了中国苏州市中级人民法院就"昆山捷安特轻合金科技有限公司与雅柯斯(远东)私人有限公司、上海亚提思机电设备有限公司买卖合同纠纷一案"作出的判决。④ 这是新加坡法院首次执行中国大陆司法判决。目前，中国大陆与新加坡并未签署任何关于互相承认和执行法院判决的双边或多边协议。此次苏州中院的判决在新加坡得到

---

① 《国际油污损害民事责任公约》，第 10 条：1. 由具有第九条所述管辖权的法院所作的任何判决，如可在原判决国实施而不再需通常复审手续时，除下列情况外，应为各缔约国所承认：(1)判决是以欺骗取得；(2)未给被告人以合理的通知和陈述其立场的公正机会。2. 按本条第 1 款确认的判决，一经履行各缔约国所规定的各项手续之后，应在各该国立即实施。在各项手续中不允许重提该案的是非。

② 参见谢新胜：《条约与互惠缺失语境下中国判决的域外执行——以美国法院执行中国民商事判决第一案为视角》，载《环球法律评论》2010 年第 4 期。

③ 参见 Hubei Gezhouba Sanlian Industrial Co., Ltd. and Hubei Pinghu Cruise Co., Ltd. v. Robinson Helicopter Company, Inc., 2：06-cv-01798-FMC-SSx（C. D. Cal. 2009）。

④ 参见 Giant Light Metal Technology (Kunshan) Co Ltd v Aksa Far East Pte Ltd [2014] SGHC 16。

承认和执行，无疑为中国企业在新加坡申请执行中国法院判决开创了一个良好的先例。

在我国法院承认与执行外国法院判决方面，典型的案例主要有以下几例：2003 年，广东佛山中级人民法院依据《中华人民共和国民事诉讼法》以及《中国和意大利民事司法协助条约》的规定，承认和执行了意大利米兰法院的判决。① 2005 年广州市中级人民法院承认与执行了法国普瓦提艾商业法院对法国百高洋行破产案作出的判决。② 2014 年宁波市中级人民法院(2013)浙甬民确字第 1 号民事裁定书，裁定承认波兰共和国弗罗茨瓦夫上诉法院 2009 年 4 月 8 日作出的判决。③

值得指出的是，在外国法院判决在中国承认与执行方面，2016 年 12 月，江苏省南京市中级人民法院根据互惠原则承认与执行了新加坡高等法院于 2015 年 10 月 23 日作出的 013 号判决。在该案中，法院指出，中国与新加坡并未缔结或共同参加承认与执行生效裁判文书的国际条约，但由于新加坡高等法院于 2014 年 1 月对我国江苏省苏州市中级人民法院判决进行了承认与执行，根据互惠原则，我国可以对新加坡法院的民事判决予以承认和执行。法院最后裁定对该判决予以承认和执行。④ 该案对今后中国法院承认与执行其他外国法院判决具有重要的参考价值。

（四）国际商事仲裁裁决的承认与执行

在国际商事仲裁的承认与执行方面，我国于 1986 年 12 月 2 日加入《纽约公约》，该公约于 1987 年 4 月 22 日对我国生效。中国自加入该公约以来，一直高度重视人民法院对《纽约公约》的准确适用。最高人民法院于 1987 年公布了《关于执行我国加人的〈承认及执行外国仲裁裁决公约〉的通知》，对执行公约的相关问题予以明确。1995 年，最高人民法院又公布了《关于人民法院处理与涉外仲裁及外国仲裁事项有关问题的通知》，建立外国仲裁裁决司法审查案件的内部报告制度，即裁定拒绝承认和执行外国仲裁裁决之前，必须报经本辖区高级人民法院进行审查，并最后报请最高人民法院答复后方可作出裁定。内部报告制度实际上将拒绝承认与执行外国仲裁裁决的权力统一收归最高司法机关行使，以确保法律适用的统一性。⑤

加入《纽约公约》30 年来，我国严格恪守公约义务，较好地践行了“有利于执行”的公约理念。我国承认和执行外国仲裁裁决大致分为三种情况：一是依照我国参加的《纽约公约》承认和执行；二是依据我国缔结的双边司法协助协定的规定进行；三是依照互惠原则办理。由于我国参加的 1958 年《纽约公约》在世界上有广泛影响，因而我国法院承认和执行外国仲裁裁决主要依据该公约进行。

自我国加入《纽约公约》以来，大部分来自缔约国的仲裁裁决都得到了我国的承认与

---

① 参见黄钙：《中国法院执行外判第一案》，资料来源于：http：//www. 21cbh. com/HTML/2002-7-1/5718. html，2014 年 5 月 12 日访问。

② (2005)穗中法民三初字第 146。

③ (2013)浙甬民确字第 1 号。

④ (2016)苏 01 协外认 3 号民事裁定。

⑤ 参见万鄂湘：《〈纽约公约〉在中国的司法实践》，载《法律适用》2009 年第 3 期，第 4 页。

执行。据不完全统计，从2012年到2015年，我国法院共收到55件申请承认执行外国仲裁裁决的案件，大部分仲裁裁决都得到了我国法院的承认与执行。只有少数情况下，一些外国仲裁裁决被我国拒绝承认与执行。据统计，自2000年至2011年，我国各级法院就适用《纽约公约》拟不予承认和执行外国仲裁裁决请示最高法院的案件共56件，经最高法院审查，确定不予承认和执行仲裁裁决的案件共21件，其中仲裁协议不成立或无效的8件；当事人未获指派仲裁员或仲裁程序之适当通知、仲裁程序违反当事人约定或仲裁地法律的9件；因裁决超裁而被部分拒绝承认和执行的2件；仲裁事项依据我国法律不具有可仲裁性的1件；因违反公共政策被不予承认和执行的1件。此外还有3件案件因超过申请执行期限等原因驳回当事人的申请。① 据不完全统计，2016年，中国法院共收到24件申请承认执行外国仲裁裁决的案件，其中19件仲裁裁决得到了中国法院的承认与执行，1件终止执行，1件当事人达成和解，另有3件当事人主动撤回执行申请。② 总体而言，中国较好的履行了作为《纽约公约》缔约国的义务。

二、当前中国的国际民商事司法协助存在的主要问题

综观近三十年来我国国际民商事司法协助的实践，国际民商事司法协助在我国法制化和规范化方面日臻成熟，但是，我国的民商事司法协助依然存在很多问题。

（一）多边公约与双边司法协助条约的适用关系问题

在民商事司法协助方面，目前我国既加入了《海牙送达公约》、《海牙取证公约》及《纽约公约》，同时，我国还与30多个国家签订了民商事司法协助条约。但是，对于我国参加的国际公约与双边司法协助条约之间的关系问题，现行立法没有明确的规定，带来了实践中适用的问题。例如，对于既与我国签署双边司法协助条约又是《海牙送达公约》成员国的国家而言，根据2006年《最高人民法院关于涉外民事或商事案件司法文书送达问题若干规定》第6条③的规定，我国法院应优先依照双边司法协助协定的规定办理。但是，按照上述适用顺序，司法实践中可能存在诸多问题：第一，目前《海牙送达公约》成员国中与我国签订双边司法协助条约的国家越来越多，大部分国家都主张国际公约与双边条约具有同等效力，与我国最高院的规定相冲突。第二，从2003年起，最高人民法院指定五个高级法院④可以依据《海牙送达公约》直接对外发出司法协助请求，目的是简化程序，提高效率。如果坚持双边条约优先适用，必将削弱简化程序、提高效率的作用。第三，坚持

① 参见杨弘磊：《中国法院纽约公约项下外国仲裁裁决司法审查之新近实践述评》，载《武大国际法评论》2012年第2期。

② 数据来自北大法宝数据库。

③ 第6条：受送达人所在国与中华人民共和国签订有司法协助协定，且为《关于向国外送达民事或商事司法文书和司法外文书公约》成员国的，人民法院依照司法协助协定的规定办理。

④ 指北京市、上海市、广东省、浙江省、江苏省高级人民法院。

双边条约优先实践中对我国当事人有不便之处。① 不过，值得指出的是，2013年5月2日开始实施的《最高人民法院关于依据国际公约和双边司法协助条约办理民商事案件司法文书送达和调查取证司法协助请求的规定》(以下简称《规定》)，第1条明确规定应根据便捷、高效的原则，选择适用《海牙送达公约》或双边司法协助条约中的送达方式，而不再严格区分二者的优先适用顺序。②

(二)根据司法协助条约提供司法协助效率低下

目前，尽管我国每年根据司法协助条约与他国间进行民商事司法协助的案件数量一直较为稳定，但是司法协助的效率却一直未能有效提高。

在域外送达方面，通过中央机关进行司法文书的域外送达存在效率低下、周期过长的问题。根据有关数据统计显示，我国涉外民商事案件域外送达的周期一般长达一至两年，域外送达成功率一般不到30%。③ 但自2003年来，最高人民法院指定北京、上海、广东省、浙江省、江苏省等地的高级人民法院为试点，确定高级人民法院可直接处理公约成员国中央机关提出和转递的司法协助请求书和相关材料。至此，我国打破了以前由司法部独立进行司法文书转递的模式，域外送达效率得到极大提高。如广东省高级人民法院，就送达成功率而言，自国内向国外送达的成功率高达66.8%；自国外向国内送达的成功率达59.8%。就送达时间而言，自国内向国外送达的，平均耗时74天，国外向国内送达的平均耗时48天。但是，虽然送达率总体上在逐年提高，但是基本维持在50%左右。④ 总体而言，我国在域外送达方面仍面临着成功率不高和周期过长的难题。

在域外取证的方面，利用请求书取证是《海牙取证公约》规定的最主要的方式之一。对于请求书方式，《海牙取证公约》详细地规定了请求书的提出、接受、内容、使用的文字以及执行等内容。《海牙取证公约》作此规定是为了使请求书取证方式更加流畅，从而提高取证合作的效率。但是，由于公约规定的请求书取证方式程序复杂，使得在实践中请求书的传递手续复杂，导致在很多情况下请求书执行周期过长，效率低下，延误了案件的及时审理。如对请求书执行的延误问题，1985年特委会曾指出，请求书的延误期间介于1到6个月之间，这取决于诉讼代理人出席的可能性、法院的工作量以及可能对请求提出的反对意见。⑤

根据海牙国际私法会议2013年问卷调查反馈结果，各国执行取证请求的平均时间如

---

① 参见曾朝晖:《〈关于依据国际公约和双边司法协助条约办理民商事案件司法文书送达和调查取证司法协助请求的规定〉的理解与适用》，载《人民司法》2013年第13期，第31页。

② 第1条：人民法院应当根据便捷、高效的原则确定依据海牙送达公约、海牙取证公约，或者双边民事司法协助条约，对外提出民商事案件司法文书送达和调查取证请求。

③ 参见万鄂湘:《“入世”后我国的司法改革与涉外民商事审判》，载陈安主编:《国际经济法论丛》第6期，法律出版社2002年版。转引自向明华:《域外“送达难”困局之破解》，载《法学家》2012年第6期。

④ 参见邓锐、徐同义:《我国域外送达制度及其完善》，载《山东审判》2010年第1期，第112页。

⑤ 参见 Hague Conference on Private International Law, Report on the work of special commission of May 1985 on the operation of the convention, 24 Int'l Legal Materials 1674 (1985)。

下：38%的请求在2个月内完成，18%的请求在2—4个月内完成，5%的请求在4—6个月内完成，17%的请求在6—12个月内完成。综合来看，国际上78%的请求可在一年内完成。① 而根据中国政府提供的有关信息，外国向我国提出的取证请求，6个月内完成的取证请求数字为0，只有约33%的请求可在6—12个月内执行完毕，9%的案件超过一年才能完成，还有33%的案件不能完成证据的调取。② 由于中国实施有关司法协助条约效率低下，直接导致了一些国家不愿意通过司法协助条约途径在中国调查取证。

（三）外国当事人在中国直接取证或送达的问题

根据我国《民事诉讼法》第277条规定，未经中华人民共和国主管机关准许，任何外国机关或者个人不得在中华人民共和国领域内送达文书、调查取证。但是由于各国对于调查取证与域外送达的性质认识不同，各国对当事人直接取证或外国法院直接向本国公民直接送达存在不同看法。例如，在域外取证方面，由于各国间对这种取证方式分歧巨大，因此，《海牙取证公约》并没有规定当事人和诉讼代理人取证的问题。我国和很多国家一样，明确反对采取这一方式进行取证。我国认为，未经我国主管机关同意，任何外国机关或个人不得在我国境内直接调查取证。但是，在实践中，经常有外国当事人或外国律师直接到中国取证的现象，如美国法院审理的 Popular Imports, Inc. v. Plaintiff V. Wong's International, Inc. 一案就是如此。③ 其实，在实践中还有很多外国法院审理的案件，直接派律师到中国取证的现象，只是由于这些外国律师往往以旅游或商务签证的形式到中国获取有关证据，而我国对此又缺乏明确的监督机制，因此，形成了事实上的“特派员”取证，这种现象已经成为我国国际民商事司法实践中不可回避的一个问题。

（四）互惠原则的适用问题

在国际民商事实践中，互惠原则是很多国家为他国提供司法协助的重要条件。根据中国的《民事诉讼法》、2015年《民诉法司法解释》等立法及司法解释，我国也对司法协助的互惠原则作了明确的规定。《民事诉讼法》第276条规定，根据中华人民共和国缔结或者参加的国际条约，或者按照互惠原则，人民法院和外国法院可以相互请求，代为送达文书、调查取证以及进行其他诉讼行为。同时，《民事诉讼法》第281条规定，外国法院作出的发生法律效力的判决、裁定，需要中华人民共和国人民法院承认和执行的，可以由当事人直接向中华人民共和国有管辖权的中级人民法院申请承认和执行，也可以由外国法院依照该国与中华人民共和国缔结或者参加的国际条约的规定，或者按照互惠原则，请求人民法院承认和执行。

在司法实践中，我国法院通常以与外国是否存在事实互惠为条件来考虑是否为有关国

① 参见 https://assets.hcch.net/docs/2bdf80df-bde5-48c9-935f-55e82db4bc1c.pdf, visited on 16 March, 2017。

② 参见 https://assets.hcch.net/docs/2bdf80df-bde5-48c9-935f-55e82db4bc1c.pdf, visited on 16 March, 2017。

③ Popular Imports, Inc. v. Wong's Intern, Inc., 166 F.R.D. 276, (E.D.N.Y. 1996)。

家提供司法协助。例如，在外国法院判决的承认与执行方面，中国尚未参加任何一个专门规定承认与执行外国法院判决的公约，所以司法实践常常要以互惠原则为前提条件来决定是否承认与执行外国法院的判决。但是，由于中国实行的是严格的事实互惠，即必须要求存在承认与执行外国法院判决的先例，这就导致中国与没有此类司法先例的国家之间，如日本，陷入互不承认与执行对方法院判决的恶性循环中，造成极大的司法资源浪费。

在民商事司法协助中，是否要求互惠，或如果要求互惠，什么样的互惠更加合理，学者之间存在较大争论。中国著名的国际法家李浩培教授早在1996年就反对互惠原则。他认为互惠原则实质上是报复原则，但是报复的结果受损害的不是裁判做出国，而是在外国诉讼中胜诉的个人，甚至这个胜诉人有时还是拒绝承认和执行国的本国国民。此外，这种报复期望在很大程度上是会落空的，因为判决做出国的判决不被承认与执行对其也不会有重大的损害。最后，“查明他国是否在同一程度上承认和执行己国的裁判是很困难的”。① 但是，从互惠原则的发展趋势以及国内外法律传统来看，互惠原则还有存在的必要性。此外，国内许多学者也都曾专门对互惠原则的历史和现状以及如何保留承认与执行制度中互惠条件问题进行了学术探讨。总体而言，他们的观点就是一方面推动双边或多边民商事判决承认与执行的签订以及加快相关国际公约的立法进程，另一方面就是放宽互惠标准，由“事实互惠”转向“法律互惠”。②

（五）借助信息技术提供司法协助的问题

在1999年9月2日至4日，海牙国际私法会议常设事务局在瑞士日内瓦大学召开了一个圆桌会议，专门讨论电子商务所引起的国际私法问题。所有成员国都应邀参加，同时一些非政府组织也应邀参加了会议。会议分成各个委员会分别讨论了不同的问题，如合同、侵权、选择法院、数据保护的法律适用、域外送达、域外取证等。③ 2003年10月28日至11月2日，在海牙召开了海牙国际私法会议特别委员会会议，会上专门讨论了现代信息技术在《海牙送达公约》及《海牙取证公约》中适用的问题。2003年特委会得出结论，根据《海牙送达公约》进行的国际文书送达可以，并且应当通过信息技术，包括电子邮件来完成。会议进一步发现，这种改变已经在进行了，并且建议查找公约当事国为此目的实用现代科技所采用的所有方式。④ 同时，各国对信息技术在《海牙取证公约》中的使用也做了深入探讨。而在最后的海牙特委会报告中，常设事务局进一步明确表达了对信息技术手段的支持，认为使用信息技术手段可以提高《海牙取证公约》的运行效率。

---

① 参见李浩培：《国际民事程序法概论》，法律出版社1996年版，第139~140页。

② 参见林倩：《承认与执行外国法院判决中的互惠原则制度研究》，中国政法大学硕士学位论文，第40页。

③ 参见 Catherine Kessedjia，Electronic Data Interchange，Internet and Electronic Commerce，available at http：//www. hcch. net，visited on October 5，2007。

④ Conclusions and Recommendations adopted by the special commission on the practical operation of the Hague apostille，evidence and service conventions，28 October to 4 November，2003，available at：http：//www. hcch. net/upload/wop/lse_concl_e. pdf.，visited on 20 March，2017。

在我国，最高人民法院制定的《关于涉外民事或商事案件司法文书送达问题若干规定》第10条明确规定了人民法院可以通过传真、电子邮件等能够确认的其他适当方式向受送达人送达。① 电子邮件送达无疑具有自身的优势地位，它可使当事人很快知晓文件内容，简化传送方式。对于执行国际司法协助的有关当局而言，可以大大地方便相互间的沟通渠道，避免文件在传送过程中的延误和耽搁。② 在我国的司法实践中，电子邮件这一域外送达方式也不断得到应用。在郑邦川诉林志成(新加坡籍)股权转让纠纷一案中，厦门市中级人民法院根据被告在我国所设立企业的员工提供的两个电子信箱地址，将司法文书通过电子邮件送达给被告。之后，被告积极应诉并确认可以电子邮件方式向其送达。③ 厦门中院表示，若被告不予以回复，则可以通过中介机构，例如公证处，来证明送达情况。④ 目前，温州市中级人民法院试行由公证处公证送达的方法。电子邮件送达无疑具有自身的优势地位，如果能在司法实践中得以广泛应用，将会有利于争议迅速、及时的解决，和当事人合法权益的保护。但是，电子邮件送达方式的适用要受到一定条件的限制。首先，目前电子邮件送达只能作为传统送达方式的补充，也即只有在传统送达方式不能完成送达的情况下，电子邮件送达的方式才会被适用；其次，根据《关于涉外民事或商事案件司法文书送达问题若干规定》第10条的规定，电子邮件的送达必须不能违反送达目的地国的国内法律，否则将被认为是侵犯其国家主权，从而招致外交抗议；电子邮件送达还必须确认受送达人能够收悉，以便准备应诉。⑤ 此外，由于网络的安全性问题，尤其是病毒、黑客、网络堵塞等等问题，使得电子邮件送达并未得到广泛的认可与接受。但是，随着技术的成熟，电子邮件送达终将会在各国的立法上得到越来越多的规定，并有可能代表未来送达方式的发展趋势。⑥

而在域外取证方面，尽管海牙国际私法会议常设事务局多次强调公约并不排除信息技术手段的使用，但是我国目前对利用信息技术向外国提供司法协助实践还非常有限，通常情况下，对外国提出的涉及使用信息技术手段的协助调查取证请求，无法执行。近几年，我国中央机关接到的外国提交的取证请求中，越来越多的请求中涉及使用视频或电话等方式取证的问题。然而，对于这类取证请求，我国通常以目前国内法无明确规定因此无法操作为由拒绝，同时建议由我国法院根据中国《民事诉讼法》相关规定代为取证。

---

① 参见殷华：《海淀法院完成本市首例简易程序电子邮件送达》，资料来源于：http://bjgy.chinacourt.org/article/detail/2008/10/id/865589.shtml，访问日期2014年2月17日。

② 参见何其生：《域外电子送达第一案及其思考》，载《法学》2005年第3期。

③ 参见何其生：《域外电子送达第一案及其思考》，载《法学》2005年第3期。

④ 参见曹发贵：《完善我国涉外商事案件送达程序之设想》，资料来源于：http://haishang.lawtime.cn/hslw/2011071121069.html，访问日期2013年12月27日。

⑤ 参见杨月萍：《论域外送达中的电子邮件送达》，载《重庆邮电大学学报(社会科学版)》2009年第5期。

⑥ 参见何其生：《域外电子送达第一案及其思考》，载《法学》2005年第3期。

三、“一带一路”倡议下推动中国与沿线国民商事司法协助的建议

（一）推动与“一带一路”沿线国签订新的民商事司法协助条约

在民商事司法协助方面，我国已与37个国家签订了有关司法协助的条约，其中涉及“一带一路”沿线国有25个。但是我国与“一带一路”其余国家之间都没有签订双边民商事司法协助条约，这对加强我国与沿线国的经济交往，顺利实施“一带一路”倡议是极为不利的。因此，我国应加快与未签订民商事司法协助条约沿线国的谈判，推动与有关沿线国签订民商事司法协助条约，同时，对于已经签订有民商事司法协助条约的国家，也可以适时对一些不适应“一带一路”倡议需要的条约进行修订，从而为我国实施“一带一路”倡议提供制度保障。

（二）构建与“一带一路”沿线国的司法协助信息交流平台

目前，在民商事司法协助方面，尽管我国已经加入了海牙国际私法会议制定的1965年《海牙送达公约》和1970年《海牙取证公约》，我国最高人民法院也发布了《最高人民法院关于依据国际公约和双边司法协助条约办理民商事案件司法文书送达和调查取证司法协助请求的规定》等司法解释及规范，但是，从司法实践来看，我国与他国之间的民商事司法协助普遍存在效率低下、耗时较多等问题。例如，据统计，我国对外提出的取证请求一般用时都在6至12个月之间，而我国对外提出的司法文书送达请求也一般需要用时140天左右，这严重制约了我国涉外审判的顺利进行。为了加强与“一带一路”沿线国的司法合作，我国可以探索与有关国家之间建立民商事司法协助的统一信息网络平台，通过该平台传递有关送达文书、调查取证及外国法院判决承认与执行的请求，与有关沿线国实现司法协助信息的共享，以提高民商事司法协助的效率。

（三）灵活处理民商事司法协助中互惠原则

互惠原则是各国广泛采纳的一个提供民商事司法协助的一个重要条件。我国《民事诉讼法》第276条也规定了民商事司法协助的互惠要求。但是由于我国法律对互惠要求规定不明确，实践中带来了法官对互惠原则的任意解释，严重影响了我国与他国间司法协助的进行。例如，在1995年五味晃申请承认与执行日本国横滨地方法院小田原分院判决案、2007年弗拉西动力发动机有限公司申请承认和执行澳大利亚国西澳大利亚最高法院判决案等案件中，我国法院都以不存在“事实互惠”为由，拒绝了相关判决在中国的承认与执行。但是这种做法直接导致了中国与一些国家间拒绝承认与执行对方判决的恶性循环。例如，五味晃案中国拒绝承认与执行日本法院判决后，2003年，日本大阪高等法院拒绝承认与执行了中国青岛中院的判决。① 2015年11月，东京高等法院同样以中国与日本之间

① 中国民商事判决在外国的承认与执行系列之五：日本，资料来源于：http：//chuansong. me/n/589080645090，2017年3月15日访问。

不存在互惠关系拒绝承认与执行了南京玄武区法院的判决。①

值得肯定的是，最高人民法院在2015年颁布的《关于人民法院为"一带一路"建设提供司法服务和保障的若干意见》已经不再要求事实互惠。该意见指出，要在沿线一些国家尚未与我国缔结司法协助协定的情况下，根据国际司法合作交流意向、对方国家承诺将给予我国司法互惠等情况，可以考虑由我国法院先行给予对方国家当事人司法协助，积极促成形成互惠关系。但是该规定以承诺互惠为条件，依然不能完全满足我国与"一带一路"沿线国司法协助的现实需求。

在国际民商事司法协助方面，从国际趋势来看，现在越来越多的国家放弃了互惠原则。例如，瑞士、委内瑞拉、保加利亚、拉脱维亚、马其顿、黑山及西班牙等。虽然目前依然有部分国家保持着互惠原则，但是这些国家都对该原则的适用施加了很多限制。有的国家规定互惠仅仅只是当判决针对本国公民时适用。有的国家互惠原则仅仅针对判决的执行，不针对判决的承认问题。还有的国家尽管也要求互惠原则，但是采取的是假设互惠原则存在，除非有相反的证明。还有些国家采取的是如果预计法院地国判决能够在请求国法院被承认与执行，则可以认定互惠关系存在。例如德国、日本、韩国等采取的是这种方法。②

笔者认为，为了推动我国与"一带一路"沿线国判决的承认与执行，我国立法和司法机关在对互惠原则做司法解释时，应以发展的眼光看待互惠原则的含义与范围，结合实际情况区别对待：1. 在当事人能举证证明判决做出国通过外交途径以国家或者政府的名义就互惠问题达成谅解时，被请求国就可以直接援引互惠原则，经审查后发给执行令。2. 在双方没有书面的互惠承诺时，如果当事人能举证证明判决做出国具有承认与执行中国判决的司法实践时，中国法院也可以在审查后予以承认与执行。3. 对于前两个条件均不具备时的判决做出国，尤其是像与中国有密切经贸关系的日本和美国，不宜一律不予承认与执行。只要对方国家法律在承认与执行外国法院上规定了与被请求国大体相同的条件，也就是以国内立法的形式做了互惠保证，即可认定符合互惠条件。③ 只有这样，才能在没有签订国际条约的情况下，促进相互承认法院判决司法协助的向前发展，切实保障外国胜诉人的合法权益，实现真正的司法正义。

(四)充分利用信息技术提高司法协助的效率

自20世纪90年代以来，信息技术及英特网已经渗透到国际社会的各个领域，深刻地影响着全球政治、经济、法律、文化以及人们的生活。信息技术的发展对国际民商事司法协助理论与实践同样带来了前所未有的挑战和机遇，极大地改变了国际民商事司法协助的

---

① Tokyo District Court, 20 March 2015, Westlaw Japan, Ref. No. 2015WLJPCA03208001。

② 参见 Béligh ELBALTI, Reciprocity and the Recognition and Enforcement of Foreign Judgments, available at: http://www.law.cam.ac.uk/repo-documents/pdf/events/PILConf/Reciprocity_and_the_Recognition_and_Enforcement_of_Foreign_Judgments.pdf, visited on October 20, 2016。

③ 参见贺晓翊：《论我国关于承认与执行外国法院判决制度的立法改革与完善》，载《法律适用》2005年第2期。

运作程序，并将继续对国际民商事司法协助产生深远影响。在此方面，《海牙送达公约》及《海牙取证公约》等虽然没有对信息技术在域外送达和域外取证领域的应用作出明确的规定，这两个公约不反对信息技术的应用已经成为国际社会的共识。2001 年的《欧盟域外取证规则》(1206 号)对通过信息技术手段进行域外取证作了明确的规定。《规则》第 10 条第 4 款和第 17 条都规定了利用信息技术取证的问题。《海牙取证公约》尽管没有对利用信息技术进行取证作出规定，但海牙国际私法会议常设事务局一直对利用信息技术十分关注。公约制定后，特委会先后在 2003 年、2009 年多次召开特委会讨论利用信息技术取证的问题。几次特委会上，常设事务局都表达了对利用信息技术手段的支持，认为使用信息技术手段可以提高公约的运行效率。

同时，很多国家立法也允许利用信息技术进行域外送达、域外调查取证等。例如，英国、美国、新加坡、澳大利亚、德国、日本等。目前，我国法院的信息化建设取得了很大进步，绝大部分法院都配备了视频、音频等设备，因此，我国目前已经具备了利用信息技术进行域外取证国际合作的基础条件。而在利用信息技术进行域外取证国际合作实践方面，已有少数的案例。例如，在 2008 年美国法院审理的“开平”案中我国就为美国法院通过视频方式进行了取证合作，先后有 6 位证人通过视频连接取证长达 14 个星期。① 尽管该案只是一个刑事案件，但我国法院为外国法院利用信息技术进行取证合作提供了很好的经验。值得肯定的是，中国一些法院在近年对利用信息技术进行跨国取证进行了有益的探索。例如，2016 年 9 月 26 日，上海海事法院在一起涉外海上货物运输合同纠纷案件的庭审中，首次利用微信视频的方式与巴西远程连线，当庭进行跨国取证并确认案件的重要事实。经过 2 个多小时跨国连线，案件关键证据得到了初步认定。②

因此，为了提高域外取证国际合作的效率，我国在将来修订《民事诉讼法》时应明确规定，如证人所在地有视频、音频等设备，而法院也认为是适当时可以利用视频、音频连接进行域外取证。而对外国法院所提出的利用视频、音频连接等方式进行取证的请求，在一定条件下，我国也应该予以许可。

为了提高我国与“一带一路”沿线国的司法协助效率，我国应该通过修订立法或制定有关司法解释，明确承认利用信息技术进行域外送达、域外取证等的合法性，同时积极探索与有关沿线国利用各种信息技术手段进行司法协助。例如，利用电子邮件、传真等进行域外送达，利用视频连接、音频连接等进行跨国取证，以提高民商事司法协助的效率。

(五)起草制定涉“一带一路”沿线国司法协助条约范本

目前，我国与 37 个国家间的民商事司法协助条约是在不同时期签订的，由于条约制定时代背景不同，因此，各条约之间对司法协助的范围、提供协助的条件等内容存在较大差异。同时，很多条约也不能反映出中国与“一带一路”沿线国更紧密合作的特点，因此，为推动中国与一带一路沿线国司法协助的进行，我国有关部门应该适时提出新的民商事司

① 参见《法制日报》，2008 年 9 月 14 日，第五版。

② 参见上海法院网：http：//shfy. chinacourt. org/article/detail/2016/09/id/2137546. shtml，2017 年 3 月 10 日访问。

法协助条约范本，以便在与有关沿线国谈判签订新的民商事司法协助条约时参考。同时，对于已经与中国签订有司法协助条约的沿线国，我们也要根据需要对条约内容进行重新修订，以此来简化和推动中国与“一带一路”相关国家民商事司法协助的进行。在司法协助条约范本的条约内容方面，应该进一步扩大提供司法协助的范围、简化各种司法协助的程序。同时，应该充分强调信息技术在民商事司法协助中的作用。

(六)探索新的司法协助方式

为了促进我国与“一带一路”沿线国民商事司法协助的进行，我国法院应该积极探索各种新的司法协助方式，以实现简化程序，提高效率的目的。在此方面，我国沿海一些法院推行的海外联络员制度就是一个较好的探索。目前，为了解决涉侨案件审理的周期长、送达难、执行难等问题，我国沿海很多法院都在海外设立了调解联络点。例如，2015 年 10 月 13 日浙江省温州市瓯海区人民法院与法国巴黎分会场同步视频，宣布设立海外调解联络点，举行海外调解员、海外联络员、涉侨专职陪审员聘任仪式。① 海外联络员的主要职责包括：协助网上立案、协助见证授权委托、协助寻找确认海外当事人住所、协助远程网络视频开庭、协助调解、协助督促当事人自动履行裁判等。在此方面，浙江青田法院和文成法院在聘请海外联络员协助国内法院远程审判实践中最为典型。根据青田县法院的职务安排，四名海外联络员②为人民陪审员③，且其中两名④同时为法院调解员。⑤ 文成县法院的特邀海外调解员与调解联络员属于调解员。⑥ 根据文成县法院的规定，海外调解员的主要工作职责：1. 协助确认当事人身份及见证民事起诉状签字和委托授权；2. 协助送达；3. 协助调解；4. 协助督促当事人自动履行裁判等(履行以上 1 至 3 项职责时进行全程录音录像存档)。在协助远程网络视频开庭方面，2011 年 6 月开始，该院利用数字法庭和 Skype 语音视频工具推行远程网络视频开庭，由海外调解员协助法院确认海外当事人身份、核对证据、见证当事人在庭审笔录上签名。不过，海外联络员制度也面临着一些不确定的法律风险，如可能侵犯当地的司法主权等。

---

① 参见人民网，资料来源于：http：//legal. people. com. cn/n/2015/1018/c188502-27710499. html，2017 年 3 月 6 日访问。

② 徐宋灵，鹤城中路 3 号(现西班牙经商，海外联络员)；林峰，月里湾小区 24 幢 1 单元 204 室(现任西班牙加泰罗尼亚华人华侨联合总会会长，海外联络员)；倪晔敏，西班牙青田同乡会会长(海外联络员)；周建虹，巴塞罗那中餐业协会会长(丽水政协特邀委员，海外联络员)。

③ 参见《青田县人民法院人民陪审员名单(2015)》，资料来源于 http：//qt. zjlscourt. com/fygk/ryxx/2014-03-17/44385. html，访问日期 2016 年 12 月 7 日。

④ 徐宋灵，西班牙侨领，海外联络员；林峰，西班牙加泰罗尼亚华人华侨联合总会会长，海外联络员。

⑤ 参见《青田法院调解员名单》。

⑥ 参见《特邀海外调解员与调解联络员名录》。文成县人民法院特邀调解组织：1. 意大利米兰文成同乡会民事调解委员会；2. 文成县民商事人民调解委员会。文成县特邀海外调解员及海外调解联络员名录：吴步双、胡建金、陈正溪、余序钻、胡文胜、胡建平、周慧、周月宇、朱金亮、李一立、蔡志荣、胡志珊、胡小平、胡守银、胡志明、胡金娥。

四、结语

随着我国“一带一路”伟大倡议的不断推进和实施，我国与其他国家之间的民商事司法协助案件必将越来越多。在此情形下，我们只有通过修改和完善国内相关立法，推动与他国民商事司法协助条约的签订，灵活处理互惠原则，借助信息技术提高司法协助的效率等才能解决当前面临的问题。我们相信，随着我国“一带一路”倡议的不断推进，我国与沿线国的民商事司法协助必将迎来新的春天。

（原文刊载于《西北大学学报》（哲学社会科学版）2017年第6期。）

碳排放交易的国际税法问题
——两大税收协定范本的视角

宋俊荣*

摘　要：关于碳排放交易的国际税法问题，新版 OECD 范本和 UN 范本均已做出了回应。从目前情况来看，碳排放交易所得基本上适用范本第 6 条、第 7 条、第 8 条或第 13 条。作为世界上最大的 CERs 净输出国，我国应更多地关注来源地税收管辖权。关于常设机构的认定，应视国外合作方参与项目的方式和程度的不同分别划归场所型或劳务型常设机构。最后，应将碳排放配额/抵免额视作不动产的附属财产或不动产，但此种属性在初次交易后丧失，之后按动产对待。

关键词：碳排放交易；所得税；国际税收协定范本；常设机构

国际社会共同行动应对气候变化的努力起始于《联合国气候变化框架公约》。公约项下的《京都议定书》首次为附件一的发达国家设立强制减排指标，并创设了全球性的碳排放交易机制。之后，陆续有 36 个国家创建区域性或全国性的碳排放交易机制。① 中国已于 2017 年底建成全国性碳排放交易市场，首批纳入约 1700 家发电行业企业，排放总量超过 30 亿吨二氧化碳，今后还会进一步扩大市场覆盖、行业范围，逐步降低纳入门槛。这将成为全球最大的碳市场。② 毫无疑问，对此类交易如何征收所得税将会成为包括我国在内的相关国家及企业日益关注的一个问题。本文所要探讨的是其中的一个方面，即碳排放交易所涉及的国际税法问题，主要是相关国家之间税收管辖权的分配与协调。在国内，已有不少学者和机构从会计学的角度对碳排放交易进行研究，如杨睿宁、张彩平、靳惠等人。财政部也已出台《碳排放权交易会计处理暂行规定》征求意见稿。但是，少有学者从国际税法的角度对碳排放交易进行研究。在国外，欧洲学者 Miloš Krstić曾经撰文对碳排放

* 宋俊荣（1976—），女，湖北仙桃人，法学博士，上海政法学院国际法学院副教授，硕士生导师，美国加州大学洛杉矶分校访问学者，主要从事国际法学研究。

① 参见 World Bank Group. State and Trends of Carbon Pricing. 2016：12. [EB/OL].（2016-10-25）[2018-07-22] https：//openknowledge. worldbank. org/bitstream/handle/10986/25160/9781464810015. pdf? sequence = 7&isAllowed = y。

② 参见解振华：《中国和全球碳交易市场的美好前景可期》，中国碳排放交易网，http：//www. tanpaifang. com/tanjiaoyi/2018/0326/61649. html，访问日期 2018 年 3 月 26 日。

交易的国际税收待遇进行过探讨，但由于成文较早，未能反映两大税收协定范本的最新进展。① 另外有一些学者和机构从一国涉外税法的角度对碳排放交易进行过研究，但未涉及国家之间税收管辖权的协调。

一、碳排放交易概述

《京都议定书》为附件一国家(主要是发达国家)完成减排指标创建了三项灵活机制。它们分别是清洁发展机制(简称为 CDM)、联合履行机制(简称为 JI)、以及排放交易机制(简称为 ET)。通过清洁发展机制，附件一国家在非附件一缔约国(主要是发展中国家)投资温室气体减排项目，从而获得该项目产生的"经核证的排放减少量"——CERs(Certified Emissions Reductions)以充抵其超出额度的碳排放量。由于发展中国家的减排成本远低于发达国家，所以清洁发展机制能为附件一国家大大节省减排费用。另一方面，该机制也有利于发展中国家获得减少温室气体排放所必须的资金和技术。联合履行机制与清洁发展机制的主要区别在于东道国资格的不同。清洁发展机制的东道国为非附件一缔约国，而联合履行机制的东道国为附件一缔约国。联合履行机制项目产生的减排量被称作"排放减少单位"——ERUs(Emission Reduction Units)，可充抵投资方超出额度的碳排放量。排放交易机制则主要是供各附件一国家之间进行"分配数量单位"——AAUs(Assigned Amount Units)的交易。在上述三项机制的基础上所形成的碳排放交易市场统称为京都碳排放交易市场。此外，还有越来越多的国家已经或正在考虑筹建区域性或全国性的碳排放交易机制，其中有些已经与京都碳排放交易机制实现了对接。总的来说，碳排放交易的标的主要有两类。一是由国际组织或国家分配的排放配额，如欧盟碳排放交易机制项下的 EUAs(EU Emission Allowances)；二是基于减排项目产生的排放抵免额，如 CERs 和 ERUs。

碳排放交易中有一部分是具有涉外性或跨国性的，例如中国企业在欧盟某国设立一家工厂，并出售通过该工厂获取的碳排放配额/抵免额，或者欧盟某企业通过中国的 CDM 项目获取 CERs 并进行转售。如何合理划分此类收益的税收管辖权，从而避免双重征税或互不征税，成为当前国际税收协定面临的一个现实问题。

二、两大税收协定范本有关碳排放交易的讨论和回应

有关碳排放交易的国际税法问题，2014 年版和 2017 年版《经合组织关于避免双重征税的协定范本》(以下简称 OECD 范本)的注释部分已增加了相应规定，而负责审议和更新《联合国关于发达国家与发展中国家避免双重征税的协定范本》(以下简称 UN 范本)的机

① 参见 Miloš Krstić. International Tax Treatment of the Emission Permits. Maastricht University, 2012: 31-63。

构——联合国国际税务合作专家委员会也出台了专门文件(以下简称 UN 范本文件)。① 之后的 2017 年版 UN 范本的注释也提及了碳排放交易问题。在两大税收协定范本项下，碳排放交易涉及的所得类型主要包括营业利润、不动产所得、资本利得、船运、内河运输和空运企业所得、特许权费用和其他所得。

(一)营业利润和动产的资本利得

OECD 范本和 UN 范本第 7 条均将跨国纳税人营业利润的征税权划归居住国，除非纳税人在来源国设立了常设机构。此外，OECD 范本和 UN 范本第 13 条第 2 款规定，常设机构营业资产中的动产所产生的资本利得，以及转让整个常设机构的所得可由来源国征税。

1. 碳排放配额的发放

一般来说，碳排放配额的发放主要有两种方式：一是免费分配，二是拍卖。如果通过拍卖发放碳排放配额，企业在获得配额之时不会产生应税所得。至于企业之后对此配额进行交易所引起的国际税法问题将在下文阐述。对于免费分配或低于市场价分配的碳排放配额，有些国家可能会在分配之时即确认为税法上的所得。但是，一份被采纳的建议修改 OECD 范本注释的文件(以下简称 OECD 范本文件)认为此种情形下产生国际税法问题的可能性极小，因为绝大部分的碳排放配额都会被分配给本国的居民企业。② UN 范本文件则指出，理论上此种情形是有可能产生国际税法问题的。例如，当某外国企业在一国境内设立的实体构成常设机构时，因该实体的排污活动而获得所在国免费或低于市场价分配的碳排放配额，由此产生的税法上的所得应归属于该常设机构，由常设机构所在国征税。当然，因申请该免费或低价配额而产生的支出(如申请费用)可以列为税前扣除项目。

2. 碳排放抵免额的签发

与对待免费分配的碳排放配额一样，有些国家可能会在向 CDM/JI 项目签发碳排放抵免额之时即确认税法上的所得。如果碳排放抵免额被签发给了非居民企业的项目参与方，就会产生国际税法问题。

OECD 范本文件指出，CDM/JI 项目所在国如欲对非居民企业获签 CERs /ERUs 行使征税权需要满足两个条件：一是该企业在本国境内设有常设机构，二是该企业获签的 CERs /ERUs 可归属于该常设机构的营业利润。

UN 范本文件依据 CDM/JI 项目的三种不同模式分别进行了分析。如果 CDM/JI 项目归东道国企业全部或部分所有，则该项目获签 CERs /ERUs 产生的所得由东道国独占征税。

---

① 参见 Committee of Experts on International Cooperation In Tax Matters, Ninth Session, Note on Tax Treaty Issues Arising From The Granting and Trading of Emissions Permits and Emissions Credits Under The UN Model Tax Convention, E/C. 18/2013/CRP。

② 参见 Tax Treaty Issues Related to Emissions Permits/Credits, Adopted by the OECD Committee on Fiscal Affairs on 26 June, 2014, p. 5。

如果CDM/JI项目归外国企业全部或部分所有，且该项目构成常设机构，则该项目获签CERs /ERUs产生的所得通常也由东道国征税。如果外国企业通过项目开发协议参与CDM/JI项目，即仅为项目提供管理、技术、环境和风险控制等方面的服务，且因该服务的提供而获签CERs /ERUs，则项目东道国能否对该笔所得行使征税权取决于上述服务是否通过常设机构提供。而构成常设机构的可能情形有两种：一是该外国企业在东道国设有固定基地，如可由其职员支配的办公室，并通过该基地提供服务；二是该外国企业雇员在东道国提供服务的工作时间在12个月内连续或累计超过6个月。如果不具备上述情形，项目东道国就无权进行征税。

3. 碳排放配额/抵免额的交易

OECD范本的最新注释规定，因碳排放配额/抵免额的交易所获收益通常适用第7条和第13条，在特殊情况下适用第6条、第8条或第21条。但是，注释并未就何种情况下适用第7条、何种情况下适用第13条做出区分，因为第13条第2款针对转让动产所获资本利得的规定与第7条是一致的。也就是说，如将碳排放配额/抵免额视作动产对待，无论适用第7条还是第13条结果都是一样的，所以就不需要进行区分了。另外，第13条的注释对常设机构营业资产中动产项下无形资产的列举特别增加了“排放配额”，进一步明确了转让“排放配额”所得可由常设机构所在国征税。但是，何种情况下构成常设机构、来源国可就哪些利润征税，新增注释没有做出进一步说明。

UN范本文件指出，当转让碳排放配额/抵免额所得被界定为无形财产的资本利得时适用第13条，其他情况下适用第6、7或8条。文件详细探讨了第7条和第13条第2款所涉常设机构的利润归属问题，并提出了以下建议。第一，如某缔约国的企业通过位于另一缔约国的常设机构开展排污活动，该企业转让直接向其发放的有关此污染活动的碳排放配额/抵免额所得利润，一般全部或部分地归属该常设机构，即便该常设机构没有参与转让。第二，如果某缔约国的企业因设在另一缔约国的常设机构排污而获得碳排放配额并将其转让给该企业的另一部分，可以考虑该配额在转让时的公平市场价值，以便决定属于该常设机构的利润。第三，如某缔约国的企业在另一缔约国全部或部分拥有一个项目，该企业转让因该项目而获得的碳排放抵免额的所得，在该项目构成常设机构时，可由东道国征税。此外，如外国企业通过固定营业场所为某项目提供项目发展协议项下的服务，该企业转让因该项目而获得的碳排放抵免额的所得，在该项目构成常设机构时，也可由东道国征税。第四，企业转让在二级市场购买的碳排放抵免额的有关利润，不属于构成CDM/JI项目一部分的常设机构。在这种情况下，抵免额和CDM/JI项目之间不存在直接关联。在来源国对非居民来源于本国的营业利润的征税范围问题上，UN范本奉行的是有限引力原则，即凡是与常设机构营业活动相同或类似的活动产生的利润均归属于常设机构，不管该活动由常设机构还是由非居民企业的其他实体所为。构成常设机构的CDM/JI项目开展的是具有额外减排效果从而获取抵免额的活动，通常都是工农业活动，而不是碳排放配额/抵免额的交易活动。因此，如某缔约国企业在另一缔约国开展CDM/JI项目并构成常设机构，该企业在项目所在国从事与项目无关的碳排放交易，例如出售通过二级市场购买的配额/抵免额、或出售通过第三国的 CDM/JI 项目获取的抵免额，就不属于与常设机构活动相同或类似的活动，因此不应适用有限引力原则。也就是说，来源国无权对此类所得征税。只有当构成常设机构的 CDM/JI 项目自身也从事服务于整个企业的碳排放交易活动时，来源国才可以既对归属于常设机构的碳排放交易所得征税，又对未经常设机构但来源于本国的碳排放交易所得征税。

就第 7 条的适用而言，UN 范本文件显然对常设机构给予了更多的关注。其建议主要针对两种类型的常设机构，一是排污企业在另一国设立的实体，二是用于产生碳排放抵免额的 CDM/JI 项目。如属于前者，排污企业为该实体的排污活动而获取的碳排放配额/抵免额应被视为该实体所构成的常设机构的财产，企业无论向外部或在内部转让该排放配额/抵免额所获收益均应被视为常设机构的利润。如属于后者，无论外国企业是基于拥有该项目还是为该项目提供服务而获得的抵免额，该企业转让抵免额所获收益也应被视为项目所构成的常设机构的利润。当然，如果所转让的配额/抵免额是该企业直接购自二级市场或来源于第三国的 CDM/JI 项目，则相关利润不应归属于项目所构成的常设机构，除非项目自身也从事服务于整个企业的碳排放交易活动。

(二)不动产所得

OECD 范本和 UN 范本第 6 条和第 13 条第 1 款规定，一缔约国企业获取的来自另一缔约国不动产的所得，包括农业/林业活动所得，可由不动产所在国征税。

1. 碳排放配额的发放

如前文所述，OECD 范本文件认为发放碳排放配额引发国际税法问题的可能性极为有限，因而并未进行过多讨论。UN 范本文件认为，通常情况下碳排放配额的发放都是基于企业通过不动产开展的商业活动，从而使得由此产生的所得被划归营业利润，继而导致第 7 条的适用。第 6 条的适用是比较少见的。可能的情形是垃圾填埋场被关闭后，政府针对所在地环境的污染向填埋场的所有人发放碳排放配额。还有可能是政府向农业/林业活动、或自然资源开采活动发放碳排放配额。依据第 6 条，上述情形下基于碳排放配额的发放形成的所得由不动产所在国征税。

2. 碳排放抵免额的签发

OECD 范本文件指出，当碳排放抵免额的签发被一国确认为不动产所得时应适用第 6 条，由不动产所在国征税。UN 范本文件认为，通常情况下碳排放抵免额的签发所产生的所得被划归为营业利润，从而导致第 7 条的适用。第 6 条的适用是比较少见的。可能的情形是外国非政府组织在非附件一国家拥有风力发电场，以非盈利活动的形式向当地居民供电，并因此获签碳排放抵免额。由于该活动的非盈利性质，获签碳排放抵免额产生的所得不属于营业利润，从而无法适用第 7 条。而碳排放抵免额的签发与作为不动产的风力发电场之间是密不可分的，可以被界定为不动产所得，继而适用第 6 条。

3. 碳排放配额/抵免额的交易

如果设在某国的 CDM/JI 项目获批 CERs/ERUs，第 7 条和第 13 条第 2 款通常会允许该国对此 CERs/ERUs 的第一次转让收益征税，要么基于居民税收管辖权要么基于来源地税收管辖权。但是，对于 CERs/ERUs 在其他国家的后续交易所得收益，因为缺乏足够的联系，该国是很难行使税收管辖权的。不过，如果将 CERs/ERUs 界定为第 6 条项下的不动产或附属于不动产的财产，则该国可对所有后续交易的收益征税。同理，如果将碳排放配额做同样的界定，则初始分配所在国可对配额的每一次交易所得收益征税。显然，相对于第 7 条和第 13 条第 2 款，第 6 条对 CDM/JI 项目所在国和碳排放配额的初始分配国更为有利。遗憾的是，目前尚未有国家立法明确将排放配额/抵免额视作不动产或附属于不动产的财产。不过，CDM/JI 项目中有些属于造林碳汇项目，如果此类项目产生的 CERs/ERUs 被视为来自农业/林业活动的话，那么还是有可能适用第 6 条的。

OECD 范本的最新注释规定，第 6 条第 1 款所指来源于农业/林业的所得应当既包括出售农、林产品的所得，也包括作为农业/林业活动不可分割的一部分的所得，例如来源于碳排放配额/抵免额的发放或交易的所得。企业取得这些配额/抵免额是基于得以继续从事农业/林业活动的目的，或者企业基于此种目的取得了配额/抵免额，但后来发现不需要了继而将其出售。对此，之前的一份讨论稿做出了如下解释："来自农业/林业的所得"扩大了第 6 条的适用范围，它应当不仅包括来源于相关不动产的所得，也包括农业/林业活动的所得。例如，虽然收割后的庄稼或木材不再是不动产，但企业将其出售所得利润仍应适用第 6 条。所以，从事农业/林业活动的企业为了满足减排要求而获取碳排放配额/抵免额的行为应当也属于农业/林业活动的一部分，开展造林碳汇等 CDM/JI 项目以获取排放抵免额的行为也应属于农业/林业活动的一部分。那么，企业出售上述碳排放配额/抵免额的所得就应当属于来源于农业/林业的所得。当然，上述碳排放配额/抵免额流转到其他企业手中后的后续交易利润就不应再适用第 6 条了，因为该项利润与初始的农业/林业活动已经没有足够联系。①

UN 范本文件指出，当企业转让的碳排放配额/抵免额与来自不动产或农业/林业活动的所得有关时，应适用第 6 条。但是，其后续交易所得利润如不再构成来自农业/林业活动的所得，则不应再适用第 6 条。

总的来说，上述两个文件的观点是一致的，均认为目前第 6 条所适用的碳排放交易主要与农业/林业活动相关，且后续交易一般不再适用第 6 条。这与不动产所得的征税权划分还是有所区别的，因为不动产无论被交易多少次，所在国都可以对交易利润征税。不过这样的区别也是合理的，因为不动产交易的利润从性质上来看始终属于不动产所得，而碳排放配额/抵免额在初次交易之后就跟农业/林业活动失去了直接联系，所以后续交易利润在性质上不再属于农业/林业活动所得，从而也就不能再适用第 6 条了。

---

① 参见 OECD. Tax Treaty Issues Related to Emisssions Permits/Credits, pp. 11-12 [EB/OL]. (2014-06-26) [2018-07-22] https://www.oecd.org/tax/treaties/report-emissions-permits.pdf。

(三)国际运输企业的所得

OECD 范本和 UN 范本第 8 条是针对以船舶或飞机从事国际运输取得的利润、以船只从事内河运输取得的利润进行税收管辖权的划分。两个范本的 2017 年版均将行使独占征税权的国家由“企业的实际管理机构所在国”改为了“企业的居住国”，但仍允许各国继续沿用旧有规定。相应地，两个范本的 2017 年版第 13 条第 3 款也作了相应调整，转让从事国际运输的船舶飞机、从事内河运输的船只、或与此类飞机船只的运营有关的动产所得利润，应仅由企业的居住国或其实际管理机构所在国征税。上述条款共同构成了第 7 条的例外规定，导致所得来源国无权对非居民企业的上述所得征税，即使该所得应归属于该国的常设机构。

欧盟早在 2008 年就通过了一项指令将航空业纳入碳排放交易体制，并于 2012 年起开始实施。① 但是，由于其他国家的强烈抵制，该项措施的执行暂时限于欧洲经济区内部的航线，不包括进出欧洲经济区的国际航线。② 2016 年 10 月，国际民航组织通过了《国际航空碳抵消和减排计划》，确立了全球性行业减排市场机制。随着该项计划的推进，国际民航组织所有成员国的航空公司将会被强制要求购买碳排放抵免额以抵消其超出排放基准的碳排放量。对于此类交易如何适用范本第 8 条和第 13 条是摆在各国面前的一个崭新命题。

依据 OECD 范本的最新注释，当国际水运或航空企业获取的与碳排放配额/抵免额有关的所得属于其国际运输活动不可分割的一部分时，即这些配额/抵免额的取得是基于得以继续运营轮船或飞机的目的，或企业基于此种目的取得了配额，但后来发现不需要了继而将其出售，应适用第 8 条，仅由企业的居住国或其实际管理机构所在国征税。当碳排放配额/抵免额被视为第 13 条第 3 款中‘与经营船舶、飞机和船只有关的动产’时，企业对其进行转让所得也应仅由企业的居住国或其实际管理机构所在国征税。

UN 范本文件的分析更为细致。首先，免费发放给国际水运或航空企业的碳排放配额可以被界定为第 8 条所适用的企业所得，由企业的居住国或其实际管理机构所在国征税。其次，上述企业转让由政府分配的碳排放配额或从二级市场购得的碳排放抵免额继而产生的所得，应被视为与其运输业务有直接联系，从而适用第 8 条。再次，上述企业参与 CDM/JI 项目继而获签碳排放抵免额以及对其进行转让所形成的所得不应适用第 8 条，因为 CDM/JI 项目的减排活动既不属于运输活动的辅助活动，也与其无直接关联。那么依据第 7 条，项目东道国可以在此类所得归属于本国的常设机构时行使征税权。最后，如果有关国家将碳排放交易所得视为资本利得，就涉及第 13 条第 3 款的适用。该款中“有关的”一词具有扩大的含义，例如，‘属于’、‘与……有关联、依赖或与……相关’，其中就涵盖了这样一种情况，即企业在二级市场上收购碳排放配额/抵免额以履行与这类经营活动

---

① 参见 Directive of The European Parliament and of The Council Amending Directive 2003/87/EC So As To Include Aviation Activities In The Scheme For Greenhouse Gas Emission Allowance Trading Within The Community Text With EEA Relevance, 2008/101/EC-2008。

② 欧洲经济区包括所有欧盟成员国、冰岛、列支敦士登和挪威。

有关的某种排放交易机制下的义务。在此情况下，碳排放配额/抵免额应被视为第 13 条第 3 款中‘与经营此类船舶、飞机和船只有关的动产’，而企业通过转让这些动产获取的所得，将只能由企业的居住国或其实际管理机构所在国征税。但是，若企业转让其参与 CDM/JI 项目获签的碳排放抵免额不应适用第 13 条第 3 款，因为 CDM/JI 项目不属于与其经营的运输业务有关的活动。这意味着项目东道国有可能基于第 13 条第 2 款对上述转让所得行使征税权。

上述两份文件存在明显的差别。对于企业基于 CDM/JI 项目的碳排放交易和第 13 条第 3 款中‘与经营船舶、飞机和船只有关的动产’的认定，前者保持了沉默，留待征税国决定，而后者均做出了明确规定。前者给予了征税国充分的尊重，但容易引起国家之间的争议。后者有助于避免争议的发生，且更加有利于 CDM/JI 项目东道国。

(四)特许权使用费

有学者提出，碳排放交易所得有可能适用 UN 范本第 12 条。该条第 3 款规定，特许权使用费包括作为工业、商业或科技设备的使用或使用权的对价而收取的费用。而使用某些工业、商业或科技设备会导致二氧化碳的排放，继而需要碳排放配额/抵免额。碳排放配额/抵免额的持有者拥有了排放一定量二氧化碳的权利，才能得以使用上述设备。因此，碳排放配额/抵免额买方支付给卖方的费用可被视为工业、商业或科技设备使用权的对价，从而归属于特许权使用费，可由来源国征税。① 上述观点与对“特许权使用费”一词的传统解释存在较大的冲突。传统上，租用工业、商业或科技设备产生的费用才属于特许权使用费。但是，碳排放配额/抵免额的买方并不是直接为任何设备的使用或使用权支付的费用，而是为取得碳排放配额/抵免额的所有权支付的费用。虽然持有碳排放配额/抵免额可能是使用某些工业、商业或科技设备的必要条件，但是购买碳排放配额/抵免额的费用毕竟不能等同于租用工业、商业或科技设备的费用，这是两种不同性质的交易所产生的费用。如果非要将碳排放交易和特许权使用费联系在一起，那么只可能是租用碳排放配额/抵免额所产生的费用。但是，在当前的碳排放交易体制下，租用碳排放配额/抵免额是没有任何实际意义的。UN 范本文件也是持这一观点。

OECD 范本第 12 条的规定与 UN 范本有较大差异，它不包含租用工业、商业或科技设备的费用。并且，OECD 范本对该条的注释明确指出，第 12 条不适用于转让财产所有权的交易，因此，为购买碳排放配额/抵免额而支付的费用不属于特许权使用费。

(五)其他所得

OECD 范本和 UN 范本第 21 条是一条兜底条款，前述条款均不适用的所得适用于该条。两个范本的区别在于，OECD 范本赋予了居住国独占征税权，而 UN 范本则允许来源国在其国内法存在相关规定的情况下行使征税权。就目前来看，绝大部分的碳排放交易所得都属于前述条款的适用范围。但是考虑到目前各国对碳排放交易立法的多样性和不确定

① 参见 UN Committee of Experts on International Cooperation in Tax Matters. Report on the 6th Session, p. 9[EB/OL]. (2010-10-22)[2018-07-22]http: //www. un. org/esa/ffd/tax/sixthsession/CRP12_Draft. pdf。

性，也不排除有些国家可能会主张适用第21条。

（六）双重征税的消除

首先，我们来看一个例子。假设R国国内法将碳排放抵免额转让所得视为营业利润或资本利得，但S国国内法将其视为不动产所得。R国居民企业在S国设立了一家工厂，并出售通过该工厂获取的碳排放抵免额。R国依其国内法认为该笔所得应适用第7条或第13条第2款，S国则依其国内法认为应适用第6条和第13条第1款。如此一来，R国作为居住国要对该笔所得征税，S国作为不动产所在国也要对该笔所得征税，从而形成双重征税。

对于双重征税的消除，OECD范本和UN范本的规定基本一致。如果是因为两国国内法的差异所导致的双重征税，而来源国适用的国内法是税收协定所允许的，如前例中S国依其国内法将碳排放抵免额认定为不动产是范本第6条第2款所允许的，那么居住国就应当按照第23条采取免税或抵免措施。如果是因为两国对协定相关条款的解释不同或对同一事实的认定不同所造成的双重征税，例如就某个CDM项目是否构成常设机构的认定不同而产生的双重征税，那么就应当通过相互协商程序甚至仲裁来解决。

三、两大税收协定范本尚未触及的问题

总结OECD范本和UN范本对碳排放交易的回应，发现有一个关键问题尚未解决，那就是常设机构的认定。UN范本专门文件围绕第7条的讨论触及了常设机构，但主要集中在常设机构的利润归属上，对于常设机构的认定却有所忽略。而对于常设机构认定的不一致也会导致双重征税或互不征税。例如，跨国纳税人设在来源国的某实体在该国被认定为常设机构，而在居住国不被认定为常设机构，则来源国与居住国均就该实体的营业利润主张税收管辖权，从而产生双重征税。因此，常设机构的认定也是重要一环。

如前所述，碳排放交易所涉及的常设机构主要有两种类型。一是排污企业在另一国设立的实体，二是用于产生碳排放抵免额的CDM/JI项目。前者属于最常见的场所型常设机构，其认定不存在新问题。而后者则具有一定的特殊性，其认定需要进一步的探讨。CDM/JI项目一般都以固定场所的形式存在，主要涉及场所型常设机构的认定。在这个问题上，OECD范本和UN范本的基本规则是一致的，主要有三个要件。一是具有营业场所；二是营业场所具有空间上的固定性和时间上的持久性；三是非居民企业的营业活动全部或部分地通过该营业场所进行，非准备性或辅助性活动。目前，CDM/JI项目主要有新能源和可再生能源、甲烷回收、燃料替代、碳汇、节能和提高能效等类型。这些项目的运作均需具备固定的场所、建筑物或机器设备等，且周期一般长达数年甚至数十年。所以，前两个要件是具备的。第三个要件的判断标准主要包含四点：非居民企业是否实际使用和自主使用该场所；该场所从事的活动是否属于非居民企业主要或重要的营业活动；该场所是否仅服务于该非居民企业；以及该场所是否仅限于提供准备性、辅助性的服务。这就要求CDM/JI项目的国外合作方自主地实际使用项目所在场所对外从事营业活动，且该活动属于其主要或重要的营业活动。实践中，CDM/JI项目的国外合作方主要有排污企业、碳

基金、政府基金、银行、非政府组织、碳交易中间商等。国外合作方是否会通过项目进行营业活动要看其与项目业主之间签订的协议。有些情况下，国外合作方可能会通过项目所在场所向业主提供相关技术服务、咨询服务、出售设备、甚至参与项目开发运营。如果这些活动与国外合作方自身的营业活动性质一样，且属于其营业活动的重要组成部分，那么基本上可认定 CDM/JI 项目构成国外合作方的常设机构。但是，如果国外合作方仅限于出资购买项目所产生的碳排放抵免额，则不应被视为营业活动，从而不会导致常设机构的产生。另外，在 UN 范本框架下，基于 CDM/JI 项目还可能产生另一种类型的常设机构——劳务型常设机构。当国外合作方派出雇员或其他人员至项目所在国为项目业主提供技术服务、咨询服务或其他劳务，只要其工作时间在任何 12 个月内连续或累计超过 6 个月，即可构成常设机构。

四、中国需关注的问题及对策

作为发展中国家，我国没有《京都议定书》项下的强制减排义务，而且可以作为 CDM 项目的东道国协助附件一国家实现减排目标。我国地大物博，自然资源非常丰富，且减排空间巨大，因此成为了最受青睐的 CDM 项目东道国。目前，我国已批准 CDM 项目 5074 项，其中在联合国 CDM 执行理事会成功注册 3807 项，占全球已注册项目的近 50%。① 此外，作为负责任的大国，我国还在巴黎气候峰会上提出自主减排行动目标，在国内稳步推进减排行动，并积极建设碳排放交易市场。因此，碳排放交易将会成为我国对外税收管辖权协调的一个重要领域。我国的国内立法及对外签署的税收协定应对此做出积极回应。

就我国而言，涉及对外税收管辖权协调的碳排放交易主要有以下三种情形。

首先是中国企业进行海外投资所涉及的碳排放交易。例如，中国某企业在欧盟某成员国设立分支机构，并为该分支机构的二氧化碳排放购入碳排放配额/抵免额，事后该企业对其进行转让，继而产生利润。如该分支机构构成常设机构，则其所在国可基于范本第 7 条或第 13 条第 2 款对该利润征税，中国作为居住国则要采取消除双重征税的措施。

其次是从事国际运输的企业进行的碳排放交易。在此类交易中，我国既有可能是居住国，也有可能是来源国。前者如中国的航空企业在国外购买或转让碳排放抵免额，后者如外国的航空企业来我国参与 CDM 项目并获签碳排放抵免额。相较于 OECD 范本，UN 范本文件的规定有利于我国更充分地行使居民税收管辖权和来源地税收管辖权。我国在未来签署新的税收协定或对已生效税收协定进行修订的时候，应考虑纳入类似规定。

最后是基于 CDM 项目的碳排放抵免额交易。作为世界上最大的 CERs 净输出国，我国理应对此类交易的相关税法问题予以高度关注，并通过合理的制度设计来最大限度维护我国的税收利益。此类交易主要涉及范本第 6 条、第 7 条、第 8 条和第 13 条的规定。其中，有两个问题值得重点研究。一是 CDM 项目是否构成常设机构及其利润归属，二是碳排放配额/抵免额是否属于不动产。

---

① 参见国家发展和改革委员会应对气候变化司主办：CDM 项目数据库系统，http：//cdm.ccchina.gov.cn/NewItemList.aspx，访问日期 2018 年 7 月 22 日。

关于CDM项目是否构成常设机构的认定，应视国外合作方参与项目的方式和程度不同分别划归场所型或劳务型常设机构。场所型常设机构要求有固定的、持续性的营业场所，且企业的营业活动全部或部分通过该场所进行。而劳务型常设机构要求企业派遣人员提供劳务的时间在任何12个月内持续或累计超过6个月。两种常设机构的要求各有侧重。CDM项目国外合作方无论是提供咨询服务、技术服务、出售设备、抑或有其他营业活动，只要满足任何一种常设机构的标准，我国都可对其行使税收管辖权。关于常设机构的利润归属，建议做出如下规定：国外合作方无论对外转让或在企业内部转让其基于项目而获得的抵免额，所获收益应被视为项目所构成的常设机构的利润。如果所转让的配额/抵免额是国外合作方直接购自二级市场或来源于第三国的CDM/JI项目，则相关利润不应归属于项目所构成的常设机构，除非项目自身也从事服务于整个企业的碳排放交易活动。

按照OECD范本和UN范本第6条的规定，“不动产”的定义依其所在国国内法来确定。由于目前尚无国家明确立法将碳排放配额/抵免额视为不动产，所以仅有作为农业/林业活动一部分的碳排放配额/抵免额交易可适用第6条，且排放配额/抵免额流转到其他企业手中后的后续交易利润就不得再适用第6条。在CDM/JI项目不构成国外合作方的常设机构，从而导致第7条不能适用时，上述规定成为了项目所在国行使税收管辖权的另一个依据。但是，其适用范围毕竟还是非常有限的。如能将所有的碳排放配额/抵免额均视为不动产或附属于不动产的财产，则所有碳排放配额/抵免额交易均适用第6条，即产生碳排放配额/抵免额的国家始终对交易利润享有税收管辖权。而在第7条项下，对于流转到国外的碳排放配额/抵免额在其他企业之间的后续交易之利润，来源国是没有征税权的。显然，适用第6条相比适用第7条对来源国更为有利。当然，对于此种主张还存在不少质疑，可归纳为两点。首先，对碳排放配额/抵免额在国内外的所有交易进行征税需要对每一次交易进行追溯。由于所有碳排放配额/抵免额都是有固定编号的，且交易均通过碳排放交易所进行，所以追溯每一次交易在技术上是可行的，但会产生额外的成本。其次，不同国家税法上的差异导致产生于不同国家的碳排放配额/抵免额之交易的税负差异，从而影响到碳排放配额/抵免额的可替代性，甚至其价值，继而进一步影响到碳排放交易市场的效率和流动性。笔者认为，上述问题无须过虑。相对于来源国所获取的税收利益而言，追溯碳排放交易所产生的成本应该在可承受范围之内。而税负差异是一个普遍问题，不是将碳排放配额/抵免额界定为不动产后所独有的问题。例如，在第7条项下，设在不同国家的常设机构所承担的税负也会有差异。相反，最大的障碍应当是税收征管。例如，基于中国CDM项目签发的CERs流转到欧盟后在两个欧洲企业之间的交易，如果这两个企业与中国无任何联系，中国税务部门几乎不可能对此交易利润征税。因此，CDM/JI项目所在国或配额分配国主张对碳排放配额/抵免额在国内外的所有交易之利润均进行征税不具有可行性。比较可行的做法是将碳排放配额/抵免额视作不动产的附属财产或不动产，但此种属性在初次交易后丧失，之后按动产处理。比方说，国外合作方从CDM项目获取CERs后的初次交易适用范本第6条，均由项目所在国征税，但后续交易依范本其他条款处理。此种做法既扩大了适用范本第6条的碳排放交易范围，又具有可操作性。

党的十九大报告首次把美丽中国作为新时代中国特色社会主义强国建设的重要目标之一，在充分肯定我国生态文明建设成效显著的基础上，也指出生态文明建设存在的许多不足和面临的挑战，生态文明体制改革仍然任重道远。具体到碳排放交易的所得税问题，我国一方面要在相关国内法的制定和修改中予以充分的考虑，如出台专门的税收行政法规或规章，另一方面要对现行国际税收协定进行梳理，及时予以完善，在未来的税收协定中纳入相关规定，以充分维护我国的税收利益。

（原文刊载于《武陵学刊》2018 年第 5 期。）

国际投资仲裁第三方资助的规制困境与出路
——以国际投资仲裁“正当性危机”及其改革为背景

肖　芳*

摘　要： 国际投资仲裁中的第三方资助近年来发展迅猛并形成产业，对国际投资仲裁制度造成重要影响。第三方资助的消极影响包括助长投资者滥诉、影响案件的公正裁决、妨碍争端的有效解决等。但是目前的国际投资仲裁制度无法对其进行有效控制。国际投资仲裁中的第三方资助及其发展和目前国际投资仲裁制度的弊端之间存在紧密联系。第三方资助因为国际投资仲裁存在这些弊端而产生和迅速发展；第三方资助的消极影响又加剧了国际投资仲裁的这些弊端，使其受到更多“正当性”的质疑。现有国际投资仲裁机制的弊端不能消除则第三方资助的危害也无法得到控制。对国际投资仲裁中第三方资助的规制不能就事论事，而必须放在国际投资仲裁“正当性危机”及其改革的大背景下，通过对国际投资仲裁的改革来进行。我国不能盲目肯定和接受第三方资助在国际投资仲裁中的运用，应积极推动国际投资争端解决机制的改革。

关键词： 第三方资助；国际投资仲裁；正当性危机；改革

第三方资助(third party funding)一般是指由与案件争议没有利益关系的第三方对一方当事人参加诉讼或仲裁提供资助的安排。第三方资助现象是国际仲裁领域近年来的重要新发展。在一些发达国家如澳大利亚、德国等，第三方资助已经形成产业。国际投资仲裁即东道国和外国投资者之间就国际投资争端所进行的仲裁，由于其不同于国内诉讼和国际商事仲裁的一些特点，尤其受到第三方资助机构的青睐。虽然因为仲裁的保密性及第三方资助协议往往要求当事人保密等原因,① 目前不可能有权威的统计数据，但是有第三方资助

* 肖芳(1979—　)，女，湖北仙桃人，法学博士，中央财经大学法学院副教授，硕士生导师，德国马克斯普朗克国际私法与比较法研究所、瑞士比较法研究所访问学者，主要从事国际私法、国际经济法研究。

① 绝大部分的第三方资助协议都有一个保密条款。另外，在现有制度下，很难说存在当事人必须向仲裁庭或对方当事人披露第三方资助协议的义务，1965 年《ICSID 公约》(又称“华盛顿公约”)、《ICSID 仲裁规则》《联合国贸易法委员会(UNCITRAL)仲裁规则》都没有对当事人课以这种义务。

的从业者认为，目前世界上的国际投资仲裁案件至少有40%都存在第三方资助的情况。① 甚至有某第三方资助机构从业人员曾表示，在2013年提交的所有国际投资争端解决中心(ICSID)仲裁案件中至少有三分之二的案件涉及第三方资助。这些数据虽然可能并不完全准确，但是国际投资仲裁中第三方资助问题的重要性可见一斑。

如此广泛的第三方资助实践的存在，无疑会对国际投资仲裁及其发展造成很大的影响。第三方资助对国际投资仲裁目前的实践来说有何影响？应如何趋利避害，对其进行规制？这是目前理论界和实务界正在进行热烈讨论的问题。② 就目前的情况来看，第三方资助的消极影响包括可能助长投资者滥诉、影响案件的公正裁决及争议的有效解决等。但是目前的国际投资仲裁制度对这些消极影响却无法进行有效控制，对国际投资仲裁中的第三方资助的规制面临着困境。本文从介绍国际投资仲裁中的第三方资助实践及其规制困境开始，从分析国际投资仲裁中第三方资助的发展与国际投资仲裁制度的弊端之间的关系着手，试图揭示国际投资仲裁第三方资助的消极影响与国际投资仲裁的“正当性危机”之间的联系，希望对解决国际投资仲裁第三方资助规制困境的出路及我国的应对态度有所启发。如何解决国际投资仲裁中第三方资助的规制困境，不能就事论事，而必须放在国际投资仲裁“正当性危机”③及其改革的大背景下来进行。

---

① Stavros Brekoulakis, *The Impact of Third Party Funding on Allocation for Costs and Security for Costs Applications: The ICCA-Queen Mary Task Force Report*, February 18, 2016, available at http://kluwerarbitrationblog.com/2016/02/18/the-impact-of-third-party-funding-on-allocation-for-costs-and-security-for-costs-applications-the-icca-queen-mary-task-force-report/，最后访问日期2017-01-02。

② 例如：Eric De Brabandere & Julia Lepeltak, *Third-Party Funding in International Investment Arbitration*, 27 ICSID Review-Foreign Investment Law Journal (2012) 379-399; Van Boom, Willem H., *Third-Party Financing in International Investment Arbitration* (December 31, 2011), available at SSRN: https://ssrn.com/abstract=2027114。另参见郭华春：《第三方资助国际投资仲裁之滥诉风险与防治》，载《国际经济法学刊》2014年第2期；徐树：《国际投资仲裁的第三方出资及其规制》，载《北京仲裁》2013年第2辑，中国法制出版社2013年版。

③ 近年来国际上不少学者和民众对国际投资仲裁进行了批评和抵制，不少人甚至认为国际投资仲裁陷于“正当性危机”。例如，2015年1月13日，欧洲委员会发布关于《跨大西洋贸易与投资伙伴协议》(TTIP)投资保护及投资仲裁(ISDS)条款在线公众咨询意见的统计分析报告。报告显示，在近15万份答卷中，绝大部分公众对ISDS机制持怀疑态度。参见 *Online public consultation on investment protection and investor-to-state dispute settlement (ISDS) in the Transatlantic Trade and Investment Partnership Agreement (TTIP)*, p. 14. Available at: http://trade.ec.europa.eu/doclib/docs/2015/january/tradoc_153044.pdf，最后访问日期2017-01-02。学者意见参见：Susan D. Franck, *The Legitimacy Crisis in Investment Arbitration: Privatizing Public International Law through Inconsistent Decisions*, 73 Fordham Law Review (2005); Michael Waibel et al. (eds.), *The Backlash against Investment Arbitration: Perceptions and Reality*, Kluwer Law International, 2010; P. Eberhardt and C. Olivet, *Profiting from Injustice: How Law Firms, Arbitrators and Financiers are Fuelling an Investment Arbitration Boom*, Corporate Europe Observatory and Transnational Institute, 2012, available at http://corporateeurope.org/sites/default/files/publications/profiting-from-injustice.pdf，最后访问日期2017-01-02。刘笋：《国际投资仲裁引发的若干危机及应对之策述评》，载《法学研究》2008年第6期；郭玉军：《论国际投资条约仲裁的正当性缺失及其矫正》，载《法学家》2011年第3期等。

一、国际投资仲裁的第三方资助实践及其特点

(一)第三方资助在国际投资仲裁中的迅猛发展

近年来，国际仲裁中的第三方资助现象迅速增长，不管在国际商事仲裁还是投资仲裁中都是如此。虽然因为绝大多数第三方资助都在幕后进行，目前不可能有关于国际投资仲裁案件当事人使用第三方资助的统计数据，但是正如前文所述，很可能近年进行的大多数国际投资仲裁案件中都涉及了第三方资助。与此同时，因为各种不同原因，有些案件中的第三方资助也为外界所得知，这其中影响最大的案件主要包括：

在尤科斯仲裁案中,① 尤科斯石油公司的主要前股东通过第三方资助才得以提起对俄罗斯联邦的仲裁，并最终获得了史上最高仲裁裁决赔偿，总金额逾 500 亿美元。在"S&T Oil 诉罗马尼亚"案②中，第三方资助机构 Juridica 对 S&T Oil 的仲裁请求进行了资助，同时要求 S&T Oil 给予其获知所有与案情有关信息的权利。但是，后来 Juridica 以 S&T Oil 隐瞒了重要证据为由不再提供资助。这导致该投资者无法支付案件仲裁费用，最后案件被 ICSID 撤销。于是 S&T Oil 向美国联邦法院起诉 Juridica，称其违反了资助合同。③ S&T Oil 在起诉书中，甚至将其与 Juridica 的第三方资助协议提交给了法院。在"Abaclat 诉阿根廷"案中，仲裁庭多数意见裁定，在存在大量共同申请人的国际投资仲裁案件中，允许这些共同申请人受到同一个第三方资助机构的资助，尽管资助人和仲裁申请人之间可能存在潜在的利益冲突。④ 在该案中，第三方资助协议授权资助人及其顾问对整个案件和可能的和解都拥有完全的控制权。仲裁庭在裁决中认定，"仲裁申请人是被动地参与仲裁，所有有关的决定都是由资助人和其顾问所做出。"⑤在"RSM Production Corporation 诉圣卢西亚"案中，仲裁庭于 2014 年 8 月 13 日根据被申请人圣卢西亚的请求，命令接受第三方资助的申请人对被申请人为该案仲裁可能支出的费用提供担保(security for costs)。⑥ 该命令是 ICSID 历史上第一个责令申请人缴纳仲裁费用担保的命令。在"Muhammet Çap & Sehil

---

① 参见 Hulley Enterprises Limited (Cyprus) v. Russian Federation (PCA Case No. AA 226), Yukos Universal Limited (Isle of Man) v. Russian Federation (PCA Case No. AA 227), Veteran Petroleum Limited (Cyprus) v. Russian Federation (PCA Case No. AA 228)。

② S&T Oil Equipment and Machinery Ltd. v. Romania, ICSID Case No. ARB/07/13.

③ S&T Oil Equip. v. Juridica Invs. Ltd, 456 Fed. Appx. 481 (5th Cir. 2012).

④ 参见 Abaclat v. Republic of Argentina, Decision on Jurisdiction and Admissibility, ICSID (4 August 2011); dissenting opinion of Prof. Georges Abi-Saad (28 October 2011)。

⑤ 参见 Abaclat v. Republic of Argentina, Decision on Jurisdiction and Admissibility, ICSID (4 August 2011), § 456。

⑥ 参见 RSM Production Corporation v Saint Lucia, Decision on Saint Lucia's Request for Security for Costs (ICSID Case No ARB/12/10)。

Inşaat Endustri ve Ticaret Ltd. Sti. 诉土库曼斯坦”案①中，仲裁庭于2015年6月12日在案件审理过程中，发布了第3号程序命令，要求投资者说明：“在本案中，是否存在第三方资助的情形。如果投资者获得第三方资助，则应向仲裁庭披露第三方资助机构的名称。同时也要披露投资者与第三方资助机构之间资助协议的情况，包括投资者获得仲裁胜诉裁决后的收益分配情况。”②该命令是ICSID历史上第一个要求当事人披露第三方资助情况的命令。

这些案件不仅让国际投资仲裁中的第三方资助被外界所获知，而且还就其所涉及的有关问题受到了理论和实践界的广泛关注，并使有关国际投资仲裁第三方资助的讨论更加热烈。无疑，这些“浮出水面”的案件只是国际投资仲裁实践中大量的第三方资助案件的冰山之一角。通过这些案件，我们也可以进一步感受到第三方资助在国际投资仲裁中的运用及其实践的具体情况。

第三方资助在国际投资仲裁领域的迅猛发展，一方面是因为对国际投资仲裁请求的投资实在是收益诱人。以诉讼和仲裁第三方资助为主营业务的Burford公司2015年年报显示，该公司投资的回报率达到70%。③ 国际投资仲裁的高额费用和潜在的高额赔偿，使国际投资仲裁案件成为了第三方资助机构眼中的“好买卖”。至少有两家英国机构Juridica和Burford宣称自己专业从事国际仲裁请求的第三方资助，一家荷兰机构Omni Bridgeway也似乎已经资助过若干国际投资仲裁请求。④ 另一方面，尽管某些国家的国内法禁止对诉讼或仲裁的第三方资助，⑤ 但是这些规则对于国际仲裁中的第三方资助实践却很少或几乎没有什么影响。因为一方面有关国家可能出于特定目的为国际仲裁的第三方资助单独开“绿灯”，如前述新加坡，⑥ 另一方面第三方资助协议一般都为国际合同，即使有关国家的国内法有禁止性规定，当事人也往往通过约定该协议适用允许进行第三方资助的国家的法律或者将仲裁地约定在允许进行第三方资助的国家来规避这一问题。

(二)国际投资仲裁中第三方资助实践的特点

首先，和商事仲裁中的第三方资助一样，国际投资仲裁中的第三方资助也具有很强的

① Muhammet Çap & Sehil Inşaat Endustri ve Ticaret Ltd. Sti. v. Turkmenistan, ICSID Case No. ARB/12/6.

② 参见 Muhammet Çap & Sehil Inşaat Endustri ve Ticaret Ltd. Sti. v. Turkmenistan, Tribunal's Procedural Order No. 3, para. 13. Available at http://www.italaw.com/sites/default/files/case-documents/italaw4350.pdf，最后访问日期2017-01-02。

③ 参见 Burford Capital's 2015 Annual Report, available at http://www.burfordcapital.com/wp-content/uploads/2016/03/25029_Burford_RA_2015_WEB_3.pdf，最后访问日期2017-01-02。

④ 参见 Omni Bridgeway website: http://omnibridgeway.com/，最后访问日期2017-01-06。

⑤ 例如，2017年以前的新加坡国内判例法就全面禁止对诉讼和仲裁的第三方资助。参见 Consultation Paper of the Third Party Funding for Arbitration Sub-committee of the Hong Kong Law Reform Commission, p. 93, available at http://www.hkreform.gov.hk/en/docs/tpf_e.pdf，最后访问日期2017-06-20。

⑥ 为了加强新加坡的国际仲裁地的地位，吸引更多的国际仲裁案件到新加坡进行，2017年1月10日，新加坡立法机关修改了有关立法，特别允许在国际仲裁案件及与国际仲裁有关的诉讼案件中进行第三方资助，但是仍然禁止国内仲裁及国内诉讼中的第三方资助。参见 Civil Law (Amendment) Bill (Bill No. 38/2016), available at https://www.parliament.gov.sg/docs/default-source/Bills-Introduced/civil-law-(amendment)-bill-38-2016.pdf? sfvrsn=0，最后访问日期2017-09-20。

隐秘性。很多第三方资助机构都往往在幕后进行项目运作，不愿意向外界披露有关信息。应资助机构的要求绝大部分的第三方资助协议都是保密的。作为一个相对非常新的产业，且由于其操作一直是隐藏在幕后，第三方资助的基本模式并不总是被外界所了解。在实践中有些资助机构还会做出某些特殊的安排，刻意淡化其与被资助人之间的关系。例如，某些金融机构创造性地设计了其他的协议结构，如资助人经常会为了资助协议而专门设立独立于资助人本身的“特殊目的机构(special purpose vehicles)”以方便资助协议的签订和履行。有的资助人还会直接将资金提供给代理案件的律师事务所而不是被资助的当事人。这又增加了第三方资助关系的隐蔽性。也正是因为第三方资助关系的隐蔽性及仲裁当事人、仲裁员对其进行披露的义务缺失，第三方资助机构和仲裁员之间的关系往往不能为外界甚至仲裁员自己所知悉。

其次，国际投资仲裁中的第三方资助已经形成了产业，具有产业化和专业化程度高的特点。第三方资助的核心在于其是一项投资。之所以称其为投资，是因为第三方资助人一方面期待案件胜诉之后获利，另一方面也承担了可能无法收回投资的风险。正因为其属于投资行业，提供资助的第三方除了专门的第三方资助机构，也包括传统投资行业领域的主体如保险公司、投资银行、对冲基金等。尤其是因为风险基金的介入，投资仲裁请求开始被“商品化”，第三方资助机构可以对任何投资仲裁请求进行估价并“选购”其认为有利可图的潜在或已有的仲裁请求。正因为如此，有风险基金的代表人士认为投资仲裁的第三方资助已成为一项高速发展的“产业”。国际投资仲裁第三方资助的产业化和专业化使第三方资助机构为了实现投资风险的可控，达到更好地赢利的目的，一般都对案件的进行施加一定的影响和控制。根据有关资助协议的规定，就资助机构对案件的介入程度来说，有的资助协议允许或要求第三方资助机构参与案件的关键决策，有的协议只是规定被资助人定期向资助人汇报案件进展情况。而第三方资助机构在资助协议规定之外又如何对案件施加影响，在实践中则不一而足。

最后，国际投资仲裁中的第三方资助只是对投资者的资助，被诉的东道国政府一般不会得到资助。从资助对象的角度来看，从理论上来说，第三方资助既可以资助仲裁申请人也可以资助被申请人。对被申请人的资助可能发生的情况包括，例如，被申请人希望提起高额的反诉，或者有的被申请人在计算自己通过胜诉会减少的损失数额之后愿意提前支付一定数额金钱给资助人。但在实践中，却很少有第三方资助机构资助被申请人的情况发生。在投资仲裁中尤其如此，迄今为止，也没有任何关于投资仲裁中被诉东道国获得商业性第三方资助的报道。① 曾经出现过对国际投资仲裁案件被申请人提供非商业性资助的案

① 尽管可能有商业性第三方资助机构自称同时为东道国提供资助，如美国的第三方资助机构Fulbrook负责人曾表示其给争议双方当事人都提供资助(参见 Ross Alison, *The dynamics of third-party funding*, 7 Global Arbitration Review (2012) 14)，但是其是否曾真正资助过东道国还存疑。一方面，迄今为止还没有关于东道国在国际投资仲裁案件中获得商业性第三方资助的案件。另一方面，在目前的国际投资仲裁制度之下，即使东道国“胜诉”，其获得的只是击败了投资者的巨额索赔，却几乎不能得到来自于投资者的赔偿。第三方资助机构若资助东道国，付出了巨额的仲裁费用，又将从何处获利呢？商业性第三方资助以赢利为唯一目的，如果其不能从仲裁案件本身获利，那么不能不让人怀疑，其会从其他方面得到来自被资助国家的补偿。具体东道国能从哪些方面给予第三方资助机构予以补偿，不禁让人疑窦丛生。

件，如在“Philip Morris 等诉乌拉圭”①的 ICSID 案件中，非政府组织(NGO)布隆伯格基金会(The Bloomberg Foundation)曾给乌拉圭政府提供了资助。② 有人据此认为，在国际投资仲裁中也存在不以赢利为目的的第三方资助。在 OECD 的报告中，也将第三方资助分为商业性第三方资助和非营利性第三方资助，并指出国际投资争端案件的公共利益性质也吸引了非商业性的第三方资助，个人或公司出于政治目的为投资者提供仲裁资助也是可能的。③ 但是，上述案件中的这种安排更多的像是无偿的法律援助。资助人只是提供资金，却并未期待从被资助人胜诉中收回投资并盈利，因此资助人并未承担投资的风险，所以这种情况可能更适合被认为是一种捐赠而不是一种资助协议。另外，上述案件中的情况在实践中极其少见，即使其可以被认为是第三方资助，其在所有受第三方资助的案件中所占的比例也极低。

二、国际投资仲裁第三方资助的消极影响及其规制困境

(一)第三方资助对国际投资仲裁的消极影响

尽管如前文所述，在目前的国际投资仲裁实践中并不能准确地估计第三方资助在多少案件中存在以及起的作用如何，但是现有的证据已经表明，第三方资助在国际投资仲裁中已经起到了重要的作用。④ 第三方资助对国际投资仲裁的影响是多方面的。一般认为，积极影响主要在于其有利于国际投资领域的“接近司法(access to justice)”。从理论上来说，第三方资助机构对投资者的仲裁请求提供资助并代为承担败诉风险，使真正陷入财务困境的投资者也能进行费用高昂的国际投资仲裁，拓宽了投资者的权利救济途径。而且，第三方资助机构在对投资者的仲裁请求予以资助之前，也会运用其丰富经验对该仲裁请求进行尽职调查，因而可能会增加该仲裁请求的胜诉可能性。⑤ 但是这种积极影响的出发点仅

---

① FTR Holding SA, Philip Morris Products S. A. and Abal Hermanos S. A. v. Oriental Republic of Uruguay, ICSID Case No. ARB/10/7。

② 参见 Press Release by Uruguay's Counsel, Foley Hoag LLP, Government of Uruguay Taps Foley Hoag for Representation in International Arbitration Brought by Philip Morris to Overturn Country's Tobacco Regulations, Oct. 8, 2010, available at http://www. foleyhoag. com/news-andevents/news/2010/october/uruguay-taps-foley-hoag-for-representation，最后访问日期 2017-01-06。

③ Gaukrodger, D. and K. Gordon, *Investor-State Dispute Settlement: A Scoping Paper for the Investment Policy Community*, OECD Working Papers on International Investment, 2012/03, OECD Publishing. Available at http://dx. doi. org/10. 1787/5k46b1r85j6f-en，最后访问日期 2017-01-02。

④ Gaukrodger, *D. and K. Gordon*, *Investor-State Dispute Settlement: A Scoping Paper for the Investment Policy Community*, OECD Working Papers on International Investment, 2012/03, OECD Publishing, p. 37. Available at http://dx. doi. org/10. 1787/5k46b1r85j6f-en，最后访问日期 2017-01-02。

⑤ Burford Capital, *Third Party Funding in International Arbitration*, available at http://www. burfordcapital. com/wp-content/uploads/2014/12/Burford-article-Third-Party-v1. 2internal-no-symbol. pdf，最后访问日期 2017-01-06。

在于投资者的片面利益上，其并不能否定第三方资助对国际投资仲裁所带来的负面影响。

1. 增加投资者滥诉

因为有第三方资助机构提供仲裁费用并代为承担败诉风险，投资者可能会将事实和法律基础都并不充分的争议请求提交国际投资仲裁。关于第三方资助是否会增加投资者滥诉，有所争论。有人认为，有数据显示，只有一小部分提交到第三方资助机构的请求最后得到了资助机构的资助。因为只有仲裁案件胜诉资助人才能收回投资和盈利，所以看起来第三方资助人其实不大会愿意为明显无理的仲裁请求浪费资源。从这个角度出发，有人甚至认为第三方资助不仅不会导致投资者滥诉，反而会有助于明显无理的仲裁请求的淘汰，因为资助人不会对此类案件进行资助。① 但是，这些观点可能对第三方资助的“产业化”以及其背后资本的力量并没有充分的认识。

一方面，并不是只有胜算大的案件才能得到资助。对第三方资助者有吸引力的不仅是具有较大胜诉机会的案件，也包括高风险高回报的案件。美国商会（U. S. Chamber）的法律改革研究院（Institute for Legal Reform）也曾在其研究报告中表示，如果投资者真的只对低风险的案件感兴趣，那么“高收益的垃圾债券（high-yield-junk-bond）”市场就应该不存在了。在业内，第三方资助机构可以为胜算低的案件设计特殊的资助模式以平衡投资的风险和收益，常见的方法就是提高资助人在胜诉裁决中的收益比例，② 据说可以高达胜诉裁决金额的50%。③ 第三方资助机构也早已经将对仲裁请求的资助看成是投资产品，并以其为基础开发出投资组合。单个看起来可能无理的、高风险的仲裁请求，也可能会提高资助人的投资组合的价值。正如从事国际投资仲裁第三方资助的“巨头”之一 Burford 公司在其年报中所说，“如果我们因为害怕损失而远离风险，……我们将无法使该投资组合的潜在表现最大化”。④ 第三方资助机构还可以通过证券化的方式在资本市场出售其所资助的各类争端案件的预期收益，将案件败诉的风险与损失转移给资本市场的投资者。另外，对投资产品的投资过热难免会出现泡沫。如果说资助人对胜算小的案件没有兴趣，那第三方资助市场中的泡沫恰好会激起资助人对此类案件的兴趣。

---

① Gaukrodger, D. and K. Gordon, *Investor-State Dispute Settlement: A Scoping Paper for the Investment Policy Community*, OECD Working Papers on International Investment, 2012/03, OECD Publishing, p. 38. Available at http://dx.doi.org/10.1787/5k46b1r85j6f-en，最后访问日期2017-01-02。

② 参见 U. S. Chamber of Commerce, *Selling Lawsuits, Buying Trouble: The Emerging World of Third-Party Litigation Financing in the United States*, 2009, p. 6. Available at http://www.instituteforlegalreform.com/uploads/sites/1/thirdpartylitigationfinancing.pdf，最后访问日期2017-01-02。

③ Van Boom, Willem H., *Third-Party Financing in International Investment Arbitration* (December 31, 2011), p. 30, available at SSRN: https://ssrn.com/abstract=2027114。

④ Burford, Annual Report 2011, p. 5. Available at http://www.burfordcapital.com/wp-content/uploads/2014/10/burford_ar11.pdf，最后访问日期2017-01-02。

另一方面，并不是所有的仲裁申请人都不愿意为第三方资助给出一个比较高的价格，① 而只要能有高额的回报，第三方资助机构也会愿意资助胜算比较小的仲裁申请。虽然第三方资助发展之初，通常是那些缺乏资金进行诉讼的当事人使用，但随着不断发展，它日益成为当事人管理资金、分散风险的一种途径，并不是真正"山穷水尽"的投资者才会求助于第三方资助。在国际投资仲裁中，投资者若将大量的资金用来支付进行国际投资仲裁的费用，这会影响到其资金的流动性，进而影响其后续的投资安排。因此，财力雄厚的投资者也有动力就自己的仲裁请求寻求第三方资助。对此类投资者来说，寻求第三方资助的主要考虑是自己资金的流动性，只要第三方资助机构能够为其仲裁案件提供所有资金支持，其对第三方资助机构的高额回报要求容忍度会比较高。

最后，"事实胜于雄辩"，第三方资助在有关国家国内的发展历史就曾显示，第三方资助会导致诉讼案件的增加。在第三方资助实践最发达的国家澳大利亚，当对第三方资助的限制放开以后，诉讼案件数量据说增加了 16.5%。② 近年来，国际投资仲裁案件数量持续快速增长，是不争的事实。③ 第三方资助机构对国际投资仲裁的"投资"，即使不是这种增长发生的主要原因，无疑也应该是原因之一。

2. 影响国际投资仲裁裁决的公正性

国际仲裁界有一句名言，"有好的仲裁员才会有好的仲裁(Arbitration is only as good as its arbitrators)"。只有仲裁员是独立、公正的，才能保证仲裁裁决是公正的。而国际投资仲裁第三方资助的"产业化"会影响到仲裁员的独立性和公正性，进而影响仲裁裁决的公正性。

一方面，专业的国际投资仲裁第三方资助机构和国际投资仲裁员群体形成了千丝万缕的紧密联系，这种紧密的联系形成了不少潜在的利益冲突。有证据显示，这些机构经常赞助仲裁业内的活动、与国际投资仲裁律师们保持密切的联系。④ 仲裁员跟某个第三方资助机构保持一种工作上的稳定联系在实践中比较常见。仲裁员往往在国际投资仲裁这个高度

① 有第三方资助业内人士曾反驳说，"仲裁申请人往往不愿意给出一个过高的价格。"(参见 Pia Eberhardt & Cecilia Olivet, *A Response To The Critics Of "Profiting From Injustice"*, January 2, 2013, available at http://kluwerarbitrationblog.com/2013/01/02/a-response-to-the-critics-of-profiting-from-injustice/，最后访问日期 2017-01-06。)这种说法可能过于片面。

② 参见 U.S. Chamber of Commerce, *Selling Lawsuits, Buying Trouble: The Emerging World of Third-Party Litigation Financing in the United States*, 2009, p.9. Available at http://www.instituteforlegalreform.com/uploads/sites/1/thirdpartylitigationfinancing.pdf，最后访问日期 2017-01-07。

③ 近二十年来，国际投资仲裁案件数量一直高速增长。2001 年全球的新增国际投资仲裁案件数量不到 20 件。根据联合国贸易与发展大会(UNCTAD)《世界投资报告(2017)》所发布的信息，截至 2017 年 1 月 1 日，已知的投资者与国家间仲裁案件总数已达 767 起。参见 UNCTAD, *World Investment Report 2017*, available at http://unctad.org/en/PublicationsLibrary/wir2017_en.pdf，最后访问日期 2017-06-20。

④ Gaukrodger, D. and K. Gordon, *Investor-State Dispute Settlement: A Scoping Paper for the Investment Policy Community*, OECD Working Papers on International Investment, 2012/03, OECD Publishing, p.37. Available at http://dx.doi.org/10.1787/5k46b1r85j6f-en，最后访问日期 2017-01-02。

专业化的领域里以不同的身份重复出现。不少仲裁员本身的主要职业是律师，在实践中他们在不同的案件中又具有不同的身份，在有的案件中是仲裁员，在有的案件中是当事人的代理人，在有的案件中是专家。① 这些不同的法律服务工作，也给他们带来了与第三方资助机构接触的多样机会。另外，国际投资仲裁的从业者“圈子”尤其狭小。在国际投资仲裁领域中比较有影响的第三方资助机构主要有5家；在国际投资仲裁案件中最常被指定的仲裁员也集中到15人身上。② 因此，在国际投资仲裁领域，第三方资助机构和仲裁员之间的密切联系发生的概率比其他领域更高。

而投资仲裁案件中的仲裁员多由当事人自行委任，尽管第三方资助人对于仲裁员的选择没有整体的、自动的影响，但是资助人可以通过对受资助的当事人施加影响，使其在特定案件中任命与自己有联系的仲裁员。而且即使资助人没有影响当事人对仲裁员的选择，只要仲裁员与第三方资助机构客观上有某种联系，也可能为仲裁庭的公正性蒙上阴影。这种客观联系的表现形式非常多样。例如，仲裁员如果是律师，其律师事务所可能和某个第三方资助机构有紧密的联系；仲裁员在另一个案件中是当事人代理人，而该案件中当事人受到了与本案相同的第三方资助机构的资助；仲裁员和案件第三方资助人以前在同一个律师事务所工作；某些资助机构和仲裁员所在的律师事务所的投资人是共同的；仲裁员同时是该案第三方资助机构的顾问或者律师等。

另一方面，因为第三方资助关系的隐秘性及仲裁当事人、仲裁员对其进行披露的义务缺失，第三方资助机构和仲裁员之间的关系往往不能为外界甚至仲裁员自己所知悉。例如，在上述仲裁员与第三方资助机构之间存在客观联系的情形下，如果第三方资助关系没有被披露，则这种利益冲突无法被外界所得知，即使第三方资助机构自己非常清楚其中的利害。另外，有时如果被资助的当事人不予披露，仲裁员自己也可能无法判断他是否在该案件中存在利益冲突，进而判断其在某个仲裁案件中是否应该回避。在上述两种情况下，仲裁员可能并不会主动回避。但不管如何，上述利益冲突的情形却是客观存在的，这无疑

---

① 有学者将此现象称为国际投资仲裁中的“旋转门”。Malcolm Langford 等人近期发表论文，通过对1039起投资仲裁案件和3910位从业者的大数据分析，排出了接案数量最多的前25名仲裁员、代理案件数量最多的前25名律师、担任专家证人次数最多的前25名专家等名单，这些名单中有不少人名重复出现。另外，他们还排出了担任仲裁员和担任代理律师二者频率都很高的人（“double hatters”）的名单。这些数据和名单，对于国际投资仲裁中的这一现象有很生动的体现。参见 Langford，Malcolm and Behn，Daniel and Lie，Runar，*The Revolving Door in International Investment Arbitration*，Journal of International Economic Law，2017，Vol. 20，No. 2，pp. 301-332。

② 欧洲的非政府组织“Corporate Europe Observatory”曾在其研究报告中揭示，目前在国际投资仲裁领域最有影响的5家第三方资助机构包括美国的 Burford Capital 和 Fulbrook Management、英国的 Juridica Investment 和 Calunius Capital、荷兰的 Omni Bridgeway；目前在国际投资仲裁领域最常被指定的仲裁员包括法国的 Brigitte Stern、美国的 Charles Brower 等15人，这15位顶级国际投资仲裁员参与了世界上已知的国际投资仲裁案件中的55%的案件的审理，而在争议标的额为40亿美元以上的案件中这15位仲裁员参与案件的比例更是高达75%。参见 P. Eberhardt and C. Olivet，*Profiting from Injustice：How Law Firms，Arbitrators and Financiers are Fuelling an Investment Arbitration Boom*，Corporate Europe Observatory and Transnational Institute，2012，pp. 38，57. Available at http：//corporateeurope. org/sites/default/files/publications/profiting-from-injustice. pdf，最后访问日期2017-01-06。

会对案件中仲裁员的独立性和公正性有所损害，并最终影响到整个程序的正当性。从这个角度来讲，第三方资助的“产业化”无疑会对国际投资仲裁制度的正当性造成负面影响。

3. 可能妨碍国际投资争端的有效解决

第三方资助机构和投资者的利益并不完全一致，甚至还可能存在冲突。第三方资助机构追求投资者获得金钱赔偿数额的最大化，因为其盈利是建立在该数额的基础之上，而投资者往往是追求投资争端的有效解决，而不仅仅是最高的金钱赔偿。因此，在某些案件中，可能投资者与第三方资助机构会在是否接受东道国政府开出的和解条件上起争执。而在某些情况下，尤其是投资者在东道国有长期的投资利益的时候，投资者可能更倾向于与东道国政府达成和解，由东道国给予投资者非金钱的补偿。例如，在 Vattenfall v. Germany 案①中，投资者和德国政府就 14 亿欧元的仲裁请求达成了和解，德国政府不需要支付任何经济赔偿。在这种情况下，如果投资者得到了第三方资助机构的资助，第三方资助机构有可能会倾向于反对或阻止投资者与东道国达成非金钱赔偿的和解。

(二)国际投资仲裁中第三方资助的规制困境

就目前的实践情况来看，现有国际投资仲裁制度下，对第三方资助的规制途径主要包括如下几种：② 仲裁庭可以命令案件当事人对其接受资助的情况予以披露，目前仅有的公开案例是前文所述 Ticaret v. Turkmenistanhas 案；如果由于第三方资助的存在对于仲裁程序的进行造成影响，尤其是造成程序的拖延的情况下，仲裁庭可以在仲裁费用的分担裁决中让受到资助的申请人投资者承担其所造成的额外费用，就公开的案件来看目前还没有仲裁庭做出过这样的裁决；为了避免受资助的申请人滥诉或败诉后不履行裁决，仲裁庭可以要求被资助的仲裁申请人就被申请人为该案可能支出的费用提供仲裁费用担保，目前仅有的公开案例是前文所述的 RSM Production Corporation v. Saint Lucia 案。

就上述这些极其有限的对国际投资仲裁第三方资助进行规制的案例来看，与前述第三方资助在国际投资仲裁中如火如荼的发展及其造成的消极影响相比，这些有限的规制途径和非常有限的实践情况显然远远不够。有人甚至认为，国际投资仲裁中第三方资助事实上游离在无人监管的“法律真空地带”。这种窘迫的状态有多方面的体现。

首先，对国际投资仲裁第三方资助的规制缺乏法律基础。就国内法来说，有些国家对于第三方资助有禁止性或限制性规定，但是国际仲裁中的第三方资助协议一般都为国际合同，当事人可以通过约定适用对第三方资助机构更有利的国家的法律并选择这些国家作为仲裁地来避免受到规制。就国际法来说，目前有相关规定的仅包括：2014 年《IBA 关于利

---

① 参见 Vattenfall AB，Vattenfall Europe AG，Vattenfall Europe Generation AG v. The Federal Republic of Germany，ICSID Case No. ARB/09/6，Request for Arbitration（20 September 2009），Award（11 March 2011）。

② 参见 Van Boom，Willem H.，*Third-Party Financing in International Investment Arbitration*（December 31，2011），pp. 54-57，available at SSRN：https：//ssrn. com/abstract=2027114。

益冲突的指南》(IBA Guidelines on Conflicts of Interest)、① 2016 年 ICC“仲裁员对利益冲突的披露指引摘要”②等，根据这些文件的有关规定，仲裁员应该对其与案件中第三方资助机构的关系进行披露。但是这些文件只是“软法(soft law)”性质，效力有限。并且这些规定只是规定了仲裁员的单方面义务，其实施的前提应该是仲裁员知道案件中第三方资助的存在，但在当事人并未对第三方资助的存在进行披露的时候，正如在实践中经常发生的情况一样，仲裁员无法获悉第三方资助的存在并因此也无法判断他自己是否要披露什么。另外，个别近年还未生效的国际投资条约或草案如 2016 年 10 月签订的《欧盟-加拿大 FTA》(CETA)、③ 欧盟于 2015 年 11 月就 TTIP 提出的建议案④等，规定了国际投资仲裁中受到第三方资助的当事人应该及时对第三方资助机构的姓名和地址进行披露。但是，这些文件并没有规定当事人不履行披露义务的后果，况且它们到目前为止也都还没有成为生效的国际条约。这种法律基础的欠缺导致有关国家对于案件中的第三方资助无法进行管辖，由此对第三方资助进行规制的重担落到了仲裁庭身上。

其次，仲裁庭规制第三方资助的权力不够、动力不足。在允许进行诉讼或仲裁第三方资助的国家，法院一般都能对第三方资助机构进行有效的管辖和规制。如在诉讼中法院可以判决资助方承担因被资助人败诉给对方当事人造成的诉讼成本损失，如在美国国内诉讼实践中，法院认为资助方“投资”于诉讼案件，就应该承担因败诉而给对方当事人带来的成本损失。⑤ 但是，由于仲裁庭和法院的管辖权基础不同，国际投资仲裁庭仅有权对投资者与东道国之间的投资争端进行管辖，而无权对第三方资助机构的行为及第三方资助协议进行管辖。仲裁庭当然无法针对第三方资助机构作出类似的裁决，仲裁庭所能采取的办法只包括前述命令受到资助的案件当事人对第三方资助进行披露、提供仲裁费用担保或裁决受到资助的当事人承担更多的仲裁费。但是，国际投资仲裁实践中仲裁庭运用仅有的这些方法的动力也严重不足，而往往任由第三方资助机构介入案件的审理。长期以来不少国际投资仲裁庭出于不同的原因和考虑，对于第三方资助采取了“不说不问”的态度。比如在

① 2014 年《IBA 关于利益冲突的指南》中“General Standard 6(b) and its explanation”被认为包括了第三方资助的情形。参见 Jonas von Goeler, *Third-Party Funding in International Arbitration and its Impact on Procedure*, Kluwer Law International, 2016, p. 262。

② 2016 年 2 月，ICC 通过了一项“仲裁员对利益冲突的披露指引摘要”，要求仲裁员应披露“与对争议有直接经济利益或承担就裁决对一方当事人给予补偿义务的任何实体之间的关系”。虽然其没有明文提到对第三方资助的披露，但是根据该“指引摘要”仲裁员在对自己的有关情况进行披露的时候应该考虑第三方资助的情况。参见 *Note to Parties and Arbitral Tribunals on the Conduct of the Arbitration under the ICC Rules of Arbitration* (22 September 2016), available at http: //www. iccwbo. org/News/Articles/2016/ICC-Court-adopts-Guidance-Note-on-conflict-disclosures-by-arbitrators/，最后访问日期 2017-01-10。

③ 参见 CETA Article 8. 26。

④ 参见 Reading Guide to the Draft text on Investment Protection and Investment Court System in the Transatlantic Trade and Investment Partnership (TTIP), available at http: //trade. ec. europa. eu/doclib/press/index. cfm? id=1365，最后访问日期 2017-01-10。

⑤ 在 Abu-Ghazaleh v. Chaul 案中，法院考虑到资助方对案件的解决具有控制权，判决资助方承担对方当事人的律师费用。参见 Abu-Ghazaleh v. Chaul, 36 So. 3d 691, 694 (District Court of Appeal of Florida, Third District 2009)。

Kardassopoulos v. Republic of Georgia 案中，ICSID 仲裁庭虽然有很多正当理由来命令当事人对第三方资助情况予以披露，但是仲裁庭拒绝这么做。① 在前述 Ticaret 案之前，ICSID 仲裁庭对于国际投资仲裁案件中第三方资助的法律效力从未关注。在 KT Asia Investment Group v. Kazakhstan 案中，仲裁庭甚至声明对于支付仲裁费用的资金的出处，他们并不关注。② 到目前为止，作为被申请人的东道国申请仲裁庭规制第三方资助的案件很多，但是仲裁庭真正予以考虑的案件却少之又少。

值得指出的是，作为目前由商事仲裁机构制订的第一个国际投资仲裁规则，2017 年 1 月 1 日生效的《新加坡国际仲裁中心投资仲裁规则》第一次从仲裁规则的层面专门对第三方资助进行了规定，③ 受到了广泛关注。该规则第 24 条第 1 款规定仲裁庭有权命令一方当事人对其所受到的第三方资助情况及有关细节予以披露，有关细节包括资助人的身份、资助人的获利安排、资助人是否保证败诉后承担对方当事人的仲裁费用。该规则第 33.1 条规定，仲裁庭在裁决仲裁费用分担时可以考虑任何第三方资助的安排。第 35 条规定，仲裁庭在裁决中命令一方当事人应承担另一方当事人的所有或部分仲裁法律费用或其他费用时，可以考虑任何第三方资助的安排。这些规定实际上只不过是对仲裁庭在第三方资助问题上对于仲裁案件当事人所具有的自由裁量权进行了确认。不过，这种确认却并不能解决上述仲裁庭规制第三方资助的权力不够、动力不足的问题，因此其对国际投资仲裁第三方资助规制实践的意义可能仍然有限。

再次，有关的规制在实践中也很难保证实施。即使如前文所述有关国际条约中规定了国际投资仲裁当事人有义务对其受到的第三方资助情况予以披露，这一义务也将很难在实践中得到执行。目前对违反这一义务的可能的惩罚措施仅在于仲裁庭裁决该方当事人承担更多的仲裁费用。但是，是否以其作为仲裁费用分配的考虑因素，这也属于仲裁庭的自由裁量范围，如前文所述仲裁庭执行此类规则的动力不足，迄今为止还没有过此类实践。另外，即使仲裁庭确实做出有关裁决，该裁决也往往很难得到执行。因为第三方资助协议通常会规定，如果案件败诉资助方并不承担仲裁庭裁决求偿方所负担的东道国仲裁费用。最后，将第三方资助的存在与申请人须提供仲裁费用担保和承担更多仲裁费用挂钩，在实践中也可能促使申请人刻意隐瞒事实上存在的第三方资助安排。

三、国际投资仲裁的第三方资助与国际投资仲裁的“正当性危机”

国际投资仲裁实践在近二十年来飞速发展，但同时也暴露出不少弊端。如前文所述，近年来国际上不少学者和民众对国际投资仲裁进行了批评和抵制，不少人甚至认为国际投

① 参见 Ioannis Kardassopoulos v. Republic of Georgia ICSID ARB/05/18，Award（March 3，2010），§ 691。

② 参见 KT Asia Investment Group B. V. v. Republic of Kazakhstan（ICSID Case No. ARB/09/8），Award（17 October 2013），para. 50。

③ 参见 Investment Arbitration Rules of the Singapore International Arbitration Center（1st Edition，1 January 2017），available at http：//www. siac. org. sg/images/stories/articles/rules/IA/SIAC%20Investment%20Arbitration%20Rules%20-%20Final. pdf，最后访问日期 2017-01-15。

资仲裁陷于“正当性危机”。为了应对该“危机”，有些国际组织和国家对目前的国际投资仲裁制度提出了各种改革意见。其中，2013 年 6 月，联合国贸易与发展大会(UNCTAD)曾发布一份报告，对目前国际投资仲裁制度受到广泛诟病的几个方面进行了总结，并为如何改革提出了“路线图”。根据该报告，目前国际投资仲裁机制的弊端主要包括：程序的正当性和透明度不够；仲裁裁决缺乏一致性以及错误的裁决无法纠正；仲裁员由当事人指定，使仲裁员的独立性和中立性都受到质疑；仲裁程序的时间和经济成本过高。①

通过对国际投资仲裁中的第三方资助实践与上述国际投资仲裁的弊端之间关系的考察，可以发现第三方资助的发展与目前国际投资仲裁的弊端具有正向相关关系：国际投资仲裁的第三方资助因为国际投资仲裁存在的上述弊端而产生和迅速发展；第三方资助的消极影响又加剧了国际投资仲裁的这些弊端，使其受到更多“正当性”的质疑；不断加重的国际投资仲裁的弊端又为第三方资助的发展提供了更大的空间，使其造成更多的消极影响。国际投资仲裁中第三方资助的消极影响与国际投资仲裁的“正当性危机”甚至形成了恶性循环。下文将按照上述 UNCTAD 所总结的目前国际投资仲裁机制的主要弊端就这些弊端与第三方资助之间的关系进行逐条分析。

(一)第三方资助与仲裁程序的正当性和透明度缺失

国际投资仲裁广受质疑的主要弊端之一是仲裁程序缺乏足够的正当性和透明度。尤其在国际投资争端经常涉及到东道国公共利益(如环境保护、公共健康等)的情况下，东道国政府为了本国的公共利益而采取的“合法”行为被外国投资者诉诸国际仲裁，由为该仲裁案件而“临时(ad hoc)”指定的三个私人在私下里“秘密(confidential)”进行裁判。最后东道国败诉后，还要由东道国的纳税人支付对外国投资者的赔偿。这对于东道国政府和东道国民众来说，显得非常不公平。②

一方面，上述仲裁程序的正当性和透明度缺失为第三方资助实践的产生和发展提供了空间。上述国际投资仲裁制度的正当性受到质疑的主要原因之一是该制度过于偏向投资者利益保护而忽视了对东道国公共利益的保护。就与第三方资助有关的仲裁费用问题来说，根据《ICSID 仲裁规则》的规定，除了当事人自行约定外，仲裁费用负担取决于仲裁庭的裁量权。③ ICSID 仲裁实践中，虽然也存在不同的做法，但是仲裁庭主要倾向于采用“有利于投资者”规则。在这种规则之下，投资者在实体问题上胜诉后，可以要求东道国承担法律费用；但是，无论东道国在案件实体问题上是否胜诉，东道国均需自行承担法律费用。④ 这样的仲裁实践客观上为第三方资助机构提供了更大的获利可能和更小的投资风险，为第三方资助实践的产生和发展提供了有利条件。另外，在现有国际投资仲裁制度

---

① 参见 UNCTAD, *Reform of Investor-State Dispute Settlement*: *in Search of a Roadmap*, 2013, available at http://unctad.org/en/PublicationsLibrary/webdiaepcb2013d4_en.pdf，最后访问日期 2017-01-11。

② UNCTAD, *Reform of Investor-State Dispute Settlement*: *in Search of a Roadmap*, 2013, p. 3, available at http://unctad.org/en/PublicationsLibrary/webdiaepcb2013d4_en.pdf，最后访问日期 2017-01-11。

③ 参见《ICSID 仲裁规则》第 28 条第 1 款 b 项。

④ “有利于投资者”规则论者主张，投资者在实体问题上胜诉后，可以要求东道国承担法律费用；但是，无论东道国在案件实体问题上是否胜诉，东道国均需自行承担法律费用。

下，非ICSID仲裁绝大部分都是完全保密进行的。这种保密性要求也正好符合第三方资助机构往往秘密行事的行业习惯，使其可以脱离公众的视线躲在幕后。

而另一方面，第三方资助的发展又加剧了国际投资仲裁制度的正当性和透明度缺失。首先，如前文所述，尽管国际投资仲裁中第三方资助迅猛发展并形成产业，但是第三方资助机构只为投资者提供资助，而对东道国几乎没有什么帮助。这正好又加剧了投资仲裁片面地偏向投资者利益的形象。对于作为民事诉讼被告或仲裁被申请人的公司来说，第三方资助可以使其通过支付进行某项诉讼或仲裁的预期损失加上额外费用，来避免最后遭受比预期更高的损失。这种安排对于公司的主要好处之一是允许公司在被诉的早期阶段量化和控制其法律责任，以使其不至于因为某项大额被诉案件的进行而在整个案件进行过程中都因为监管的原因而无法在某些市场进行正常的经营。但是这一点对于主权国家来说却没有意义。另外，东道国可能也不愿意在被诉的时候寻求第三方资助。在现行国际投资仲裁制度下，东道国胜诉其实就是击败了投资者的求偿请求，① 即使胜诉其往往也还是要承担高额的仲裁费用。在此情形下，第三方资助机构只有要求国家向其支付比仲裁费用更高的费用才会实现盈利。但是，如果胜诉之后还要国家向外国第三方资助机构支付额外费用，对于国家来说可能会有困难，因为国家是使用公共财政支出，给第三方资助机构的额外费用可能在其国内会受到公众的质疑和反对。此外，第三方资助人还可能会要求对争端解决策略和案件管理进行控制，这会导致国家可能对案件只有有限的控制权或几乎没有控制权，而这往往与国家的公共政策有所冲突，也会受到其国内公众的质疑和反对。

其次，第三方资助的产业化使投资仲裁制度可能成为第三方资助机构的投机营利工具，加剧了国际投资仲裁的正当性危机。如果说将涉及公共利益的投资争端交由临时指定的三个私人进行审理，由他们来判断政府为了保护公共利益而作出的行为的合法性，这种机制被认为缺乏足够的正当性，那么任由第三方资助机构从此种对政府正当行为的"非难"中赢利，则是更加不能被人接受的了。第三方资助机构的唯一目的即为赚取更大的利润。正如有从业者自己所指出的，"投资人对于正义或案件本身都不关心，他们只关心获胜的概率"。② 有人甚至认为，通过将任何投资争端提交仲裁并主张巨额索赔，东道国的公共财政成为了第三方出资机构的"自动取款机"，一旦仲裁请求获得胜诉，其即可在任

① 东道国能提出反诉的情形比较少，实践中也好像没有出现过东道国提出反诉胜诉的情况。但是，被诉的东道国在某些特殊情形下可以获得让对方赔偿仲裁费用的裁决。但是，一些关于赔偿东道国费用的裁决却并没有得到执行。曾有某个获得多个此类裁决的国家报告说，从来没有任何一个投资者遵守了此类费用方面的裁决，该国在每个案件中都被迫去针对投资者强制执行此类裁决。参见 Gaukrodger, D. and K. Gordon, *Investor-State Dispute Settlement*: *A Scoping Paper for the Investment Policy Community*, OECD Working Papers on International Investment, 2012/03, OECD Publishing, pp. 35-36. Available at http://dx. doi. org/10. 1787/5k46b1r85j6f-en，最后访问日期 2017-01-11。

② U. S. Chamber of Commerce, *Selling Lawsuits*, *Buying Trouble*: *The Emerging World of Third-Party Litigation Financing in the United States*, 2009, p. 3. Available at http://www. instituteforlegalreform. com/uploads/sites/1/thirdpartylitigationfinancing. pdf，最后访问日期 2017-01-11。

何一国法院寻求裁决的执行，并从中分取巨额金钱。① 更有甚者，如果第三方资助机构因为对争端中的外国投资者进行了资助从而取得了对争端解决的控制权，事实上获得了与东道国政府直接进行谈判的权利，那么国际投资仲裁案件就由真正的国际投资争端变成了东道国与第三方资助机构之间围绕赔偿金额而进行的博弈。这已经离国际投资争端解决机制的本意相去太远，这时国际投资仲裁的正当性可能变得更加可疑。

最后，第三方资助机构的介入加剧了仲裁程序的不透明。因为很多国际投资争端涉及到东道国公共利益，如果此类案件仍然遵守仲裁“保密性”，由私人仲裁员在私下进行审理，政府和投资者在私下进行争端解决的谈判和和解，这可能被认为是对公众知情权和东道国公权力行使的侵犯。而实践中第三方资助机构往往是秘密行事，更常常在资助协议里加入保密性条款，不允许被资助的投资者向外界甚至仲裁庭披露第三方资助关系的存在。这样无疑又加剧了国际投资仲裁的不透明。而且，如果第三方资助机构因为对争端中的外国投资者进行了资助从而取得了对争端解决的控制权，事实上获得了与东道国政府直接进行谈判的权利，而东道国却毫不知情，这对东道国也是不公平的。

（二）第三方资助与裁决的一致性及矫正机制缺失

1. 第三方资助与裁决的一致性缺失

国际投资仲裁中，任何仲裁庭的裁决都不会对其他仲裁庭有任何约束力，仲裁庭都有权就自己案件中争议的问题重新进行裁判。因此国际投资仲裁的裁决缺乏一致性，对于同样或类似的条约条文和事实，不同的仲裁庭可能作出截然相反的解释和裁判。② 一方面，这导致在国际投资仲裁中有太多的问题存在争议而没有定论。这样在新的国际投资仲裁案件中当事人双方可能会就所有涉及的没有定论的问题进行辩论。无疑这会导致案件审理耗费大量的时间和经济成本，案件的费用大幅上升。国际投资仲裁的“判例法”一天不建立，这种情况就会反复上演。而案件的时间和经济成本高昂，客观上正好刺激了国际投资仲裁领域中第三方资助的产生和发展。另一方面，国际投资仲裁裁决缺乏一致性也导致国际投资仲裁案件的解决缺乏可预见性（predictability），进而对于仲裁请求胜诉概率的判断缺乏基本的标准。因此在实践中我们可能会看到在有些人看来完全无理的案件最后获得了胜诉。这也客观上促使第三方资助机构敢于去资助可能“滥诉”的仲裁请求，甚至进而谋求仲裁庭最后做出对其有利的裁决。

国际投资仲裁裁决缺乏一致性也使第三方资助机构有更大的投机空间，从而赚取更大的利润。在某个仲裁庭看来是没有法律依据的仲裁请求，在另一个仲裁庭看来可能是有法律依据的。此外，在国际投资仲裁实践中某些仲裁庭对国际投资条约中投资者待遇条款的

---

① 参见 P. Eberhardt and C. Olivet, *Profiting from Injustice*: *How Law Firms*, *Arbitrators and Financiers are Fuelling an Investment Arbitration Boom*, Corporate Europe Observatory and Transnational Institute, 2012, pp. 57-60. Available at http://corporateeurope.org/sites/default/files/publications/profiting-from-injustice.pdf, 最后访问日期 2017-01-06。

② UNCTAD, *Reform of Investor-State Dispute Settlement*: *in Search of a Roadmap*, 2013, p. 3, available at http://unctad.org/en/PublicationsLibrary/webdiaepcb2013d4_en.pdf, 最后访问日期 2017-01-11。

“扩张性”解释，也使得某些从理论上一般认为没有法律依据的仲裁请求也变得似乎有法律依据和胜诉可能了。由此，一项仲裁请求是否有法律依据和胜诉可能这一问题变得没有确定性和可预见性了。在此情境之下，再无理的仲裁请求可能也能得到第三方资助。当然，在实践中第三方资助机构在资助此类仲裁请求时，也会为自己约定更高的收益比例，因为更高的败诉风险必然要配备更高的收益刺激。

然而，第三方资助机构的某些行为可能又会加剧国际投资仲裁裁决一致性的缺乏。在实践中，某些势力强大的第三方资助机构会直接控制并介入其所资助的当事人的国际投资仲裁案件的审理，以使其资助的投资者获得最大程度的胜诉，从而实现其赢利最大化。而第三方资助机构帮助其受资助人赢得案件的途径一般包括帮助选择代理律师、帮助指定熟悉的仲裁员等。这第二种途径，又将仲裁员的中立性和独立性以及最后案件裁决的公正性推入了大量的质疑之中。无疑，第三方资助机构为了自己的利益而对仲裁员施加影响，使仲裁员做出偏离公正的裁决，这又加剧了国际投资仲裁的裁决缺乏一致性甚至相互矛盾的现象。

2. 第三方资助与裁决的矫正机制缺失

目前，不管是 ICSID 仲裁还是非 ICSID 仲裁，都欠缺有效的裁决矫正机制，裁决即使真的存在“明显的法律适用错误(manifest errors of law)”也无法得到纠正。① 对于 ICSID 仲裁来说，在《ICSID 公约》第 52(1)条中规定的裁决撤销理由中并不包括法律适用方面的问题。而对于非 ICSID 仲裁来说，其借鉴采用了国际商事仲裁的制度形式，各国的主流做法都是对仲裁庭的裁决给予极大的尊重，司法机关进行司法审查和监督也仅审查仲裁协议和仲裁中的程序性事项，对于仲裁庭的法律适用错误则不予关注。② 在此背景下，错误的仲裁裁决尤其是法律适用错误的裁决当然没有途径进行纠正。

国际投资仲裁裁决矫正机制的缺失会使第三方资助机构的投资更多、更快地收回成本和盈利。在国际投资仲裁中，仲裁裁决被指为“错误”而受到质疑，往往是因为仲裁庭对于涉案国际投资条约有关条款做了过于宽泛的解释，仲裁裁决“错误”地裁判给外国投资者以过多的赔偿，败诉的东道国无从救济。③ 但是，这不正是为申请人提供资助的第三方资助机构所希望看到的吗？第三方资助机构的营利模式决定了对于第三方资助机构来说，仲裁裁决给申请人裁决的赔偿数额越多越好，仲裁裁决获得终局效力和可执行力越早越好。

而国际投资仲裁第三方资助的发展及第三方资助机构势力的强大又会加剧国际投资仲裁矫正机制缺失问题得到改进的难度。正是因为国际投资仲裁中第三方资助机构可以从裁决矫正机制缺失中获利，“产业化”的第三方资助机构们可能会更加积极捍卫该制度而反

---

① UNCTAD, *Reform of Investor-State Dispute Settlement: in Search of a Roadmap*, p. 3, available at http: //unctad. org/en/PublicationsLibrary/webdiaepcb2013d4_en. pdf，最后访问日期 2017-01-11。

② 例如，《联合国贸易法委员会(UNCITRL)国际商事仲裁示范法》即采此种做法。参见 Article 34 (2) of UNCITRAL Model Law on International Commercial Arbitration。

③ 例如，参见 CMS Gas Transmission Company v. The Republic of Argentina, ICSID Case No. ARB/01/8, Decision of the ad hoc Committee on the application for annulment, 25 September 2007, para 2, available at https: //www. italaw. com/sites/default/files/case-documents/ita0187. pdf，最后访问日期 2017-06-21。

对仲裁裁决有效矫正机制的建立。

(三)第三方资助与当事人指定仲裁员的独立性和中立性疑问

在国际投资仲裁中，仲裁员往往由当事人进行指定。这种制度客观上有利于第三方资助实践的产生和发展。正如前文所述，第三方资助机构已经和国际投资仲裁的仲裁员群体建立了千丝万缕的联系，在具体案件中这种联系具有很强的隐蔽性。在当事人指定仲裁员的制度之下，第三方资助机构可以通过对受资助的当事人施加影响，让与自己有利益关系的仲裁员得到指定，从而增加案件的胜诉几率。这种制度为第三方资助机构影响甚至控制案件的审理提供了可能性，从而增加了其投资风险的可控性，客观上为第三方资助的发展提供了有利条件。

而第三方资助实践的发展又加剧了对当事人指定仲裁员的独立性和中立性的疑问。第三方资助在这一点上对国际投资仲裁制度的伤害最大。第三方资助机构对于其资助的案件会不同程度地予以控制，甚至有的还积极谋求对其最为有利的裁决，因此会对被资助人委托什么律师、指定什么仲裁员进行干预。由此，仲裁员和第三方资助机构之间的特殊利益关系更加紧密。一方面，因为第三方资助机构手上可能掌握了大量的国际投资仲裁案件，仲裁员为了以后能有更多的指定机会，可能会更多地考虑被资助的仲裁申请人的利益。另一方面，国际投资仲裁员往往同时又是国际仲裁从业律师，有些甚至同时就是第三方资助机构的合伙人或顾问，只不过这种关系不为外界所知。在具体案件中这样“身兼多职”的仲裁员可能会更加偏向于照顾自己的“生意”，作出有利于第三方资助机构赢利的裁决。这一危害在实践中影响更为严重的地方还在于，由于目前不管是被资助人还是仲裁员都没有必须对第三方资助事实进行披露的强制性义务，对于被诉的东道国来说，可能是防不胜防。

在不存在第三方资助的案件中，国际投资仲裁员的独立性和中立性本来就受到质疑，以前可能只是当事人自己或代理律师可能和仲裁员形成特殊利益关系，仲裁员因为偏向指定自己的当事人一方而受到质疑。① 而在出现第三方资助机构大量介入国际投资仲裁并形成产业的情况下，因为第三方资助机构资助对象的广泛性和盈利模式，使其和仲裁员之间的利益关系更加坚实，加剧了我们对仲裁员独立性和公正性的担忧。

(四)第三方资助与仲裁程序的高昂时间和经济成本

一方面，国际投资仲裁程序的高昂时间和经济成本刺激了第三方资助实践的产生和发展。据经济合作与发展组织(OECD)的统计，国际投资仲裁案件中双方当事人各自的平均法律费用超过 800 万美元，② 程序耗时动辄数年。这对于投资者甚至东道国来说都是沉重的负担。正是因为国际投资仲裁的时间、经济成本过高，直接导致了第三方资助的实践大

① 尽管当事人指定的仲裁员不代表当事方的利益，但实证研究表明，ICSID 仲裁员处理案件的立场倾向于任命方。

② Gaukrodger, D. and K. Gordon, *Investor-State Dispute Settlement: A Scoping Paper for the Investment Policy Community*, OECD Working Papers on International Investment, 2012/03, OECD Publishing, p. 19. Available at http://dx. doi. org/10. 1787/5k46b1r85j6f-en，最后访问日期 2017-01-11。

量出现，第三方资助产业蓬勃发展。对于真正在经济上陷入困难的投资者来说，国际投资仲裁的经济成本过高，导致其根本无法承担国际投资仲裁的费用，寻求第三方资助成为了唯一选择。对于有一定经济实力的投资者来说，国际投资仲裁不仅经济成本高，而且时间成本也很高，从保证自身流动资金充足的角度来考虑，寻求第三方资助也成为了比自己出资进行仲裁更好的选择。最后，第三方资助成为了几乎所有投资者在进行国际投资仲裁时都会考虑的选择。

另一方面，第三方资助的发展和产业化又更加推高了国际投资仲裁的时间和经济成本。由于自身不必承担仲裁费用，且最后按比例分享胜诉收益，作为仲裁申请人的投资者可能会尽可能地提高仲裁请求的金额，甚至“狮子大开口”。仲裁请求的金额越大，自然仲裁费用就会越高。在案件审理过程中，有研究也发现为了增加胜诉可能性及第三方资助机构的盈利，受到第三方资助的投资者往往更容易在程序中提供更多的专家和证人，导致双方当事人的仲裁时间和经济成本增加。① 例如，在 Abaclat and Others v. Argentine Republic 一案中，阿根廷政府仅在该案的管辖权抗辩阶段即被迫支付了 1242 万美元的法律费用，其中包括律师费用、仲裁庭费用、专家证人费用等。② 另外，从客观上说，第三方资助的存在，也有可能会引起仲裁双方就第三方资助事项产生额外的争议，如是否要求受资助方披露资助协议、是否要求受资助方提供仲裁费用担保等。这些额外争议也会增加仲裁案件的时间和经济成本。最后，如前文所述，为了自己盈利，第三方资助机构会反对案件争议以非金钱赔偿的方式解决，从而也会增加争议的解决难度，间接推高仲裁成本。

结论

基于上文对第三方资助与国际投资仲裁制度的现有弊端之间关系的分析，我们可以发现，如果把国际投资仲裁中的第三方资助和国际投资仲裁制度乃至国际投资法律制度的发展结合起来看，国际投资仲裁中第三方资助所带来的负面影响是和目前国际投资仲裁“正当性危机”中广受质疑的一些弊端紧密相连的。第三方资助正是因为国际投资仲裁制度存在这些弊端而在国际投资仲裁领域中产生和迅速发展；第三方资助带来的消极影响又加剧了国际投资仲裁的这些弊端，使其受到更多正当性的质疑。第三方资助的消极影响和国际投资仲裁的“正当性危机”，这二者形成了恶性循环。在国际投资仲裁的“正当性危机”中，第三方资助却不断蓬勃发展。第三方资助越是发展得如火如荼，就越是说明国际投资仲裁“正当性危机”的严重。现有国际投资仲裁制度的弊端不能消除则第三方资助的危害也无法得到控制。

① 参见 P. Eberhardt and C. Olivet, *Profiting from Injustice: How Law Firms, Arbitrators and Financiers are Fuelling an Investment Arbitration Boom*, Corporate Europe Observatory and Transnational Institute, 2012, p. 59. Available at http://corporateeurope.org/sites/default/files/publications/profiting-from-injustice.pdf，最后访问日期 2017-01-11。

② Abaclat and Others v. Argentine Republic, ICSID Case No. ARB/07/5, Decision on Jurisdiction and Admissibility, 4 August 2011, para. 684。

因此，对国际投资仲裁中第三方资助的规制，如果就事论事只会面临困境。因为对国际投资仲裁中第三方资助的评价，如果只是就其本身进行考察，可能会有失片面，给出的规制建议也可能是治标不治本。对第三方资助消极影响的控制，必须放在国际投资仲裁“正当性危机”及其改革的大背景下来进行。对国际投资仲裁中第三方资助的规制困境的解决，取决于对现有国际投资仲裁制度的改革。改革的方向也主要是着眼于如何消除上述现有制度的弊端。目前国际上对国际投资仲裁制度的改革努力包括：有关国际组织如UNCTAD 如前文所述提出改革建议和路线图；美国和欧盟分别提出设立国际投资仲裁上诉机制和国际投资仲裁法庭的建议并将其引入各自的国际投资条约缔约实践中等。只有国际投资仲裁制度的现有弊端得到消除，对国际投资仲裁中第三方资助的规制才能走出困境。

对于我国来说，我国政府应该认识到第三方资助的消极影响，认清第三方资助和良好的国际投资争端解决机制以及国际投资治理发展方向之间的不协调之处，不要盲目肯定和接受第三方资助在国际投资仲裁中的运用。在能够对国际投资仲裁中的第三方资助进行有效规制之前，我国政府应尽量通过条约规定来限制外国投资者在针对我国的投资仲裁案件中运用第三方资助。如果我国政府反对第三方资助的运用，导致我国投资者无法在和外国政府的投资争端解决中利用第三方资助，这是否对我国投资者不利？这种担心可能多虑了，因为对于投资权益受到东道国损害的投资者来说，如果没有第三方资助制度其也可以通过事前的海外投资保险制度或商业保险等来获得保护。而在现有国际投资仲裁制度下第三方资助对于国际投资仲裁制度所带来的负面影响可能远大于投资者无法使用第三方资助所带来的缺憾。从长远来看，一个公正、运行良好的国际投资争端解决机制的存在才真正符合投资者的利益。最后，正如前文所述，应对第三方资助的消极影响的最终办法是消除或限制现有国际投资仲裁机制的种种弊端，因此我国也应该在国际上积极推动国际投资争端解决机制的改革，经过审慎考察后对有关国际组织及美、欧所提出的改革建议做出积极响应，或者另外单独提出自己的改革方案和建议。

（原文刊载于《政法论坛》2017 年第 6 期。）

国际人权条约机构之报告制度中国适用考

李　洁*

摘　要：报告制度是国际人权条约机构设立的负责监督人权条约履约状况的机制之一，在国际人权条约的国内法化进程中发挥着重要作用。作为国际人权保护法律体系中重要的参与者，中国对报告制度的执行是作为认知中国人权发展进程的必要视角。本文探讨了条约机构项下报告制度实施的具体程序，并结合中国参与报告制度的实践现状，以中国于实践中与条约机构存在理念冲突为核心，探寻冲突背后的政治、经济及文化原因。

关键词：人权；条约机构；报告制度

"人权条约机构也应对其职责范围内的权利受侵害的行为做出更有效的回应。……条约机构系统鲜为人知……过去20年来，条约机构系统大大促进了国际法的发展……"

一、大自由：实现人人共享的发展、安全和人权①

人权不仅是个人尊严和价值的体现，更是人类自由和权利的彰显。1948年《世界人权宣言》着重强调了这一为各国接受和认同的国际政治概念。而后1966年《经济、社会和文化权利国际公约》(CESCR)和《公民权利和政治权利国际公约》(CCPR)的出台正式标志着人权问题全面进入了国际法领域。在近四十年的时间里，一些旨在保护集体权利、少数人权利、儿童和难民权益等的国际人权公约如雨后春笋般出现，国际人权条约法律体系逐步成型，这既是人权普适化的重要表征，也折射着人类基于文化自觉的权利诉求。然之，权利体系的达成固然重要，权利之实现乃真正瓶颈。国际人权条约的执行、国际社会的监督举措引发的冲突应是我们关注的重点。条约机构项下的报告制度赋予了我们一个绝佳视角。

(一)实施人权保护监督的条约机构

若要真正理解报告制度，条约机构是一个绕不开的概念。国际上一般将依人权条约所

---

* 李洁(1982—　)，女，湖北仙桃人，法学博士，山东大学法学院讲师，硕士生导师，国家公派澳大利亚麦考瑞大学访问学者，主要从事国际法研究。

① 2005年5月23日，联合国秘书长报告，http://daccess-dds-ny.un.org/doc/UNDOC/GEN/N05/356/00/PDF/N0535600.pdf?OpenElement，于2019年8月22日访问。

设立、负责监督人权条约履约状况的专家委员会统称为条约机构(Treaty Body)或是条约监督机构。例如《消除种族歧视公约》第8条规定设立一个由18名专家组成的“消除种族歧视委员会”。《禁止酷刑公约》第17条规定设立一个由10名专家组成的“禁止酷刑委员会”。条约机构依条约设立，其合法性及职能范围完全取决于条约。各人权条约机构由一定数量的专家组成。① 经由缔约国大会选举产生的专家不代表任何国家或组织，对整个条约机构而非其来源国负责，任期内的主要职责在于审查各缔约国依条约规定所提交的条约实施及执行进程的报告，对各缔约国实施及执行条约的行为做出评价与建议。②

各国一直将条约机构视为实现人权的必要组成部分，并通过联合国制定监督程序，促进各国执行义务的履行。在通过第一个人权条约之前，人们便已认识到条约的缔约国需要“鼓励和协助”来履行其义务履行。即使近年来人权实施的程序受到挑战，国际社会对于监督条约实施的基本需要依然存在共识，即人权条约监督机制仍是确保国家得以履行人权义务的重要手段。第二次世界大战以来，人权条约逐渐增多，条约机构的职能也在不断扩大。第一个条约机构在20世纪60年代出现。在冷战时期，国际社会在政治、经济意识形态方面存在的巨大分歧，条约机构的早期工作受到极大限制，影响力有限，在监督人权实施方面并没有产生应有的效果。冷战的结束后，联合国努力改善条约机构，协调和简化其工作方法，使条约机构在解释各自的基础条约和监督方面变得更加富有成效。目前，国际上共设有10个专家委员会。③

(二)条约机构之报告制度

条约机构从国际人权保护法律体系的成形之日起开始运作，至今已有大半个世纪。报告制度(Reporting System)作为条约机构下的人权保护机制之一，在监督各国人权状况、预防出现大规模违反人权情况、推动国际人权事业发展中起着非常重要作用。④ 报告制度具有独特的强制性，国家一旦签署或加入某项人权公约，就意味着必须接受条约项下的报告制度。

所谓报告制度，是指缔约国在人权公约规定的期限之内向条约机构提交报告，汇报本国在实施公约过程中所采取的措施、取得的进展以及遇到的困难等。缔约国报告分为初次

---

① 事务委员会中专家的资格多从国籍、资历、专业、性别等方面考虑。比如《公民权利和政治权利国际公约》第28条规定：“委员应由本公约缔约国国民组成，他们应具有崇高道义地位和在人权方面有公认的专长，并且还应考虑使若干具有法律经验的人参加委员会是有用的。”《禁止酷刑公约》第17条规定：“委员会应由具有崇高道德地位和公认在人权领域具有专长的十名专家组成，他们应以个人身份任职。专家应由缔约国选举产生，同时考虑到公平地区分配和一些具有法律经验的人员参加的好处。”

② http：//www. fmprc. gov. cn/tyfls/bjzl/t129648. html，于2019年8月20日访问。

③ 国际人权法律体系中的十项核心公约都无一例外地设立了专家委员会，除去文中所提2大委员会外，还有人权事务理事会(CCPR第28条)；经社文权利委员会(CESCR第16条)；消除对妇女歧视委员会(CEDAW第18条)；儿童权利委员会(CRC第44条)；迁徙工人委员会(CMW第73条)，残疾人权利委员会(CRPD第34条)；防范小组委员会(SPT第5条)；强迫失踪问题委员会(CED第26条)。

④ 条约机构下的人权保护机制主要有三：报告制度、国家控告制度及个人来文制度。此外还有专题程序、实情调查制度、来文审查制度等。

报告(initial report)和定期报告(periodical report)两种,① 提交报告的时间取决于缔约国批准或加入公约时所做之承诺。初次报告的提交是在公约对缔约国生效日期起的一到两年之内②，内容多限于介绍国内既存的人权保护法律制度。缔约国通常会从本国宪法、行政法规、地方性法规入手，结合公约的特定条款，列举初步履行公约的时间框架与具体步骤。③ 定期报告是在缔约国提交初次报告以后每两年至五年提交,④ 其主要内容在于回应上任报告中的余留问题及条约机构的询问，阐述公约的国内履行现状及困境。

条约机构应在一定期限内对缔约国提具的报告进行审查，形成一般性意见和结论性意见，一般而言会经历以下几个步骤。

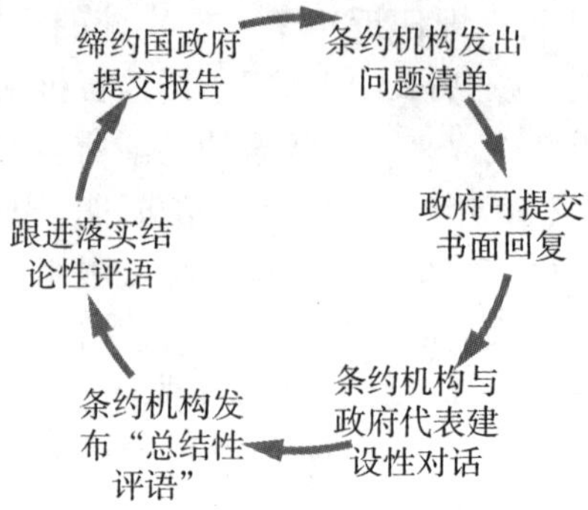

条约机构监督程序⑤

其中值得注意的是四个步骤。首先，形成书面问题清单(list of issues)。实践中，人权事务委员会的“特别程序”⑥、联合国儿童基金会(UNICEF)和联合国开发计划署(UNDP)等联合国其他机构、专家学者的评论文章、媒体信息及非政府组织提交的“影子报告”(shadow report)或是“平行报告”(parallel report)成为条约机构获悉缔约国履行情况

---

① 参见彭锡华:《联合国人权公约缔约国报告制度述评》，载《武汉大学学报》(哲学社会科学版)2007 年第 3 期，第 336 页。

② 不同的人权公约规定的缔约国提交初次报告的时间不同。《禁止酷刑公约》《消除妇女歧视公约》和《经社文国际公约》这三个条约规定的时间为公约对缔约国生效一年，《消除种族歧视公约》和《儿童权利公约》则为两年。

③ 参见 Sophia Woodman, Human Rights as ‘Foreign Affairs’: China’s Reporting under Human Rights Treaties, Hong Kong Law Journal, 2005, Vol. 35, p. 185。

④ 不同的条约对定期报告的提交时间有着不同规定。《公民权利及政治权利国际公约》规定为每五年一次；《禁止酷刑公约》和《消除妇女歧视公约》时间为每四年一次；《消除种族歧视公约》规定的时间为每两年一次。其中各国对《消除种族歧视公约》的意见最大，认为时间太短。因而，有些国家时隔 4 到 6 年提交一份“综合报告”(combined report)至条约机构予以审查。

⑤ https://www.nchrd.org/2017/04/treaty-bodies-%E6%9D%A1%E7%BA%A6%E6%9C%BA%E6%9E%84/，于 2019 年 8 月 23 日访问。

⑥ “特别程序”是指由前人权委员会确立、由人权理事会接管旨在处理全球各地具体国别状况或专题问题的机制的名称。

的信息来源。它综合所获信息，归纳出一份书面问题清单，意在核实国家报告的真实性。

其次，指定报告员(rapporteur)。条约机构指派一位大会报告人收集该缔约国的履约情况，阅读某个缔约国的报告，做好审议准备。

再次，正式听取缔约国的定期报告。缔约国依照既定审议时间参与审议，条约机构按照书面问题清单进行询问。审议现场采取问答式方式，对观察员全程开放。缔约国不仅需要提供该国全面有效履行公约项下权利和义务的证据或进展数据，更为重要的是需要证明该国一直为“鼓励、促进政府决策的公众参与权和监督权”持续努力着。

最后，做出结论性意见。定期现场审议报告结束之后，事务委员会举行封闭性讨论，指定报告员撰写最终意见，对缔约国的定期报告做出正面或负面评价，提出缔约国进一步履行义务时应采取的详细措施，或是对缔约国下一份定期报告提出具体内容要求。

(三)报告制度的现状及完善

报告制度鉴于诸多因素，实施数十年后暴露出运作中的诸多问题，也反映了缔约国与条约机构之间的异议。条约机构认为，缔约国提交报告时间拖延，报告质量不高。据2005年条约机构统计，2017年各缔约国应交报告数为1685份，未按期提交为578份，占34%。实践中完全遵守条约规定，按时按期向条约机构提具定期报告的国家只有34个，在197个缔约国中仅占17%。① 有些的报告内容空泛，对法律条款的援引缺乏充分的事实论证；有些报告仅笼统地声明其法律整体上与公约要求相吻合，极少列明采取的具体措施；有些报告简直就是缔约国展示成就、自我赞扬的宣言书。②

而缔约国认为，条约机构人员配备欠缺、任务分配不合理导致了待审查报告大量积压，机制运作日趋停滞。随着缔约国数量的增加与国家对人权事务的愈加重视，缔约国提交报告的数量与内容剧增，人权事务委员会仅1999年一年便收到了缔约国提交的109个初次报告，72个二期报告，45个三期报告，17个四期报告，14个补充报告和7个紧急报告，均需在二年之内审查完毕，可见委员会工作任务之艰巨。③ 甚至有缔约国于2001年提交的报告，直到2006年条约机构才予以审查。④ 而且缔约国认为条约机构的某些做法过分倚赖非政府组织的倾向违反了现行人权条约的规定。⑤

此外，受各缔约国自身利益影响，条约机构中官员配备一般由外交部长、大使或其他官员任职，导致专家人员并非具有专业性，条约机构本身独立性受到质疑。

因而，公信力大打折扣的报告制度直接影响了条约机构所起的监督效果。对条约机构

① Compliance by States Parties with Their Reporting Obligations to International Human Rights Treaty Bodies，https：//www. ohchr. org>Documents>HRBodies>AnnualMeeting，于2019年8月23日访问。

② 参见毛俊响：《论联合国人权公约缔约国报告制度的改革》，载《安徽职业技术学院学报》2008年第2期。

③ 参见白桂梅：《国际人权保护机制：条约机构的报告制度》，http：//media. openedu. com. cn/media_file/netcourse/asx/gjf/public/03_zjjt/04/03. html，于2019年8月28日访问。

④ 比如中国于2001年提交的关于《反酷刑公约》的定期报告，直到2006年，禁止酷刑委员会才安排时间审议报告。

⑤ 参见戴瑞君：《联合国人权条约机构体系的加强进程》，载《环球法律评论》2013年第6期。

进行完善或是改革的想法始于20世纪80年代末期，澳大利亚学者菲利普·阿尔斯通(Philip Alston)于1989年、1993年、1997年提交了三份条约机构改革的报告，诱发了学者的共鸣。随后在2003年和2006年的两届人权条约机构系统改革问题会议之上，专家与学者们对条约机构的改革献计献策，有的主张“建立统一常设条约机构”，也有的主张应重点改革“协调各条约机构的工作方法”等。① 但是各缔约国和条约机构并未作出积极回应，“改革”建议近乎置若罔闻。联合国人权事务高级专员办公室在组织了19次磋商会议后，于2012年形成了《关于加强联合国人权条约机构体系的报告》，试图对报告提交和审议迟延，报告流程复杂、条约机构成员的公正性和独立性②等问题做解答。

其实，提高条约机构的报告制度的有效性，单独从条约机构本身入手是远远不够的。现行机制本由缔约国合意授权产生，缔约国承诺自愿接受条约机构的监督与审议，而实际上却消极懈怠，漠视承诺，实则违反了善意履行条约之原则。条约机构的报告制度的完整功效的发挥离不开国家的配合，报告制度的有效性取决于国家本身保护人权的努力与进程，因此，恢复报告制度的公信力，全面实现报告制度的功用，必须从缔约国自身的完善出发才可。

二、现实与困境：中国报告制度实践分析

1979年中国成为联合国人权委员会(UNCHR)的观察员，始入人权国际大舞台。80年代成为UNCHR的正式成员，派出代表团参加UNCHR年会，加入并批准了一系列的国际人权条约，如《关于战俘待遇之日内瓦公约》《关于难民地位的公约》《〈联合国打击跨国有组织犯罪公约〉关于预防、禁止和惩治贩运人口特别是妇女和儿童行为的补充议定书》等。2009年底，中国主动参加了《儿童权利公约》来文申诉机制任择议定书制定工作组第一次会议，在参与人权领域国际规则的制定上做出了新的努力。此外，中国大力推荐专家参与人权条约机构的工作，在消除种族歧视委员会、消除对妇女歧视委员会、禁止酷刑委员会等一些条约机构中都有中国籍委员。

(一)中国报告制度的实施现况

截止2014年，中国已陆续加入了27项人权保护条约③，其中包括6项核心人权条约。根据条约规定，中国④需向经济、社会和文化权利委员会、消除种族歧视委员会、消除对妇女歧视委员会、禁止酷刑委员会、儿童权利委员会、残疾人权利委员会提交关于《反酷刑公约》(CAT)、《消除对妇女一切形式歧视公约》(CEDAW)、《消除一切形式种族

① 具体关于条约机构改革的情况，参见毛俊响：《论联合国人权公约缔约国报告制度的改革》，载《安徽职业技术学院学报》2008年第2期；戴瑞君：《论联合国人权条约监督机制的改革》，载《法学杂志》2009年第3期。

② 2012年6月，人权条约机构会议通过《人权条约机构成员独立性和公正性指南》。

③ 27项人权保护条约的具体名称参见《中国人权事业发展报告No.1(2011)》，社会科学文献出版社2011年版，第453~473页。另值得注意的是，中国尚未批准《公民权利及政治权利国际公约》。

④ 文中所指中国提交的初次报告和定期报告，仅指中国内地所提交的，不包括中国香港与中国澳门提交的报告。

歧视国际公约》(CERD)、《经济、社会和文化权利公约》(CESCR)、《残疾人权利公约》(CRPD)、《儿童权利公约》(CRC)、《儿童买卖的任择议定书》(CRC-OP-SC)及《儿童卷入武装冲突问题的任择议定书》(CRC-OP-AC)于中国的实际履行情况报告。自1983年5月25日中国向消除对妇女歧视委员会提交初次报告起，中国参与报告制度已逾30载，共提交报告29份①，整体表现可圈可点。

第一，中国基本依照国际人权条约的报告提交要求进行，遵循联合国关于人权条约缔约国履约报告撰写准则(HRI/GEN/2/Rev. 5)和各人权委员会的具体准则规定。比如中国2010年8月30日提交给残疾人权利委员会的初次报告，一方面符合履约报告准则(CRPD/C/2/3)关于页数的要求，总数未超过60页，专要文件也限制在40页之内。另一方面，亦符合准则中关于内容的要求。报告强调了中国《宪法》、《民法通则》、《侵权责任法》、《残疾人教育条例》、《残疾人就业条例》等法律、行政法规、综合性政策文件与公约目的相符②，单独对公约第6条与第7条规定的残疾妇女、儿童的权利保护状况从立法的角度予以阐述③，并于报告附件中以20多个表格的方式详细展示了残疾人事业发展统计数据，满足了缔约国应具体向委员会陈述其法律和惯例在多大程度上与公约吻合，详细分析说明法律规范对残疾人实际处境的影响，以及违反公约事件的补救措施是否实际存在、落实情况如何、效果如何等要求。

第二，中国提交报告时间渐趋符合公约规定。中国提交的初次报告和定期报告(包括按照委员会的要求提交的补充报告)具体日期及次数参见下表。

	CAT	CEDAW	CERD	CESCR	CRPD	CRC	CRC-OP-SC	CRC-OP-AC
IR	1989-12-01	1983-05-25	1983-02-22	2003-06-27	2010-08-30	1995-03-27	2005-05-11	2010-11-17
PR	1992-10-08	1989-06-22	1985-06-12	2010-06-30		2003-06-27	2010-07-16	
	1995-12-02	1997-05-29	1987-12-28			2010-07-16		
	1999-05-04	2004-02-04	1990-03-30					
	2006-02-14	2012-01-20	1996-01-15					
	2008-12-17		2000-10-03					
	2013-06-20		2008-06-24					
			2017-01-24					

说明：1. IR即为缔约国向条约提交的初次报告，PR则为缔约国向条约机构提交的定期报告。

2. 香港与澳门自回归后以中国香港与中国澳门的名义，继续向《公民权利和政治权利国际公约》提交定期报告，共有三次，报告编号分别为CCPR/C/HKSAR/99/1(1999-01-11)，CCPR/C/CHN-MAC/1(2005-01-14)，CCPR/C/CHN-HKG/3(2011-05-31)

3. 中国向CRC-OP-SC提交的第二次定期报告

① 这是按中国政府主动向委员会提交的报告数量为计，如果把委员会审议过程中直接向中国政府提问，中国政府以书面形式加以回复的报告计算在内，则应为38份。

② CRPD/C/CHN/1，paras 3-8。

③ Id，pages 11-13。

从上表中，我们可以看到中国在提交初次报告和定期报告基本守时。以《消除一切形式种族歧视国际公约》为例，中国1983年2月22日提交了本应于1983年1月28日提交的初次报告，第二次、第三次与第四次的定期报告分别于1985年、1987年和1990年提交，虽超出公约规定的具体日期，但大致上可视为按时提交。基于两年间人权变化甚微，中国倾向于提交综合报告，第五次、第六次与第七次定期报告于1996年提交。之后，除中国政府向条约机构即时提交内地的人权进展情况的报告之外，香港特别行政区、澳门特别行政区政府分别以中国香港、中国澳门的名义与内地于同一时间向条约机构提交，因而第八次、第九次的定期报告于2000年提交，第十次至第十三次定期报告于2008年提交。根据委员会的建议，第十四次至第十六次定期报告应于2013年1月28日提交，2017年1月24日，中国正式向委员会提交了第十四次至第十七次报告，再次递交合并报告。

第三，报告质量日显精致。中国所提交的报告经历了一个由初步探索到日臻完善的过程。20世纪80年代至90年代的中国提交的报告篇幅短小，提交给消除种族歧视委员会的初次报告仅有3页半①，提交至消除妇女歧视委员会的初次报告和第二次报告篇幅也未超过20页②，并且报告内容简单，仅局限于对国内与公约相关的法律、法规与政策的介绍，或是对国内人权状况的改善进行简要描述，并无详细具体的内容说明。条约机构在审议中国提交给禁止酷刑委员会的初次报告时便直接指出中国在很多方面都需要进行信息补充。③ 消除妇女歧视委员会在1999年审议中国提交的第三次与第四次综合报告时亦认为报告并未完全按照指南进行写作。④ 同样，儿童权利委员会在1996年审议中国的初次报告时亦要求中国提交补充报告，以便进一步阐释相关问题。⑤

进入21世纪之后，中国在报告的写作方式和写作内容之上都摆脱了简单直接的做法。2000年提交至消除种族歧视委员会的27页的定期报告相较于3页半的初次报告便是一项成功举措。⑥ 2004年中国政府提交至消除妇女歧视委员会的定期报告长达84页，分两部分概述了公约在中国的执行情况。第一部分涉及政府和全社会为消除对妇女的歧视而采取的主要行动和最新进展，包括执行《北京行动纲领》和落实2000年妇女问题特别联大成果文件的情况；第二部分表格数据统计的方法从人口性别统计、民族构成、妇女参政、女性就业等方面详细全面地论述了妇女权益在中国的实现。⑦

第四，中国积极配合条约机构的审查工作。1999年，中国派出来自外交部、司法部、公安部、全国妇联、国家宗教事务局、国家计划生育委员会、国务院妇女儿童工作委员会等多个部门的领导及工作人员参加消除妇女歧视委员会对中国报告的正式审议。2000年，在消除种族歧视委员会审议中国报告之期，中国派出了逾三十名人数众多的代表团参与此

---

① CERD/C/101/Add. 2，7 April 1983.

② CEDAW/C/5/Add. 14，25 May 1983；CEDAW/C/13/Add. 26，13 July 1989.

③ CAT/C/7/Add. 14.

④ Concluding observations of the Committee on the Elimination of Discrimination Against Women：China，A/54/38，3 Feb 1999，para. 267.

⑤ 虽然儿童权利委员会要求中国提交补充报告，但是最终并未认定中国的初次报告不合格。

⑥ CERD/C/357/Add. 4，16 Oct 2000.

⑦ CEDAW/CHN/5-6.

次的报告审查，委员会为之震惊。① 2006 年消除妇女歧视委员会的结论性意见明确指出，“委员会赞扬缔约国派出以国务院妇女儿童工作委员会常务副主任为团长，由中央政府、香港特别行政区和澳门特别行政区的代表组成的大型高级代表团。委员会对代表团成员中有来自中央政府各部委，包括外交部、教育部、民政部、卫生部、劳动和社会保障部、人副总、国家人口和计划生育委员会、最高法院和国家民族事务委员会的专家，以及来自香港特别行政区和澳门特别行政区的专家表示赞赏。”②2012 年的残疾人权利委员会在审议报告中亦高度赞扬了中国派出政府部委成员和残疾人专家的高级别代表团参与审议会议。③ 2018 年，中国再次向联合国提交《国家人权报告》，按照联合国人权理事会 A/HRC/DEC/17/119 号文件提出的原则撰写，重点介绍了中国内地和香港、澳门特别行政区自 2013 年提交人权报告以来对建议的落实情况以及未来面临的挑战。该报告的撰写由外交部牵头，近 30 个立法 、行政、司法部门组成跨部门工作组，经过多次协调会，分工协作，经历了数十次修改，并在广泛征求公众意见后，调整完成定稿。

(二) 中国报告制度实施中的问题：条约机构的视角

尽管中国在条约机构的报告制度实践中表现不凡，但于条约机构而言，首先，核心问题便是中国政府对条约机构作出之结论性意见重视程度不够，对所提问题未作出恰当回应。消除种族歧视委员会多次要求中国政府在下期应提交的定期报告中提供各省、市、自治区里少数民族的经济状况的统计，然而中国并未回应。④ 禁止酷刑委员会在 1999 年结论性意见中认为中国政府提交的定期报告对酷刑的统计数据不完善，希望中国政府能在后续报告中提供具体数据⑤；2011 年的结论性意见中仍认为报告缺乏被拘留者健康统计等数据说明。⑥ 消除妇女歧视委员会亦认为 1999 年定期报告对性别方面的数字统计并非完全，代表团对专家问题的回答有时答非所问，有时避而不谈敏感问题。⑦ 除此之外，条约机构认为，中国在条约的执行及国内化过程中仍存在以下一些问题：

其次，中国国内完成国际人权条约在中国转化的过程中，未将关键性定义(Key Definitional Elements)纳入本国法的规定之中。禁止酷刑委员会连续在 1996 年、2000 年和 2008 年的结论性意见中指出中国并没有在国内立法中将《禁止酷刑公约》规定的酷刑定义纳入国内法之中。⑧《禁止酷刑公约》中所指的酷刑包括对人肉体或精神上的摧残，不管

---

① CEDAW/CHN/5-6.

② CEDAW/C/CHN/CO/6, para. 4.

③ CRPD/C/CHN/CO/1, para. 3.

④ CERD/C/275/Add. 2; CERD/C/SR. 1163; CERD/C/SR. 1164; CERD/C/357/Add. 4; CERD/C/SR. 1468; CERD/C/SR. 1469; CERD/C/SR. 1480; CERD/C/SR. 1481.

⑤ CAT/A/55/44, paras. 106-145.

⑥ CAT/C/CHN/CO/5, para. 12.

⑦ CEDAW/C/CHN/CO/6, para. 24.

⑧ CAT, China, 9 July 1996, A/51/44, paras. 138-150; 9 May 2000, A/55/44, paras. 106-145; 22 Oct 2008, CAT/C/CHN/CO/4.

出于何种目的。① 但是根据中国现行刑法典和刑事诉讼法的规定，我国明确禁止并惩罚的酷刑行为包括殴打、体罚、虐待，致人伤残、死亡是加重情节。这些都是肉体上的剧烈疼痛，甚至损害，对于精神折磨，如长时间光照、长时间暴露在无声环境或噪音环境下的审讯，不让睡觉，连续审讯等精神损害情况则未做明确规定。而且对于公职人员的权力滥用及非公职人员的酷刑行为也未涉及。②

消除妇女歧视委员会也在2006年的结论性意见中指出，“中国国内立法仍未对歧视妇女应包括直接和间接歧视作出定义”。2005年修正后的《妇女权益保障法》第27条、第32条、第38条、第43条等虽体现了中国政府对直接歧视的制止，但是未体现《禁止妇女歧视公约》第1条中对间接歧视的规定。③ 消除种族歧视委员会多次指出中国国内法中并无“种族歧视”的国内法规定，而只有对“少数民族”权利保护的规定，中国政府未将《消除种族歧视公约》第1条所规定的“种族歧视谓基于种族、肤色、世系或原属国或民族本源之任何区别、排斥、限制或优惠，其目的或效果为取消或损害政治、经济、社会、文化或公共生活任何其他方面人权及基本自由在平等地位上之承认、享受或行使”纳入到本国法之中。④

再次，中国国内法多为原则性宣称，未对权利救济做出详细规定。2007年《未成年人保护法》第10条第2款，第12条第2款仅规定未成年人所享有的权利，若权利受到侵害，只能根据行为的性质来援引民法或是刑法的相关规定来主张自己的权利，而非援引《未成年人保护法》里的相关规定。消除妇女歧视委员会和儿童权利委员会多次提及了中国相关国内法中并无权利受到公方或私方侵害后的具体救济手段的现状。⑤

此外，国际人权条约在中国无法得到直接适用，而且中国法律中某些救济手段无法直接赋予个人。比如宪法规定“……禁止对任何民族的歧视和压迫……”，其中“民族”一词隐含着一种集体权利，而非个人权利。中国刑法第249条、第250条和第251条虽规定了关于侵权少数民族权利的犯罪，如“煽动民族仇恨、民族歧视”，“在出版物中刊载歧视、侮辱少数民族的内容”，情节严重或恶劣者则构成犯罪，即通过公诉机关对此种行为进行处理，但是调整歧视行为的私法规范比较鲜见。

---

① 《禁止酷刑公约》第1条规定：“一、为本公约的目的，酷刑是指为了向某人或第三者取得情报或供状，为了他或第三者所作或涉嫌的行为对他加以处罚，或为了恐吓或威胁他或第三者，或为了基于任何一种歧视的任何理由，蓄意使某人在肉体或精神上遭受剧烈疼痛或痛苦的任何行为，而这种疼痛或痛苦是公职人员或以官方身份行使职权的其他人所造成或在其唆使、同意默许下造成的。纯因法律制裁而引起或法律制裁所固有或附带的疼痛或痛苦不包括在内。二、本条规定并不妨碍载有或可能载有适用范围较广的规定的任何国际文书或国家法律。”

② 参见王晨：《反酷刑发展与我国反酷刑状况研究》，载《山东省农业干部管理学院学报》2011年第6期。

③ CEDAW/C/CHN/CO/, para. 10.

④ CERD/C/CHN/CO/10-13；CERD/A/56/18，paras. 231-255；CERD/C/304/Add. 15；CERD/A/45/18，paras. 111-125；CERD/A/42/18，paras. 329-346；CERD/A/38/18，paras. 465-475.

⑤ CRC/C/CHN/CO/2，CRC/C/15/Add. 56.

（三）对中国执行报告制度存在问题的深思

自20世纪80年代起，中国竭诚促成国内外人权法治层面的良性互动，按照条约之规定向条约机构汇报国际人权公约在中国的实施与执行。虽然中国参与报告制度的努力有目共睹，但是它与条约机构在报告的内容、公约的实施方面仍存在着诸多分歧。笔者认为，之所以条约机构会有如上认知，比如人权条约之所以无法在中国得到直接援引，实则因为中国一直对国际人权公约的国内适用持谨慎态度。改革开放以来，中国领导人的言论、学术著作以及中国的人权政策表明了中国参与国际人权机制的强劲态势，而从阶级斗争到向现代化建设的国家身份的转变带来的对人权认知的进一步深入。然则，风云变幻的国际舞台将人权、主权、人道主义干涉与救援等概念紧紧缠绕，中国国内司法界和理论界并不赞同中国的直接适用，而是主张一般通过将公约转化为国内法的方式来赋予个人权利。① 事实上，将人权与公民身份关联，以国内法的形式将人权转化为公民权，也是近代欧洲主权国家实现人权的主要手段。② 在制度和实践层面，公民权的制度保障，特别是法律保障对于人权的实现具有积极作用，是一种有效的保障手段。然而，以公民权利和国家制度对人权进行保障，也存在两方面的负面效应。一是使得普遍人权具有很大的排他性，仅对本国公民的人权负责的主权国家将难以保障他国公民的人权。二是在公民和国家之间形成了从属和依赖关系，当国家成为保障人权的主要责任承担者，甚至唯一责任承担者时，个人将难以采取跨国界的立场寻求保障人权的更有效的制度性手段，也为在人与人之间以全球性视角形成人权保障的智慧和力量联合产生阻碍。③ 这就解释了何以国际人权公约，特别是条约机构汇报制度，作为一种全球层面的人权保障制度，在实施过程中会遇到主权国家层面的制度障碍。

此外，法律作为人权保障手段的单一性无法适应人权内涵的复杂性。中国向条约机构通报落实国际人权条约规定的具体措施已成为履约的必需之举，亦是国际人权保护法治的体现。虽然法律定会在中国现代社会及未来的社会中扮演愈加重要的角色，但其若面临大部分或是所有的社会问题的解决时，它注定无法承担这一过重的使命，法治建设无法进一步开展。事实上，法律不是保护人权的唯一手段，甚至从某种意义上来说，并不是最有效的手段。人权保障最有效的手段应是综合性的法律、制度、文化保障，而非单一的法律保护。举例来说，我国政府向来注重经济、社会和文化权利的保障，这体现宏观政策制定、立法和实践三个层面。2007年，我国通过《就业促进法》，2010年通过《社会保险法》，并通过定期制定《国家人权行动计划》《国民经济和社会发展五年计划》从宏观政策和立法等

① 此种情况于理论界又有新的发展，有相关的文章与著作皆论证国际人权条约在中国直接适用的可能性，比如黄金荣：《司法保障人权的限度：经济和社会权利公约可诉性问题研究》，社会科学文献出版社2011年版。龚向和：《理想与现实：基本权利可诉性程度研究》，载《法商研究》2009年第4期。但亦有学者有不同观点，参见李庆明：《国际人权条约与美国法院的双重标准》，载《人权》2013年第5期。

② 参见曲相霏：《人权离我们有多远：人权的近代概念及其在近代中国的发展演变》，清华大学出版社2015年版。

③ 参见曲相霏：《人权离我们有多远：人权的近代概念及其在近代中国的发展演变》，清华大学出版社2015年版。

层面确保经济、社会和文化权利得到制度性保障。在实践层面，我国在过去七十年间，特别是改革开放四十年以来取得的巨大经济成就，也为在实践中，实现联合国“千年发展目标”的各项指标，包括消除极端贫困、普及小学教育、降低产妇死亡率等做出了举世瞩目的贡献。

放眼现实的中国，它正处于向法治国家转型的过渡时期，其中富含国家建设、法治建设和人权保护等诸多交叉重叠的问题。而这些问题西方国家在其漫长的国家政体建设中逐步解决，有些直至现在仍处于解决之中，但是转型中的中国却要同时面对，这势必会带来实践中执行人权条约的困难，以及与条约机构保持一致上的困惑。

此外，条约机构赖以生存的国际人权保护条约自身的不完善亦带来了缔约国在实践中执行的困惑。条约作为各国共同意志的协调和最低限度合意的表现，若是其本身缺乏制度设计应有的清晰、圆融与自洽，中国政府在适用条约时必然无从选择。《经济、社会及文化权利国际公约》虽承认权利来源于人身的固有尊严，但是人身尊严的性质及其来源仍存在争议。① 生存权、自决权、发展权等引发了集体人权与个人人权之间的冲突。②

三、更深入的思考：人权的文化语境

中国参与报告制度的30年的是中国进一步制度化人权立法，实证化人权实践，泛化人权的30年。细观条约机构与中国政府之间的矛盾与摩擦，除去政治、法律体系本身的原因外，我们不禁追问：为何中国的人权制度与国际人权公约中的如此迥异呢？

回答该问题需进一步追问：人权从哪里来？近代以来的人权概念，来自西方社会对个体人的理解。没有人的观念，自然不可能产生人权之概念。西方古典哲学从苏格拉底时期已将重心从自然转向个人，而笛卡尔时期对主客体二分法的广泛接受，则进一步强化了个人所具有的自由意志、自由选择的资格和主体地位。然而，全球化语境下，脱胎于西方的人权思想发展至今早已超出西方思想视野，成为融合不同文明传统、不同利益主体、不同宗教派别的诉求且为世界接受的共通的价值话语与制度规范，反映了个人于整体社会之地位、人之本性、人群关系、人应当享有权利的范围、理由及方式。人权之正当性不再限于西方思想，不局限于个人之自由意志、自由选择，而是需要依赖更广泛的诉诸人之尊严和人性的共识性理解。这样一来，对人权之正当性提供证成，则不可避免地需要做出价值判断。不同的文化智识对上述问题有着不同理解。正是这种文化语境的差异，导致了人们对人权的认知存在差异，进而使得人权价值的冲突不可避免。

条约机构建立在国际人权公约体系之上，而国际人权公约是在西方文化占据主导地位之下形成的合意产物。它始终未能摆脱西方人权视野，其立论基础、权利设计与价值理想等诸多方面体现出西方人权话语的普适性。这种西方亲缘性的国际人权公约显然带有其自身文化语境的局限，而导致作为缔约国遵守之人权约法与缔约国本身的人权理论之间存在

① 对于此问题的详细论述，参见唐健飞：《国际人权公约与和谐人权观》，社会科学文献出版社2011年版，第121~122页。

② 参见唐健飞：《国际人权公约与和谐人权观》，社会科学文献出版社2011年版，第123~131页。

不合。虽然西方思想中的“自然权利”、“自然状态”以及“平等人权”，与东方文化中的“天人合一”、“大同”、“仁”、“众生平等”的理念中皆体现出普遍人性尊严①，自由平等跨越成为超越民族、国家与文化差异的普遍存在，但是东西方对内涵的不同理解直接导致了中国在国内实施和履行国际人权条约上与条约机构认知上的不同。

人权所处的不同文化语境直接导致了中国的人权实践始终在西方理论与民族自尊之间左右摆动。面对西方人权理论的强势输出，面对人权普适化的背景，中国除了要坚持履行条约义务，按时提交报告，达到与条约机构的融洽沟通，更重要的是中国要坚持人权内在的价值理念，也要兼顾国情，更要形成自己独特的人权理解和追求，建构中国的人权理论。

四、结语：人权，依然在路上

《消除妇女歧视公约》的正式批准意味着中国向人权事务的健康有序地发展与完善之路迈出了历史性的第一步。随后加入与批准国际人权条约的行为彰显着中国积极参与国际人权事务合作与交流，也预示着中国将来所应承担的公约规定的保护人权的国家义务。三十年的人权条约史可以看出，中国善意履行国际义务，持续向条约机构提交初次报告、定期报告及综合报告，报告质量稳步提高，涵盖的内容逐渐扩大，参与的人员增多，与条约机构的互动频繁，尽力尊重条约机构所做的结论性意见。然则国内法与国际人权条约在概念及调整内容上面的衔接仍有待加强，报告应按时完成提交，内容不仅应充分回应条约机构所提关切和意见，更应立足于数据说服条约机构。除此之外，国内仍存在人权教育方面的欠缺，公众对中国加入的国际人权公约的了解与认识非常有限。

更为关键的是，中国政府应理性看待人权条约国内的实施状况与条约机构的要求之间的冲突与问题，提出超越西方主流理论对此类问题的解释模式，主动形成一种向外输出的文化理论，在国际层面与不同人权文化和谐相处，以及进行国际人权交流、合作，推进世界人权事业的发展。

人权保护是一个渐进的过程，并非一蹴而就臻于完善。中国通过积极参与条约机构的报告制度来证实了自己履约及推动国内人权事业发展的决心与实践。相信在不久的将来，公民权利会切实得到落实、民众会广泛认知到具有中国特色的人权理论，且让我们拭目以待。

（原文刊载于《京师法律评论》2016年刊。）

① 参见唐健飞：《国际人权公约与和谐人权观》，社会科学文献出版社2011年版，第171~227页。

后　记

仙桃史称沔阳，因沔水而得名，南朝梁国时期即开设行政建制，以后代代相传，虽或有名称变易，但沔阳之名享誉遐迩。斯地人文荟萃，物华天宝，素以鱼米之乡而闻名。

改革开放以后，沔阳易县为市，改称仙桃。之后文教兴盛，人才辈出，经济繁荣，百姓乐业。仅以杰出人才而论，近三十年来，除了涌现奥运体操冠军李小双、李大双、杨威、郑李辉，奥运举重冠军廖晖，围棋世界冠军辜梓豪，商业巨子雷军等以外，新一轮两院院士仙桃籍候选人就有 5 人之多。自恢复高考以来，仙桃每年高考中第人数一直名列鄂省前茅，其中尤为奇异者选读法科人士一直居高不下。据北京社科院万川教授之统计，仅仙桃籍的法学博士就达百人之多。若以县级行政单位来计算，可谓全国无出其右。法学大家如王利明、张明楷等在法学界无人不知。此一现象级的事件，委实耐人寻味！

为了汇聚仙桃籍法学力量，凝聚仙桃法学人才，打造仙桃法学学派，展现家国情怀，经由王利明、张明楷等教授的积极倡议，并获家乡领导和父老乡亲的大力支持，继成立仙桃法学研究会之后，仙桃法律同仁又决定编辑出版《仙桃法学论坛》。借以达致记载成果，砥砺学术，提携新人，服务国家法治建设之目的。

首期《仙桃法学论坛》共收录近 40 位仙桃籍专家、学者之研究成果，其内容几乎覆盖法理、宪法、民法、刑法、商法、诉讼法、国际法等所有主要法学学科，作者单位涉及国内各大主流法学院系，可谓名家荟萃，佳作迭出！希望以此为契机，编辑部的各位同仁能精益求精、行稳致远，经过一段时期的努力，将《仙桃法学论坛》这一连续出版物办成名闻国内外的法学精品。

本书得以及时顺利出版，还要感谢李牧、滕锐、肖登辉等人的精心策划和认真编审！感谢武汉大学出版社编辑的辛勤劳动！感谢仙桃法学基金会的大力支持！

由于时间仓促，书中错误之处在所难免，亦请各位同仁一并批评指正！

秦前红

谨识于 2019 年 9 月 16 日

附录

仙桃籍法学专家群体现象的考察与分析

万　川*

摘　要：仙桃籍法学专家，是指籍贯为湖北仙桃，主要在国内从事法学理论研究与法律实务工作，具有较高学位、较高职称、较高职务的法学专门人才。笔者现已查找到的仙桃籍法学专家共89位，分布在全国高校、科研单位、党政部门、企业、律师事务所和法制媒体。他们通过传道授业解惑、著书立说、提供立法建议、参与法律咨询等方式，引领着中国法学发展，推动着中国法治进步。仙桃籍法学专家群体的形成，与改革开放以后高考制度的恢复直接相关。从表面上看，仙桃籍法学专家群体的形成具有自发性，但追根溯源，应该是崇尚政治的仙桃文化传统在无形之中引导着仙桃籍学子心向法学。同时，仙桃籍法学专家群体的形成，与现实的物质利益与精神追求密切相关。就学术气质而言，仙桃籍法学专家群体表现出求真务实、开拓创新的突出特点。就未来走向而言，以仙桃籍法学专家群体为基础，有可能也有必要打造一个仙桃法学派。当代中国法学家的籍贯分布表现出的地域性特征，是一个值得探讨的学术现象。以地域为基础打造当代中国法学派，对于进一步推动法学的发展繁荣具有创新和示范意义。

关键词：仙桃籍；法学专家群体；法学流派

对当代中国法学稍有接触的人，往往对仙桃籍的民法学家王利明、刑法学家张明楷耳熟能详。如果进一步考察还会发现，仙桃籍法学专家较为广泛地分布在全国高校、科研单位、党政部门、企业、律师事务所和法制媒体，成为引人瞩目的学术现象。那么，仙桃籍法学专家到底有哪些人？这个群体具有什么样的结构特征？他们为中国的法治进步和法学发展做出了什么贡献？为什么会形成一个仙桃籍法学专家群体？回答上述问题，或许对于探讨改革开放以来中国法学的繁荣发展规律具有标本意义。

一、仙桃籍法学专家的界定标准与范围

本文界定的仙桃籍法学专家，是指籍贯为湖北仙桃，主要在国内从事法学理论研究与法律实务工作，具有较高学位、较高职称、较高职务的法学专门人才。仙桃籍法学专家包括以下几种情况：一是具有法学专业博士学位；二是具有法学专业副教授以上的职称；三

* 万川(1963—　)，男，湖北仙桃人，法学博士，北京市社会科学院社会治安综合治理研究所教授，主要从事治安学、中国警政史、中国法制史研究。

是在地方单位的法律部门担任厅局级以上领导职务，或在中央单位的法律部门担任处级以上领导职务；四是大中型企业的法律顾问；五是律师事务所的主任律师或合伙人；六是法制媒体的专家。

根据上述定义与范围，笔者以在中国知网检索出的仙桃籍作者撰写的法学文章为线索，参考了《仙桃市志·人物志》①和公安机关的户籍资料，然后通过互联网广泛查询，共查找到89位仙桃籍法学专家，分别是：

1. 高等院校的法学专家39人，包括：中国人民大学常务副校长王利明教授，中国人民大学法学院高圣平教授、缪宇博士、胡莎博士(女)，清华大学法学院张明楷教授，北京师范大学刑事法律科学研究院李希慧教授，中国政法大学民商法学院易军教授，中国人民公安大学犯罪学系陈琴博士(女)，中央财经大学法学院肖芳博士(女)，中央民族大学法学院王瑛博士(女)，对外经济贸易大学法学院刘刚仿博士，北京工商大学法学院熊英教授(女)，首都师范大学政法学院汪雄博士，辽宁对外经贸学院国际经贸学院宗艳霞副教授(女)，华东理工大学法学院张平教授，上海政法学院宋俊荣博士(女)，南京大学法学院黄旭巍博士，浙江师范大学法政学院副院长梁开银教授，广东财经大学法学院钟立国教授，广东外语外贸大学法学院杨解君教授，广西大学法学院魏敦友教授，武汉大学法学院秦前红教授、康均心教授、乔雄兵博士，中南财经政法大学法学院张德淼教授、武乾副教授、陈晓星副教授、肖志远博士，华中科技大学法学院滕锐博士，华中师范大学法学院肖登辉博士、李寿庭博士，武汉理工大学文法学院院长李牧教授，中南民族大学法学院许娟博士(女)，武汉工程大学法商学院院长许承光教授，湖北警官学院法律系杨国华副教授、易江波博士，长江大学法学院院长徐前权教授，三峡大学法学系黄利红博士(女)、陈秀平博士(女)。

2. 科研机构的法学专家3人，包括：中国社会科学院法学研究所法理学研究室主任胡水君研究员、诉讼法研究室叶自强研究员，中国社会科学院世界经济与政治研究所党委书记陈国平博士。

3. 中央单位的法律专家21人，包括：中纪委案件审理室调研处监察专员赵江勇，全国人大常委会外事委员会彭乔处长(女)，国务院法制办政府法制研究中心副处长许驰，公安部刑侦局副巡视员周水清、物证鉴定中心《中国法医学》杂志编辑部主任黄正光、法制局刑事法规处处长朱希，最高人民检察院纪检组副组长兼监察局局长王洪祥、监察局案件审理室副主任周石玉、原死刑复核监察厅厅长叶峰、原监所检察厅副厅长徐海法、国际合作局交流处副处长汪伟(女)，最高人民法院审判监督庭处长马成波，司法部法制宣传司司长肖义舜、直属煤矿管理局办公室主任张高平，财政部行政政法司副司长陈志斌，国土资源部土地矿产法律事务中心产权产籍处副处长姜武汉，交通运输部党组成员、副部长何建中，商务部条法司丁晓庆(女)、中国世界贸易组织研究会副秘书长蔡立华，国家广播电影电视总局保卫司副司长宋为民，国家环境保护总局政策法规司副司长别涛。

4. 地方单位的法律专家15人，包括：天津市高级人民法院审判委员会专职委员殷元

① 仙桃市地方志编纂委员会办公室编辑：《仙桃市志·人物志：1986—2010》，湖北人民出版社2011年版。

庆，广东省广州市司法局副局长谭祥平，广东省深圳市委政法委副书记兼综治办主任邹从兵，广东省珠海市人民检察院副检察长兼反贪局局长王天鸿，江西省法学会副会长兼秘书长叶青，湖北省高级人民法院党组成员兼政治部主任田昌兵，湖北省高级人民法院专职审判委员会专职委员姚智明，湖北省人民政府法制办公室副主任费德平，湖北省国家安全厅厅长张其宽，湖北省公安厅原党委副书记、常务副厅长周厚震，湖北省公安厅党委副书记、副厅长夏志斌，湖北省司法厅党委委员、副厅长李颂银，湖北省司法厅党委委员兼省戒毒管理局局长肖惠斌，湖北省国土资源厅党组成员兼执法监察总队总队长万寿雄，湖北省襄阳市中级人民法院党组书记、院长王秋隆，湖北省孝感市人民政府副市长兼市公安局局长郑香元。

5. 企业法律部门的专家3人，包括：中信集团法律部总监刘烈东，中森华投资集团有限公司总经理、武汉市金翅律师事务所合伙人阳波，武汉钢铁(集团)公司总经理助理、总法律顾问刘新权。

6. 律师事务所的法律专家6人，包括：北京佑天律师事务所主任律师陈友兵，北京永杜律师事务所主任律师杜子祥，北京市大成律师事务所上海分所合伙人李和金，上海瑞泽律师事务所主任律师詹智玲(女)，湖北省首义律师事务所主任秦前坤，湖北中和信律师事务所合伙人、执行主任侯三才。

7. 法制媒体的专家1人，即检察日报社文艺副刊部主任彭诚(女)。

二、仙桃籍法学专家群体的结构特征

(一)性别、年龄结构

从性别上看，仙桃籍法学专家群体中，男性74人，占83%；女性15人，占17%。

从年龄上看，仙桃籍法学专家群体中，30岁以下的2人，占2%；31~40岁的15人，占17%；41~50岁的24人，占27%；51~60岁的41人，占46%；61岁以上的7人，占8%。

(二)学历教育结构

仙桃籍法学专家群体中，具有博士学位的43人，具有硕士学位的33人，具有学士学位的12人，具有大专学历的1人。各学历层次就读的学校和专业情况分别是：

1. 本科阶段。从入读学校来看，仙桃籍法学专家本科阶段就读的学校主要有：湖北财经学院、中南政法学院、中南财经政法大学、西南政法学院、中国政法大学、武汉大学、华中师范学院、武汉师范学院、武汉工业大学、武汉理工大学、北京大学、北京师范大学、厦门大学、南京理工大学、江西师范大学(以上是各位专家毕业时的学校名称)。从入读年级来看，包括1977级到2006级，时间跨度正好30年。

2. 硕士研究生阶段。从入读学校来看，仙桃籍法学专家硕士研究生阶段就读的学校和专业有：中国政法大学的宪法学与行政法学专业、民商法学专业、诉讼法学专业，中南政法学院的法学理论专业、法律史专业、宪法学与行政法学专业、刑法学专业、民商法学专业、诉讼法学专业、国际法学专业，西南政法学院的法学理论专业、法律史专业、民商法学专业、诉讼法学专业、经济法学专业，武汉大学的法学理论专业、宪法学与行政法学专业、刑法学专业、诉讼法学专业、国际法学专业，华中科技大学的经济法学专业，华中师范大学的经济法学专业，对外经济贸易大学的国际法学专业，大连海事大学的国际法学专业，中山大学法学院的刑法学专业。

3. 博士研究生阶段。从入读学校来看，仙桃籍法学专家博士研究生阶段就读的学校和人数分别是：武汉大学 14 人，中国人民大学 12 人，中国政法大学、中南财经政法大学各 4 人，对外经济贸易大学 2 人，北京大学、华中科技大学、上海交通大学、华东政法大学、西南政法大学、湖南师范大学、大连海事大学各 1 人。就读的专业有：北京大学的环境与资源保护法学专业，中国人民大学的法学理论专业、宪法学与行政法学专业、刑法学专业、民商法学专业、经济法学专业，武汉大学的宪法学与行政法学专业、刑法学专业、民商法学专业、国际法学专业，中国政法大学的法学理论专业、法律史专业、民商法学专业、诉讼法学专业，中南财经政法大学的法律史专业、宪法学与行政法学专业，华东政法大学的国际法学专业，西南政法大学的经济法学专业，对外经济贸易大学的国际法学专业，大连海事大学的宪法学与行政法学专业，湖南师范大学的国际法学专业。

(三)学科专业结构

目前，仙桃籍法学专家所从事的教学科研和实务工作领域较为广泛，涵盖了除军事法学以外的全部法学二级学科。学科专业的具体分布情况如下：法学理论专业 5 人，法律史专业 4 人，宪法学与行政法学专业 18 人，刑法学专业 13 人，民商法学专业 11 人，诉讼法学专业 6 人，经济法学专业 6 人，国际法学专业 8 人，综合性专业 17 人。

三、仙桃籍法学专家群体的学术贡献

仙桃籍法学专家群体中，近半数在高等院校和科研机构从事法学理论工作，其他的则在各级党政机关、企业和律师事务所从事法律实务工作。他们通过传道授业解惑、著书立说、提供立法建议、参与法律咨询等方式，引领着中国法学发展，推动着中国法治进步。通过查阅中国国家图书馆、首都图书馆的书目检索系统和中国知网的文章检索系统可以发现，近 30 年来，仙桃籍法学专家群体勤奋耕耘，共出版著作 400 余部，发表论文 2664 篇。① 以下从法学二级学科中各选出部分代表做个案分析，概括说明仙桃籍法学专家群体的学术贡献。

在法学理论领域，广西大学法学院的魏敦友教授首创新道统论法哲学，广受思想文化界关注。魏敦友本科毕业于北京师范大学哲学系，后在北京师范大学哲学系师从杨寿堪教授攻读西方哲学专业的硕士学位。毕业后，来到当时国内的德国哲学重镇——湖北大学哲

---

① 许多法学专家的著作和文章，中国国家图书馆、首都图书馆和中国知网并未收录。因此，以上数据应为不完全统计。比如，有媒体报道，王利明教授共发表文章 400 多篇，但在中国知网上可查到的各类文章是 369 篇(截至 2015 年 2 月 29 日)。

学研究所工作。此后，又在武汉大学哲学系师从杨祖陶、邓晓芒教授，攻读西方哲学专业的博士学位。博士毕业后，回到湖北大学哲学研究所时，该所已被合并到政治与公共管理学院。学院新设法学系，学院党委书记江畅先生让他担任法学系副主任，从此其学术方向由哲学转为法学。1999 年 8 月，调入广西大学法学院任教。2001—2003 年，在复旦大学哲学系做博士后研究，师从俞吾金、黄颂杰教授，专攻西方法哲学。现兼任广西壮族自治区法理学研究会副会长、广西壮族自治区政协社会与法制工作委员会委员，曾挂任广西壮族自治区百色人民检察院副检察长。魏敦友的新道统论法哲学，是在对邓正来教授《中国法学向何处去》一文反复解读的基础上，于2005 年下半年首次提出的。邓正来提出的中国要摆脱西化范式、走向自主发展的主张，使其受到震撼性的影响。魏敦友认为，中国向何处去，是中国社会转型的根本问题。中国的社会转型终将逐步落实到法治建设上来，法治秩序的建构将成为中国社会转型的内在目标。中国的法治秩序是中国文化在演进过程中必然生成出来的一种社会秩序。与法治秩序建构相伴而生的，是一种全新的法学知识的诞生。中国文化的传统，是由子学到经学、由经学到理学、由理学到法学。换言之，法学是继子学、经学、理学之后中国文明史上的第四个知识范型。研究法学，不仅仅是为中国人建构一个法治秩序，实际上是要安顿中国人的生活、信仰和心灵。魏敦友独创的新道统论法哲学理论，已结集成《当代中国法哲学的使命：魏敦友教授法哲学讲演录》、《当代中国法哲学的反思与建构》、《当代中国法哲学的基本问题：新道统论及其语境》三本专著出版。除魏敦友外，仙桃籍法学专家群体中专门从事法学理论研究的，还有胡水君研究员(中国社会科学院法学研究所法理学研究室主任)、张德森教授(中南财经政法大学法学理论专业的博士生导师)等人。

在法律史领域，中国社会科学院世界经济与政治研究所党委书记陈国平，是法律史专业科班出身，本科毕业于中南政法学院，硕士研究生就读于中南政法学院法律史专业，后又在著名法律史学家张晋藩教授的指导下，在中国政法大学获得法律史专业博士学位。陈国平对明代法律制度有过深入研究，曾出版过《明代行政法研究》一书。后因在中共中央办公厅、中共西藏自治区党委、中共重庆市委等单位从事实际工作，未能继续从事法律史的研究。中南财经政法大学法学院的武乾副教授，现任中南财经政法大学理论法学系主任、法律文化研究院副院长，在中国近代法制史研究领域成果丰硕。三峡大学法学系陈秀平副教授师从范忠信教授，先后在中南财经政法大学获得法律史专业的硕士、博士学位，对中国古代的公权私权关系、君臣关系、君民关系进行过考察。湖北警官学院法律系易江波副教授的硕士生导师是萧伯符教授、博士生导师是范忠信教授，在中国古代、近代的办案思维方式、纠纷调解过程与经验方面有过系列研究，惜因突发急病，英年早逝。

在宪法学领域，武汉大学法学院秦前红教授的学术贡献较为突出。秦前红的本科、硕士、博士均就读于武汉大学法律系，硕士、博士研究生阶段所学专业均为宪法学专业，导师是著名宪法学家何华辉、李龙教授。1997 年 7 月起至今，一直在武汉大学法学院从事宪法基础理论、比较宪法、地方制度等领域的教学与科研工作。2006 年，曾在香港大学法学院做访问学者。现任武汉大学宪政与法治国家研究中心常务副主任、武汉大学法学院宪法与行政法教研室主任，兼任中国法学会宪法研究会副会长、湖北宪法研究会副会长、湖北地方立法研究会副会长、湖北省政府首席行政复议专家、武汉市人大常委会委员、武汉大学校长法律顾问等职务。先后出版有《宪法变迁论》、《新宪法学》、《宪法案例》、《比较宪法学》、《社会主义宪政研究》、《宪法通识》、《人民监督员制度的立法研究》、《宪法原则论》、《地方人大监督权》、《中国宪法读本》等著作16部，发表论文178篇。秦前红关注国计民生，有着强烈的社会责任感。在担任武汉市人大常委会委员期间，积极推进地方人大的民主法制建设，社会反响良好。

在行政法学领域，广东外语外贸大学法学院杨解君教授的成果较为丰硕。杨解君本科毕业于中南政法学院法律系，1994年在中国政法大学获得宪法学与行政法学专业的硕士学位，2002年在武汉大学获得宪法学与行政法学专业的博士学位。曾先后任教于中南政法学院、南京大学、东南大学、南京工业大学，曾任南京工业大学法学院院长、南京市玄武区人民法院副院长。现兼任中国法学会行政法研究会常务理事、中国法学会审判理论研究会行政审判理论专业委员会委员、中国法学会比较法研究会理事、国家行政学院行政法研究中心客座研究员、江苏省人大常委会立法咨询专家。出版有《依法行政论纲》、《行政许可研究》、《行政法学》、《行政诉讼法学》、《行政契约与政府信息公开：2001年海峡两岸行政法学术研讨会实录》、《行政许可法的理论与制度解读》、《特别行政法问题研究》、《WTO下的中国行政法制变革》、《行政责任问题研究》、《可持续发展与行政法关系研究》、《中国行政合同的理论与实践探索》、《法国行政合同》、《行政法与行政诉讼法》(上、下册)、《中国行政法的变革之道：契约理念的确立及其展开》、《中国法律体系化的探索：行政法与相关部门法的交叉衔接研究》等著作26部，发表论文169篇。此外，武汉理工大学文法学院院长李牧教授主攻行政法学，曾被评为湖北省十大杰出青年法学家。

在刑法学领域，仙桃籍法学专家群体可谓群星灿烂，代表性人物主要有清华大学法学院的张明楷教授、北京师范大学刑事法律科学研究院的李希慧教授、武汉大学法学院的康均心教授、华东理工大学法学院的张平教授。李希慧的硕士导师是著名刑法学家、武汉大学法学院的马克昌教授，博士导师是著名刑法学家、中国人民大学法学院的高铭暄教授，后两者就是被称作刑法学界泰斗的“北高南马”，代表着前苏联刑法学的传统。康均心的博士导师是马克昌教授，张平的博士导师是李希慧教授。张明楷教授是著名的刑法学权威，其刑法学研究独树一帜。他本科毕业于湖北财经学院法律系，后又师从曾昭琼教授，攻读刑法学专业的硕士学位。曾昭琼早年从武汉大学法律系毕业后，曾到日本东北帝国大学法文学部专攻刑法学，回国后一直在高校从事刑法学的教学与研究。曾门得意弟子除张明楷外，还有陈光中。受曾昭琼教授的影响，张明楷曾几度赴日本东京都立大学法学部、日本东京大学法学部研修或做客座研究员，并师从日本刑法学家山口厚、前田雅英教授，后又到德国波恩大学做访问学者。张明楷曾任中南政法学院法律系主任，清华大学法学院副院长，兼任北京市西城区人民检察院副检察长、最高人民检察院公诉厅副厅长、教育部高等学校法学学科教学指导委员会委员、中国人权研究会常务理事、中国法学会理事、中国刑法学研究会副会长、中国警察法学研究会副会长、中国人民大学国际刑法研究所特约研究员、法律出版社特约编审、最高人民检察院研究室顾问、深圳市人民检察院专家咨询委员会委员、北京市东城区人民检察院咨询监督委员，出版有《犯罪论原理》、《犯罪构成体系与构成要件要素》、《市场经济下的经济犯罪与对策》、《诈骗罪与金融诈骗罪研究》、《刑事疑案演习》、《刑事疑案探究》、《法益初论》、《刑法学》、《刑法学教程》、《刑法原理》、《刑法的基础观念》、《刑法的基本立场》、《刑法格言的展开》、《刑法的私塾》、《刑法规范与案件事实》、《行政刑法概论》、《行为无价值论与结果无价值论》、《未遂犯论》、《罪刑法定与刑法解释》、《刑事责任论》、《责任刑与预防刑》、《刑法分则的解释原理》、《日本刑法典》、《外国刑法纲要》等著作近30部，发表论文254篇。张明楷继承的是大陆法系刑法学的传统，因而对曾在当代中国一统天下的前苏联刑法学产生了颠覆性影响，有人甚至说他结束了“北高南马”的时代。他提出的“由构成要件该当性、违法性、有责性组成的三阶层递进式犯罪构成体系，替代由犯罪主体、犯罪主观方面、犯罪客观方面、犯罪客体组成的四要件犯罪构成理论”的观点，在刑法理论界和实务界都引起了震动。他倡导的法益论、客观主义和客观解释说等一系列学术见解，批判通说，创新超越，推动了中国刑法学理论的繁荣发展。

在民商法学领域，仙桃籍法学专家群体中也是人才济济。中国人民大学常务副校长王利明教授是具有广泛学术影响力、决策影响力和社会影响力的著名民法学家。他是恢复高考以后的首届大学生，本科毕业于湖北财经学院法律系，毕业后考取中国人民大学的硕士研究生，师从佟柔教授，专攻民法学。获得硕士学位后留校任教，后又继续师从佟柔教授，攻读民法学专业的博士研究生，成为新中国第一个民法学专业的博士。1989年2月—1990年2月，在美国密歇根大学进修，师从欧林·布劳德教授，专攻英美财产法和侵权行为法。1998年8月—1999年6月，在美国哈佛大学法学院做访问学者，研究触角延伸到司法改革领域。此外，还曾到日本早稻田大学法学院、法国艾查斯·马塞大学讲学或进修。这些留学经历，形成了他对大陆法系、英美法系民法学的直观认识。他曾任中国人民大学法律系副主任，法学院副院长、院长，中国人民大学党委副书记、副校长，兼任全国人大代表、全国人大财经委员会委员、全国人大法律委员会委员，中国法学会副会长，中国法学会民法学研究会会长，国务院学位委员会法学学科评议组成员兼召集人，教育部人文社会科学委员会委员，教育部全国高等学校法学学科教学指导委员会副主任委员，中国国际经济贸易仲裁委员会副主任，中国消费者权益保护协会副会长，国务院反垄断委员会专家咨询组成员，最高人民法院特邀咨询员，最高人民检察院专家咨询员，公安部特邀监督员，建设部法律顾问，北京市公安局专家咨询员，福建省政府顾问，北京市仲裁委员会副主任。作为民法学教授，王利明先后讲授过本科生、硕士生、博士生课程，指导培养硕士生逾百名、博士生五十多名，可谓桃李满天下。在教书育人的过程中，他注重理论与实践相结合，系统编写过民法案例教材，引进了英美法的判例教学法；由他领衔建设的《民法学精品课程》，曾获国家级教学成果二等奖；他曾三次走上共和国的最高讲坛，为中共中央政治局和全国人大常委会作法制讲座。他先后出版了《国家所有权研究》、《民法新论》、《民法总则研究》、《民商法研究》(王利明民商法研究系列文库1—6辑)、《民法·侵权行为法》、《民法典·侵权责任法研究》、《人身损害赔偿疑难问题》、《违约责任论》、《合同法研究》、《物权法论》、《物权法研究》、《人格权法新论》、《人格权与新闻侵权》、《人格权法》、《人格权法研究》、《我国民法典重大疑难问题之研究》、《司法改革研究》等著作90余部，发表论文369篇，在物权法、人格权法、合同法、侵权行为法等领域始终走在学术前沿。在中国人民大学法学院院长任内，他提出了“以学科建设为中心，以提高教学质量为重点，推进法学院的国际化、现代化建设”的办学理念，积极建设法学图书馆，从国内外引起学科带头人，选派教师到国外进修访问，聘请国外著名大学教授前来讲学，举办一系列高端国际学术会议，与世界一流法学院建立合作交流，学术氛围空前活跃。在历次全国高校学科排名中，他领导的中国人民大学法学院始终位居全国高校法学学科榜首。他长期担任中国法学会民法学研究会会长、中国法学会副会长，把广泛团结民法学界的全体同仁、营造良好的学术氛围和宽松的学术环境作为首要任务，中国民法学研究会现已被打造成为一个团结、研究、交流、智力支持、人才培养、理论与实践良性互动的平台，共同推出了《民法典草案的学者建议稿》、《物权法草案的学者建议稿》等一系列有影响的学术成果。他十分重视将理论研究成果转化为立法实践，并将构建中国的民法典和民法学作为自己的主要学术目标。从上个世纪八十年代起，他先后参与了《经济合同法》、《合同法》、《专利法》、《产品质量法》、《物权法》、《中华人民共和国民法典》等多部重要法律法规的起草和修订工作，向全国人大提交了几十份有重要价值的咨询报告，提出了许多立法建议，并应邀对许多重要的司法解释发表意见，为一些重大疑难案件提供咨询。仙桃籍法学专家群体中，在民商法学研究领域贡献突出的，除王利明教授外，还有中国人民大学法学院的高圣平教授、中国政法大学民商法学院的易军教授、北京工商大学法学院的熊英教授、浙江师范大学法政学院副院长梁开银教授、广东省珠海市人民检察院副检察长王天鸿博士。

在诉讼法学领域，最高人民检察院纪检组副组长、监察局局长王洪祥，其博士导师是著名法学家、原中国政法大学校长陈光中教授。本人曾长期在高校从事刑事诉讼法学的教学与科研工作。因工作需要，现未能继续专门直接从事诉讼法学研究。中国社会科学院法学研究所诉讼法研究室的叶自强研究员，早年曾就读于湖北省荆州地区财贸学校商业会计专业，后通过自学考试，系统学习了本科阶段的法学专业课程，1987 年考取西南政法大学民事诉讼法专业的硕士研究生，毕业后曾在司法部公证司、办公厅工作。从 1994 年起至今，一直在中国社会科学院法学研究所工作。曾在英国伦敦大学高等法学院进修一年；曾在美国夏威夷大学法学院做访问学者，专门研究美国证据法。现兼任中国社会科学院研究生院教授、全国民事诉讼法专业委员会委员、中国法学会民事诉讼法学研究会常务理事。曾出版《民事诉讼法学》、《民事诉讼制度的变革》、《民事证据研究》、《中国民事诉讼法》、《举证责任及其分配标准》、《民事诉讼法的新发展》、《举证责任》、《法庭审判中的科学证据》等著作 10 余部，发表论文 56 篇。在中国民事审判方式改革过程中，他出版了《民事证据研究》一书，围绕着建立科学严密的民事诉讼证据规则展开论说，引起了诉讼法学界特别是审判实务界同仁的广泛关注。

在经济法学领域，武汉工程大学法商学院院长许承光教授兼任湖北省经济法研究会常务理事、湖北省法经济学研究会副会长、湖北省农业法研究会副会长、湖北省法治经济研究会执行会长、武汉市民商法研究会常务理事，出版过《经济法》、《市场经济法》等 10 余部著作。武汉钢铁集团公司总经理助理、总法律顾问刘新权研究员，兼任中国国际贸易仲裁委员会仲裁员、中国钢铁工业协会企业法律事务分会会长、中国钢铁工业协会法律工作组组长、全国律协法律顾问委员会副主任、湖北省企业法律顾问协会会长，两次被国资委授予中央企业十名优秀总法律顾问称号。上海瑞泽律师事务所的主任律师詹智玲博士，本科毕业于武汉大学法律系，1984 年起在中国人民大学法学院攻读民商法学专业的硕士学位，毕业后曾留校任教，后又在中国人民大学法学院获得财税法专业的博士学位。詹博士还曾就读于日本东京大学法学院，并获得法学硕士学位。詹博士通晓英语、日语和德语，曾在日本角川书店法律部、瑞士苏黎士 Pestalozzi Gmuer & Patry 亚洲法律部、香港麦坚时律师行知识产权部工作，擅长与来自日本、欧美、港台、新加坡等地在华投资的外商及其企业进行法律方面的沟通。

在环境与资源保护法学领域，国家环境保护总局政策法规司副司长别涛曾在武汉大学获得环境法学专业的硕士学位，后又在北京大学获得环境法学专业的博士学位，并曾留学英国攻读法律，现兼任中国法学会环境法研究会副秘书长、中国国际贸易仲裁委员会仲裁员。曾先后参与《水污染防治法》等主要环境保护法律、《建设项目环境保护管理条例》等主要环保行政法规、《污染源限期治理办法》等多数环保部门规章的起草或审查，具体承办了大量环境行政执法解释的研究拟定，参与制定了环境信贷、环境保险、环境税收等环境经济政策，参与处理了许多重大环境事件的法律事务，参与了国际间环境问题的磋商、跨界环境协定的谈判和环境法律事务的评议。主持编辑出版了《中国环境保护法规全书》、《中国环境政策全书》(上、下卷)、《中国环保法规和世贸组织规则》、《环境保护行政执法手册》、《环境污染责任保险法规汇编》等工具书，编写出版了《环境公益诉讼》等著作，发表相关学术论文 92 篇。

在国际法学领域，广东财经大学法学院教授钟立国长期从事国际经济法、国际投资法的教学与研究工作，曾在武汉大学获得国际法学专业的博士学位，现兼任中国国际经济法学会理事、广东省民商法研究会副会长、广东省国际法研究会副秘书长等职务。对外经济贸易大学法学院的刘刚仿副教授，曾在对外经济贸易大学获得国际经济法专业的硕士、博士学位，又曾在美国威斯康辛州大学法学院做访问学者，现主要从事国际商法、国际投资法等领域的教学与研究工作。中央财经大学法学院的肖芳副教授，本科就读于厦门大学法语语言文学专业，硕士、博士研究生均就读于武汉大学国际法学专业，曾在中国人民大学法学院做博士后研究，还曾在海牙国际法学院、法国凡尔赛大学、法国巴黎第二大学、德国马克斯普朗克外国与国际私法研究所、瑞士比较法研究所做访问学者，并在法国获得国际仲裁与国际商法专业的硕士学位，现主要从事国际仲裁、国际私法、国际投资法等领域的教学与研究工作。中央民族大学法学院的王瑛副教授，曾在对外经济贸易大学获得国际经济法专业的博士学位，现兼任中国法学会国际经济贸易法学研究会理事、北京市法学会国际经济法研究会秘书长，主要从事国际经济法、民商法学、经济法学的教学与研究工作。上海政法学院国际法学系的宋俊荣副教授，曾在华东政法大学获得国际法学专业的博士学位，又曾在美国乔治亚大学获得法律硕士学位，现主要从事国际经济法学的教学与研究工作。上述学者，均出版有与国际法学相关的学术专著。

四、对仙桃籍法学专家群体现象的分析

仙桃地处江汉平原，是著名的鱼米之乡。数千年来，在这片由长江、汉水滋养的土地

上，人口繁息，英才辈出。仅明清时期，出自仙桃的进士就有88位。改革开放以来，仙桃为国家输送了20多万名优秀大学生，有些走上了法学理论研究和法律实务工作岗位，形成引人瞩目的仙桃籍法学专家群体现象。那么，在这个现象的背后，仙桃籍法学专家群体到底有着什么样的生成机制、具有哪些内在特点、未来的走向又会如何呢?

(一)就生成机制而言，仙桃籍法学专家群体的形成，既有外部原因，又有内部原因

首先，仙桃籍法学专家群体的形成，与改革开放以后恢复高考制度直接相关。仙桃籍法学专家群体中，绝大多数人是通过高考，进入高等院校后学习法律，逐步成为法学专门人才和法学专家的。改革开放以前，仙桃也曾出现过一些法学专家。比如，曾担任过全国人大常委会法律室副主任的聂菊荪(1915—2008)，曾担任过最高人民检察院副检察长的江文(1918—2015)。但由于当时整个国家没有走上法制轨道，仙桃籍从事法学理论研究和法律实务工作的专门人才并不多。有的虽然接受过法学高等教育，但长期用非所学。比如，1949年毕业于同济大学法律系的昌沧(1924—　)，毕业后一直在《中国青年》杂志社、《农垦报》社、《中华武术》杂志社等媒体从事与法律无关的工作。改革开放以后，经济结构的全面转型，迫切需要社会秩序重建，法制建设被提到议事日程，高等院校法学专业的毕业生成为社会急需的专门人才，这反过来又吸引了更多的人报考法律院校。

其次，从表面上看，仙桃籍法学专家群体的形成具有自发性，但追根溯源，应该是崇尚政治的仙桃文化传统在无形之中引导着仙桃籍学子心向法学。自古以来，仙桃文化被儒家文化熏染，读书做官成为很多仙桃人的人生追求。明清时期，不少仙桃人考中科举，加官封爵，光宗耀祖。流风所及，影响至今。有人曾对法学专业的特点进行过概括归纳，比如，要读最厚的书(法学专业课程压力较大，本科阶段要通晓10多门主要法律的基础知识)，要参加最难的考试(就业前必须通过国家司法考试，而近年来司法考试的通过率不到10%)，要忍受最低的就业率(很多人因为通过不了司法考试而无法就业)，精神上要脱胎换骨(法学是成年人的工作，只有毁掉童年才能走向成熟；法学是统治者的事业，只有毁掉平民心态才能进入领导者行列；法学是研究人性恶的科学，只有直面邪恶才能明白正义)，因此，法学专业并不是一个可以轻松学好的专业。尽管如此，仍有一代代的仙桃籍学子前后相续，志在学法，这与仙桃的传统文化因素在起作用无不关系。当然，这种崇尚政治的文化传统并非仙桃所独有。就全国而言，法学较为发达的江苏、湖南、河南、山东、浙江、河北、安徽、福建、山西、四川、辽宁等省也有这样的传统，这与崇尚经济、法学相对不够发达的广东等省有明显差异。

再者，仙桃籍法学专家群体的形成，与现实的物质利益与精神追求密切相关。仙桃籍法学专家群体中，有的认为，法律是社会运作的说明书，当社会出现了问题，法律能够告诉人们应该如何按照规定的步骤、程序去解决问题，他们因此愿意选择当法官、检察官。有的认为，做律师能赚钱，并且能够从中体会到职业荣誉感(非诉讼律师能够获得一种精英感，诉讼律师能够获得一种正义感)，他们因此愿意从事法律实务工作。有的认为，一

个国家要想很好地发展下去，就必须依法治国，而法律人的身上肩负着依法治国的使命和责任，他们因此选择从事法学理论工作。王利明就曾说过，法学工作者要有正义感，对弱者要有同情心，对国家和民族要有责任感和使命感。魏敦友把法学视为中国文化继子学、经学、理学之后的一种新范型，法律既是一种秩序建构，又是人类心灵的安放之所。正是有着这样的认知，他很快就能适应从哲学到法学的转向，并且在法学理论方面自成一说。

（二）就学术气质而言，仙桃籍法学专家群体表现出求真务实、开拓创新的突出特点

曾有人总结道，仙桃人留给外地人的整体印象，就是精明。仙桃人的精明，从积极方面来说，就是聪明伶俐，表现为“脑袋瓜子灵，嘴巴皮子溜，手脚杆子麻利。读书能考状元，种田赛过绣花，办厂紧盯出口，就连翻筋斗也能翻出几个奥运冠军”。从消极方面来说，仙桃人的精明就是圆滑世故、八面玲珑。仙桃人双面性格的形成，与仙桃的历史地理密切相关。仙桃境内纵横交错的河渠湖塘，既是仙桃人发育成长的乳汁，又是仙桃人贫穷困苦的根源。历史上，仙桃“地洼而卑，水漾而潴，江涨则没东南，汉涨则没西北，合则四境皆没”。众多的水患临境，常造成堤崩垸溃，房屋漂流，牲畜溺死，人口流亡。在自然灾害面前，仙桃人一方面需要与天斗、与地斗、与人斗，从而形成耳聪目明、勤劳勇敢的精明气质；一方面需要躲避水灾，逃荒流浪，不断地与外界接触交往，从而形成豪爽开放、机巧善变的流民性格。清代康熙时期的《沔阳州志·序》曾总结分析说：“沔①，古名胜区，俗敦庞而土沃厚，远迩习知之。今竟凌替衰微，不古昔若者，盖迭遭水患，人民轻去其乡之所致也。”在由人治走向法治、由计划经济走向市场经济的今天，仙桃人的聪明伶俐，让仙桃人视野开阔，进取创新，从而带来仙桃经济的快速增长、社会的不断进步和文化的走向繁荣；仙桃人的圆滑世故，已被改造成一种审时度势、求真务实的精神气质。

仙桃人视野开阔、进取创新、审时度势、求真务实，这些精神气质在仙桃籍法学专家群体中表现得也很充分。仙桃籍法学专家群体整体上具有求真务实、开拓创新的品质特征。仙桃籍法学专家群体求真务实的品质特征，可以王利明教授为例。王利明给人的突出印象就是敦厚实在，不尚空谈。不管是教育育人、建设学术共同体，还是在领导岗位上，他都是待人真诚，实实在在。他的民法学研究，总是紧密结合中国国情，一步一个脚印。他提出的《物权法》等立法建议，曾在国内遭到纷纷议论，有人甚至上升到意识形态的高度加以阻拦，但他仍能坚持真理，毅然勇敢前行。仙桃籍法学专家群体开拓创新的品质特征，可以张明楷教授为例。张明楷的刑法学研究之所以能够独树一帜，与他不断开拓创新密切相关。他自学日语，走出国门，学习日本的刑法学；后深感日本刑法学与德国刑法学之间的密切关联，又自学德语，到德国学习刑法学。张明楷的学术经历，就是一个不断开

① 仙桃市的前身是沔阳县。沔阳设县，始于南朝。此后，忽设忽废。中华人民共和国成立后，设立沔阳县，隶属荆州地区。1986 年，改沔阳县为仙桃市。1994 年，仙桃市被列为湖北省直管市。引文中的“沔”，是沔阳的简称。

阔视野、开拓创新的过程。正是有了这样的历练，他才能提出一系列新的学术观点，从而对前苏联刑法学造成强有力的冲击，并逐渐为国内刑法学界与实务部门所接受。

(三)就未来走向而言，以仙桃籍法学专家群体为基础，有可能也有必要打造一个仙桃法学派

任何科学的发展，不仅需要个体的独立自由思考，而且需要集体的相互切磋琢磨。学派是一种有组织地进行集体学术活动的特殊形式，它能把学者们有效地组织化，进而通过集体的力量攻坚克难，产生个体难以具有的放大效应，起到其他学术组织形式难以替代的作用。

学派需要把个体聚合起来，而能够起到聚合作用的力量主要有师承、地域、问题三种因素。纵观中外学派的形成史，因师承传授导致门人弟子同治一门学问的，就是师承性学派；以某个地域、某个国家、某个民族、某个文明为基础而聚合起来的学术共同体，就是地域性学派；如果把解决某个问题作为学术群体形成的凝聚力，就能够形成问题性学派。仙桃籍法学专家群体受到过相同文化传统的洗礼，整体上具有相同的精神气质，价值观比较接近，思考问题的方式容易沟通，组成一个地域性的法学共同体是有可能的。如果这个地域性的法学共同体能够打造出来，就可以称为仙桃法学派。

仙桃籍法学专家群体目前尚处于分散发展的阶段，相互之间的沟通协作并不紧密，学科之间的界限还没有打通，群体的能量和优势还有待挖掘。仙桃籍法学专家群体的未来走向，或许应以锻造仙桃法学派为载体，整合法学资源，搭建探讨平台，营造法学氛围，形成较为强大的学术竞争态势，为推动中国法学的进一步发展繁荣做出更大的贡献。要实现这个理想，尚需仙桃籍法学专家群体自觉地把打造仙桃法学派作为共同的使命和责任。

以地域为基础打造当代中国法学派，对于进一步推动法学的发展繁荣具有创新和示范意义。中国法学会曾连续七次组织评选中国十大杰出青年法学家，共推选出 70 位杰出青年法学家。北京广浩文化发展中心曾组织 22 位在京的著名法学家组成编辑委员会，通过严格的投票程序，从在世的近 3000 名具有正高职称的法学工作者中，遴选出 207 位当代中国法学名家。① 如果将这两个名单合并，当代中国法学家共 250 人。根据这个名单，笔者曾对当代中国法学家的籍贯分布进行过分析，发现其中的地域性特征十分明显。如果按籍贯归类，就省级行政区域而言，法学家较多的依次是江苏、湖北、湖南、河南、山东五省。就地市级行政区域而言，法学家较多的依次是江苏南通、河南南阳、山东烟台、湖南永州、浙江宁波五市。就县级行政区域而言，湖南省祁阳县出现四位法学家，在全国排名第一；河南省镇平县出现三位法学家，在全国排名第二；湖北省的仙桃市、天门市、公安县、麻城市，江苏省的丹阳市、靖江市，安徽省的庐江县、歙县，湖南省的东安县，河南省的新野县，山东省的莱西市，浙江省的诸暨市，河北省的威县，四川省的青神县，陕西

① 《当代中国法学名家》编辑委员会编:《当代中国法学名家》(全四册)，人民法院出版社 2005 年版。

省的武功县等15个县市均出现两位法学家，在全国并列第三。当代中国法学家的籍贯分布表现出来的地域性特征，是一个值得探讨的学术现象。如何因势利导，将这种客观现象转化为法学发展的新动力，是亟待研究的课题。

（原文刊载于《战略学报》2016年第4期。）

作者后记：这篇撰写于四年前的小文章，旨在让读者朋友们了解仙桃籍法学专家群体的概貌，同时表达协力打造地域法学派、推动中国法学发展的期待。囿于识见，这篇小文章对仙桃籍法学专家群体的介绍有很多遗珠之漏，也未能反映近四年来仙桃籍法学专家群体的变动与劳绩。本着尊重历史的原则，遵照《仙桃法学论坛》编委会的要求，这次未能对文章进行修改，敬请读者朋友们谅解。